成都考古发现

（2019）

成都文物考古研究院 编著

科学出版社
北 京

内 容 简 介

本书是成都文物考古研究院2019年度考古报告集。收录考古调查、发掘简报21篇，包括成都市双流区北郊村、金沙遗址“金煜”地点、金沙遗址“百仁幼儿园”、青羊区文家街道乐平七组商周遗址、金牛区抚琴路战国墓等先秦时期遗存的发掘材料；成都市金牛区王家碾墓地、武侯区音乐坊晋唐明墓、金沙遗址“置信金沙园”地点北朝墓、高新区“锦城小学综合楼”唐宋墓、双流区“成都国际空港商务区”项目唐宋墓、青羊区光华村唐宋墓、青羊区高坎小学唐宋墓、金牛区万圣家园E区唐宋墓、高新区王家山Ⅱ号点唐宋明墓、新津区兴义镇访竹东路宋墓，崇州市燎原乡易家坝唐宋墓，简阳市平泉镇竹林湾宋明墓、石盘镇响水滩明代墓地，大邑县且埂村明墓，金堂县土桥镇金壶村明墓等汉晋、唐宋、明墓的发掘材料；都江堰市“罗家井坎”宋代遗址的发掘材料。还有成都市双元村墓地M154人骨鉴定、实业街M32玉石器分析、民兴一路M3铅锡器鉴定等科技分析报告。

本书可供从事中国考古学、历史学、文化遗产保护研究的学者参考。

图书在版编目（CIP）数据

成都考古发现. 2019 / 成都文物考古研究院编著. —北京：科学出版社，2021.12

ISBN 978-7-03-071078-9

Ⅰ.①成…　Ⅱ.①成…　Ⅲ.①考古发现-成都-2019　Ⅳ.①K872.711

中国版本图书馆CIP数据核字（2021）第265342号

责任编辑：柴丽丽 / 责任校对：邹慧卿

责任印制：肖　兴 / 封面设计：陈　敬

科学出版社 出版

北京东黄城根北街16号

邮政编码：100717

http://www.sciencep.com

中国科学院印刷厂 印刷

科学出版社发行　各地新华书店经销

*

2021年12月第　一　版　开本：787×1092　1/16

2021年12月第一次印刷　印张：30 1/2　插页：9

字数：717 000

定价：328.00元

（如有印装质量问题，我社负责调换）

目　　录

图版目录

2019年成都市双流区北郊村遗址发掘简报

成都文物考古研究院

北郊村遗址位于成都市双流区东升街道永福社区6组，地处航都大街北侧，东接港都路，西临城北上街，北挨航园路。南距双流城区约1千米，东北距金沙遗址12.8千米（图一）。2019年10月，为配合双流区土地储备中心出让双流区东升街道永福社区6组土地建设使用权项目，双流区文物管理所在进行考古勘探时发现了该遗址。随即，成都文物考古研究院与双流区文物管理所联合对该遗址进行了进一步的调查和发掘工作。调查得知，遗址位于该地块的西南部，地块外的南部和西部也应该有遗址分布，但由于其地面已建成道路和楼房，无法开展调查以确定遗址的分布状况。其中项目内遗址的中心地理坐标为东经103°92′24.85″、北纬30°59′41.89″，海拔约497米，现存面积约1500平方米（图二）。此次发掘采取普遍钻探和重点发掘相结合的方法，发掘

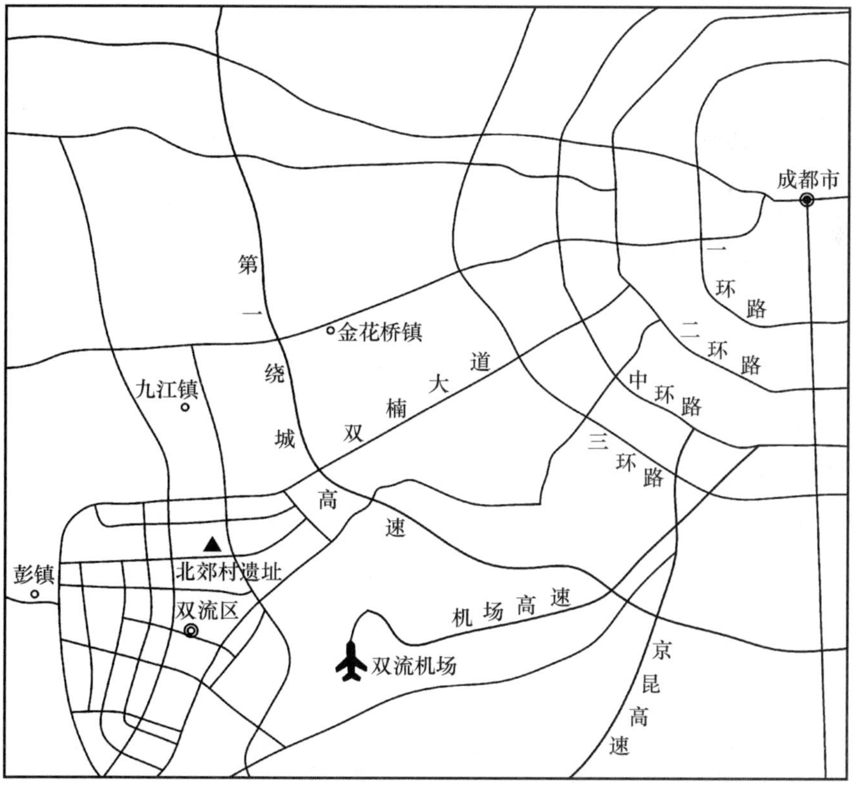

图一　遗址位置示意图

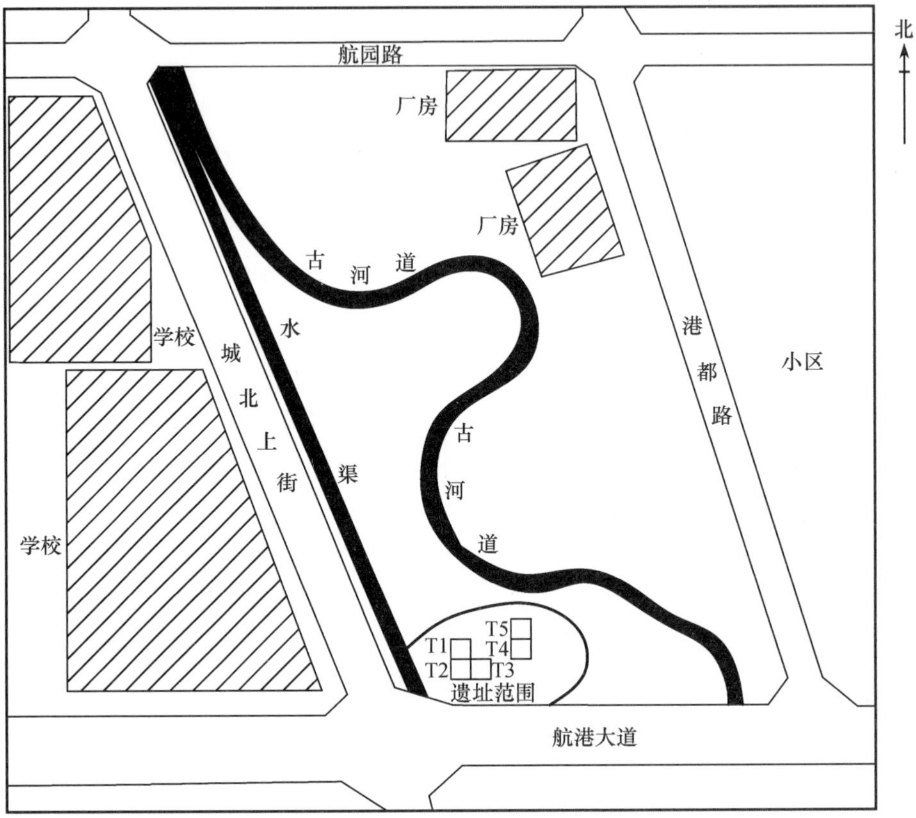

图二　遗址范围及布方示意图

编号“2019CSDB”，在堆积较好的西南角布正南北向10米×10米探方5个，探方编号T1～T5，总发掘面积419平方米（图三）。

一、地层堆积

北郊村遗址的地层堆积较浅，根据土质土色及包含物统一划分地层为4层。以地层堆积较完整的T2南壁（图四）为例说明如下。

第1层：灰黑色现代耕土层。土质疏松，包含较多植物根茎和少量现代砖块。近水平堆积，该层在5个探方均有分布。厚0.05～0.15米。

第2层：灰黄色土层。土质较疏松，含水重，黏性强。近水平堆积，该层在5个探方均有分布。厚0.08～0.14米。出土少量青花瓷片，为清代文化层。该层下开口的遗迹有汉代灰坑1个（H1）。

第3层：浅褐色土层。土质紧密，黏性强，内含少量褐色颗粒。近水平堆积。该层在5个探方均有分布。厚0.05～0.2米。出土大量夹砂褐陶、灰褐陶、黑褐陶和少量泥质黑皮陶等，可辨器形有陶敛口罐、侈口罐、小平底罐、高领罐、瓮、盆、高柄豆、器

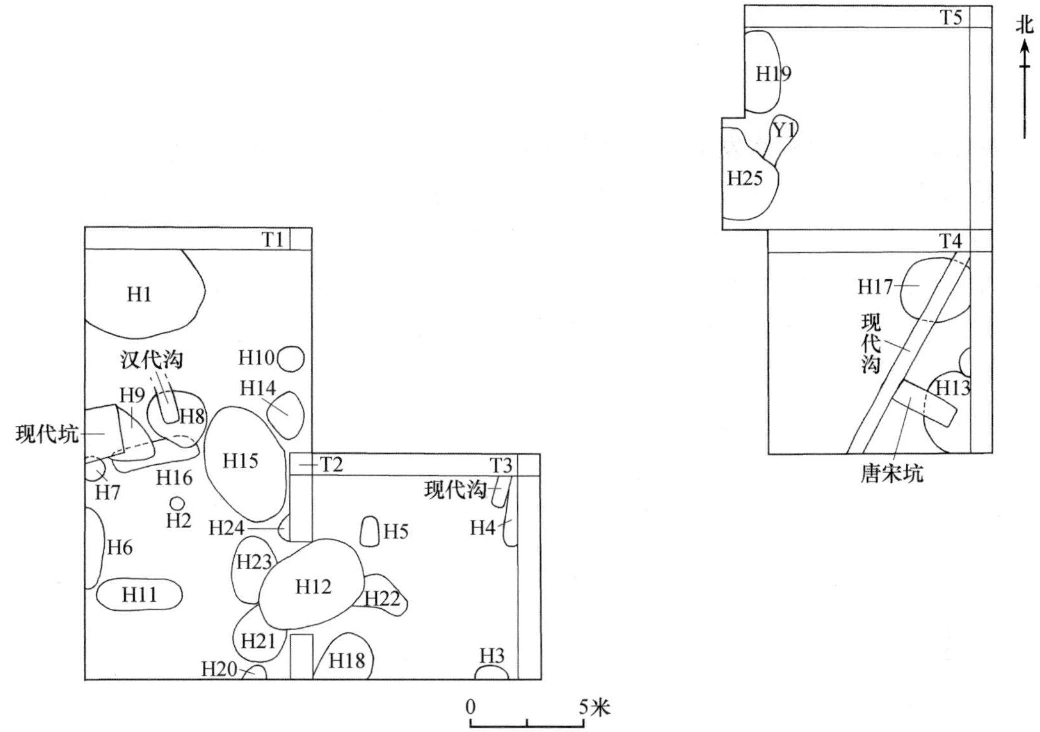

图三　遗迹分布图

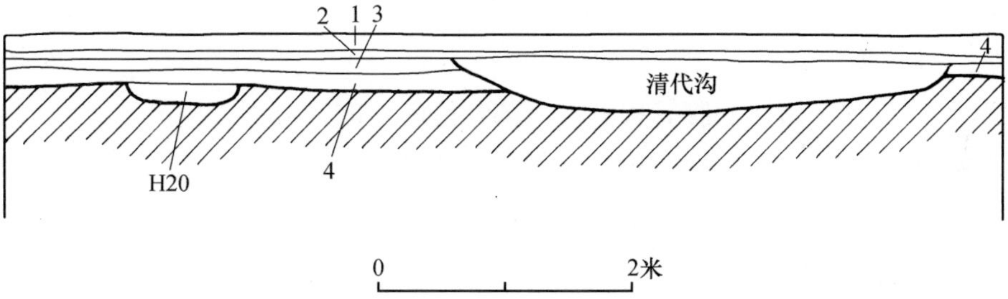

图四　T2南壁剖面图

盖、盖纽、圈足、器底等，为十二桥文化时期地层。

第4层：深褐色土层。土质紧密，黏性强，内含大量褐色颗粒。北高南低坡状堆积，该层仅在T1～T3内有分布。厚0.1～0.2米。出土大量夹砂褐陶、黑褐陶、红褐陶和少量泥质灰陶、橙黄陶、黑皮陶等，可辨器形有陶有领罐、花边口沿罐、喇叭口高领罐、敛口罐、宽沿尊、盘口尊、敞口尊、器盖、圈足、器底等，为宝墩文化时期地层。

第4层以下为黄褐色生土。

二、陶器类型学分析

双流北郊村遗址本次发掘共发现先秦文化层两层（第3、4层），灰坑24个，窑址1座；其中开口于第3层下的遗迹有灰坑9个（H8、H9、H12、H14、H15、H18、H20、H24、H25）、窑址1座（Y1），开口于第4层下的遗迹有灰坑15个（H2～H7、H10、H11、H13、H16、H17、H19、H21～H23）。另有开口于第2层下的汉代灰坑1个（H1）。

为便于叙述，将遗址中出土的先秦时期主要陶器进行类型划分如下。

尊　9件。大口，深腹。根据口沿形态的不同，分为三型。

A型　5件。盘口，曲沿。如H22：4。

B型　2件。敞口，斜侈沿。如H23：6。

C型　2件。侈口，宽平沿。如H22：1。

花边口沿罐　6件。大口，口沿内外侧均压印绳纹。根据口沿形态和纹饰的不同，分为二型。

A型　3件。翻沿，胎较厚，绳纹较粗。如H4：14。

B型　3件。折沿，胎较薄，绳纹较细。如H23：2。

喇叭口高领罐　7件。喇叭口，高领。根据口沿、唇部特征的不同，分为三型。

A型　4件。圆唇。如H22：3。

B型　2件。凸唇，唇部加厚。如T2④：4。

C型　1件。锯齿口，方唇。如H22：11。

窄沿罐　8件。窄沿，深腹。根据口沿部特征的不同，分为二型。

A型　3件。侈口，斜折沿，腹微鼓。如H4：11。

B型　5件。敛口，平折沿，溜肩。如H4：5。

有领罐　14件。短颈，压印绳纹。根据沿部、领部形态的不同，分为三型。

A型　6件。卷沿，矮领。如H16：5。

B型　1件。直沿，无领。如H19：6。

C型　7件。平沿，领较高。如H10：4。

敛口罐　33件。敛口。根据沿部特征的不同，分为四型。

A型　8件。无沿。如H10：9。

B型　19件。口外一周抹断较浅，呈假凸沿状。如H9：10。

C型　4件。口外一周抹断较深，呈凸沿状。如H15：15。

D型　2件。素面，凸沿较高。如H9：9。

侈口罐　16件。侈口。根据肩部特征的不同，分为三型。

A型　6件。溜肩。如H15：33。

B型　8件。圆肩。如H18：3。

C型　2件。鼓肩。如H8：7。

瓮　9件。器形较大。根据口、领部形态的不同，分为三型。

A型　6件。敞口，高领。如H15：26。

B型　1件。直口，矮领。如H15：24。

C型　2件。侈口，矮领，束颈。如H15：25。

豆盘　5件。根据豆盘形状的不同，分为二型。

A型　2件。浅盘形。如H16：15。

B型　3件。杯形。如H9：7。

豆柄　26件。根据柄身形状的不同，分为二型。

A型　10件。直筒形，柄身竖直。如T5③：24。

B型　16件。茧形，柄身中间粗、两端细。如T5③：22。

盖纽　6件。根据纽部特征的不同，分为三型。

A型　4件。纽部呈伞盖状。如H15：28。

B型　1件。纽部呈碗状。如H15：40。

C型　1件。“8”字形纽。如H15：41。

圈足　18件。根据足部形态的不同，分为四型。

A型　5件。覆盆状，足壁斜直，器形较大。如H4：17。

B型　8件。覆盆状，足壁内弧，足跟加厚。如T5③：10。

C型　1件。覆杯状，足壁斜直，器形瘦高。如H18：5。

D型　4件。足壁外撇，器形矮小。如H15：49。

器底　18件。根据腹壁与底部角度及形态的不同，分为四型。

A型　9件。腹壁倾斜角度较大。如H10：2。

B型　4件。平底，腹壁较竖直。如H4：22。

C型　3件。台底，腹壁近底部内收成台状。如H4：21。

D型　2件。小平底。如H12：12。

此外，还有小平底罐、高领罐、深腹罐、盆、壶、器盖、器座等各类器物，由于器形残缺或器形简单，未进行型式划分。

三、新石器时代遗存

本次发现的新石器时代遗存包括T1～T3的第4层和开口在第4层下的H2～H7、H10、H11、H13、H16、H17、H19、H21～H23等遗迹单位。出土遗物以陶器为主，另有少量石器。出土陶片中夹砂陶数量占优势，泥质陶数量也不少。陶色有黑褐、灰褐、黄褐、灰白、橙黄等。夹砂陶多数压印绳纹，个别装饰镂孔、戳印纹、附加堆纹等；泥质陶一般为素面，也有少量弦纹、细线纹、附加堆纹等。可辨器形有花边口沿罐、喇

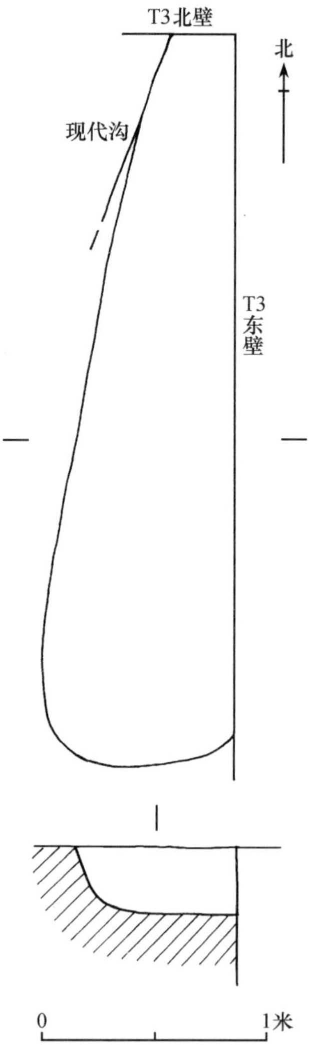

图五　H4平、剖面图

叭口高领罐、有领罐、敛口罐、深腹罐、尊、窄沿盆、器盖、圈足、器底等。按地层顺序简述如下。

（一）第4层下遗存

H4　位于T3东北部，部分延伸至东壁和北壁内，未扩方清理。开口于第4层下，被一条现代沟打破，向下打破生土。平面形状难以推断，弧壁，圜底（图五）。坑口最长3.12、宽0.86、深0.3米，距地表深0.45米。坑内填土为黑褐色，土质湿润且黏性较强，结构疏松，内含较多草木灰烬。出土大量夹砂褐陶、灰褐陶、黄褐陶和泥质灰陶、橙黄陶，可辨器形有尊、花边口沿罐、深腹罐、窄沿罐、壶、圈足。

A型陶尊　2件。H4：19，夹砂灰褐陶。方唇。口沿外侧饰斜向绳纹。残高3厘米（图六，11）。H4：20，泥质灰褐陶。沿面微曲，圆唇。素面。残高3.5厘米（图六，12）。

A型陶花边口沿罐　1件。H4：14，夹砂黑褐陶。方唇。唇部、口沿内外侧及腹壁均压印绳纹。残高4.6厘米（图六，13）。

陶深腹罐　1件。H4：8，夹砂黑褐陶。侈口，尖唇，深腹。腹壁满饰横向绳纹。口径13、残高6厘米（图六，4）。

A型陶窄沿罐　3件。H4：11，夹砂褐陶。腹壁饰两周附加堆纹。残高5.6厘米（图六，9）。H4：12，夹砂灰褐陶。沿面微凹，圆唇。腹壁压印斜向绳纹。残高5.1厘米（图六，7）。H4：9，夹砂灰褐陶。圆唇，溜肩。器壁压印斜向绳纹。残高5.6厘米（图六，8）。

B型陶窄沿罐　4件。H4：5，夹砂黑褐陶。腹壁饰两周附加堆纹。口径22、残高5.2厘米（图六，2）。H4：6，夹砂褐陶。腹壁饰斜向绳纹。口径28、残高6.6厘米（图六，1）。H4：10，夹砂褐陶。腹壁饰交错绳纹。残高5.6厘米（图六，6）。H4：13，夹砂褐陶。沿下饰一周圆点戳印纹。残高5厘米（图六，5）。

陶壶　1件。H4：18，泥质灰陶。直口，尖圆唇。素面。残高6.2厘米（图六，10）。

A型陶圈足　1件。H4：17，泥质灰陶。足壁饰两周附加堆纹，另有一圆形镂孔。足径26、残高10厘米（图六，3）。

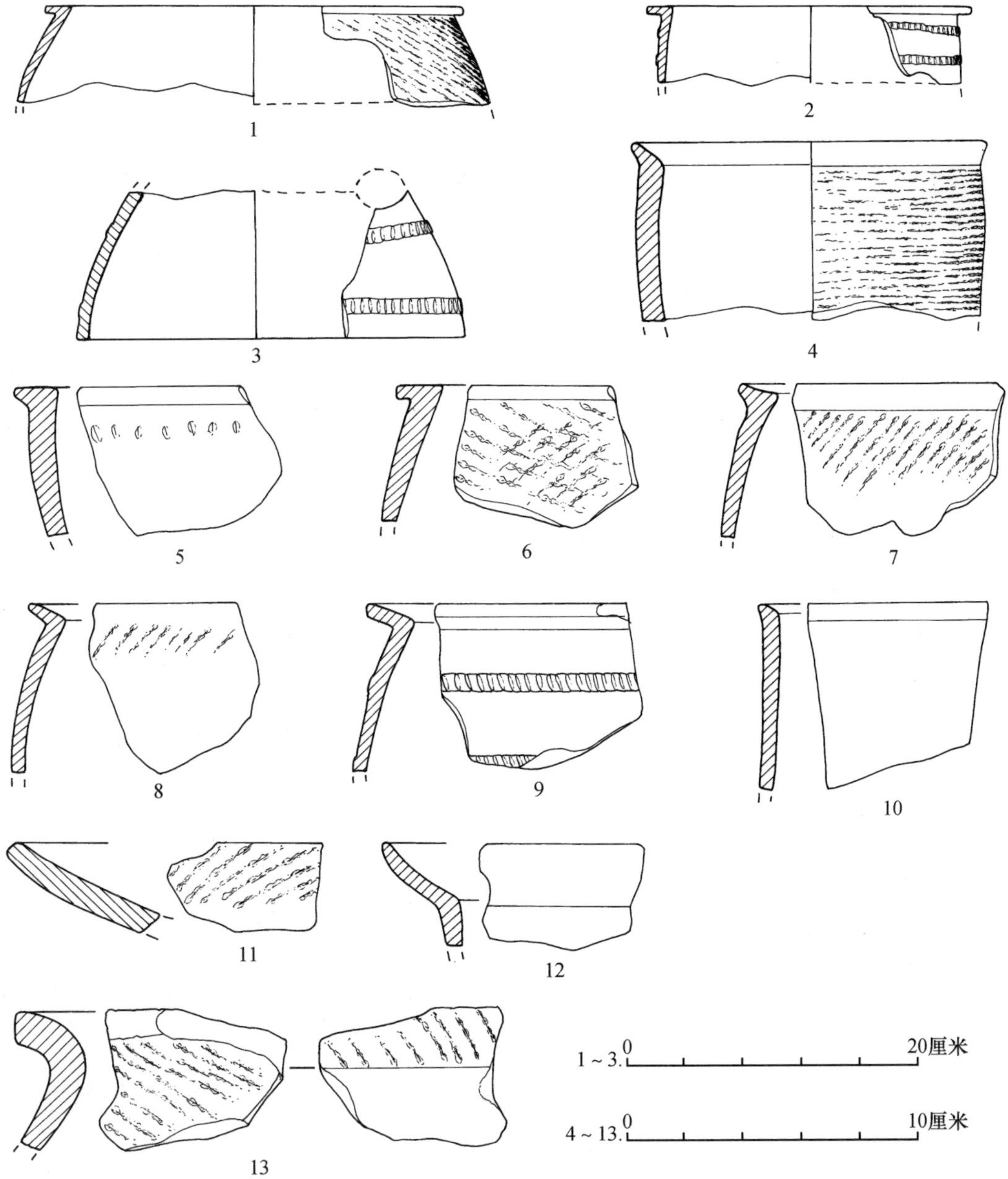

图六　H4出土陶器

1、2、5、6. B型窄沿罐（H4：6、H4：5、H4：13、H4：10）　3. A型圈足（H4：17）　4. 深腹罐（H4：8）　7～9. A型窄沿罐（H4：12、H4：9、H4：11）　10. 壶（H4：18）　11、12. A型尊（H4：19、H4：20）　13. A型花边口沿罐（H4：14）

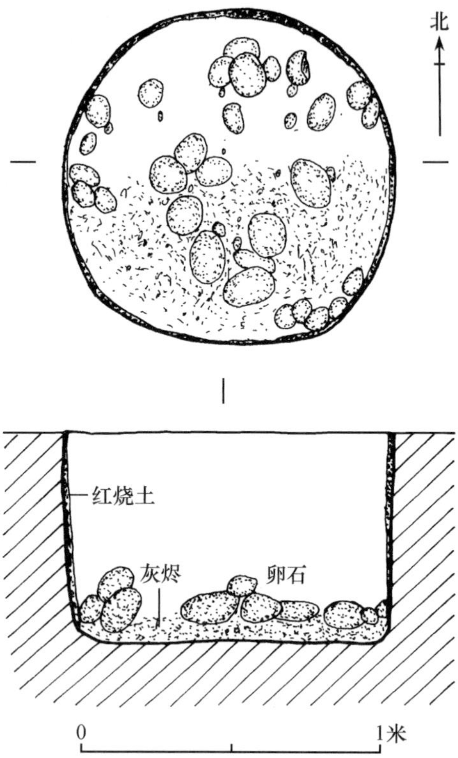

图七　H10平、剖面图

H10　位于T1东部，部分延伸至东隔梁内，打隔梁清理。开口于第4层下，打破生土。平面形状近圆形，直壁，平底。坑口直径约1.1、深0.7米，距地表深0.5米（图七）。坑壁较为规整且经过火烘烤，形成厚约0.02米的红烧土层，坑底有厚约0.1米的黑色灰烬土，灰烬之上有较多卵石。坑内填土为黑褐色，土质湿润且黏性较强，结构疏松，内含大量草木灰烬。出土较多夹砂褐陶、黄褐陶和泥质黑皮陶，可辨器形有喇叭口高领罐、深腹罐、有领罐、敛口罐、圈足、器底等，另外还有1件石锛。

A型陶喇叭口高领罐　1件。H10：3，泥质黑皮褐胎陶。平沿，圆唇。沿下两侧各贴塑一桥形耳。口径26、残高9厘米（图八，6）。

陶深腹罐　5件。H10：5，夹砂黄褐陶。口微侈，平沿，圆唇，微束颈，深弧腹。素面。口径26、残高8厘米（图八，3）。H10：6，夹砂褐陶。侈口，平沿，圆唇。素面。残高6.8厘米（图八，5）。H10：7，夹砂黑褐陶。侈口，方唇，颈稍束，深弧腹。沿面及器壁满饰绳纹。口径27、残高14厘米（图八，1）。H10：8，夹砂褐陶。侈口，方圆唇，深腹。器表饰斜向绳纹。口径26、残高16厘米（图八，2）。H10：10，夹砂褐陶。平沿，圆唇，深腹。器表饰斜向绳纹。残高12厘米（图八，4）。

C型陶有领罐　1件。H10：4，夹砂褐陶。侈口，圆唇，溜肩。领、肩部压印绳纹。口径24、残高9厘米（图八，8）。

A型陶敛口罐　1件。H10：9，夹砂黄褐陶。方圆唇，圆肩。器表饰交错绳纹。口径28、残高10厘米（图八，7）。

A型陶圈足　1件。H10：11，夹砂黄褐陶。足壁斜直，圈足较高。足壁饰一周麦穗纹。足径14、残高4.3厘米（图八，9）。

A型陶器底　1件。H10：2，夹砂褐陶。下腹部斜直。腹壁压印斜向绳纹。底径8.8、残高3.7厘米（图八，10）。

石锛　1件。H10：1，青灰色石质。平面近长方形，斜弧刃较残，侧边较直，尾端残破，器身有打制留下的疤痕。长6.4、宽4.1、厚1.5厘米（图八，11）。

H16　位于T1南部，部分延伸至T2北隔梁下，打隔梁清理。开口于第4层下，被一现代坑、H8和H9同时打破，打破生土。平面形状呈长条形，弧壁，平底。坑口最长3.4、宽0.75、深0.32米，距地表深0.4米（图九）。坑内填土为黑褐色，土质湿润且黏性

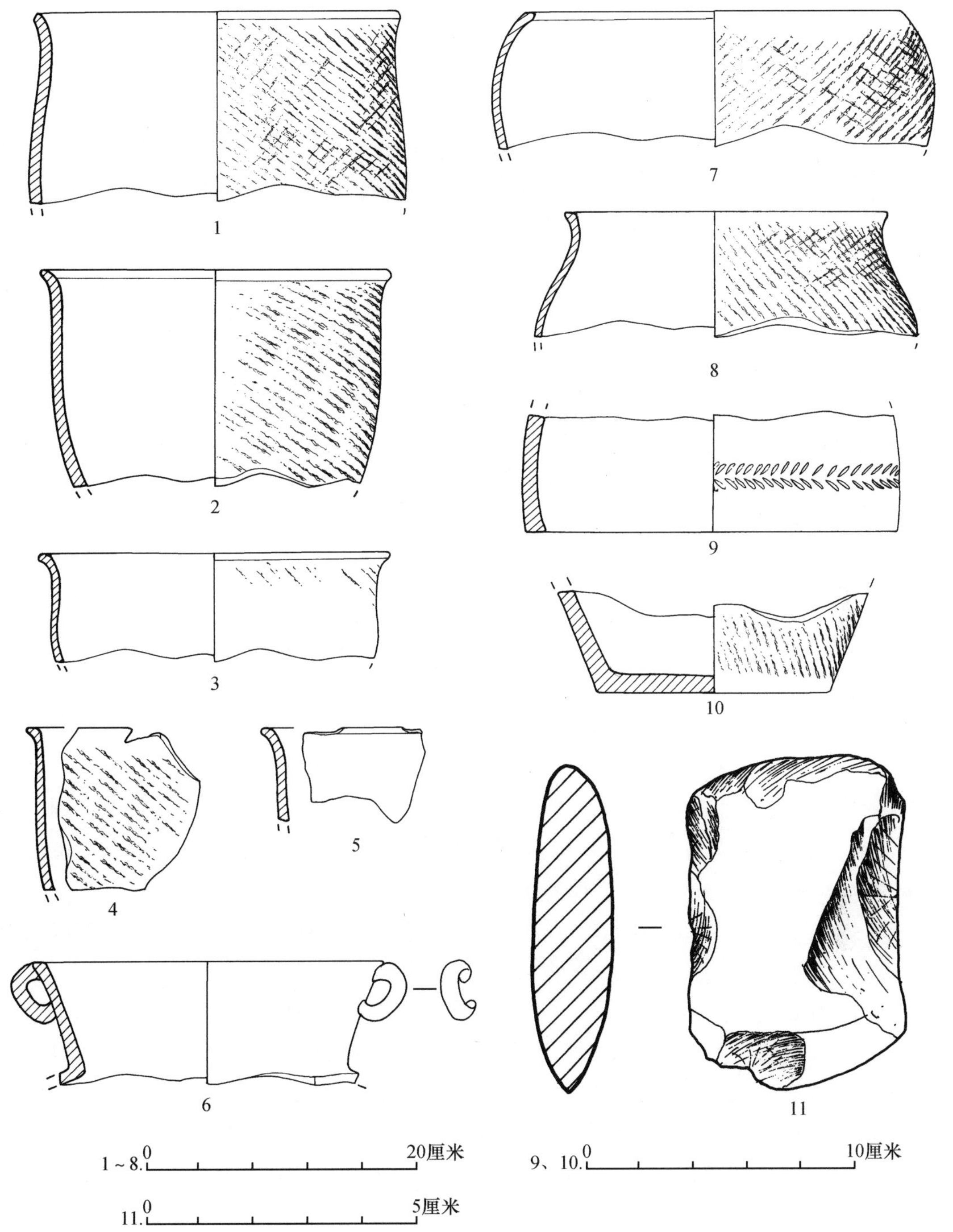

图八　H10出土器物

1～5. 陶深腹罐（H10：7、H10：8、H10：5、H10：10、H10：6）　6. A型陶喇叭口高领罐（H10：3）
7. A型陶敛口罐（H10：9）　8. C型陶有领罐（H10：4）　9. A型陶圈足（H10：11）　10. A型陶器底（H10：2）
11. 石锛（H10：1）

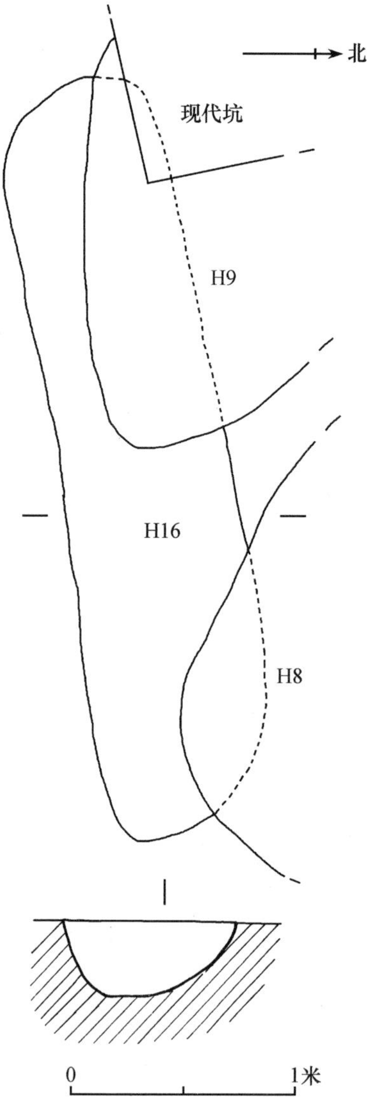

图九　H16平、剖面图

较强，结构疏松，内含较多草木灰烬。出土较多夹砂褐陶、灰褐陶、黄褐陶和泥质灰陶、橙黄陶，可辨器形有有领罐、敛口罐、窄沿罐、豆盘、盖纽、器底。

A型陶有领罐　4件。H16：5，夹砂黑褐陶。侈口，尖唇，溜肩。肩部饰斜向绳纹。口径20、残高8.6厘米（图一〇，2）。H16：7，夹砂黑褐陶。侈口，尖唇。领部饰斜向绳纹。残高5厘米（图一〇，3）。H16：8，夹砂黑褐陶。侈口，尖唇，圆肩。领部饰斜向绳纹。残高3.5厘米（图一〇，4）。H16：9，夹砂灰褐陶。侈口，圆唇，溜肩。素面。残高3.7厘米（图一〇，6）。

C型陶有领罐　1件。H16：6，夹砂黑褐陶。圆唇，束颈，圆肩。口部饰斜向绳纹、肩部饰交错绳纹。口径40、残高9厘米（图一〇，1）。

A型陶敛口罐　1件。H16：10，夹砂黑褐陶。方唇，腹壁微弧。器表饰交错绳纹。残高8.5厘米（图一〇，8）。

B型陶窄沿罐　1件。H16：11，夹砂褐陶。方唇。领部饰斜向绳纹。残高3.8厘米（图一〇，7）。

A型陶豆盘　1件。H16：15，泥质黑皮陶。侈口，圆唇，坦腹，下接圈足。素面。口径25、残高3.6厘米（图一〇，9）。

A型陶盖纽　1件。H16：14，夹砂褐陶。圆唇外翻。素面。纽径6.2、残高2.2厘米（图一〇，5）。

A型陶器底　2件。H16：12，夹砂褐陶。下腹斜直，平底。腹壁饰斜向绳纹。底径7.5、残高4.3厘米（图一〇，11）。H16：13，夹砂黑褐陶。下腹斜直，平底。器壁饰斜向绳纹。底径6.8、残高3.1厘米（图一〇，10）。

H19　位于T5西北部，部分延伸至T5西壁内，未扩方清理。开口于第4层下，打破生土。平面形状呈圆角长方形，斜壁，弧底。坑口最长3.6、宽1.6、深0.4米，距地表深0.3米（图一一）。坑内填土为黄褐色，土质湿润且黏性较强，结构较致密，底部有少量草木灰烬。出土少量夹砂褐陶、灰褐陶、黄褐陶和泥质灰陶、橙黄陶等，可辨器形有尊、喇叭口高领罐、有领罐、敛口罐、器底。

B型陶尊　1件。H19：5，夹砂褐陶。沿下压印一周斜向绳纹。残宽9、残高4厘米（图一二，1）。

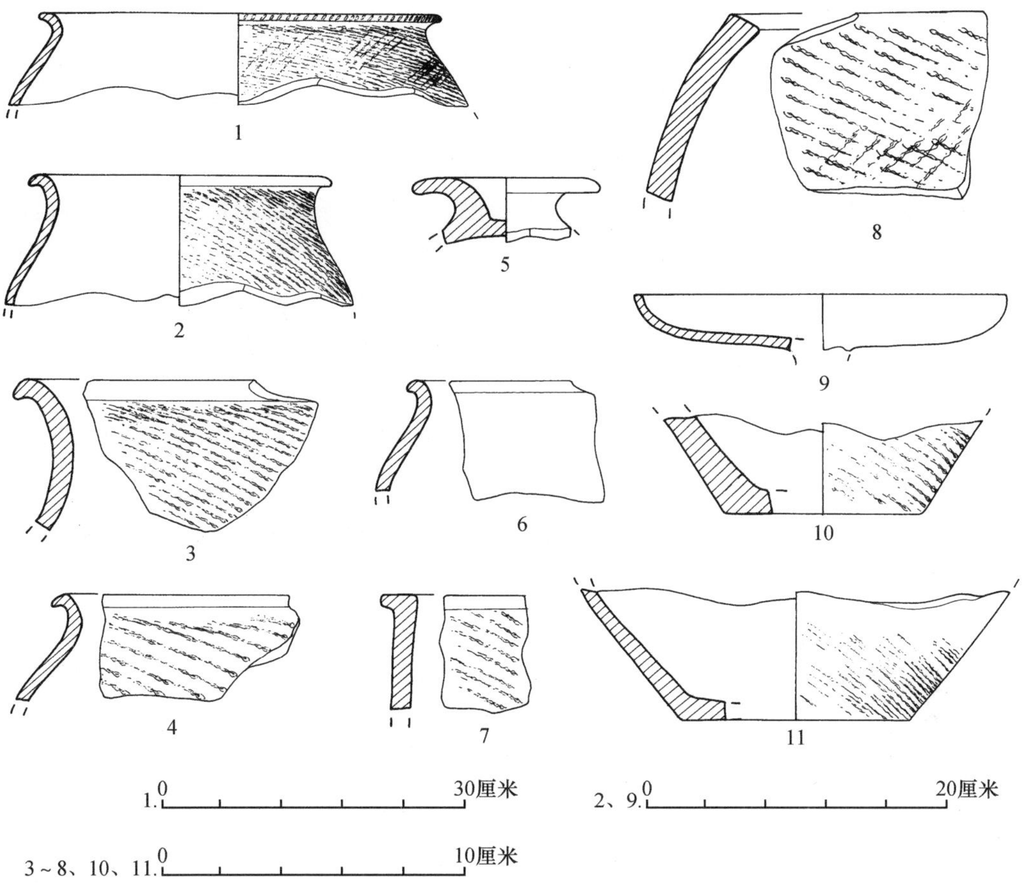

图一〇 H16出土陶器

1. C型有领罐（H16：6） 2～4、6. A型有领罐（H16：5、H16：7、H16：8、H16：9） 5. A型盖纽（H16：14） 7. B型窄沿罐（H16：11） 8. A型敛口罐（H16：10） 9. A型豆盘（H16：15） 10、11. A型器底（H16：13、H16：12）

A型陶喇叭口高领罐 2件。H19：8，泥质灰陶。素面。残宽6、残高3厘米（图一二，2）。H19：9，泥质黄褐陶。素面。残宽5.8、残高4厘米（图一二，3）。

B型陶有领罐 1件。H19：6，夹砂黑褐陶。侈口，圆唇，圆肩。肩部饰交错绳纹。残宽5.4、残高5厘米（图一二，4）。

A型陶敛口罐 1件。H19：3，夹砂红褐陶。方唇。器表压印斜向绳纹。残宽5、残高2.6厘米（图一二，5）。

A型陶器底 2件。H19：2，泥质红褐陶。底径10、残高2.1厘米（图一二，9）。H19：7，夹砂黑褐陶。底径9、残高2.4厘米（图一二，8）。

C型陶器底 2件。H19：1，夹砂褐陶。器壁及器底压印绳纹。底径11、残高4厘米（图一二，6）。H19：4，夹砂褐陶。器壁及器底压印绳纹。底径10、残高3厘米（图一二，7）。

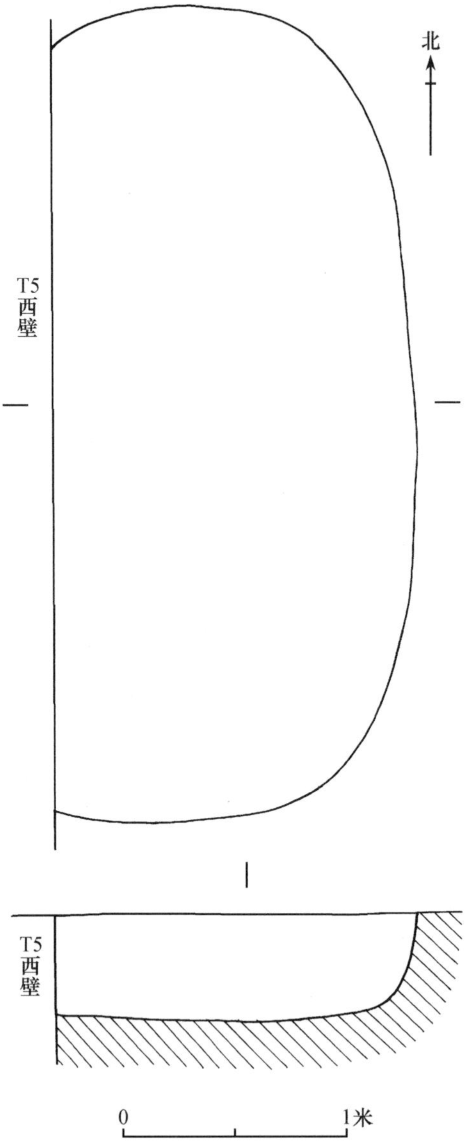

图一一　H19平、剖面图

H22　位于T3中部。开口于第4层下，打破生土，被H12打破。平面形状呈不规则形，斜直壁，平底。坑口最长2.1、宽1.5、深0.35米，距地表深0.5米（图一三）。坑内填土为红褐色，夹杂较多红烧土块，土质湿润且黏性较强，结构致密，底部有较多草木灰烬。出土较多夹砂褐陶、灰褐陶、黄褐陶和泥质灰陶、橙黄陶等，可辨器形有尊、喇叭口高领罐、花边口沿罐、圈足、器底。

A型陶尊　2件。H22：4，夹砂褐陶。沿较宽，曲沿较甚，圆唇。沿下饰一周戳点纹。口径20、残高3.4厘米（图一四，3）。H22：7，夹砂黑褐陶。圆唇。器身饰数周凹弦纹。残宽6.5、残高4.9厘米（图一四，7）。

C型陶尊　2件。H22：1，泥质灰陶。圆唇。素面。残宽8.6、残高3厘米（图一四，5）。H22：2，泥质灰陶。圆唇。素面。残高2厘米（图一四，6）。

A型陶喇叭口高领罐　1件。H22：3，泥质灰陶。素面。口径21、残高4厘米（图一四，2）。

C型陶喇叭口高领罐　1件。H22：11，泥质青灰陶。翻沿。沿面压印呈波浪状。口径21、残高4厘米（图一四，1）。

A型陶花边口沿罐　2件。H22：6，夹砂褐陶。方唇。腹部、口沿外侧及唇部压印绳纹，口沿内侧压印椭圆形坑，坑内压印绳纹。残高3.2厘米（图一四，4）。H22：10，夹砂褐陶。方唇，圆肩。肩部、口沿内外侧及唇面压印绳纹。残高5.6厘米（图一四，8）。

A型陶圈足　1件。H22：12，夹砂褐陶。足壁饰圆形镂孔，足缘压印一周绳纹。足径12、残高5.8厘米（图一五，1）。

A型陶器底　1件。H22：5，泥质灰陶。弧腹。底径12、残高8.4厘米（图一五，2）。

B型陶器底　1件。H22：9，夹砂黑褐陶。器壁压印斜向绳纹。底径13.2、残高6.4厘米（图一五，3）。

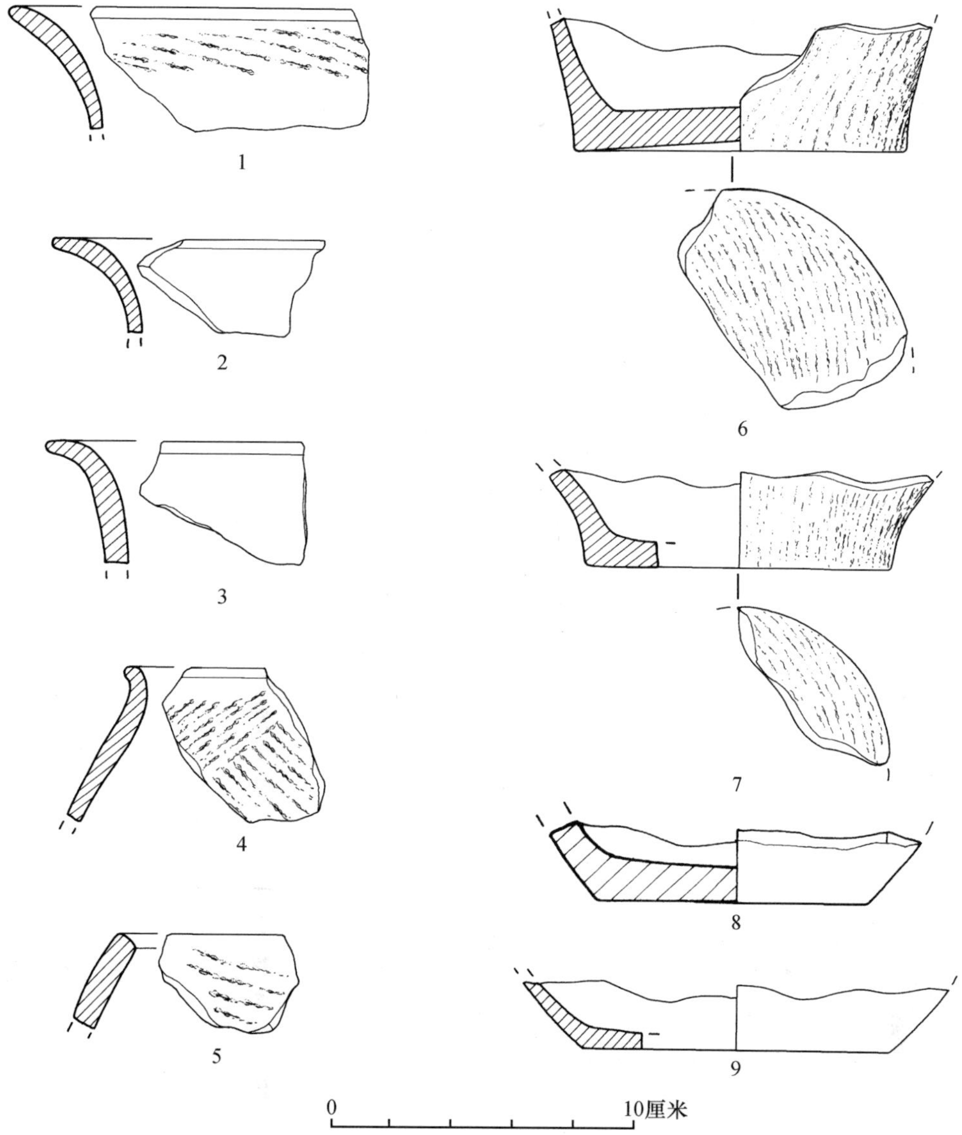

图一二　H19出土陶器

1. B型尊（H19：5）　2、3. A型喇叭口高领罐（H19：8、H19：9）　4. B型有领罐（H19：6）　5. A型敛口罐（H19：3）　6、7. C型器底（H19：1、H19：4）　8、9. A型器底（H19：7、H19：2）

H23　位于T2东部。开口于第4层下，打破生土，被H12打破。平面近椭圆形，斜弧壁，弧底。坑口最长3、宽2、深0.3米，距地表深0.5米（图一六）。坑内填土为灰黑色，土质湿润且黏性较强，结构较致密。出土较多夹砂褐陶、灰褐陶、黄褐陶和泥质灰陶、橙黄陶等，可辨器形有尊、花边口沿罐、喇叭口高领罐、有领罐、器盖、圈足、器底。

B型陶尊　1件。H23：6，泥质灰陶。沿面较宽，圆唇。器壁饰一周凸棱。残高8厘米（图一七，10）。

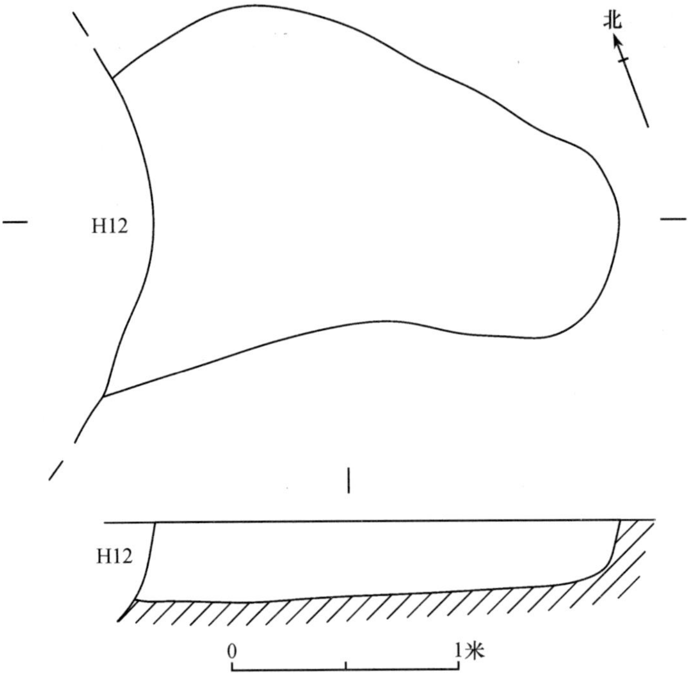

图一三　H22平、剖面图

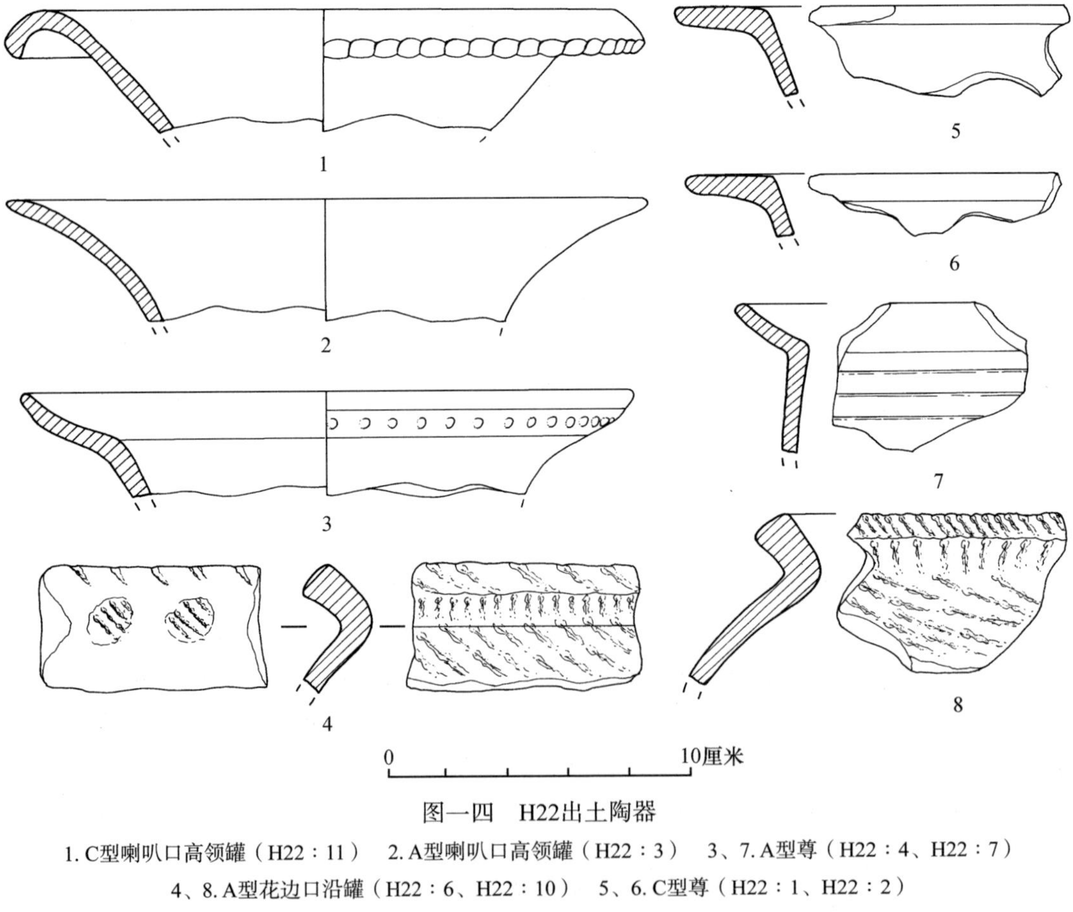

图一四　H22出土陶器

1. C型喇叭口高领罐（H22：11）　2. A型喇叭口高领罐（H22：3）　3、7. A型尊（H22：4、H22：7）
4、8. A型花边口沿罐（H22：6、H22：10）　5、6. C型尊（H22：1、H22：2）

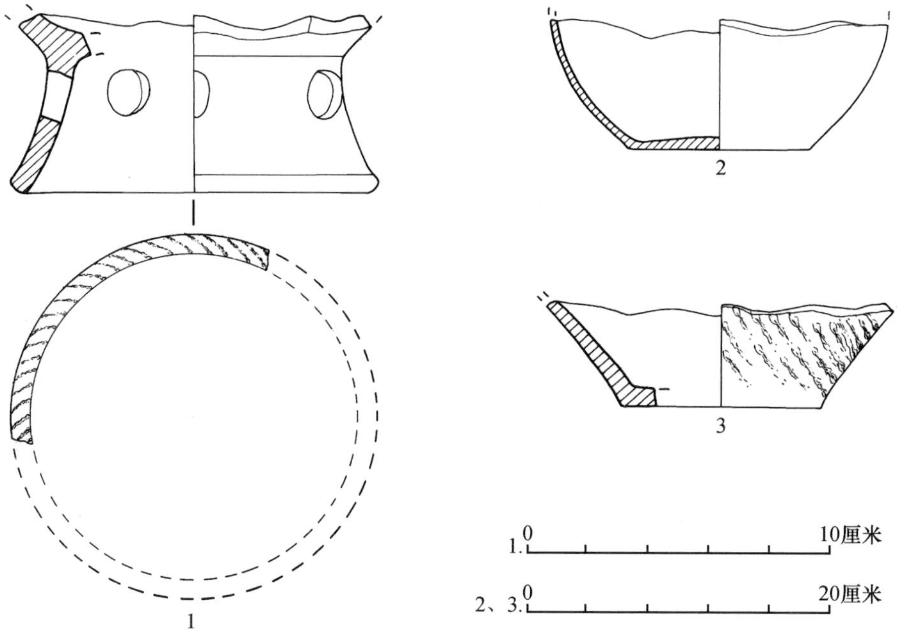

图一五　H22出土陶器

1. A型圈足（H22∶12）　2. A型器底（H22∶5）　3. B型器底（H22∶9）

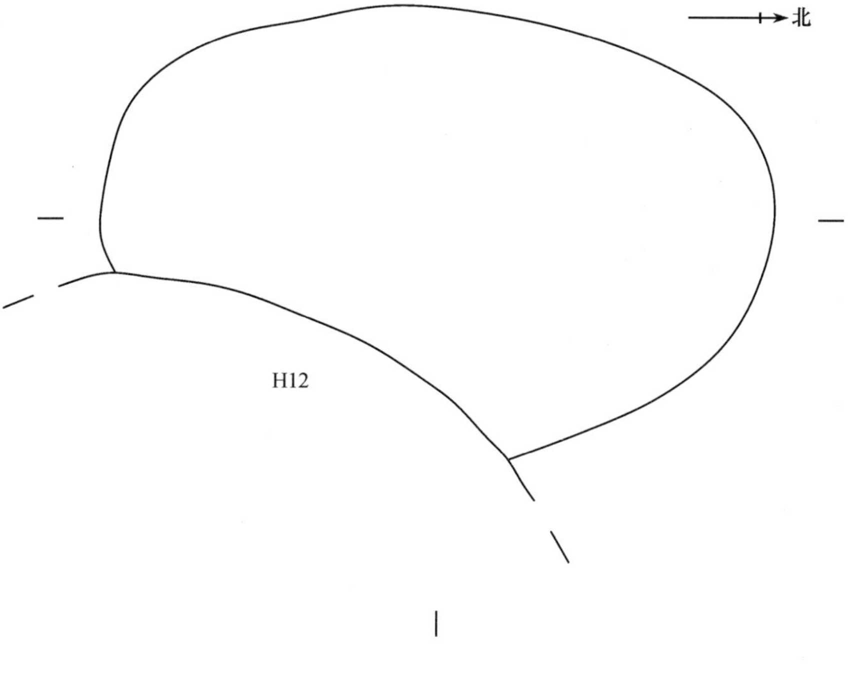

图一六　H23平、剖面图

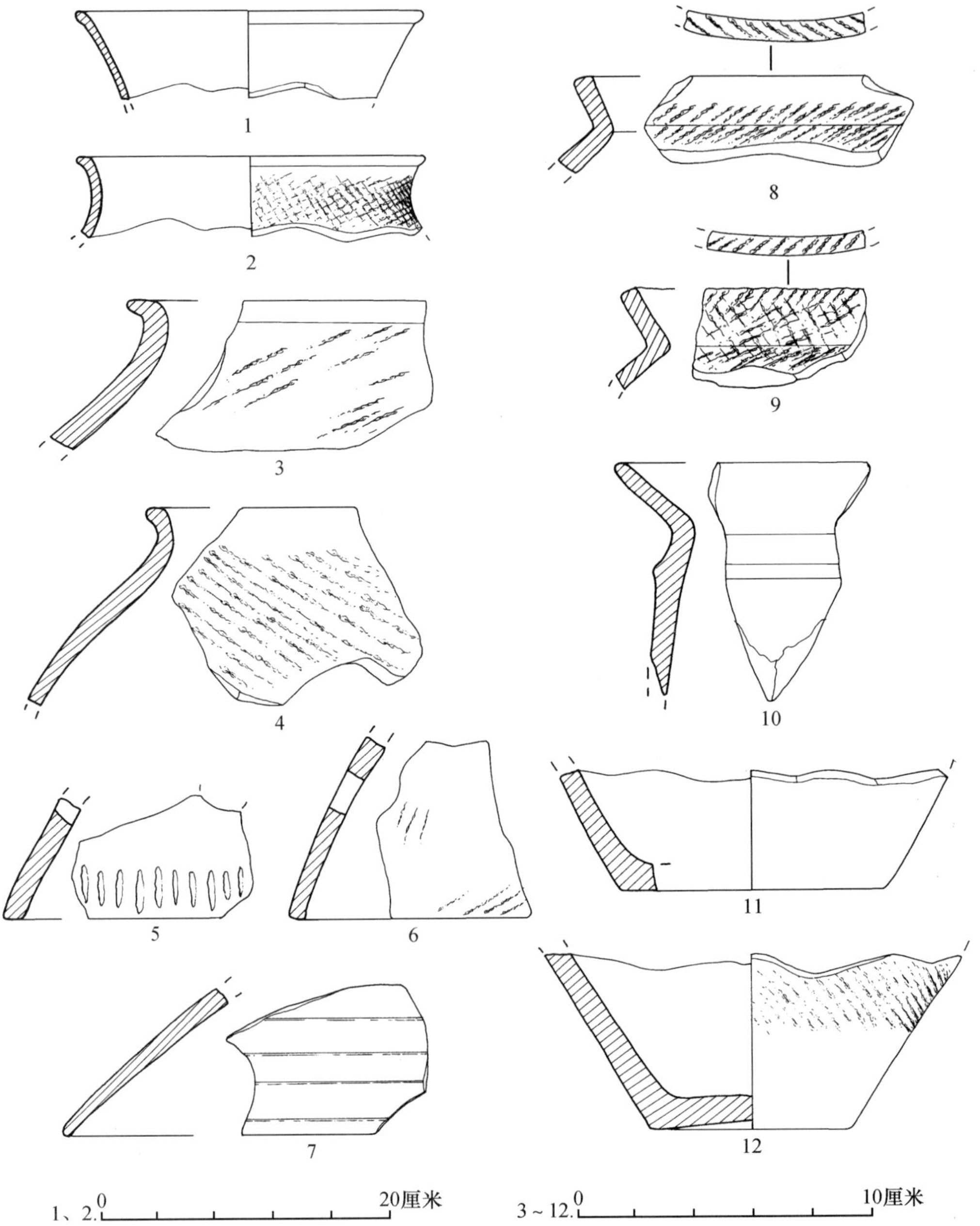

图一七　H23出土陶器

1. B型喇叭口高领罐（H23∶5）　2～4. C型有领罐（H23∶3、H23∶12、H23∶13）　5、6. A型圈足（H23∶8、H23∶7）　7. 器盖（H23∶9）　8、9. B型花边口沿罐（H23∶1、H23∶2）　10. B型尊（H23∶6）　11、12. B型器底（H23∶10、H23∶11）

B型陶花边口沿罐　3件。H23：1，夹砂黑褐陶。方唇。唇面、口沿内外侧及腹部压印斜向绳纹。残高3厘米（图一七，8）。H23：2，夹砂黑褐陶。方唇。唇面、口沿内外侧及腹部压印交错绳纹。残高2.8厘米（图一七，9）。

B型陶喇叭口高领罐　1件。H23：5，泥质灰陶。口径24、残高6厘米（图一七，1）。

C型陶有领罐　3件。H23：3，夹砂黑褐陶。侈口，尖圆唇，束颈。领部饰交错绳纹。口径24、残高5.6厘米（图一七，2）。H23：12，夹砂褐陶。侈口，尖圆唇，束颈。领部饰斜向绳纹。残高5.7厘米（图一七，3）。H23：13，夹砂褐陶。侈口，尖圆唇，束颈，鼓肩。领、肩部饰斜向绳纹。残高6.7厘米（图一七，4）。

陶器盖　1件。H23：9，夹砂褐陶。伞盖状，方唇。盖面饰数周凹弦纹。残高5厘米（图一七，7）。

A型陶圈足　2件。H23：7，夹砂褐陶。器壁饰圆形镂孔，足缘饰一周斜向绳纹。残高6.2厘米（图一七，6）。H23：8，夹砂褐陶。器壁饰椭圆形坑点纹。残高4.1厘米（图一七，5）。

B型陶器底　2件。H23：10，泥质灰陶。素面。底径9、残高4厘米（图一七，11）。H23：11，夹砂褐陶。平底微内凹。器壁饰斜向绳纹。底径6.9、残高6厘米（图一七，12）。

（二）第4层遗物

第4层出土的遗物有陶器和石器。该层出土陶片较少，以夹砂陶为主，泥质陶少见，陶色多为褐色、红褐色和灰褐色，多有纹饰，以绳纹为主，另有少量弦纹、戳印纹、刻划纹等。

A型陶尊　1件。T2④：8，夹砂黑褐陶。圆唇。素面。口径26、残高4厘米（图一八，11）。

B型陶喇叭口高领罐　1件。T2④：4，泥质黄陶。素面。残高5厘米（图一八，8）。

A型陶有领罐　1件。T2④：2，夹砂黑褐陶。口微侈，圆唇，溜肩。领、肩部饰斜向绳纹。残高4.5厘米（图一八，3）。

C型陶有领罐　2件。T2④：3，夹砂褐陶。侈口，尖圆唇，溜肩。领、肩部饰交错绳纹。残高5.3厘米（图一八，2）。T2④：7，夹砂褐陶。侈口，圆唇，溜肩。领、肩部饰斜向绳纹。残高6厘米（图一八，1）。

A型陶敛口罐　4件。T2④：11，夹砂黄褐陶。方唇，圆肩。肩部饰交错绳纹。残高5.5厘米（图一八，5）。T2④：12，夹砂黄褐陶。方唇，圆肩。肩部饰斜向绳纹。残高3.4厘米（图一八，4）。T2④：13，夹砂黑褐陶。方唇，圆肩。肩部饰斜向绳纹。残高6厘米（图一八，6）。T2④：14，夹砂黑褐陶。方唇，唇面有一道浅槽。器壁压印交错绳纹。残高6.1厘米（图一八，7）。

A型陶豆盘　1件。T2④：10，泥质黄褐陶。圆唇。口径32、残高3.6厘米（图一八，13）。

陶器盖　3件。素面。T2④：5，夹砂褐陶。方唇，盖壁斜直，盖缘内敛。残高4.7厘米（图一八，9）。T2④：6，夹砂褐陶。圆唇，盖壁斜直，盖缘内敛。残高3.9厘米（图

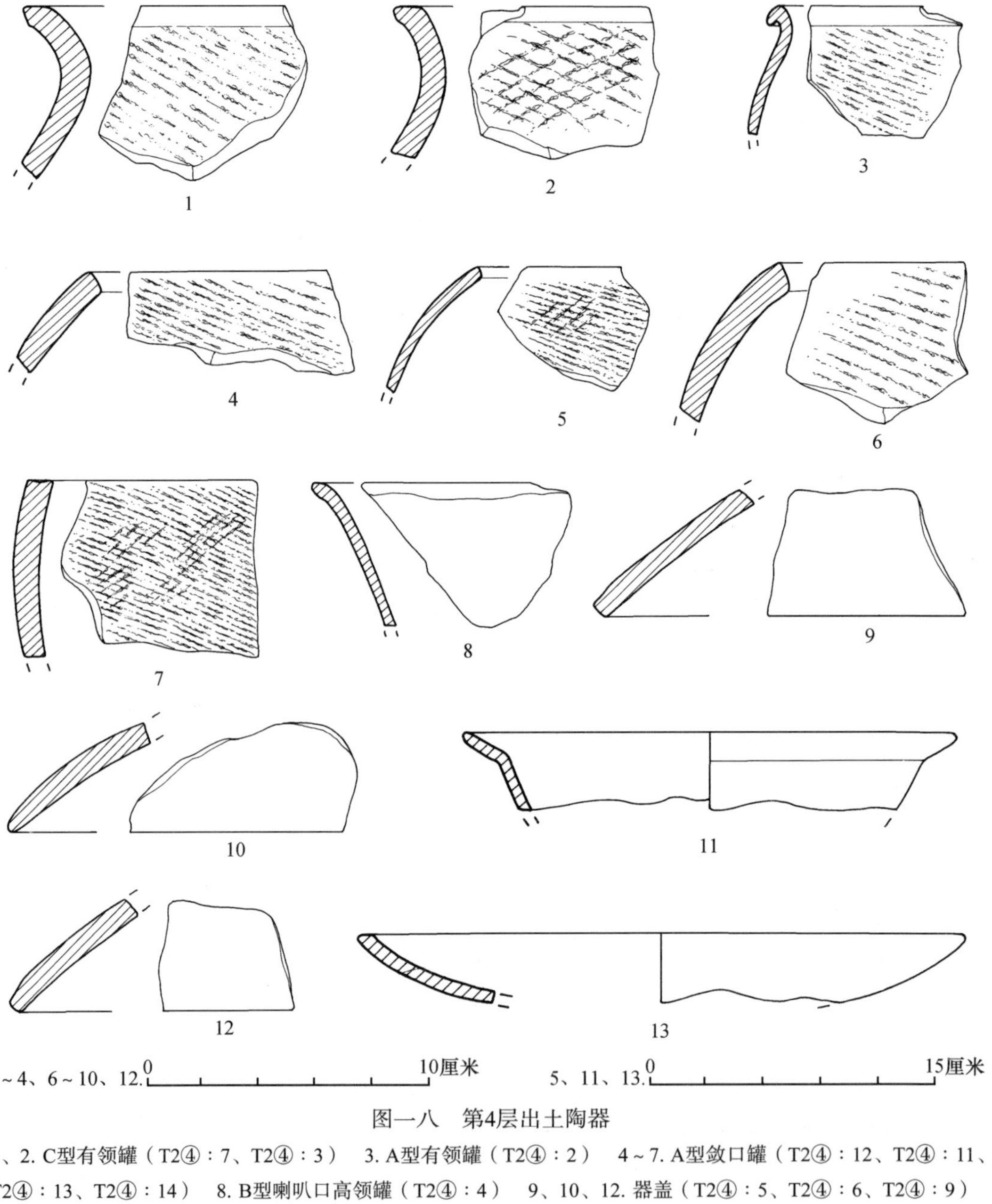

图一八　第4层出土陶器

1、2. C型有领罐（T2④：7、T2④：3）　3. A型有领罐（T2④：2）　4～7. A型敛口罐（T2④：12、T2④：11、T2④：13、T2④：14）　8. B型喇叭口高领罐（T2④：4）　9、10、12. 器盖（T2④：5、T2④：6、T2④：9）　11. A型尊（T2④：8）　13. A型豆盘（T2④：10）

一八，10）。T2④：9，夹砂褐陶。方唇，盖壁斜直。残高3.9厘米（图一八，12）。

石凿　1件。T2④：2，浅褐石质。残甚。长条形，弧刃，侧边平直，尾端残断。通体打制。残长7.1、宽4.9、厚1.2厘米（图一九，2）。

石锛　1件。T1④：1，黄白石质。平面近梯形，斜弧刃，两侧斜直，尾部较窄，中部较厚，两端较薄。通体磨光。长6、宽4.4、最厚处1.6厘米（图一九，1）。

石斧　1件。T1④：2，青灰石质。刃部略弧，刃宽尾窄，两侧弧收，中间厚、两端薄。通体磨制，器表留有打击石料时的打击痕迹。长10.4、宽6、最厚处3厘米（图一九，3）。

石矛　1件。T2④：1，灰绿石质。残甚。矛头呈三角形，刃部及底部均残断，矛身扁平。残长3.7、宽5.4、厚0.7厘米（图一九，4）。

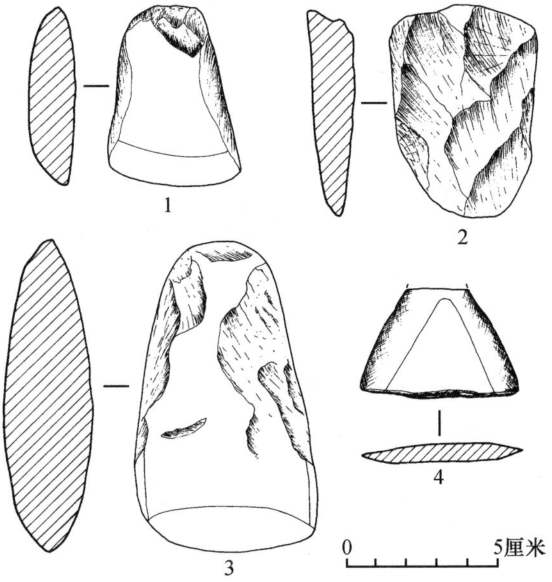

图一九　第4层出土石器

1. 锛（T1④：1）　2. 凿（T2④：2）　3. 斧（T1④：2）　4. 矛（T2④：1）

四、商周时期遗存

商周时期遗存包括的地层和遗迹单位有T1～T5的第3层和H8、H9、H12、H14、H15、H18、H20、H24、H25以及Y1。出土遗物包括大量陶器和少量石器。夹砂陶占大宗，泥质陶占比较小。夹砂陶以褐陶为主，其次为黑褐陶、灰褐陶、黄褐陶，另有少量红褐陶；泥质陶以黑皮陶为主，另有少量灰白陶、橙黄陶等。陶片以素面居多，有纹饰者多饰于肩部，纹饰以绳纹为主，其次为弦纹、网格纹、凸棱等。可辨器形有小平底罐、侈口罐、敛口罐、高领罐、瓮、盆、壶、高柄豆、器盖、圈足、器底等。按地层顺序简述如下。

（一）第3层下遗存

Y1 位于T5西部。开口于第3层下，被H25打破，打破生土。窑残长1.7～1.9米。窑室保存尚好，火膛仅存一小段。窑室平面近椭圆形，窑床底部为红烧土，均匀光滑，较薄，厚约0.05米。底部呈斜坡状，北高南低，窑顶不存，情况不明。火膛平面呈束腰喇叭状，顶部塌落（图二〇）。窑内填土为灰黑色黏土，结构紧密，夹杂少许红烧土颗粒和草木灰烬，出土少量陶片和红烧土块。窑室内出土陶片以夹砂陶为主，泥质陶较少，可辨器形有矮领罐、瓮、豆柄、豆圈足、圈足。

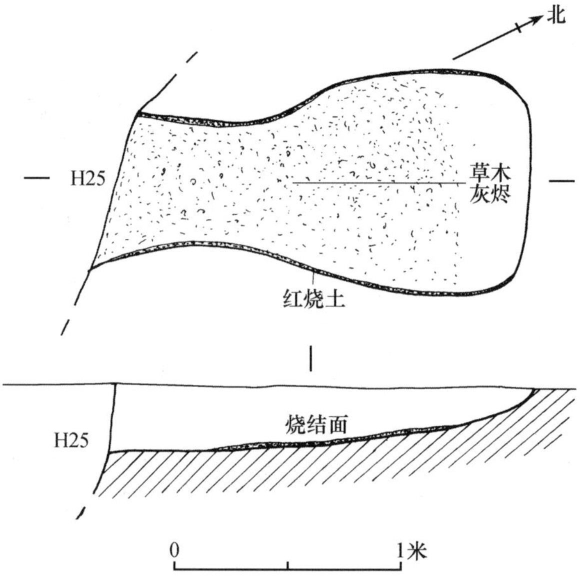

图二〇 Y1平、剖面图

陶矮领罐 1件。Y1：8，夹砂褐陶。尖圆唇，矮领。素面。残高3.3厘米（图二一，4）。

A型陶瓮 2件。素面。Y1：12，夹砂褐陶。方唇，微束颈。口径43.5、残高9厘米（图二一，2）。Y1：13，夹砂褐陶。圆唇。口径54、残高9厘米（图二一，1）。

A型陶豆柄 1件。直筒形。Y1：7，泥质灰黑陶。中部饰两周凸棱。残高6厘米（图二一，6）。

B型陶豆柄 3件。茧形。Y1：3，泥质黑皮陶。柄身中部略鼓、两边略细。素面。残高13厘米（图二一，9）。Y1：4，泥质灰黑陶。柄身中部略鼓、两边略细。素面。残高12厘米（图二一，8）。Y1：5，泥质灰黑陶。中间略粗、两端略细。中间装饰一周凸棱似竹节状，凸棱上下两侧各有一圆形小孔。残高17.5厘米（图二一，5）。

陶豆圈足 2件。素面。Y1：10，泥质黑皮陶。喇叭状。残高7厘米（图二一，7）。Y1：6，夹砂褐陶。残高2.7厘米（图二一，10）。

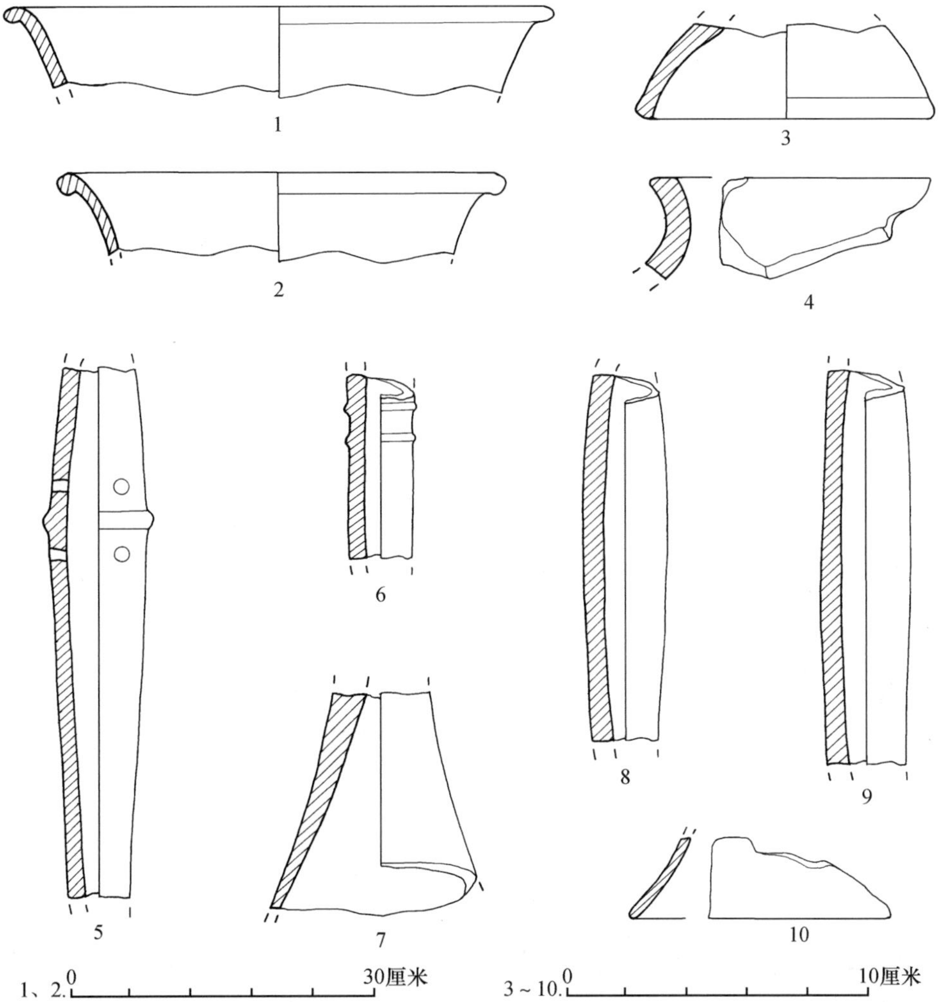

图二一　Y1出土陶器

1、2. A型瓮（Y1：13、Y1：12）　3. B型圈足（Y1：11）　4. 矮领罐（Y1：8）　5、8、9. B型豆柄（Y1：5、Y1：4、Y1：3）　6. A型豆柄（Y1：7）　7、10. 豆圈足（Y1：10、Y1：6）

B型陶圈足　1件。Y1：11，夹砂红褐陶。素面。足径10、残高3.1厘米（图二一，3）。

H8　位于T1南部偏西。开口于第3层下，打破第4层，被一条汉代沟打破。平面形状近圆形，弧壁，圜底。坑口最长2.6、宽2.4、深0.12米，距地表深0.37米（图二二）。坑内填土为黑褐色，带有大量褐色斑点，土质湿润且较黏，结构较疏松，内含较多草木灰烬。出土较多陶片，以夹砂褐陶为主，另有少量泥质黑皮陶，可辨器形有侈口罐、敛口罐、高领罐、豆圈足。

C型陶侈口罐　1件。H8：7，夹砂灰褐陶。方唇。素面。口径19、残高5.2厘米（图二三，1）。

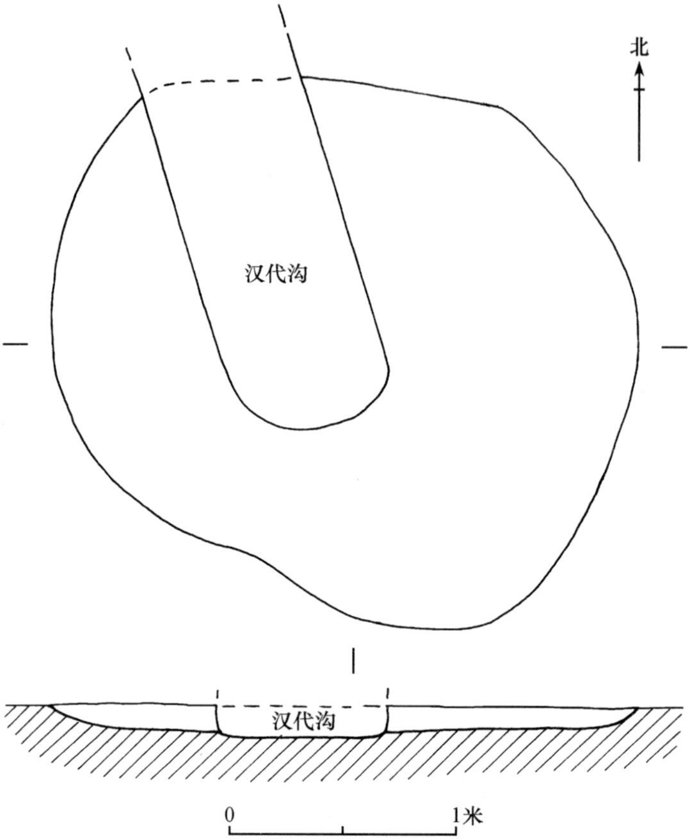

图二二　H8平、剖面图

C型陶敛口罐　2件。H8∶5，夹砂黑褐陶。方唇，唇部有一道浅槽，圆肩。口、肩部饰斜向绳纹。残高4厘米（图二三，4）。H8∶6，夹砂黑褐陶。方唇，唇部有一道浅槽，圆肩。口、肩部饰斜向绳纹。残高3厘米（图二三，3）。

陶高领罐　1件。H8∶8，夹砂黑褐陶。侈口，方圆唇，高领，微束颈。领部饰两周凹弦纹。口径22、残高16.2厘米（图二三，2）。

陶豆圈足　1件。H8∶9，泥质黑皮褐陶。喇叭状，足跟加厚形成一周凸棱。足径16、残高3厘米（图二三，5）。

H9　位于T1西南部，部分延伸至T2北隔梁下，扩方清理。开口于第3层下，打破第4层、H16和生土，被一现代坑打破。平面呈不规则形，弧壁，圜底。坑口最长2.5、宽2.1、深0.2米，距地表深0.35米（图二四）。坑内填土为灰褐色，带有大量褐色斑点，土质湿润且较黏，结构较紧密，内含较多草木灰烬。出土大量夹砂陶和少量泥质陶，可辨器形有圈足罐、小平底罐、敛口罐、瓮、豆柄、豆盘、豆圈足、圈足。

陶圈足罐　2件。H9∶1，夹砂褐陶。敛口，卷沿，圆唇，圆肩，下腹斜弧，平底，圈足较小。素面。口径20.4、肩径20.4、足径6.8厘米（图二五，9）。H9∶18，夹砂褐陶。下腹斜直，喇叭状圈足。素面。残高5.7厘米（图二五，10）。

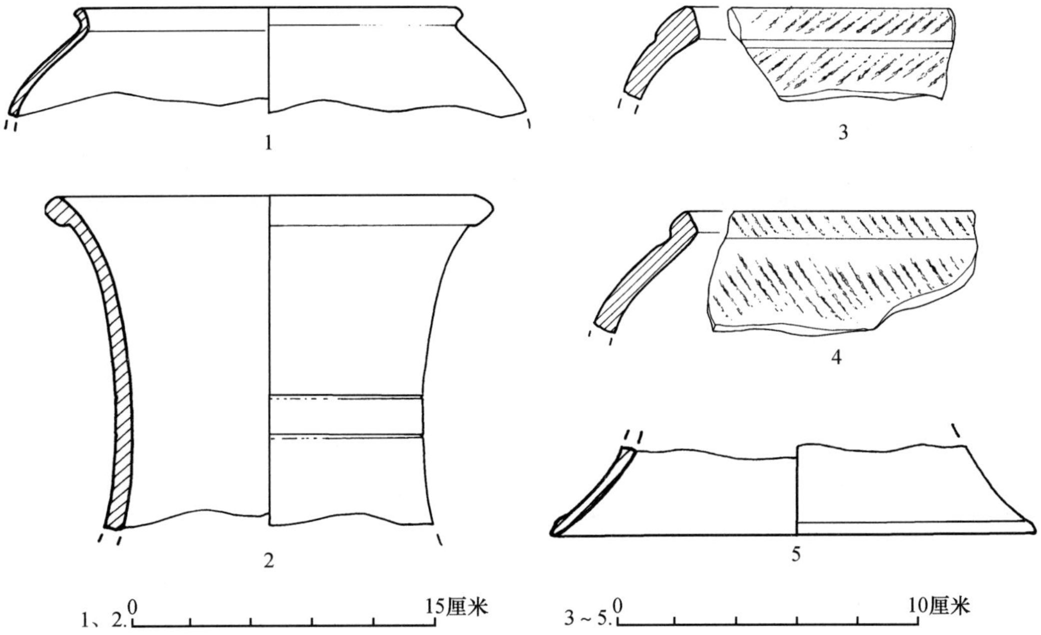

图二三　H8出土陶器

1. C型侈口罐（H8：7）　2. 高领罐（H8：8）　3、4. C型敛口罐（H8：6、H8：5）　5. 豆圈足（H8：9）

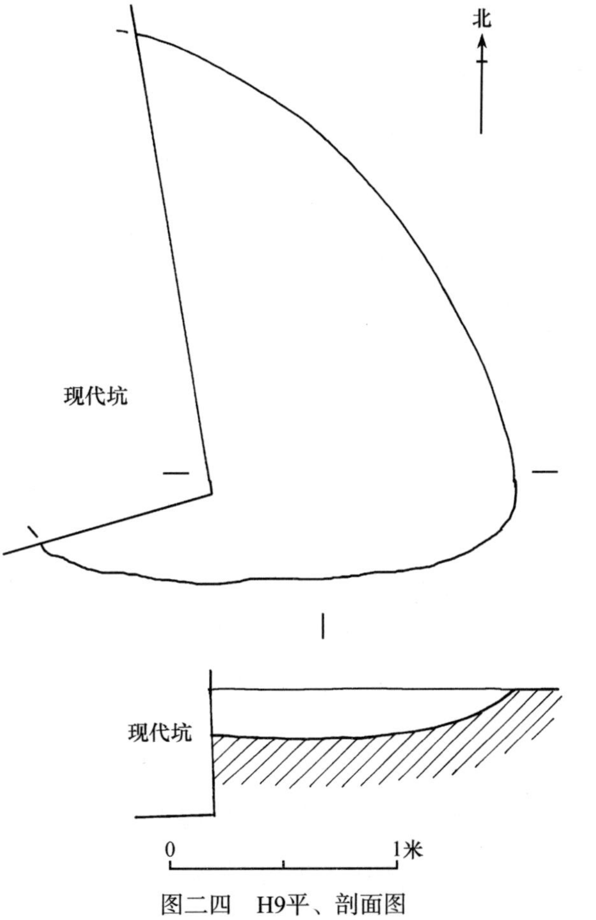

图二四　H9平、剖面图

陶小平底罐　1件。H9：16，夹砂灰陶。侈口，斜沿，圆唇，溜肩。素面。残高5.5厘米（图二五，11）。

B型陶敛口罐　4件。H9：10，夹砂黑皮褐陶。圆唇，唇面有一道浅槽，鼓肩。口、肩部饰斜向绳纹。口径28、残高6厘米（图二五，3）。H9：11，夹砂黑褐陶。圆唇，唇面有一道浅槽，鼓肩。口、肩部饰斜向绳纹。残高8.4厘米（图二五，7）。H9：12，夹砂黑皮褐陶。圆唇，唇面有一道浅槽，鼓肩。口、肩部饰斜向绳纹。口径48、残高13.5厘米（图二五，2）。H9：13，夹砂黑褐陶。尖圆唇，鼓肩。口、肩部饰斜向绳纹。残高6.7厘米（图二五，6）。

D型陶敛口罐　2件。沿面有一周凹槽，素面。H9：8，夹砂灰褐陶。方唇，圆肩。残高7厘米（图二五，5）。H9：9，夹砂褐陶。方唇，圆肩。口径30、残高11.2厘米（图二五，4）。

A型陶瓮　1件。H9：5，夹砂褐陶。折沿，圆唇，广肩。肩部饰斜向绳纹。口径48、残高9.9厘米（图二五，1）。

B型陶豆柄　1件。H9：6，豆盘部分为夹砂黑皮褐陶，豆柄部分为泥质黑皮陶。杯形豆盘，柄部中间粗、两端细。素面。残高22厘米（图二五，14）。

B型陶豆盘　1件。H9：7，夹砂褐陶。中空。素面。残高5.7厘米（图二五，12）。

陶豆圈足　1件。H9：15，夹砂黑褐陶。圆唇，足沿加厚。残高5厘米（图二五，13）。

D型陶圈足　1件。H9：20，夹砂黄褐陶。圆筒状，中空。近底部饰镂孔。足径4、残高4厘米（图二五，8）。

H12　位于T2东部和T3西部，部分延伸至T2东隔梁下，打隔梁清理。开口于第3层下，打破第4层、H21、H22和H23至生土。平面形状近椭圆形，弧壁，圜底。坑口最长4.8、宽3.4、深1米，距地表深0.45米（图二六）。坑内填土为灰褐色，带有大量褐色斑点，土质湿润且较黏，结构较紧密，内含较多草木灰烬，底部有一层灰烬土。出土大量夹砂陶和少量泥质陶，可辨器形介绍如下。

陶小平底罐　4件。素面。H12：1，夹砂褐陶。侈口，长沿，圆唇，鼓肩，下腹斜直，小平底。口径13、肩径13.8、底径3、高8.1厘米（图二七，1）。H12：2，泥质灰白陶。侈口，长沿，尖唇，溜肩。残宽6.5、高4厘米（图二七，6）。H12：5，夹砂灰褐陶。侈口，方唇，圆肩。口径12、肩径16.3、残高5.5厘米（图二七，2）。H12：6，夹砂灰褐陶。卷沿，圆唇，鼓肩。口径13、肩径13.8、残高4厘米（图二七，3）。

A型陶敛口罐　1件。H12：11，夹砂黑褐陶。方唇，圆肩。口部饰斜向绳纹，肩部饰横向绳纹。残宽7、残高6.1厘米（图二七，9）。

B型陶敛口罐　1件。H12：10，夹砂褐陶。沿面有一道凹槽，方唇，圆肩。肩部饰横向绳纹。残宽6、残高6.3厘米（图二七，10）。

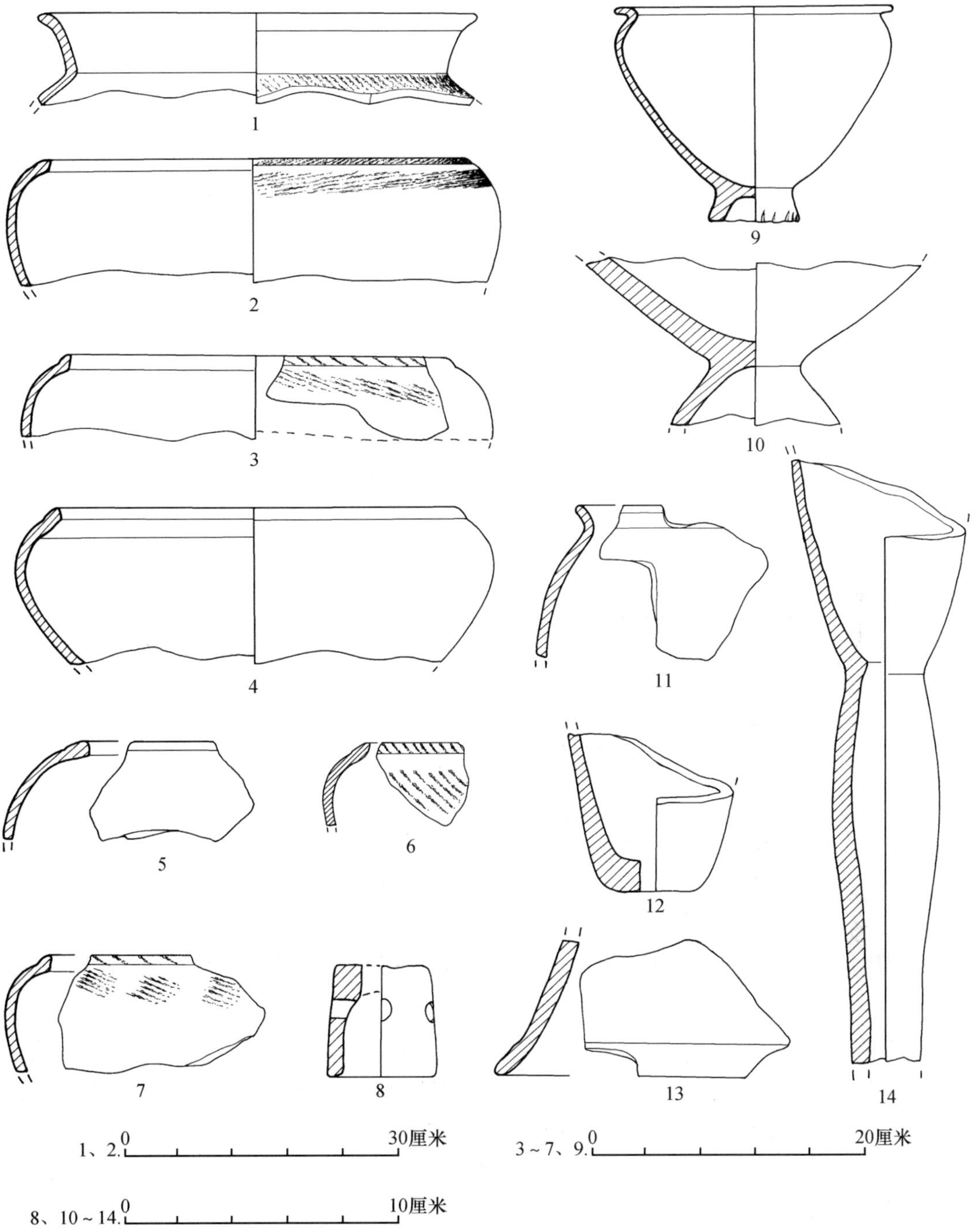

图二五　H9出土陶器

1. A型瓮（H9：5）　2、3、6、7. B型敛口罐（H9：12、H9：10、H9：13、H9：11）　4、5. D型敛口罐（H9：9、H9：8）　8. D型圈足（H9：20）　9、10. 圈足罐（H9：1、H9：18）　11. 小平底罐（H9：16）　12. B型豆盘（H9：7）　13. 豆圈足（H9：15）　14. B型豆柄（H9：6）

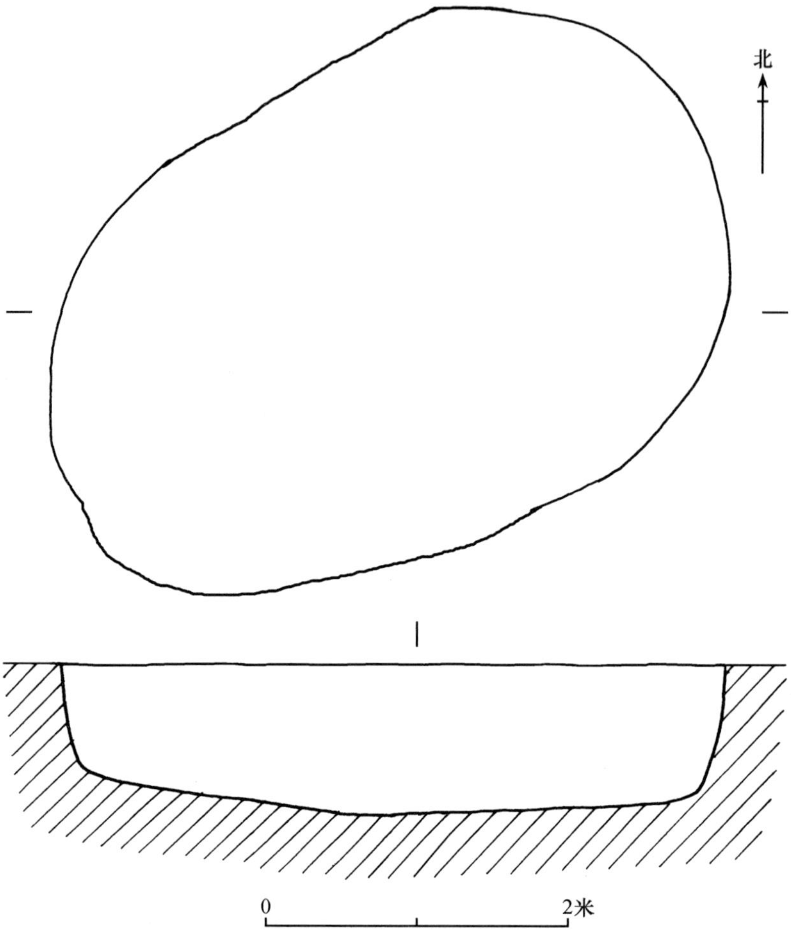

图二六　H12平、剖面图

A型陶侈口罐　1件。H12：4，夹砂灰褐陶。侈沿，斜方唇。素面。残宽10.5、残高7厘米（图二七，5）。

B型陶侈口罐　2件。H12：7，夹砂灰褐陶。翻沿，方唇。肩部饰横向绳纹。残宽9.5、残高6厘米（图二七，8）。H12：9，夹砂黑褐陶。翻沿，方唇。肩部饰斜向绳纹。残宽7、残高5.3厘米（图二七，4）。

陶壶　1件。H12：3，夹砂黑褐陶。近直口，尖圆唇。沿下饰一周凸棱。残高9.3厘米（图二八，1）。

A型陶盖纽　1件。H12：18，夹砂灰黑陶。素面。纽径2.8、残高2厘米（图二七，7）。

A型陶豆柄　1件。H12：5，泥质灰黑陶。柄部饰两周凹弦纹。残高13厘米（图二八，8）。

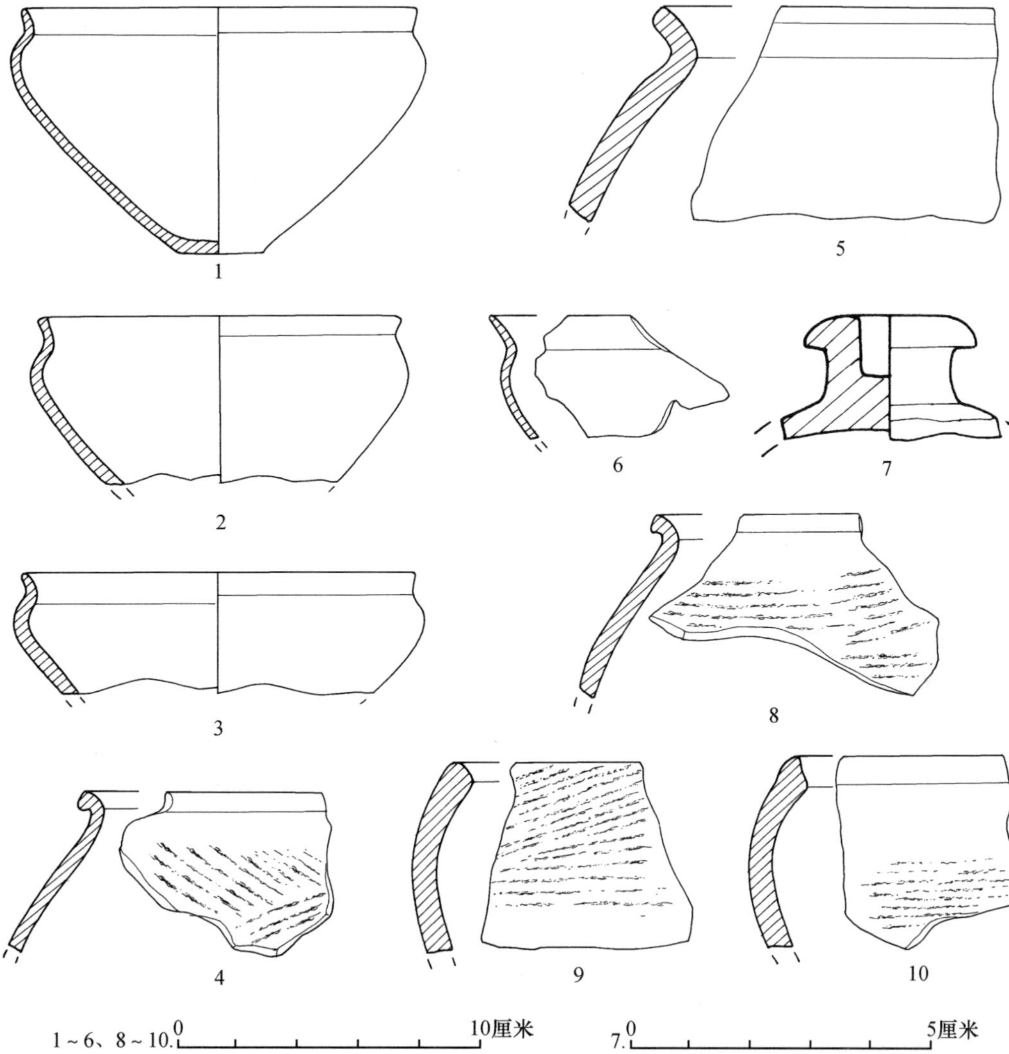

图二七　H12出土陶器

1～3、6. 小平底罐（H12：1、H12：5、H12：6、H12：2）　4、8. B型侈口罐（H12：9、H12：7）
5. A型侈口罐（H12：4）　7. A型盖纽（H12：18）　9. A型敛口罐（H12：11）　10. B型敛口罐（H12：10）

B型陶豆柄　1件。H12：16，泥质黑皮褐胎陶。中部略粗、两端较细。中部饰一周凸棱，另有一圆形镂孔。残高12厘米（图二八，6）。

陶器座　1件。H12：20，夹砂黄陶。口沿内侧加厚，器身饰镂孔。残高6.5厘米（图二八，7）。

穿孔陶片　1件。H12：21，夹砂褐陶。平面近椭圆形，中部有一穿孔。残高8.8厘米（图二八，5）。

A型陶器底　1件。H12：17，夹砂灰黑陶。宽平底，底部略凹。素面。底径15、残高6.5厘米（图二八，3）。

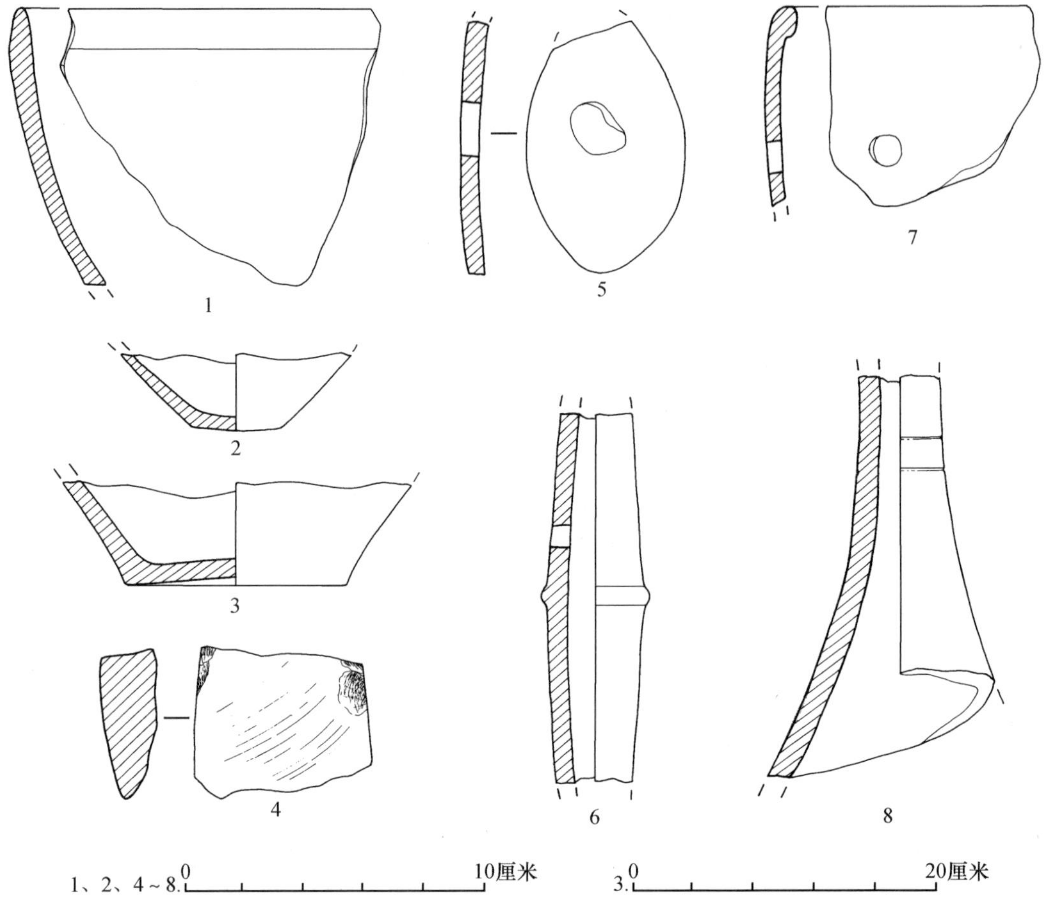

图二八　H12出土器物

1. 陶壶（H12：3）　2. D型陶器底（H12：12）　3. A型陶器底（H12：17）　4. 石锛（H12：2）　5. 穿孔陶片（H12：21）　6. B型陶豆柄（H12：16）　7. 陶器座（H12：20）　8. A型陶豆柄（H12：5）

D型陶器底　1件。H12：12，夹砂灰褐陶。素面。底径3、残高2.5厘米（图二八，2）。

石锛　1件。H12：2，青白石质。残甚。斜直刃，刃宽尾窄，尾端残断，两侧斜直。通体磨光。残长5、宽6.2、厚0.8厘米（图二八，4）。

H15　位于T1东南部和T2东北部，部分伸入T2北隔梁下，打隔梁清理。开口于第3层下，打破第4层至生土。平面形状近椭圆形，弧壁，平底。坑口最长5.3、宽3.6、深0.72米，距地表深0.4米（图二九）。坑内填土为黑褐色，土质湿润且较黏，结构较疏松，内含大量草木灰烬。出土大量夹砂陶和少量泥质陶，可辨器形有小平底罐、高领罐、侈口罐、壶、敛口钵、敛口罐、瓮、盆、豆盘、豆柄、圈足、器底、盖纽。还出土2件石刀。

陶小平底罐　3件。素面。H15：53，夹砂灰褐陶。侈口，短沿，方唇，折肩。口径12、残高6厘米（图三〇，5）。H15：54，夹砂灰褐陶。侈口，长沿，圆唇，折肩。

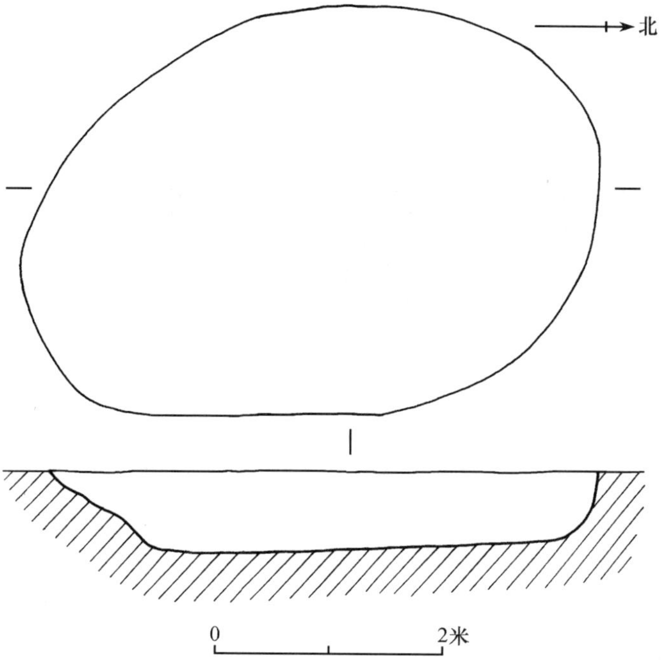

图二九 H15平、剖面图

残高3.2厘米（图三〇，7）。H15：55，夹砂灰陶。侈口，长沿，圆唇，折肩。残高5厘米（图三〇，6）。

陶高领罐 2件。H15：42，夹砂灰褐陶。侈口，平沿，圆唇，束颈。素面。口径10、残高5.8厘米（图三〇，13）。H15：50，夹砂灰褐陶。近直口，平沿，圆唇。领部饰一周凹弦纹。残宽7.6、高5.8厘米（图三〇，11）。

A型陶侈口罐 3件。H15：30，夹砂红褐陶。方唇。肩部饰横向绳纹。口径10.2、残高3.2厘米（图三〇，4）。H15：33，夹砂灰褐陶。方唇。肩部饰横向绳纹。口径26、残高7.8厘米（图三〇，2）。H15：34，夹砂灰黑陶。方唇。肩部饰横向绳纹加一周凹弦纹。残宽11.3、残高7厘米（图三〇，10）。

B型陶侈口罐 2件。H15：32，夹砂黑褐陶。方唇。肩部饰斜向绳纹加一周凹弦纹。口径13、残高4厘米（图三〇，3）。H15：35，夹砂灰黑陶。方唇。肩部饰横向绳纹。口径30、残高7.4厘米（图三〇，1）。

C型陶侈口罐 1件。H15：31，夹砂灰褐陶。方唇。肩部饰横向绳纹加两周凹弦纹。残高4.7厘米（图三〇，9）。

陶壶 1件。H15：23，夹砂红褐陶。侈口，圆唇。沿下有一周凸棱。残高6.7厘米（图三〇，12）。

陶敛口钵 1件。H15：37，夹砂灰褐陶。圆唇，溜肩。素面。口径17、残高4厘米（图三〇，8）。

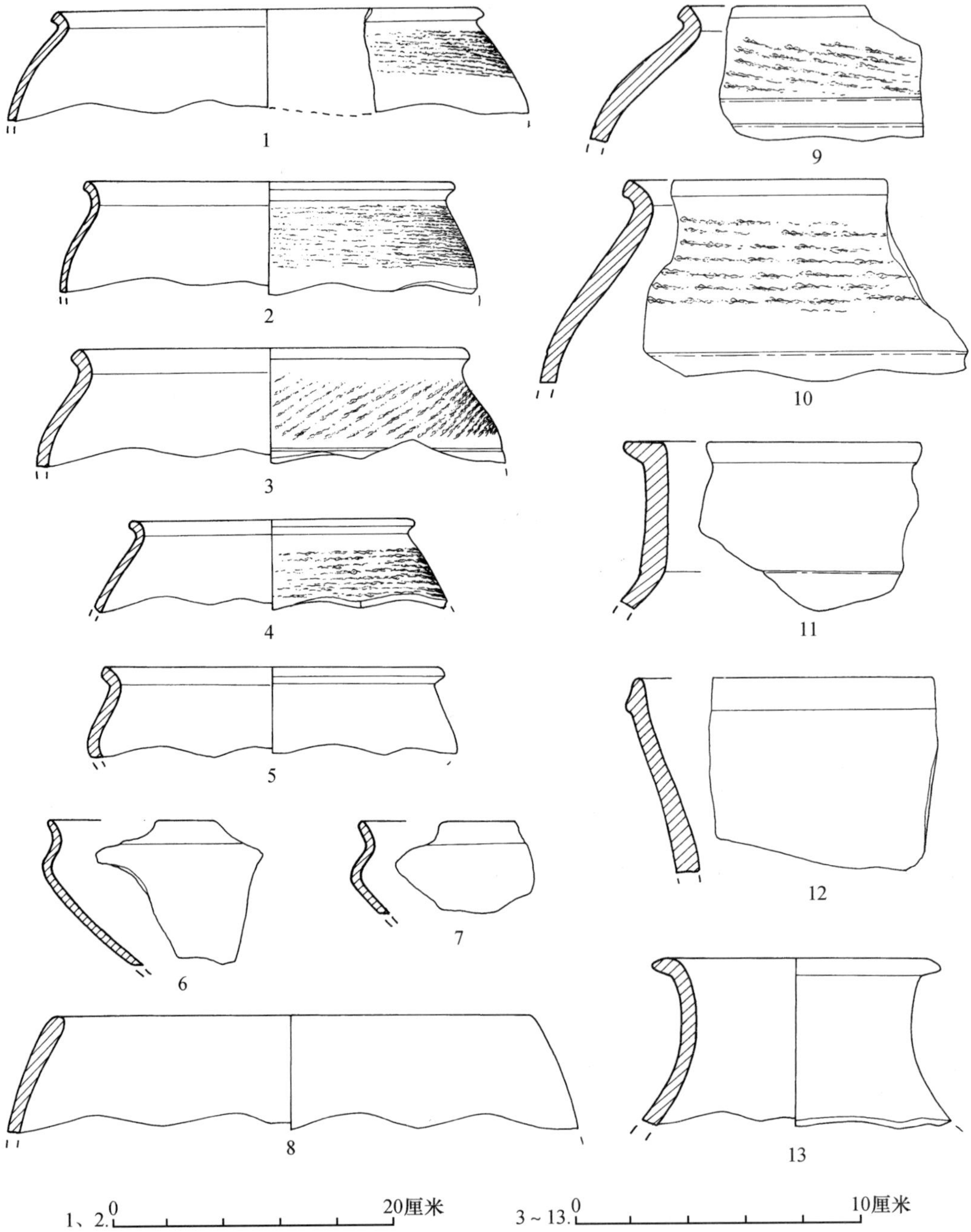

图三〇　H15出土陶器

1、3. B型侈口罐（H15：35、H15：32）　2、4、10. A型侈口罐（H15：33、H15：30、H15：34）　5～7. 小平底罐（H15：53、H15：55、H15：54）　8. 敛口钵（H15：37）　9. C型侈口罐（H15：31）　11、13. 高领罐（H15：50、H15：42）　12. 壶（H15：23）

B型陶敛口罐 8件。H15∶14，夹砂黑褐陶。圆唇，鼓肩。口、肩部饰斜向绳纹。口径32、残高4.4厘米（图三一，2）。H15∶16，夹砂褐陶。尖圆唇，鼓肩。口部饰斜向绳纹，肩部饰横向绳纹。残高3.8厘米（图三一，5）。H15∶17，夹砂灰褐陶。圆唇，唇面有一周浅槽。口、肩部饰斜向绳纹。残高4.6厘米（图三一，8）。H15∶18，夹砂灰褐陶。圆唇，鼓肩。肩部饰斜向绳纹。残高8厘米（图三一，3）。H15∶19，夹砂灰褐陶。方唇，圆肩。口、肩部饰斜向绳纹。口径34、残高5厘米（图三一，1）。H15∶20，夹砂灰褐陶。方唇，圆肩。口部饰斜向绳纹，肩部饰斜向绳纹加一周凹弦纹。残高6.3厘米（图三一，7）。H15∶21，夹砂黑褐陶。方唇，鼓肩。口部饰斜向绳

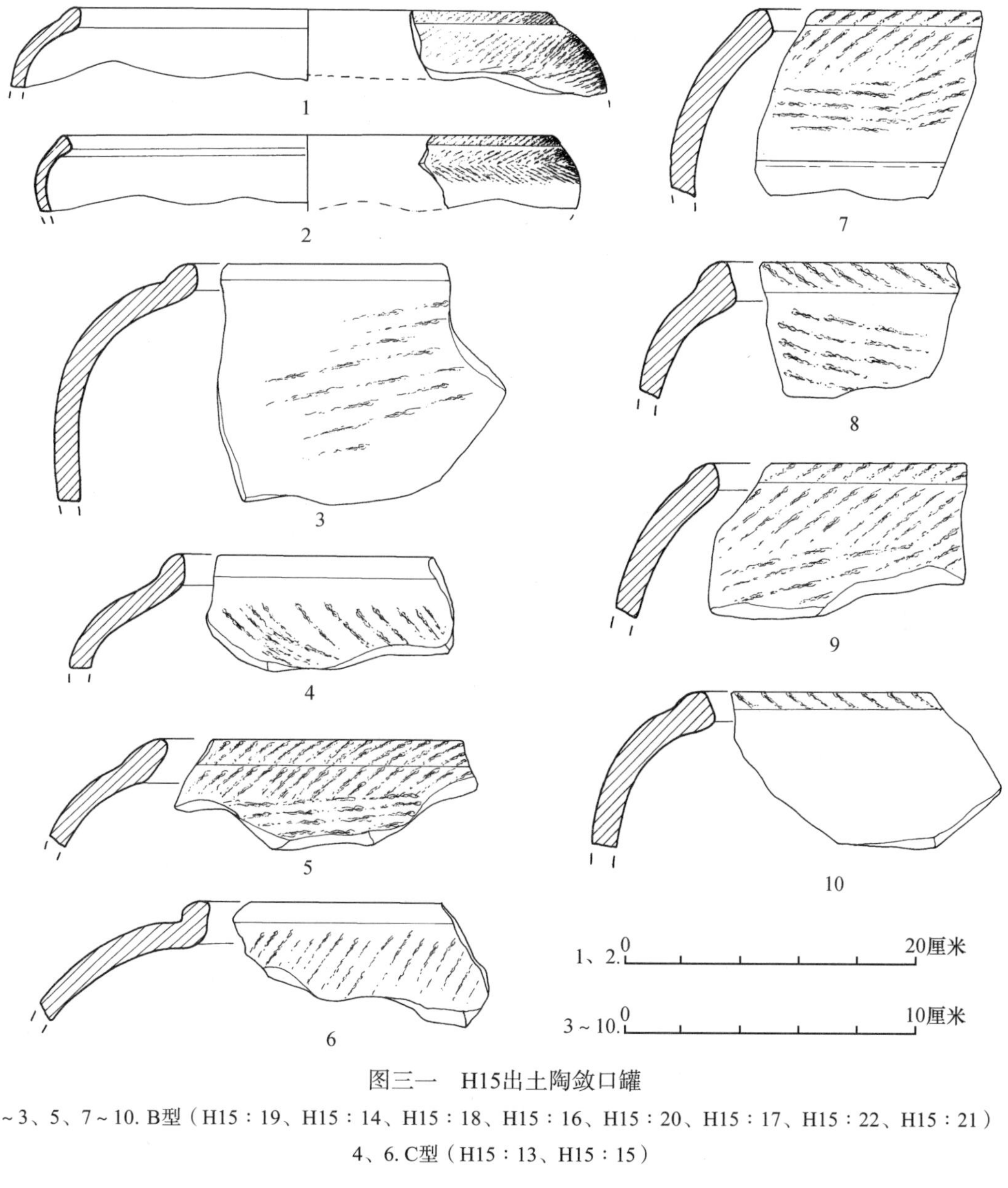

图三一 H15出土陶敛口罐

1～3、5、7～10. B型（H15∶19、H15∶14、H15∶18、H15∶16、H15∶20、H15∶17、H15∶22、H15∶21）
4、6. C型（H15∶13、H15∶15）

纹。残高5.6厘米（图三一，10）。H15：22，夹砂黑褐陶。方唇，溜肩。口、肩部饰斜向绳纹。残高5.4厘米（图三一，9）。

C型陶敛口罐　2件。H15：13，夹砂褐陶。圆唇，鼓肩。肩部饰斜向绳纹。残宽8.4、残高3.9厘米（图三一，4）。H15：15，夹砂黑皮褐陶。口沿内侧有一道浅槽，圆唇，广肩。肩部饰斜向绳纹。残宽8.5、残高4.1厘米（图三一，6）。

A型陶瓮　2件。素面。H15：26，夹砂灰黑陶。卷沿，圆唇。口径28、残高9.2厘米（图三二，2）。H15：45，夹砂灰褐陶。圆唇。口径34、残高11厘米（图三二，3）。

B型陶瓮　1件。H15：24，夹砂灰褐陶。方圆唇，鼓肩。素面。残宽11.2、残高7厘米（图三二，6）。

C型陶瓮　1件。H15：25，夹砂灰褐陶。平沿，圆唇，广肩。肩部饰两组弦纹，每组三周。口径28、残高6厘米（图三二，1）。

陶盆　2件。H15：28，夹砂灰黑陶。平沿，尖圆唇，深弧腹。素面。口径32、残高8.4厘米（图三二，4）。H15：29，夹砂黑褐陶。平折沿，尖圆唇，深腹。腹中部饰两周凹弦纹。口径36、残高9厘米（图三二，5）。

B型陶豆盘　2件。素面。H15：71，夹砂灰褐陶。残高10.2厘米（图三三，1）。H15：72，夹砂灰褐陶。直筒豆柄。残高21.9厘米（图三三，3）。

A型陶豆柄　3件。素面。H15：6，泥质黑皮陶。残高23.2厘米（图三三，11）。H15：9，夹砂黑褐陶。残高16厘米（图三三，4）。H15：10，夹砂褐陶。残高12厘米（图三三，5）。

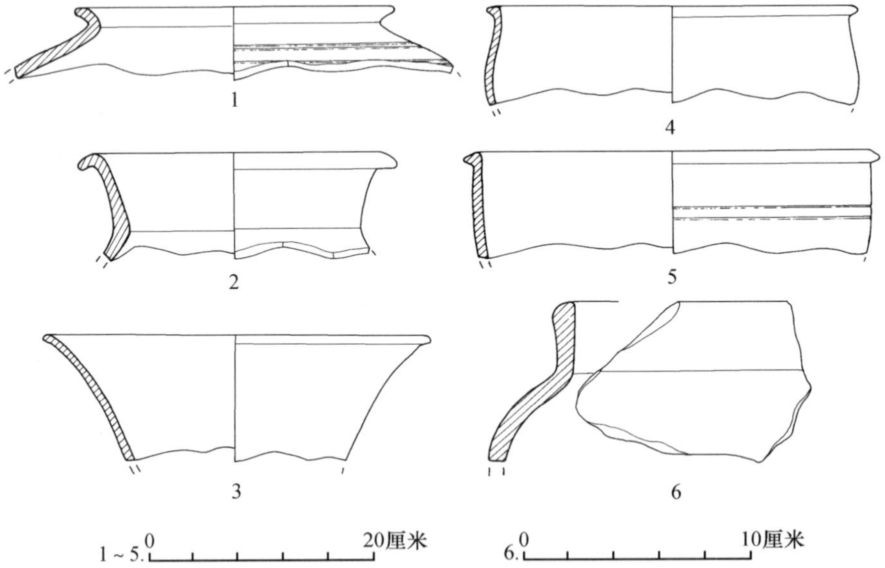

图三二　H15出土陶器

1. C型瓮（H15：25）　2、3. A型瓮（H15：26、H15：45）　4、5. 盆（H15：28、H15：29）　6. B型瓮（H15：24）

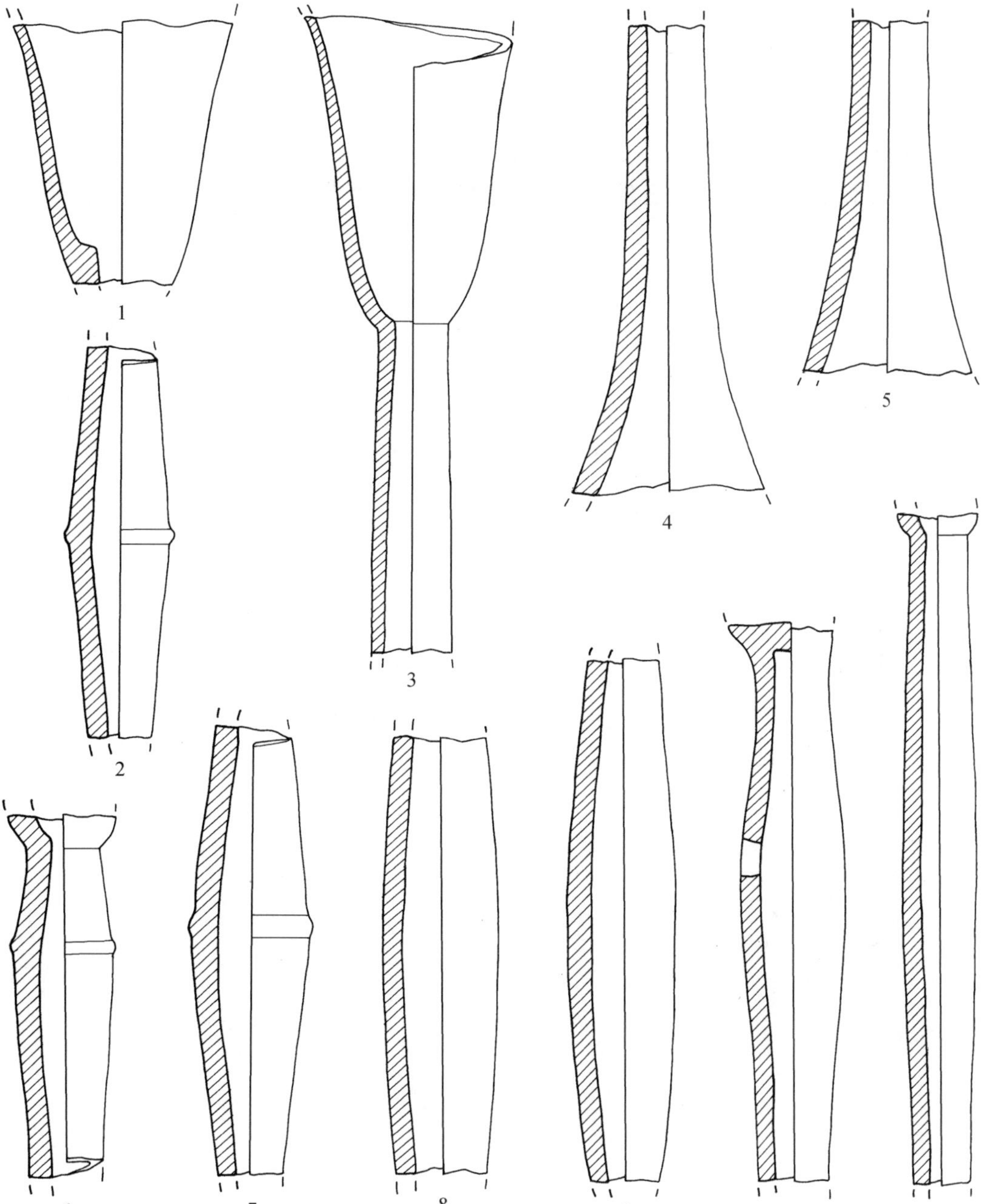

图三三 H15出土陶器

1、3. B型豆盘（H15：71、H15：72） 2、6～10. B型豆柄（H15：3、H15：4、H15：8、H15：12、H15：5、H15：7） 4、5、11. A型豆柄（H15：9、H15：10、H15：6）

B型陶豆柄　6件。H15：3，泥质灰黑陶。中部饰一周凸棱。残高13.5厘米（图三三，2）。H15：4，泥质黑皮陶。中部饰一周凸棱。残高12.5厘米（图三三，6）。H15：5，泥质黑褐陶。素面。残高18厘米（图三三，9）。H15：7，泥质褐陶。中部有一圆形镂孔。残高19.5厘米（图三三，10）。H15：8，泥质灰黑陶。中部饰一周凸棱。残高15.5厘米（图三三，7）。H15：12，夹砂灰褐陶。素面。残高15厘米（图三三，8）。

陶豆圈足　2件。H15：22，夹砂黑皮陶。喇叭状圈足。素面。足径14、残高4.5厘米（图三四，8）。H15：46，泥质黑皮陶。足壁饰两周凹弦纹。足径11、残高3厘米（图三四，7）。

B型陶圈足　3件。H15：43，夹砂褐陶。素面。足径13.5、残高6.1厘米（图三四，6）。H15：47，夹砂红褐陶。素面。足径8.6、残高6厘米（图三四，3）。H15：48，夹砂褐陶。足壁饰一圆形镂孔。足径9、残高6.5厘米（图三四，4）。

D型陶圈足　2件。H15：49，夹砂灰褐陶。足径6.2、残高2.6厘米（图三四，1）。H15：51，夹砂褐陶。足径5.5、残高3厘米（图三四，2）。

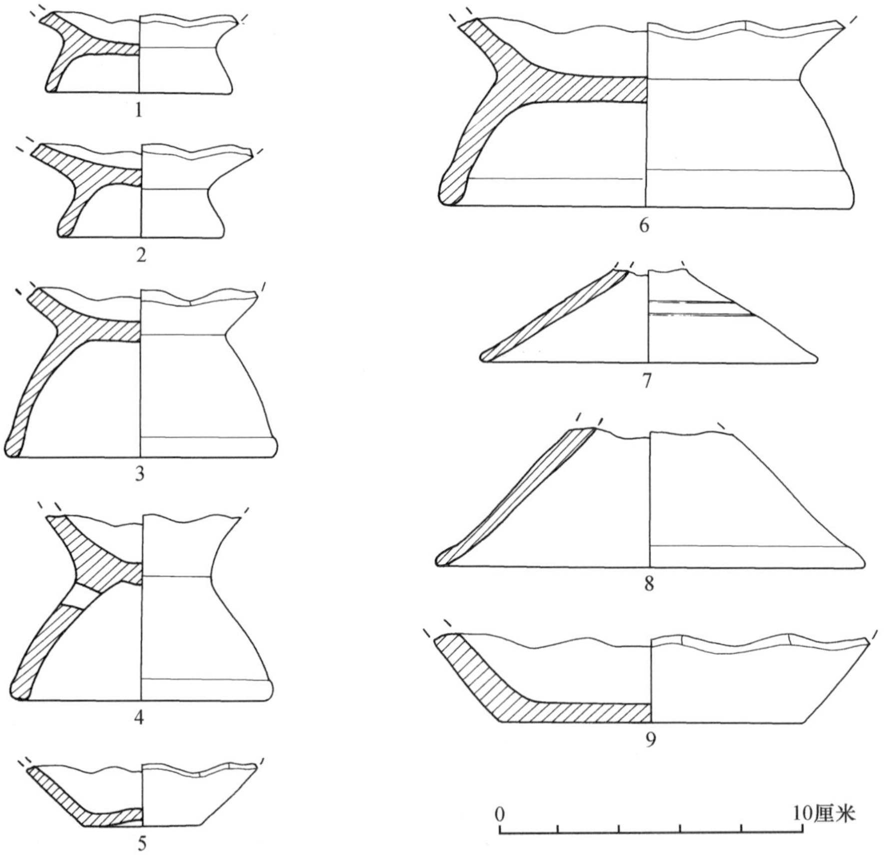

图三四　H15出土陶器

1、2. D型圈足（H15：49、H15：51）　3、4、6. B型圈足（H15：47、H15：48、H15：43）　5. D型器底（H15：37）　7、8. 豆圈足（H15：46、H15：22）　9. A型器底（H15：36）

A型陶器底　1件。H15：36，夹砂灰陶。底径10、残高2.9厘米（图三四，9）。

D型陶器底　1件。H15：37，夹砂灰陶。底面微凹。底径3.8、残高2厘米（图三四，5）。

A型陶盖纽　2件。H15：28，夹砂灰褐陶。纽径4.6、残高3.5厘米（图三五，1）。H15：39，夹砂灰褐陶。纽径4.8、残高3厘米（图三五，2）。

B型陶盖纽　1件。H15：40，夹砂灰褐陶。纽径4.5、残高3.4厘米（图三五，4）。

C型陶盖纽　1件。H15：41，夹砂灰褐陶。纽径3.8、残高5.2厘米（图三五，3）。

石刀　2件。H15：1，青灰石质。残甚。仅余一端，另一端残断。弧刃，刃部较窄，刀身磨光。残长6、宽3.6、厚1.7厘米（图三五，6）。H15：2，灰白石质。残甚。斜弧刃残破，背部平直，一端残断。通体磨光。残长3.5、宽3.1、厚0.6厘米（图三五，5）。

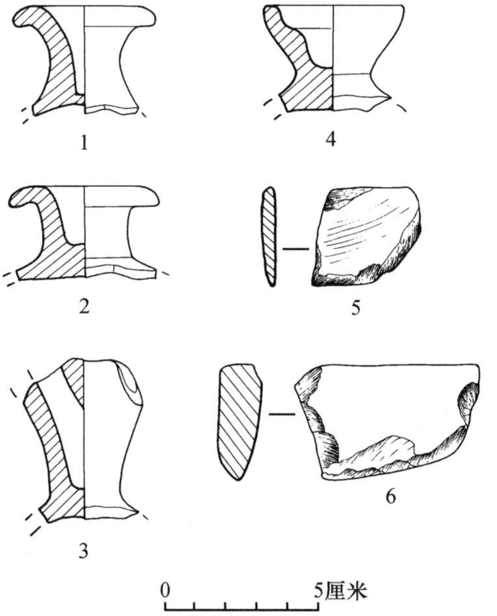

图三五　H15出土器物

1、2. A型陶盖纽（H15：28、H15：39）　3. C型陶盖纽（H15：41）　4. B型陶盖纽（H15：40）　5、6. 石刀（H15：2、H15：1）

H18　位于T3西南部，部分伸入T3南壁内，未扩方清理。开口于第3层下，打破第4层至生土。已清理部分平面呈不规则形，弧壁，圜底。坑口最长2.66、宽2.2、深0.56米，距地表深0.5米（图三六）。坑内填土为黑褐色，土质湿润且较黏，结构较疏松，内含大量草木灰烬。出土较多夹砂陶和少量泥质陶，可辨器形有侈口罐、敛口罐、瓮、豆柄、豆圈足、圈足、器底。

B型陶侈口罐　2件。H18：2，夹砂褐陶。方唇。素面。口径28、残高13厘米（图三七，1）。H18：3，夹砂褐陶。方唇。肩部饰交错绳纹。口径26、残高6.8厘米（图三七，2）。

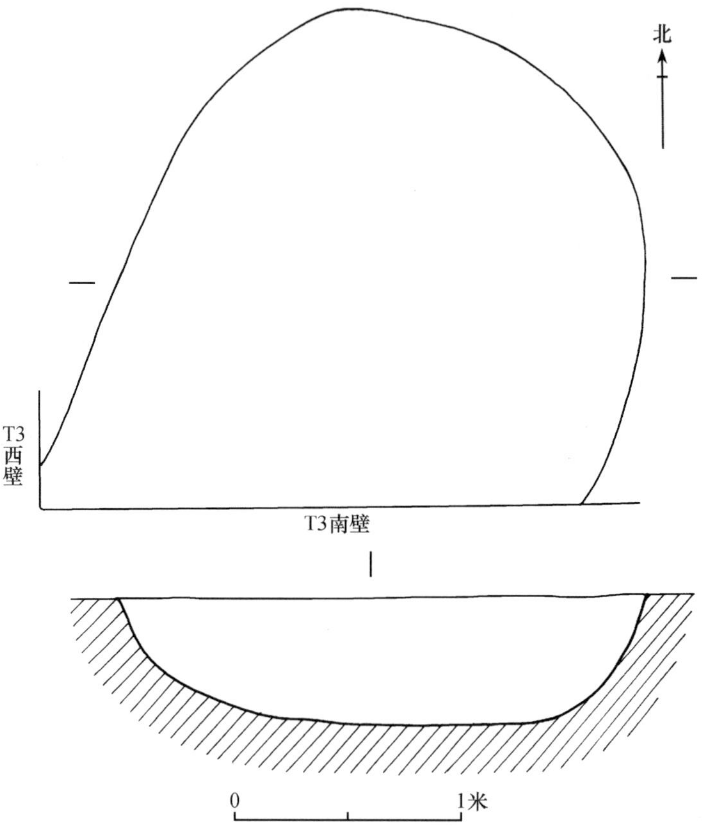

图三六　H18平、剖面图

B型陶敛口罐　1件。H18∶1，夹砂灰褐陶。方唇，鼓肩。肩部饰斜向绳纹。口径28、残高6.6厘米（图三七，3）。

C型陶瓮　1件。H18∶4，夹砂黑褐陶。卷沿，尖圆唇，广肩。肩部饰数周凹弦纹。残宽10、残高6.4厘米（图三七，4）。

A型陶豆柄　2件。H18∶8，夹砂灰黑陶。残高12厘米（图三七，9）。H18∶10，夹砂灰褐陶。残高14厘米（图三七，8）。

陶豆圈足　1件。H18∶6，夹砂黑褐陶。足跟加厚形成一周凸棱。残高4厘米（图三七，5）。

B型陶圈足　1件。H18∶9，夹砂黄褐陶。足跟加厚形成一周凸棱。足径12.5、残高4.5厘米（图三七，7）。

C型陶圈足　1件。H18∶5，泥质黑皮陶。喇叭状。足径10、残高7.1厘米（图三七，11）。

D型陶圈足　1件。H18∶7，夹砂灰褐陶。喇叭状。足径7.8、残高3.3厘米（图三七，10）。

D型陶器底　1件。H18∶12，夹砂灰褐陶。斜直壁。底径3.1、残高3.4厘米（图

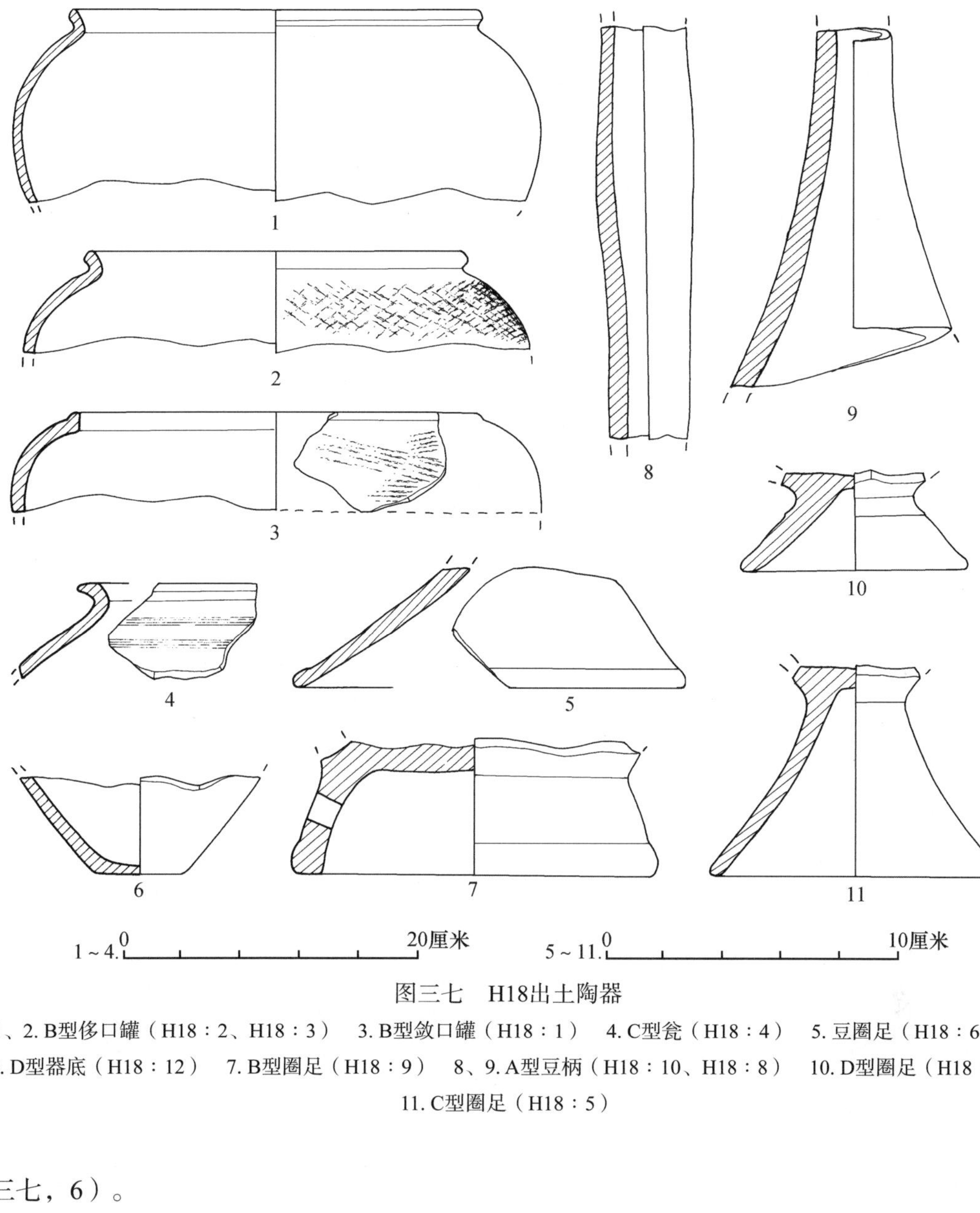

图三七 H18出土陶器

1、2. B型侈口罐（H18：2、H18：3） 3. B型敛口罐（H18：1） 4. C型瓮（H18：4） 5. 豆圈足（H18：6） 6. D型器底（H18：12） 7. B型圈足（H18：9） 8、9. A型豆柄（H18：10、H18：8） 10. D型圈足（H18：7） 11. C型圈足（H18：5）

三七，6）。

H25 位于T5西南部，部分伸入西壁内，向西扩方2米清理。开口于第3层下，打破Y1至生土。平面形状无法推断，弧壁，平底。坑口最长3.1、宽2.4、深0.8米，距地表深0.3米（图三八）。坑内填土为灰黑色，土质湿润且较黏，结构较紧密，内含较多草木灰烬。出土大量夹砂陶和少量泥质陶，可辨器形有小平底罐、侈口罐、敛口罐、高领罐、瓮、盆、豆柄、圈足、盉足等，还出土石锛、凿各1件。

陶小平底罐 1件。H25：25，夹砂褐陶。侈口，圆唇，圆肩。残高4.6厘米（图三九，11）。

B型陶侈口罐 2件。H25：20，夹砂灰陶。方唇。肩部饰交错绳纹和两周凹弦纹。

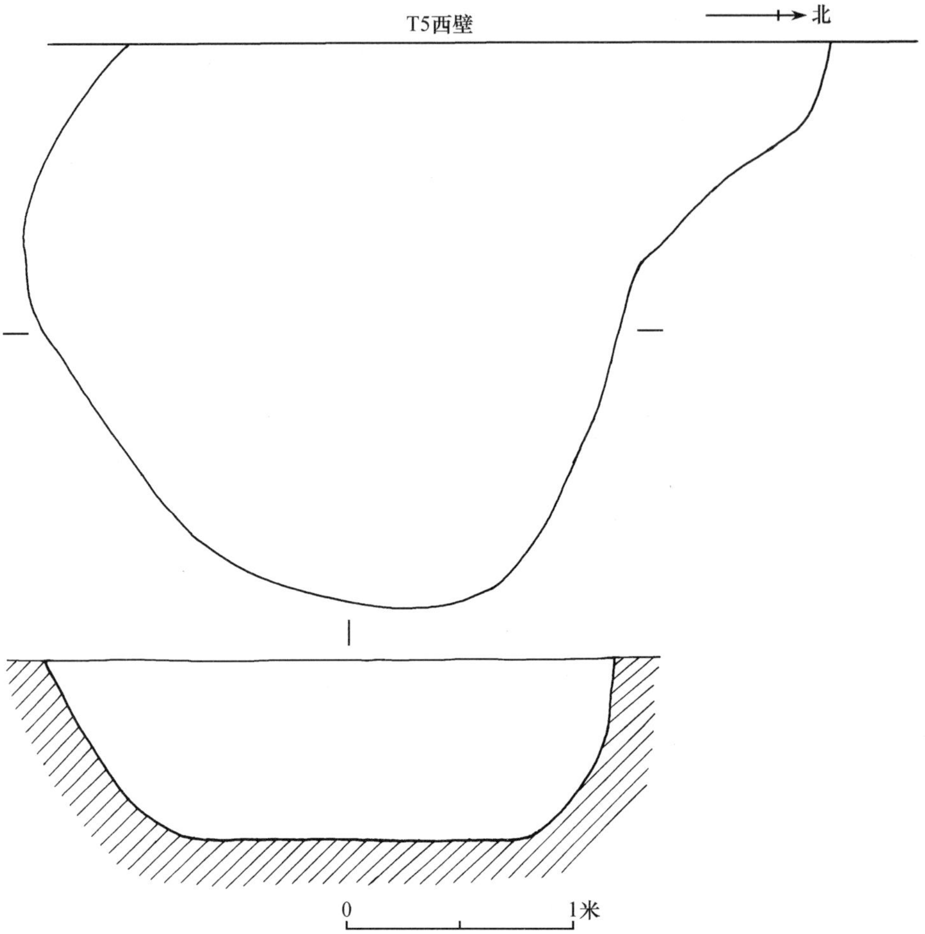

图三八　H25平、剖面图

口径19、残高8.2厘米（图三九，3）。H25：21，夹砂褐陶。方唇。肩部饰斜向绳纹。口径22、残高5厘米（图三九，2）。

B型陶敛口罐　3件。H25：22，夹砂褐陶。尖唇，鼓肩。口、肩部饰斜向绳纹。残高4.5厘米（图三九，5）。H25：23，夹砂褐陶。方唇，唇面有一道浅槽，鼓肩。肩部饰斜向绳纹。残高5.1厘米（图三九，7）。H25：24，夹砂褐陶。方唇，鼓肩。肩部饰方格纹。残高4.3厘米（图三九，6）。

陶高领罐　2件。H25：16，夹砂黑褐陶。侈口，翻沿，尖唇。残高7.4厘米（图三九，10）。H25：17，夹砂黄褐陶。侈口，翻沿，圆唇，微束颈。残高7厘米（图三九，9）。

A型陶瓮　1件。H25：14，夹砂褐陶。沿部加厚，圆唇。口径26、残高9.2厘米（图三九，4）。

陶盆　2件。H25：19，夹砂灰褐陶。平沿，尖唇，深腹。腹壁饰两周凹弦纹。口径32、残高8厘米（图三九，1）。H25：18，泥质黑皮陶。敛口，尖唇。腹壁饰三周凹

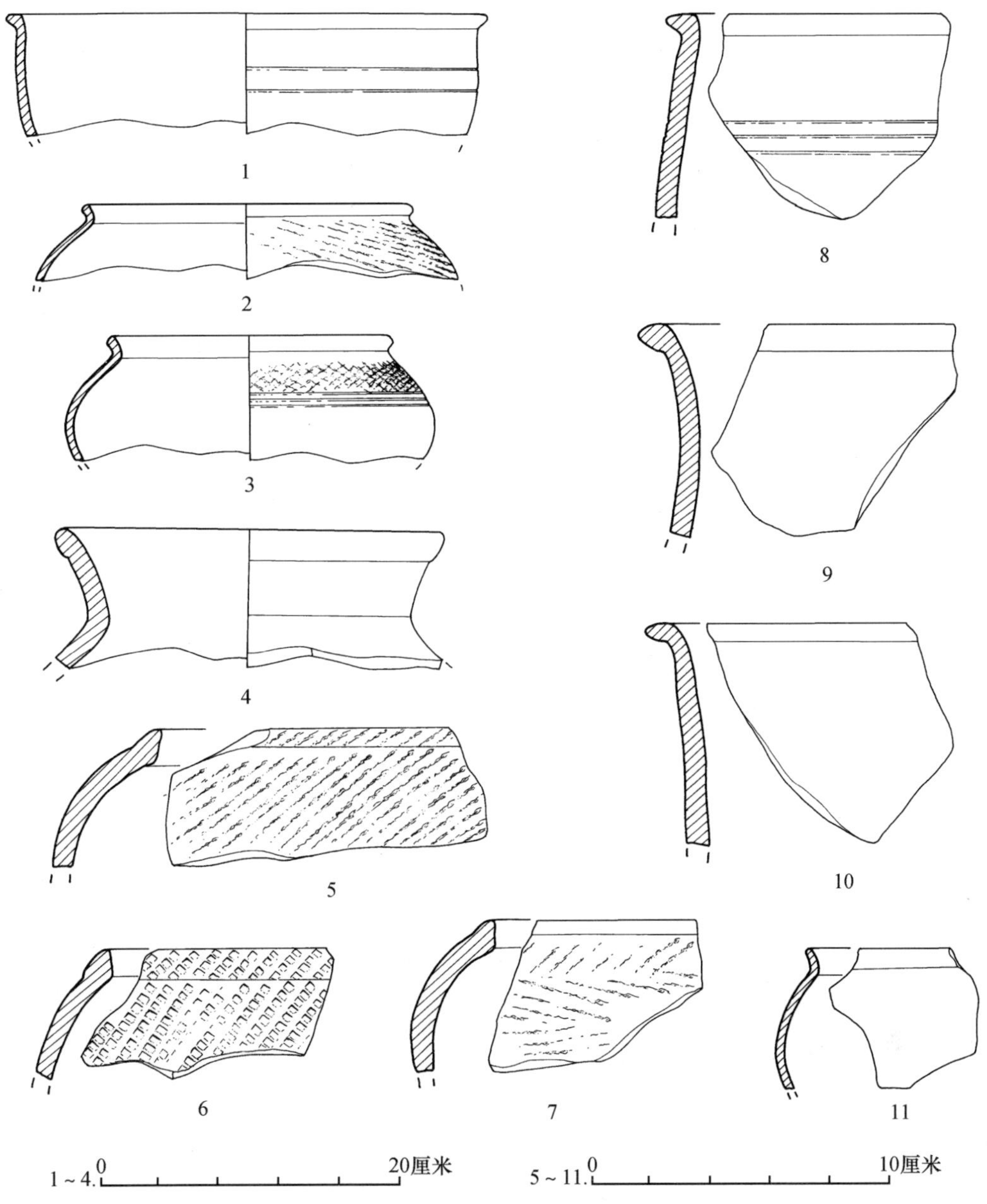

图三九　H25出土陶器

1、8. 盆（H25：19、H25：18）　2、3. B型侈口罐（H25：21、H25：20）　4. A型瓮（H25：14）　5～7. B型敛口罐（H25：22、H25：24、H25：23）　9、10. 高领罐（H25：17、H25：16）　11. 小平底罐（H25：25）

弦纹。残高6.8厘米（图三九，8）。

A型陶豆柄　2件。H25：8，泥质黑皮陶。残高15.6厘米（图四〇，3）。H25：9，夹砂褐陶。残高21厘米（图四〇，4）。

B型陶豆柄　2件。H25：5，泥质黄褐陶。残高17.4厘米（图四〇，1）。H25：6，泥质黑皮陶。一端饰一周凸棱，另一端饰一周凹弦纹。残高17厘米（图四〇，2）。

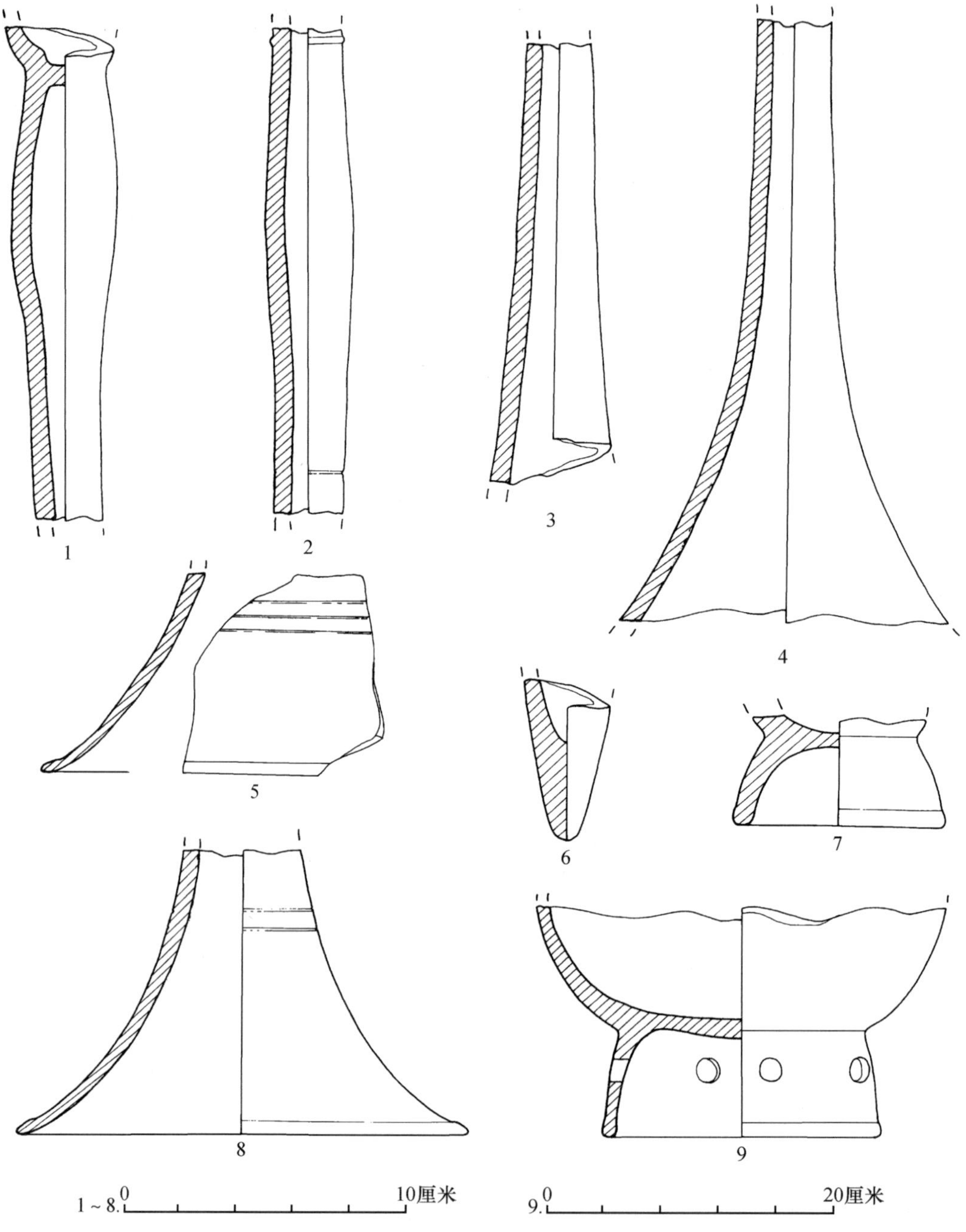

图四〇　H25出土陶器

1、2. B型豆柄（H25：5、H25：6）　3、4. A型豆柄（H25：8、H25：9）　5、8. 豆圈足（H25：10、H25：11）　6. 盉足（H25：26）　7、9. B型圈足（H25：15、H25：13）

陶豆圈足　2件。H25：10，泥质黄褐陶。器壁饰三周凹弦纹。残高7厘米（图四〇，5）。H25：11，泥质黑皮褐陶。器壁近圈足处饰两周凹弦纹。足径16、残高10厘米（图四〇，8）。

B型陶圈足　2件。H25：13，夹砂黑皮灰陶。下腹圆弧，圜底，圈足较矮。足壁饰圆形镂孔。足径19.6、残高16厘米（图四〇，9）。H25：15，夹砂褐陶。足壁内弧。足径7.4、残高3.8厘米（图四〇，7）。

陶盉足　1件。H25：26，夹砂褐陶。尖锥状。残高5.6厘米（图四〇，6）。

石锛　1件。H25：1，灰绿石质。平面近梯形，直刃，刃宽尾窄，两侧斜直，磨制较为精美。长6.2、宽4.4、厚1.5厘米（图四一，2）。

石凿　1件。H25：2，青灰石质。长条形，弧刃，侧边较平直，尾端略弧，中部较厚，两段略薄。通体磨光。长14.5、宽4.7、最厚2.5厘米（图四一，1）。

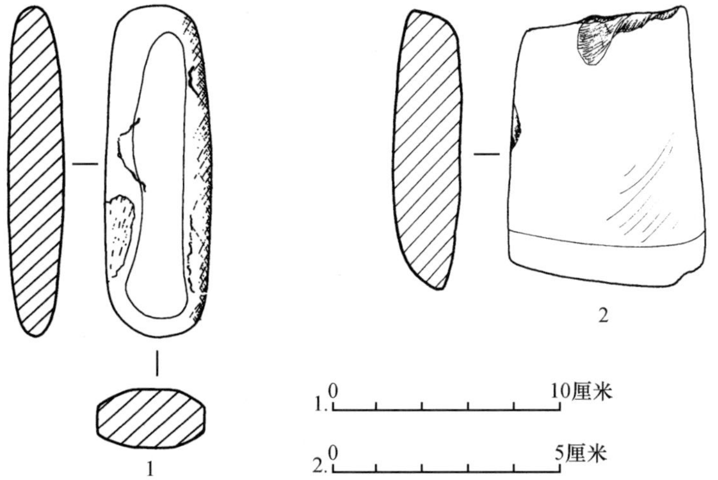

图四一　H25出土石器

1. 凿（H25：2）　2. 锛（H25：1）

（二）第3层遗物

该层出土陶片较多，以夹砂陶为主，泥质陶少见，陶色多为褐色和灰褐色，以素面为主，有纹饰的不多，以绳纹为主，另有少量弦纹。可辨器形有小平底罐、侈口罐、敛口罐、有领罐、高领罐、壶、盆、豆柄、豆圈足、器盖、器座、圈足、器底。

陶小平底罐　2件。T5③：16，夹砂灰褐陶。侈口，斜沿，圆唇，圆肩。素面。残高6厘米（图四二，3）。T5③：17，夹砂灰褐陶。侈口，斜沿，圆唇，圆肩。素面。残高5.6厘米（图四二，4）。

A型陶侈口罐　2件。T5③：11，夹砂灰褐陶。方唇。肩部饰交错绳纹。残高5厘米（图四二，6）。T5③：12，夹砂灰褐陶。方唇。肩部饰交错绳纹。残高4.6厘米（图四二，7）。

B型陶敛口罐　2件。T5③：15，夹砂褐陶。沿面内凹，圆唇，圆肩。肩部饰斜向绳纹。残高4.3厘米（图四二，2）。T5③：14，夹砂灰褐陶。尖圆唇，圆肩。肩部饰方格戳印纹。残高4.3厘米（图四二，1）。

A型陶有领罐　1件。T3③：6，夹砂灰褐陶。口微侈，圆唇，鼓肩。领、肩部饰斜向绳纹。口径23.2、残高6厘米（图四二，11）。

陶高领罐　1件。T2③：10，夹砂褐陶。敞口，翻沿，圆唇，束颈。领中部饰三周

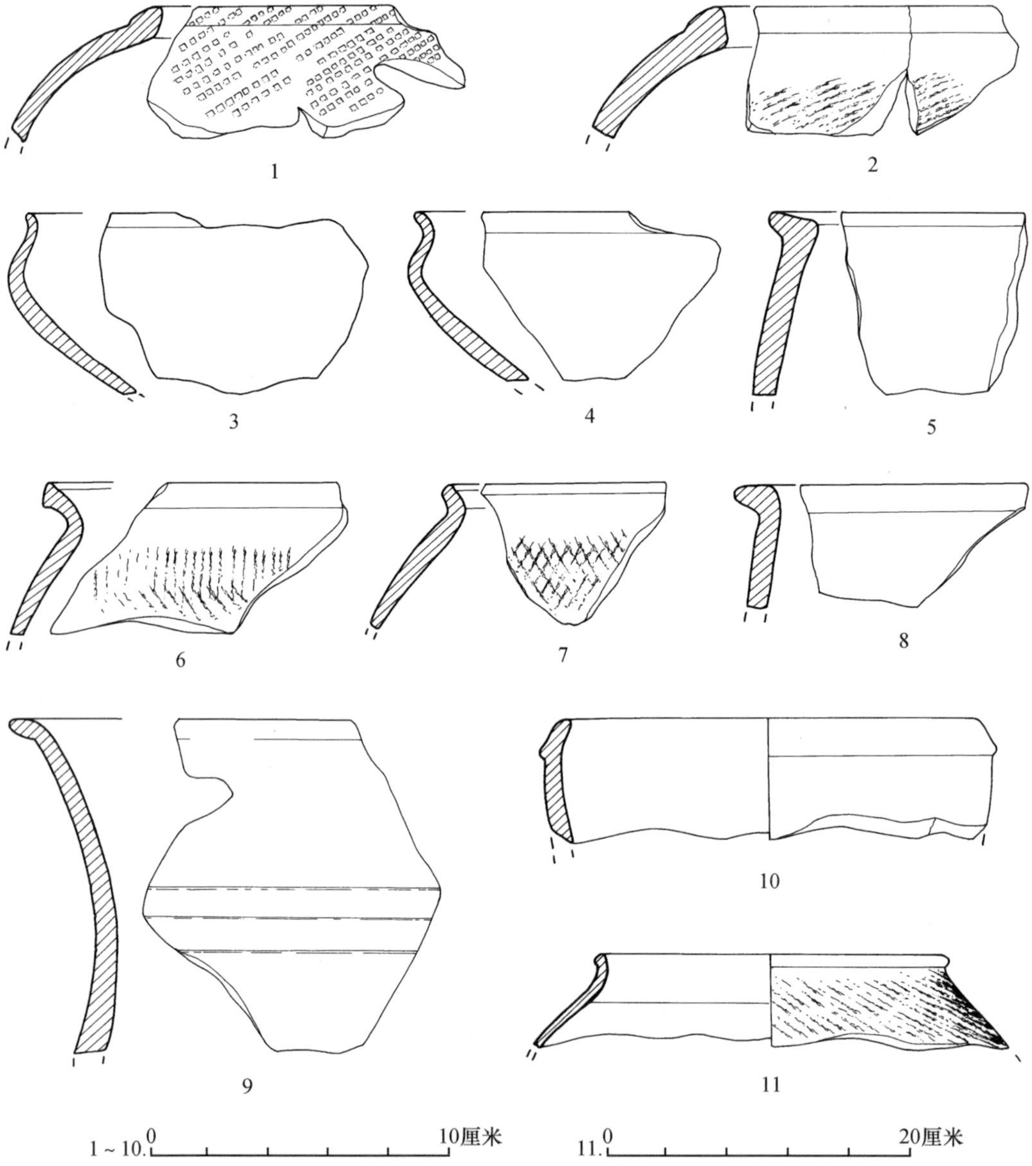

图四二　第3层出土陶器

1、2. B型敛口罐（T5③：14、T5③：15）　3、4. 小平底罐（T5③：16、T5③：17）　5、8. 盆（T1③：9、T5③：13）　6、7. A型侈口罐（T5③：11、T5③：12）　9. 高领罐（T2③：10）　10. 壶（T5③：20）　11. A型有领罐（T3③：6）

凹弦纹。残高11厘米（图四二，9）。

陶壶　1件。T5③：20，夹砂灰黑陶。微敛口，沿下有一周凸棱，圆唇。口径15、残高4厘米（图四二，10）。

陶盆　2件。T1③：9，夹砂灰褐陶。敛口，折沿，圆唇，溜肩。素面。残高6厘米（图四二，5）。T5③：13，夹砂黑褐陶。平沿，圆唇。素面。残高4厘米（图四二，8）。

A型陶豆柄　1件。T5③：24，泥质灰黑陶。素面。残高10.6厘米（图四三，8）。

B型陶豆柄　3件。T5③：21，泥质灰陶。柄上近豆盘处肥胖似杯。素面。残高14.5厘米（图四三，9）。T5③：22，泥质灰陶。柄身中部饰一周凸棱。残高20厘米（图四三，10）。T5③：23，泥质灰陶。素面。残高23.2厘米（图四三，7）。

陶豆圈足　2件。T5③：19，夹砂灰褐陶。喇叭状，足沿加厚。足径17、残高2厘米（图四三，4）。T5③：25，泥质灰黑陶。喇叭状，足壁外撇，足沿加厚，近足跟处饰三个圆形穿孔。足径14.5、残高2.3厘米（图四三，3）。

陶器盖　1件。T1③：8，夹砂褐陶。伞盖状，方唇。素面。残高5.5厘米（图四三，1）。

陶器座　1件。T5③：7，夹砂黄褐陶。筒形座，束腰，中空。下腹部饰三周凹弦纹。足径9、残高6厘米（图四三，2）。

B型陶圈足　1件。T5③：10，夹砂褐陶。足跟加厚形成一周凸棱。足径16.7、残高7厘米（图四三，5）。

A型陶器底　1件。T5③：8，夹砂褐陶。平底。底径16、残高2.4厘米（图四三，6）。

五、汉代遗存

汉代遗存仅有H1。

H1　位于T1西北部，部分伸入T1西壁和北壁内。叠压于第2层下，打破第3层至生土。清理了探方内部分，未扩方清理。清理部分平面呈不规则形，斜弧壁，平底。坑口最长5.24、宽4、深约0.56米，距地表深0.26米（图四四）。坑内填土为青灰色，结构紧密，黏性较强，夹杂少量细小砂石。出土遗物见有陶器和石器。陶器以泥质灰陶为主，可辨器形有钵、罐、瓮、盆、豆、盖纽、鼎足、筒瓦、云纹瓦当。还出土石矛1件。

陶钵　3件。依据口部、腹部形态的不同，分为二型。

A型　2件。敛口，圆唇，弧腹。H1：2，泥质灰陶。平底。口径20、残高6.4厘米（图四五，3）。H1：41，泥质灰陶，施黑色陶衣。底部略带饼足。沿下饰一周凹弦纹。口径15、底径10、高5.4厘米（图四五，1）。

B型　1件。敞口，厚凸唇，折腹。H1：25，泥质灰陶。平底，底部略带饼足。素

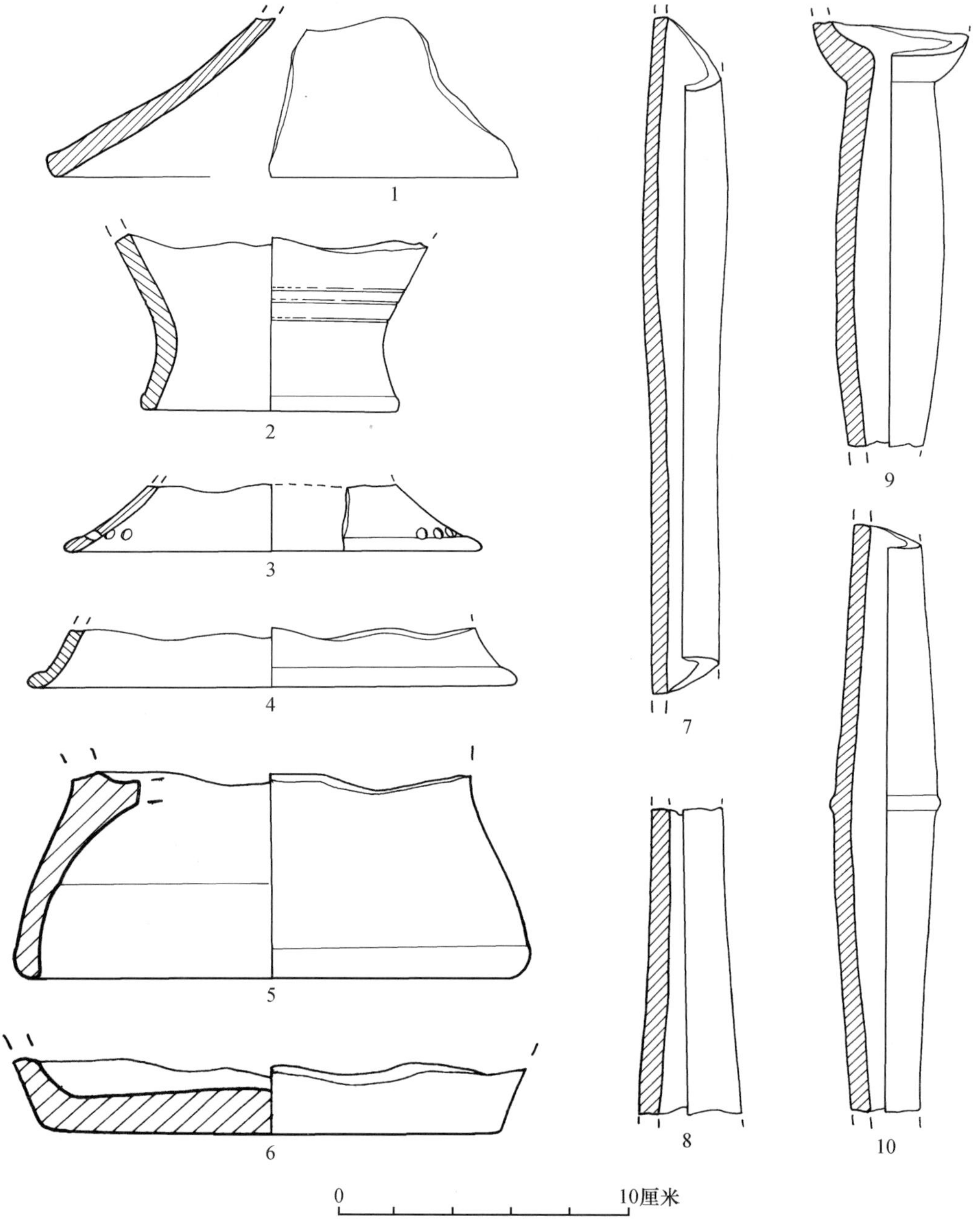

图四三　第3层出土陶器

1. 器盖（T1③：8）　2. 器座（T5③：7）　3、4. 豆圈足（T5③：25、T5③：19）　5. B型圈足（T5③：10）　6. A型器底（T5③：8）　7、9、10. B型豆柄（T5③：23、T5③：21、T5③：22）　8. A型豆柄（T5③：24）

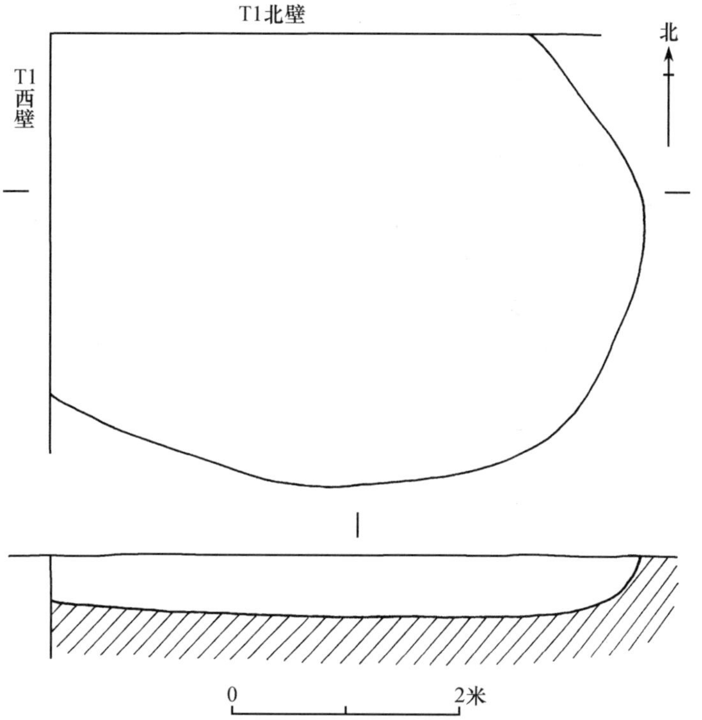

图四四 H1平、剖面图

面。口径19、高6.8厘米（图四五，2）。

陶罐 1件。直口，圆唇，高领。H1∶4，泥质灰陶。素面。口径11、残高4.6厘米（图四五，7）。

陶瓮 3件。敛口，圆唇，折肩。H1∶3，泥质灰陶。肩部饰竖向篦纹。口径20、残高6.2厘米（图四五，6）。H1∶5，泥质灰陶。肩部饰网格纹。口径44、残高4.8厘米（图四五，4）。H1∶9，泥质灰陶。素面。残高3.5厘米（图四五，14）。

陶盆 6件。根据唇部形态的不同，分为二型。

A型 1件。敞口，方唇，斜直腹。H1∶6，泥质灰陶。素面。口径36、残高6厘米（图四五，5）。

B型 5件。折沿，圆唇，斜直腹。H1∶8，泥质黑皮陶。敛口。素面。残高7厘米（图四五，13）。H1∶10，泥质灰陶。外壁口沿下有一周凸棱。残高2.8厘米（图四五，11）。H1∶11，泥质灰陶。敛口。素面。残高4.2厘米（图四五，12）。H1∶13，泥质灰陶。外壁口沿下饰一周凸棱。残高7厘米（图四五，8）。H1∶14，泥质灰陶。腹壁饰两周凹弦纹。残高6厘米（图四五，9）。

陶豆 1件。H1∶7，泥质灰陶。侈口，尖圆唇，弧腹。残高5厘米（图四五，10）。

陶盖纽 1件。H1∶12，夹砂黑皮陶。倒圈足状，纽以下残。纽径4.6、残高2.9厘

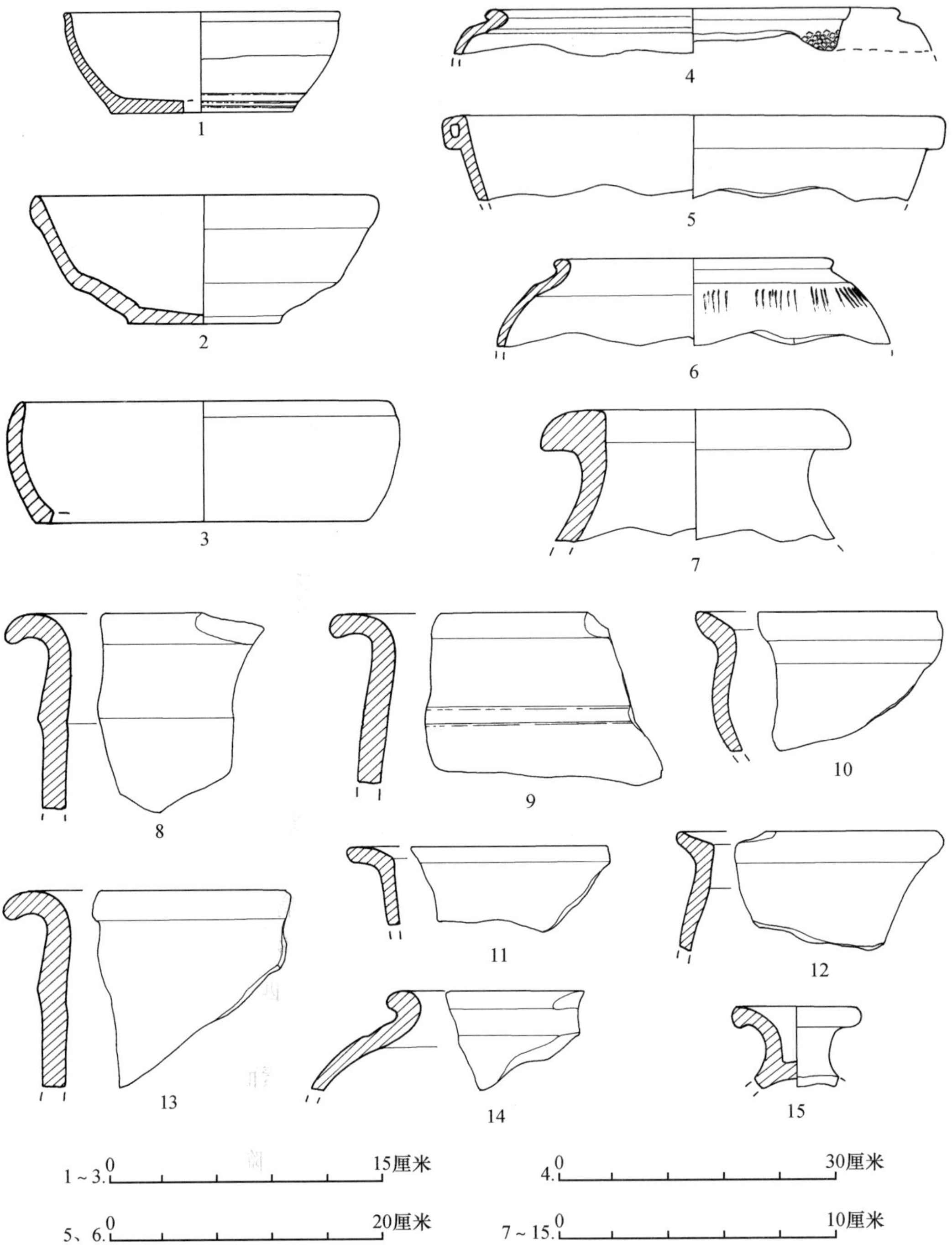

图四五　H1出土陶器

1、3. A型钵（H1：41、H1：2）　2. B型钵（H1：25）　4、6、14. 瓮（H1：5、H1：3、H1：9）
5. A型盆（H1：6）　7. 罐（H1：4）　8、9、11～13. B型盆（H1：13、H1：14、H1：10、H1：11、H1：8）
10. 豆（H1：7）　15. 盖纽（H1：12）

米（图四五，15）。

陶鼎足　6件。圆柱状。H1：17，夹砂灰陶。素面。直径2、残高9厘米（图四六，1）。H1：18，夹砂黑陶。素面。直径2.6、残高4.1厘米（图四六，6）。H1：19，夹砂灰陶。素面。直径2.2、残高7厘米（图四六，3）。H1：20，夹砂灰陶。素面。直径2.8、残高5.2厘米（图四六，2）。H1：21，夹砂灰陶。素面。直径2、残高7.4厘米（图四六，4）。H1：22，夹砂灰陶。素面。直径2.3、残高5.5厘米（图四六，7）。

陶筒瓦　2件。均为圆唇。H1：15，泥质灰陶。瓦头与瓦身相交处较宽，瓦身下部残。瓦身饰竖向不连续粗绳纹。残长9厘米（图四七，1）。H1：16，泥质灰陶。瓦头与瓦身相交处较宽，瓦身下部残。瓦身饰竖向不连续粗绳纹。残长8厘米（图四七，2）。

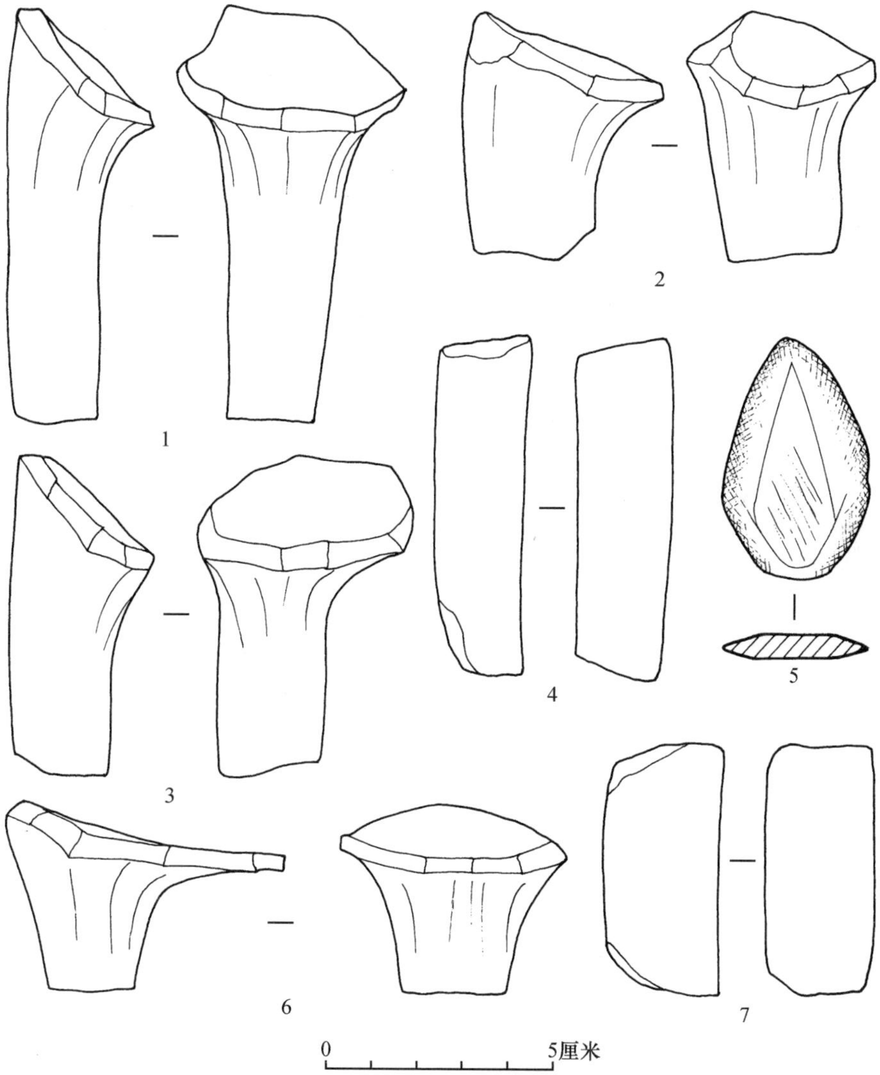

图四六　H1出土器物

1～4、6、7. 陶鼎足（H1：17、H1：20、H1：19、H1：21、H1：18、H1：22）　5. 石矛（H1：1）

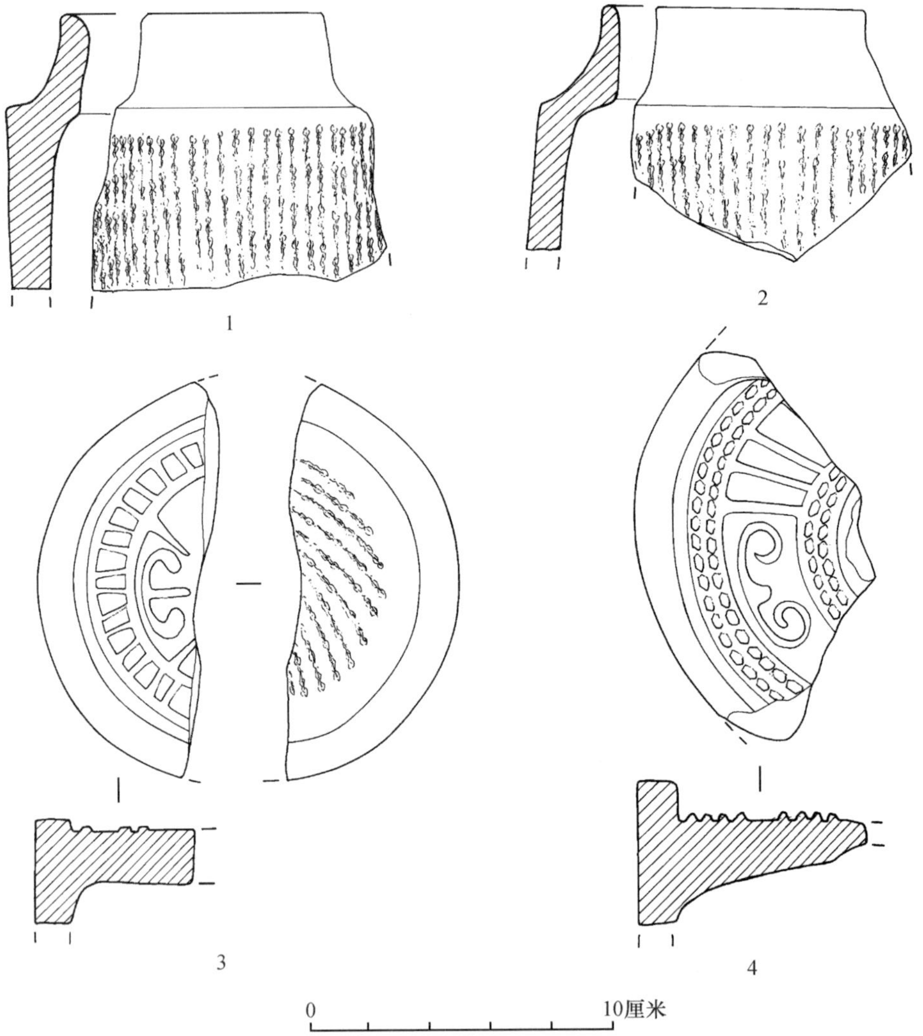

图四七　H1出土陶筒瓦、瓦当

1、2. 筒瓦（H1：15、H1：16）　3、4. 云纹瓦当（H1：24、H1：23）

陶云纹瓦当　2件。当面饰简化云纹。H1：23，泥质灰陶。边轮与当面云纹图案之间饰一周网格纹，当心外绕一周网格纹。残存小半。残长13、厚4.7厘米（图四七，4）。H1：24，泥质灰陶。边轮与当面云纹图案之间饰一周方格纹。残甚。残长13.6、厚3.4厘米（图四七，3）。

石矛　1件。H1：1，灰色砂岩。尾残，矛身略呈菱形，器身扁平，刃部较锋利。残长5.4、宽4、厚0.6厘米（图四六，5）。

六、文化分期和年代

根据层位关系和出土陶器器形及组合，可将北郊村遗址文化遗存分为四期。

一期单位仅有开口于第4层下的H4、H22两个灰坑，出土遗物较少，仅有陶器。基本陶器组合为尊、喇叭口高领罐、花边口沿罐、窄沿罐等，属于宝墩文化的典型器物，在属于宝墩文化三期晚段的郫县（现郫都区）古城遗址[1]晚段即出土有类似的器物，同时未见宝墩四期典型的有领罐、敛口罐等器物，所以推断该组器物的年代大致相当于宝墩文化三期晚段。

二期单位包括T1、T2的第4层以及开口于第4层下的H2、H3、H5～H7、H10、H11、H13、H16、H17、H19、H21、H23。二期的基本陶器组合为深腹罐、有领罐、敛口罐、器盖等，与温江鱼凫村遗址第三期[2]、郫县曹家祠遗址第三期[3]等宝墩文化第四期遗存中出土的同类器相似，故推断二期遗存属于宝墩文化范畴，时代处于宝墩文化四期。

三期单位包括T1～T5的第3层以及开口于3层下的H8、H9、H12、H14、H15、H18、H20、H24、H25和Y1。三期遗存的主要陶器组合为小平底罐、侈口罐、敛口罐、高领罐、高柄豆、壶、盆、瓮、器盖、圈足等，与温江柳岸村遗址[4]同类器物相近，如小平底罐（H12：1）与温江柳岸村遗址Ab型罐（H1：16）相近，侈口罐、B型敛口罐、高领罐、豆盘、B型豆柄分别与温江柳岸村遗址的Cc型罐、Bb型罐、Fa型罐、B型豆盘、Aa型豆柄相似。温江柳岸村遗址的发掘者认为这批遗存可能早于原来的十二桥文化一期早段，年代不晚于商代末期。所以我们推断三期遗存也属十二桥文化范畴，为十二桥文化初期遗存，年代大约在商代晚期。在一部分三期单位中也出土了少量二期的代表器物（如有领罐等），应是晚期单位扰动早期单位所致。

四期单位仅有H1。四期遗存的陶器组合以钵、罐、盆、瓮、鼎足、筒瓦、云纹瓦当等为代表，均为西汉时期常见器形。其中A型陶钵（H1：41）与郫县风情园[5]墓地（FM12：17）相似，B型陶钵（H1：25）与双流骑龙村汉代遗址[6]出土的折腹钵（T1④：1）相似，故推断四期遗存的年代属西汉时期。

七、结　　语

此次发掘基本揭示了北郊村遗址的文化内涵。依据层位关系和出土陶器组合，可将该遗址的文化遗存分为四期，一期处于宝墩文化三期晚段，二期属于宝墩文化四期，三期属于十二桥文化初期，四期则进入西汉时期。

北郊村遗址的遗迹较为单一，仅有灰坑和窑址。出土遗物也都是生产生活所使用的石器、陶器，未发现特殊性器物。虽然被晚期人类活动严重破坏，但根据目前发掘情况判断，整个遗址分布范围可能较小，应为一般性的聚落遗址。

北郊村遗址位于双流县城内，而关于双流城区先秦时期遗址的材料目前见诸报道的还不多。该遗址从新石器时代晚期到商周再到西汉时期，历时性长；同时包含了宝墩文化、十二桥文化以及汉文化三种不同的考古学文化因素，内涵丰富，尤其是宝墩文化四期遗存的发现，为深入研究成都平原先秦考古学文化的演变及聚落环境的变迁提供了一批宝贵的资料。

附记：参加发掘的人员有成都文物考古研究院杨占风、蒋志军、熊谯乔；整理人员有熊谯乔，崇州市博物馆陈大春、刘铁丁。本文为国家社科基金重大项目“古蜀地区文明化华夏化进程研究”（批准号：21&ZD223）、国家文物局“考古中国”重大项目“川渝地区巴蜀文明进程研究”的阶段性成果。

领队：杨占风
绘图：孙志辉
执笔：熊谯乔　夏保国　陈大春　刘铁丁

注　释

［1］ 成都市文物考古研究所、郫县博物馆：《四川省郫县古城遗址1997年发掘简报》，《文物》2001年第3期。

［2］ 成都市文物考古工作队、四川联合大学历史系考古教研室、温江县文管所：《四川省温江县鱼凫村遗址调查与试掘》，《文物》1998年第12期。

［3］ 成都文物考古研究所、郫县望丛祠博物馆：《郫县曹家祠遗址先秦文化遗存试掘简报》，《成都考古发现》（2010），科学出版社，2012年。

［4］ 成都文物考古研究所、温江区文物保护管理所：《成都市温江区柳岸村遗址先秦遗存试掘报告》，《成都考古发现》（2011），科学出版社，2013年。

［5］ 成都文物考古研究所、郫县博物馆：《郫县风情园及花园别墅战国至西汉墓群发掘报告》，《成都考古发现》（2002），科学出版社，2004年。

［6］ 成都文物考古研究所、双流县文物管理所：《双流县骑龙村“四川社会科学馆”汉代遗址发掘简报》，《成都考古发现》（2014），科学出版社，2016年。

成都市金沙遗址"金煜"地点发掘简报

成都文物考古研究院

金沙遗址"金煜"地点位于成都市金牛区营门口乡黄忠村四组，分布于金沙遗址发掘区的Ⅰ、Ⅷ、Ⅸ、Ⅹ区，北距金沙遗址"罡正"地点25米，东临"黄忠小区二期"，南与金沙遗址"祭祀区"隔摸底河相望，两者相距约300米，西距金沙遗址"万博"地点约300米（图一）。地理坐标为东经104°00′42.3″、北纬30°41′17.9″，海拔490米。为配合成都市黄忠四组"金煜"工地的基本建设，成都文物考古研究院于2002年2月对该地点进行了勘探，根据金沙遗址中心区的基点按正南北方向布探沟，统一编号，共布2.5米×10米的探沟12条，在勘探区内发现了宝墩文化和十二桥文化的文化堆积，其中

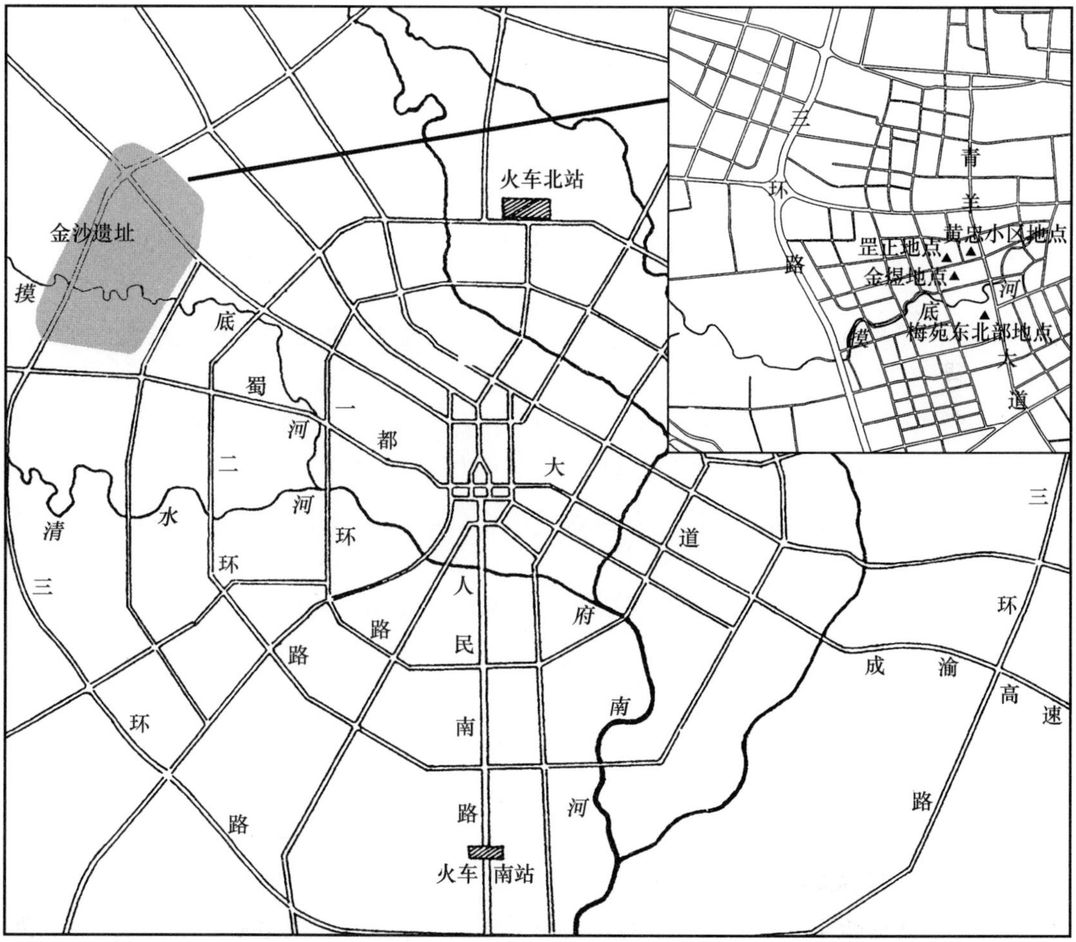

图一　"金煜"地点位置示意图

宝墩文化堆积分布范围约15000平方米，十二桥文化堆积分布范围约8000平方米。自2002年3月起，我们对该地点进行了抢救性发掘，共布5米×5米的探方173个，编号为“2002CQJ”，发掘面积共计4325平方米，发现了宝墩文化和十二桥文化遗存。现将本次发掘的情况简报如下。

一、地层堆积

该地点的地层经过统一划分，可分为7层，其中第4、6、7层仅局部有分布。第4层集中分布于发掘区东北部，第6层主要分布于发掘区中南部，第7层集中分布于发掘区西北部，第4层和第7层的分布范围相对较小。现以ⅧT9796北壁和ⅨT9996、ⅨT9896北壁为例将地层堆积情况简述如下。

ⅧT9796北壁（图二）：

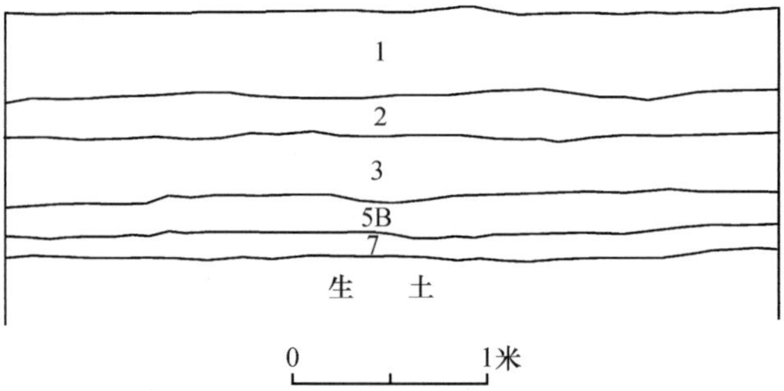

图二　ⅧT9796北壁剖面图

第1层：黑灰色土，土质疏松。厚0.38～0.47米。包含大量建渣和现代垃圾。该层为耕土层。

第2层：浅灰色土，有一定黏性。深0.38～0.47、厚0.17～0.27米。包含物主要为明清时期的瓷片。该层为明清时期文化层。

第3层：浅灰黄色土，砂性大。深0.63～0.67、厚0.26～0.36米。包含唐宋时期的陶瓷片。该层为唐宋时期文化层。

第5B层：灰褐色土，结构紧密，黏性大。深0.9～1.01、厚0.15～0.21米。包含物主要是夹砂灰褐和灰黑陶片，纹饰常见绳纹、弦纹等，陶片大多残碎，可辨器形有豆、罐、器盖、尖底盏等。该层为商周时期文化层。

第7层：酱褐色土，粉砂黏土，结构相对紧密。深1.11～1.19、厚0.09～0.14米。包含少量陶片，器形不可辨。该层为商周时期文化层。

第7层以下为生土，黄褐色，质地较黏，结构致密，夹杂大量砾石。

ⅨT9996、ⅨT9896北壁（图三）：

第1层：黑灰色土，土质疏松。厚0.29～0.47米。包含大量建渣和现代垃圾。该层为

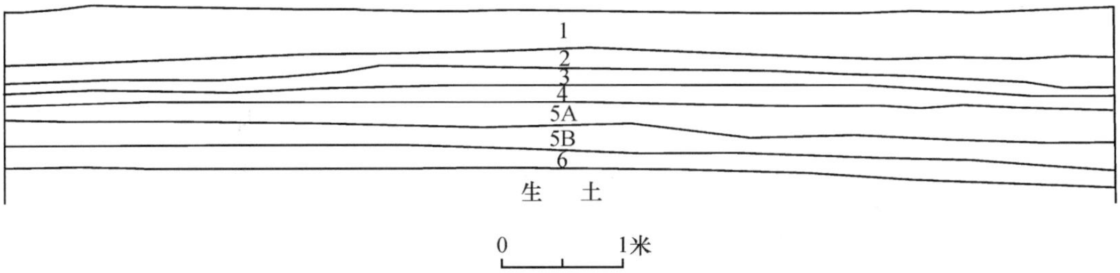

图三 ⅨT9996、ⅨT9896北壁剖面图

耕土层。

第2层：浅灰色土，有一定黏性。深0.29～0.47、厚0.09～0.24米。包含物主要为明清时期的瓷片。该层为明清时期文化层。

第3层：浅灰黄色土，砂性大。深0.45～0.67、厚0.07～0.16米。包含唐宋时期的陶瓷片。该层为唐宋时期文化层。

第4层：青灰色土，黏性大，结构紧密。深0.58～0.72、厚0.09～0.16米。包含少量绳纹瓦片和陶片。该层为汉代文化层。

第5A层：浅灰褐色土，结构较紧密。深0.75～0.84、厚0.1～0.25米。包含物主要是夹砂灰陶，可辨器形有尖底盏、罐等。该层为商周时期文化层。

第5B层：灰褐色土，结构紧密，黏性大。深0.88～1.01、厚0.11～0.23米。包含物主要是夹砂灰褐和灰黑陶片，纹饰常见绳纹、弦纹等，陶片大多残碎，可辨器形有尖底盏、豆、罐、器盖等。该层为商周时期文化层。

第6层：黄灰色土，粉砂土，结构疏松。深1.09～1.33、厚0.12～0.18米。包含少量夹砂灰褐陶片，器形不可辨。该层为商周时期文化层。

第6层以下为生土，黄褐色，质地较黏，结构致密，夹杂大量砾石。

二、宝墩文化遗存

该期遗存较少，仅部分探方的第7层出土少量陶片，未发现同时期的遗迹现象，少数晚期单位中也出土少量该时期的陶片，应为晚期单位混入的早期遗物。出土陶器有夹砂陶和泥质陶两种，以夹砂陶为主。夹砂陶主要有灰、灰黄、红褐等陶色，泥质陶主要有灰、灰黄、灰白、黑皮等。制法一般为泥条盘筑加慢轮修整，圈足和器底为二次黏接。夹砂陶火候较低，泥质陶火候一般较高。纹饰主要包括绳纹、弦纹、戳印纹、附加堆纹、瓦棱纹等。该地点出土的陶器大多破碎，仅见平底器和圈足器，不见三足器和圜底器，可辨器形有绳纹花边口沿罐、喇叭口高领罐、折沿罐、卷沿罐、壶、尊、盆、豆盘、纺轮等。

绳纹花边口沿罐　15件。均为残片，不见完整器。此类罐的最大特点是唇部压印锯齿状绳纹花边。根据沿部形态的不同，分为二型。

A型　9件。折沿。根据口部形态的不同，分为三亚型。

Aa型　5件。敛口。ⅧT9797⑦：22，夹砂灰陶。方唇。口沿内侧饰绳纹，肩部饰交错绳纹。口径38、残高5厘米（图四，1）。H627：3，夹砂灰黄陶。方唇，短束颈。口沿内侧和肩部饰绳纹。口径38、残高3.5厘米（图四，2）。H629：5，夹砂灰陶。方唇。口沿内侧饰绳纹，肩部饰交错绳纹。口径31、残高7厘米（图四，5）。H629：2，夹砂灰陶。方唇。肩部饰交错绳纹。残高4.8厘米（图四，8）。H627：13，夹砂灰黄陶。圆唇。残高4.5厘米（图四，9）。

Ab型　2件。近直口。H629：3，夹砂灰陶。方唇。口沿内侧饰绳纹，颈部饰交错绳纹。口径44、残高4.2厘米（图四，4）。ⅧT9894⑦：16，夹砂灰黄陶。方唇。口沿内侧和颈部饰绳纹。口径30、残高4.5厘米（图四，6）。

Ac型　2件。敞口。ⅧT9797⑦：21，夹砂灰黄陶。方唇。口径38、残高3.3厘米（图四，3）。H628：4，夹砂灰黄陶。方唇。颈部饰交错绳纹。口径22、残高3.5厘米（图四，7）。

B型　6件。卷沿。根据口部形态的不同，分为三亚型。

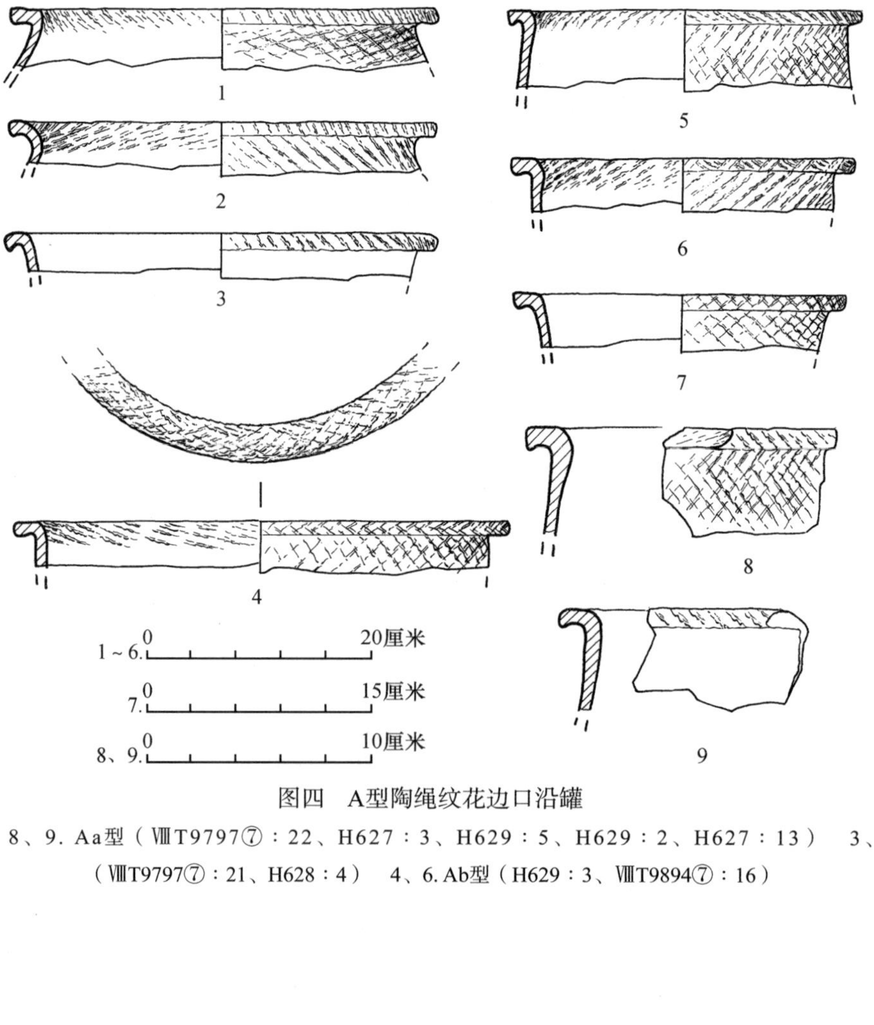

图四　A型陶绳纹花边口沿罐

1、2、5、8、9. Aa型（ⅧT9797⑦：22、H627：3、H629：5、H629：2、H627：13）　3、7. Ac型（ⅧT9797⑦：21、H628：4）　4、6. Ab型（H629：3、ⅧT9894⑦：16）

Ba型　4件。侈口。H627：7，夹砂灰黄陶。方唇，长颈微束。沿面内侧和颈部饰绳纹。残高5.2厘米（图五，1）。ⅧT9797⑦：23，夹砂灰黄陶。方唇，短束颈。沿面内侧饰绳纹，颈部和肩部饰戳印纹。残高5.6厘米（图五，2）。H576：3，夹砂灰陶。斜方唇，短束颈。沿面内侧和颈部饰交错绳纹。残高3.5厘米（图五，3）。H627：8，夹砂灰陶。方唇，短颈。沿面内侧和颈部饰交错绳纹。残高3.5厘米（图五，4）。

Bb型　1件。盘口。Y10：3，夹砂灰黄陶。圆唇，有颈。沿面内侧和颈部饰绳纹。残高3.3厘米（图五，5）。

Bc型　1件。近直口。H559：5，夹砂灰黄陶。方唇。沿面内侧饰绳纹，颈部饰交错绳纹。残高4.5厘米（图五，6）。

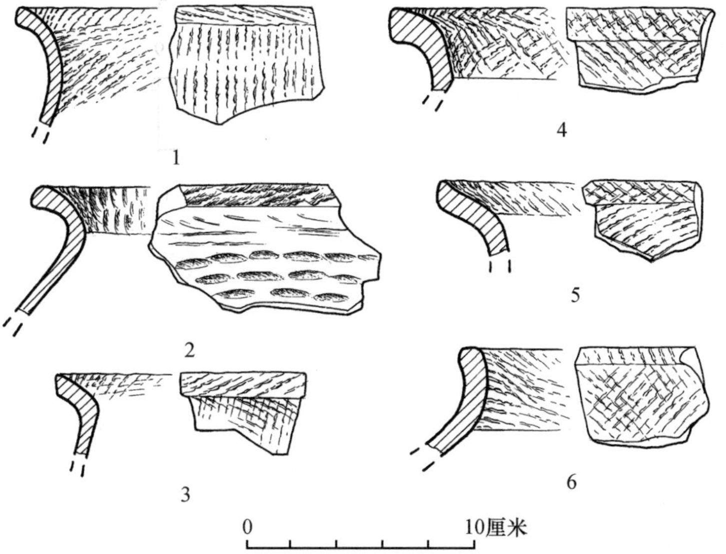

图五　B型陶绳纹花边口沿罐

1～4. Ba型（H627：7、ⅧT9797⑦：23、H576：3、H627：8）　5. Bb型（Y10：3）　6. Bc型（H559：5）

喇叭口高领罐　17件。均为泥质陶。喇叭口，高领。素面。根据口沿形态的不同，分为四型。

A型　6件。折沿，沿面近平。ⅧT9797⑦：20，泥质灰陶。圆唇。口径13.2、残高3.8厘米（图六，1）。H628：2，泥质灰黄陶。圆唇。残高3.2厘米（图六，2）。ⅧT9797⑦：24，泥质灰黄陶。圆唇。残高4.4厘米（图六，3）。Y10：1，泥质灰黄陶。圆唇。残高3.3厘米（图六，4）。ⅧT9197⑦：12，泥质灰黄陶。圆唇。口径18、残高3.6厘米（图六，9）。ⅧT9797⑦：26，泥质灰黄陶。圆唇。口径16、残高3.6厘米（图六，10）。

B型　5件。卷沿，沿面下垂。Y10：4，泥质灰黄陶。圆唇。残高2厘米（图六，5）。ⅩT9099⑦：9，泥质灰陶。圆唇。口径20、残高4.1厘米（图六，6）。ⅧT9197⑦：17，泥质灰陶。圆唇。口径20、残高1.8厘米（图六，7）。H628：1，泥

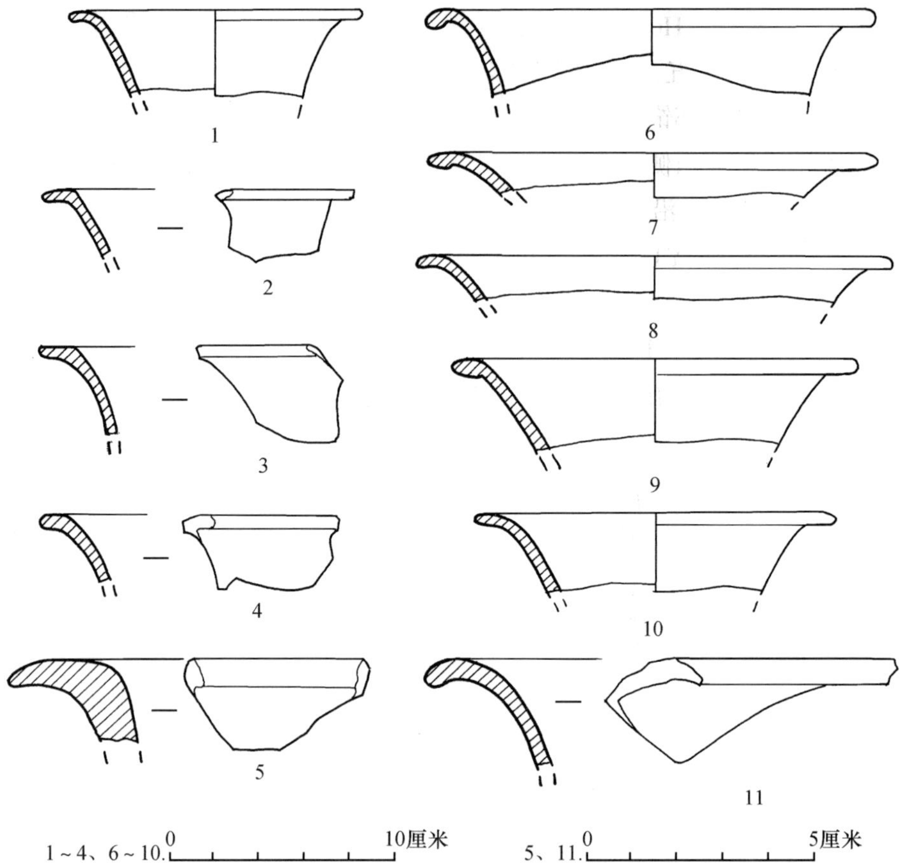

图六　陶喇叭口高领罐

1～4、9、10. A型（ⅧT9797⑦：20、H628：2、ⅧT9797⑦：24、Y10：1、ⅧT9197⑦：12、ⅧT9797⑦：26）
5～8、11. B型（Y10：4、ⅩT9099⑦：9、ⅧT9197⑦：17、H628：1、ⅧT9397⑦：7）

质黄陶。圆唇。口径21、残高2厘米（图六，8）。ⅧT9397⑦：7，泥质灰黄陶。圆唇。残高2.5厘米（图六，11）。

C型　5件。卷沿，唇部外翻。ⅧT9797⑦：25，泥质灰黄陶。圆唇。残高8.7厘米（图七，1）。ⅧT9797⑦：28，泥质灰黄陶。圆唇。残高7.6厘米（图七，2）。H628：3，泥质灰陶。圆唇。残高3.5厘米（图七，5）。ⅧT9397⑦：8，泥质灰黄陶。方唇。残高2.4厘米（图七，6）。ⅧT9397⑦：9，泥质灰黄陶。方唇。残高3.1厘米（图七，7）。

D型　1件。无明显的沿。ⅧT9797⑦：19，泥质灰陶。厚圆唇。素面。残高6.4厘米（图七，3）。

壶　1件。H583：1，泥质灰黄陶。喇叭口，尖圆唇，高领。素面。口径21、残高6.7厘米（图七，4）。

豆盘　1件。ⅧT9796⑦：4，泥质灰陶。敞口，尖圆唇，浅弧腹。素面。口径20、

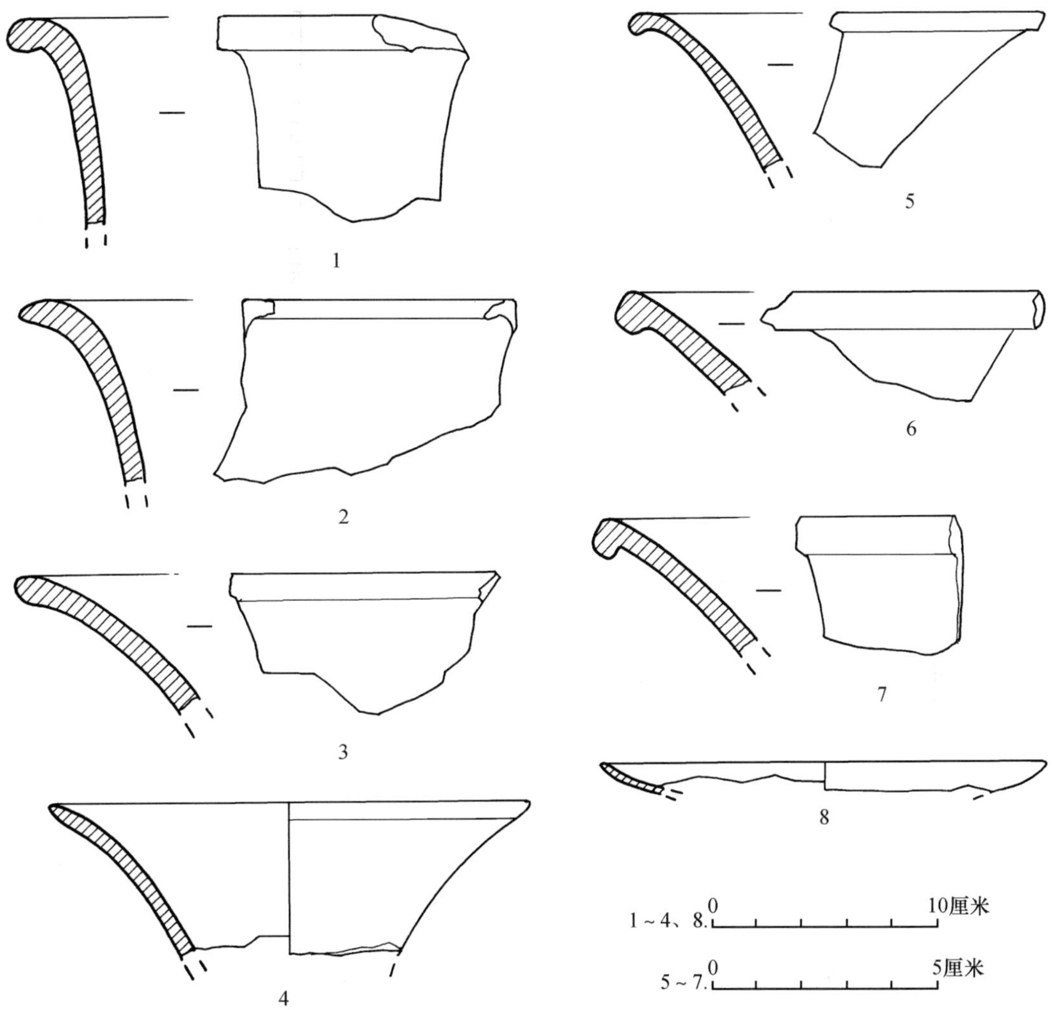

图七 出土陶器

1、2、5～7. C型喇叭口高领罐（ⅧT9797⑦：25、ⅧT9797⑦：28、H628：3、ⅧT9397⑦：8、ⅧT9397⑦：9）
3. D型喇叭口高领罐（ⅧT9797⑦：19） 4. 壶（H583：1） 8. 豆盘（ⅧT9796⑦：4）

残高1.4厘米（图七，8）。

折沿罐 4件。敞口，仰折沿。H629：4，夹砂灰陶。沿面较宽，圆唇。颈部饰戳印纹。残高3.6厘米（图八，1）。ⅧT9197⑦：11，夹砂灰陶。窄沿，厚圆唇。颈部饰绳纹。残高3.8厘米（图八，2）。ⅧT9397⑦：6，夹砂灰陶。窄沿，厚圆唇。颈部饰绳纹。残高3.6厘米（图八，3）。ⅩT8699⑦：4，夹砂灰黄陶。窄沿，厚圆唇。沿面内侧饰绳纹，颈部饰方格纹。残高2.8厘米（图八，4）。

卷沿罐 2件。侈口，卷沿。ⅧT9590⑦：3，夹砂灰陶。方唇，短束颈。肩部饰交错绳纹。口径23、残高4.5厘米（图八，5）。H627：6，夹砂灰黄陶。厚圆唇，溜肩。素面。残高6.7厘米（图八，10）。

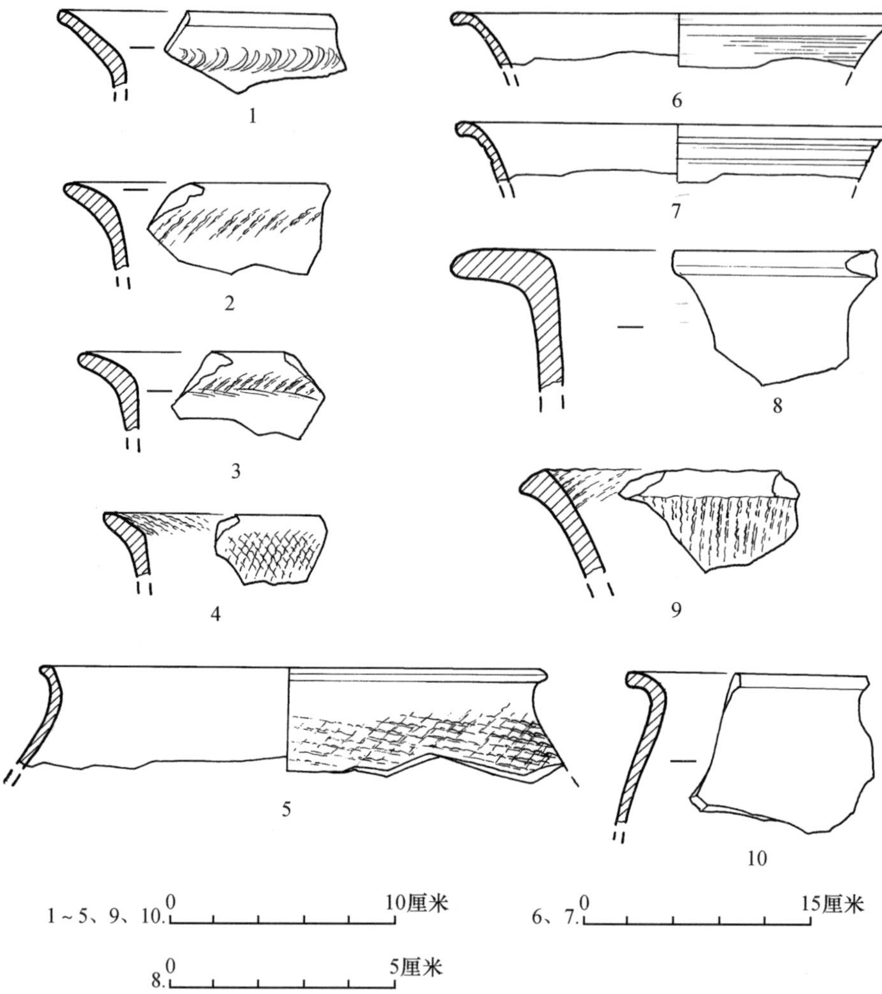

图八　出土陶器

1～4. 折沿罐（H629：4、ⅧT9197⑦：11、ⅧT9397⑦：6、ⅩT8699⑦：4）　5、10. 卷沿罐（ⅧT9590⑦：3、H627：6）　6～8. 尊（ⅨT9899⑦：1、ⅨT9298⑦：14、Y10：2）　9. 盆（H629：17）

尊　3件。ⅨT9899⑦：1，泥质灰陶。敞口，卷沿，沿面较窄，圆唇。素面。口径31、残高3.6厘米（图八，6）。ⅨT9298⑦：14，泥质灰黄陶。敞口，卷沿，沿面较窄，厚圆唇。腹部饰凹弦纹。口径30、残高3.5厘米（图八，7）。Y10：2，泥质灰黄陶。口微敞，卷沿，沿面较宽，圆唇。素面。残高3厘米（图八，8）。

盆　1件。H629：17，夹砂灰褐陶。敞口，方唇，斜弧腹。沿面内侧和腹部饰绳纹。残高4.6厘米（图八，9）。

器底　4件。平底。H629：13，夹砂灰黄陶。腹部和底部饰绳纹。底径8.6、残高5厘米（图九，1）。ⅧT9894⑦：18，泥质灰陶。素面。底径10、残高2.4厘米（图九，2）。H628：9，夹砂灰黄陶。腹部和底部饰绳纹。底径7.6、残高3.5厘米（图九，

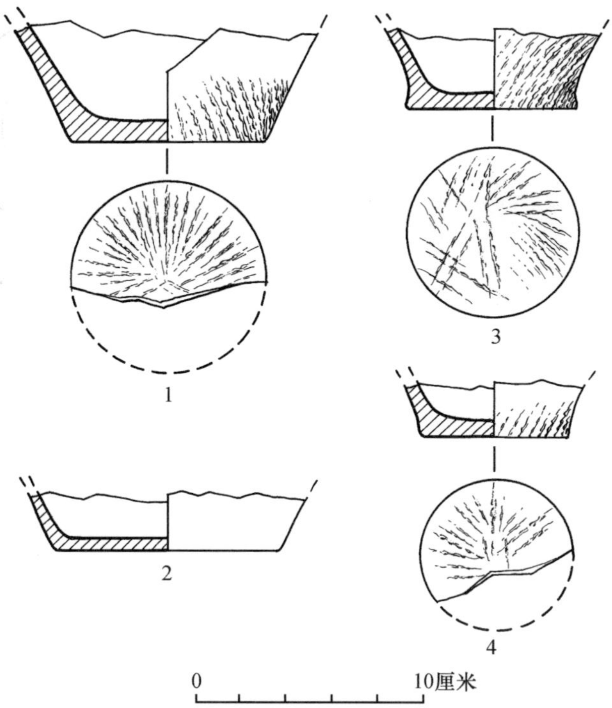

图九 陶器底

1. H629：13 2. ⅧT9894⑦：18 3. H628：9 4. ⅧT9894⑦：17

3）。ⅧT9894⑦：17，夹砂灰黄陶。腹部和底部饰绳纹。底径6.6、残高2.3厘米（图九，4）。

圈足 3件。H629：12，夹砂红褐陶。素面。足径10、残高3.8厘米（图一〇，1）。ⅧT9177⑦：15，夹砂红褐陶。圈足上饰圆形镂孔，足跟饰刻划网格纹。足径11、残高4.5厘米（图一〇，2）。ⅧT9894⑦：15，夹砂红褐陶。圈足上饰圆形镂孔，足跟饰指甲纹。足径9.2、残高4厘米（图一〇，3）。

纺轮 1件。ⅧT9197⑦：22，夹砂灰黑陶。圆形，上下小、中间大，折腹。素面。顶径3、腹径4.8、底径3.4、高3.3厘米（图一〇，4）。

陶片 5件。ⅩT9199⑦：18，泥质灰黄陶。肩部饰凹弦纹和戳印圆圈纹。残高6.2厘米（图一一，1）。Y9：9，泥质黄陶。肩部饰凹弦纹和戳印圆圈纹。残高5厘米（图一一，2）。H610：9，泥质黄陶，外施白色陶衣。饰附加堆纹。残高12.7厘米（图一一，3）。H581：4，泥质黄陶。饰凹弦纹和戳印纹。残高5厘米（图一一，4）。ⅧT9197⑦：21，泥质灰陶。饰附加堆纹，有圆形穿孔。残高3.9厘米（图一一，5）。

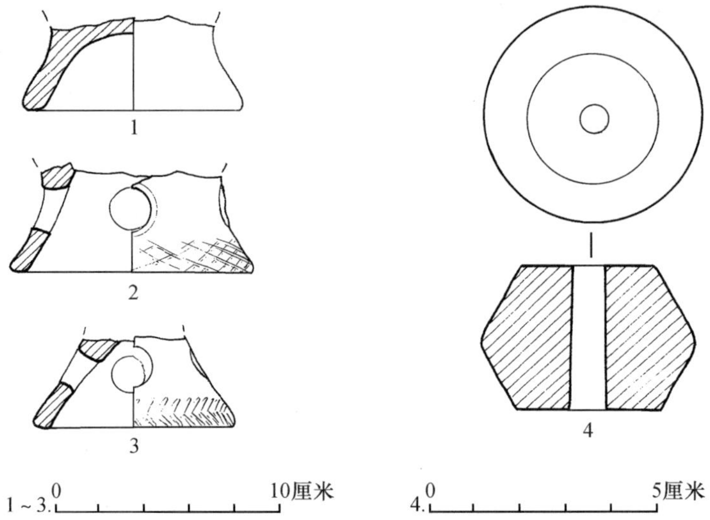

图一〇 陶圈足、纺轮

1～3. 圈足（H629：12、ⅧT9177⑦：15、ⅧT9894⑦：15） 4. 纺轮（ⅧT9197⑦：22）

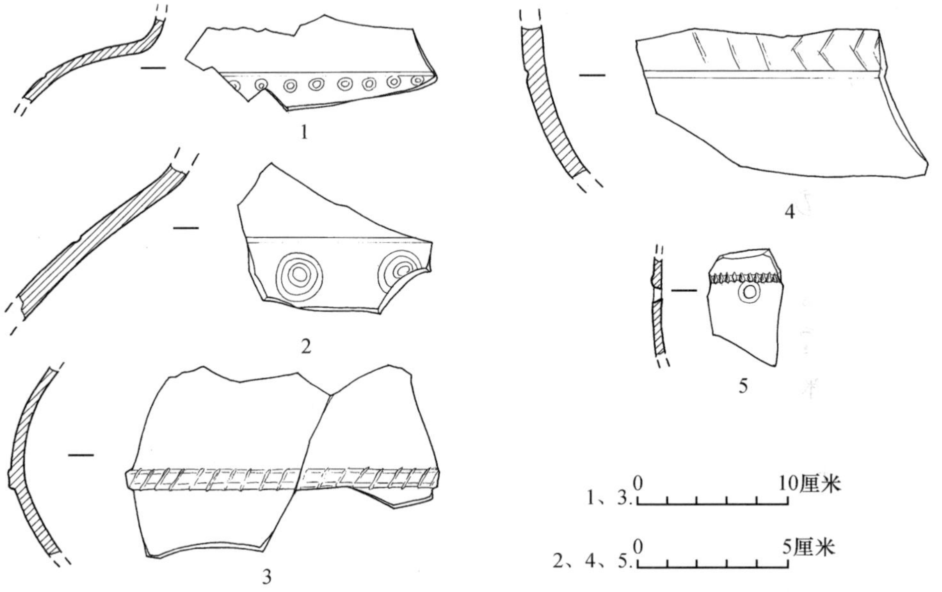

图一一 陶片

1. ⅩT9199⑦：18 2. Y9：9 3. H610：9 4. H581：4 5. ⅧT9197⑦：21

三、十二桥文化遗存

（一）遗　　迹

发现有房址、灰坑、灰沟、窑址和墓葬。

1. 房址

4座，包括F41～F44。均开口于第7层下，打破生土。均为带基槽的地面式建筑，西北—东南走向。除F42为近方形单间建筑外，其余均为长方形多间建筑。

F41　位于ⅧT9897、ⅧT9898、ⅧT9998、ⅧT9999内。开口距地表约1.02米，开口于第7层下，打破生土。为带基槽的地面式建筑，平面呈长方形，西北—东南走向。残长8、宽3.6米。基槽为直壁、平底，宽0.2～0.25米。基槽填土为黑褐色黏土，土质致密。现存双开间，其中一间发现对外的门道，宽约1米，其内部又分隔为三个小间并以隔墙上的门道相通，门道宽0.56～0.64米。门道一侧或两侧发现有柱洞，柱洞直径0.2～0.25米（图一二）。

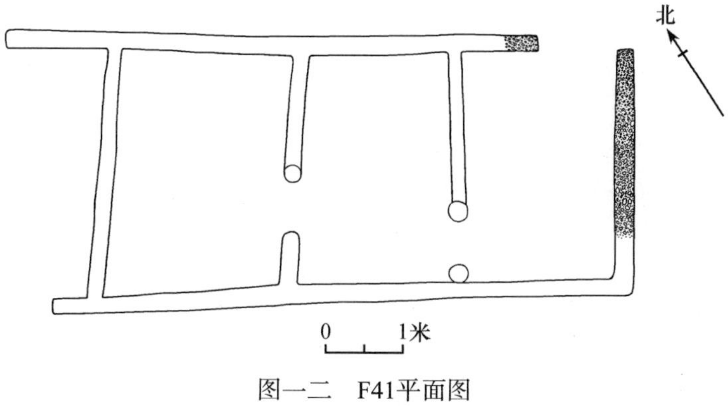

图一二　F41平面图

2. 灰坑

96个，包括H536～H631。平面形状有圆形、椭圆形、不规则形等。

H575　位于ⅠT9899南部。开口距地表约0.36米，开口于第5层下，打破第6层。平面呈不规则形，弧壁，平底，底部略有起伏。坑口长1.1、宽1.05、深0.08米（图一三）。填土为黑褐色砂土，土质疏松，夹杂少量草木灰，出土大量陶片，可辨器形有小平底罐等。

H589　位于ⅨT9894北部。开口距地表约0.39米，开口于第5层下，打破第6层。平面呈不规则形，弧壁，平底。坑口直径1.67～1.98、深0.39米（图一四）。填土为黑褐色砂土，土质疏松，出土大量陶片，可辨器形有尖底杯、尖底盏、小平底罐、圈足罐等。

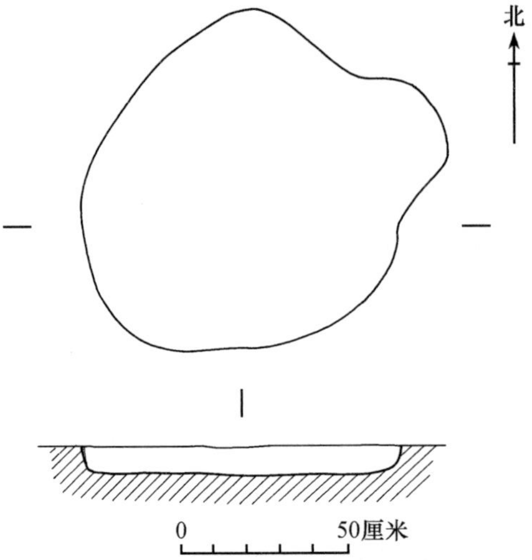

图一三　H575平、剖面图

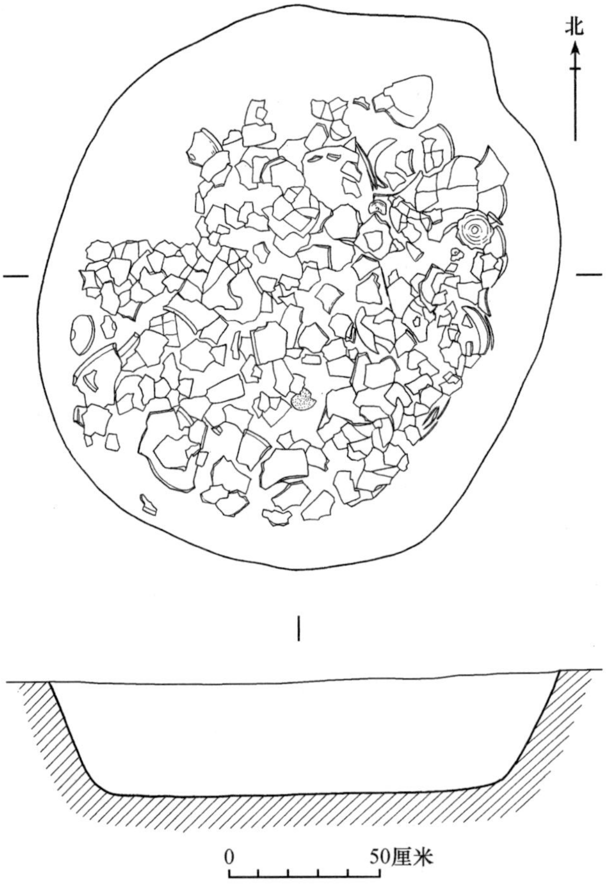

图一四　H589平、剖面图

3. 灰沟

2条，包括G154和G155。均为长条形。

G155 位于发掘区西北部，自西北向东南延伸，主要分布于ⅧT8483、ⅧT8484、ⅧT8585、ⅧT8586、ⅧT8897、ⅧT9098、ⅠT9698等探方。开口于第6层下，打破第7层，北部被G154、一晚期坑和晚期沟打破。整体呈长条形，弧壁，平底，西北高，东南低。长约90、宽2.15～3.55、深约0.5米（图一五）。沟内填土为较纯净的青灰色砂土，土质相对较硬，几乎不包含文化遗物。西北部沟壁两侧为砾石堆积，其断面呈梯形，夹杂红褐色黏土，土质致密，包含少量夹砂灰褐陶片。砾石堆积宽0.7～2.5、高0.5～0.6米。东南部沟壁两侧未发现砾石堆积。

4. 窑址

4座，包括Y7～Y10。均开口于第5层下，打破第6层。除Y7平面呈椭圆形且因破坏严重而无法辨别结构外，其余窑址整体呈长条形，由窑室、火膛、操作坑等部分组成。

Y9 位于ⅧT9695内。开口距地表约0.36米，开口于第5层下，打破第6层。由窑室、火膛、火门和操作坑等组成，总长2.19米。窑室平面近圆角长方形，底部呈斜坡状，西南高东北低，窑室顶部坍塌，其结构不详。口部长1.08、宽0.79、残深0.1～0.27米。窑室填土为深灰黑色砂土，土质疏松，包含大量陶片，可辨器形有圈足罐、高领罐等。火门位于窑室之东北，由火膛与窑室相通。火膛断面呈长方形，平顶。长0.51、深0.1～0.16米。操作坑平面呈椭圆形。口部长径0.89、短径0.78、残深0.19～0.34米。填土为浅灰黑色，略板结，底部为卵石堆积，包含少量陶片，可辨器形有罐等（图一六）。

5. 墓葬

6座，包括M117～M122。均开口于第5层下。竖穴土坑墓，平面呈长方形或窄长条形，方向为西北—东南向，不见葬具，除1座为屈肢葬外，其余为仰身直肢葬，均无随葬品。

M122 位于ⅨT9695的北部。开口距地表约0.38米，开口于第5层下，打破第6层。方向148°。长方形竖穴土坑墓，直壁，平底。残长2、宽0.73～0.87、深0.28米（图一七）。填土为黑褐色五花土，有黏性，土质略紧密。发现人骨一具，保存较好，一次葬，头向东南，面向西，侧身屈肢，性别、年龄不明。无葬具和随葬品。

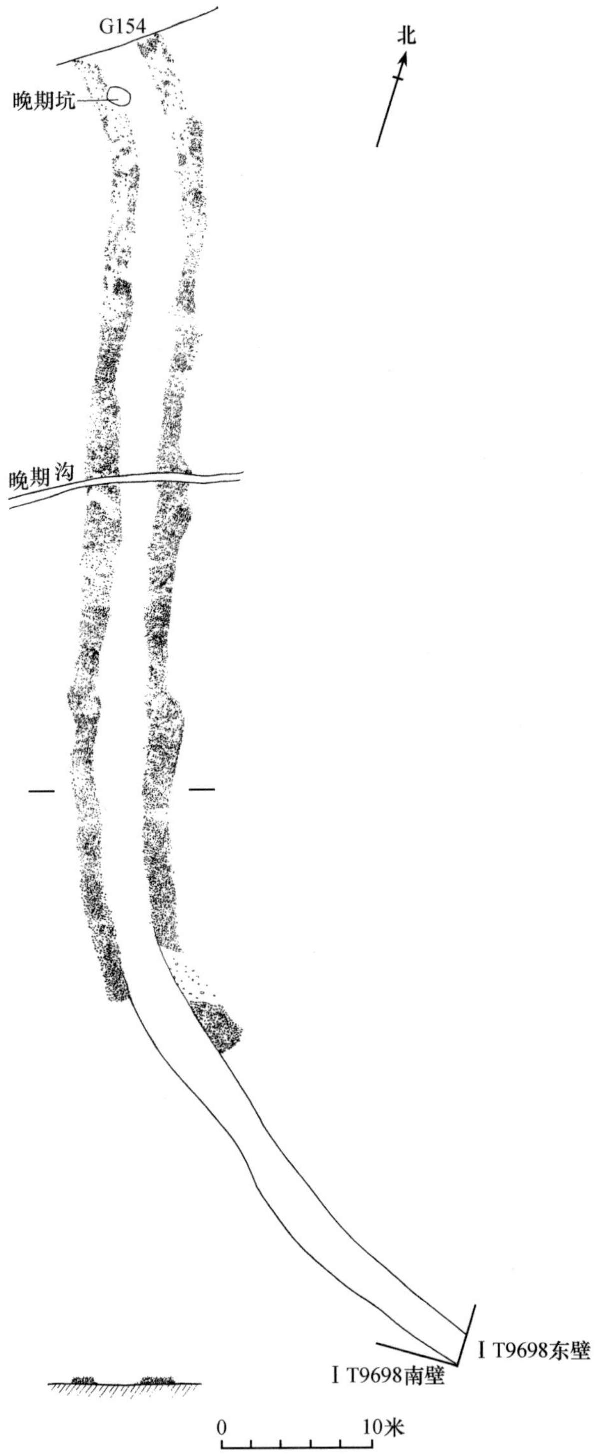

图一五　G155平、剖面图

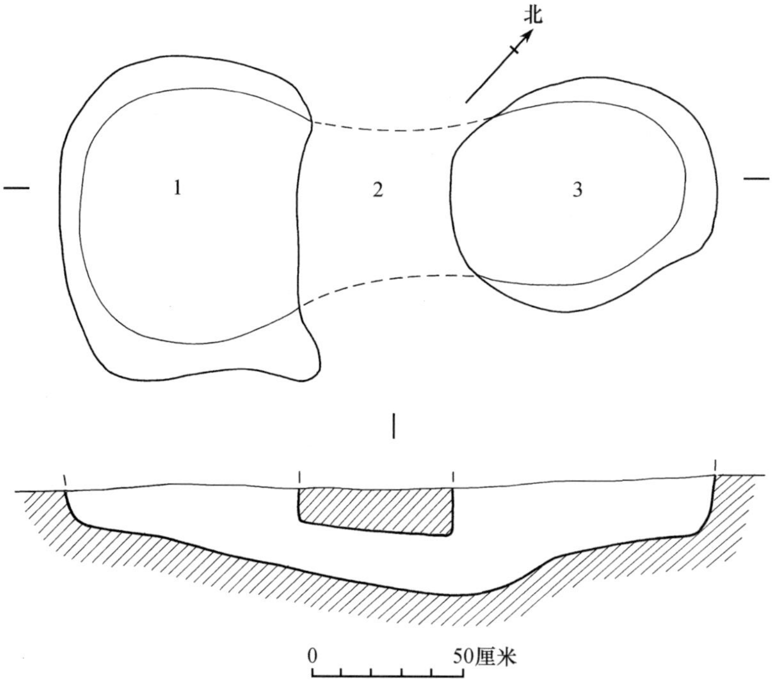

图一六　Y9平、剖面图

1. 窑室　2. 火膛　3. 操作坑

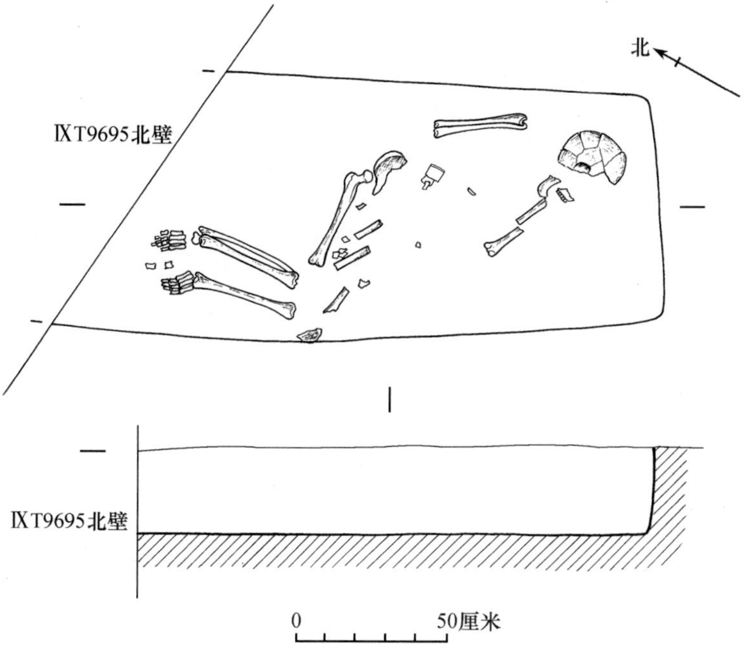

图一七　M122平、剖面图

（二）遗　　物

出土陶器、玉石器、铜器和骨器。

1. 陶器

出土陶器多破碎，以夹砂灰陶为主，另有少量黑皮陶、红陶等，泥质陶的数量较少。纹饰以素面为主，仅少量器物装饰弦纹、乳钉纹、网格纹等。器类包括平底器、圈足器和尖底器，不见三足器和圜底器，可辨器类有尖底盏、束颈罐、敛口罐、高领罐、矮领罐、瓮、簋形器、盆、缸、圈足、豆盘、釜等。

尖底盏　2件。ⅨT9697⑤A：25，夹砂灰陶。敞口，卷沿，圆唇，深弧腹。素面。口径13、残高3.8厘米（图一八，1）。ⅩT9399⑤A：14，夹砂灰陶。口微敞，圆唇，浅弧腹。素面。口径15、残高2.9厘米（图一八，2）。

豆盘　1件。ⅧT9090⑤A：6，夹砂灰陶。敞口，卷沿，沿面微下垂，圆唇，斜弧腹。素面。口径18、残高3.8厘米（图一八，3）。

釜　1件。ⅧT9797⑦：18，夹砂红陶。口微侈，沿较竖直，尖圆唇，溜肩。肩部饰竖向绳纹。口径9、残高4.5厘米（图一八，4）。

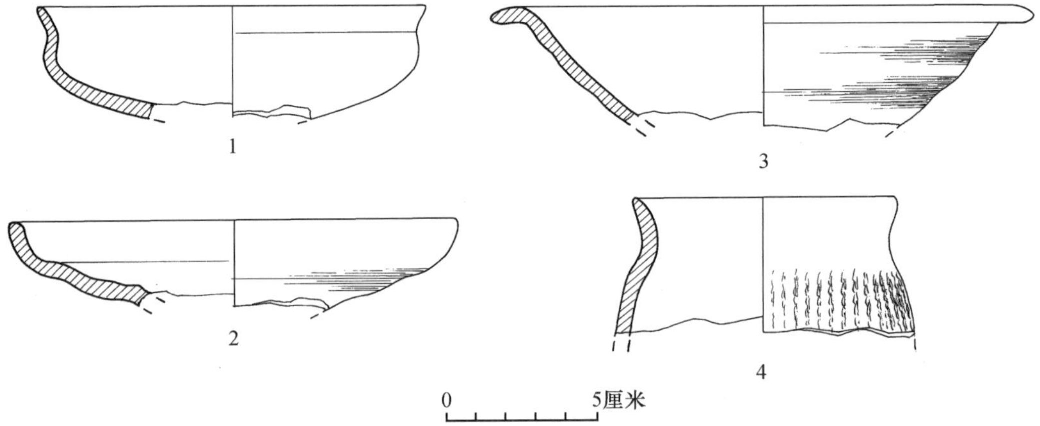

图一八　出土陶器

1、2. 尖底盏（ⅨT9697⑤A：25、ⅩT9399⑤A：14）　3. 豆盘（ⅧT9090⑤A：6）　4. 釜（ⅧT9797⑦：18）

束颈罐　6件。根据口部形态的差异，分为二型。

A型　4件。侈口，折沿，鼓肩。ⅨT9697⑤A：4，夹砂灰陶。方唇。素面。口径20、残高10厘米（图一九，1）。ⅧT9198⑤B：10，夹砂灰陶。方唇。素面。口径20、残高4.5厘米（图一九，2）。ⅧT9898⑤B：12，夹砂灰胎黑皮陶。方唇。素面。口径20、残高5.5厘米（图一九，3）。ⅨT9697⑤A：18，夹砂灰陶。方唇。素面。口径20、残高5.5厘米（图一九，4）。

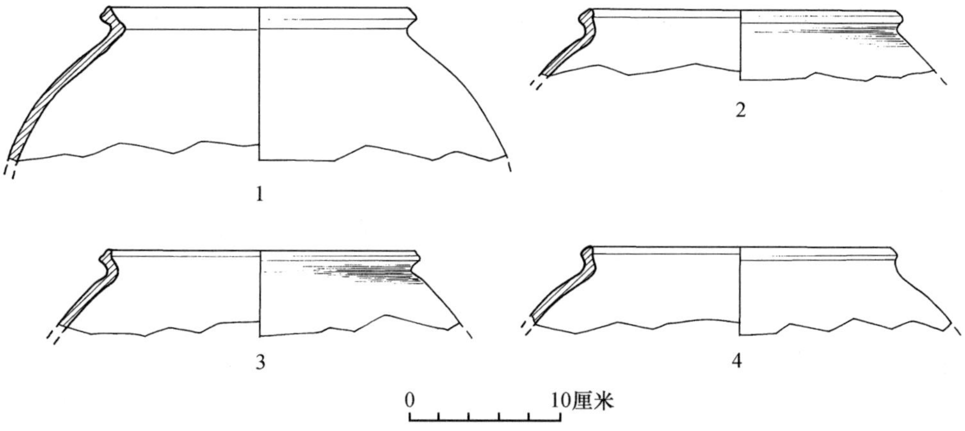

图一九　A型陶束颈罐

1. ⅨT9697⑤A：4　2. ⅧT9198⑤B：10　3. ⅧT9898⑤B：12　4. ⅨT9697⑤A：18

B型　2件。侈口，卷沿。根据沿部的宽窄和肩部形态的不同，分为二亚型。

Ba型　1件。窄沿，溜肩。ⅧT9098⑦：10，泥质灰陶。圆唇，弧腹。素面。口径33、残高4厘米（图二〇，1）。

Bb型　1件。宽沿，鼓肩。ⅨT9697⑤A：3，夹砂灰陶。斜方唇，鼓腹。素面。口径14、残高7厘米（图二〇，2）。

敛口罐　2件。敛口，圆折肩。ⅨT9697⑤A：2，夹砂灰陶。圆唇。素面。口径22、残高7.5厘米（图二〇，3）。ⅧT8584⑤A：2，夹砂灰陶。圆唇。素面。口径28、残高5.6厘米（图二〇，4）。

高领罐　10件。侈口，窄沿，高领，领部近直或微束。多为素面。根据口部形态的不同，分为二型。

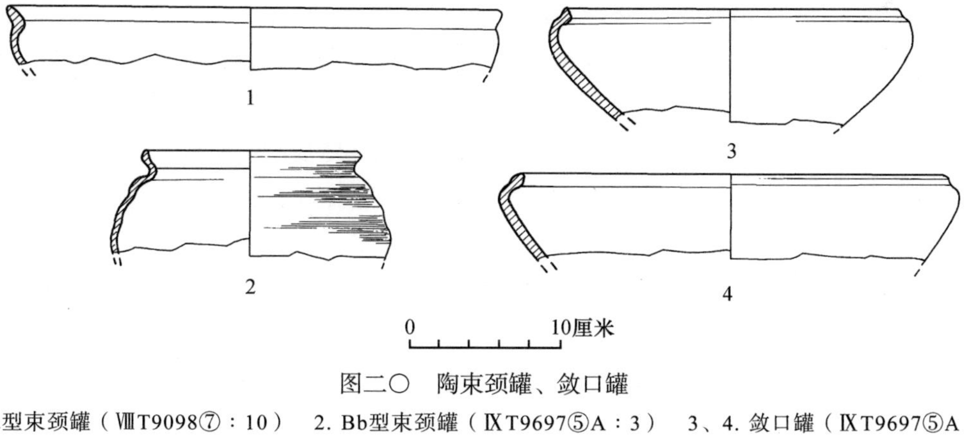

图二〇　陶束颈罐、敛口罐

1. Ba型束颈罐（ⅧT9098⑦：10）　2. Bb型束颈罐（ⅨT9697⑤A：3）　3、4. 敛口罐（ⅨT9697⑤A：2、ⅧT8584⑤A：2）

A型 4件。子母口，沿面有一道凹槽。ⅧT8584⑤A：9，夹砂灰陶。圆唇。素面。口径20、残高11.5厘米（图二一，1）。ⅧT8985⑤B：1，夹砂灰陶。圆唇。素面。口径13、残高8.3厘米（图二一，2）。ⅨT9697⑤A：14，夹砂灰陶。圆唇。素面。口径16、残高9.4厘米（图二一，3）。ⅩT9899⑤B：6，夹砂灰陶。方圆唇。素面。残高9厘米（图二一，4）。

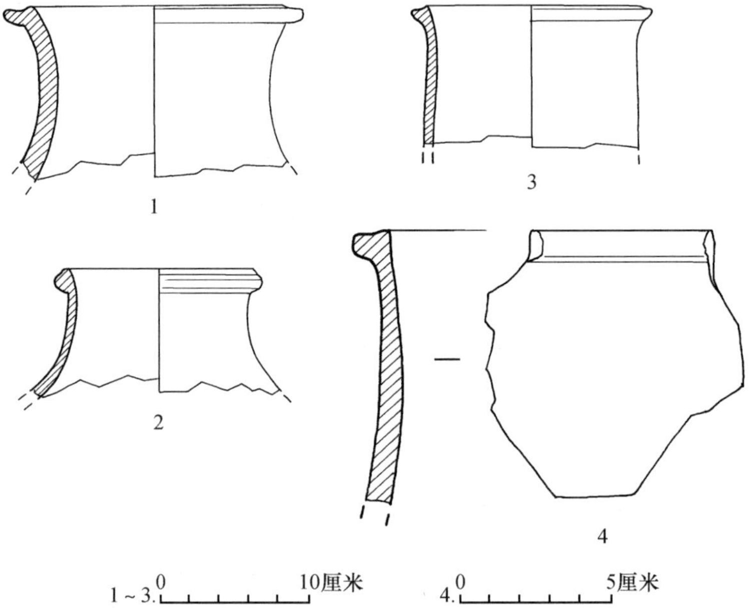

图二一 A型陶高领罐

1. ⅧT8584⑤A：9 2. ⅧT8985⑤B：1 3. ⅨT9697⑤A：14 4. ⅩT9899⑤B：6

B型 6件。侈口。ⅧT9292⑤A：1，夹砂灰陶。圆唇。素面。口径24、残高9厘米（图二二，1）。ⅧT9092⑤A：6，夹砂灰陶。圆唇。颈部饰一周凹弦纹。口径22、残高9厘米（图二二，2）。ⅩT9899⑤A：9，夹砂灰陶。圆唇。颈部饰一周凹弦纹。残高7.1厘米（图二二，3）。ⅨT9899⑤A：4，夹砂灰陶。圆唇。颈部饰两周凹弦纹。口径22、残高10厘米（图二二，4）。ⅨT9697⑤A：10，夹砂灰陶。圆唇。素面。口径13、残高7.5厘米（图二二，5）。ⅧT9797⑤B：2，夹砂灰陶。圆唇。素面。残高5.7厘米（图二二，6）。

矮领罐 4件。窄沿，矮领。ⅧT9393⑤A：3，夹砂灰陶。口微侈，圆唇。素面。口径22.6、残高7.2厘米（图二三，1）。ⅧT9798⑦：11，泥质灰陶。口微侈，沿面下垂，圆唇。素面。口径12、残高4.2厘米（图二三，2）。ⅧT8583⑤A：2，夹砂灰陶。侈口，沿面下垂，方圆唇。颈部饰一周凹弦纹。口径30、残高12厘米（图二三，3）。ⅩT9497⑤A：12，夹砂灰陶。直口，圆唇。素面。口径23、残高8厘米（图二三，4）。

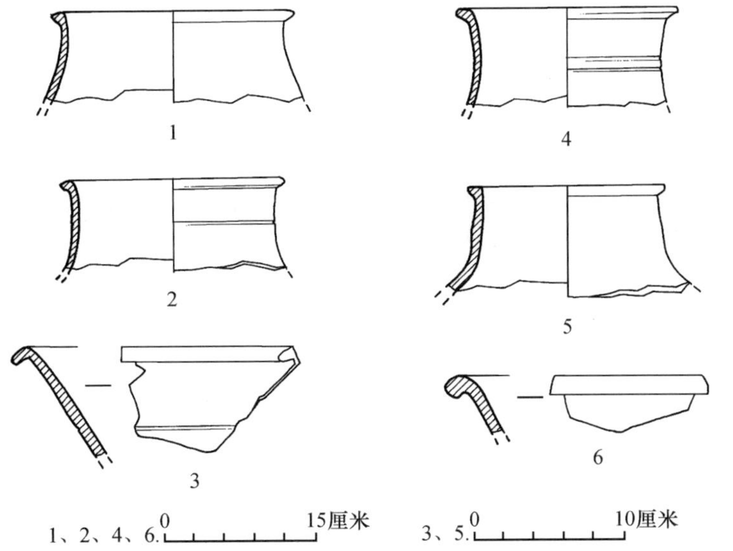

图二二　B型陶高领罐

1. ⅧT9292⑤A：1　2. ⅧT9092⑤A：6　3. ⅩT9899⑤A：9　4. ⅨT9899⑤A：4　5. ⅨT9697⑤A：10　6. ⅧT9797⑤B：2

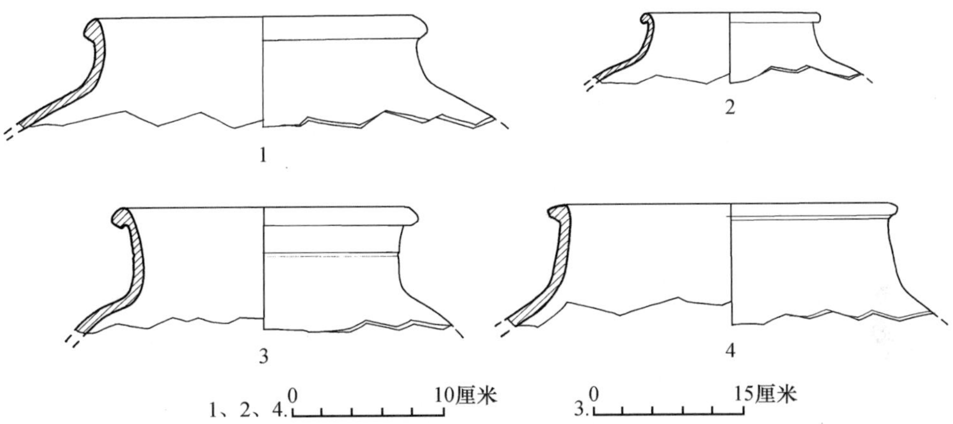

图二三　陶矮领罐

1. ⅧT9393⑤A：3　2. ⅧT9798⑦：11　3. ⅧT8583⑤A：2　4. ⅩT9497⑤A：12

瓮　12件。根据口部形态的不同，分为三型。

A型　1件。喇叭口，颈部较长。ⅩT9199⑤A：8，夹砂灰陶。翻沿，圆唇。素面。口径39、残高7.5厘米（图二四，1）。

B型　10件。口微侈或近直，矮领。这类瓮的肩部一般较宽。ⅨT9899⑤A：5，夹砂灰陶。厚圆唇。素面。口径34、残高8厘米（图二四，2）。ⅧT8590⑤B：2，夹砂灰陶。窄沿，圆唇。肩部饰网格纹。口径48、残高8厘米（图二四，3）。ⅩT9799⑦：19，泥质灰黄陶。厚圆唇。素面。口径18、残高5厘米（图二四，4）。

Y9：8，泥质灰黄陶。厚圆唇。素面。口径20、残高3.5厘米（图二四，5）。H569：4，泥质灰黄陶。圆唇，领部外壁有一道凸棱。素面。口径17、残高2.4厘米（图二四，6）。ⅩT8999⑤A：2，夹砂灰胎黑皮陶。厚圆唇。肩部饰一周凹弦纹。口径44、残高7厘米（图二四，7）。ⅧT9295⑤B：1，夹砂灰胎黑皮陶。厚圆唇。素面。残高8.1厘米（图二四，8）。ⅠT9699⑤A：3，夹砂灰陶。厚圆唇。素面。口径29.5、残高6.5厘米（图二五，1）。ⅧT9192⑤A：1，夹砂灰陶。厚圆唇。肩部饰网格纹。口径40、残高8厘米（图二五，2）。ⅧT8490⑤A：1，夹砂灰陶。厚圆唇。素面。口径30、残高4.5厘米（图二五，3）。

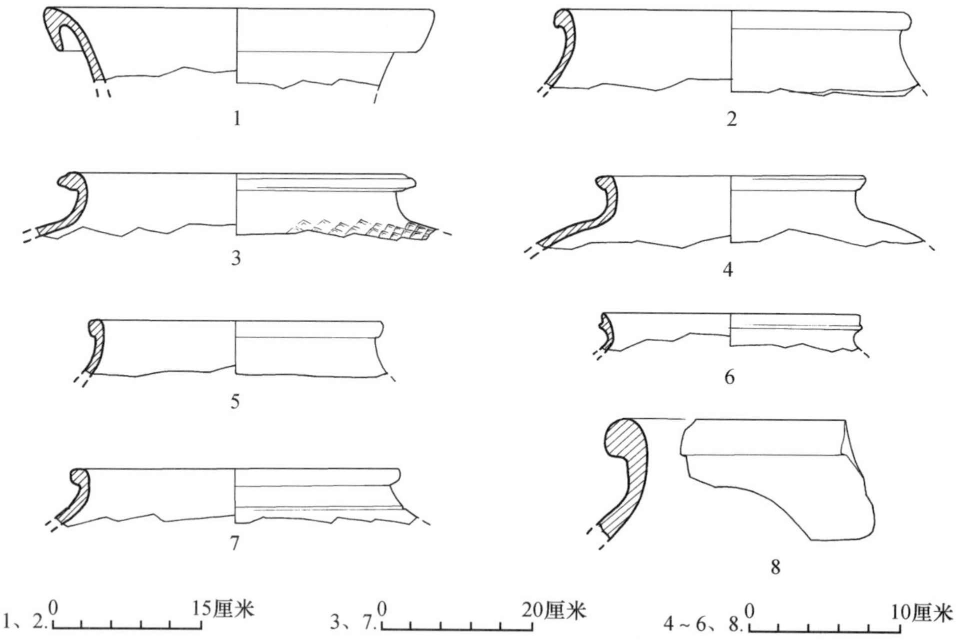

图二四　陶瓮

1. A型（ⅩT9199⑤A：8）　2～8. B型（ⅨT9899⑤A：5、ⅧT8590⑤B：2、ⅩT9799⑦：19、Y9：8、H569：4、ⅩT8999⑤A：2、ⅧT9295⑤B：1）

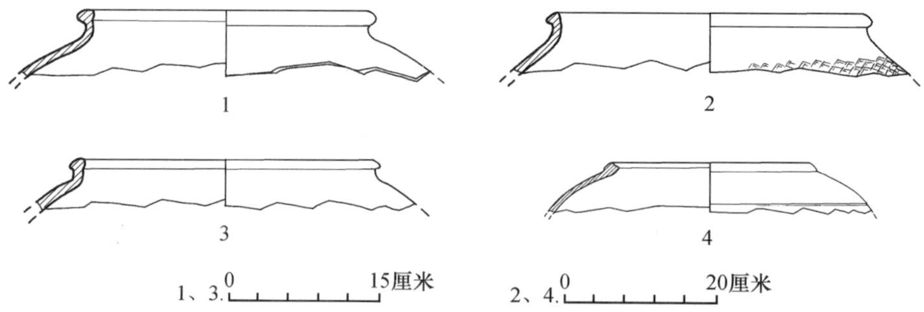

图二五　陶瓮

1～3. B型（ⅠT9699⑤A：3、ⅧT9192⑤A：1、ⅧT8490⑤A：1）　4. C型（ⅧT8584⑤A：10）

C型　1件。敛口，无领。ⅧT8584⑤A：10，夹砂灰陶。方唇，广肩。肩部饰一周凹弦纹。口径26、残高6.5厘米（图二五，4）。

簋形器　13件。大口，窄溜肩或鼓肩，也有上腹近直壁者。根据器形的不同，分为三型。

A型　3件。敛口，窄沿，鼓肩。ⅠT9699⑤A：5，夹砂灰陶。圆唇。肩部饰一周凹弦纹。口径38、残高8厘米（图二六，1）。ⅧT9991⑤A：7，夹砂灰陶。圆唇。素面。口径28、残高4厘米（图二六，2）。ⅧT9198⑤B：8，夹砂灰陶。圆唇。素面。口径39、残高6厘米（图二六，3）。

B型　3件。口微敞，沿内折，上腹部斜直。ⅧT9090⑤A：1，夹砂灰陶。圆唇。素面。口径40、残高8厘米（图二六，4）。ⅧT9197⑤A：2，夹砂灰胎黑皮陶。圆唇。素面。残高6.5厘米（图二六，5）。ⅧT9294⑤A：3，夹砂灰陶。圆唇。素面。残高6.5厘米（图二六，6）。

C型　7件。敛口，无沿，窄溜肩。ⅧT8793⑤A：3，夹砂灰陶。厚圆唇。肩部饰一周凹弦纹。口径52、残高10厘米（图二七，1）。ⅧT9797⑤A：5，夹砂灰陶。方唇。肩部有一周折棱。口径34、残高7厘米（图二七，2）。ⅧT9594⑤B：1，夹砂灰陶。方唇。肩部饰凹弦纹。口径38、残高12厘米（图二七，3）。ⅧT9297⑤B：6，夹砂灰陶。圆唇。肩部有一周折棱。口径34、残高6.9厘米（图二七，4）。ⅧT9393⑤A：1，夹砂灰陶。方唇。肩部有一周折棱。口径21、残高5厘米（图二七，5）。ⅧT9294⑤A：2，夹砂灰陶。厚圆唇。肩部有一周折棱。残高6.5厘米（图二七，6）。ⅧT8791⑤A：2，夹砂灰胎黑皮陶。厚圆唇。肩部有一周折棱。残高8.3厘米（图二七，7）。

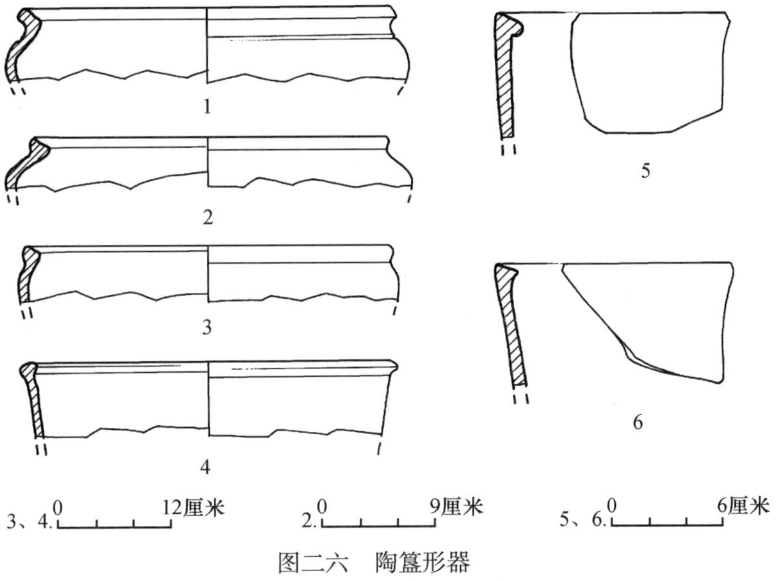

图二六　陶簋形器

1～3. A型（ⅠT9699⑤A：5、ⅧT9991⑤A：7、ⅧT9198⑤B：8）　4～6. B型（ⅧT9090⑤A：1、ⅧT9197⑤A：2、ⅧT9294⑤A：3）

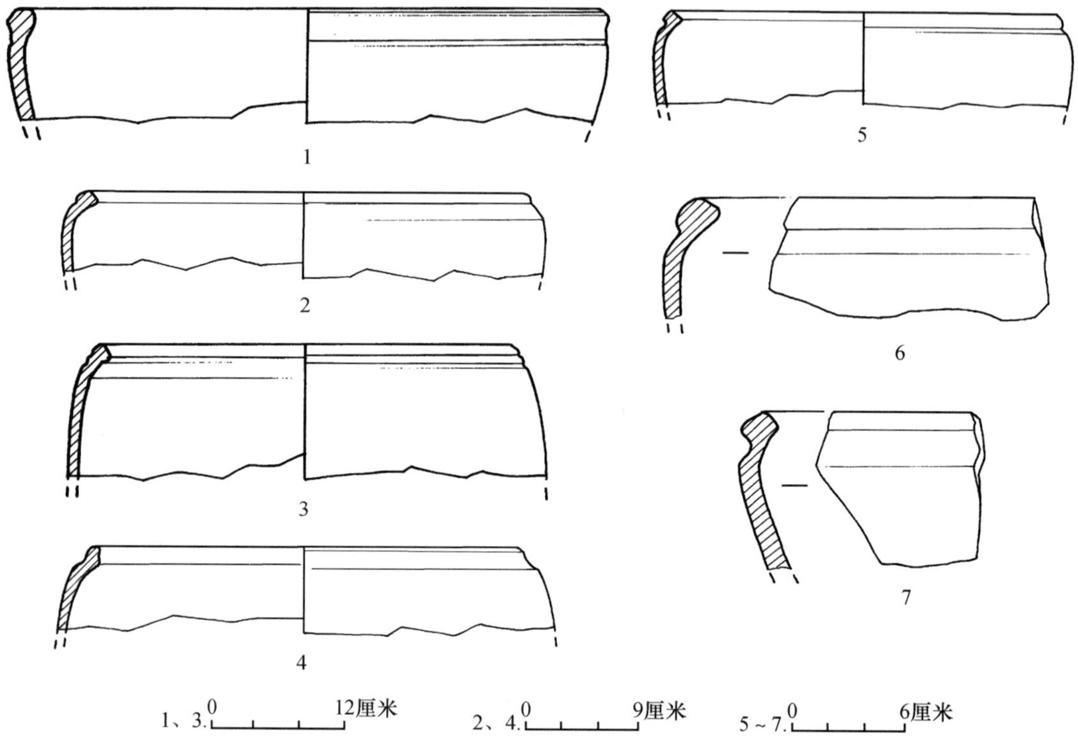

图二七　C型陶簋形器

1. ⅧT8793⑤A：3　2. ⅧT9797⑤A：5　3. ⅧT9594⑤B：1　4. ⅧT9297⑤B：6　5. ⅧT9393⑤A：1　6. ⅧT9294⑤A：2　7. ⅧT8791⑤A：2

盆　4件。ⅧT8793⑤A：1，夹砂灰陶。口近直，窄沿，方唇。腹部饰两周凹弦纹。残高6.2厘米（图二八，1）。ⅧT8454⑤B：2，夹砂灰陶。敛口，厚圆唇。腹部饰一周凹弦纹。残高7.5厘米（图二八，2）。ⅧT9393⑤A：2，夹砂灰陶。直口，厚圆唇。腹部饰凹弦纹和乳钉纹。残高6厘米（图二八，3）。ⅨT9698⑦：3，夹砂红陶。敞口，窄沿，圆唇，弧腹。素面。口径28、残高4厘米（图二八，4）。

缸　4件。体型大。均为夹砂灰陶。口微敞，上腹部斜直。H630：9，窄沿，圆唇。腹部饰凹弦纹。口径54、残高10.5厘米（图二九，1）。ⅧT8483⑤A：1，圆唇。腹部饰凹弦纹。口径46、残高14厘米（图二九，2）。ⅧT9390⑤A：1，厚圆唇。腹部饰凹弦纹。口径53.5、残高17.2厘米（图二九，3）。ⅧT8290⑤A：1，窄沿，方唇。素面。口径52、残高5厘米（图二九，4）。

圈足　2件。素面。ⅧT9090⑤A：2，夹砂灰陶。足径21.2、残高4.2厘米（图二九，5）。ⅧT9397⑦：5，夹砂红陶。足径11、残高4.4厘米（图二九，6）。

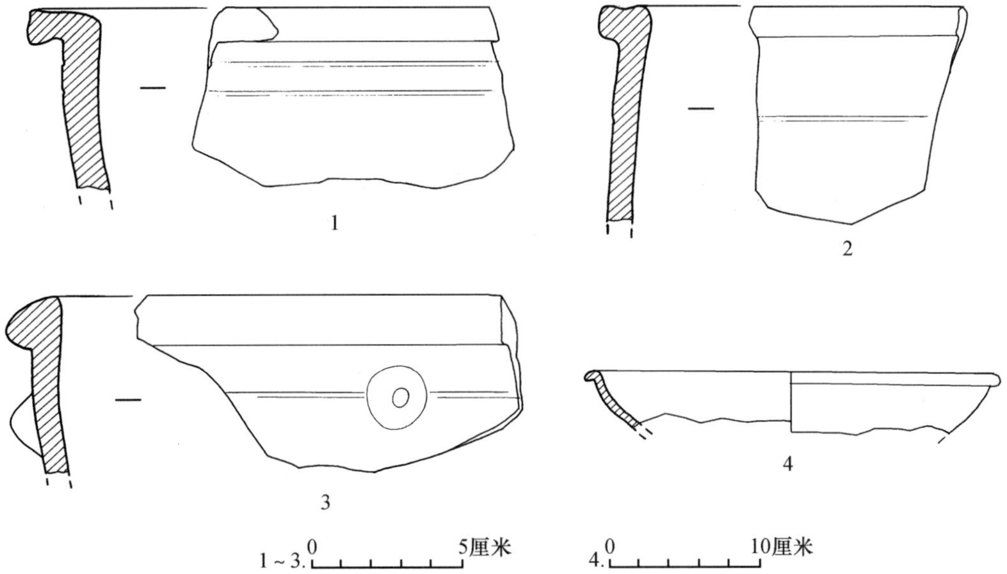

图二八　陶盆

1. ⅧT8793⑤A：1　2. ⅧT8454⑤B：2　3. ⅧT9393⑤A：2　4. ⅨT9698⑦：3

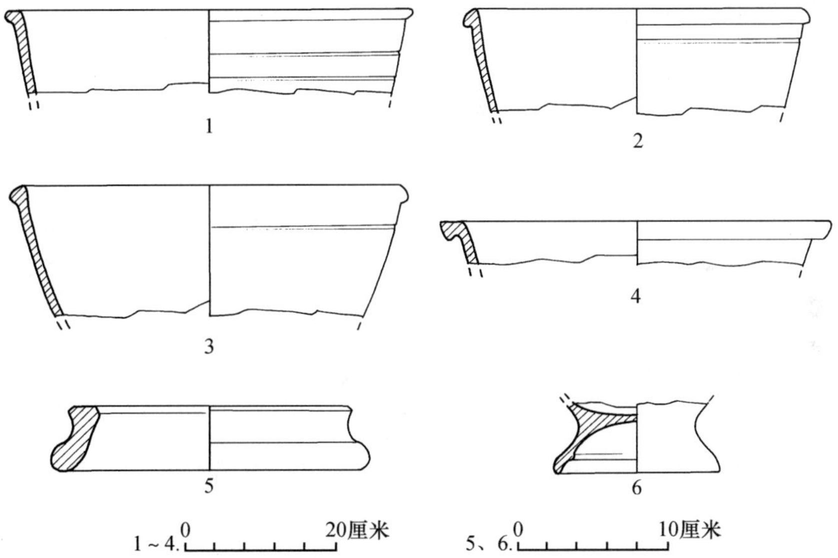

图二九　出土陶器

1～4. 缸（H630：9、ⅧT8483⑤A：1、ⅧT9390⑤A：1、ⅧT8290⑤A：1）　5、6. 圈足（ⅧT9090⑤A：2、ⅧT9397⑦：5）

2. 石器

数量较少，多为小型石器，磨制精细，包括斧、锛、凿、穿孔石器、杵、磨石等。

斧　8件。根据器形大小的不同，分为二型。

A型　5件。器形较大，器体厚重。根据平面形状的不同，分为二亚型。

Aa型　4件。平面近三角形。磨制精细。ⅧT9195⑤B：2，绿灰色，器身上有磨制的绿松石，间有黄灰色砂粒。弧形顶，有打制使用的痕迹，斜刃，刃部和器身一侧有崩疤。长11.4、宽3～5.7、厚3.6厘米（图三〇，1）。ⅧT9495⑤B：1，灰白色。三角形顶，弧刃。器身两侧有较多崩疤。长14.3、宽3.2～7、厚2.6～3厘米（图三〇，2）。ⅧT8484⑤B：1，灰黄色。斜刃。残长4.2、宽4.9、厚3厘米（图三〇，6）。H603：29，青黄色。弧刃。残长6.5、宽6、厚2.5厘米（图三〇，8）。

Ab型　1件。平面近长方形。ⅧT9696⑤B：1，灰白色。器身遍布打制痕迹，打制粗糙，仅刃部稍加磨制。长10.2、宽6.5、厚2.5厘米（图三〇，3）。

B型　3件。器形较小。ⅩT8899⑤B：1，灰色。平面近长方形，顶部和刃部残，器身大多有崩疤，仅靠近刃部处有磨制痕迹。残长6.6、宽4.3、厚1.5厘米（图三〇，4）。ⅧT8484⑤B：2，灰色。平面呈梯形，顶部残，器身多见崩疤，刃部磨制。残长6.2、宽3～3.5、厚0.8厘米（图三〇，5）。ⅧT9297⑤B：2，灰色。平面近长方形，平顶，器身一侧和刃部有崩疤。长6.2、宽4.3、厚2厘米（图三〇，7）。

锛　4件。根据平面形状的不同，分为二型。

A型　3件。平面呈长方形。ⅧT9297⑤B：3，灰黑色。弧刃，顶部和刃部残损。残长7.3、宽1.4～2.3、厚0.7厘米（图三一，1）。H596：1，灰褐色。弧形顶，弧刃。长6.4、宽1.9～2.7、厚1.5厘米（图三一，2）。ⅧT9498⑤B：1，灰色。顶部残，斜弧刃。残长3.9、宽2.8、厚0.8厘米（图三一，4）。

B型　1件。平面呈梯形。ⅧT8993⑤B：2，灰蓝色。弧形顶，弧刃。器表有残损。长4.9、宽2.6～4、厚0.9厘米（图三一，3）。

凿　1件。ⅧT9691⑤B：1，灰色。平面呈长条形，残存刃部一端，斜弧刃。残长4.1、宽1.6、厚1厘米（图三一，5）。

穿孔石器　1件。ⅧT8794⑤B：2，青灰色。残，平面近椭圆形，有一圆形穿孔，两面对钻。残长7.8、宽2.8～6、厚0.3～1.5厘米（图三一，6）。

杵　1件。ⅧT9389⑤B：1，灰蓝色，中间夹杂较多黄色砂粒。研磨面平面呈椭圆形。器身一侧内凹，平面呈椭圆形，便于手握。底部磨制光滑，有明显的使用痕迹，残留有红色颜料，推测其用途为研磨颜料。长13.2、宽1.5～5、厚2.1～6.2厘米（图三二，1）。

磨石　2件。ⅧT9596⑦：1，灰色。平面和磨石面呈椭圆形，磨石面边缘有崩疤，底部平整。长14、宽6、高3.1厘米（图三二，2）。ⅧT8584⑤B：2，灰黄色。平面近椭圆形，剖面呈帽状，磨石面呈椭圆形。直径6.6～7.6、厚0.7～4厘米（图三二，3）。

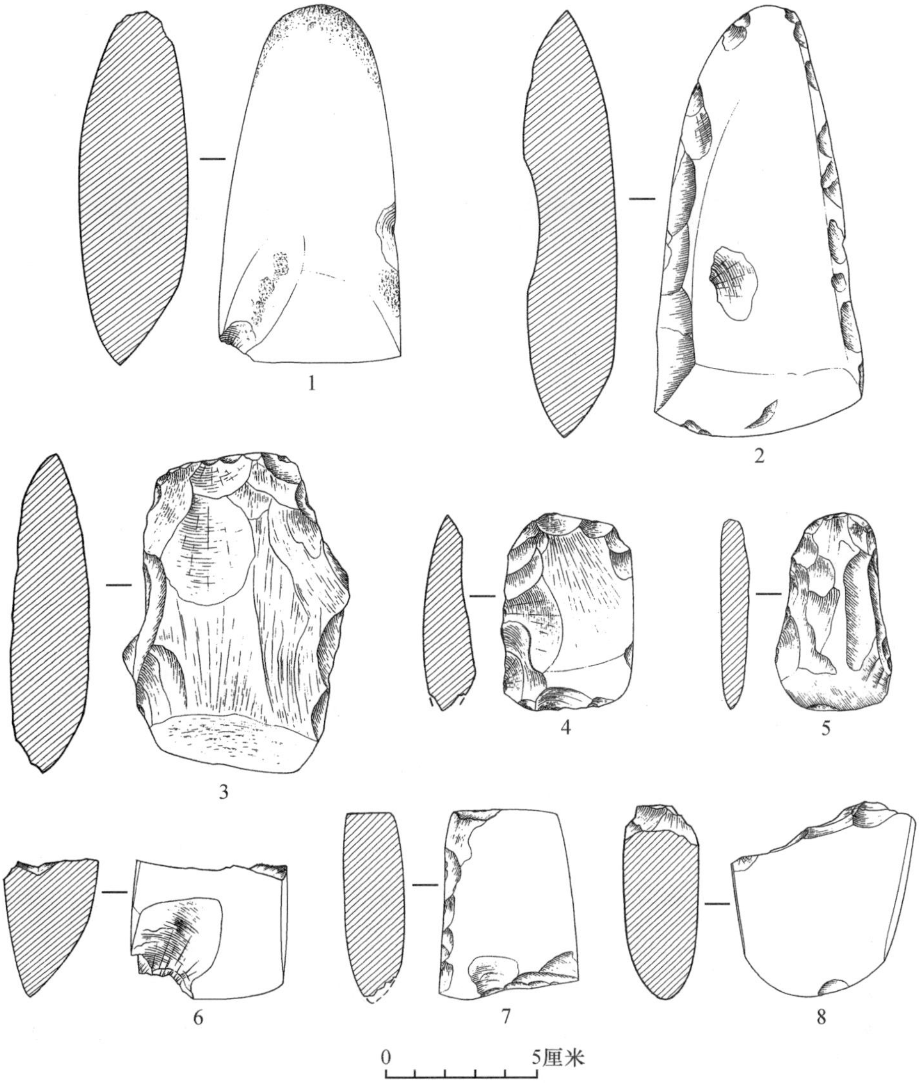

图三〇　石斧

1、2、6、8. Aa型（ⅧT9195⑤B：2、ⅧT9495⑤B：1、ⅧT8484⑤B：1、H603：29）　3. Ab型（ⅧT9696⑤B：1）　4、5、7. B型（ⅩT8899⑤B：1、ⅧT8484⑤B：2、ⅧT9297⑤B：2）

3. 玉器

数量较多，制作精美，许多玉器的表面遗留有明显的加工时留下的痕迹。器类包括戈、锛、凿、璧等，还发现有半成品和玉料。

戈　1件。ⅧT9496⑤B：1，透闪石软玉，半透明，灰白色，器表红褐色，间有不规则呈水纹状的象牙黄和灰白色沁斑。制作精细，器表磨制光滑，抛光较好，无光泽。三角形援，无胡，长方形内。援前端两侧斜收成锋，锋部锐利，援中脊直达前锋，脊两侧呈弧形下凹。援两侧薄，有边刃，略显圆钝，援中段上下刃部各琢有一细齿。援与内

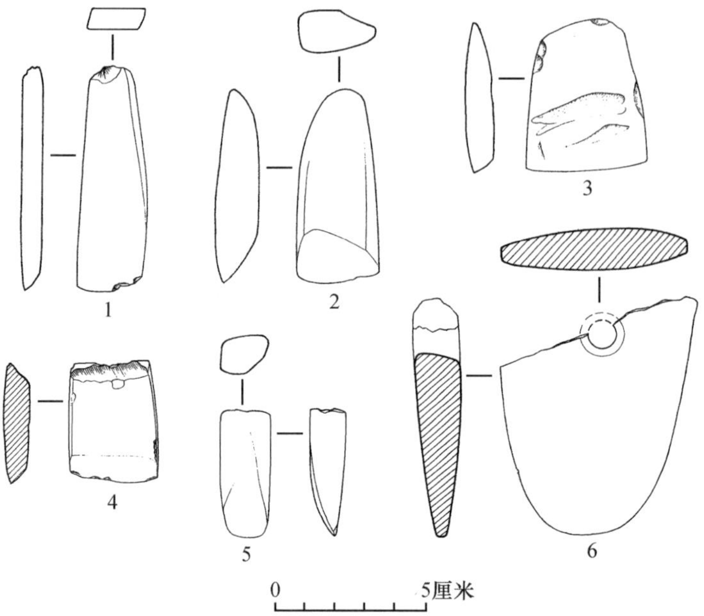

图三一　出土石器

1、2、4. A型锛（ⅧT9297⑤B：3、H596：1、ⅧT9498⑤B：1）　3. B型锛（ⅧT8993⑤B：2）
5. 凿（ⅧT9691⑤B：1）　6. 穿孔石器（ⅧT8794⑤B：2）

之间上下各琢一浅齿形阑和四条平行线，其中一面有对角交叉线。内的上下侧边磨平，下侧边较长，上侧有两条斜向平行线，下侧有三条斜向平行线，内部正中靠阑部有一圆形穿孔，单面钻。通长39.6厘米，援长26、宽8.4厘米，内长10.4、宽8厘米，厚0.2～0.8厘米（图三三，1）。

凿　3件。磨制精细，器表光滑，质地细腻。ⅧT8799⑤B：1，青灰色，间有灰绿色和黄褐色沁斑。平面近圆角长方形，弧刃。长5.5、宽1.6～1.9、厚0.8厘米（图三三，2）。ⅧT9899⑤B：1，墨绿色，间有红褐色斑。平面呈长条形，顶部残断，近刃部一侧有崩疤，弧刃。器身一侧有明显的切割痕迹。残长8.7、宽2、厚0.75厘米（图三三，5）。ⅧT9893⑤B：1，灰白色，间有红褐色沁斑。平面呈长方形，弧刃。器身两侧有较多崩疤。长6.7、宽3、厚0.8～1.2厘米（图三三，6）。

锛　4件。平面近长方形。器身一侧一般有明显的切割痕迹。ⅧT9694⑤B：1，黄灰色蛇纹石，间有褐斑，器上有大量的锈斑。顶部略残，弧刃。残长6、宽2.5～3.5、厚1.2厘米（图三三，7）。H629：1，灰白色。背部残，斜弧刃。器表有明显的崩疤。长5.8、宽4～4.9、厚0.7厘米（图三三，8）。ⅧT9191⑤B：2，灰白色蛇纹石，间有褐斑和水纹。顶部残，弧刃。残长3.5、宽2.5、厚0.9厘米（图三三，9）。ⅧT9196⑤B：1，灰色蛇纹石。背部残，弧刃。残长3.5、宽2.1、厚0.5厘米（图三三，10）。

凿形器　12件。平面呈长条形，弧刃。根据器形长短的不同，分为二型。

A型　4件。器形较短。ⅧT8793⑤B：3，青灰色透闪石，间有黄褐色和黑色沁斑，

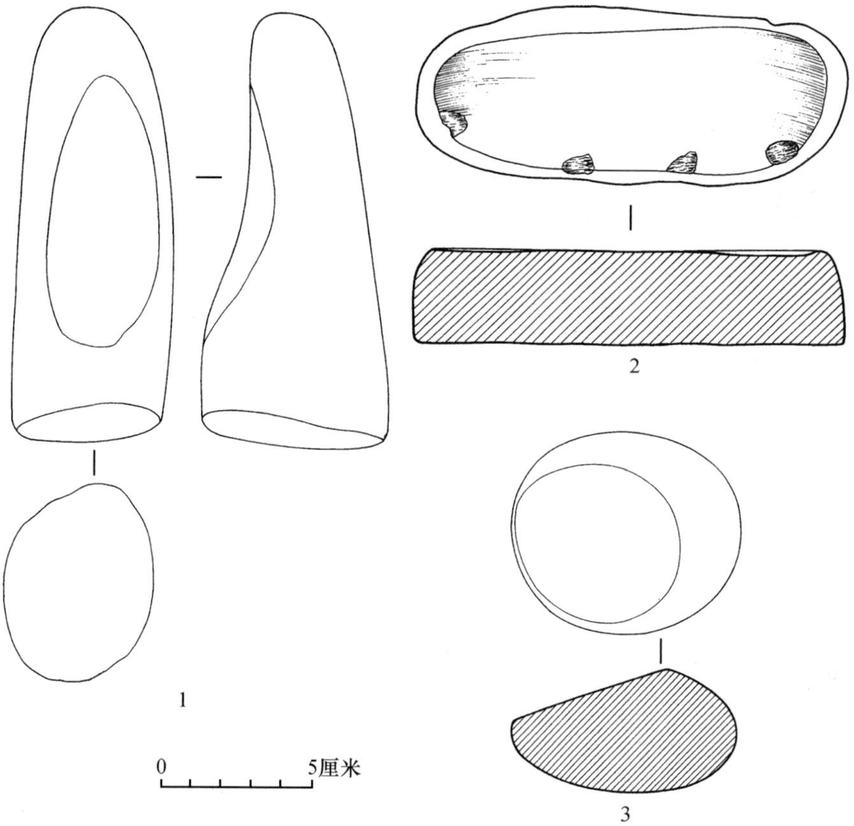

图三二 出土石器

1. 杵（ⅧT9389⑤B：1） 2、3. 磨石（ⅧT9596⑦：1、ⅧT8584⑤B：2）

不透明。长8.4、宽1.9、厚0.95厘米（图三三，3）。ⅧT8995⑤B：1，青色透闪石，间有浅黄色沁斑和水纹，半透明。顶端呈尖状。长8.1、宽1.6、厚0.48厘米（图三三，4）。ⅧT8993⑤B：1，青色透闪石，间有黄褐色沁斑。残长7.4、宽1.1、厚0.5厘米（图三四，6）。ⅧT9296⑤B：1，青灰色透闪石，间有灰白色沁斑，不透明。器身一面有凹槽，近刃部有切割痕迹。长7.5、宽1.2、厚0.8厘米（图三四，7）。

B型 8件。器形较长。ⅧT9195⑤B：1，青灰色透闪石，间有黄褐色沁斑。顶部残缺，器表一面有凹槽。残长21.6、宽1.7、厚0.7厘米（图三四，1）。ⅧT8793⑤B：2，青色透闪石，间有黄褐色沁斑，半透明。长19.8、宽1.3、厚0.4厘米（图三四，2）。ⅧT9297⑤B：1，青灰色透闪石，间有黄灰色沁斑。顶部残断。残长17、宽0.5～1.3、厚0.4～0.9厘米（图三四，3）。ⅧT8793⑤B：4，青色透闪石。长14.5、宽0.9、厚0.6厘米（图三四，4）。ⅧT8794⑤B：1，青色透闪石，间有黄褐色和黑色沁斑，不透明。顶部残。残长13、宽1.3、厚0.7厘米（图三四，5）。ⅧT9798⑤B：3，青色透闪石。长9.7、宽0.6、厚0.5厘米（图三四，8）。ⅧT8996⑤B：2，青灰色透闪石，间有墨灰色和褐色沁斑。顶部残断，器表一面有凹槽。残长9.8、宽1.3、厚1厘米（图三四，9）。

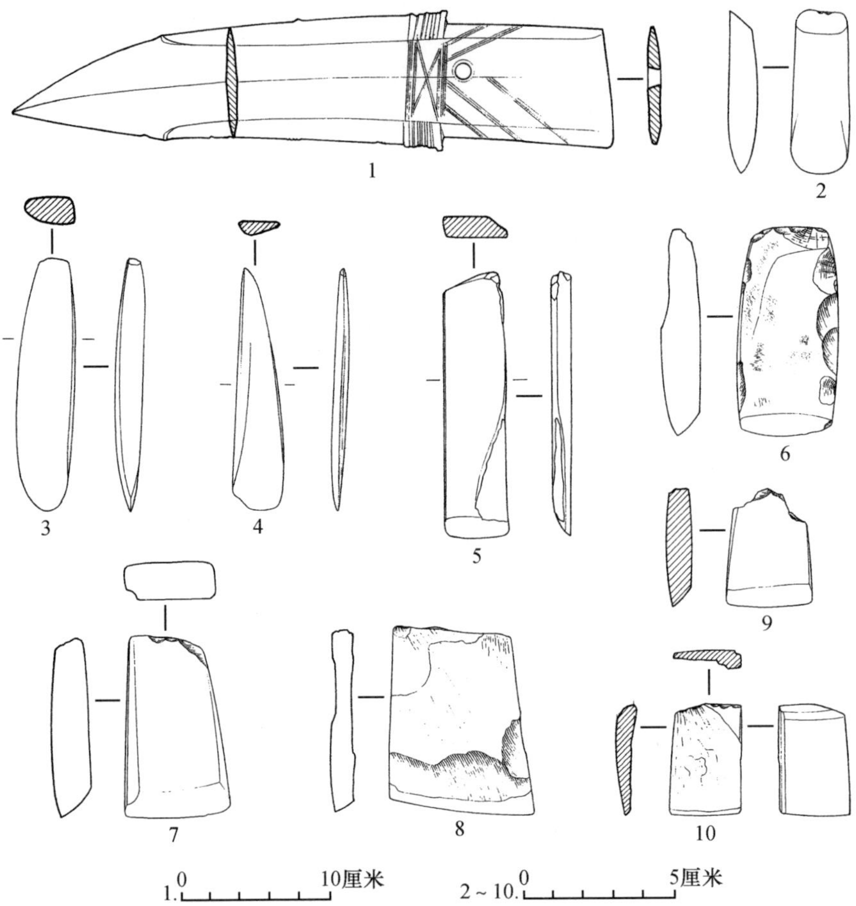

图三三　玉器

1. 戈（ⅧT9496⑤B：1）　2、5、6. 凿（ⅧT8799⑤B：1、ⅧT9899⑤B：1、ⅧT9893⑤B：1）　3、4. A型凿形器（ⅧT8793⑤B：3、ⅧT8995⑤B：1）　7～10. 锛（ⅧT9694⑤B：1、H629：1、ⅧT9191⑤B：2、ⅧT9196⑤B：1）

ⅧT8793⑤B：1，青色透闪石，器表呈黄褐色，间有灰白色沁斑，不透明。顶部残。残长10、宽0.8、厚0.6厘米（图三四，10）。

有领璧　1件。ⅧT9191⑤B：1，透闪石软玉，半透明，象牙黄，器表紫红色，间有不规则的浅黄色、灰白色和灰黑色沁斑。制作精细，器表打磨光整，抛光较好。平面呈规则的圆形，中间有圆形孔，孔的周缘凸起较高，形成圆筒形高领，领上下略向外侈。器身两面平整，好厚，肉薄，璧面打磨光滑。直径15.6、孔径5.8～6.2、环面宽4.3厘米，孔壁厚2.1、领部高0.8厘米，器身厚0.3～0.5厘米（图三五，1）。

锥形器　1件。ⅧT8996⑤B：1，青灰色透闪石，间有黄褐色沁斑。两端均残缺。残长14.5、宽1.1、厚0.6厘米（图三五，2）。

斤　1件。ⅧT9288⑤B：1，白色。平面近长方形，顶部和背部残，斜弧刃。残长5.8、宽2～2.4、厚0.3厘米（图三五，5）。

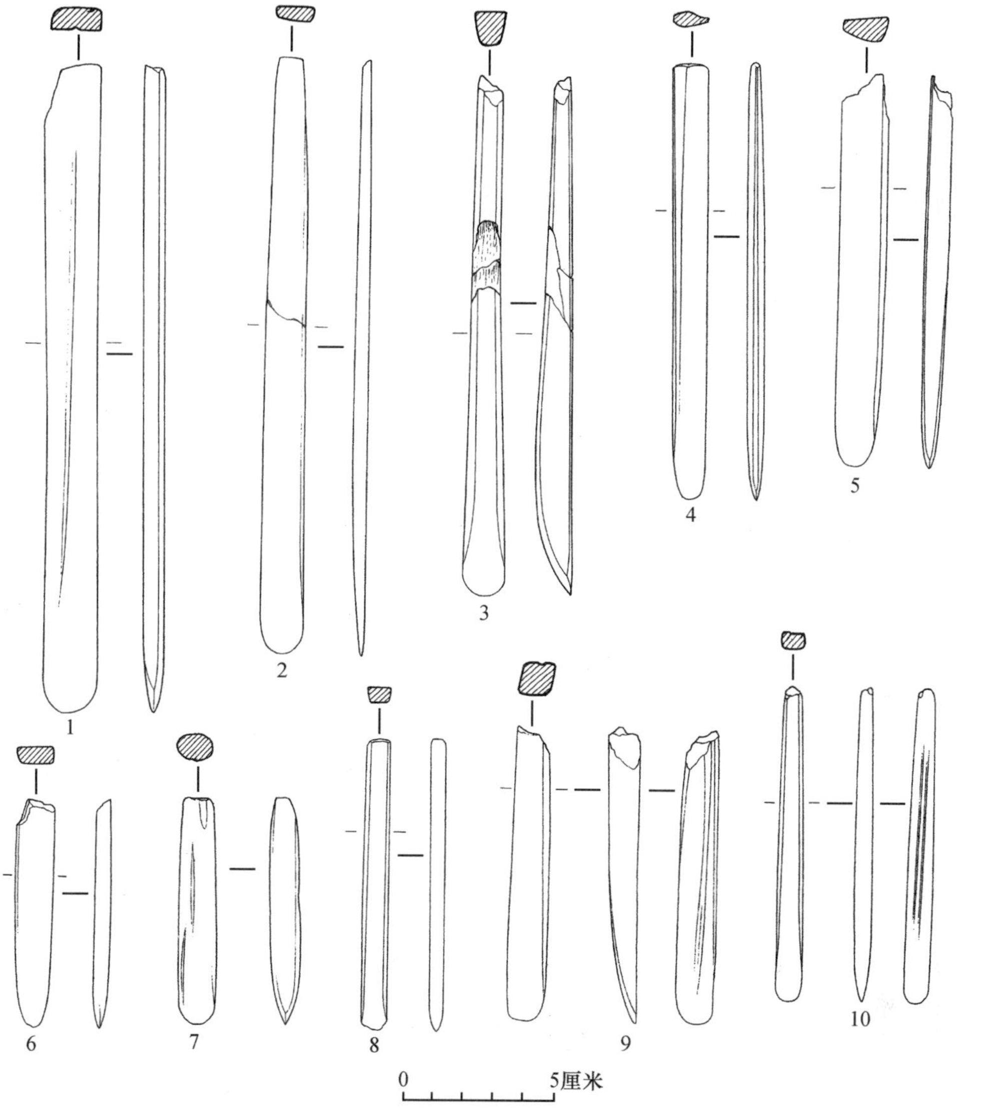

图三四 玉凿形器

1～5、8～10. B型（ⅧT9195⑤B：1、ⅧT8793⑤B：2、ⅧT9297⑤B：1、ⅧT8793⑤B：4、ⅧT8794⑤B：1、ⅧT9798⑤B：3、ⅧT8996⑤B：2、ⅧT8793⑤B：1） 6、7. A型（ⅧT8993⑤B：1、ⅧT9296⑤B：1）

半成品 1件。H564：1，紫红色透闪石，间有灰白色和灰绿色沁斑。下部残缺，器身中部有一纵向长凹槽，两侧有明显的切割痕迹和坯料遗留。残长6.7、宽2.3、厚2厘米（图三五，4）。

4. 铜器

数量较少，器类包括凿、刀、箭镞等。

凿 1件。H603：5，长条形，椭圆形銎，窄弧刃。长9.8、銎径1.4～1.6厘米（图三五，9）。

刀　1件。H603∶26，残存刀身，直背，刃部较直，前端上翘。残长14厘米（图三五，3）。

箭镞　2件。H603∶15，锋部和铤部残，双翼，叶部剖面呈菱形。残长4.6、复原长5厘米（图三五，6）。Ⅷ采集∶1，尖锋，中脊突出，脊柱两侧凹陷，双翼不突出，椭圆形銎。长5.4、銎径0.7～0.92厘米（图三五，7）。

5. 骨器

锥形器　1件。ⅩT9599⑤B∶1，残长9.7厘米（图三五，8）。

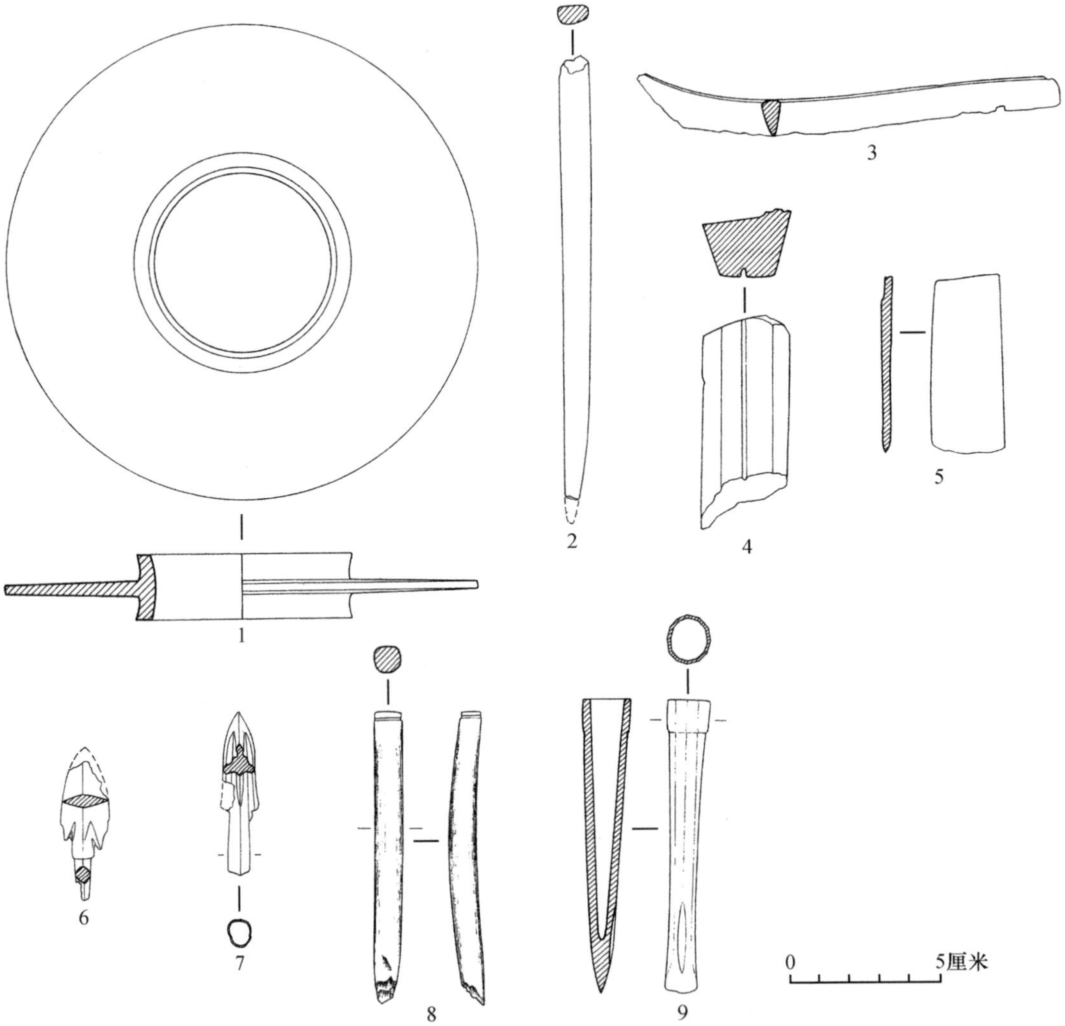

图三五　出土玉器、铜器、骨器

1. 有领玉璧（ⅧT9191⑤B∶1）　2. 玉锥形器（ⅧT8996⑤B∶1）　3. 铜刀（H603∶26）　4. 玉器半成品（H564∶1）　5. 玉斤（ⅧT9288⑤B∶1）　6、7. 铜箭镞（H603∶15、Ⅷ采集∶1）　8. 骨锥形器（ⅩT9599⑤B∶1）　9. 铜凿（H603∶5）

四、结　语

金沙遗址“金煜”地点2002年的发掘发现有宝墩文化和十二桥文化的文化堆积，宝墩文化堆积叠压于十二桥文化堆积之下。宝墩文化遗存保存较差，仅部分探方的第7层出土少量陶片，未发现该时期的遗迹现象。陶片数量少且多破碎，以夹砂陶为主，泥质陶相对较少，灰陶居多，灰黄陶次之，基本不见灰白陶。纹饰种类相对较少，夹砂陶多饰绳纹，泥质陶多为素面。绳纹花边口沿罐和喇叭口高领罐最为常见，敞口宽沿尊次之，壶的数量较少，不见敛口瓮、折腹钵等。绳纹花边罐以方唇、折沿或卷沿、束颈的器形最为常见，喇叭口高领罐的沿面或唇部多外翻。绳纹花边口沿罐、喇叭口高领罐、壶、宽沿尊、圈足等与金沙遗址“黄忠村干道规划道路B线”地点[1]、“干道黄忠A线”地点[2]、“置信金沙园一期”地点[3]等出土同类器接近。“金煜”地点宝墩文化遗存的陶器特征与成都温江鱼凫村[4]、郫县（现郫都区）古城[5]等遗址出土同类器相似，年代相当于宝墩文化第三期至第四期早段之间。

该地点十二桥文化遗存保存相对较好，发现有较厚的地层堆积和丰富的遗迹，出土遗物相对较为丰富。出土陶器多为夹砂灰陶，少量为黑皮陶、红陶等。该地点不见或少见小平底罐、瓶、高圈足器等金沙遗址商周时期偏早常见的器物，而常见西周时期的尖底盏、高领罐、矮领罐、瓮、簋形器、盆等，器物组合与四川成都十二桥遗址新一村第7、8层[6]出土器物接近。从器形上看，尖底盏与金沙遗址“三和花园”地点[7]、“黄忠村干道规划道路B线”地点出土同类器相似，折沿鼓肩罐、高领罐、矮领罐、瓮、簋形器等与金沙遗址“兰苑”地点[8]、“黄忠村干道规划道路B线”地点、“干道黄忠A线”地点、“万博”地点[9]出土同类器接近。该地点十二桥文化遗存的年代约为西周中晚期至春秋早期，文化面貌接近金沙遗址“黄忠村干道规划道路B线”地点和“干道黄忠A线”地点。

该地点十二桥遗存中的玉石器集中分布于发掘区第Ⅷ区内，主要出土于地层中，遗迹中发现较少。玉器制作精细，大多遗留有明显的打磨和切割痕迹，同时还发现了半成品、坯料和加工工具等，这些为探讨该地点是否具有“加工场所”的性质提供了线索。玉器的典型器物包括凿形器、戈、有领玉璧等，凿形器的数量最多，这些玉器与金沙遗址“祭祀区”[10]、“梅苑”东北部地点[11]、三星堆遗址K2[12]等出土同类器接近。石器磨制精细，绿松石石斧和石杵具有特色[13]。这批玉石器的发现，为探讨金沙遗址玉石器的时空分布、原料产地、加工与流通以及金沙遗址的聚落结构等问题提供了重要资料。

附记：参加本次发掘的人员有周志清、杨永鹏、王军等。本文为国家社科基金重大项目“古蜀地区文明化华夏化进程研究”（批准号：21&ZD223）、国家文物局“考古中国”重大项目“川渝地区巴蜀文明进程研究”的阶段性成果。

绘图：李福秀

执笔：郝晓晓　田剑波　周志清

注　释

［1］成都市文物考古研究所：《成都金沙遗址2001年黄忠村干道规划道路B线地点试掘简报》，《成都考古发现》（2002），科学出版社，2004年。

［2］成都市文物考古研究所：《2001年金沙遗址干道黄忠A线地点发掘简报》，《成都考古发现》（2003），科学出版社，2005年。

［3］成都市文物考古研究所：《成都金沙遗址“置信金沙园一期”地点发掘简报》，《成都考古发现》（2002），科学出版社，2004年。

［4］成都市文物考古工作队、四川联合大学历史系考古教研室、温江县文管所：《四川省温江县鱼凫村遗址调查与试掘》，《文物》1998年第12期。

［5］成都市文物考古工作队、郫县博物馆：《四川省郫县古城遗址调查与试掘》，《文物》1999年第1期；成都市文物考古研究所、郫县博物馆：《四川省郫县古城遗址1997年发掘简报》，《文物》2001年第3期；成都市文物考古研究所、郫县博物馆：《四川省郫县古城遗址1998～1999年度发掘收获》，《成都考古发现》（1999），科学出版社，2001年。

［6］成都市文物考古研究所：《成都十二桥遗址新一村发掘简报》，《成都考古发现》（2002），科学出版社，2004年。

［7］成都市文物考古研究所：《成都市黄忠村遗址1999年度发掘的主要收获》，《成都考古发现》（1999），科学出版社，2001年。

［8］成都市文物考古研究所：《成都市金沙遗址“兰苑”地点发掘简报》，《成都考古发现》（2001），科学出版社，2003年。

［9］成都市文物考古研究所：《成都金沙遗址万博地点考古勘探与发掘收获》，《成都考古发现》（2002），科学出版社，2004年。

［10］成都市文物考古研究所：《金沙淘珍》，文物出版社，2002年，第92～95页。

［11］成都市文物考古研究所：《成都金沙遗址Ⅰ区“梅苑”东北部地点发掘一期简报》，《成都考古发现》（2002），科学出版社，2004年。

［12］四川省文物考古研究所：《三星堆祭祀坑》，文物出版社，1999年。

［13］周志清：《成都金沙遗址“金煜”地点出土的玉石器》，《玉魂国魄：中国古代玉器与传统文化学术讨论会论文集》，北京燕山出版社，2008年，第44～51页。

2019年成都市青羊区百仁幼儿园商周遗址发掘简报

成都文物考古研究院

百仁幼儿园遗址位于成都市青羊区百仁东路附近，中心地理坐标为东经103°59′28″、北纬30°41′56″，海拔510米（图一）。为配合成都市青羊区百仁幼儿园的建设，成都文物考古研究院于2019年10月对该项目进行了勘探，发现了商周时期文化堆积，于2019年11月至2020年1月对该遗址进行了发掘，共布设10米×10米的正南北向探方3个，探方均保留东、北隔梁，实际发掘面积为243平方米，遗址编号为“2019CQBY”。共清理灰坑10个，沟3条（图二）。现将本次发掘情况简报如下。

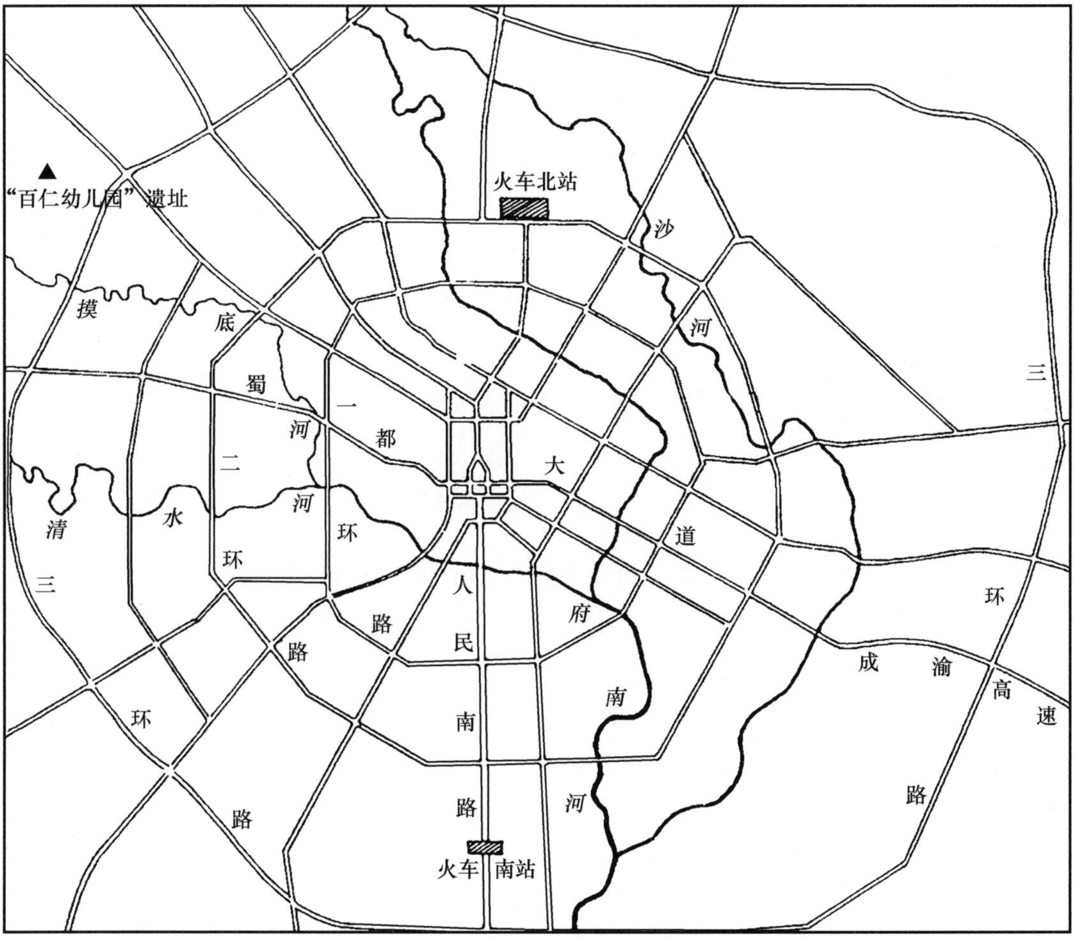

图一　遗址位置示意图

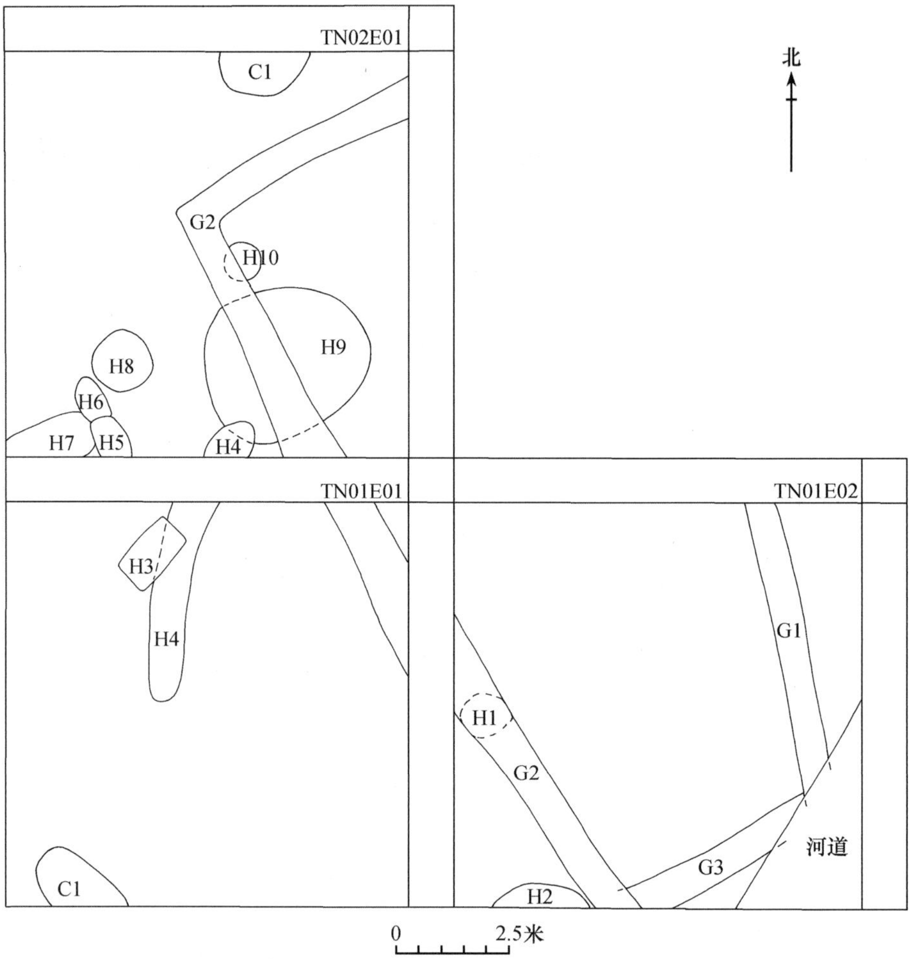

图二　遗址总平面图

一、地层堆积

遗址范围内地层堆积基本一致，可分为5层。以TN02E01西壁为例说明如下（图三）。

第1层：耕土层，黑色腐殖质土，质地较疏松。堆积略呈水平状。厚0.2～0.25米。内含大量的现代建筑垃圾和植物根茎。为近现代层。

第2层：深灰色土，质地较紧密。堆积略呈水平状。厚0.35～0.45米。包含物极少，内含明清时期的青花瓷片。为明清文化层。

第3层：灰色砂土，质地较疏松。堆积略呈水平状。厚0.35～0.45米。包含物较少，仅出土少量早期陶片和部分唐宋时期陶片。为唐宋时期文化层。H7等开口于该层下。

第4层：灰褐色黏土，质地较紧密。堆积略呈水平状。厚0.15～0.2米。包含物较少，出土少量夹砂泥质陶片，可辨器形有尖底杯、大口深腹罐等。为商周时期文化层。

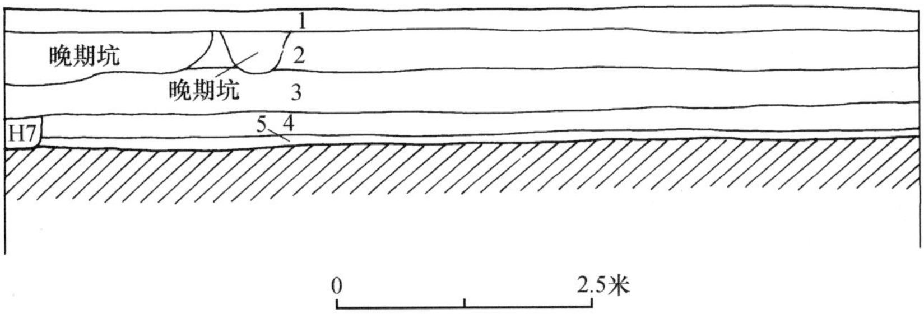

图三　TN02E01西壁剖面图

第5层：黄褐色土，质地较紧密，黏性极强，土中夹褐色颗粒和零星竹、木炭灰烬。厚0.05～0.1米。包含物极少，仅出夹砂、泥质陶残片。为商周时期文化层。

第5层以下为生土。

二、遗　　迹

遗迹包括灰坑10个，灰沟3条。现以H9和G1为例介绍如下。

H9　位于TN02E01东南部。开口于第4层下，中部被G2打破，西南角被H4打破，打破第5层。坑口平面形状近圆形，斜壁，圜底。长径3.76、短径3.2、深0.52米（图四）。填土为褐色土，质地较紧密，黏性较强，土中夹少量竹、木炭灰烬和少量红烧土颗粒，出土少量夹砂、泥质陶残片，可辨器形有尖底杯、尊等。

G1　位于TN01E02东北部。开口于第3层下，东南部被河道打破，打破第4层。平面形状呈长条形，壁略直，底较平。长6.65、宽0.75、深0.2米（图五）。填土为灰褐色土，质地较紧密，略带黏性，土中夹杂零星褐色烧土、木炭及灰烬颗粒。出土遗物均为陶器，以夹砂陶为主，可辨器形有尖底杯、罐等。

三、遗　　物

出土遗物以陶器为主，陶器以夹砂陶为主，陶色以灰黑、灰褐、灰黄、灰色等多见。陶片大多较碎，可修复的器物较少，可辨器形主要有尖底杯、尖底盏、盆、瓮、高领罐、矮领罐、敛口罐、束颈罐、尊、圈足、器纽、器盖等。陶器多为素面，纹饰主要有绳纹、凹弦纹、压印纹、戳印纹、附加堆纹、镂孔等（图六、图七）。

尖底杯　6件。TN02E01⑤：1，夹砂灰陶。深弧腹，下腹分节、斜收成尖底。残高12.9厘米（图八，1）。TN01E01④：8，夹砂褐陶。下腹斜收成尖底。残高2.9厘米（图八，2）。H7：3，夹砂灰陶。下腹斜收成尖底。残高3.9厘米（图八，3）。TN02E01⑤：14，夹砂灰陶。侈口，尖唇。残高5.1厘米（图八，4）。H4：1，夹砂灰陶。直口略侈，尖唇。口径10.2、残高3厘米（图八，5）。TN01E01④：6，夹砂灰褐

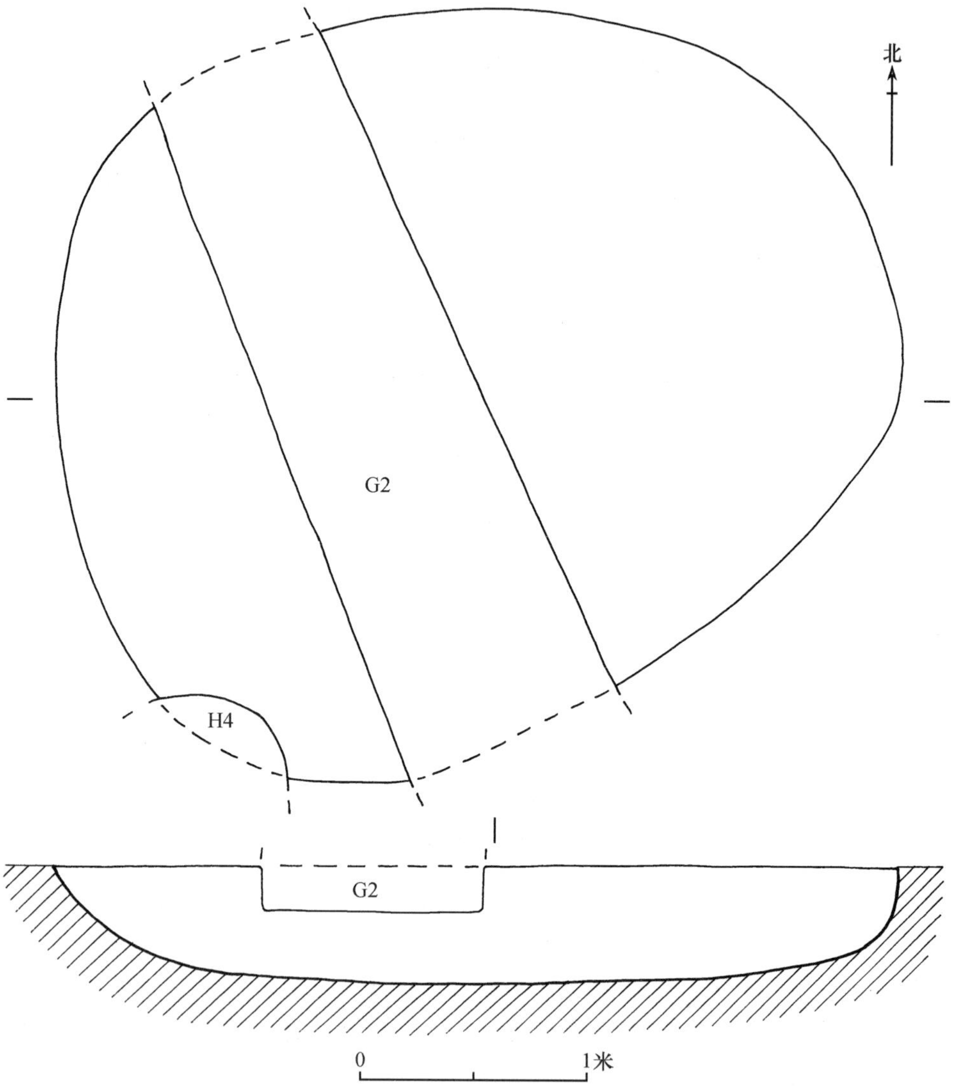

图四　H9平、剖面图

陶。腹部较深。残高3.7厘米（图八，6）。

敛口罐　6件。TN01E01④：23，夹砂黄褐陶。尖圆唇，鼓肩。口沿部饰戳印纹。残高1.9厘米（图八，7）。TN02E01⑤：13，夹砂灰陶。尖圆唇，斜直腹内收。口径20.8、残高4.2厘米（图八，8）。TN01E01④：9，夹砂灰褐陶。折沿，尖圆唇，鼓肩。口径31.7、残高3.3厘米（图八，9）。G2：5，夹砂灰陶。折沿，尖圆唇，鼓肩。口径22、残高4.2厘米（图八，10）。TN02E01④：11，夹砂灰陶。圆唇，鼓肩。口径16、残高3厘米（图八，11）。TN02E01④：12，夹砂灰陶。尖圆唇，斜直腹内收。口径13、残高2.6厘米（图八，12）。

高领罐　3件。TN01E01④：15，夹砂灰陶。侈口，尖圆唇，高领。口径10.8、残高4.9厘米（图九，1）。TN02E01④：14，夹砂灰陶。直口，尖圆唇，高领。口径15.7、残高5.9厘米（图九，2）。G2：3，夹砂灰褐陶。直口略侈，尖圆唇，高领。口径14.2、残高5.9厘米（图九，3）。

矮领罐 2件。TN02E01③：1，夹砂灰陶。直口，尖圆唇，矮领。口径12、残高5厘米（图九，4）。TN01E01③：2，夹砂灰陶。直口，尖圆唇，矮领。口径13.8、残高6.7厘米（图九，5）。

束颈罐 1件。TN02E01④：16，夹砂灰陶。侈口，折沿，方唇，束颈，溜肩。口径14.8、残高4厘米（图九，6）。

瓮 4件。TN01E02④：5，夹砂灰褐陶。直口略侈，卷沿，矮领。口径56.4、残高6.4厘米（图九，7）。TN01E01④：11，夹砂灰陶。直口，折沿，圆唇。口径43.2、残高5.2厘米（图九，8）。H1：1，夹砂灰陶。直口，平折沿，圆唇。口径29.4、残高5.4厘米（图九，9）。G2：9，夹砂灰陶。直口略侈，平折沿，圆唇。口径25.2、残高4.9厘米（图九，10）。

盆 4件。TN02E01⑤：17，夹砂灰陶。敛口，折沿，尖圆唇，圆鼓腹。口径28.9、残高4.7厘米（图一〇，1）。TN01E01④：14，夹砂灰陶。敛口，折沿，尖圆唇，弧腹。口径30.8、残高5.1厘米（图一〇，2）。TN02E01④：7，夹砂灰褐陶。敛口，折沿，尖圆唇，弧腹。口径23、残高5.1厘米（图一〇，3）。G1：1，夹砂灰陶。敛口，折沿，尖圆唇，圆鼓腹。残高6.5厘米（图一〇，4）。

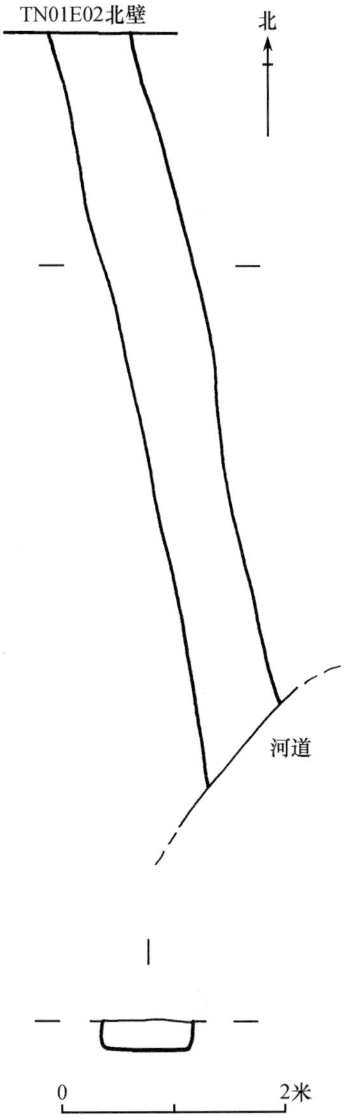

图五 G1平、剖面图

尊 4件。H9：7，泥质灰陶。敞口，卷沿，尖圆唇。口径21.7、残高2.7厘米（图一〇，5）。H9：5，泥质灰陶。敞口，卷沿，尖圆唇。口径27.6、残高4.9厘米（图一〇，6）。TN02E01⑤：19，泥质灰陶。敞口，卷沿。尖圆唇。口径19.8、残高3.4厘米（图一〇，7）。TN02E01⑤：22，泥质灰陶。敞口，卷沿。尖圆唇。口径19.8、残高2.6厘米（图一〇，8）。

豆柄 2件。TN01E01④：19，夹砂灰陶。残高16厘米（图一〇，9）。TN01E02④：6，夹砂灰陶。残高13厘米（图一〇，10）。

器盖 4件。TN02E01④：1，夹砂灰褐陶。覆碗形，圈足状捉手。直径12.8、高7.1厘米（图一〇，11）。H7：1，夹砂黄褐陶。覆盏形。直径7.2、高1.3厘米（图

图六　陶片纹饰拓片

1. 压印纹（TN02E01⑤：2）　2、4、10、11. 凹弦纹（TN02E01⑤：3、TN02E01⑤：5、TN01E02④：4、TN01E02④：6）　3. 附加堆纹（TN02E01⑤：4）　5、9. 交错粗绳纹（TN02E01⑤：6、TN01E02④：3）　6. 细绳纹（TN02E01⑤：7）　7. 交错细绳纹（TN01E02④：1）　8. 粗绳纹（TN01E02④：2）

一〇，12）。TN02E01⑤：5，夹砂褐陶。直径20.8、残高2.2厘米（图一〇，13）。TN02E01④：8，夹砂灰陶。直径18.9、残高2.7厘米（图一〇，14）。

器纽　2件。H7：2，夹砂灰陶。圈足状捉手。残高2.4厘米（图一一，6）。TN01E02④：8，夹砂灰陶。圈足状捉手。残高1.8厘米（图一一，7）。

圈足　5件。H9：8，夹砂灰陶。矮圈足。足径7.2、残高3.9厘米（图一一，1）。TN01E01④：7，夹砂灰褐陶。矮圈足。足径8.7、残高3.3厘米（图一一，2）。TN01E01④：16，夹砂灰褐陶。矮圈足。足径8.1、残高3.9厘米（图一一，3）。TN02E01⑤：18，夹砂灰陶。圈足略高，有一周圆形镂孔。足径8.8、残高4.9厘米（图一一，4）。G2：10，夹砂灰陶。圈足器座。足径28.4、残高2.9厘米（图一一，5）。

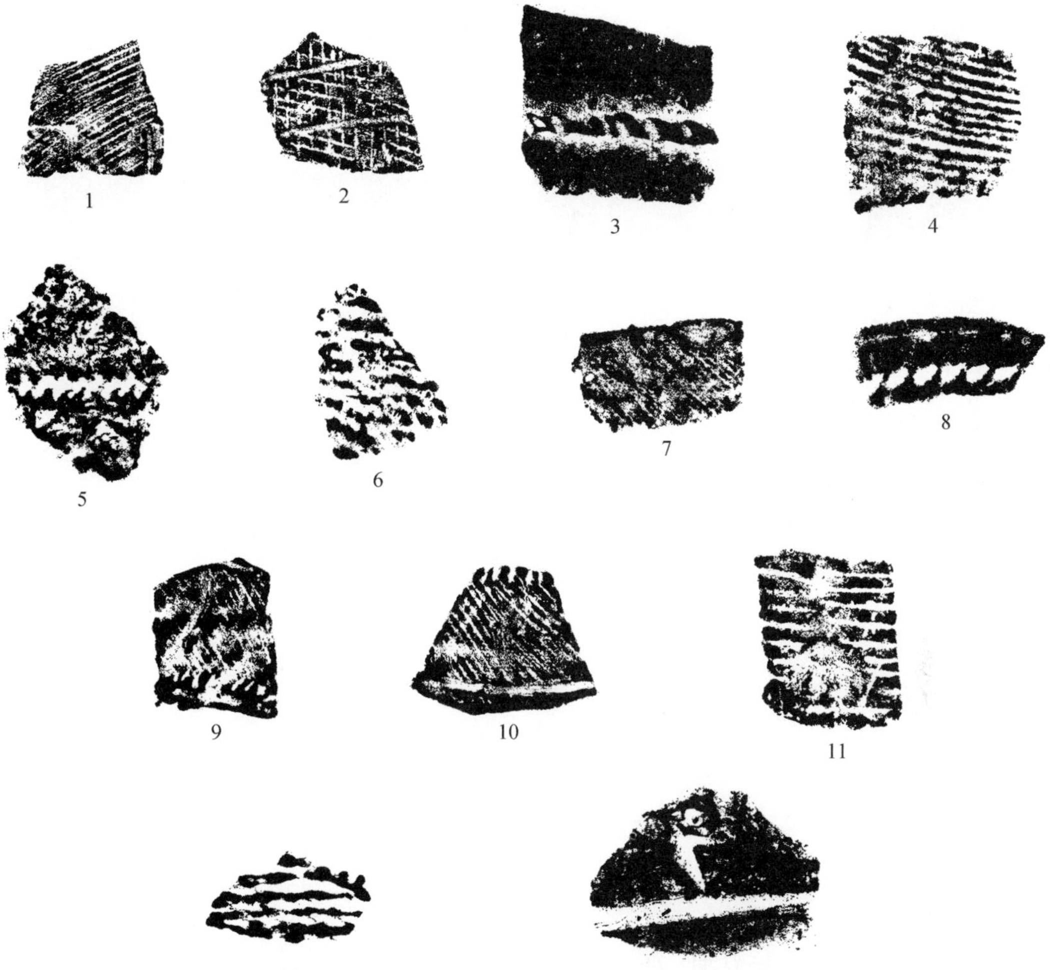

图七　陶片纹饰拓片

1、7. 细绳纹（TN02E01④：2、H2：3）　2、6. 交错粗绳纹（TN02E01④：3、H2：2）　3. 附加堆压印纹（TN02E01④：4）　4、10～12. 粗绳纹（TN02E01④：5、H9：3、H9：4、G2：1）　5、8. 压印纹（H2：1、H9：1）　9. 戳印纹（H9：2）　13. 凹弦纹（G2：2）

四、结　　语

百仁幼儿园遗址发现的商周时期遗迹仅有少量灰坑和灰沟等，遗迹第4、5层文化堆积出土遗物以陶器为主，以夹砂陶为主，泥质陶次之；其中灰黑陶、灰褐陶占大多数；陶器纹饰以素面为主，另有部分绳纹、弦纹、戳印纹、刻划纹、附加堆纹等；器形以尖底杯、束颈罐、敛口罐、矮领罐、高领罐、瓮、盆、豆、圈足器等为主。其文化面貌同金沙遗址“黄忠村地点”[1]、“兰苑地点”[2]、“人防地点”[3]、“芙蓉苑南地点”[4]等接近，年代相当于十二桥文化早期，大约在商末至西周早期。

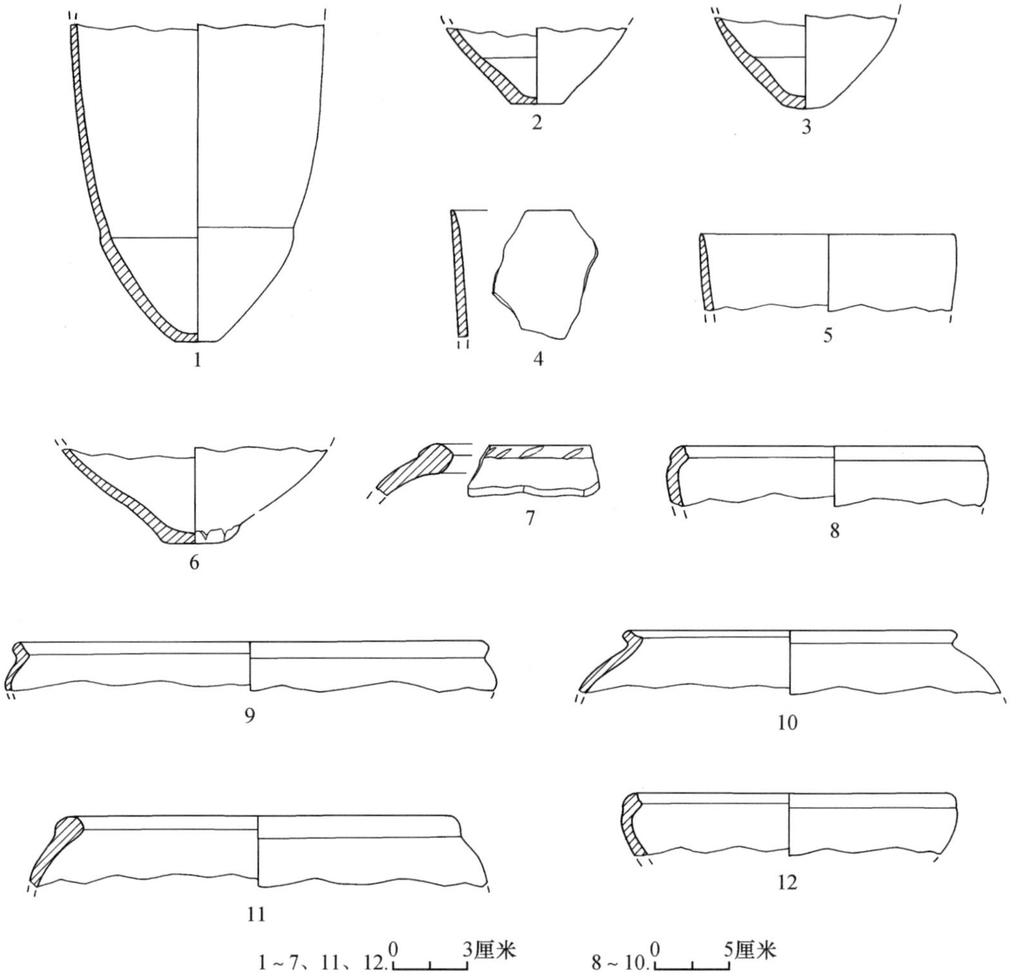

图八　出土陶器

1～6. 尖底杯（TN02E01⑤：1、TN01E01④：8、H7：3、TN02E01⑤：14、H4：1、TN01E01④：6）
7～12. 敛口罐（TN01E01④：23、TN02E01⑤：13、TN01E01④：9、G2：5、TN02E01④：11、TN02E01④：12）

百仁幼儿园遗址所处的百仁片区，距金沙遗址“祭祀区”等核心区域1.5～2千米，近五年该区域发现多个遗址点，总面积约有近2万平方米，主要堆积是与日常生活相关的灰坑、沟等，有少量墓葬和窑址发现，未发现房址；出土遗物以陶器为主，有少量石器等。该遗址区应是金沙遗址边缘的一处较大型的普通居址。

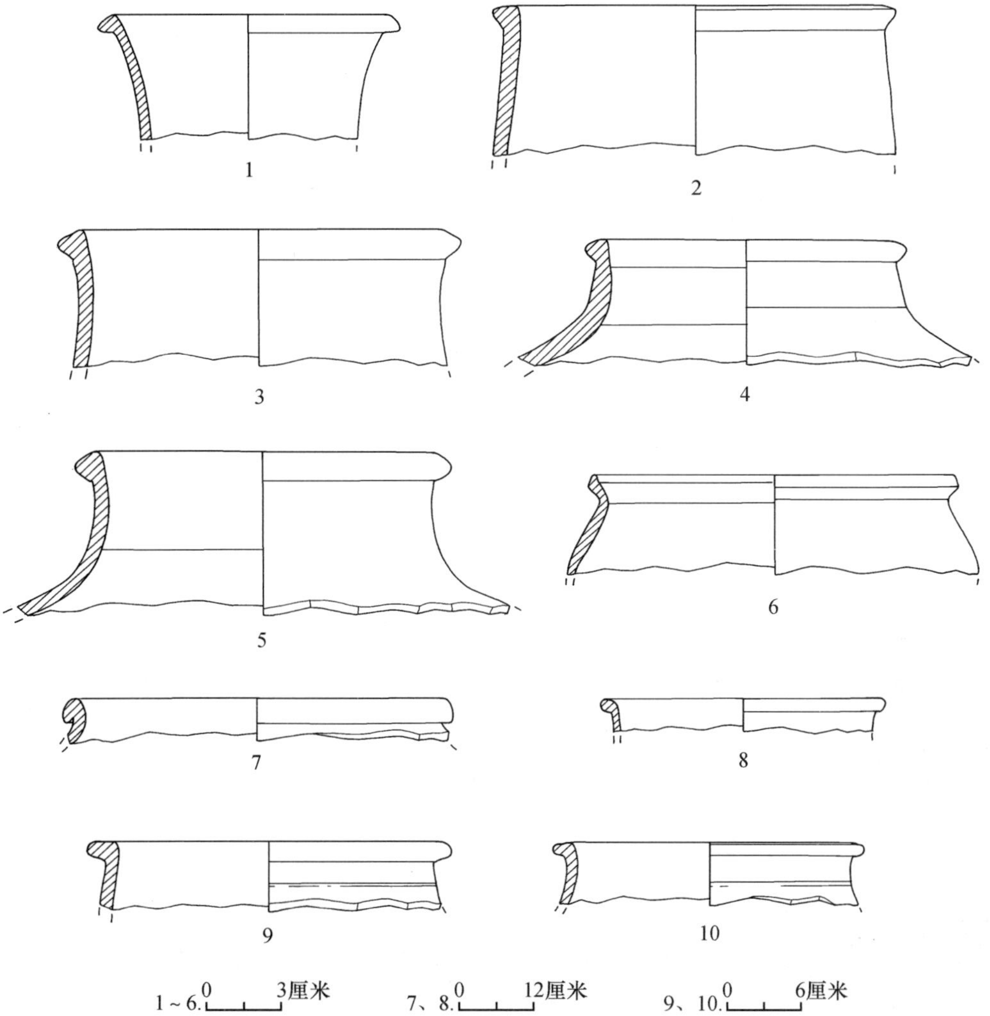

图九　出土陶器

1～3. 高领罐（TN01E01④：15、TN02E01④：14、G2：3）　4、5. 矮领罐（TN02E01③：1、TN01E01③：2）
6. 束颈罐（TN02E01④：16）　7～10. 瓮（TN01E02④：5、TN01E01④：11、H1：1、G2：9）

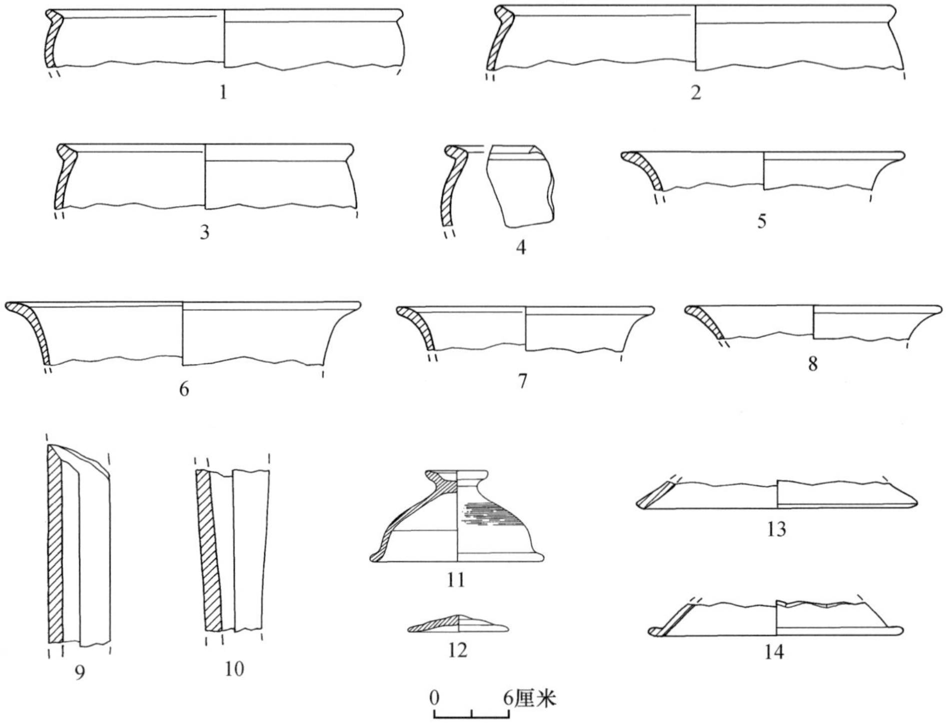

图一〇　出土陶器

1～4. 盆（TN02E01⑤：17、TN01E01④：14、TN02E01④：7、G1：1）　5～8. 尊（H9：7、H9：5、TN02E01⑤：19、TN02E01⑤：22）　9、10. 豆柄（TN01E01④：19、TN01E02④：6）　11～14. 器盖（TN02E01④：1、H7：1、TN02E01⑤：5、TN02E01④：8）

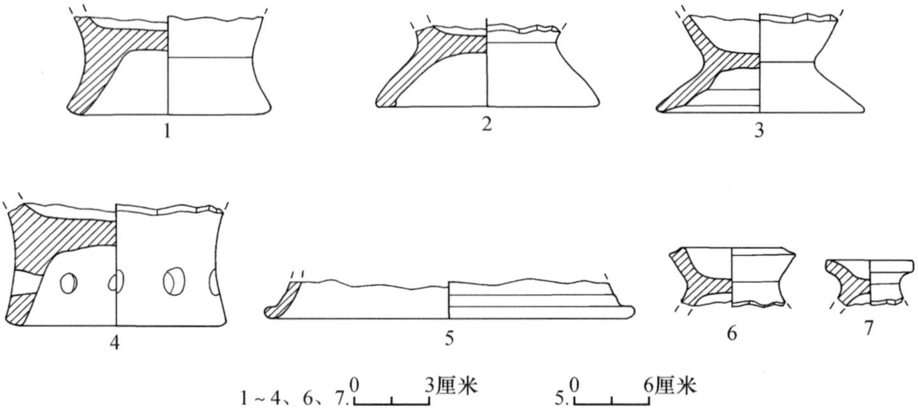

图一一　出土陶器

1～5. 圈足（H9：8、TN01E01④：7、TN01E01④：16、TN02E01⑤：18、G2：10）　6、7. 器纽（H7：2、TN01E02④：8）

附记：本文为国家社科基金重大项目“古蜀地区文明化华夏化进程研究”（批准号：21&ZD223）、国家文物局“考古中国”重大项目“川渝地区巴蜀文明进程研究”的阶段性成果。

发掘：田剑波　王占魁
绘图：孙志辉
拓片：唐建芳
执笔：段董念　田剑波　王占魁　朱晓丹

注　释

[1] 成都文物考古研究所：《成都市黄忠村遗址1999年度发掘的主要收获》，《成都考古发现》（1999），科学出版社，2001年。

[2] 成都市文物考古研究所：《成都市金沙遗址“兰苑”地点发掘简报》，《成都考古发现》（2001），科学出版社，2003年。

[3] 成都市文物考古研究所：《金沙村遗址人防地点发掘简报》，《成都考古发现》（2003），科学出版社，2005年。

[4] 成都市文物考古研究所：《金沙村遗址芙蓉苑南地点发掘简报》，《成都考古发现》（2003），科学出版社，2005年。

成都市青羊区文家街道乐平七组商周遗址发掘简报

成 都 文 物 考 古 研 究 院
贵州大学历史与民族文化学院

成都市青羊区文家街道乐平七组商周遗址位于日月大道以南、绕城高速西干道以东（图一）。为配合“锦城绿道二期”项目建设，成都文物考古研究院进行项目前期考古调查时发现了该处遗址。2020年6～7月，成都文物考古研究院与贵州大学历史与民族文化学院联合开展项目施工红线范围内的遗址1号和4号两个文物点位（地理坐标分别为东经103°56′6″、北纬30°41′11″和东经103°59′9″、北纬30°41′14″）的发掘工作，面积共计418.5平方米。

遗址所在区域地形较为平坦，调查结果显示共有4个点位（图二）。下文按照实际发掘顺序编号Ⅰ、Ⅱ分别指称项目4号和1号文物点位，发掘现场的记录和标签以C代表成都市，Q代表青羊区，W代表文家街道，L代表乐平七组遗址，以下简称为2020CQWL。具体布方情况是：2020CQWL-Ⅰ，正南北方向布方4个，局部扩方后规格分别为T1：5米×11.5米、T2：5米×7米、T3：10米×10米（西壁北部扩方2米×5米，南壁西部扩方5米×4米）、T4：5米×5米；2020CQWL-Ⅱ，布方2个，受限于人工水渠走向，方向为北偏东45°，局部扩方后由北至南分别为T1：7米×10米、T2：7米×13米（图三）。此次Ⅰ号发掘点共清理新石器时代灰坑2个，商周时期灰坑7个、灰沟3条，汉代灰坑6个、井1座。Ⅱ号发掘点共清理商周时期灰坑9个、柱洞9个、墓葬1座，唐宋时期灰坑9个、灰沟2条、墓葬3座、柱洞31个。

Ⅰ、Ⅱ号发掘点遗迹总平面图如下（图四、图五）。

一、地层堆积

遗址Ⅰ、Ⅱ两个发掘点存在一定距离，地层堆积不统一，故分别选取ⅠT3东壁和ⅡT1南壁分述地层堆积如下。

ⅠT3东壁及西南扩方区域东壁地层堆积如下（图六）。

第1层：灰黑色黏土，土质疏松。近水平状堆积，全方分布。厚0.15～0.2米。包含较多的陶片、瓷片、砖块、瓦片以及建筑垃圾。为现代耕土层。开口于该层下的遗迹有ⅠH1～ⅠH4、ⅠG1、ⅠG2、ⅠH17、ⅠH18、ⅠH21、ⅠH22、ⅠH24、ⅠZ1。

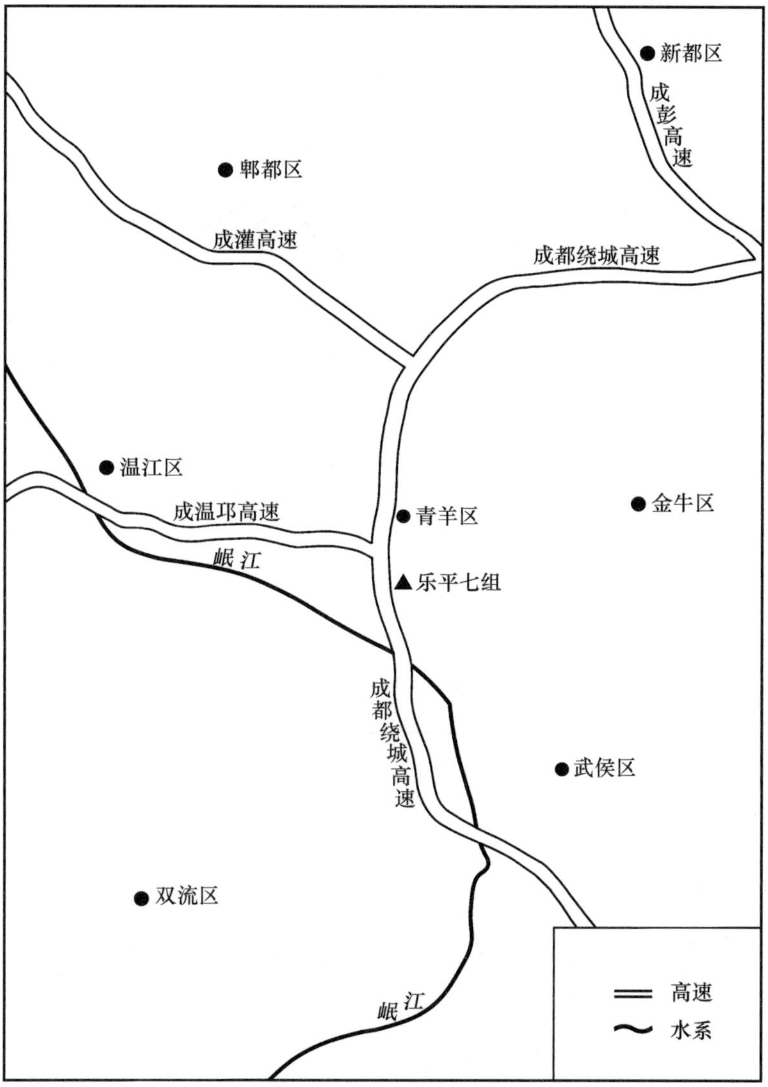

图一　遗址位置示意图

第2A层：青灰色黏土，土质较疏松。近水平状堆积，全方分布。厚0.4～0.55米。包含大量陶片。为汉代文化层。开口于该层下的遗迹有ⅠH6、ⅠH8、ⅠH9、ⅠH14、ⅠH20、ⅠH23。

第2B层：灰色黏土，夹褐斑，土质较致密。坡状堆积，分布不均，发掘区东部较厚，厚0.1～0.4米。包含大量陶片，为汉代文化层。开口于该层下的遗迹有ⅠH5、ⅠH10～ⅠH13、ⅠH15、ⅠG3～ⅠG5、ⅠH19、ⅠJ1。

第3层：褐色土，土质较疏松，内含红褐色颗粒。坡状堆积，分布不均，主要分布于ⅠT3东壁附近和西南扩方区域，东南角最厚，厚0.11～0.22米。出土少量夹砂陶片，可辨器形有尖底杯、豆等。为商周时期文化层。该层下未发现遗迹单位。

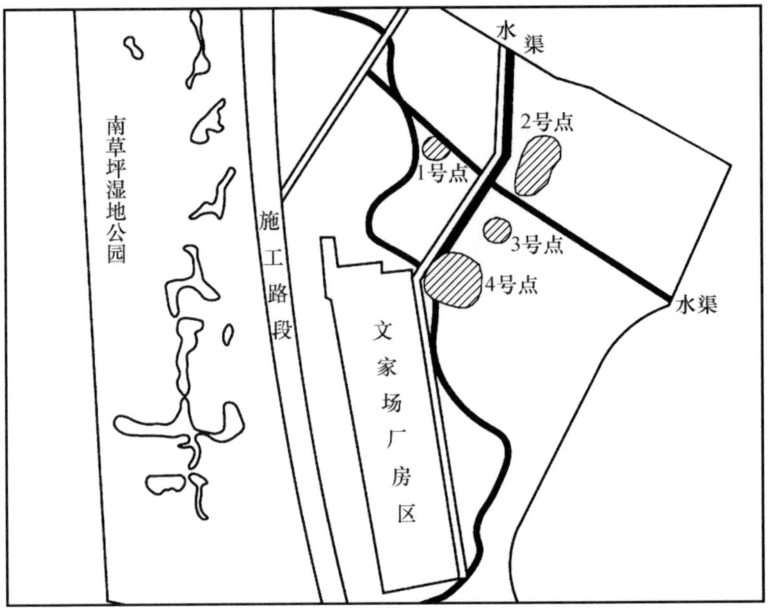

图二　遗址1～4号点位空间分布图

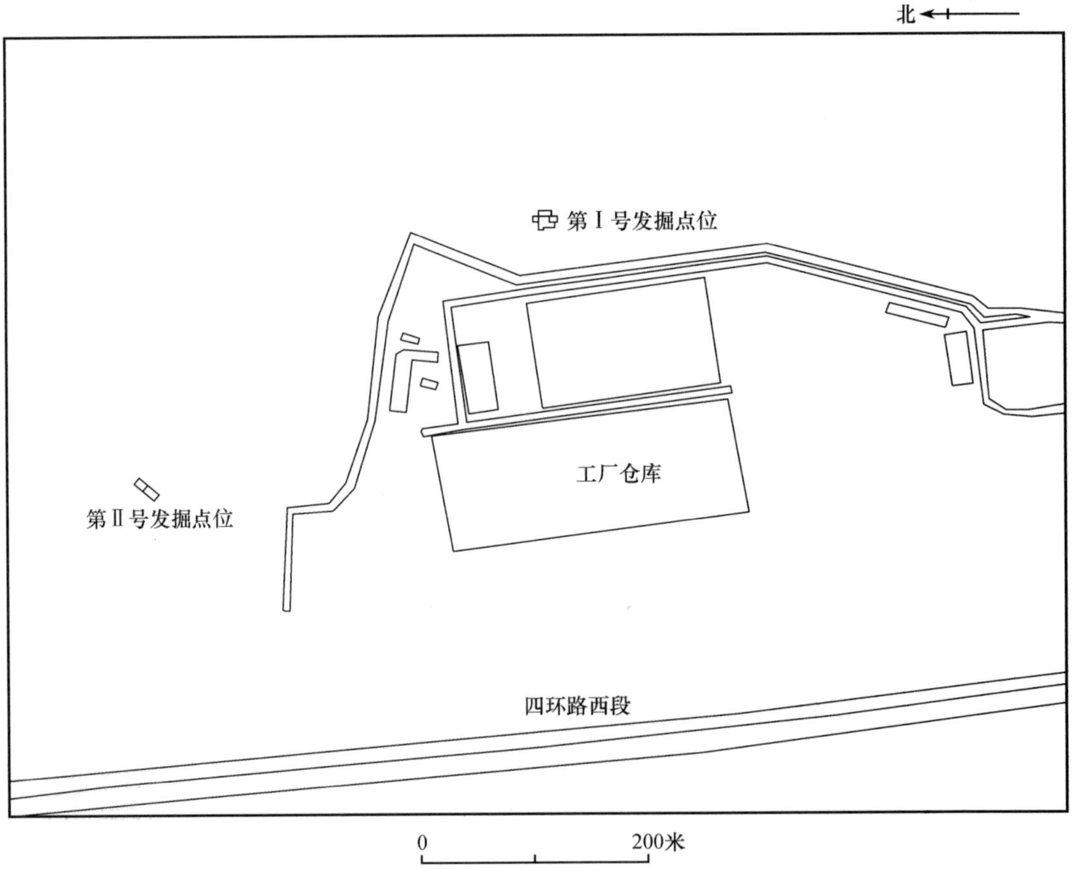

图三　遗址发掘点探方位置示意图

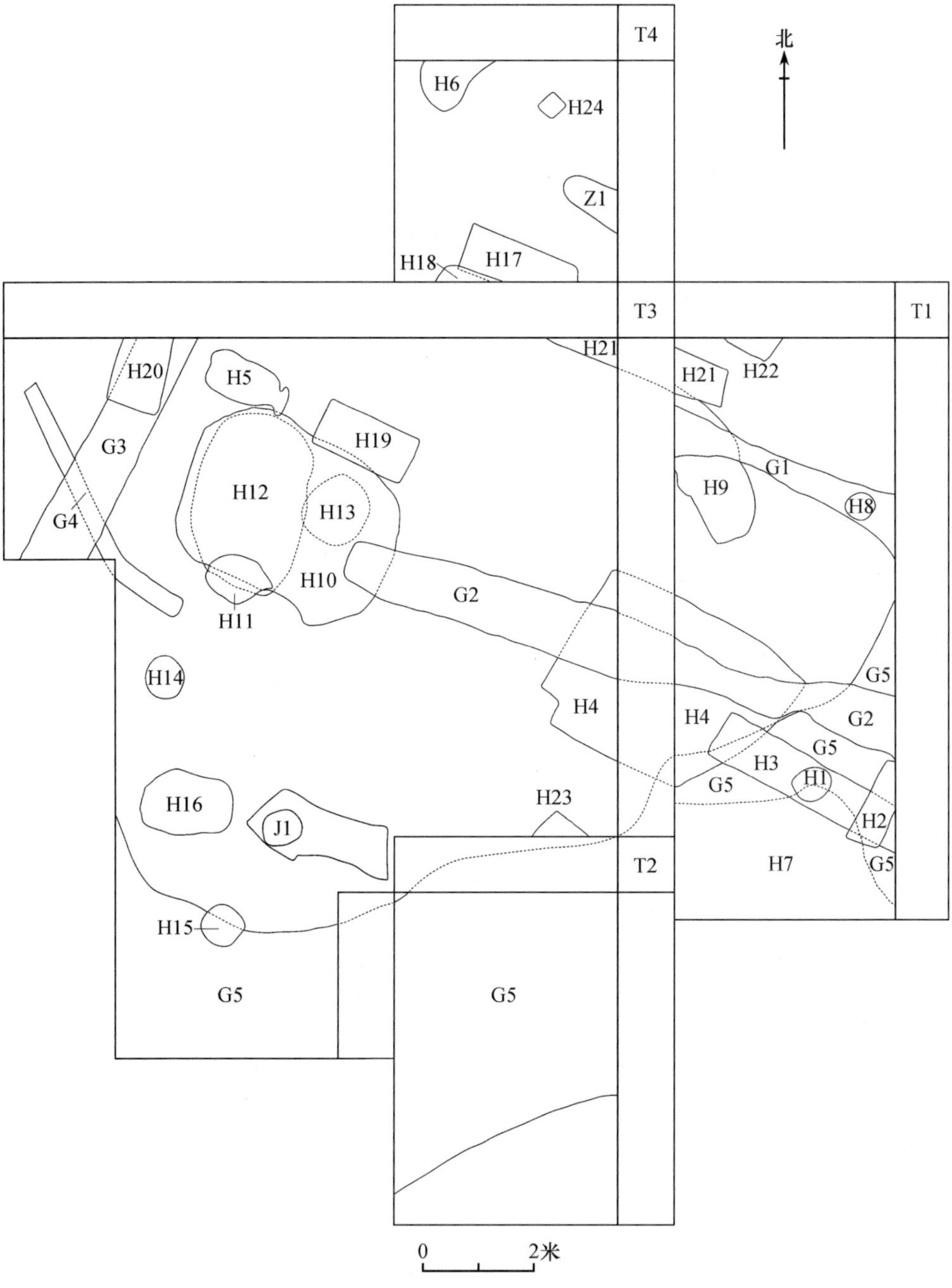

图四 I号发掘点遗迹总平图

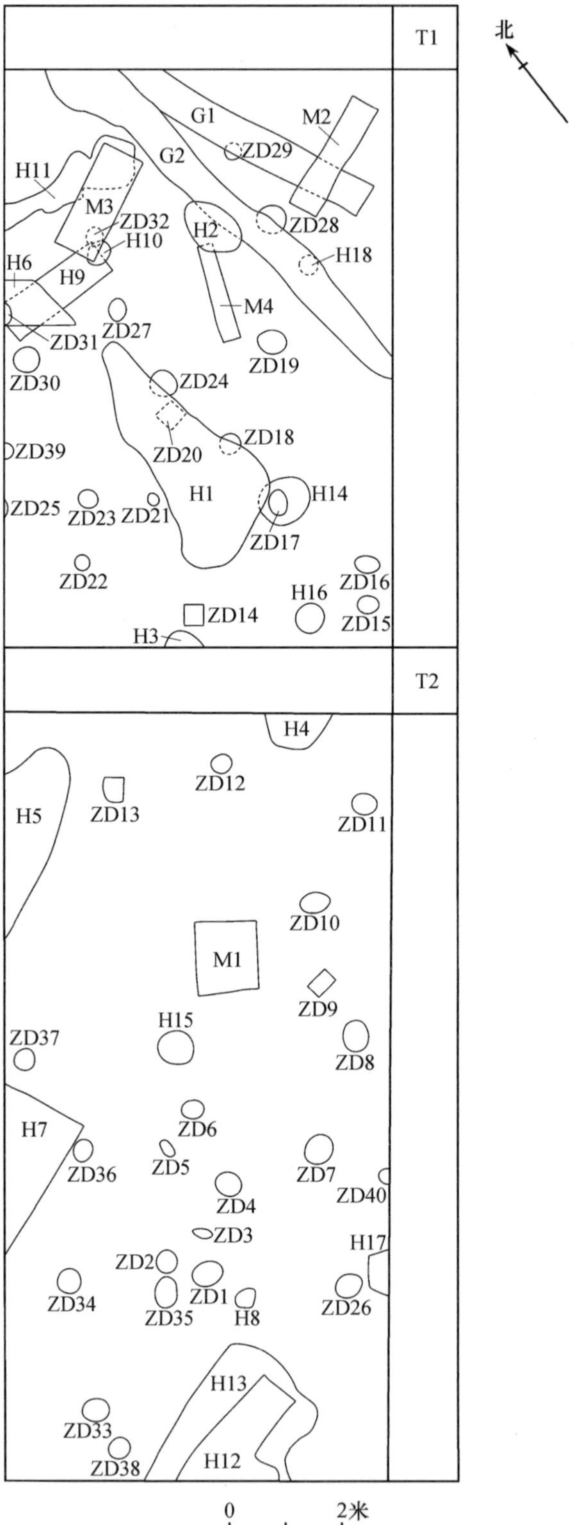

图五　Ⅱ号发掘点遗迹总平图

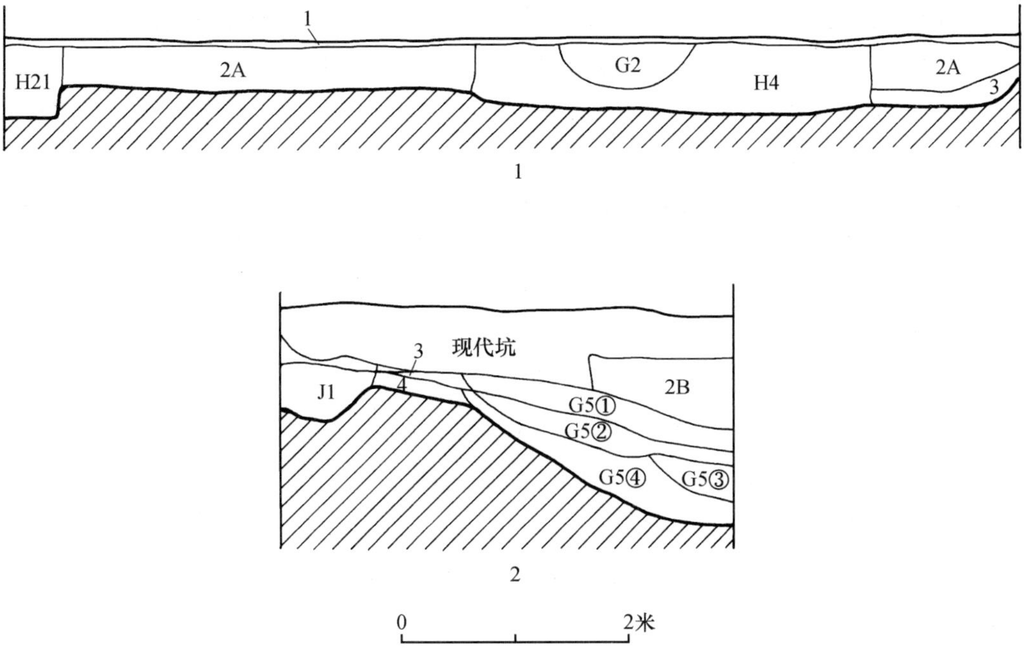

图六　剖面图

1. Ⅰ T3东壁剖面图　2. Ⅰ T3西南扩方区域东壁剖面图

第4层：黄褐色黏土，土质较致密，内含褐色颗粒。坡状堆积，分布不均，仅分布于Ⅰ T3西南扩方区域，最厚处约0.29米；南扩方西部最薄，约0.02米。包含少量陶片，以夹砂褐陶为主，泥质灰陶次之。为新石器时代文化层。开口于该层下的遗迹有Ⅰ H16。

第4层下为生土。

Ⅱ T1南壁地层堆积如下（图七）。

第1层：灰黑色黏土，土质疏松。近水平状堆积，全方分布，厚0.15～0.2米。包含大量植物根系。为现代耕土层。该层下无遗迹单位。

第2层：青灰色黏土，较致密。坡状堆积，全方分布，发掘区东部较厚，西部较薄，厚0.1～0.3米。包含少量植物根系，出土少量青花瓷片。为明清时期文化层。开口于该层下的遗迹有Ⅱ H1、Ⅱ M1。

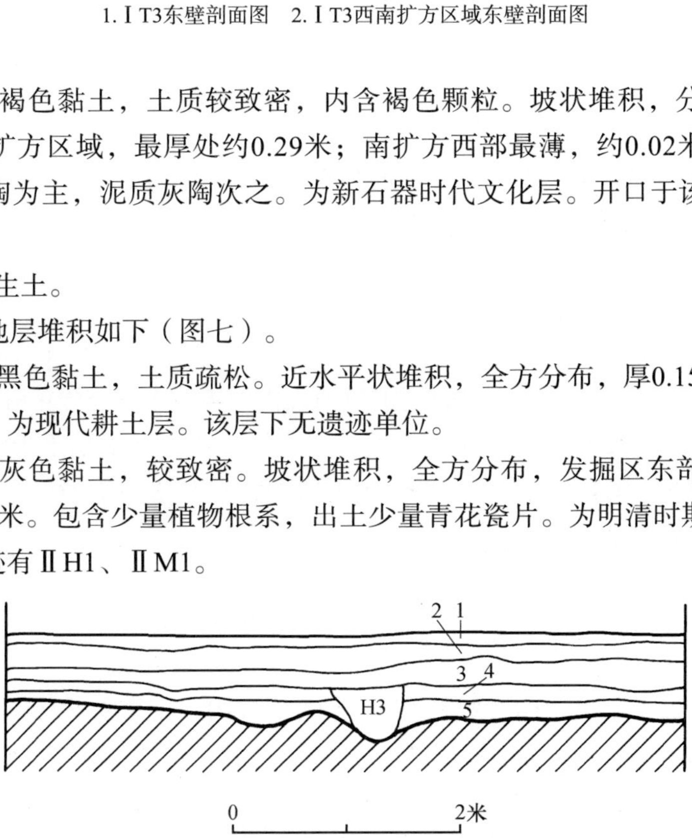

图七　Ⅱ T1南壁剖面图

第3层：黄灰色土，致密。坡状堆积，全方分布，发掘区西南处较薄，东北处较厚，厚0.05～0.35米。出土少量红白釉瓷片。为唐宋时期文化层。开口于该层下的遗迹有ⅡM2、ⅡM3、ⅡG1、ⅡG2、ⅡH2～ⅡH8、ⅡH12、ⅡZD1～ⅡZD13、ⅡZD22～ⅡZD31、ⅡZD33～ⅡZD40。

第4层：褐色含砂黏土，较致密。近水平状堆积，全方分布，厚0.2～0.3米。出土大量夹砂陶片，可辨器形有敛口罐、高领罐、尖底杯、尖底盏、豆柄、器盖等。为商周时期文化层。开口于该层下的遗迹有ⅡM4、ⅡH13～ⅡH15、ⅡH17、ⅡZD14～ⅡZD21、ⅡZD32。

第5层：红褐色土，较致密，系含沙黏土。近水平状堆积，全方分布，厚0.15～0.2米。出土大量夹砂陶片，可辨器形有高领罐、尖底盏、敛口罐、器盖等。为商周时期文化层。开口于该层下的遗迹有ⅡH9～ⅡH11、ⅡH16、ⅡH18。

第5层下为生土。

据开口层位及出土遗物，该遗址包含了新石器时代、商周、汉代、唐宋四个时期的遗迹83个。另外Ⅰ号发掘点开口于第1层下的灰坑、灰沟、灶等12个遗迹中，ⅠH1～ⅠH4、ⅠH17、ⅠH18、ⅠH21、ⅠH22、ⅠH24、ⅠG1、ⅠZ1未发现包含物，ⅠG2后期扰乱严重，无法判断年代。

二、新石器时代遗存

新石器时代地层堆积仅在Ⅰ号发掘点T3西南角存在，遗迹有ⅠH13和ⅠH16；Ⅱ号发掘点未发现新石器时代地层及遗迹堆积。

（一）遗　迹

灰坑2个。根据出土遗物丰富程度选取ⅠH16作为典型遗迹进行介绍。

ⅠH16　位于ⅠT3西部。开口于第4层下，打破生土。平面呈不规则形，弧壁，平底。长1.5、宽1.2、深0.15米。填土为红褐色黏土，较致密。出土少量夹砂陶片，可辨器形有绳纹花边口沿罐（图八）。

（二）遗　物

器类仅见陶器，以夹砂褐陶为主，另有少许泥质陶。纹饰主要有绳纹、附加堆纹、刻划纹等，可辨器形有尊形器、绳纹花边口沿罐等，均仅保留口沿部分。

尊形器　2件。均残，仅保留口沿部分。根据沿部形态的不同，分为二型。

A型　1件。平折沿，沿面平直。ⅠH12：5，泥质红陶。敞口，尖圆唇。素面。口径34、残高8.2厘米（图九，1）。

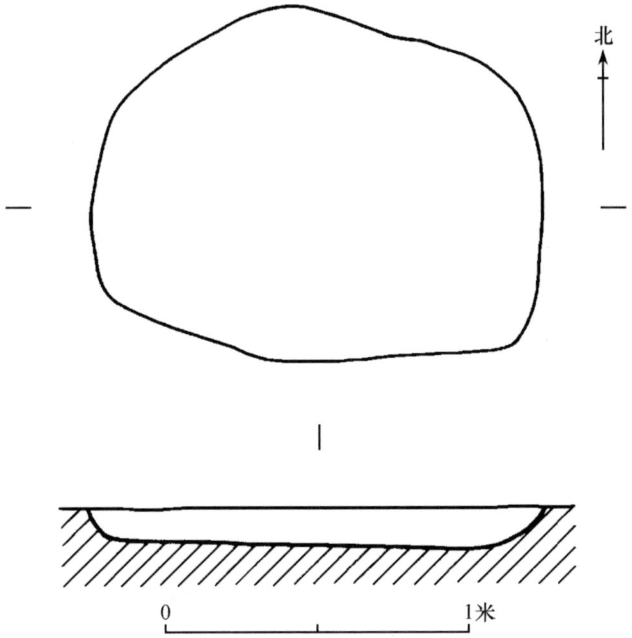

图八　I H16平、剖面图

B型　1件。盘口，盘面微凹。I H12：4，夹砂灰陶。仅存口及上腹，尖圆唇，下腹部斜直。口唇下贴饰一周附加泥条戳印纹，上腹部饰凹弦纹。口径23.5、残高18厘米（图九，2）。

绳纹花边口沿罐　5件。均残，仅保留口沿部分。根据口部形态的不同，分为三型。

A型　2件。口沿平直。I G5②：2，夹砂灰褐陶。侈口，折沿，方唇。沿部饰斜向绳纹，其下饰横向绳纹。残高4.3厘米（图九，3）。I H16：1，夹砂灰褐陶。敛口，方唇，折沿。沿部饰交错绳纹，其下饰斜向绳纹。残高4厘米（图九，4）。

B型　2件。口沿斜向外折。I H12：3，夹砂灰褐陶。敛口，折沿，方唇，弧腹。腹部饰交错绳纹。残高7厘米（图九，5）。I G5①：2，夹砂灰褐陶。敛口，折沿，方唇。沿部饰交错绳纹，其下饰横向绳纹。残高4.5厘米（图九，7）。

C型　1件。口沿卷折。I H16：2，夹砂灰褐陶。敛口，方唇，折沿。器表饰交错绳纹。残高5.6厘米（图九，6）。

花边口沿罐　2件。均残，仅保留口沿部分。I G5③：3，夹砂红陶。侈口，折沿，方唇。器表饰绳纹。残高6.3厘米（图九，8）。I H7③：7，夹砂红褐陶。侈口，尖唇，弧腹。素面。残高3.5厘米（图九，9）。

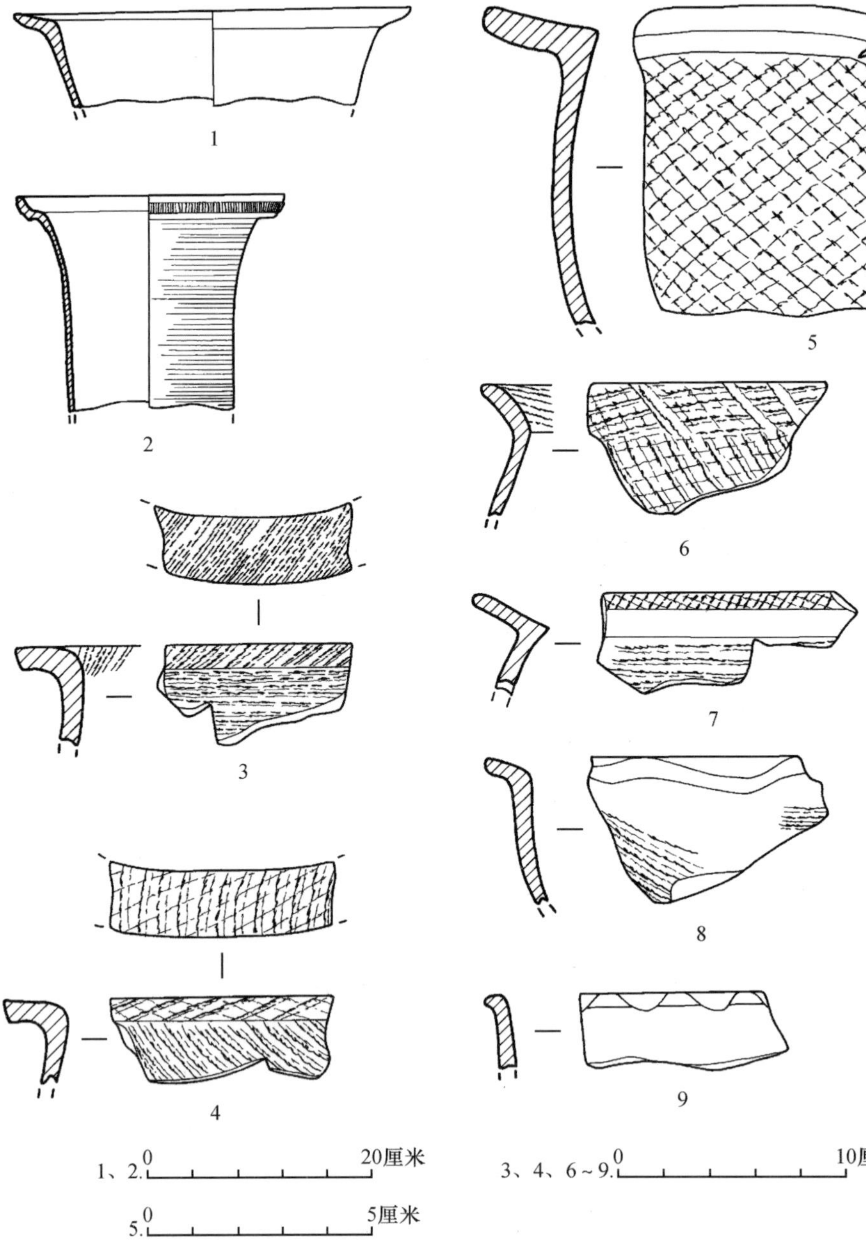

图九　新石器时代陶器

1. A型尊形器（ⅠH12：5）　2. B型尊形器（ⅠH12：4）　3、4. A型绳纹花边口沿罐（ⅠG5②：2、ⅠH16：1）　5、7. B型绳纹花边口沿罐（ⅠH12：3、ⅠG5①：2）　6. C型绳纹花边口沿罐（ⅠH16：2）　8、9. 花边口沿罐（ⅠG5③：3、ⅠH7③：7）

三、商周时期遗存

商周时期遗迹主要有灰坑、灰沟、墓葬和柱洞，出土遗物主要为陶器，以夹砂褐陶为主，泥质陶次之。将Ⅰ、Ⅱ号发掘点分开进行描述。

（一）遗　　迹

1. Ⅰ号发掘点

该时期遗迹有灰坑7个（ⅠH5、ⅠH7、ⅠH10、ⅠH11、ⅠH12、ⅠH15、ⅠH19）、灰沟3条（ⅠG3～ⅠG5）。

（1）灰坑

根据平面形状分为不规则形和长方形两种。

不规则形　6个，根据出土遗物丰富程度选取ⅠH10、ⅠH12、ⅠH7作为典型遗迹进行介绍。

ⅠH10　位于ⅠT3西北部。开口于第2B层下，打破生土，被ⅠG2、ⅠH19、ⅠH5和ⅠH11打破，打破ⅠH12和ⅠH13。长4、宽3、深0.45米。平面呈不规则形，弧壁，圜底。红褐色填土，土质较致密。出土有较多夹砂陶片，以红、红褐、灰陶居多，多为素面，少量饰绳纹、弦纹等，可辨器形有豆、束颈罐等（图一〇）。

ⅠH12　位于ⅠT3西北部。开口于第2B层下，打破生土，被ⅠH10和ⅠH11打破，打破ⅠH13。平面呈不规则椭圆形，除东北部为斜壁外，其余均呈直壁，坡底。长3.3、宽2.3、深0.23～0.36米。深红褐色填土，较致密。包含有较多夹砂红陶、褐陶片，可辨器形有尊形器等（图一一）。

ⅠH7　位于ⅠT1南部，开口地层不明，完全被ⅠG5打破，打破生土，口部完整形状不明。北壁由口到底似呈不完整三级阶梯状，于东壁和西壁下部形成内收弧圈，南部当叠压于发掘区外，也被ⅠG5打破。残口距地表1.4～1.6米，最大径近4米，近ⅠT1南壁最深处约0.8米。坑底为鹅卵石和黄色细沙。依据土质、土色可将灰坑内堆积划分为3层。第1层填土为浅红褐色，土质致密，厚约为0.3米，包含较多夹砂陶片；第2层填土为青灰色，土质较致密，厚约0.2米，包含较少陶片；第3层土色为深黑色，土质较疏松，厚约0.2米，包含大量夹砂陶片，可辨器形有鸟形勺柄、兽面纹陶罐、高柄豆等。底部为黄沙与鹅卵石（图一二）。

长方形　1个。

ⅠH19　位于ⅠT3北部。开口于第2B层下，打破ⅠH10，打破生土。平面呈长方形，直壁，平底。长1.8、宽0.9、深0.18米。青灰色填土，土质较致密。未发现包含物（图一三）。

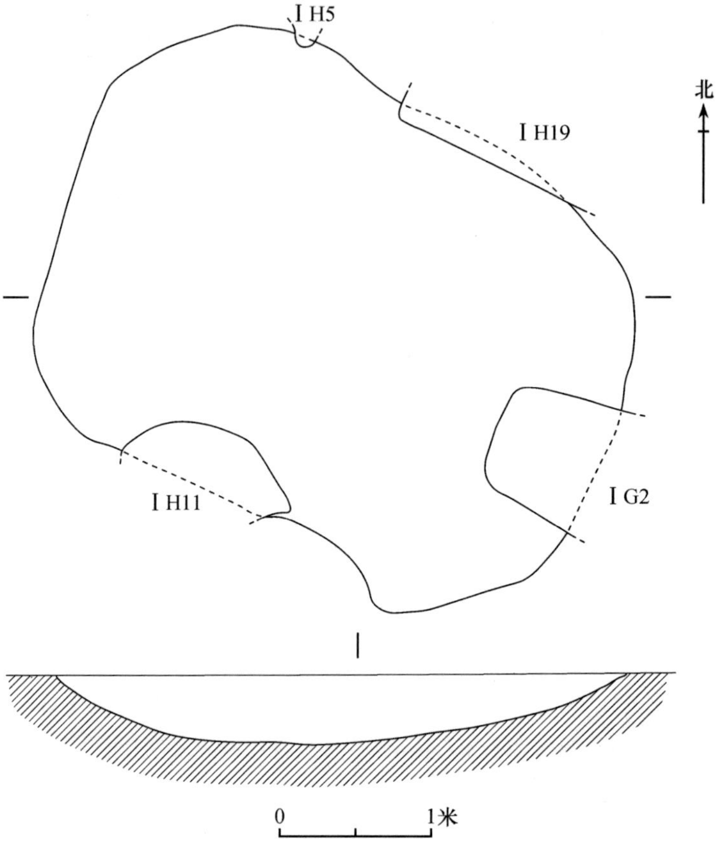

图一〇　Ⅰ H10平、剖面图

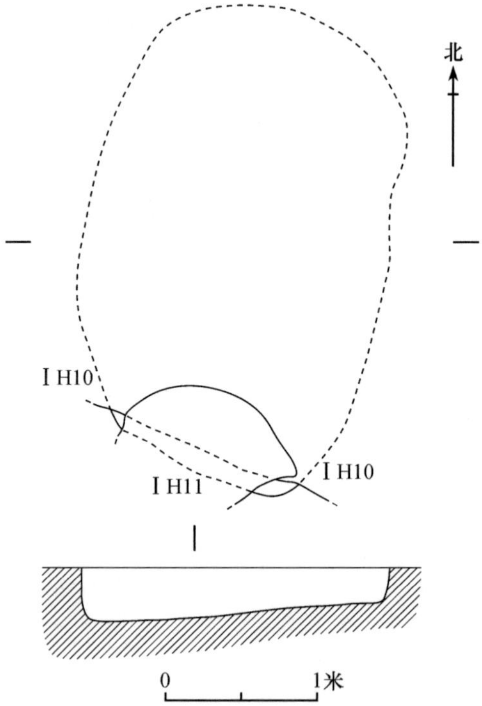

图一一　Ⅰ H12平、剖面图

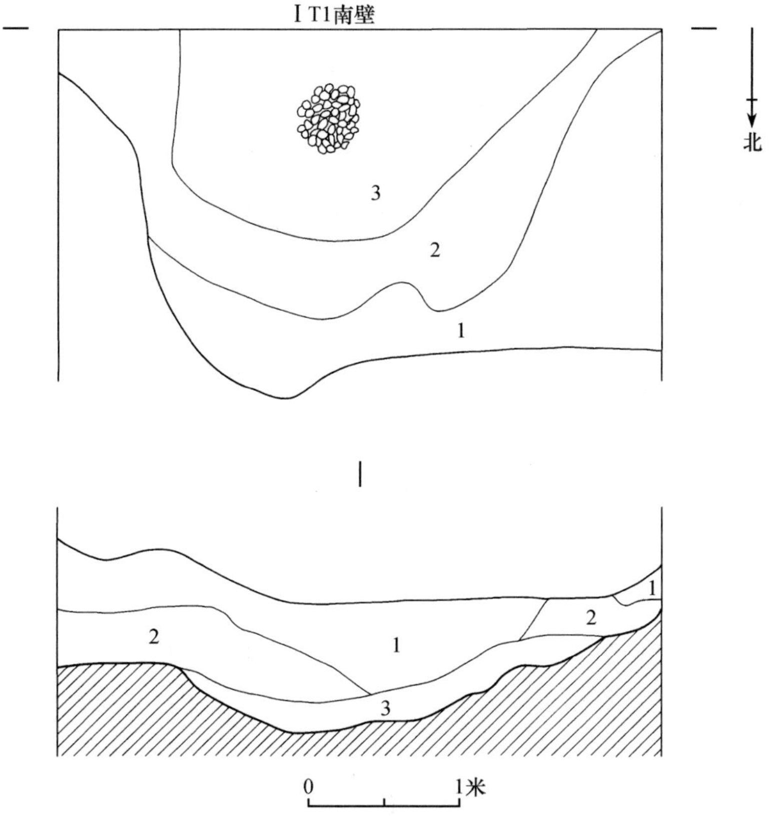

图一二 Ⅰ H7平、剖面图

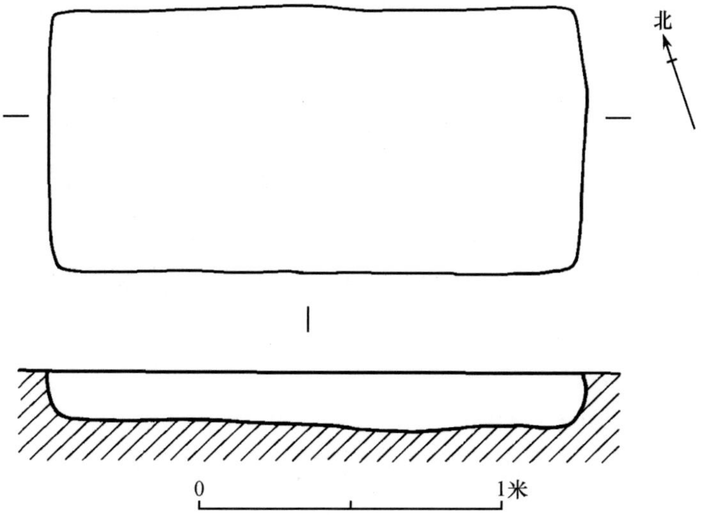

图一三 Ⅰ H19平、剖面图

（2）灰沟

3条。平面形状均为长条状，根据出土遗物丰富程度选取ⅠG5作为典型遗迹进行介绍。

ⅠG5　分布范围较广，东西向横跨ⅠT3南部及扩方部分、ⅠT2和ⅠT1南部及其扩方部分，并延伸出发掘区域之外。开口于第2B层下，在ⅠT3、ⅠT2打破生土，在ⅠT1打破ⅠH7，被ⅠH1～ⅠH4、ⅠG2、ⅠH15打破。平面为不规则带状，弧壁，底部近平。开口距地表0.6米。已发掘部分东西纵跨14米；南北最宽处位于ⅠT1东壁，约5.5米；最深处位于ⅠT2东壁，约1.15米。沟内堆积依据土质土色可分为4层。第1层填土为青灰色黏土，较致密，厚0.2米，包含少量夹砂陶片，以夹砂红陶为主，另有少量炭屑及鹅卵石；第2层为红褐色黏土，夹少量褐斑，较致密，厚0.2米，包含少量夹砂陶片和泥质陶片，另有少量炭屑及鹅卵石；第3层为红褐色黏土，夹大量褐斑，较致密，厚0.25米，包含少量夹砂陶片；第4层为红褐色黏土，土质致密，厚0.2～0.5米，包含少量夹砂陶片，可辨器形有豆柄等。沟的底部为含鹅卵石的沙土堆积（图一四）。

2.Ⅱ号发掘点

该时期遗迹有灰坑9个（ⅡH9～ⅡH11、ⅡH13～ⅡH18）、墓葬1座（ⅡM4）、柱洞9个（ⅡZD14～ⅡZD21、ⅡZD32）。

（1）灰坑

9个。均为不规则形。根据出土遗物丰富程度选取ⅡH13作为典型遗迹进行介绍。

ⅡH13　位于ⅡT2东南角，部分叠压于ⅡT2南壁之下。开口于第4层下，打破第5层，被ⅡH12打破。平面为不规则形，弧壁，圜底。长2.76、宽2.2、深0.54米。红黑色填土，土质较致密。包含大量陶片，可辨器形有敛口罐、瓶、高领罐、圈足器等（图一五）。

（2）墓葬

1座。

ⅡM4　位于ⅡT1中部。开口于第4层下，打破第5层。近长方形竖穴土坑墓，墓坑较浅，直壁，平底。长1.8、宽0.36、深0.1米，墓向210°。残存肢骨，保存情况较差。葬式为仰身直肢葬，头向西南。红褐色填土，较致密。无葬具和随葬品（图一六）。

（3）柱洞

9个。根据平面形状分为方形和椭圆形。

方形　2个。选取ⅡZD14作为典型遗迹进行描述。

ⅡZD14　位于ⅡT2南部。开口于第4层下，打破第5层。平面为方形，弧壁，平底。边长0.36、深0.1米。红褐色填土，较致密。无包含物（图一七）。

椭圆形　7个。选取ⅡZD15作为典型遗迹进行描述。

ⅡZD15　位于ⅡT1东南角。开口于第4层下，打破第5层。平面为椭圆形，弧壁，坡底。东西长0.4、南北宽0.3、深0.07米。红褐色填土，较致密。无包含物（图一八）。

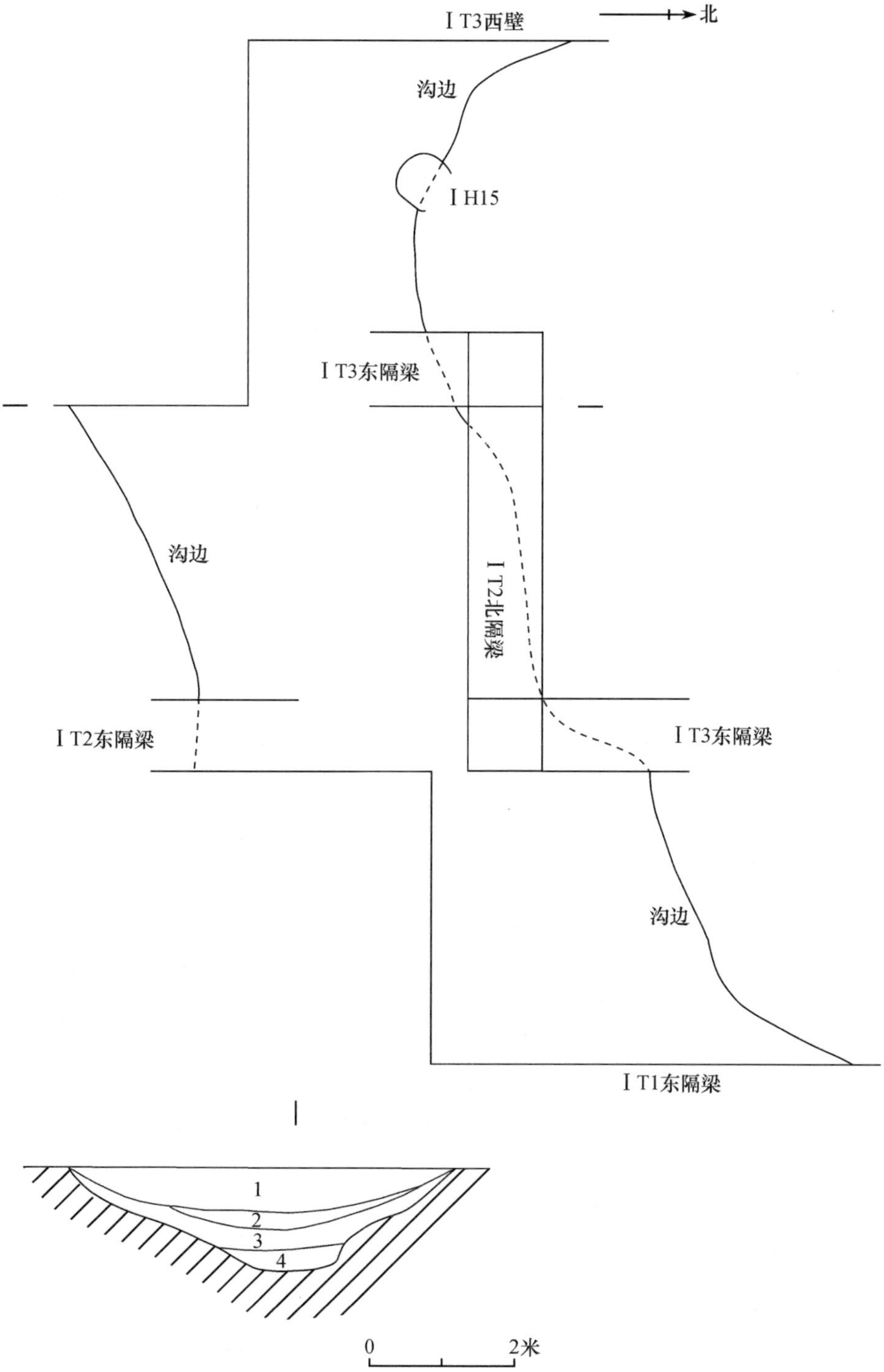

Ⅰ T3西壁
北
沟边
Ⅰ H15
Ⅰ T3东隔梁
沟边
Ⅰ T2北隔梁
Ⅰ T2东隔梁
Ⅰ T3东隔梁
沟边
Ⅰ T1东隔梁
1
2
3
4
0
2米

图一四 Ⅰ G5平、剖面图

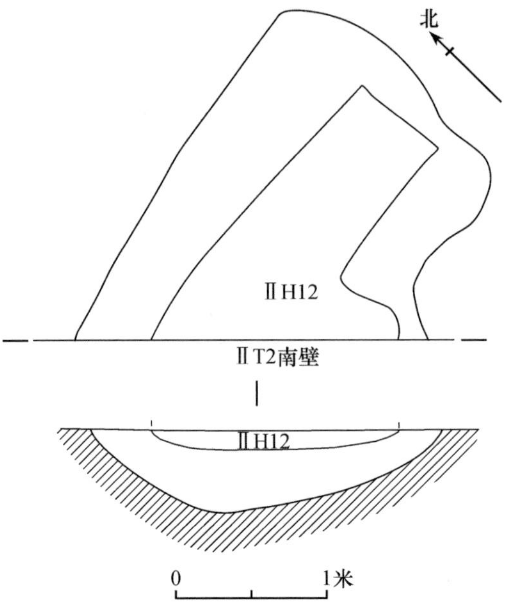

图一五 ⅡH13平、剖面图

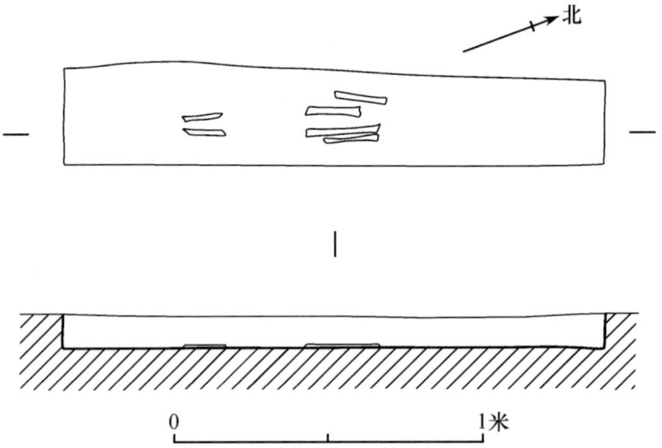

图一六 ⅡM4平、剖面图

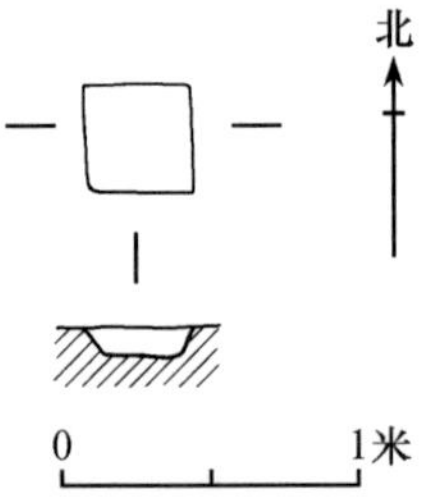

图一七 ⅡZD14平、剖面图

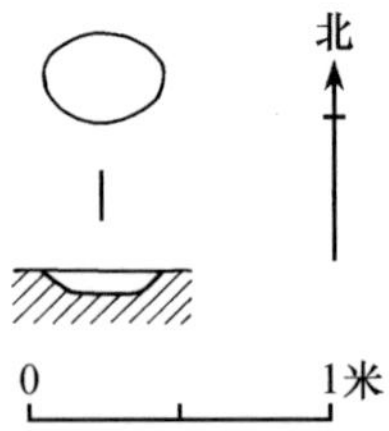

图一八 ⅡZD15平、剖面图

（二）遗　　物

1. Ⅰ号发掘点

器类仅见陶器，主要是夹砂红褐陶和夹砂褐陶，另外有少量泥质灰陶。纹饰以绳纹、弦纹为主，可辨器形有尊形器、高领罐、敛口罐、小平底罐、敞口罐、尖底杯、尖底盏、鸟形勺柄、兽面纹陶罐、平底器、豆柄、豆圈足、器盖、圈足器、盖纽、握把、鸡首盖纽、盉足、筒形器等。

尊形器　1件。ⅠG5④：20，仅保留口沿部分。泥质黑陶。敞口，沿下有一周凸棱。口径24、残高2.4厘米（图一九，1）。

束颈罐　4件。均残，仅保留口沿部分。根据口部形态的不同，分为三型。

A型　1件。直口，束颈较浅。ⅠH12：1，夹砂红褐陶。折沿，方唇，鼓腹。素面。口径16、残高5厘米（图一九，2）。

B型　2件。侈口，束颈较甚。ⅠG5②：3，夹砂灰陶。折沿，方唇，弧腹。素面。口径14、残高4.1厘米（图一九，3）。ⅠH7②：2，夹砂灰陶。折沿，方圆唇，鼓腹。素面。残高4厘米（图一九，5）。

C型　1件。直口，束颈较甚。ⅠG5①：3，夹砂红褐陶。折沿，方唇，鼓腹。器表饰绳纹。残高5.4厘米（图一九，11）。

高领罐　2件。均残，仅保留口沿部分。根据领部形态的不同，分为二型。

A型　1件。领部较矮。ⅠG5④：7，夹砂红陶。侈口，圆唇，弧腹。素面，器身可见轮制痕迹。口径13、残高7.1厘米（图一九，4）。

B型　1件。领部较高。ⅠG5④：5，夹砂红陶。侈口，方唇，斜弧腹。素面，器身可见轮制痕迹。残高7.9厘米（图一九，7）。

小平底罐　1件。ⅠH7②：5，仅保留口沿部分。夹砂灰陶。侈口，折沿，方唇，弧腹。素面。残高3.4厘米（图一九，6）。

敛口罐　37件。均残，仅保留口沿部分。根据口部形态的不同，分为二型。

A型　32件。沿面微凹。ⅠH7③：5，夹砂红褐陶。敛口，方唇，弧腹。口部饰一周戳印纹，腹部饰斜向绳纹。残高6.6厘米（图一九，8）。ⅠG5④：1，夹砂红褐陶。敛口，圆唇，微鼓腹。口部饰戳印纹，腹部饰斜向绳纹。残高6.8厘米（图一九，9）。

B型　5件。沿面平直。ⅠG5④：4，夹砂红褐陶。敛口，方唇，弧腹。口沿饰戳印纹，领部饰交错绳纹。残高6厘米（图一九，10）。ⅠH7③：9，夹砂红褐陶。敛口，方唇，弧腹。口沿饰戳印纹，腹部饰交错绳纹。残高3.2厘米（图一九，12）。

敞口罐　38件。均残，仅保留口沿部分。根据口部形态的不同，分为二型。

A型　14件。沿面斜向下折。ⅠH7③：2，夹砂红陶。侈口，折沿，方唇，弧腹。器表饰绳纹。残高8.4厘米（图二〇，2）。ⅠG5①：5，夹砂红陶。侈口，卷沿，方

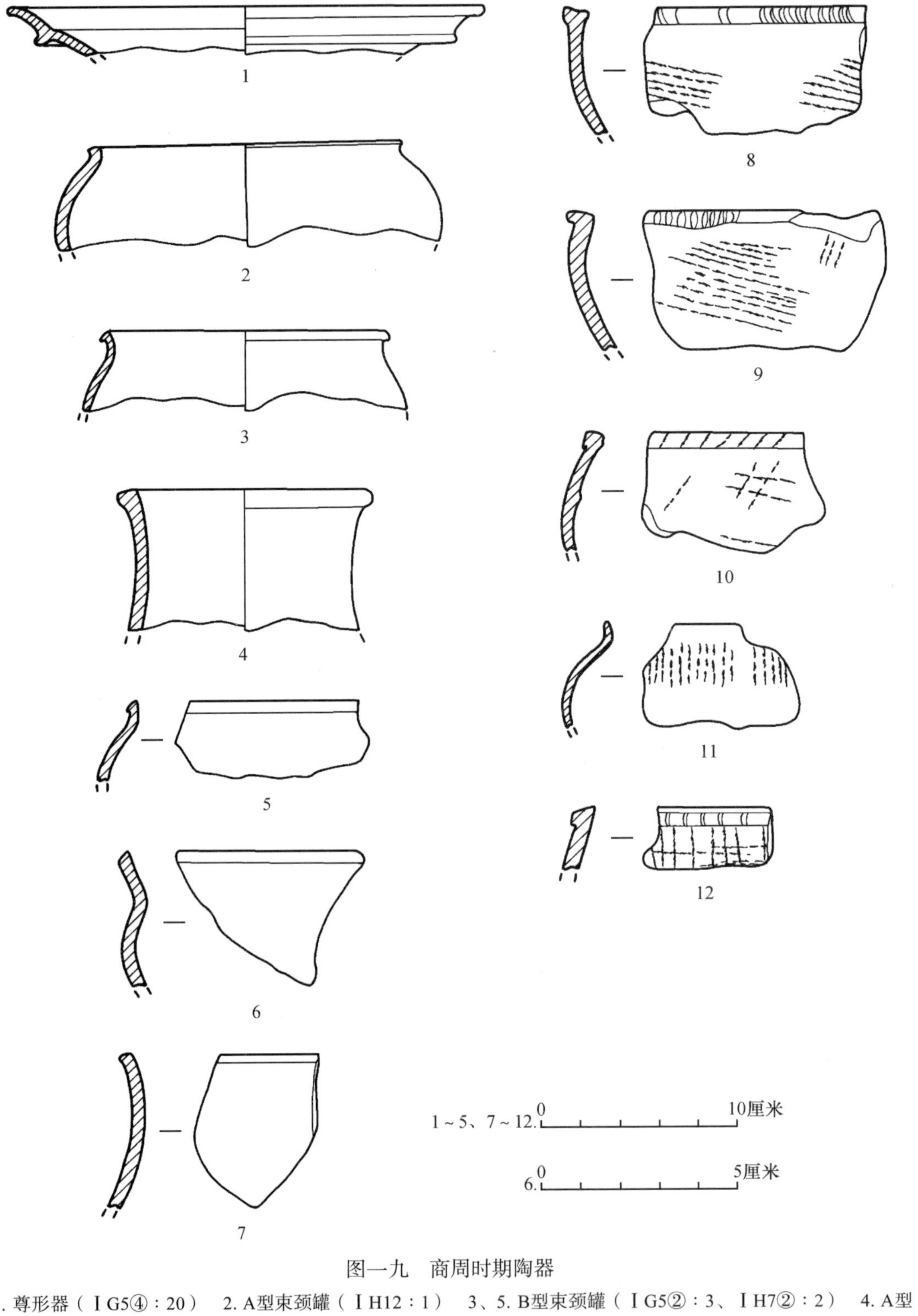

图一九　商周时期陶器

1. 尊形器（ⅠG5④：20）　2. A型束颈罐（ⅠH12：1）　3、5. B型束颈罐（ⅠG5②：3、ⅠH7②：2）　4. A型高领罐（ⅠG5④：7）　6. 小平底罐（ⅠH7②：5）　7. B型高领罐（ⅠG5④：5）　8、9. A型敛口罐（ⅠH7③：5、ⅠG5④：1）　10、12. B型敛口罐（ⅠG5④：4、ⅠH7③：9）　11. C型束颈罐（ⅠG5①：3）

唇，斜直腹。器表饰斜向绳纹。残高5.2厘米（图二〇，4）。ⅠH7①：2，泥质红褐陶。侈口，折沿，方唇。素面。残高3.5厘米（图二〇，5）。

B型 24件。沿面平直。ⅠH7②：1，夹砂灰陶。敛口，折沿，圆唇，鼓腹。素面。残高5.2厘米（图二〇，3）。ⅠH7①：1，夹砂红褐陶。侈口，方圆唇，弧腹。口沿饰戳印纹，外壁饰绳纹。残高6.1厘米（图二〇，6）。

平底器 67件。均残，仅保留底部。ⅠG5②：4，夹砂红褐陶。斜直腹，平底。素面。残高5.4厘米（图二〇，1）。ⅠG5①：4，夹砂红褐陶。斜弧腹，平底。素面。底径6、残高4.4厘米（图二〇，7）。ⅠG5③：4，泥质灰陶。斜直腹，平底。素面，且有轮制痕迹。底径5、残高3厘米（图二〇，8）。ⅠG5④：10，夹砂红褐陶。平底。素面。底径7、残高1厘米（图二〇，9）。

尖底杯 16件。均残，仅保留底部。根据底部形态的不同，分为三型。

A型 1件。尖底。ⅠG5①：6，泥质灰陶。斜直腹。素面。残高3.2厘米（图二〇，10）。

B型 3件。尖圜底。ⅠG5④：8，泥质灰陶。弧腹。素面。残高2.4厘米（图二〇，11）。

C型 12件。小平底。ⅠG5②：5，泥质灰褐陶。斜直腹。素面，有轮制痕迹。残高2.4厘米（图二〇，13）。ⅠG5②：6，泥质灰褐陶。斜直腹。素面。残高2.3厘米（图二〇，14）。

尖底盏 1件。ⅠG5②：7，仅保留底部。夹砂灰褐陶。斜直腹。素面。残高2.2厘米（图二〇，12）。

豆柄 9件。均残。圆柱状，中空。素面。ⅠH7③：11，泥质灰陶。残高23厘米（图二一，1）。ⅠG5④：17，泥质灰陶。残高10.1厘米（图二一，2）。ⅠG5④：14，泥质灰陶。残高8.6厘米（图二一，3）。ⅠG5①：7，夹砂红褐陶。残高9.6厘米（图二一，7）。

豆圈足 3件。根据器形大小的不同，分为二型。

A型 2件。圈足较大。ⅠG5④：18，泥质灰陶。外壁饰一周凸弦纹。残高6.6厘米（图二一，4）。ⅠH7③：3，夹砂红褐陶。外壁饰一周凹弦纹。残高9.2厘米（图二一，5）。

B型 1件。圈足较小。ⅠT3③：1，泥质灰陶。外壁饰两周凸弦纹。残高7.2厘米（图二一，6）。

器盖 3件。均残，仅保留盖缘部分。ⅠH7③：6，泥质红陶。圆唇，盖身扁平。素面。口径17.8、残高3.4厘米（图二一，8）。ⅠH7③：10，夹砂红褐陶。方唇，斜弧腹。素面。口径14、残高1.9厘米（图二一，9）。

圈足器 34件。均残，仅保留底部。根据底部形态的不同，分为三型。

A型 2件。圈足较高，足沿平直。ⅠH10：3，夹砂红褐陶。器身有两个圆形穿

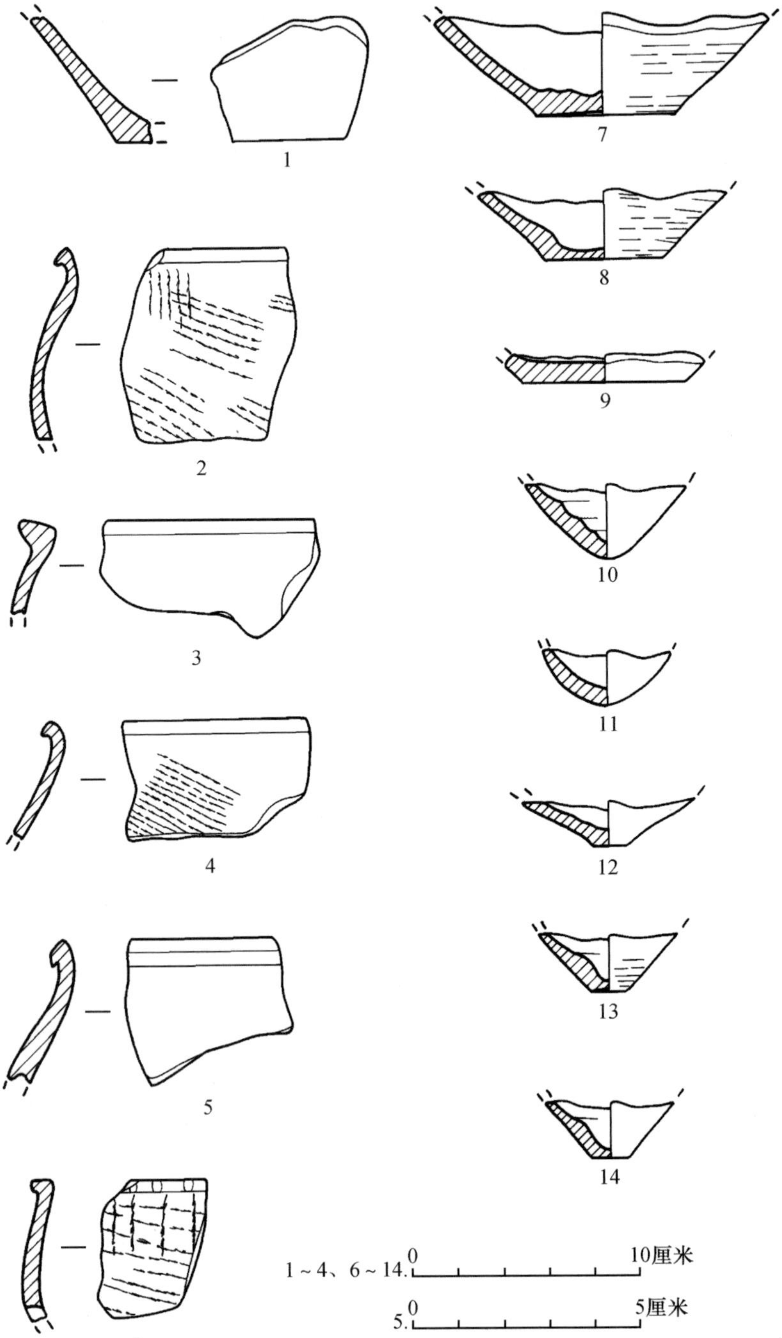

图二〇　商周时期陶器

1、7～9. 平底器（ⅠG5②：4、ⅠG5①：4、ⅠG5③：4、ⅠG5④：10）　2、4、5. A型敞口罐（ⅠH7③：2、ⅠG5①：5、ⅠH7①：2）　3、6. B型敞口罐（ⅠH7②：1、ⅠH7①：1）　10. A型尖底杯（ⅠG5①：6）　11. B型尖底杯（ⅠG5④：8）　12. 尖底盏（ⅠG5②：7）　13、14. C型尖底杯（ⅠG5②：5、ⅠG5②：6）

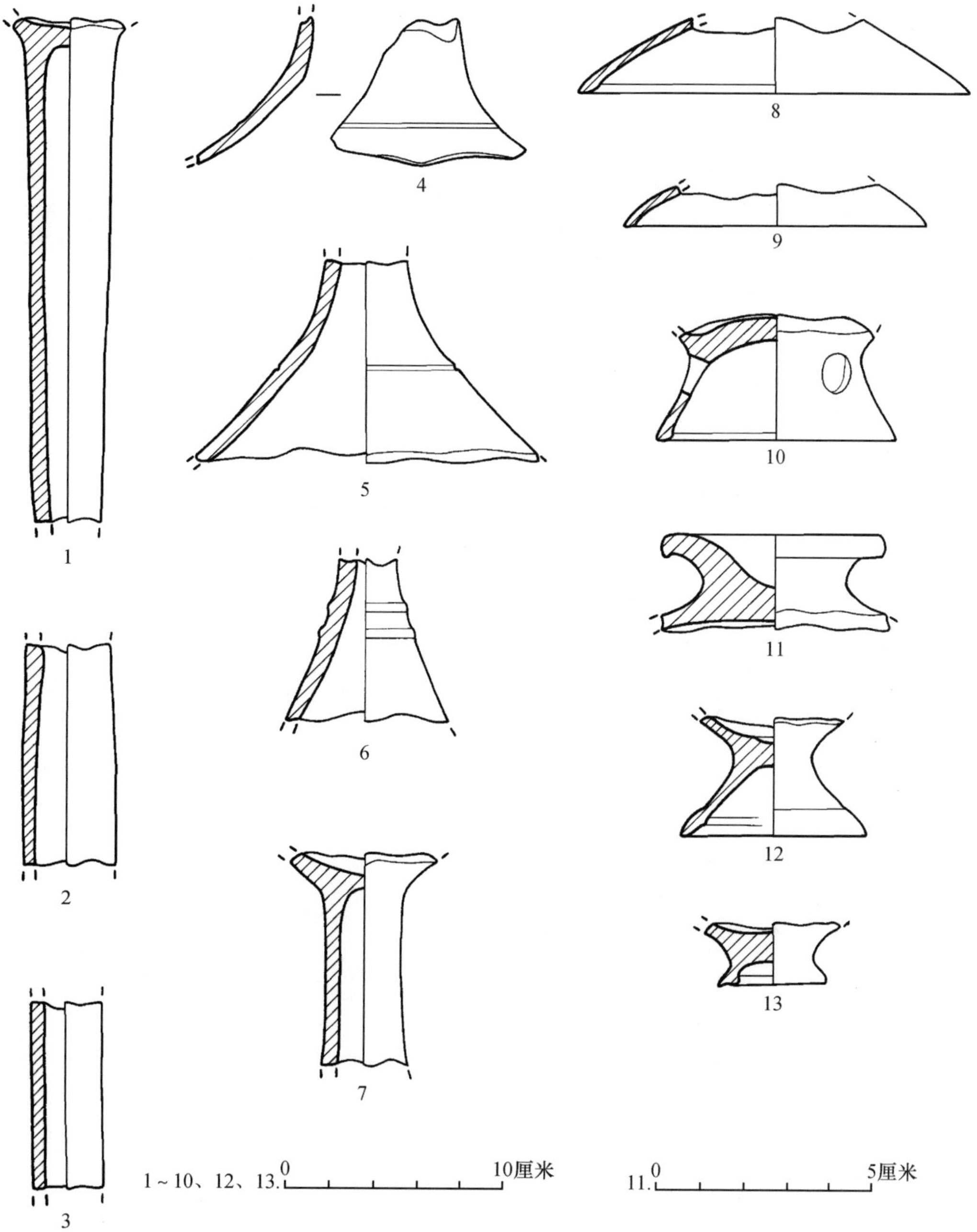

图二一　商周时期陶器

1～3、7. 豆柄（ⅠH7③：11、ⅠG5④：17、ⅠG5④：14、ⅠG5①：7）　4、5. A型豆圈足（ⅠG5④：18、ⅠH7③：3）　6. B型豆圈足（ⅠT3③：1）　8、9. 器盖（ⅠH7③：6、ⅠH7③：10）　10. A型圈足器（ⅠH10：3）　11. 盖纽（ⅠH4：3）　12. B型圈足器（ⅠG5②：8）　13. C型圈足器（ⅠG5②：9）

孔。足径11、残高5.8厘米（图二一，10）。

B型　31件。圈足较高。ⅠG5②：8，夹砂红褐陶。素面。足径8.6、残高5.3厘米（图二一，12）。

C型　1件。圈足较低矮，足沿内凹。ⅠG5②：9，夹砂红褐陶。素面。足径5、残高2.7厘米（图二一，13）。

兽面纹陶罐　1件。仅保留口沿部分。ⅠH7③：1，夹砂灰褐陶。侈口，折沿，短颈。肩部饰兽面纹。残高6.1厘米（图二二，1）。

鸟形勺柄　1件。ⅠH7③：4，泥质灰陶。柄部完整，器表有刮痕，眼上部饰两周凹弦纹，眼睛外凸呈云雷纹状，喙部弯曲内凹。残长13.5厘米（图二二，2）。

握把　1件。ⅠG5①：8，夹砂灰陶。扁柱状，中空。器表饰菱形纹。残长13.5厘米（图二二，3）。

盖纽　1件。ⅠH4：3，夹砂红褐陶。素面。纽径5.2、残高2.1厘米（图二一，11）。

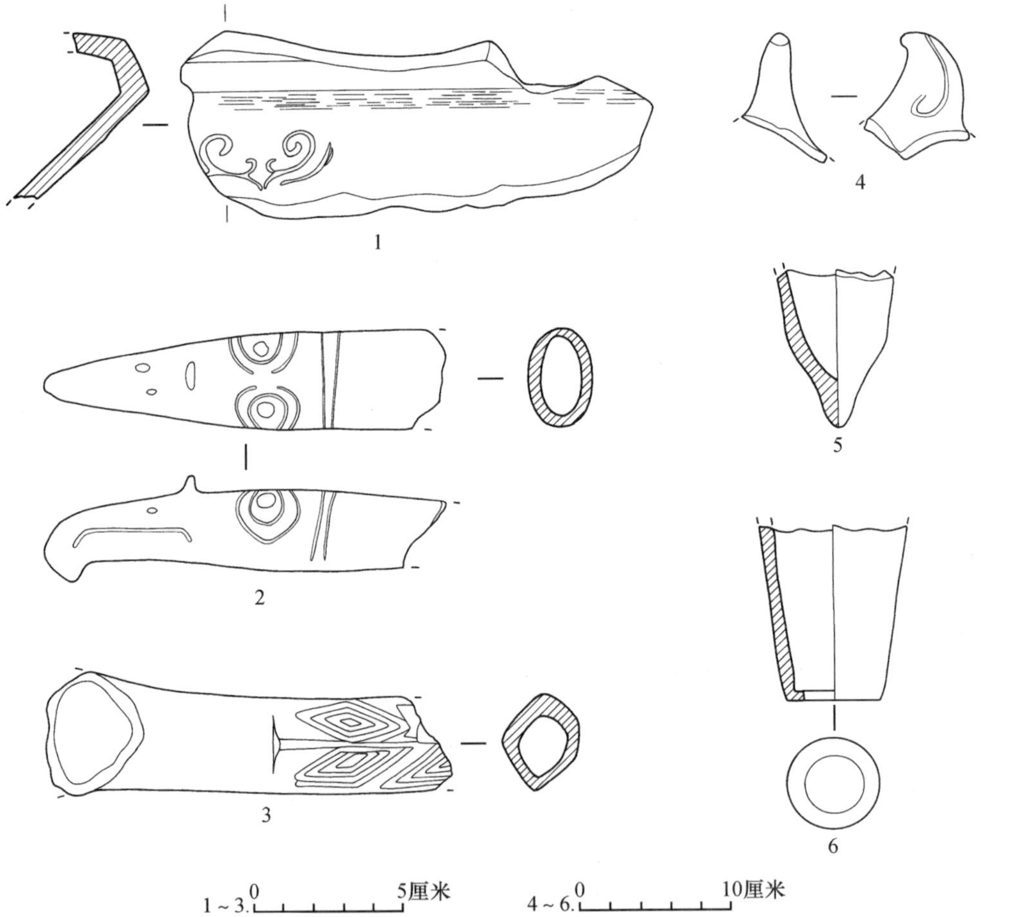

图二二　商周时期陶器

1. 兽面纹陶罐（ⅠH7③：1）　2. 鸟形勺柄（ⅠH7③：4）　3. 握把（ⅠG5①：8）　4. 鸡首盖纽（ⅠH10：2）　5. 盉足（ⅠG5③：1）　6. 筒形器（ⅠH10：1）

鸡首盖纽 1件。ⅠH10：2，夹砂红褐陶。器壁饰刻划纹。残高8.2厘米（图二二，4）。

盉足 1件。ⅠG5③：1，夹砂红褐陶。足尖呈尖锥状。素面。残高10.3厘米（图二二，5）。

筒形器 1件。ⅠH10：1，夹砂灰陶，斜直壁。器底有镂孔。底径6、残高11.4厘米（图二二，6）。

2.Ⅱ号发掘点

敛口罐 26件。均残，仅保留口沿部分。根据口部、肩部形态的不同，分为三型。

A型 8件。口径较大，鼓肩。ⅡH13：9，夹砂红陶。敛口，圆唇。器身饰成组的绳纹。口径44、残高9.6厘米（图二三，1）。

B型 1件。口径较小，圆溜肩。ⅡT1④：36，夹砂红陶，器表呈黑色。器形较矮小，口微侈，圆唇，束颈，圈足，最大径在肩部。口径10.4、足径6.2、高8.2厘米（图二三，4）。

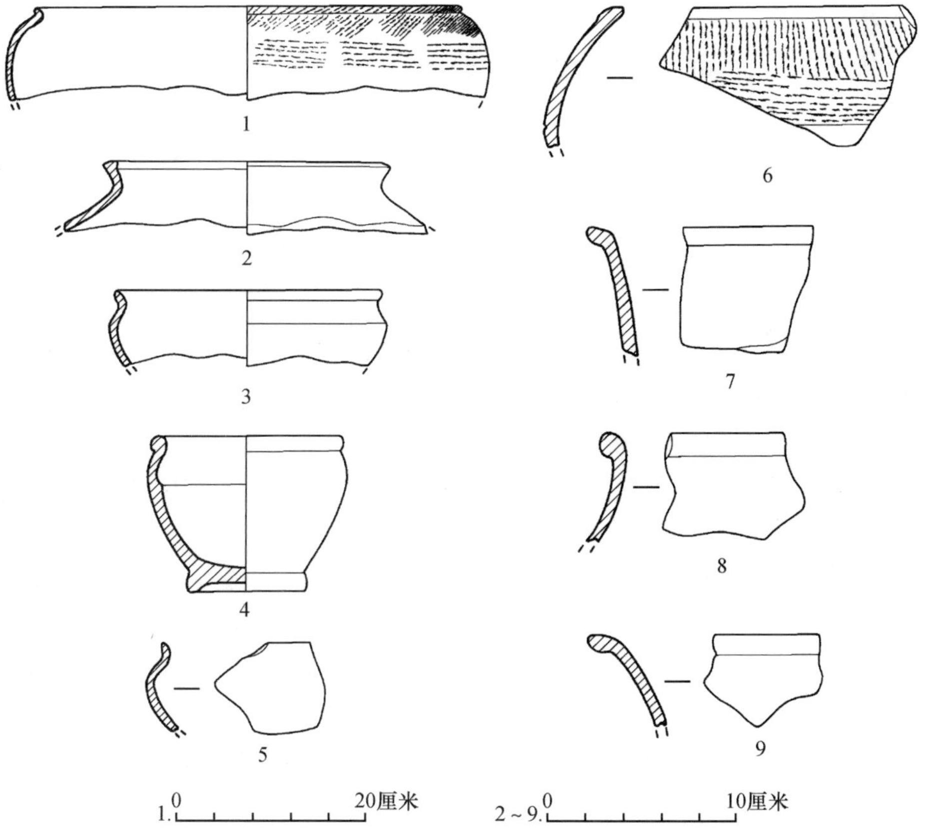

图二三 商周时期陶器

1. A型敛口罐（ⅡH13：9） 2. A型束颈罐（ⅡT2⑤：1） 3、5. B型束颈罐（ⅡT1⑤：2、ⅡT1⑤：3） 4. B型敛口罐（ⅡT1④：36） 6. C型敛口罐（ⅡT1④：9） 7. A型高领罐（ⅡH13：5） 8. B型高领罐（ⅡT1④：11） 9. C型高领罐（ⅡT2⑤：4）

C型　17件。口径较大，圆溜肩。ⅡT1④：9，夹砂灰陶。敛口，圆唇，弧腹。腹上部饰纵向绳纹，腹中部饰横向绳纹。残高7.4厘米（图二三，6）。

束颈罐　6件。均残，仅保留口沿部分。根据沿部形态的不同，分为二型。

A型　1件。沿面较长。ⅡT2⑤：1，夹砂红褐陶。侈口，方唇，束颈，溜肩。素面。口径15、残高2.8厘米（图二三，2）。

B型　5件。沿面较短。ⅡT1⑤：2，夹砂灰陶。侈口，折沿，方圆唇，鼓腹。素面。口径13.6、残高4.6厘米（图二三，3）。ⅡT1⑤：3，夹砂红褐陶。侈口，折沿，方圆唇，鼓腹。素面。残高4.7厘米（图二三，5）。

高领罐　9件。均残，仅保留口沿部分。根据领部形态的不同，分为三型。

A型　2件。斜直领。ⅡH13：5，夹砂灰陶。侈口，折沿，圆唇，斜弧腹。素面。残高6.8厘米（图二三，7）。

B型　6件。弧领，斜向内收。ⅡT1④：11，夹砂红褐陶。喇叭口，圆唇。素面。残高5.6厘米（图二三，8）。

C型　1件。弧领，斜向外敞。ⅡT2⑤：4，夹砂红褐陶。敞口，折沿，圆唇。素面。残高4.8厘米（图二三，9）。

平底器　9件。1件可复原器，其余均残。仅保留底部。根据底部形态的不同，分为三型。

A型　1件。底部微向内弧。ⅡT2④：3，泥质灰陶。敛口，鼓肩，弧腹，平底微凹。颈部饰一周凹弦纹。口径13.6、底径9.5、高13.9厘米（图二四，1）。

B型　7件。底部平直。ⅡT1⑤：9，夹砂灰褐陶。斜直腹，平底。素面。底径6、残高4.7厘米（图二四，2）。

C型　1件。底部不规整，微向内凹。ⅡT2⑤：7，夹砂灰褐陶。斜弧腹，平底微凹。素面。残高2.6厘米（图二四，6）。

圈足　23件。根据足部形态的不同，分为四型。

A型　4件。喇叭状。ⅡT1⑤：6，泥质红褐陶。素面。底径10、残高1.9厘米（图二四，3）。

B型　3件。足部外敞，内有折棱。ⅡT1⑤：8，夹砂红褐陶。素面。残高3.2厘米（图二四，4）。

C型　6件。足部外敞，饰刻划纹。ⅡT2④：32，夹砂红褐陶。器足微外弧。器表饰绳纹，近足部饰一周戳印纹。残高4.4厘米（图二四，8）。

D型　10件。覆碗状。ⅡT2④：28，夹砂灰陶。足部内折。内壁有一周凸棱。残高3.2厘米（图二四，9）。

圈足器　16件。均残，仅保留底部。根据大小的不同，分为二型。

A型　9件。器形较小。ⅡT1④：33，夹砂红褐陶。斜直腹。素面。残高3厘米（图二四，5）。

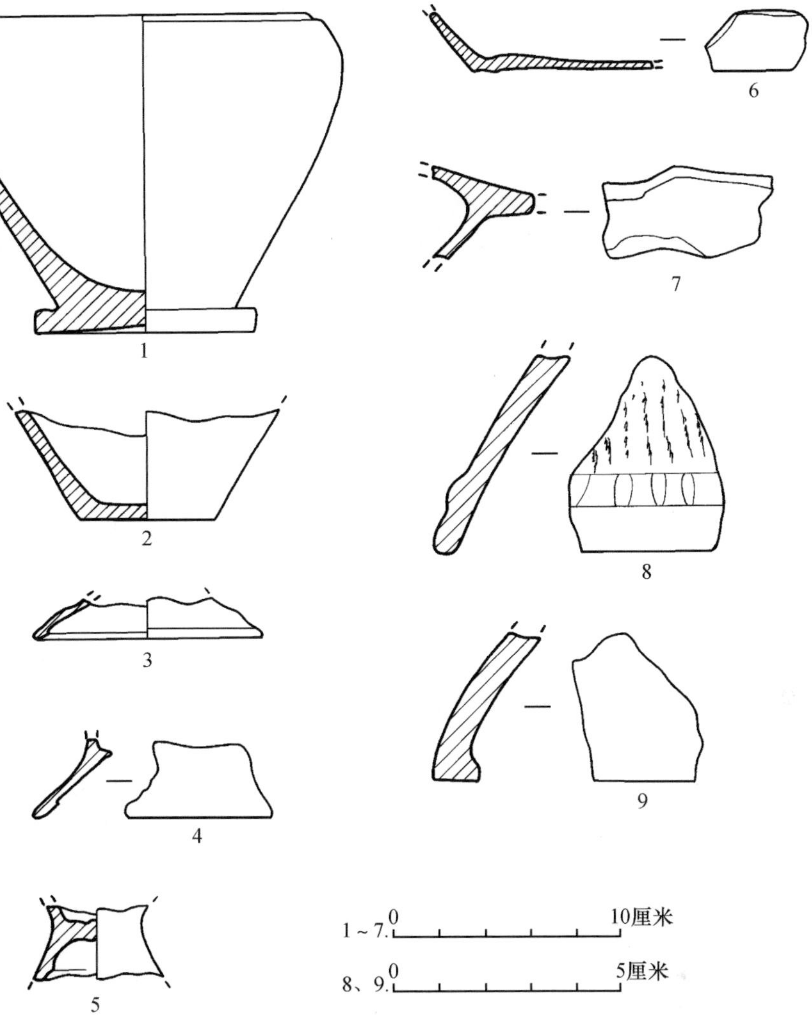

图二四 商周时期陶器

1. A型平底器（ⅡT2④：3） 2. B型平底器（ⅡT1⑤：9） 3. A型陶圈足（ⅡT1⑤：6） 4. B型陶圈足（ⅡT1⑤：8） 5. A型圈足器（ⅡT1④：33） 6. C型平底器（ⅡT2⑤：7） 7. B型圈足器（ⅡT1⑤：11） 8. C型陶圈足（ⅡT2④：32） 9. D型陶圈足（ⅡT2④：28）

B型 7件。器形较大。ⅡT1⑤：11，夹砂红褐陶。素面。残高3.9厘米（图二四，7）。

尖底盏 2件。ⅡT2⑤：24，夹砂红陶，器表呈黑褐色。敛口较甚，圆折肩。素面。口径10、高4.4厘米（图二五，1）。ⅡT1④：35，夹砂褐陶。敛口较甚，圆折肩。素面。口径10.8、高5厘米（图二五，2）。

尖底杯 2件。均残，仅保留底部。ⅡT1④：37，泥质灰陶。弧腹，尖底。素面。残存最大径9、残高7.5厘米（图二五，3）。ⅡT1④：38，泥质灰陶。弧腹，尖底。素面。残存最大径6、残高6.1厘米（图二五，4）。

瓶　1件。ⅡH13：2，夹砂灰陶。口残，腹部内收，平底。素面。底径5.4、残高5.5厘米（图二五，5）。

盖身　5件。均残，仅保留盖缘部分。根据大小的不同，分为二型。

A型　4件。口径较大。ⅡT1⑤：13，夹砂灰陶。圆唇。素面。残高7.2厘米（图二五，6）。ⅡT1④：2，夹砂灰陶。圆唇。素面。口径18、残高3.7厘米（图二五，7）。

B型　1件。口径较小。ⅡT2⑤：12，夹砂灰陶。圆唇，斜弧腹。素面，器表有轮制痕迹。口径15、残高3厘米（图二五，8）。

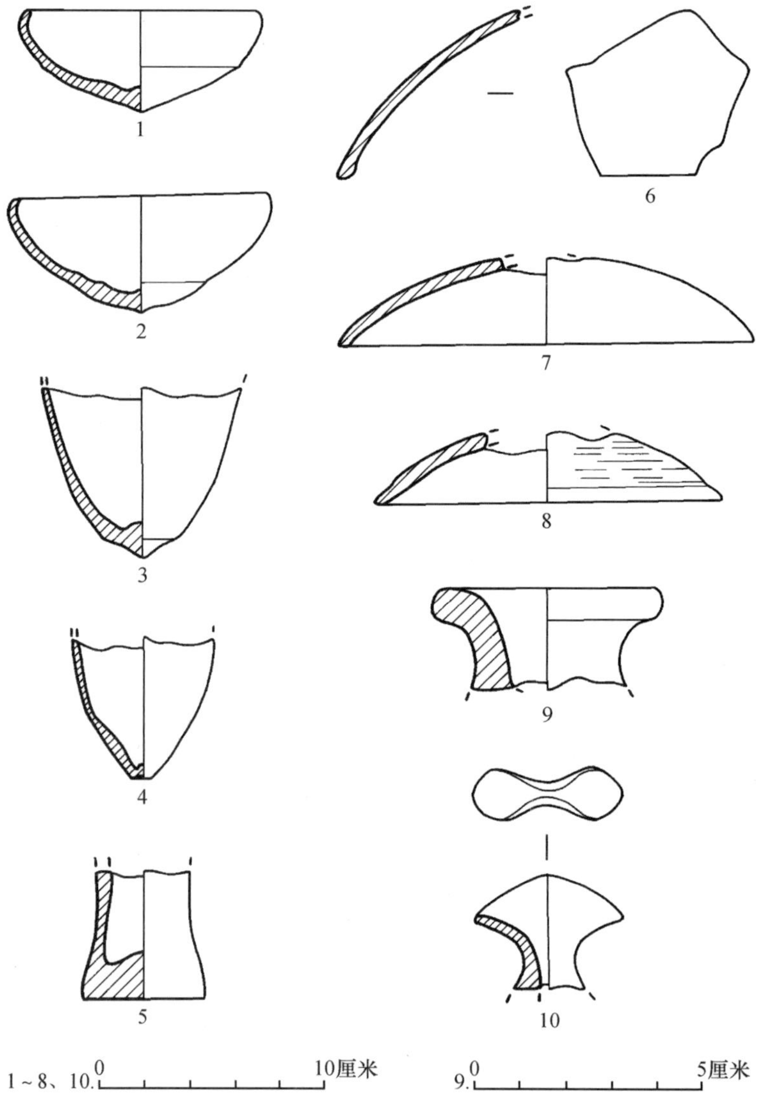

图二五　商周时期陶器

1、2. 尖底盏（ⅡT2⑤：24、ⅡT1④：35）　3、4. 尖底杯（ⅡT1④：37、ⅡT1④：38）　5. 瓶（ⅡH13：2）　6、7. A型盖身（ⅡT1⑤：13、ⅡT1④：2）　8. B型盖身（ⅡT2⑤：12）　9. A型盖纽（ⅡT1④：34）　10. B型盖纽（ⅡT2⑤：17）

盖纽　2件。根据纽部形态的不同，分为二型。

A型　1件。喇叭状。ⅡT1④：34，夹砂灰陶。器身呈喇叭形。素面。残高2.2厘米（图二五，9）。

B型　1件。横“8”字形。ⅡT2⑤：17，夹砂灰陶。俯视呈“8”字形。素面。残高5厘米（图二五，10）。

豆柄　5件。ⅡT2④：5，夹砂红褐陶。中间粗、两端细，中空。素面。残高11.4厘米（图二六，1）。

豆座　1件。ⅡT1④：6，泥质红褐陶。喇叭状。柄上部饰两周凹弦纹。残高8.4厘米（图二六，2）。

豆盘　1件。ⅡT1④：4，夹砂灰陶。素面。残高4.9厘米（图二六，3）。

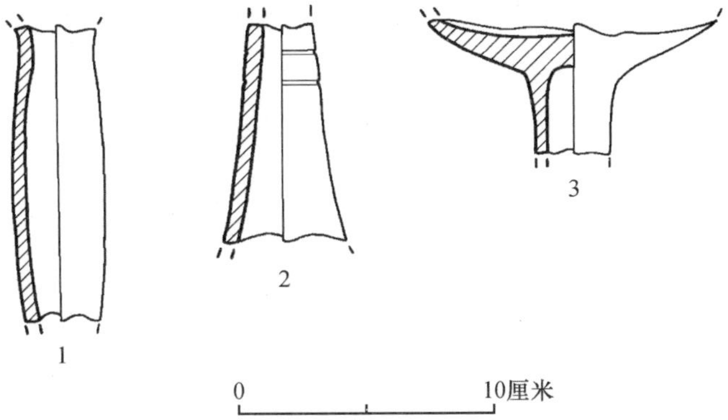

图二六　商周时期陶器

1. 豆柄（ⅡT2④：5）　2. 豆座（ⅡT1④：6）　3. 豆盘（ⅡT1④：4）

四、汉代遗存

遗　迹

Ⅰ号发掘点该时期遗迹有井1个（ⅠJ1）、灰坑6个（ⅠH6、ⅠH8、ⅠH9、ⅠH14、ⅠH20、ⅠH23）；Ⅱ号发掘点未发现该时期遗迹。

（1）井

ⅠJ1　位于ⅠT3西南部。开口于第2B层下，打破生土。平面呈不规则形，直壁，平底。开口距地表1.5米。井开口处有井框，井框长约2.5、宽约1.2米。井穴口径为0.7米，井圈为陶制，共计4层，井深2.6米。井圈直径、高矮有细微差别。从上往下，第1节井圈已残碎，通过散落的残件推断其上下部分均为圆形。第2节井圈残部分，上下部分为圆形，内径0.65、高0.48～0.52、厚0.03米。第3～5节井圈上部呈不规则状，下部呈圆形，相互叠套。下部内径0.68、高0.53、厚0.04米。井框中部有梯步向下直抵井圈（图二七）。井圈内上层填土为青灰色黏土，下层填土为青灰色黏土夹杂大量沙土，较疏松，底部为沙土，沙下为卵石夹沙土层。井口西北角1.5米处有一陶罐，覆置，罐内为青灰色淤泥，无包含物（图二八）。

（2）灰坑

6个。包含物均不丰富，根据平面形状分为椭圆形、不规则形和长方形三型。

椭圆形　2个。选取ⅠH8作为典型遗迹进行介绍。

ⅠH8　位于ⅠT1东北端。开口于第2A层下，打破第2B层。平面为椭圆形，弧壁，圜底。东西长0.52、南北宽0.48、深0.1米。青灰色填土，较致密。无包含物（图二九）。

不规则形　2个。选取ⅠH9作为典型遗迹进行介绍。

ⅠH9　位于ⅠT1北部。开口于第2A层下，打破第2B层，被ⅠG1打破。平面为不规则形，弧壁，近平底。南北长2.8、东西宽1.4、深0.18～0.22米。青灰色填土，含炭粒和红烧土，出土夹砂红陶、灰陶片若干（图三〇）。

长方形　2个。选取ⅠH20作为典型遗迹进行介绍。

ⅠH20　位于ⅠT3西北角，部分叠压于北壁下。开口于第2A层下，打破第2B层，打破ⅠG3。平面为长方形，直壁，平底。长1.4、宽0.9、深0.7米。填土为黄色黏土，土质较致密，无包含物（图三一）。

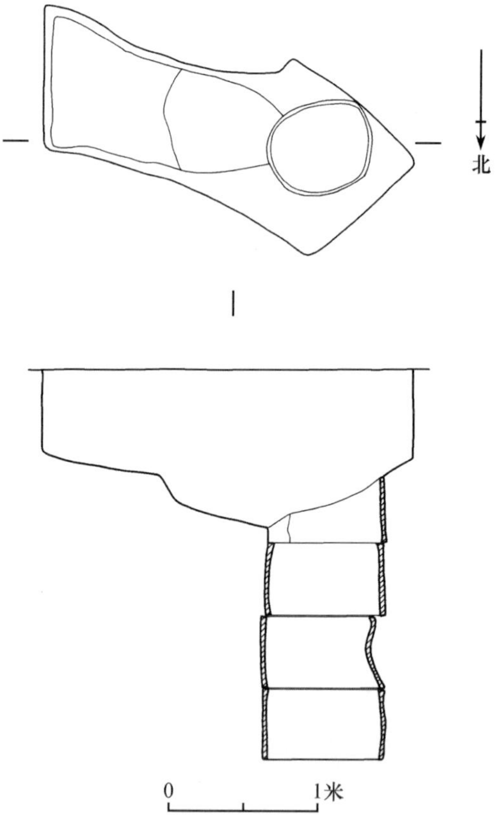

图二七　ⅠJ1平、剖面图

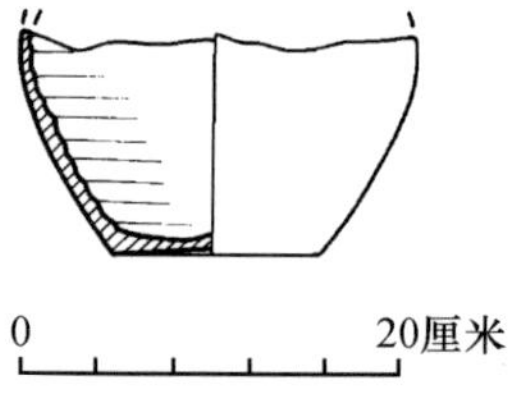

图二八　汉代陶罐
（ⅠJ1：1）

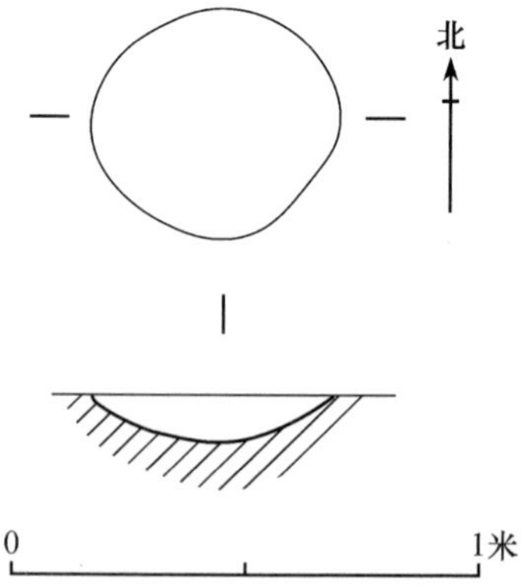

图二九　ⅠH8平、剖面图

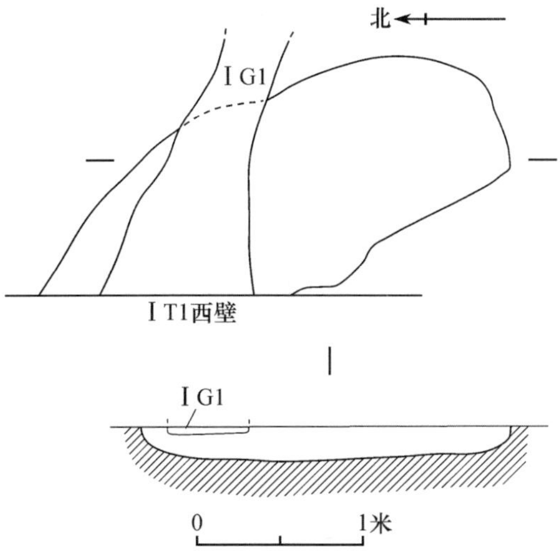

图三〇 Ⅰ H9平、剖面图

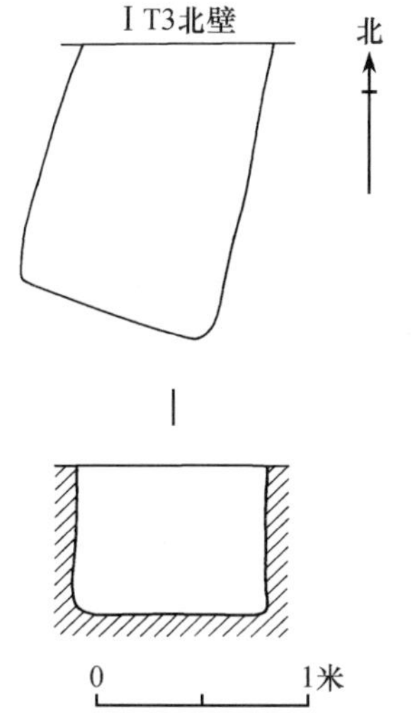

图三一 Ⅰ H20平、剖面图

五、唐宋时期遗存

（一）遗 迹

Ⅰ号发掘点未发现该时期遗迹；Ⅱ号发掘点该时期遗迹有灰坑9个（ⅡH1～ⅡH8、ⅡH12）、灰沟2条（ⅡG1、ⅡG2）、墓葬3座（ⅡM1～ⅡM3）、柱洞31个（ⅡZD1～ⅡZD13、ⅡZD22～ⅡZD31、ⅡZD33～ⅡZD40）。

（1）灰坑

9个。根据平面形状分为不规则形和三角形二型。

不规则形 8个。根据出土遗物丰富程度选取ⅡH6作为典型遗迹进行介绍。

ⅡH6 位于ⅡT1西北部。开口于第3层下，打破第4层，打破ⅡH9。平面呈不规则形，直壁，坡底。长0.5～1.3、宽0.8、深0.2米。青灰色填土，较致密。出土少量夹砂陶片（图三二）。

三角形 1个。

ⅡH7 位于ⅡT2西部，部分叠压于西壁之下。开口于第3层下，打破第4、5层。平面近直角三角形，直壁，平底。长2.7、宽1.5、深0.4米。青灰色填土，土质较疏松。出土少量陶片和青砖（图三三）。

（2）灰沟

2条。均为长条状。根据出土遗物丰富程度选取ⅡG2作为典型遗迹进行介绍。

ⅡG2 位于ⅡT1东部。开口于第3层下，打破第4层，打破ⅡG1、ⅡZD28、ⅡH18，被ⅡH2打破。平面为长条状，呈西北—东南走向，直壁，平底。长6.8、宽0.45～0.82、深0.35米。灰黑色填土，较致密。出土少量陶片（图三四）。

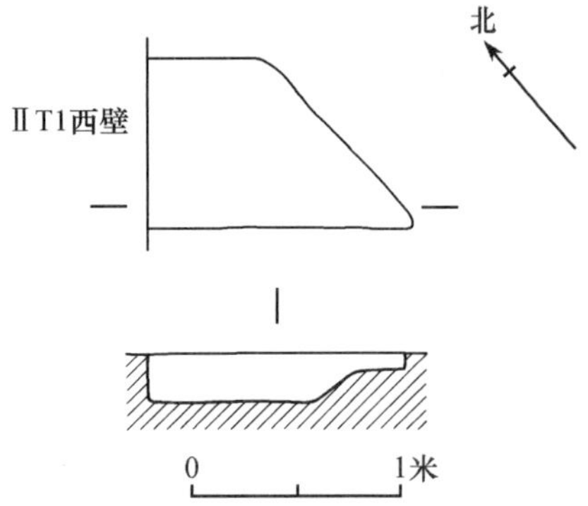

图三二　ⅡH6平、剖面图

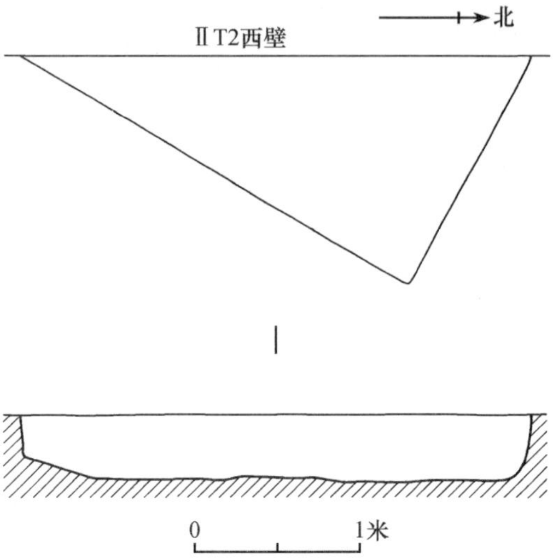

图三三　ⅡH7平、剖面图

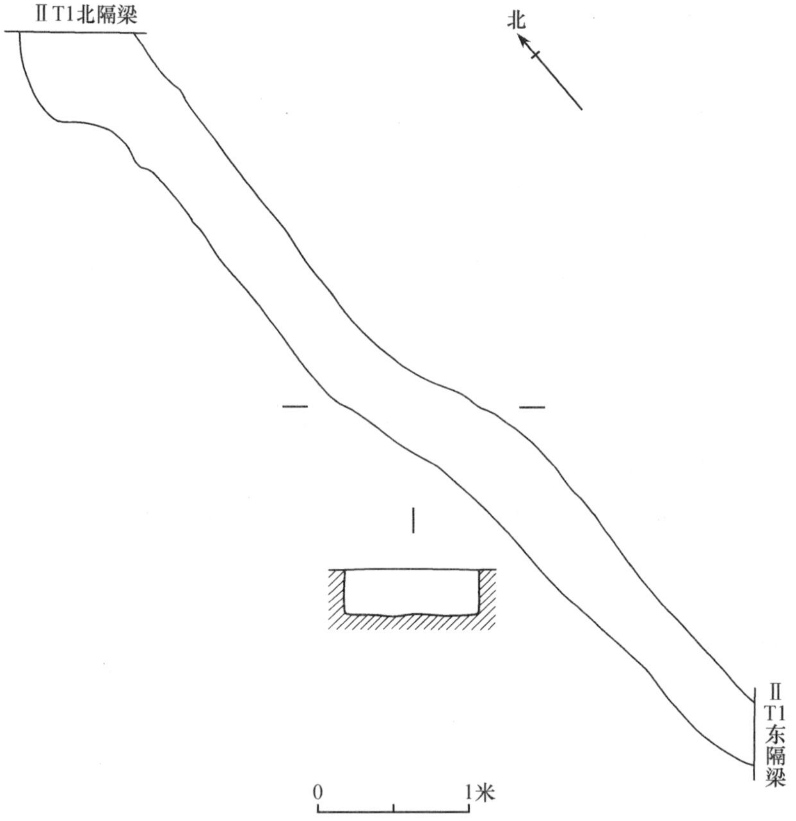

图三四　ⅡG2平、剖面图

（3）墓葬

3座，仅ⅡM3保存相对完好。选取ⅡM3作为典型遗迹进行介绍。

ⅡM3 位于ⅡT1西北角。开口于第3层下，打破第4层，打破ⅡH9～ⅡH11、ⅡZD32。长方形竖穴砖室墓，墓向245°。长1.96、宽0.76、深0.33米。头向西南，人骨保存较差。青灰色填土，较疏松。随葬瓷四系罐1件、瓷碟1件、铁器残件3件，均位于墓主人头部两侧（图三五）。

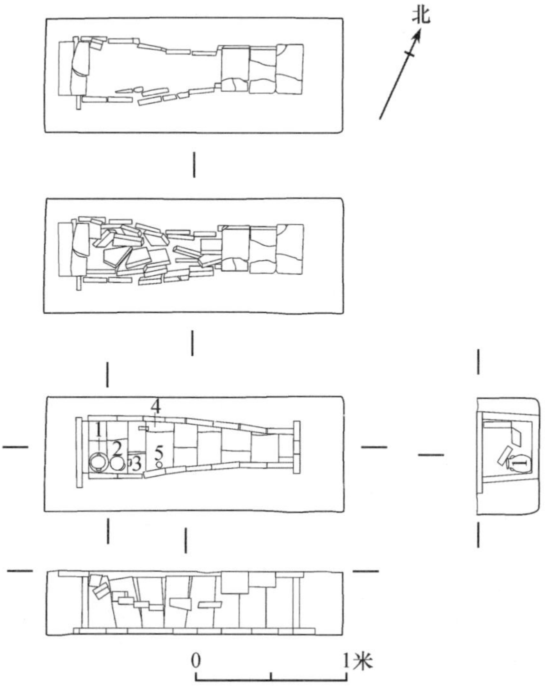

图三五 ⅡM3平、剖面图

1. 瓷四系罐 2. 瓷碟 3～5. 铁器

（4）柱洞

31个。根据平面形状可分为长方形和椭圆形二型。

长方形 1个。

ⅡZD9 位于ⅡT2东部。开口于第3层下，打破第4层。平面呈长方形，直壁，平底。长0.42、宽0.28、深0.13米。青灰色填土，较疏松。无包含物（图三六）。

椭圆形 30个。选取ⅡZD8、ⅡZD11作为典型遗迹进行介绍。

ⅡZD8 位于ⅡT2东部。开口于第3层下，打破第4、5层。平面近椭圆形，弧壁，圜底。长0.55、宽0.4、深0.23米。青灰色填土，较疏松。无包含物（图三七）。

ⅡZD11 位于ⅡT2东北部。开口于第3层下，打破第4层。平面近椭圆形，弧壁，平底。长0.43、宽0.37、深0.12米。青灰色填土，较疏松。无包含物（图三八）。

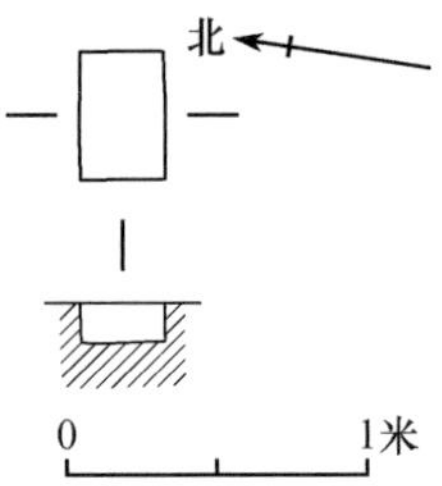

图三六　ⅡZD9平、剖面图

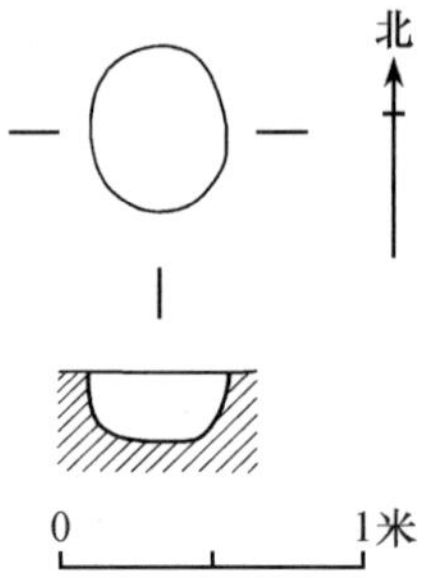

图三七　ⅡZD8平、剖面图

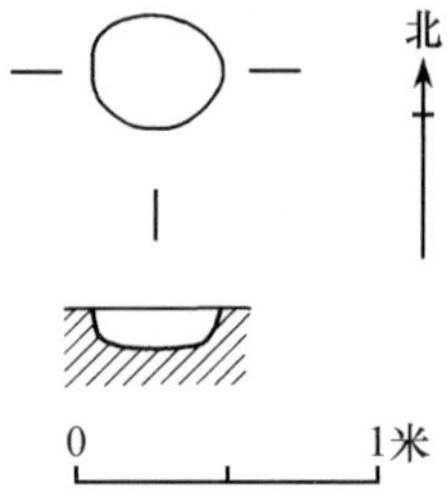

图三八　ⅡZD11平、剖面图

（二）遗　　物

器类主要为瓷器、陶器。

瓷碗　5件。根据底部形态的不同，分为二型。

A型　4件。圈足。ⅠT1②A：2，泥质红胎，器壁施黄白釉。敞口，圆唇，斜直腹，圈足。内有6个支钉痕。口径18.6、足径6.3、高5.8厘米（图三九，1）。ⅠT1②A：1，泥质红胎，器壁施黄白釉。敞口，圆唇，浅盘，圈足。口径15.4、足径4.7、高4.1厘米（图三九，2）。ⅠG2：5，泥质红胎，器内、外壁施黄白釉。敞口，圆唇，斜弧腹，圈足。口径12.8、足径4.8、高3.3厘米（图四〇，1）。ⅠG2：4，泥质

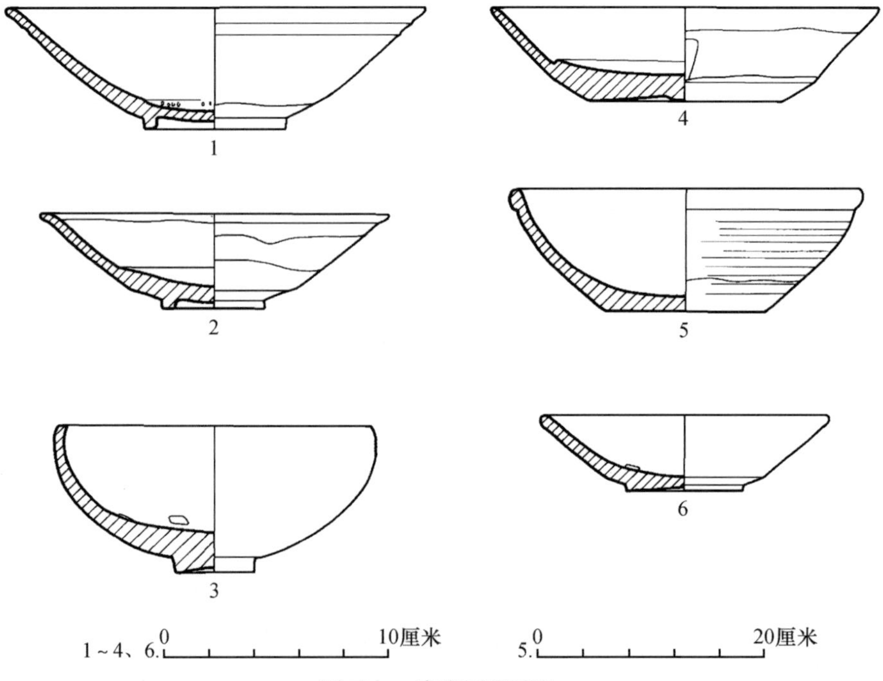

图三九　唐宋时期器物

1、2. A型瓷碗（ⅠT1②A：2、ⅠT1②A：1）　3. B型瓷碗（ⅡT1③：1）　4. A型陶碟（ⅠG2：3）　5. 陶盆（ⅠG2：6）　6. B型陶碟（ⅠG2：1）

红胎，器表施黄白釉。敞口，圆唇，浅盘，圈足。口径20.6、足径7、高7.1厘米（图四〇，2）。

B型　1件。饼足。ⅡT1③：1，泥质灰胎，器表施酱黄釉。敛口，方唇，弧腹，饼足。内有1个支钉痕。口径14、底径3.5、高6.6厘米（图三九，3）。

瓷四系罐　1件。ⅡM3：1，泥质灰胎，器表施酱釉。侈口，尖唇，束颈，鼓腹，平底。器表有明显拉坯痕迹。口径6.8、底径7.6、高14.6厘米（图四〇，3）。

瓷三足盘　1件。ⅠG2：2，泥质红胎，口部及上腹部施青釉。敛口，方唇，浅盘，折腹，下腹弧收，平底，下接三足。口径13.8、底径4.9、高4.4厘米（图四〇，4）。

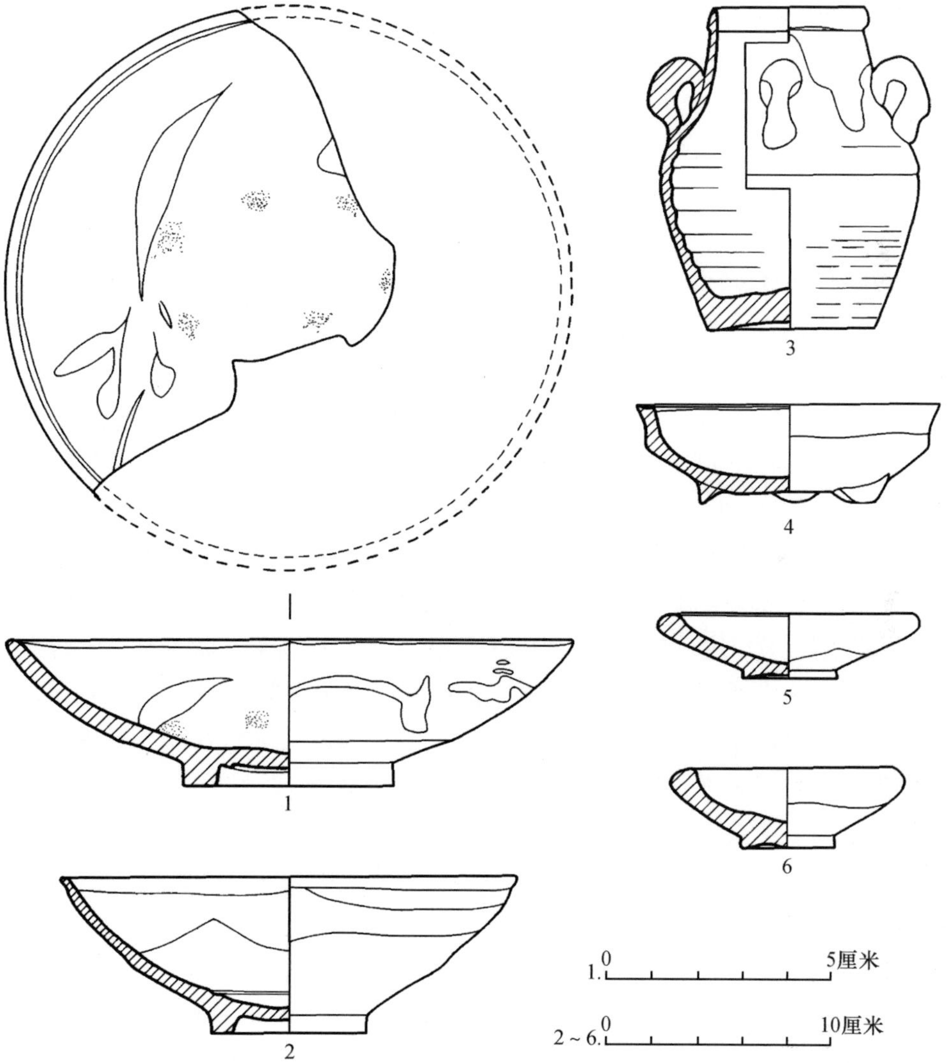

图四〇　唐宋时期瓷器

1、2. A型碗（ⅠG2：5、ⅠG2：4）　3. 四系罐（ⅡM3：1）　4. 三足盘（ⅠG2：2）　5、6. 碟（ⅡM3：2、ⅡM2：2）

瓷碟　2件。ⅡM3∶2，泥质灰胎，器表施酱釉。敛口，圆唇，斜腹，平底。口径10.5、底径4.2、高3厘米（图四〇，5）。ⅡM2∶2，泥质灰胎，器表施酱釉。敛口，圆唇，斜腹，圈足。口径10.8、足径4.2、高3.6厘米（图四〇，6）。

陶碟　2件。依据底部形态的不同，分为二型。

A型　1件。平底。ⅠG2∶3，敞口，圆唇，折腹，平底微内凹。素面。口径17、底径8.5、高4厘米（图三九，4）。

B型　1件。饼足。ⅠG2∶1，泥质灰陶。敞口，圆唇，浅盘，饼足微内凹。内有1个支钉痕。口径12.8、底径5、高3.4厘米（图三九，6）。

陶盆　1件。ⅠG2∶6，泥质红陶。敛口，圆唇，弧腹，平底。口径31.2、底径14.2、高11.1厘米（图三九，5）。

六、结　语

文家街道乐平七组商周遗址是一处包含新石器、商周、汉代和唐宋不同时期遗存的聚落遗址，商周时期遗存是其主体。本次发掘的主要收获如下。

（1）新石器时代地层仅在Ⅰ号发掘点局部存在，灰坑只发现2个，遗物仅见陶器。陶器以夹砂褐陶为主，伴有少量泥质陶。器物纹饰主要有绳纹，可辨器形有绳纹花边口沿罐、尊形器等，其文化性质当属于宝墩文化范畴。从器物组合及特征看，底部饰绳纹的平底器、盘口尊、宽沿尊、绳纹花边口沿罐等与新庄[1]出土遗物相似，年代大致在宝墩文化三期，明确了该处遗址的年代上限。Ⅱ号发掘点虽然没有明确的宝墩文化遗迹，但包含宝墩文化陶片，显示两个发掘点最早遗存的文化性质是一致的。

（2）商周时期遗迹较为丰富，主要有灰坑、灰沟、墓葬和柱洞，遗物以陶器为主，以夹砂褐、红褐陶居多，泥质陶次之。纹饰主要有绳纹、凹弦纹和刻划纹等。可辨器形有小平底罐、敛口罐、束颈罐、尖底杯、尖底盏、高领罐、器盖等，根据器物组合及特征判断，其文化性质当属于十二桥文化范畴，但包含部分三星堆文化因素器物。Ⅰ号发掘点根据尖底杯、敛口罐、鸟形勺柄等判断，其年代大致在商末周初；Ⅱ号发掘点从器物组合及特征来看，虽然有横“8”字形盖纽出土，但结合尖底盏、尖底杯、内折棱陶圈足来看，尖底盏、B型陶圈足与新一村遗址[2]尖底盏（T303⑦∶35）、陶圈足（T301⑧∶25）相似，其年代大致在西周晚期至春秋时期。据此可知，两个发掘点的商周时期遗存的年代跨度当在十二桥文化的时间框架内。同时，根据既有研究[3]，该聚落遗址不同点位的年代先后有进一步细化的可能。

十二桥文化时期ⅠH7，被ⅠG5完全打破，当为口大底小，边缘呈台阶状，底部为鹅卵石，内部堆积可分3层，表现出使用、废弃的差异，可能为聚落的一个取水之处。这为商周时期同类遗迹功能的探讨提供了新的思路。同为十二桥文化时期的ⅠG5作为一个较为宽阔的水沟，其功能或许并不单一。而ⅠG5打破ⅠH7的层位关系，也为细化

Ⅰ号发掘点十二桥文化遗存的年代、时段提供了可能。

（3）汉至唐宋时期遗存较为单纯、明确。ⅠJ1的保存状态较好，年代应为汉代，表明该遗址附近应有同时期更丰富的遗存；其井口梯步、井圈的叠摞方式为丰富成都平原地区汉代水井的建造方式补充了新的资料。Ⅱ号发掘点共发现柱洞40个，分别开口于第3层与第4层下，第3层下柱洞在整体的平面分布上虽然难以找寻出明显规律，相关建筑的空间和时序尚难以得出清晰的认识，但其年代当为汉代以后应无大谬。砖室墓出土瓷四系罐（ⅡM3：1）与成都邛崃羊安工业区墓群[4]瓷四系罐（F26M14：1）相似，年代上应较为接近，大致为南宋时期。

通过此次发掘，对该聚落遗址的分布范围及其重要性形成了一个逐渐清晰的认识。鉴于其南部、西部已为泄洪河道和绿道施工所阻断，如欲全面了解聚落结构将有赖于向东部、北部延展发掘，而且Ⅱ号发掘点附近范围的钻探结果也显示聚落有向东部延伸的趋势。

附记：贵州大学历史与民族文化学院硕士毕业生王兴成（现为吉林大学博士生）、杨凤武（现为四川大学博士生），贵州大学历史与民族文化学院硕士研究生陈亮吉（现为中山大学博士生）、张贺森、何欢、张帅、张自然、沈昭林、高玄，本科生郭江锋，贵州民族大学民族学与历史学学院硕士研究生李凌波，山西大学历史文化学院硕士研究生王轶群，北京科技大学冶金与材料史研究所硕士研究生刘田等陆续参加了本次发掘。贵州大学历史与民族文化学院本科生谭天波（现吉林大学硕士生）、山西大学历史文化学院硕士生姜鑫、杨妍以及安阳师范学院本科毕业生耿赛赛等参加了部分整理工作。

项目领队：杨占风
执行领队：夏保国
修复、绘图：党春倩　黄春雷　许红利　曾尚录
勘　　探：朱丙辉　曾尚录等
执　　笔：夏保国　李凌波　张自然　杨占风
审　　核：杨占风

注　释

[1] 成都文物考古研究院、温江文物保护管理所：《温江新庄村遗址宝墩文化遗存试掘简报》，《成都考古发现》（2010），科学出版社，2012年。

[2] 成都文物考古研究所：《成都十二桥遗址新一村发掘简报》，《成都考古发现》（2002），科学出版社，2004年。

[3]　江章华：《成都十二桥遗址的文化性质及分期研究》，《四川大学考古专业创建三十五周年纪念文集》，四川大学出版社，1998年。

[4]　成都文物考古研究所、邛崃文化局：《成都邛崃羊安工业区墓群唐宋墓发掘简报》，《成都考古发现》（2009），科学出版社，2011年。

成都市金牛区抚琴路战国墓发掘简报

成都文物考古研究院

抚琴路战国墓位于成都市区西北的抚琴路3号，一环路与二环路之间，北临抚琴西北街，东临铁科所宿舍，南临抚琴街，西临金鱼街，地理坐标为东经104°2′15″、北纬30°41′3″（图一）。与金鱼村战国土坑墓地点、金沙巷战国墓地点、三洞桥青羊小区战国墓地点距离较近。2019年5～8月，为配合成都市基础建设，成都文物考古研究院对成都市金牛区抚琴路3号片区进行了考古勘探及发掘工作，发掘代码“2019CJF”。此次发掘共布探方14个，其中10米×10米探方7个、5米×10米探方7个，并局部向北扩方，揭露出战国至南宋时期的灰坑、灰沟、墓葬等遗迹。其中3座战国墓保存较好，内涵较丰富，出土较多青铜器、陶器及石器，故将这批战国墓葬先行报道如下。

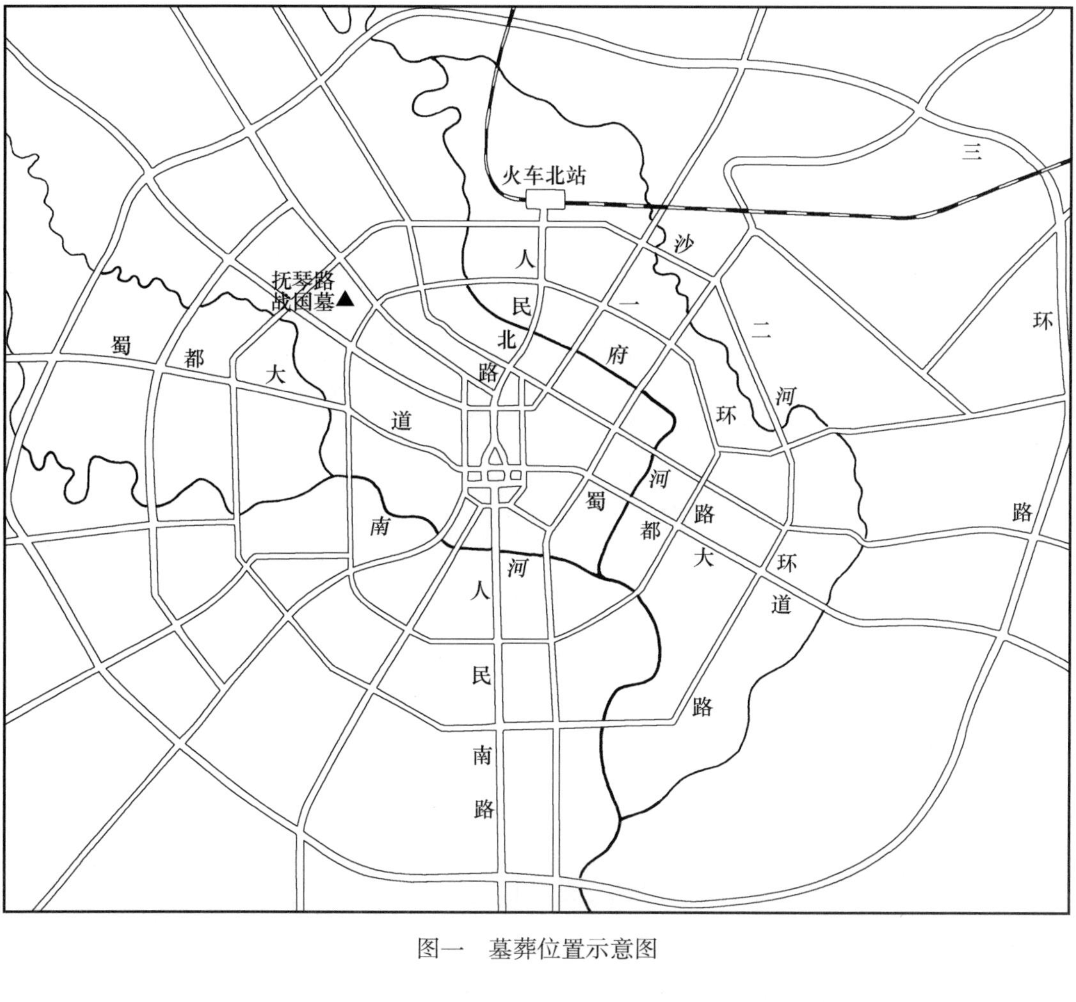

图一　墓葬位置示意图

一、墓葬介绍

本文介绍的3座墓均为竖穴土坑墓，分布较零散（图二），方向不一，随葬品可见青铜器、陶器、石器等。

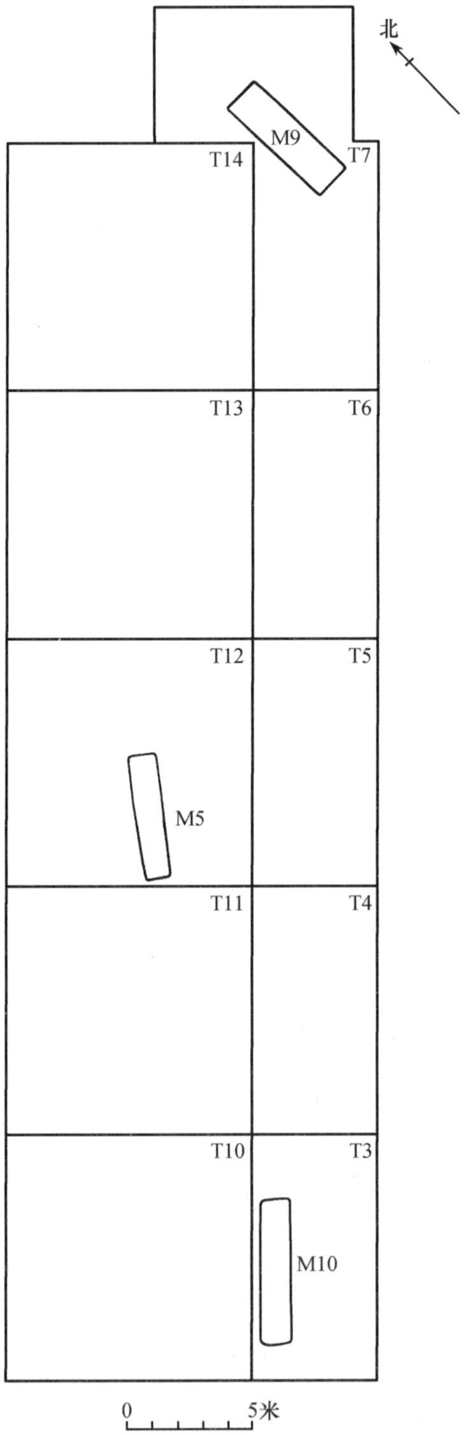

图二　墓葬分布图

（一）M5

1. 墓葬形制

位于T12东南。开口于汉代地层下，打破生土。狭长形竖穴土坑墓，墓壁较直，平底，墓向217°。墓坑长4.96、宽0.96～1.08、残深0.58米。填土为灰黄色沙质花土，土质较疏松。墓坑内残存葬具痕迹，其平面呈长方形，两侧壁微弧，圜底近平。根据葬具板木痕迹，推测葬具为船棺，长3.06、宽约0.6米。棺外包裹一层青膏泥，厚3～8厘米（图三）。

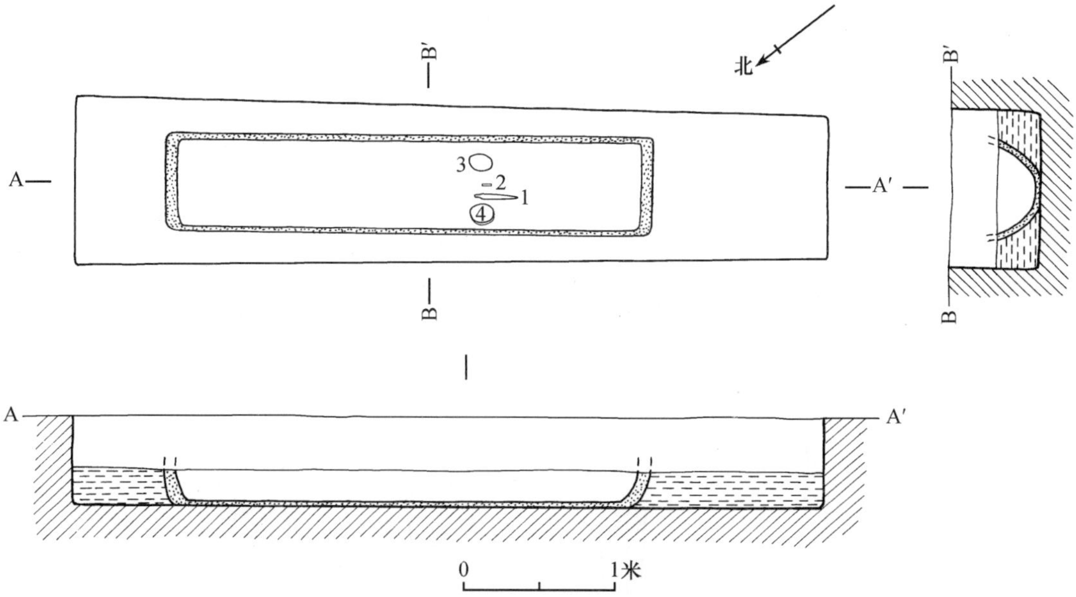

图三　M5平、剖面图

1. 铜剑　2. 铜残件　3、4. 陶尖底盏（无法提取）

2. 随葬器物

墓室中部可见4件随葬品。

陶尖底盏　2件。M5：3、M5：4，甚残而无法提取。夹砂灰陶。口径约14厘米。

铜剑　1件。M5：1，通体锈蚀较严重。柳叶形剑，扁茎无格，脊圆隆，两从微凹，茎部较窄、双穿。通长29.8、剑身宽2.9厘米（图四，5）。

铜残件　1件。M5：2，扁平条状。素面。或为刀柄部。残长6.2、宽1.2厘米（图四，2）。

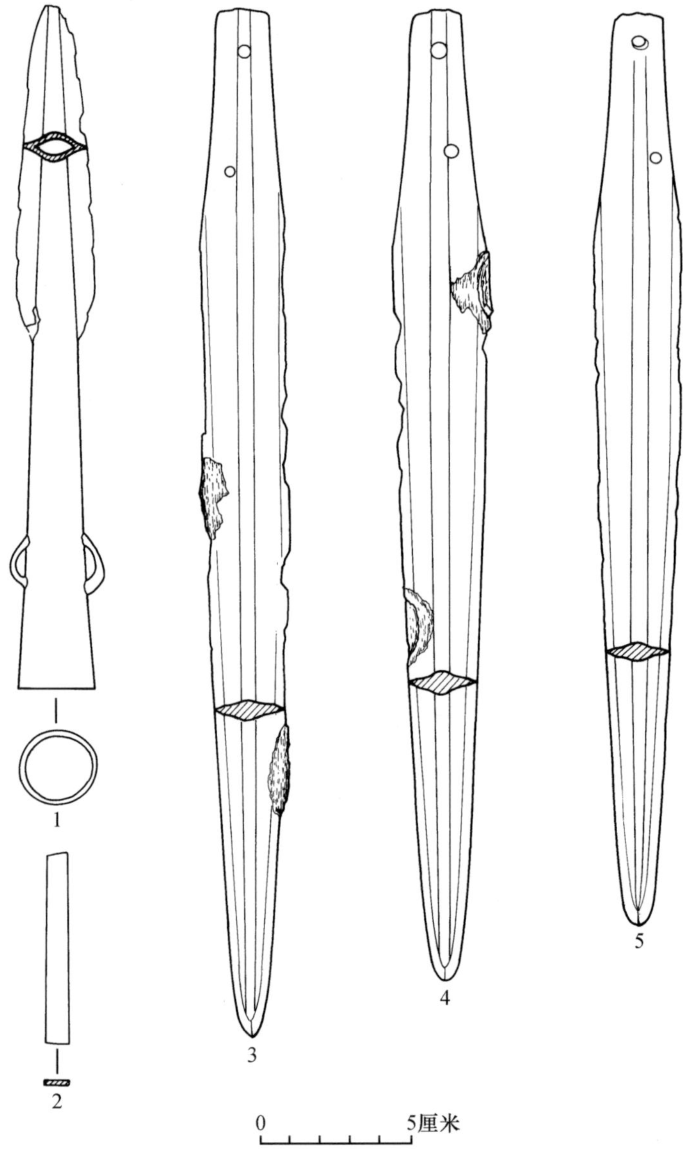

图四　M5、M9出土铜器

1. 矛（M9∶1）　2. 残件（M5∶2）　3～5. 剑（M9∶7、M9∶6、M5∶1）

（二）M9

1. 墓葬形制

位于T7北扩区。开口于明代地层下。狭长形竖穴土坑墓，墓壁上部较直，下部内收，平底，墓向221°。墓坑长5.14、宽1.6、残深0.94米。填土为灰黄色沙质花土，土质较疏松。墓坑内残存葬具痕迹，其平面呈长方形，两侧壁微弧，圜底近平。根据葬具板木痕迹，推测葬具为船棺，长4.62、宽约0.88米，棺外包裹一层青膏泥，厚3～5厘米（图五）。

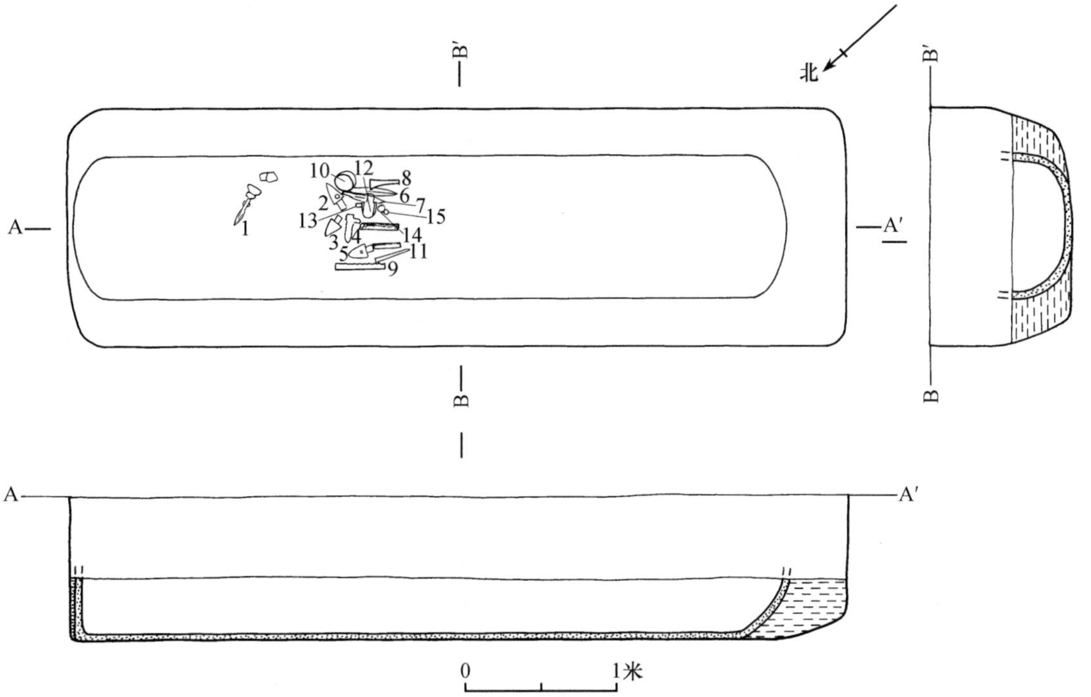

图五 M9平、剖面图

1. 铜矛 2～5. 铜戈 6、7. 铜剑 8. 铜斤 9. 铜锯 10. 陶盖罐（无法提取） 11. 铜凿 12. 铜钺 13. 铜刻刀 14、15. 美石

2. 随葬器物

墓室中部可见15件随葬品。其中陶器1件，青铜器12件，石器2件。

陶盖罐 1件。M9：10，保存极差，无法提取，根据印迹推断或是尖顶器盖与陶罐的组合。口径约12厘米。

铜矛 1件。M9：1，窄叶呈柳叶形，高脊，长骹，圆形骹口，中空直达锋端，骹两侧弧形耳。通长22.5、叶宽2.5厘米（图四，1；图版一，1）。

铜剑 2件。柳叶形剑，扁茎无格，脊圆隆，两从微凹，茎部较宽，双穿。通体未见纹饰。M9：6，通长32、剑身宽2.9厘米（图四，4；图版一，2）。M9：7，通长33.5、剑身宽2.8厘米（图四，3）。

铜戈 4件。分为二型。

A型 3件。三角援无胡戈。M9：2，锋部稍残；援中部起脊，援本三穿，一穿为圆形，另二穿为长方形；长方形内，凸筋四道，中部一菱形穿。通长19.7、通宽9.1厘米（图六，1）。M9：3，弧状三角形锋；援中部起脊，援本三穿，一穿为圆形，另二穿为长方形；长方形内，凸筋两道，中部一水滴形穿，其中一面两道凸筋之间饰巴蜀符号。通长19.1、通宽8厘米（图六，3）。M9∶5，弧状三角形锋；援中部起脊，近援本处浮雕两菱形纹饰，援本三穿，一穿为圆形，另二穿为长方形，通体饰虎斑纹；长方形内，近援本处凸筋四道，中部一圆形穿，边缘两条凹弦纹呈“U”形。通长18.4、通宽8厘米（图六，2；图版一，3）。

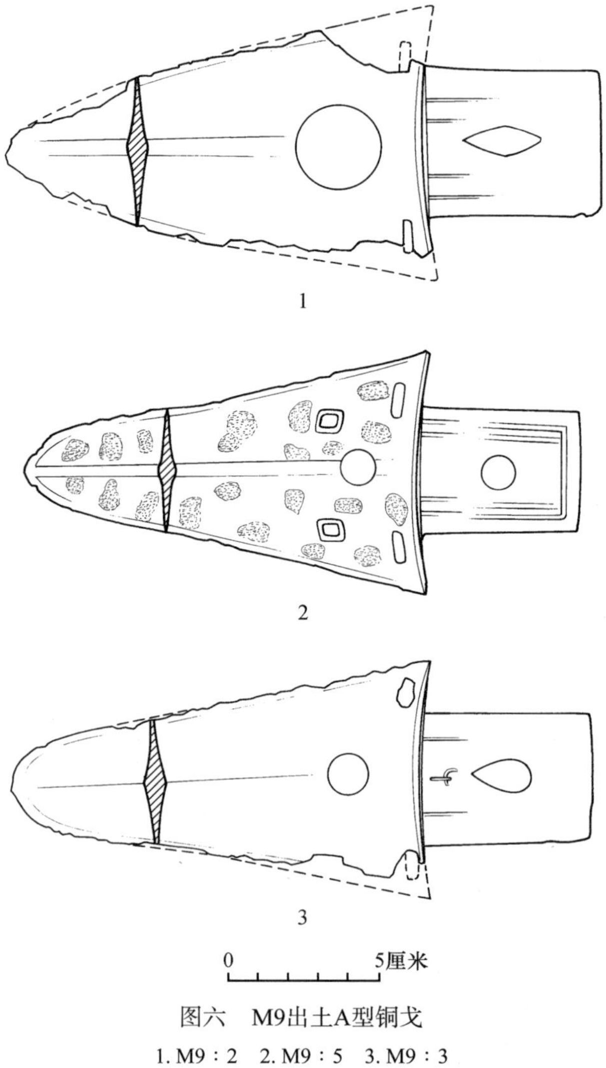

图六　M9出土A型铜戈

1. M9∶2　2. M9∶5　3. M9∶3

B型　1件。长援中胡戈。弧状三角形锋；援略上扬，中起脊；胡近阑处残存两穿，胡面或铸纹饰，因锈蚀不可辨；内残，近阑处四道凸筋，中部一菱形穿。M9∶4，残长18、残宽9.6厘米（图七，1）。

铜钺　1件。M9∶12，椭圆形銎口，宽折肩，直腰，弧刃。通长14、銎径2.8～3.9、肩宽7、刃宽6.6厘米（图七，2；图版一，4）。

铜斤　1件。M9∶8，銎口长方形，銎两面分别饰“L”形纹及草叶纹；身呈喇叭形，

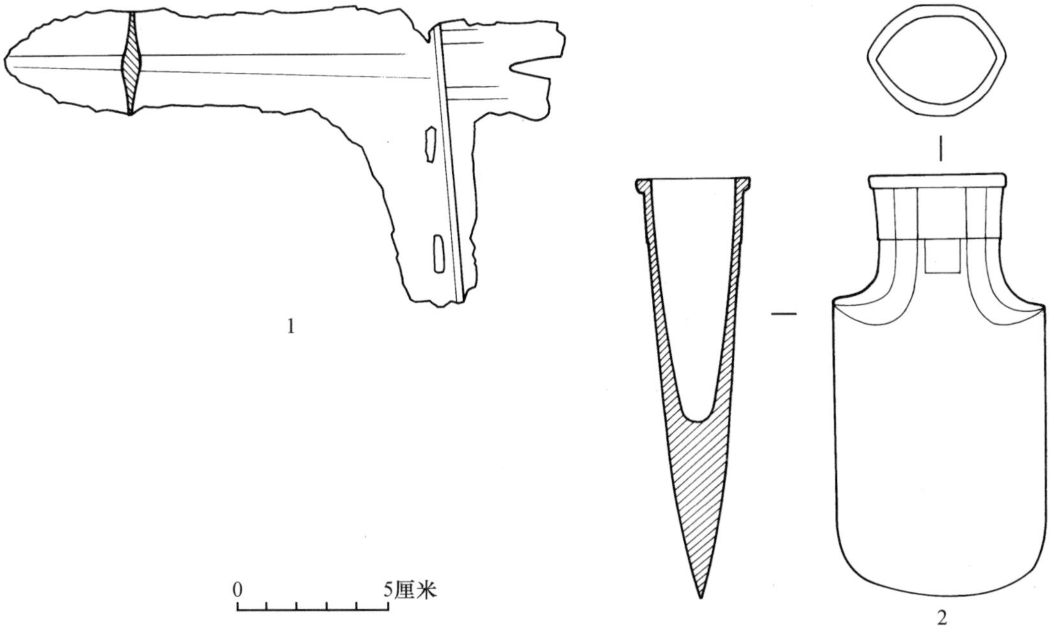

图七　M9出土铜器

1. B型铜戈（M9：4）　2. 铜钺（M9：12）

宽弧刃，刃尖外撇。通长19.2、銎口宽2～2.3、銎长3.4、刃宽5.1厘米（图八；图版二，1）。

铜锯　1件。M9：9，残。单面齿，端部均匀排列长条形穿。残长26.5、宽3.5、厚1.2厘米（图九，1）。

铜凿　1件。M9：11，銎口椭圆形，有箍；凿身中空，表面呈棱状；刃近平、较宽。通长21.5、銎径1.4～1.8、刃宽1.5厘米（图九，2；图版二，2）。

铜刻刀　1件。M9：13，残存器身，扁平圭形体，背部微隆，腹部微内凹。残长10、宽2.2、厚1.2～2厘米（图九，3）。

美石　2件。M9：14，形似蚕豆，石纹精美。长3.8、宽2～2.3厘米（图一〇，1；图版二，3）。M9：15，扁圆形，其中一面左右两侧各有一椭圆形凿痕以及一环形条状凿痕，前端一圆形管钻痕迹。直径3.1～3.3、厚2厘米（图一〇，2）。

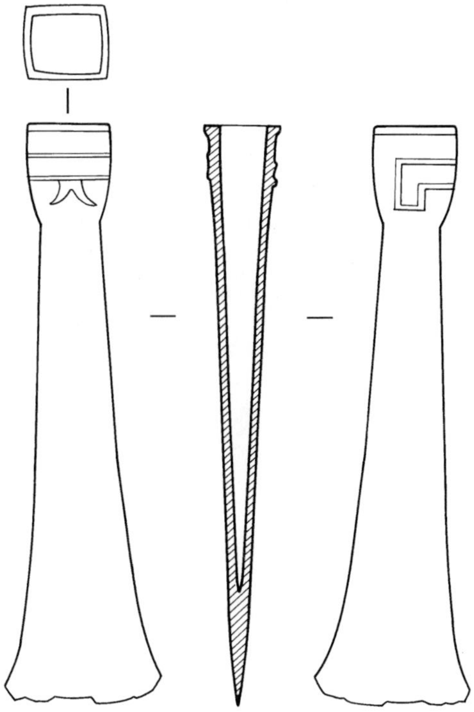

图八　M9出土铜斤

（M9：8）

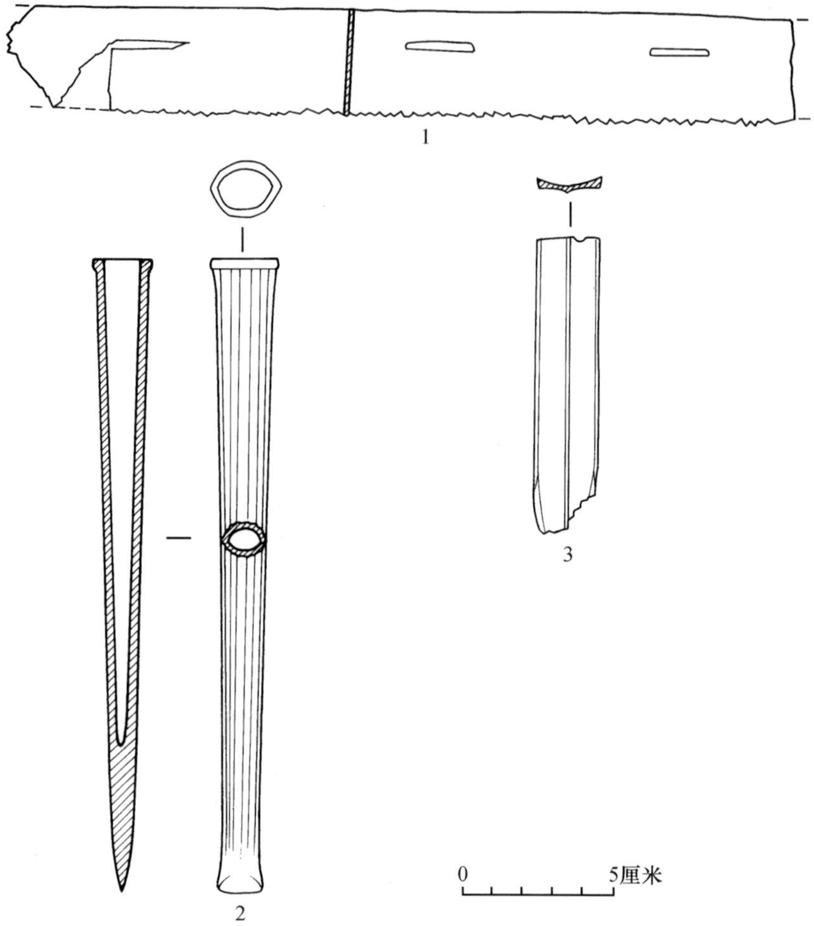

图九　M9出土铜器

1. 锯（M9：9）　2. 凿（M9：11）　3. 刻刀（M9：13）

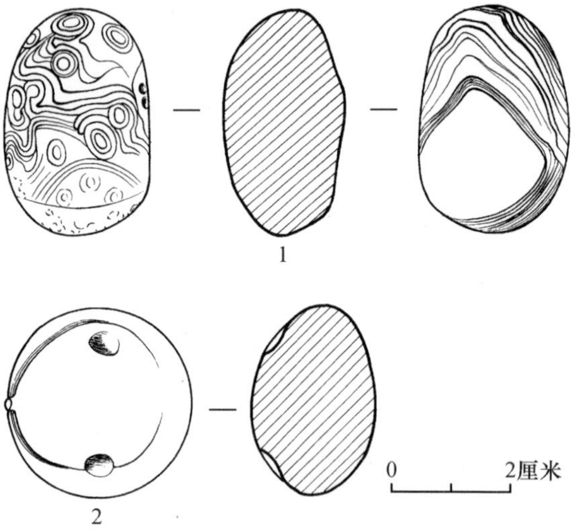

图一〇　M9出土美石

1. M9：14　2. M9：15

（三）M10

1. 墓葬形制

位于T3西部。开口于汉代地层下。狭长形竖穴土坑墓，墓壁较直，平底，墓向218°。墓坑长5.8、宽1.14、残深0.94米。填土为灰黄色沙质花土，土质较疏松。墓坑内残黑褐色棺木腐朽痕迹，平面呈长方形，两侧壁微弧，圜底近平。根据棺木朽痕，推测为船棺，长5.2、宽0.7米（图一一）。

2. 随葬器物

墓室中部仅见1件随葬品。

铜戈 1件。M10：1，弧状三角形锋；直援、中长，中起脊；中胡三穿，胡两面铸对称虎纹，虎耳凸出斜立，形成对称双翼，胡下端向后凸出一牙；长方形内，两面均锈蚀较甚，不见纹饰，内上一穿孔。通长24.5、通宽13.4厘米（图一二；图版二，4）。

二、年代与认识

抚琴路3号发现的这3座战国墓葬保存情况较差，分布较分散，墓向也没有表现出较明显的一致性，但仍可以结合墓葬形制及随葬品做年代上的推断。

M9出土随葬品较丰富，为判断年代提供了可靠的证据。其中，铜钺折肩，直腰，弧刃，刃较窄，风格与什邡城关墓地战国早期流行的Aa型Ⅰ式铜钺相似[1]；铜剑、铜锯、铜凿与成都中医学院战国早中期土坑墓所出的同类器几乎完全相同[2]；铜矛长骹，骹口圆形，刃最宽处在叶基本，双扁环耳，与什邡城关战国早期早段的代表器物A型铜矛如出一辙[3]；另外M9还出土1件铜刻刀，同类器可见于金沙遗址“黄河”地点战国早期墓M535[4]。综上所述，M9应该是一座战国早期墓葬。

M5墓葬形制与M9基本相同。出土器物较少。尖底盏与青铜剑的组合形式常见于四川地区战国早中期；青铜剑茎较宽，隆脊，两从下凹，与M9出土的两把铜剑如出一辙。故推测M5时代也应在战国早期之际，下限可能到战国中期。

M10仍为狭长形竖穴土坑墓，但保存情况极差，随葬品仅见1件铜戈。戈援中长较直，上胡较短，下胡出牙。这种形制特征的铜戈在四川地区战国早期墓中即已发现，其流行时间较长，至战国晚期仍有出现[5]。但其胡面铸造的虎纹耳朵斜立，这一特征的戈多出现较晚，如荥经县同心村战国晚期船棺墓M19、M21-A、M24出土的Ⅰ式铜戈[6]，开县（现开州区）余家坝战国中、晚期墓M8：4、M13：1[7]，云阳李家坝战国中期后段墓M43：1[8]。另外，有学者对这种虎纹有胡直援戈的族属、时代进行了探讨，认为此类戈是巴式戈，在战国晚期数量相对增加[9]。故M10的年代应在战国晚期。

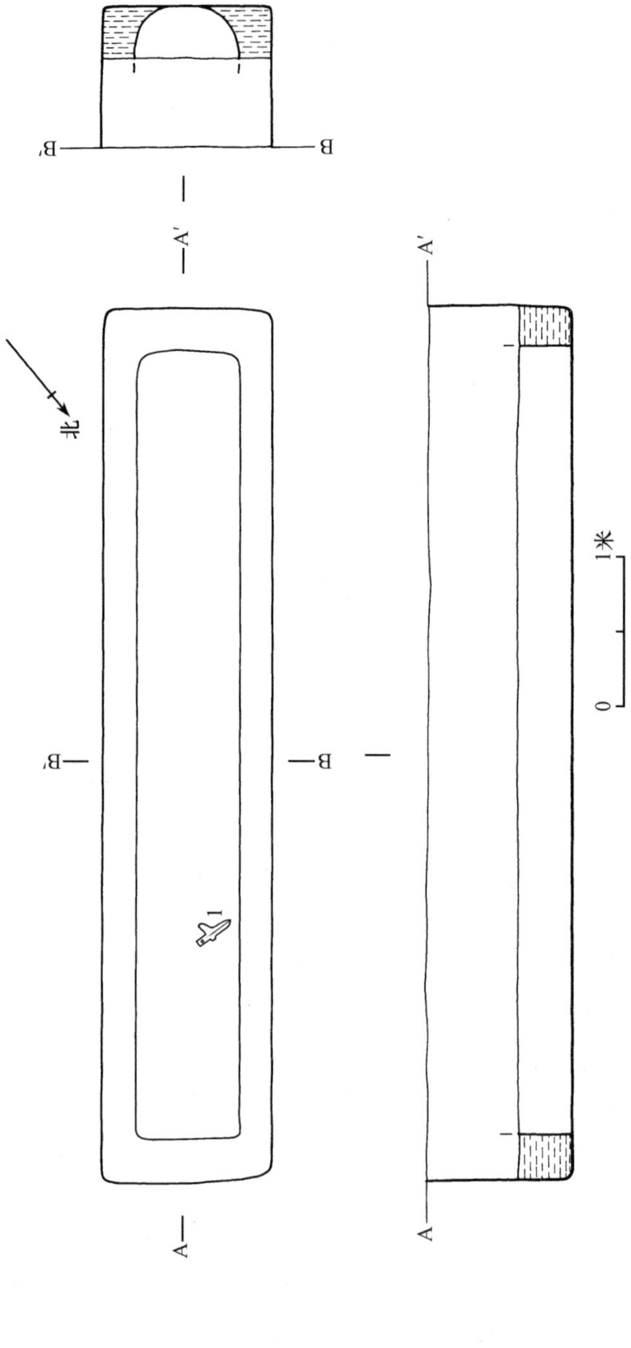

图一一　M10平、剖面图
1. 铜戈

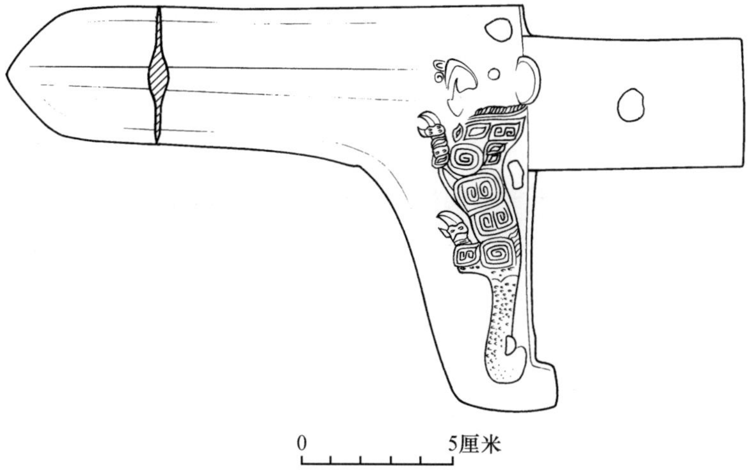

图一二 M10出土铜戈
（M10：1）

M9出土铜器较为丰富，但皆为工具及兵器，江章华认为兵器的有无不能代表墓主人社会地位的高低，而仅代表社会角色的不同，这类不随葬外来风格奢侈品的墓葬主人身份应是普通民众[10]。

发掘：（成都文物考古研究院）易 立 王 瑾 高 潘
（四川大学）吴 雪 常 梅
绘图：李福秀
摄影：王 瑾
执笔：王 瑾 李亚丽

注 释

［1］ 四川省文物考古研究院、德阳市文物考古研究所、什邡市博物馆：《什邡城关战国秦汉墓地》，文物出版社，2006年，第261页。

［2］ 成都市博物馆考古队：《成都中医学院战国土坑墓》，《文物》1992年第1期。

［3］ 四川省文物考古研究院、德阳市文物考古研究所、什邡市博物馆：《什邡城关战国秦汉墓地》，文物出版社，2006年，第70、259页。

［4］ 成都文物考古研究所：《成都市金沙遗址“黄河”地点墓葬发掘简报》，《成都考古发现》（2012），科学出版社，2014年，第213页。

［5］ 四川省文物考古研究院、德阳市文物考古研究所、什邡市博物馆：《什邡城关战国秦汉墓地》，文物出版社，2006年，第260页。

［6］ 四川省文物考古研究所：《荥经县同心村巴蜀船棺葬发掘报告》，《四川考古报告集》，文物出版社，1998年，第237页。

［7］ 山东大学考古学系、重庆市文物局、开县文物管理所：《开县余家坝墓地发掘简报》，《重庆库区考古报告集 · 2000卷上》，科学出版社，2007年，第676、683页。

［8］ 四川大学历史文化学院考古系、云阳县文物管理所：《云阳李家坝东周墓地发掘报告》，《重庆库区考古报告集 · 1997卷》，科学出版社，2001年，第276页。

［9］ 朱世学：《巴式青铜器的发现与研究》，科学出版社，2015年，第159页。

［10］ 江章华：《战国时期古蜀社会的变迁——从墓葬分析入手》，《四川文物》2008年第2期。

成都市金牛区王家碾墓地发掘简报

成都文物考古研究院

王家碾墓地位于四川省成都市金牛区天回镇木龙湾村（图一）。中心地理坐标为东经104°5′41″、北纬30°47′29″，海拔约为503米。为配合城市建设，成都文物考古研究院于2016年10月至2017年7月对该墓地进行了勘探和发掘工作。发掘面积3000平方米，共清理墓葬97座（图二）、窑址1座，均开口于耕土层下，打破生土。其中，墓葬均为砖室墓，形制多样，时代从汉代延续至宋代，墓葬大多经盗扰。现将其中保存较好、随葬品相对丰富的18座墓葬的清理情况按时代简报如下。

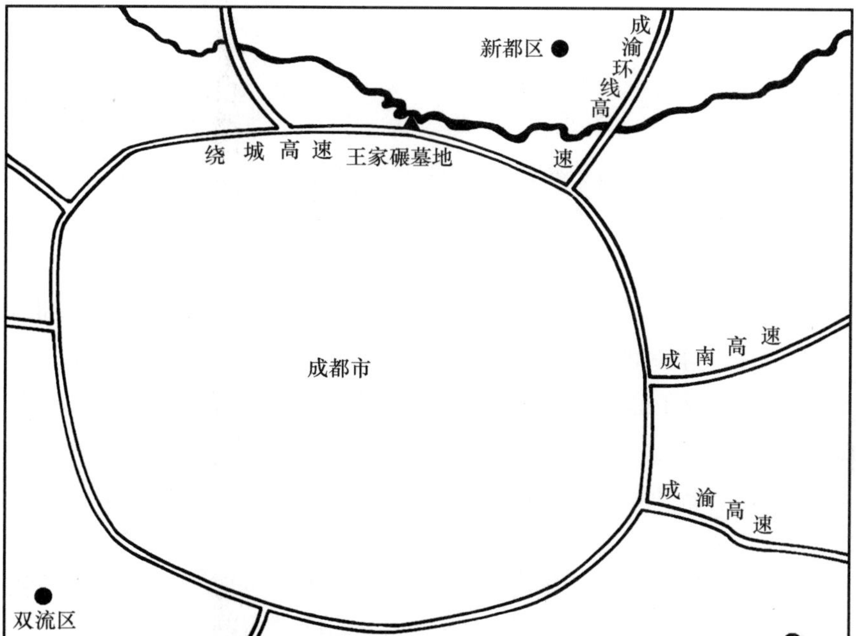

图一　墓群位置示意图

一、汉代、六朝墓葬

4座。M81、M82、M22、M77。

M81　单室砖室墓。紧邻M82。墓口距地表约0.2米。方向140°。墓室平面呈长方形，直壁，平底。长3.58、宽1.19、残高0.21米。墓底南部两侧壁内使用卵石铺垫成长条形，其上原应铺砖，现残余三块。墓室顶部不存，四壁破坏严重，剩余部分皆为顺砌砖层。墓砖规格较为统一，长21、宽13.5、高5厘米（图三）。共出土陶钵12件，均出于填土之中。

陶钵　12件。M81：1～M81：6、M81：10～M81：12，形制一致。均为夹砂灰陶。敛口，圆唇，弧腹，平底略内凹。口部饰一周凹弦纹。M81：1，口径19.6、底径11.2、高8.4厘米（图四，1）。M81：2，口径19.8、底径11、高8厘米（图四，2）。M81：3，口径20、底径11、高8.3厘米（图四，3）。M81：4，口径19.6、底径11.5、高7.5厘米（图四，4）。M81：5，口径19.4、底径11、高7.8厘米（图四，5）。M81：6，口径19.6、底径11、高8厘米（图四，6）。M81：10，口径19.8、底径11.2、高8.1厘米（图四，10）。M81：11，口径19.6、底径11.2、高8.5厘米（图四，11）。M81：12，口径19.8、底径11、高8厘米（图四，12）。M81：7～M81：9，形制一致。均为夹砂灰陶。敛口，圆唇，饼形足。内壁近底处饰一周圆环形凸起，口部饰一周凹弦纹。M81：7，口径19.6、底径11.2、高8.5厘米（图四，7）。M81：8，口径20、底径9.2、高8厘米（图四，8）。M81：9，口径19.8、底径11.2、高8厘米（图四，9）。

M82　单室砖室墓。墓口距地表约0.2米。方向140°。墓室平面均为长方形，直壁，平底。长4.1、宽1.1、残高0.07米。墓底原应铺砖，现残余数块。墓室顶部不存，四壁破坏严重，剩余部分皆为顺砌砖层。墓砖规格较为统一，长20、宽10、厚5厘米。共出土陶钵12件，均出于填土之中。

陶钵　12件。M82：1～M82：9，形制一致。均为夹砂灰陶。敛口，圆唇，弧腹，平底。口沿外侧饰一周凹弦纹。M82：1，口径19.6、底径10.5、高8.2厘米（图五，1）。M82：2，口径20、底径10.5、高8.2厘米（图五，2）。M82：3，口径20、底径10.5、高8厘米（图五，3）。M82：4，口径19.6、底径11、高8.4厘米（图五，4）。M82：5，口径19.8、底径11、高8.4厘米（图五，5）。M82：6，口径19.4、底径10.8、高8.2厘米（图五，6）。M82：7，口径19.4、底径10.2、高8.4厘米（图五，7）。M82：8，口径19.6、底径10.4、高8.6厘米（图五，8；图版三，1）。M82：9，口径19.4、底径11、高8.2厘米（图五，9）。M82：10～M82：12，形制一致。均为夹砂灰陶。敛口，圆唇，饼形足。内壁近底处饰一周圆环形凸起，口部饰一周凹弦纹。M82：10，口径19.6、底径10.4、高8厘米（图五，10）。M82：11，口径20、底径11、高8.3厘米（图五，11）。M82：12，口径19.8、底径11.2、高8厘米（图五，12）。

M22　单室砖室墓。墓口距地表0.28米。方向165°。墓圹平面略呈长方形，直壁，平底。长3.34、宽1.67、残深0.45米。墓圹内以砖砌筑墓室，墓室与墓圹之间填以五花土。墓室略呈梯形，长2.81、宽1.16～1.21、残高0.2米。墓顶不存。墓室四壁余顺砖四层。墓砖尺寸一致，长34、宽22、厚5厘米，墓砖面向墓室的砖面模印菱形纹。墓底铺设厚约0.22米的砾石基础（图六）。未发现随葬品。

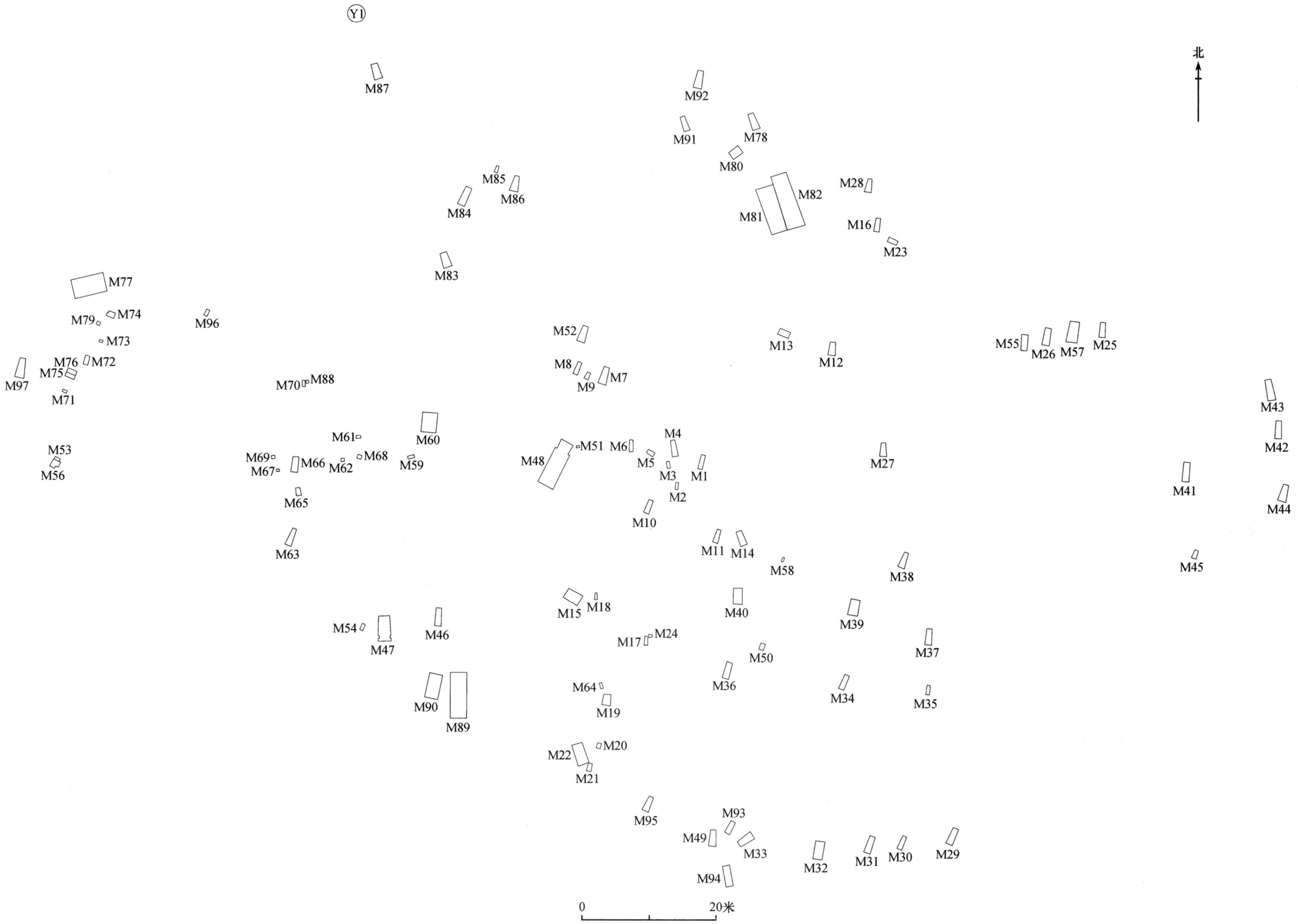

北
Y1
M87
M92
M91
M78
M80
M85
M86
M84
M82
M81
M28
M16
M23
M83
M77
M74
M79
M73
M96
M52
M13
M12
M55
M26
M57
M25
M76
M72
M75
M97
M71
M70
M88
M8
M9
M7
M43
M60
M61
M48
M51
M6
M4
M42
M53
M56
M69
M67
M66
M62
M68
M59
M5
M3
M1
M2
M27
M41
M44
M65
M10
M63
M11
M14
M58
M38
M45
M15
M18
M40
M39
M54
M47
M46
M17
M24
M50
M37
M36
M34
M35
M90
M89
M64
M19
M22
M20
M21
M95
M93
M49
M33
M32
M31
M30
M29
M94
0
20米

图二　墓地总平面图

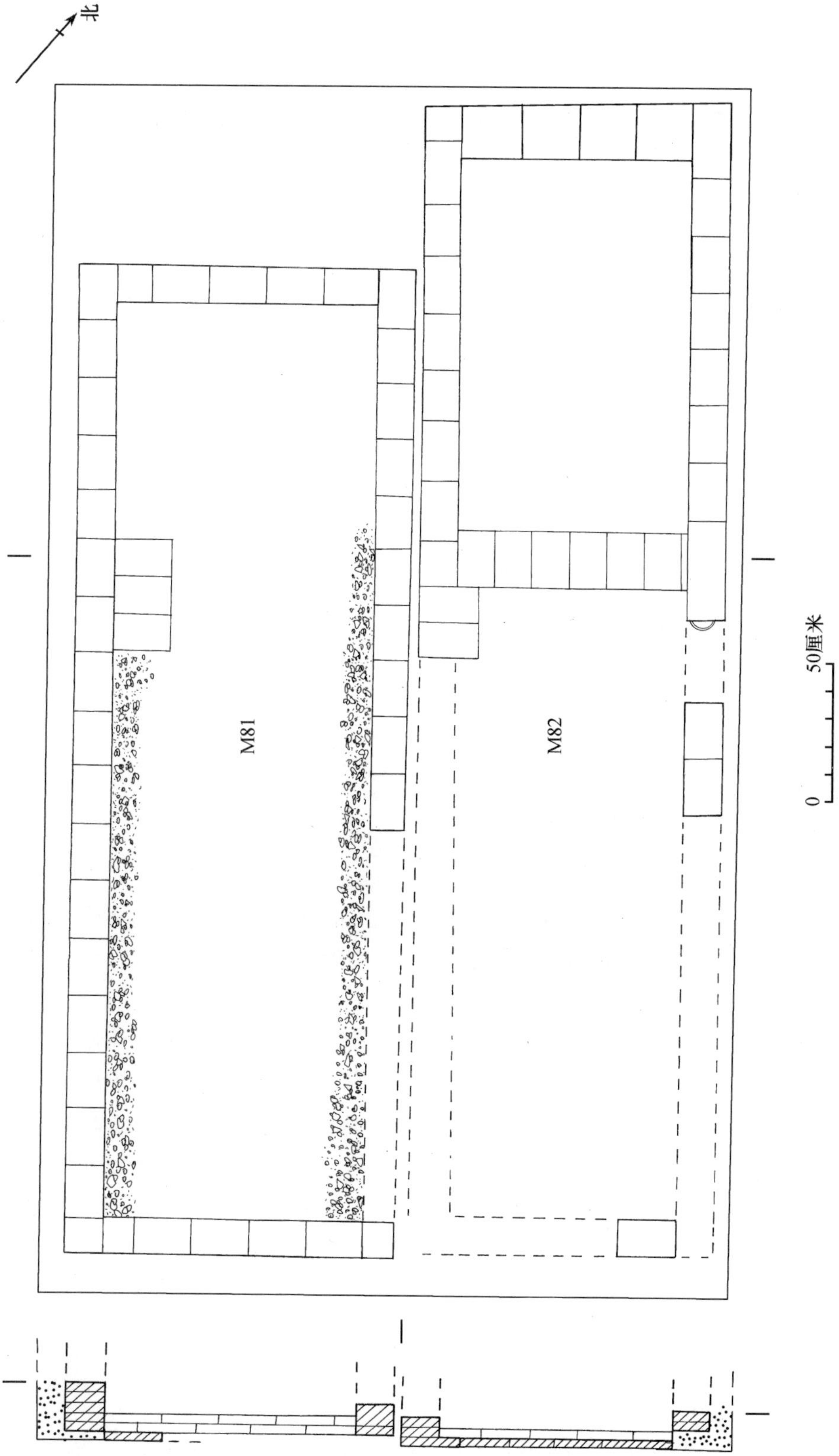

图三 M81、M82平、剖面图

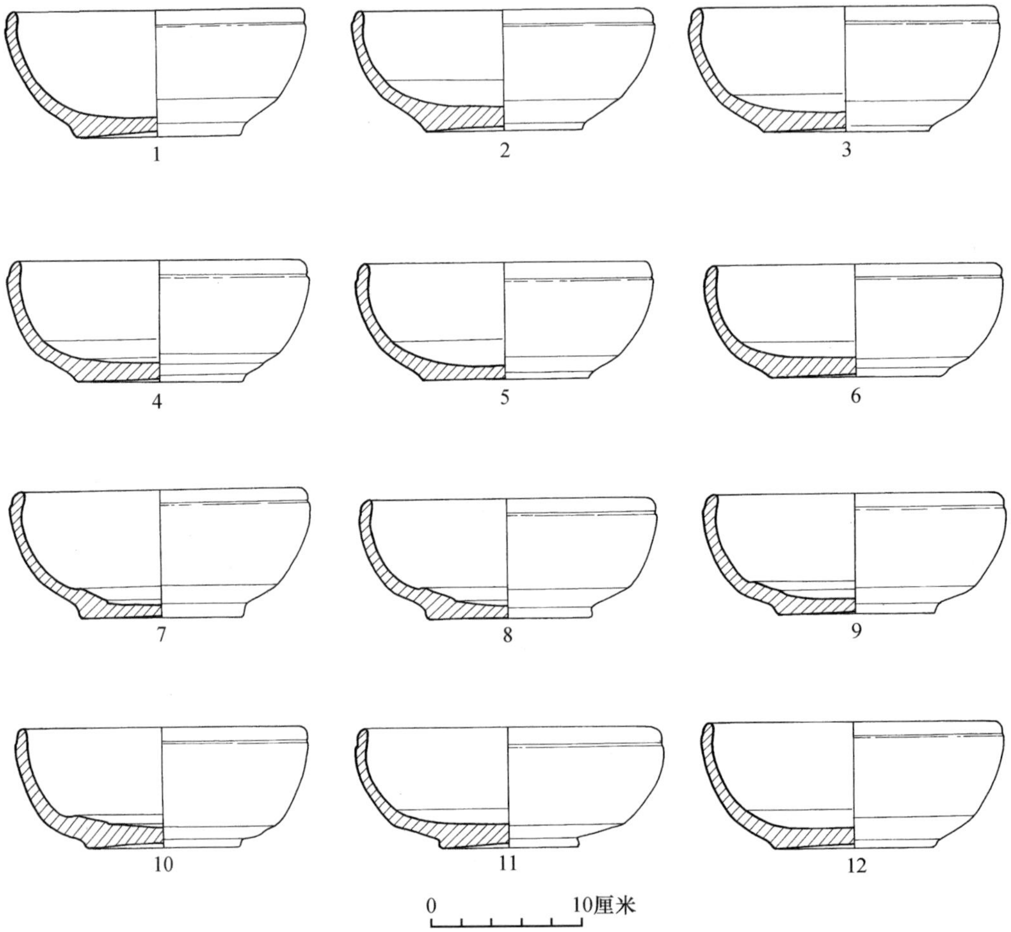

图四　M81出土陶钵

1. M81：1　2. M81：2　3. M81：3　4. M81：4　5. M81：5　6. M81：6　7. M81：7　8. M81：8　9. M81：9　10. M81：10　11. M81：11　12. M81：12

M77　单室砖室墓。墓口距地表0.25米。方向70°。墓圹平面略呈长方形，直壁，平底。长2.2、宽0.96、深0.1米。墓圹内以砖砌筑墓室，墓室与墓圹之间填以五花土。墓室平面略呈长方形，长1.97、宽0.76、残高0.1米。墓顶不存。墓室四壁破坏严重，仅余顺砖数层。墓室两侧墙体下有基槽，基槽内铺有砾石基础，其上原是否铺砖因破坏无从得知。墓砖规格较为统一，长16、宽9.4、厚5厘米，墓砖面向墓内一侧均饰连壁纹（图七）。未发现随葬品。

二、唐、五代墓葬

4座。M11、M29、M84、M92。

M11　单室砖室墓。墓口距地表0.31米。方向20°。墓圹平面呈梯形，直壁，平底。

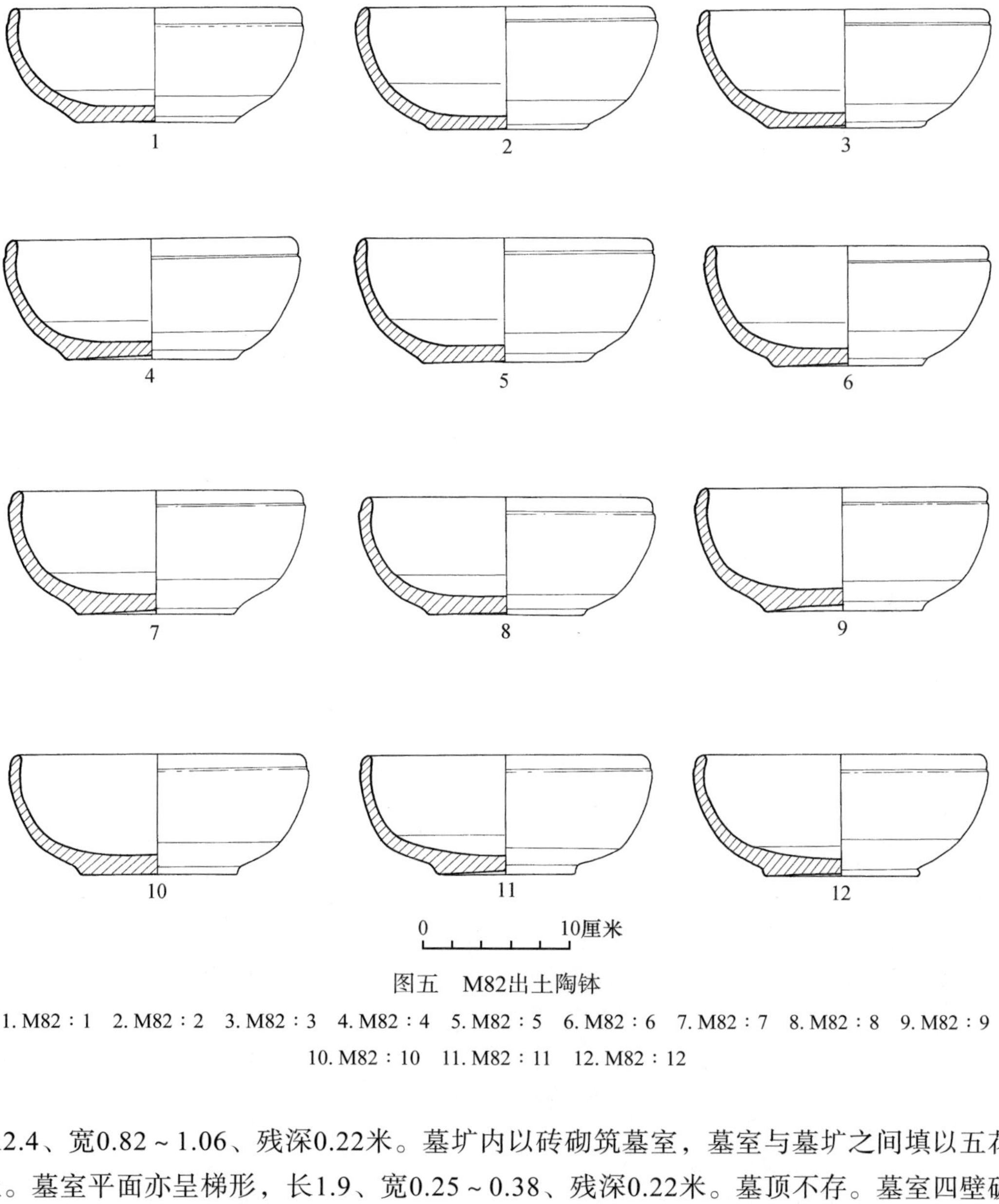

图五 M82出土陶钵

1. M82∶1 2. M82∶2 3. M82∶3 4. M82∶4 5. M82∶5 6. M82∶6 7. M82∶7 8. M82∶8 9. M82∶9 10. M82∶10 11. M82∶11 12. M82∶12

长2.4、宽0.82～1.06、残深0.22米。墓圹内以砖砌筑墓室，墓室与墓圹之间填以五花土。墓室平面亦呈梯形，长1.9、宽0.25～0.38、残深0.22米。墓顶不存。墓室四壁破坏严重，东西两壁剩余顺砖两层及丁砖一层，南北两壁余顺砖数层。墓底以长方形砖错缝横铺（图八）。共出土随葬品4件，放置在墓室南部。均为瓷器，碟、盏各1件，碗2件。

瓷碟 1件。M11∶1，灰胎，口部外壁施酱黄釉，基本脱落。敞口，厚圆唇，弧腹，饼足。口径9、底径3.8、高3.3厘米（图九，1）。

瓷盏 1件。M11∶2，褐胎，白釉，内壁满釉，外壁上部施釉。盘口，口部微敞，浅直腹，平底。口径14、底径8、高3厘米（图九，2）。

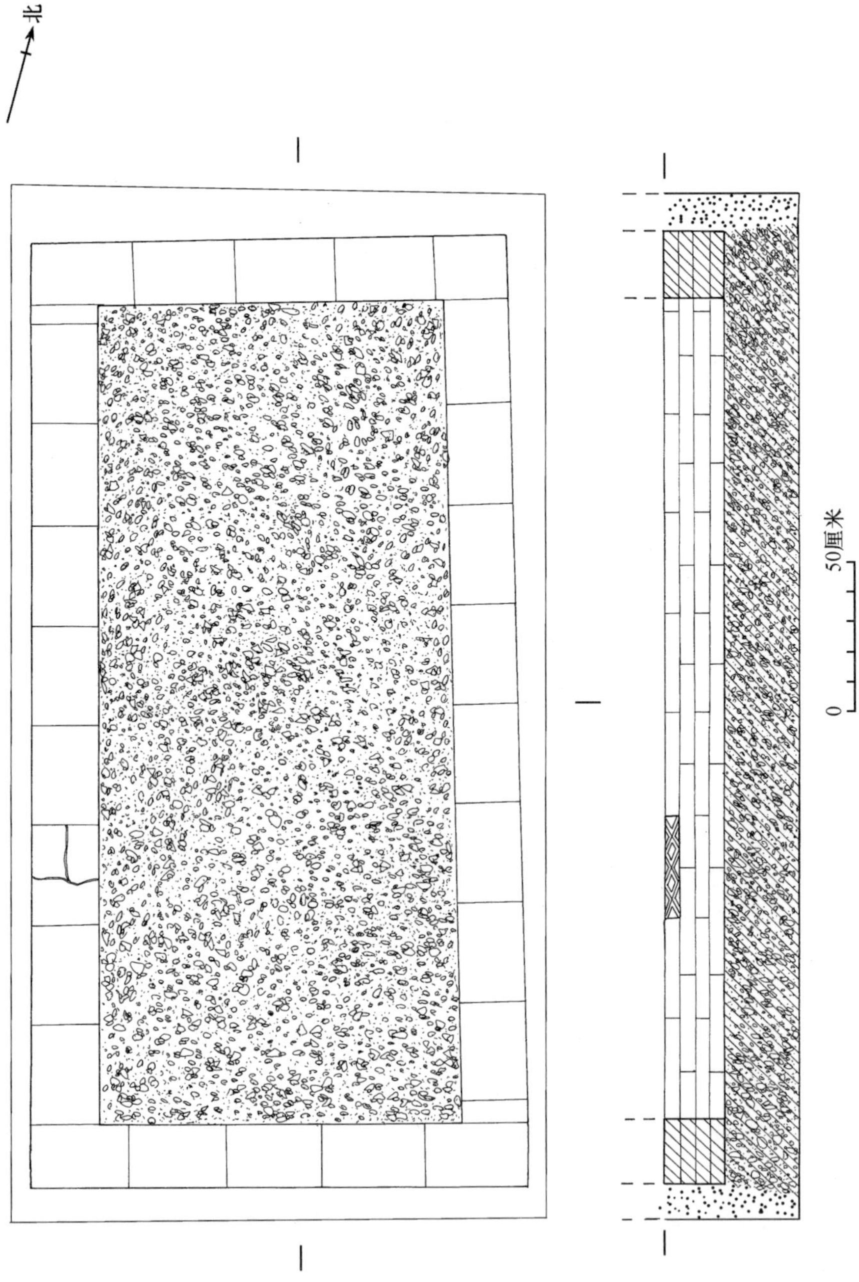

图六　M22平、剖面图

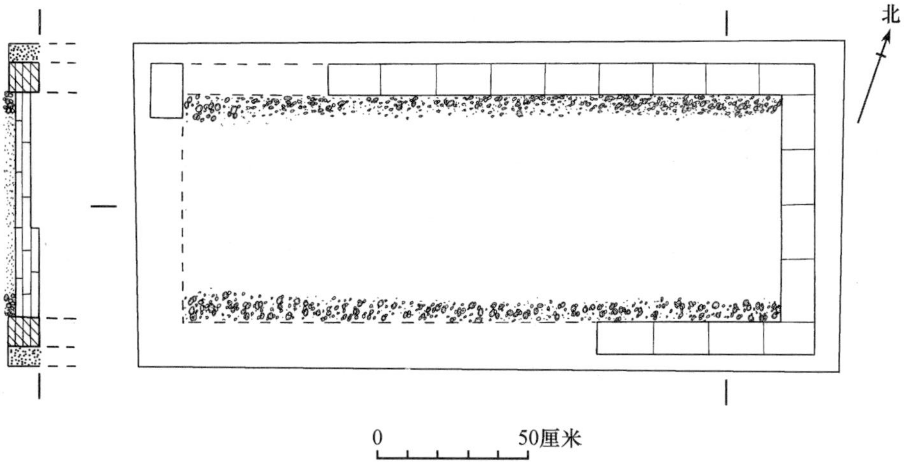

图七　M77平、剖面图

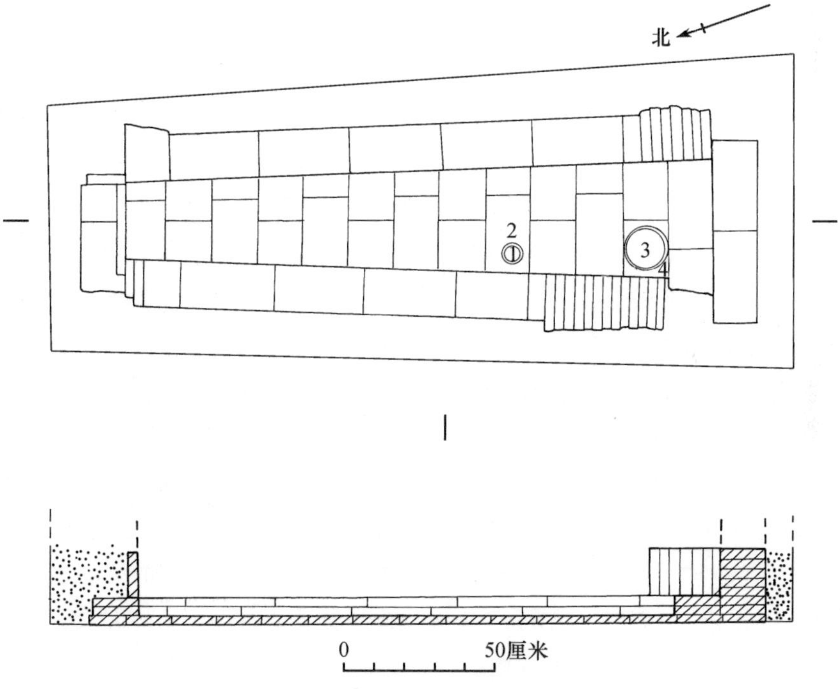

图八　M11平、剖面图

1. 瓷碟　2. 瓷盏　3、4. 瓷碗

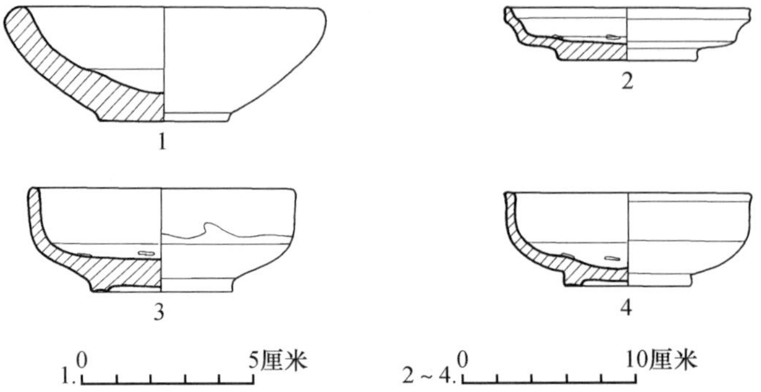

图九　M11出土瓷器

1. 瓷碟（M11：1）　2. 瓷盏（M11：2）　3、4. 瓷碗（M11：3、M11：4）

瓷碗　2件。M11：3，灰黑胎，内部及口部外侧施白色化妆土。直口，圆唇，下腹部内收，圈足。口径15.6、足径8、高6厘米（图九，3）。M11：4，红褐胎，内壁及器表口部施白釉。近直口，尖圆唇，下腹部内收，圈足。口径14、足径7.2、高5.4厘米（图九，4；图版三，2）。

M29　双室券顶砖室墓。墓口距地表0.3米。方向35°。墓圹平面呈长方形，直壁，平底。长2.85、宽1.58、深0.98米。墓圹内以砖砌筑墓室，墓室与墓圹之间填以五花土。墓室平面呈“中”字形，墓室长2.7、宽0.6～1.47米，起券部分宽0.95、高0.26米。墓门开于东北。墓室保存较好。分为甬道、前室和后室。东西两壁砌筑肋柱及“凸”字形壁龛，由顺砖层和丁砖层相间砌成，其下部丁砖层均由竖砖砌成，上部丁砖层由横砖和竖砖相间砌成。南北壁亦以顺砖层和丁砖层相间砌筑，其中丁砖层由横砖和竖砖相间砌成。墓底以长方形砖错缝横铺（图一〇）。共出土随葬品8件，置于前室及后室。包括瓷四系罐2件，瓷碗1件，钱币5枚。

瓷四系罐　2件。M29：1，上腹部为深灰胎，施酱釉；下腹部及底部分别为灰胎和红胎，不施釉。直口，方唇，直领较长，圆肩，平底略内凹，肩部附四竖耳。口径8、最大腹径11.2、底径7、高13厘米（图一一，2；图版四，1）。M29：2，灰胎，上腹部及口部内侧施灰白釉。直口，方唇，直领较长，圆肩，平底，肩部附四竖耳。口径9、最大腹径11.6、底径7、高13厘米（图一一，1）。

瓷碗　1件。M29：3，红褐胎，内壁施青黄釉，外壁上部施两层釉，下层为酱黄釉，上层为青黄釉，有流釉现象。口大而腹浅，敞口，斜折沿，圆唇，折腹，下腹部内收成饼足，底内部略下凹。底部有五个支钉痕迹。口径14.6、底径5.6、高3.5厘米（图一一，3）。

铜钱　5枚。M29：4，光背。字体圆润，“元”字首画较短，次画长横左挑，“通”字走部前三笔不相连，“宝”字的“贝”部中间两横不与两竖笔相连。钱径2.4、穿宽0.7、郭径0.22厘米（图一二，1）。M29：5，形制特征与M29：4相同（图

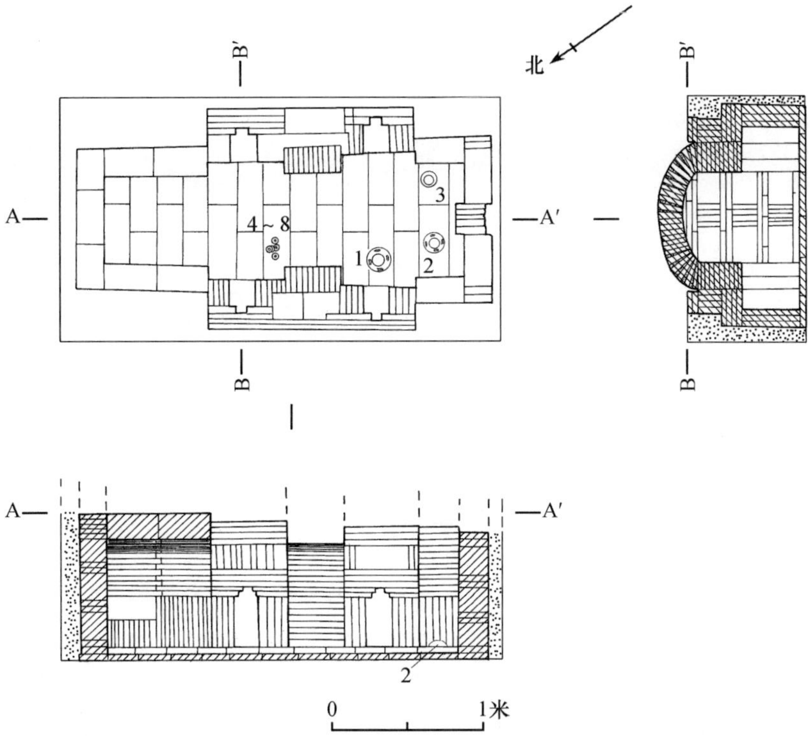

图一〇　M29平、剖面图

1、2. 瓷四系罐　3. 瓷碗　4 ~ 8. 开元通宝

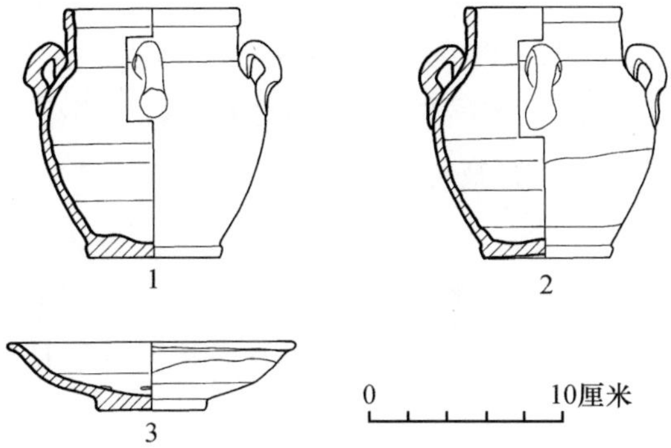

图一一　M29出土器物

1、2. 瓷四系罐（M29：2、M29：1）　3. 瓷碗（M29：3）

一二，3）。M29：6，光背。钱文较为清晰，“开”字门框开阔，两边略外撇，“通”字头部张口较大，“元”字首画细长，次画长且左、右上挑，“宝”字的“贝”部中间两横与左右两竖相连。钱径2.4、穿宽0.7、郭径0.2厘米（图一二，2）。M29：7，背面有新“月”纹。钱文纤细清秀，“元”字首画加长，“通”字走部相连，“宝”字的“贝”部中间两横加长与左右两竖相连。钱径2.4、穿宽0.7、郭径0.2厘米（图一二，

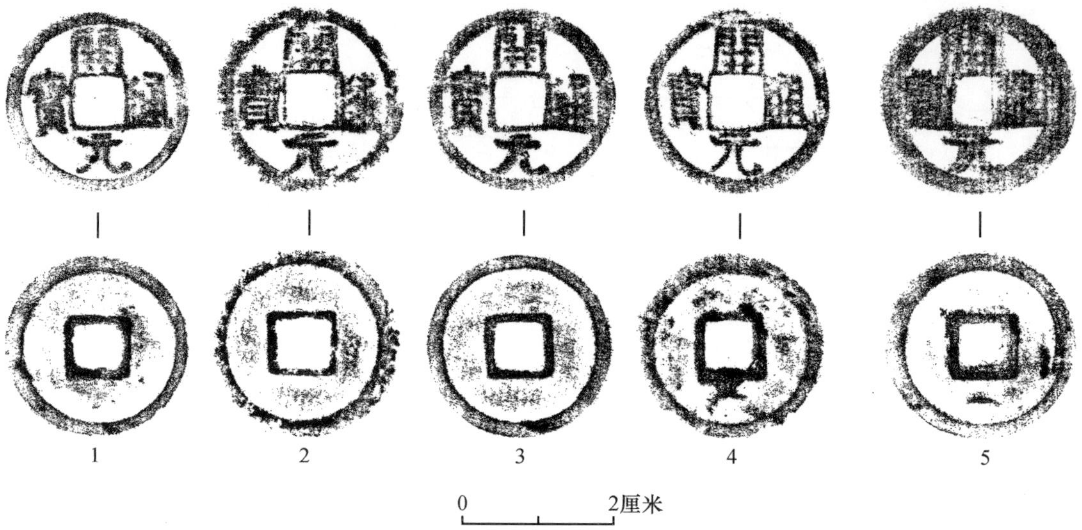

图一二　M29出土开元通宝拓片

1. M29∶4　2. M29∶6　3. M29∶5　4. M29∶7　5. M29∶8

4）。M29∶8，形制特征与M29∶7相同（图一二，5）。

M84　单室砖室墓。墓口距地表约0.18米。方向30°。墓圹平面呈梯形，直壁，平底。长3.07、宽1.12～1.35、残深0.62米。墓圹内以砖砌筑墓室，墓室与墓圹之间填以五花土。墓室平面亦呈梯形，长2.51、宽0.5～0.77、残高0.62米。墓顶不存。墓室北部东西壁及北壁由下至上依次砌筑一顺一丁共四层，其上砌顺砖两层；墓室南部东西壁依次砌筑一顺一丁共四层，下层丁砖以宽面和侧面相间砌成，上层丁砖以宽面和端面相间砌成，其间砌肋柱两对；南壁丁砖层与顺砖层相间砌筑。墓底以长方形砖错缝横铺（图一三）。共出土随葬品6件，放置在墓室南部。包括瓷器5件，碗2件，碟1件，带流壶1件，四系罐1件；铜镜1件。

铜镜　1件。M84∶1，圆形，残。镜背边缘饰一周圆环形凸起，镜背满饰花纹，可辨认的有蕉叶纹、花纹、凤鸟纹，镜背中心饰两周环形纹。直径16.5、厚1.5厘米（图一四，5）。

瓷碗　2件。M84∶2，紫胎，内壁和口部外侧胎面挂灰白色化妆土，其上施青黄釉，釉面部分脱落严重，从存留的釉可看出釉面开片密集。敞口，宽平沿，圆唇，弧腹，饼足。底内部残有五个支钉痕迹。口径13.3、底径5.8、高4.45厘米（图一四，3）。M84∶3，紫胎，内壁和口部外侧胎面挂灰白色化妆土。敞口，宽平沿，圆唇，弧腹，饼足。口径12.2、底径5.6、高4.2厘米（图一四，1）。

瓷带流壶　1件。M84∶4，红胎，口部至腹部施灰白釉。敞口，卷沿，圆唇，束颈，圆肩，鼓腹，饼足，肩部附二竖耳和单流。竖耳上饰一道竖向凹槽。口径8.8、最大腹径10.4、底径6.4、高12厘米（图一四，4；图版三，3）。

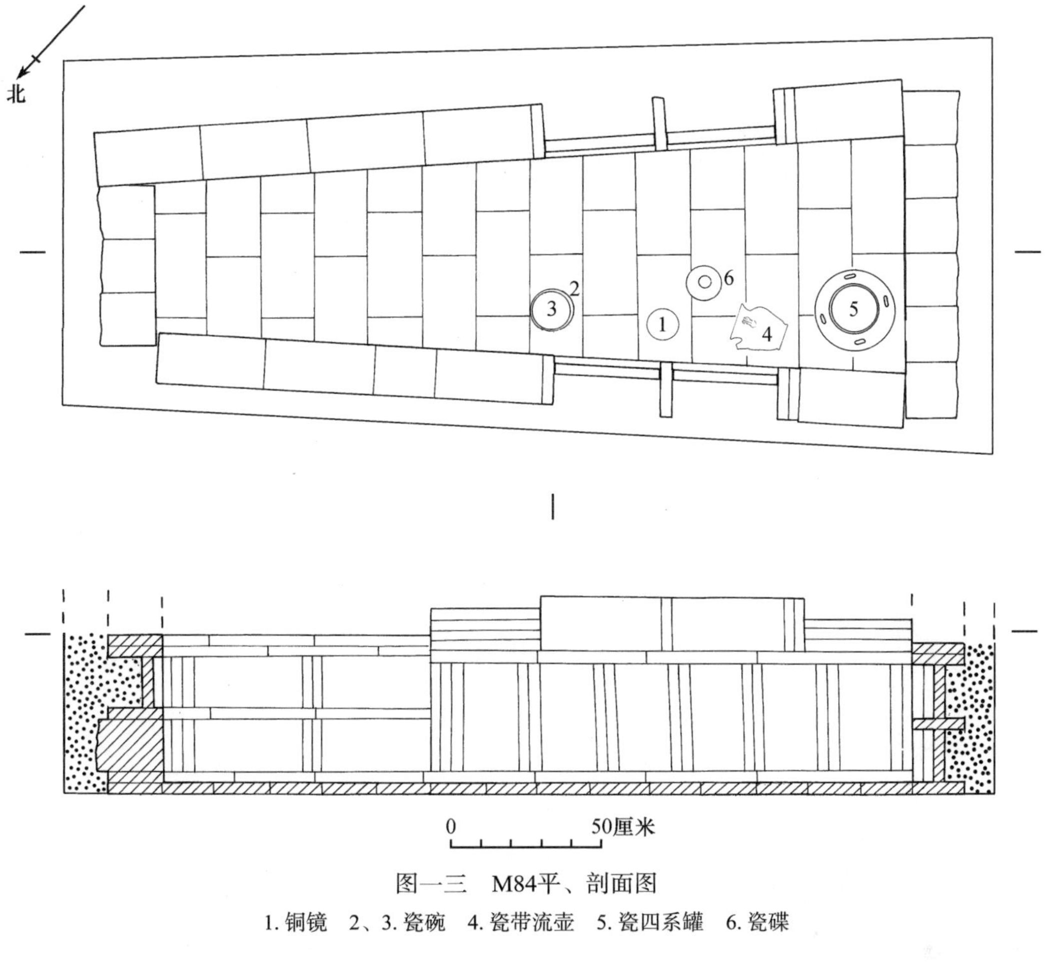

图一三 M84平、剖面图

1. 铜镜 2、3. 瓷碗 4. 瓷带流壶 5. 瓷四系罐 6. 瓷碟

瓷四系罐 1件。M84：5，红胎，器表未施釉。盘口微敞，尖唇，较长颈部微束，圆肩，鼓腹，平底，肩部附四桥形横耳。口部上下分别饰一周凸弦纹，颈部饰数周弦纹。口径18.8、最大腹径24.8、底径12.2、高48.4厘米（图一四，6；图版四，2）。

瓷碟 1件。M84：6，红胎，内壁及外壁上部挂灰白色化妆土，施青黄釉，釉面大面积脱落。敞口，厚圆唇，弧腹，平底。口径10、底径4.2、高3.6厘米（图一四，2）。

M92 双室砖室墓。墓口距地表0.33米。方向20°。墓圹平面呈梯形，直壁，平底。长2.77、宽1.16～1.48、残深0.49米。墓圹内以砖砌筑墓室，墓室与墓圹之间填以五花土。墓室前室平面近梯形，长1.3、宽0.6～0.69、残高0.3米；后室平面呈长方形，长1.06、宽0.93、残高0.49米。墓顶不存。墓室北壁基本破坏，南壁及东西壁由下至上依次砌筑两顺一丁共八层，其中丁砖层由砖的宽面和端面相间竖砌而成。墓底以长方形砖错缝斜铺（图一五）。共出土随葬品 2 件，放置在后室两端。均为瓷器，四系罐1件、碟1件。

瓷碟 1件。M92：1，灰胎，内壁及器表口沿处施灰白釉，有流釉现象。敞口，厚

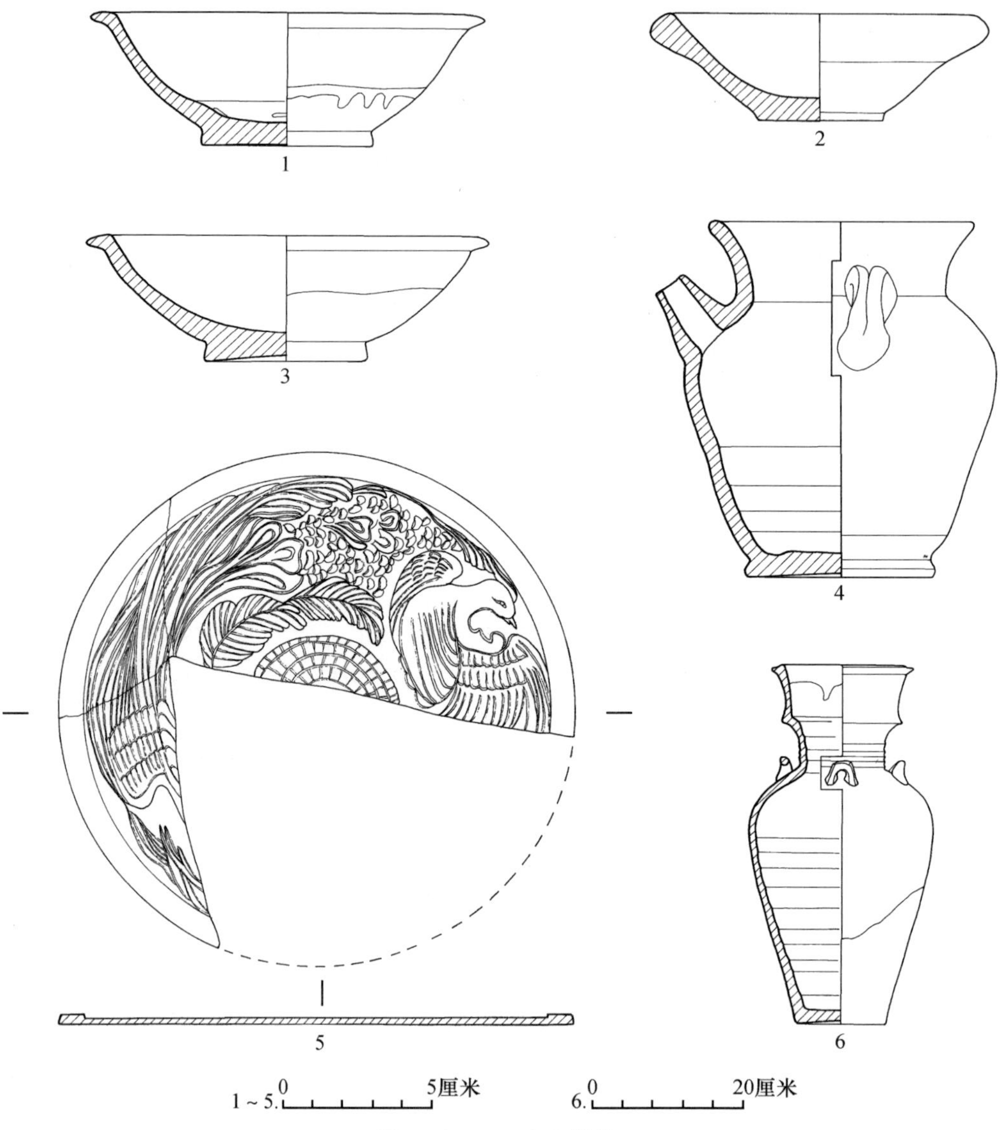

图一四　M84出土器物

1、3. 瓷碗（M84∶3、M84∶2）　2. 瓷碟（M84∶6）　4. 瓷带流壶（M84∶4）　5. 铜镜（M84∶1）
6. 瓷四系罐（M84∶5）

圆唇，弧腹，平底微凹。口径10、底径4、高3厘米（图一六，2）。

瓷四系罐　1件。M92∶2，红胎，腹部以上挂淡黄色化妆土。敛口，方唇，短领，溜肩，鼓腹，饼足，肩部附四桥形横耳。口径10.9、最大腹径29、底径11.3、高37厘米（图一六，1）。

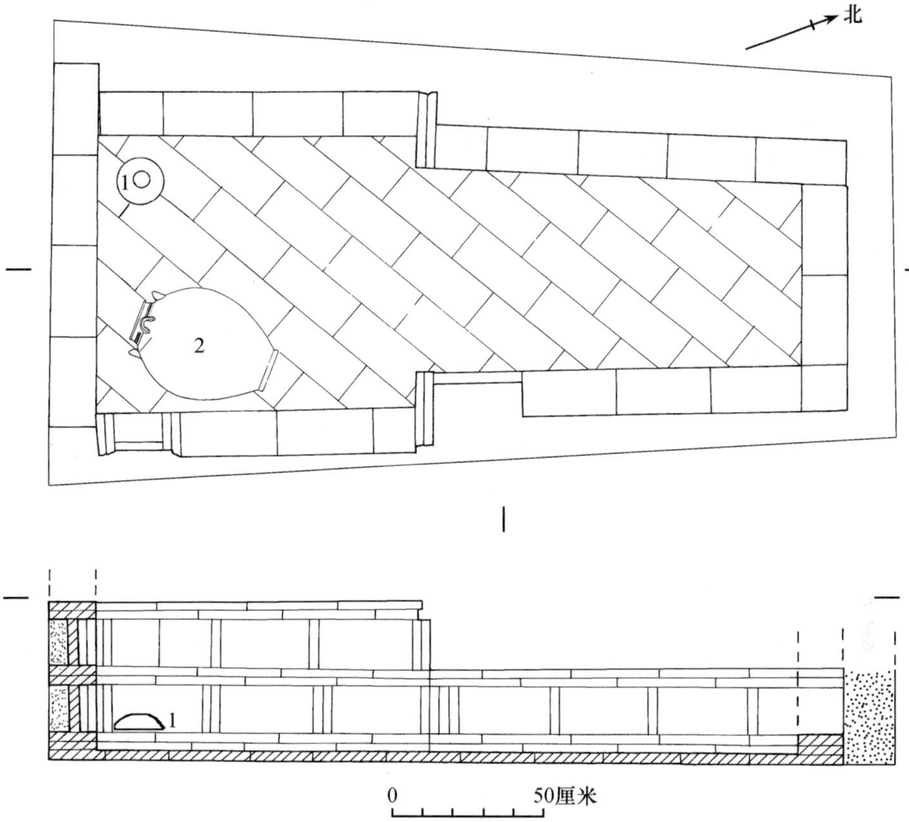

图一五 M92平、剖面图

1. 瓷碟 2. 瓷四系罐

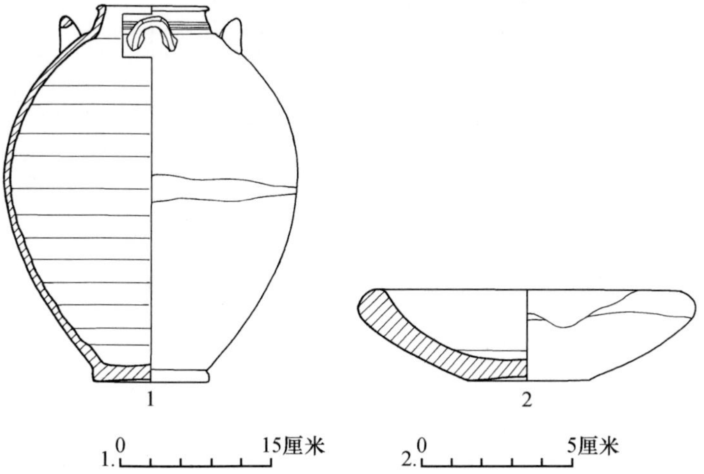

图一六 M92出土瓷器

1. 四系罐（M92：2） 2. 碟（M92：1）

三、宋代墓葬

根据不同的埋葬方式可分为土葬墓、火葬墓两类。

1. 土葬墓

2座。M23、M43。

M23　平顶单室砖室墓。墓口距地表0.3米。墓向125°。墓圹平面略呈长方形，直壁，平底。长1.51、宽0.98、深0.43米。墓圹内以砖砌筑墓室，墓室与墓圹之间填以五花土。墓室长1.4、宽0.37、高0.43米。墓门开于东壁，砌二丁一顺砖；南北壁由下至上依次砌一顺、一丁、一顺砖，丁砖层有两种砌筑方式，东西两端以长方形砖的侧面连续砌筑，中部则由长方形砖的宽面与侧面相间砌筑；西壁先砌顺砖两层，其上竖置墓券一方。墓顶中部整齐铺置两列长方形横砖，东端铺置三列，西端铺置单列。墓底以长方形砖错缝横铺。墓砖规格较为统一，长30、宽15、厚3厘米。墓底中部有一腰坑，平面近方形，边长0.3、深0.2米（图一七）。从填土中出土的铁棺钉推测原有木质葬具。未发现人骨，葬式不明，年龄不详。由墓券记载可知墓主性别为女。共出土器物18件。釉陶

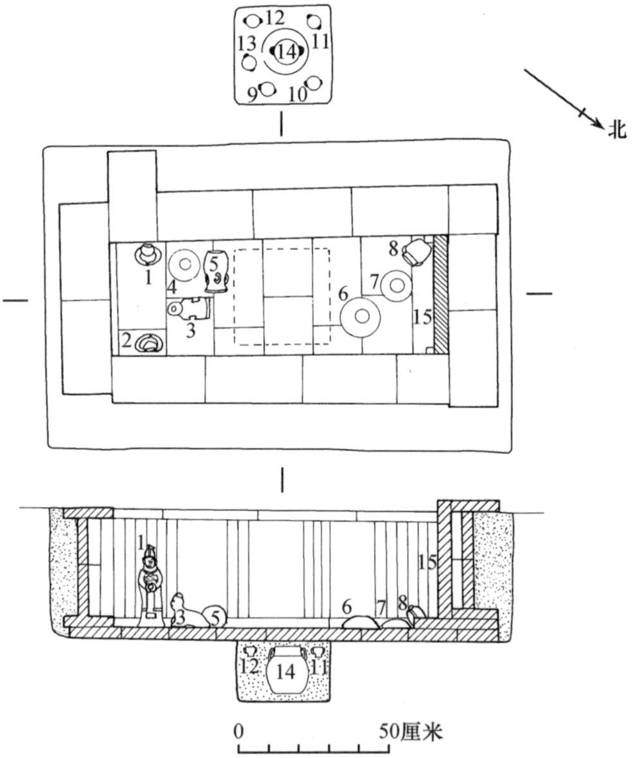

图一七　M23平、剖面图

1、2. 釉陶武士俑　3. 釉陶伏俑　4. 瓷碟　5. 瓷四系罐　6、7. 瓷碗　8、14. 瓷双耳罐　9～13. 陶双耳小杯
15. 石买地券

武士俑2件，置于墓室入口两侧，相向而立；釉陶伏俑1件，置于两武士俑之间并正对墓门，其右侧放置瓷碟、瓷四系罐各1件；瓷碗2件，置于墓室西部；瓷双耳罐2件，分别置于墓室西部和腰坑内；小陶双耳杯5件，置于腰坑内并环绕瓷双耳罐；石墓券2方，1方置于墓室西壁，1方出土于填土之中；铁钉2件，散落于墓底。

釉陶武士俑　2件。形制基本一致，仅大小有差异。红胎。二者皆头戴圆形褐釉缨饰兜鍪，两侧塑绿釉招风耳；身穿“V”领长袍，外穿以绿釉为主，以黄色釉点缀，褐色釉勾画、点彩鳞状甲袍，腰束带；竖眉怒目，左手在上，右手在下，合抱于腹前，手中中空，握处原应持有一物；双脚分立于半圆形座上，并在分立处形成一方形的规则镂孔。M23：2，肩径7.4、底径9.4、高25.6厘米（图一八，2；图版三，5）； M23：1，肩径8.4、底径9.2、高27.6厘米（图一八，1；图版三，5）。

釉陶伏俑　1件。M23：3，红胎。女俑，作匍匐状。头顶盘髻，施黑釉；抬头目视前方，面容丰满，眼、嘴、鼻部刻画清晰，施褐釉；外穿广袖交领中长袍，施绿釉；内穿交领长裙，施黄釉；双臂呈垂直角度向前伸直。长13.7、高11.2厘米（图一八，3）。

瓷四系罐　1件。M23：5，灰胎，肩部以上施酱黄釉。近直口，圆唇，口部外侧向颈部内收一层，长直颈，溜肩，腹部微鼓，平底微凹，肩部附四竖耳。口径7.6、最大腹径8.1、底径5.6、高14.1厘米（图一九，8；图版四，3）。

瓷双耳罐　2件。M23：8，红褐胎，胎面挂淡黄色化妆土，肩部以上施酱黑釉，肩部以下施酱釉但不及底，有少量流釉现象。口部微敛，斜方唇，束颈，折肩，鼓腹，饼

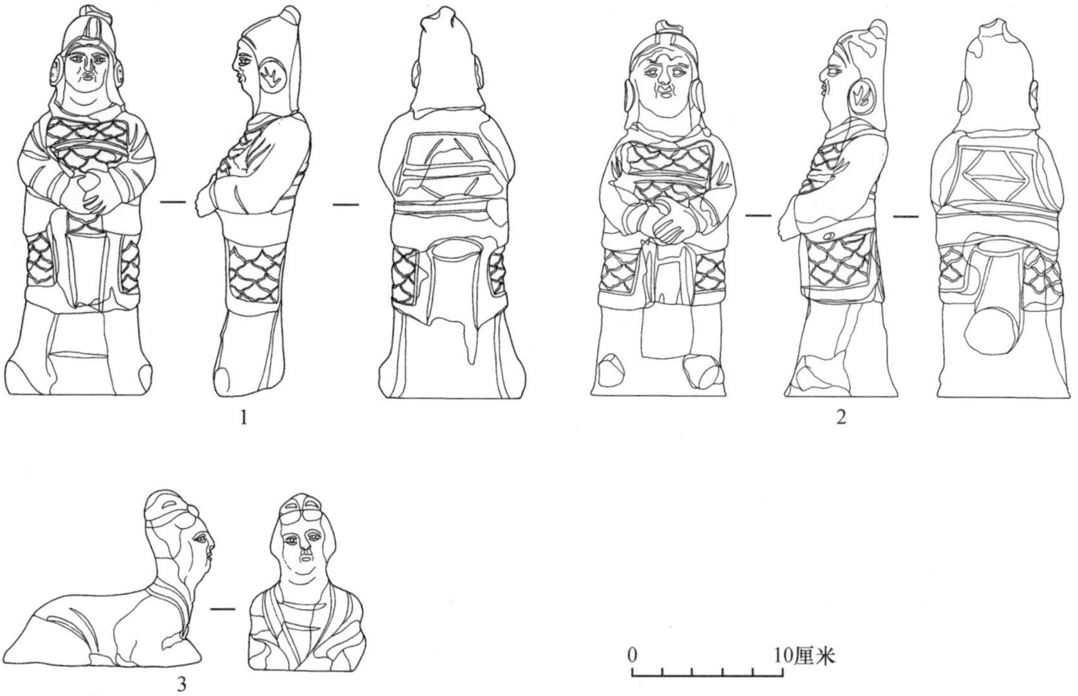

图一八　M23出土釉陶俑

1、2. 武士俑（M23：1、M23：2）　3. 伏俑（M23：3）

足，颈肩部间附二竖耳。口径5.8、最大腹径8.6、底径5.9、高8.5厘米（图一九，6）。M23：14，敛口，方唇，溜肩，鼓腹，饼足，肩部附二桥形横耳。口径8、最大腹径13.5、底径9、高15.3厘米（图一九，7）。

瓷碗　2件。M23：6，灰胎，内壁和外壁口沿处施灰白釉，内壁底部施酱黄釉，构成花草纹，外壁施酱釉，有流釉现象，部分脱落。敞口，圆唇，斜腹，圈足。底部残有支钉痕迹。口径12.4、足径4.4、高4.4厘米（图二〇，1）。M23：7，灰白瓷。敞口，圆唇，弧腹，平底。内壁近底部有一周凹弦纹。口径9.4、底径3.4、高2.2厘米（图二〇，2）。

瓷碟　1件。M23：4，紫胎，施酱黄釉，内壁满釉，外壁有流釉现象，釉面部分脱落。敞口，方唇，斜腹，平底。口径10.3、底径4.3、高3厘米（图二〇，3）。

陶双耳小杯　5件。形制基本相同，大小有差异。均为夹细砂橙陶。近直口，圆唇，腹部较直，圆柱形饼足，口部至腹部附二竖耳。M23：9，口径2.9、底径1.8、高2.3厘米（图一九，5）。M23：10，口径3、底径1.7、高2.3厘米（图一九，1）。M23：11，口径2.9、底径2、高2.5厘米（图一九，2）。M23：12，口径3、底径1.9、高2.6厘米（图一九，3）。M23：13，口径3.2、底径2.1、高2.6厘米（图一九，4）。

铁钉　2件。形制基本相同，表面有明显锈迹，黄褐色。M23：17，残长5厘米（图一九，9）。M23：18，残长6厘米（图一九，10）。

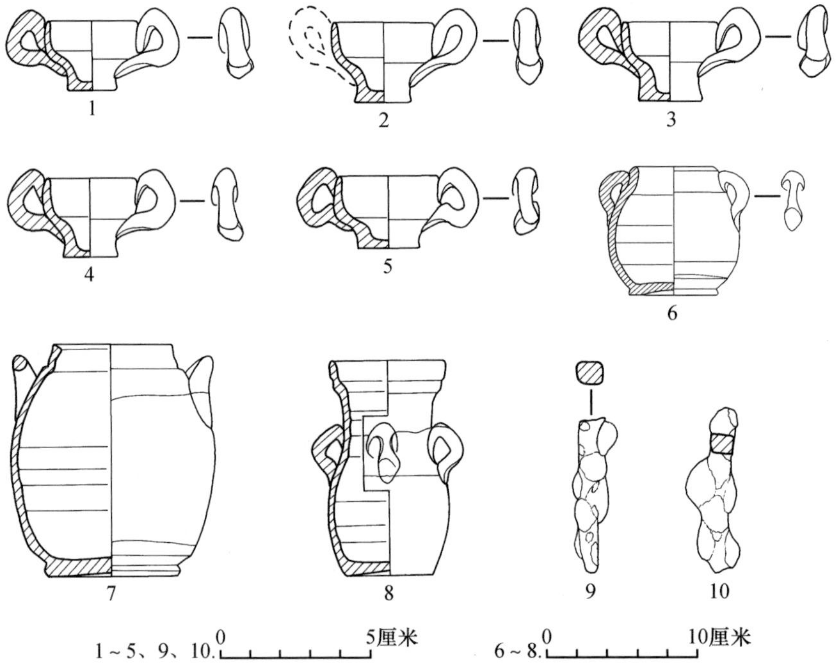

图一九　M23出土器物

1～5. 陶双耳小杯（M23：10、M23：11、M23：12、M23：13、M23：9）　6、7. 瓷双耳罐（M23：8、M23：14）　8. 瓷四系罐（M23：5）　9、10. 铁钉（M23：17、M23：18）

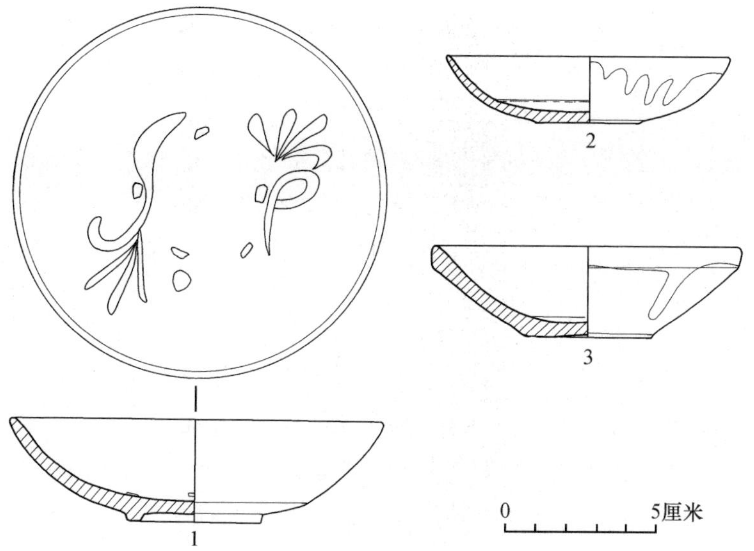

图二〇 M23出土瓷器

1、2. 瓷碗（M23∶6、M23∶7） 3. 瓷碟（M23∶4）

墓券 2方。M23∶15，买地券。青石质。方形。券身顶部留边，从右至左刻“镇墓大吉”四字；下部以竖线分栏，纵八行，内刻文字楷书，刻字较浅，用朱砂勾勒。文字上半部保存情况相对较好，下半部基本不存。边长39、厚4厘米（图二一）。从右至左可识别的券文如下：

维皇宋……巴蜀……愿……九分……娘……生居？山死安宅兆……钱……又……就此本乡复得前……四至全备八将分明内方勾陈……人岁月主者保人令……夺其界付地府主……

M23∶16，“华盖宫文”镇墓券。青石质。方形。其外边栏刻为八角形，外刻八卦；内边栏刻为方形，内外边栏之间刻楷书，下栏可识别“乙”，右栏“丁”，上栏“辛”，左栏“癸”，文字方向均朝外，“癸”字下方竖写“向左”二字；内边栏内部以竖线分栏，内刻文字楷书，以朱砂勾勒。边长38、厚4厘米（图二二）。从左至右可识别的券文如下：

……旺气神赵公明字子都……墓之……精变凶为……所致弼谐……度南……然后……子孙盛旺不绝一如帝君律令。

M43 单室砖室墓。墓口距地表0.23米。方向170°。墓圹平面呈梯形，直壁，平底。长3.3、宽0.88～0.95、残深0.05米。墓圹内以砖砌筑墓室，墓室与墓圹之间填以五

图二一　买地券（M23：15）拓片

花土。墓室平面略呈梯形，长2.7、宽0.43～0.5、残高0.05米。墓顶不存。墓室四壁基本破坏，仅残存顺砖一层。墓底以长方形砖错缝横铺。墓底南部有一腰坑，平面呈方形，边长0.17、深0.24米（图二三）。仅出土瓷四系罐1件，置于腰坑内。

瓷四系罐　1件。M43：1，红褐胎，领部以上施灰白釉，有流釉现象。敛口，方唇，领部较长，溜肩，腹部微鼓，平底，肩部对称附四竖耳。口径8.8、最大腹径10、底径6.6、高14厘米（图二四）。

2. 火葬墓

8座。分别为M24、M58、M59、M64、M68、M71、M73、M79。

M24　单室砖室墓。墓口距地表0.19米。方向80°。墓室平面呈长方形，直壁，平底。长0.35、宽0.23、残高0.16米。墓顶不存。墓室四壁以横砖围砌而成，四壁各一砖，西壁砖不存。墓底未铺砖（图二五）。共出土随葬品3件，置于墓室中。均为瓷器，双耳罐2件、碟1件。

瓷双耳罐　2件。M24：1，红胎，腹部以上施酱黄釉。敛口，方唇，短领，溜肩，鼓腹，平底，肩部附二桥形横耳。口径15.1、最大腹径22.5、底径11.5、高25.5厘米（图

图二二　“华盖宫文”镇墓券（M23：16）拓片

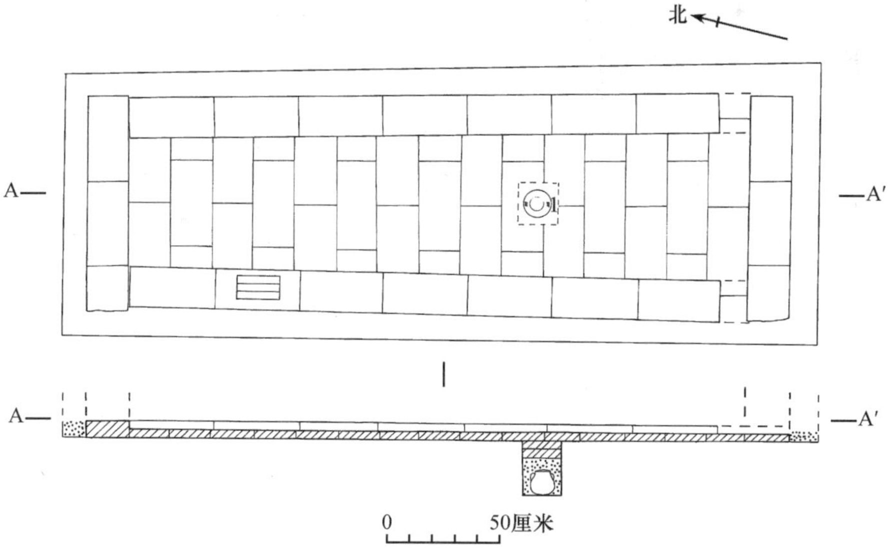

图二三　M43平、剖面图
1. 瓷四系罐

二六，3）。M24：2，红胎，施黑釉不及底。敛口，圆唇，领部较长，溜肩，鼓腹，腹部有两条凸棱微微凸起于器表，饼足，肩部附二桥形横耳。口径5.5、最大腹径9、底径6.2、高8.8厘米（图二六，1；图版三，4）。

瓷碟　1件。M24：3，紫胎，内壁及器表上部挂淡黄色化妆土，施青黄釉，器表下部施酱釉，釉面脱落较严重。敞口，圆唇，弧腹，平底。口径10.5、底径3.5、高3厘米（图二六，2）。

M58　单室墓。墓口距地表0.31米。方向19°。墓室平面呈椭圆形，长径0.72、短径

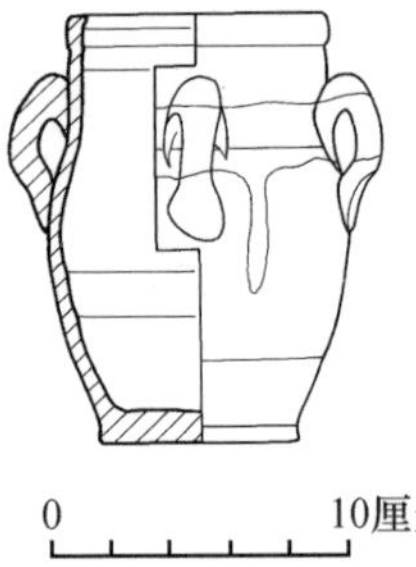

图二四　M43出土瓷四系罐
（M43：1）

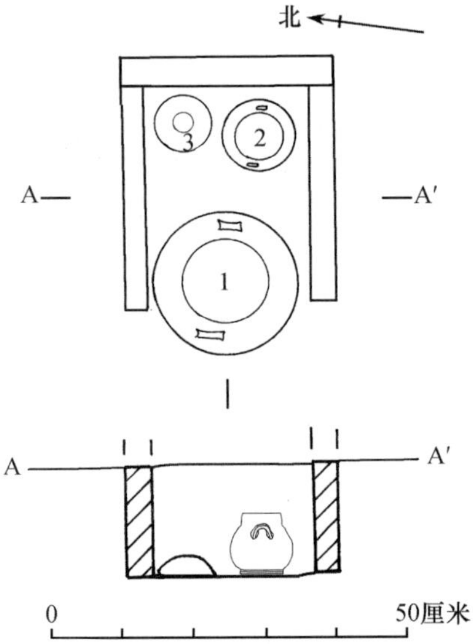

图二五　M24平、剖面图
1、2. 瓷双耳罐　3. 瓷碟

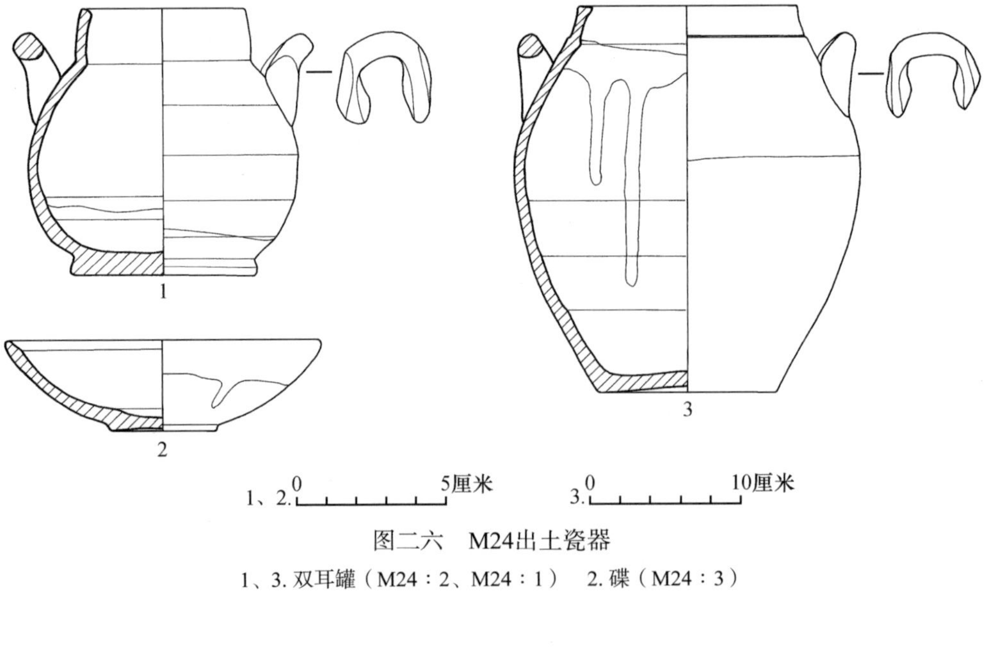

图二六　M24出土瓷器
1、3. 双耳罐（M24：2、M24：1）　2. 碟（M24：3）

0.36、两端宽约0.13米。墓室以长方形砖和方形砖围砌而成，大部分被破坏。墓顶不存。墓底铺垫半壁残瓮。墓底中部有一方形腰坑，边长0.2、深0.23米（图二七）。共出土随葬品7件，墓室内放置瓷提梁小罐1件，腰坑内放置瓷双耳罐1件及陶双耳小杯5件。

瓷双耳罐 1件。M58：1，红胎，施深灰釉不及底。近直口，圆唇，领部较长，溜肩，鼓腹，饼足略内凹，肩部附二桥形横耳。口径4.1、最大腹径6.3、底径4.4、高7厘米（图二八，2）。

陶双耳小杯 5件。形制基本相同，大小不同。均为夹细砂橙陶。近直口，口部形状不规则，圆唇，腹部较直，圆柱形饼足，口部至腹部附二竖耳。M58：2，口径3.5、底径1.8、高2.5厘米（图二八，6）。M58：3，口径3.6、底径2.1、高2.7厘米（图二八，7）。M58：4，口径3.8、底径2.2、高2.9厘米（图二八，4）。M58：5，口径3.5、底径2、高2.7厘米（图二八，3）。M58：6，口径3.5、底径1.9、高2.7厘米（图二八，5）。

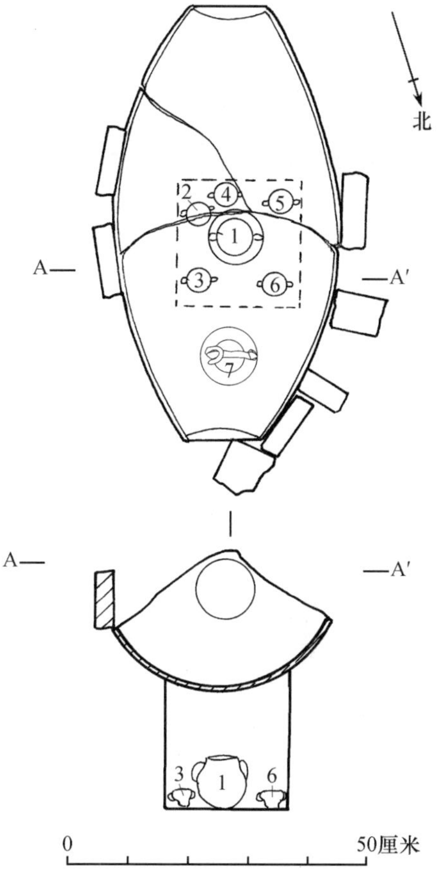

图二七 M58平、剖面图
1. 瓷双耳罐 2～6. 陶双耳小杯 7. 瓷提梁小罐

瓷提梁小罐 1件。M58：7，红褐胎，提梁及腹部以上施酱釉。敛口，圆唇，溜肩，鼓腹外凸，圆折腹，平底。口部上方堆塑蟠螭龙形提梁，蟠螭头部上翘，尾部交叉作“巾”字形。口径4.5、底径4.8、高3.9厘米（图二八，1）。

M59 单室砖室墓。墓口距地表0.28米。方向75°。墓圹平面呈梯形，直壁，平底。长1.1、宽0.7～0.86、残深0.33米。墓圹内以砖砌筑墓室，墓室与墓圹之间填以五花土。墓室平面亦呈梯形，长0.91、宽0.28～0.32、残高0.33米。墓顶不存。墓室四壁剩余单层丁砖层，其中两侧壁的丁砖层以长方形砖的宽面和侧面相间竖砌。墓底以长方形砖错缝横铺。墓底中部有一近方形腰坑，边长0.2、深0.21米，其上盖砖两层（图二九）。共出土随葬品9件，放置在墓室西部及腰坑中。包括瓷双耳罐2件、瓷碟2件、陶双耳小杯5件。

瓷碟 2件。M59：8，红褐胎，施灰白釉，内壁及外壁施灰白釉，有流釉现象。敞口，仰折沿，圆唇，弧腹，平底略内凹。口径11、底径4.2、高3.1厘米（图三〇，3）。M59：7，灰胎，内壁及外壁大部施灰白釉，釉面有少数裂纹，近底部施豆绿色釉。浅

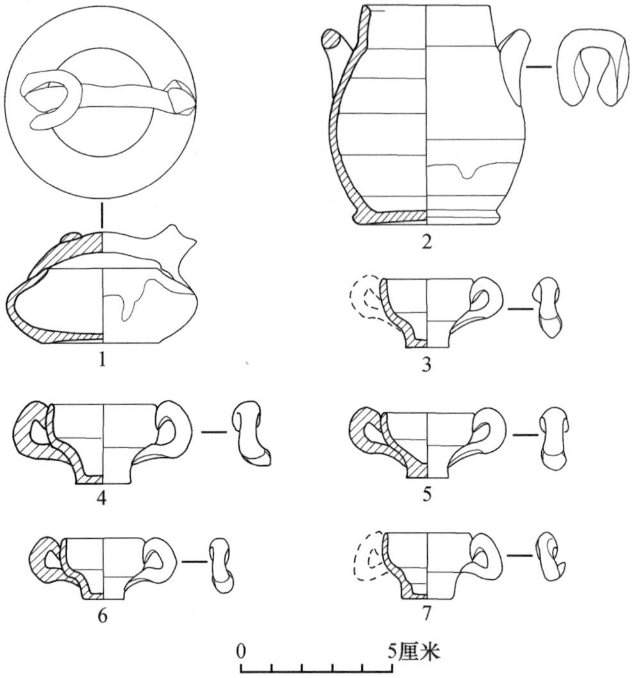

图二八　M58出土器物

1. 瓷提梁小罐（M58：7）　2. 瓷双耳罐（M58：1）　3～7. 陶双耳小杯（M58：5、M58：4、M58：6、M58：2、M58：3）

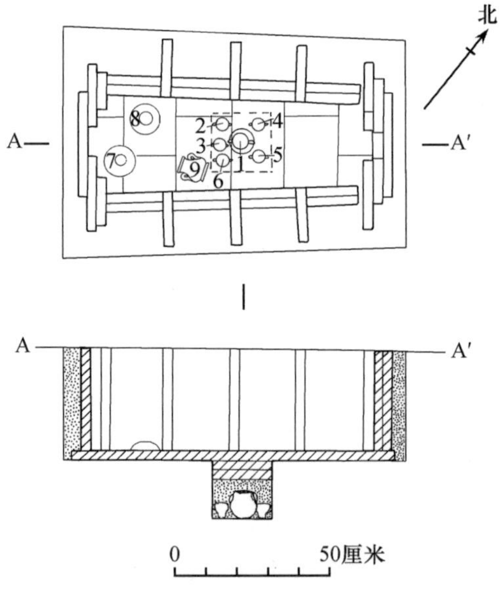

图二九　M59平、剖面图

1、9. 瓷双耳罐　2～6. 陶双耳小杯　7、8. 瓷碟

口，圆唇，折腹，平底略内凹。底部内侧残有支钉痕迹，呈颗粒状。口径10.1、底径4.5、高1.8厘米（图三〇，1）。

瓷双耳罐　2件。M59：9，灰胎，施酱黑釉，釉面脱落。侈口，卷沿，方唇，束颈，溜肩，垂腹，饼足，颈腹部之间附二竖耳。口径3.2、最大腹径4.8、底径3.8、高5厘米（图三〇，4）。M59：1，红胎，施黑灰釉不及底。直口，圆唇，微束颈，折肩，鼓腹，饼足略内凹，肩部附二竖耳。口径5.2、最大腹径8.4、底径6、高8.6厘米（图三〇，2）。

陶双耳小杯　5件。形制基本相同，大小不同。均为夹细砂橙陶。近直口，圆唇，腹部较直，圆柱形饼足，口部至腹部附二竖耳。M59：2，口径3.9、底径1.6、高2.5厘米（图三〇，8）。M59：3，口径3.6、底径2.1、高2.7厘米（图三〇，6）。M59：4，口径3.8、底径2.3、高2.6厘米（图三〇，9）。M59：5，口径3.8、底径2、高2.8厘米（图三〇，7）。M59：6，口径3.7、底径2.2、高2.6厘米（图三〇，5）。

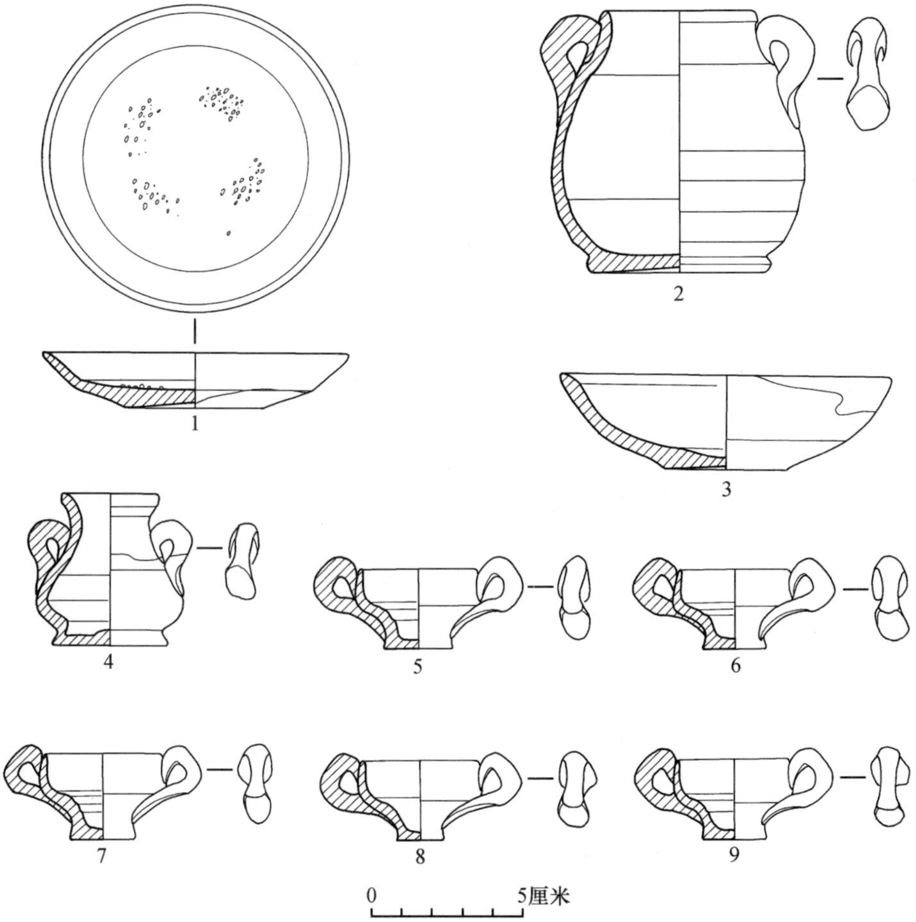

图三〇　M59出土器物

1、3. 瓷碟（M59：7、M59：8）　2、4. 瓷双耳罐（M59：1、M59：9）　5～9. 陶双耳小杯（M59：6、M59：3、M59：5、M59：2、M59：4）

M64　双室砖室墓。墓口距地表0.31米。方向165°。墓圹平面略呈梯形，直壁，平底。长1、宽0.61～0.7、残深0.4米。墓圹内以砖砌筑墓室，墓室与墓圹之间填以五花土。墓室平面近长方形，长0.83、宽0.23～0.25、残高0.4米。墓顶不存。墓室南北两壁各砌筑横立砖两层，东西壁砌筑丁砖层，由砖的宽面和侧面相间竖砌而成。墓室中部以横砖一块将墓室分成南北二室。墓底以长方形砖错缝横铺。墓底中部带有腰坑，平面呈方形，边长0.13、深0.18米，其上盖砖两层（图三一）。共出土随葬品8件，放置在南墓室及腰坑内。包括瓷四系罐1件、瓷双耳罐2件、 陶双耳小杯5件。

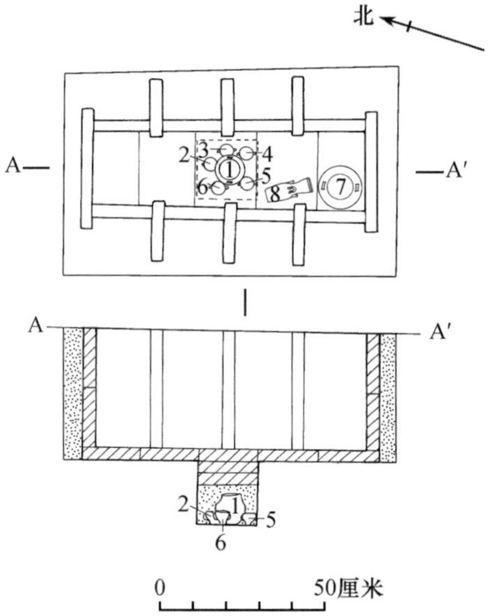

图三一　M64平、剖面图

1、7. 瓷双耳罐　2～6. 陶双耳小杯　8. 瓷四系罐

瓷四系罐　1件。M64：8，灰胎，肩部以上施酱黄釉。近直口，圆唇，长束颈，溜肩，腹部微鼓，平底微凹，肩部附四桥形横耳。口部外侧饰一周凹弦纹。口径7.2、最大腹径7.6、底径6.4、高21.2厘米（图三二，3；图版四，4）。

瓷双耳罐　2件。M64：7，红褐胎，腹部以上施酱黄釉。敛口，方唇，短领，溜肩，鼓腹内收，平底微凹，肩部附二桥形横耳。口径16.8、最大腹径25.8、底径11.8、高28.8厘米（图三二，1）。M64：1，红胎，施黑灰釉不及底。直口，圆唇，领部较长，鼓腹，饼足内凹，肩部附二桥形横耳。口径5.6、最大腹径9.4、底径6.4、高9.6厘米（图三二，2）。

陶双耳小杯　5件。形制基本相同，大小不同。均为夹细砂橙陶。近直口，圆唇，垂腹，圆柱形饼足，口部至腹部附二竖耳。M64：2，口径3.9、底径2.4、高3.9厘米（图三二，5）。M64：3，口径4、底径2.5、高4.1厘米（图三二，8）。M64：4，口径4、底径2.5、高4厘米（图三二，6）。M64：5，口径3.2、底径2.4、高3.9厘米（图三二，4）。M64：6，口径3.9、底径2.5、高4厘米（图三二，7）。

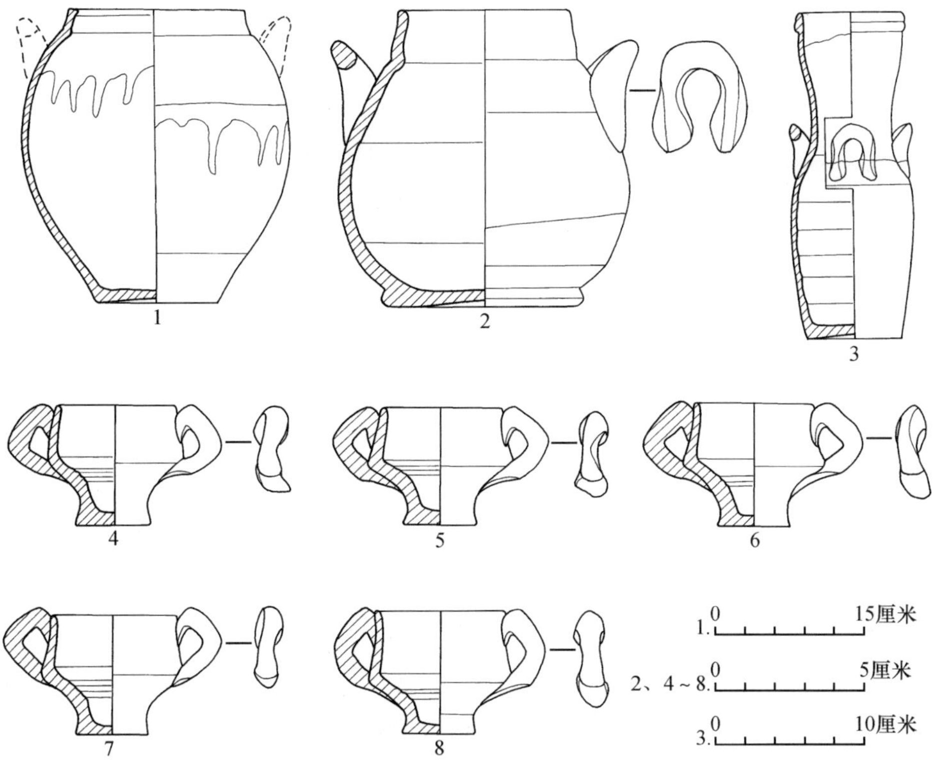

图三二　M64出土器物

1、2. 瓷双耳罐（M64：7、M64：1）　3. 瓷四系罐（M64：8）　4～8. 陶双耳小杯（M64：5、M64：2、M64：4、M64：6、M64：3）

M68　单室砖室墓。墓口距地表0.27米。方向10°。墓圹平面略呈长方形，直壁，平底。长0.9、宽0.8、残深0.4米。墓圹内以砖砌筑墓室，墓室与墓圹之间填以五花土。墓室平面呈矩尺形，西半部长0.52、宽0.33米，东半部长0.36、宽0.16米，残高0.4米。墓顶不存。墓室各壁均砌筑丁砖层，其中西壁、南壁丁砖层以长方形砖的宽面和侧面相间竖砌而成。墓室空间基本被随葬品占据。墓底以长方形砖横向铺垫。墓底中部带有腰坑，平面近方形，边长0.22、深0.18米（图三三）。共出土随葬品11件，放置于墓室及腰坑内。包括瓷四系罐4件、瓷双耳罐2件、陶双耳小杯5件。

瓷四系罐　4件。M68：1，红褐胎，口部至肩部施酱黄釉，局部釉面脱落。敛口，方唇，短领，溜肩，口肩部之间有一道折棱，鼓腹，平底内凹，肩部附四桥形横耳。口径18、最大腹径29、底径12.3、高30.6厘米（图三四，2）。M68：2，红胎，腹部以上施酱黄釉。敛口，方唇，短领，溜肩，鼓腹，平底内凹，肩部附四桥形横耳。口径15、最大腹径26.5、底径12.2、高30.6厘米（图三四，1；图版四，5）。M68：11，红胎，领部施灰白釉，釉面脱落，有流釉现象。敛口，方唇，领部较长，溜肩，腹部微鼓，平底，肩部附四竖耳。口径8.8、最大腹径10、底径5.2、高15.7厘米（图三四，4；图版四，6）。M68：3，红胎，肩部以上施酱黑釉，有流釉现象。近直口，口部较长，尖圆

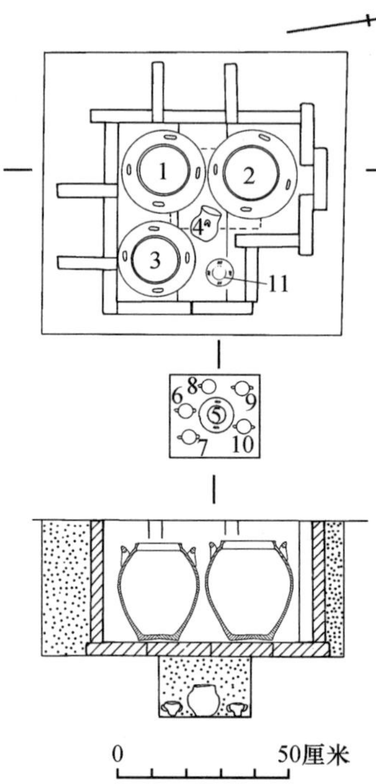

图三三　M68平、剖面图

1～3、11. 瓷四耳罐　4、5. 瓷双耳罐　6～10. 陶双耳小杯

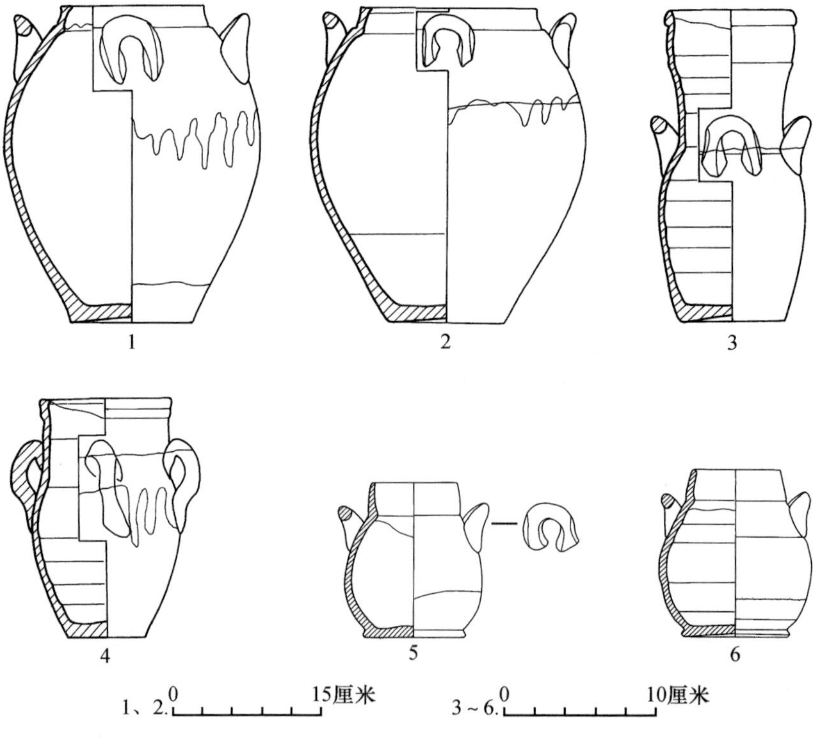

图三四　M68出土瓷器

1～4. 四系罐（M68：2、M68：1、M68：3、M68：11）　5、6. 双耳罐（M68：4、M68：5）

唇，长颈微束，溜肩，腹部微鼓，平底微凹，肩部附四桥形横耳。口径8.6、最大腹径9.6、底径6.8、高20.5厘米（图三四，3）。

瓷双耳罐　2件。M68：4，灰胎，施褐釉不及底。近直口，圆唇，领部较长，溜肩，鼓腹，饼足，肩部附二桥形横耳。口径5.8、最大腹径9.4、底径6.2、高10.2厘米（图三四，5）。M68：5，红胎，施深灰色釉不及底。近直口，圆唇，溜肩，鼓腹，饼足，肩部附二桥形横耳。口径5.8、最大腹径10、底径7、高11厘米（图三四，6）。

陶双耳小杯　5件。形制基本相同，大小不同。均为夹细砂橙陶。近直口，圆唇，腹部较直，圆柱形饼足，口部至腹部附二竖耳。底部饰叶脉纹。M68：6，口径4、底径1.9、高3.2厘米（图三五，2）。M68：7，口径4、底径2.2、高3.2厘米（图三五，4）。M68：8，口径4.2、底径2.2、高3.4厘米（图三五，5）。M68：9，口径4.1、底径2、高3.3厘米（图三五，1）。M68：10，口径4.2、底径2.2、高3.5厘米（图三五，3）。

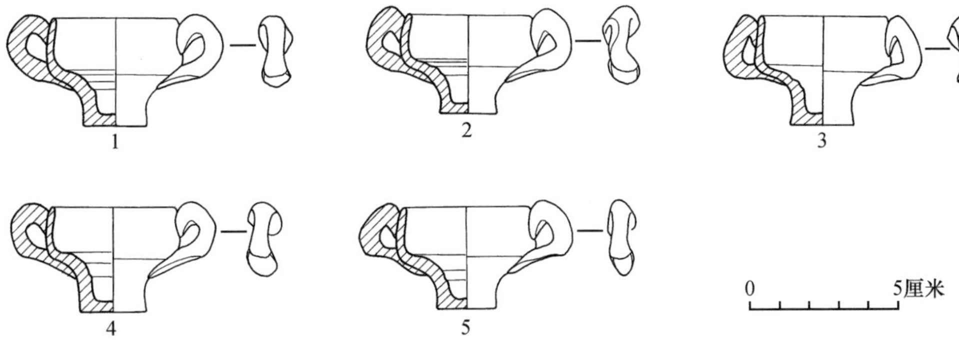

图三五　M68出土陶双耳小杯

1. M68：9　2. M68：6　3. M68：10　4. M68：7　5. M68：8

M71　单室砖室墓。墓口距地表0.23米。方向125°。墓圹平面呈方形，直壁，平底。边长0.73、残深0.33米。墓圹内以砖砌筑墓室，墓室与墓圹之间填以五花土。墓室平面略呈梯形，长0.5、宽0.35～0.4、残高0.33米。墓顶不存。墓室四壁皆砌丁砖层，其中两侧壁以砖的宽面和侧面相间竖砌而成。墓底以长方形砖错缝横铺。墓底中部带有腰坑，平面近方形，边长0.21、深0.17米（图三六）。共出土随葬品7件，放置于墓室及腰坑内。包括瓷双耳罐2件，陶双耳小杯5件。

瓷双耳罐　2件。M71：7，灰胎，胎面挂淡黄色化妆土，外壁施酱黑釉不及底，有流釉现象。近直口，圆唇，短直领，溜肩，鼓腹，饼足，肩部附二桥形横耳。口径7.8、最大腹径13.2、底径8.3、高16厘米（图三七，1）。M71：1，灰胎，施酱釉，釉面大面积脱落。近直口，圆唇，领部较长，溜肩，鼓腹，饼足。肩部附二桥形横耳。口径5.3、最大腹径9、底径6.2、高9.1厘米（图三七，2）。

陶双耳小杯　5件。形制基本相同，大小不同。均为夹细砂橙陶。近直口，圆唇，腹部较直，圆柱形饼足，口部至腹部附二竖耳。M71：2，口径4、底径1.9、高3.3厘米（图三七，5）。M71：3，口径4、底径2.4、高3.5厘米（图三七，7）。M71：4，口

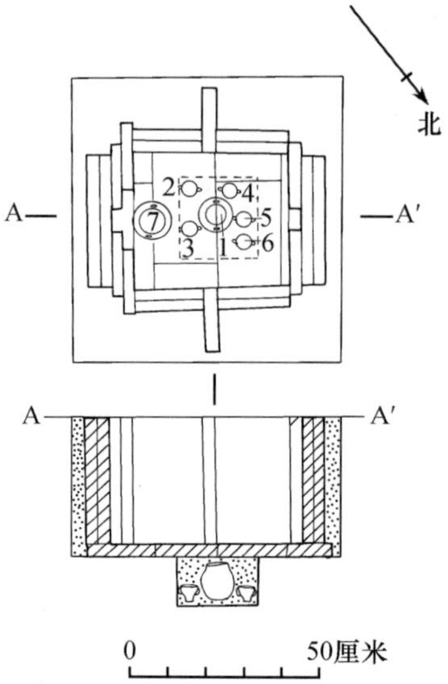

图三六　M71平、剖面图

1、7. 瓷双耳罐　2～6. 陶双耳小杯

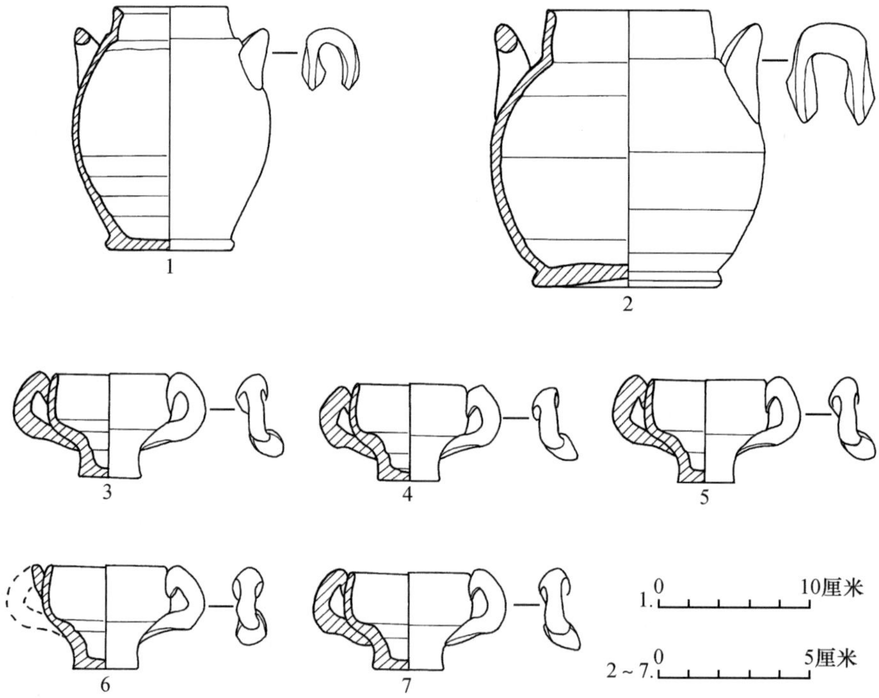

图三七　M71出土器物

1、2. 瓷双耳罐（M71∶7、M71∶1）　3～7. 陶双耳小杯（M71∶5、M71∶4、M71∶2、M71∶6、M71∶3）

径3.7、底径2.2、高3.4厘米（图三七，4）。M71：5，口径3.9、底径2、高3.3厘米（图三七，3）。M71：6，口径3.8、底径2.1、高3.5厘米（图三七，6）。

M73　单室砖室墓。墓口距地表0.24米。方向110°。墓圹平面呈长方形，直壁，平底。长0.7、宽0.6、残深0.38米。墓圹内以砖砌筑墓室，墓室与墓圹之间填以五花土。墓室平面亦呈长方形，长0.48、宽0.15、残高0.38米。墓顶不存。墓室四壁皆砌丁砖层，其中南北两壁丁砖层以长方形砖的宽面和侧面相间竖砌而成。墓底中部以长方形砖横向铺垫。墓底中部带有腰坑，平面呈长方形，长0.22、宽0.19、深0.18米（图三八）。共出土随葬品8件，放置于墓室及腰坑内。包括瓷碟1件、瓷双耳罐2件、陶双耳小杯5件。

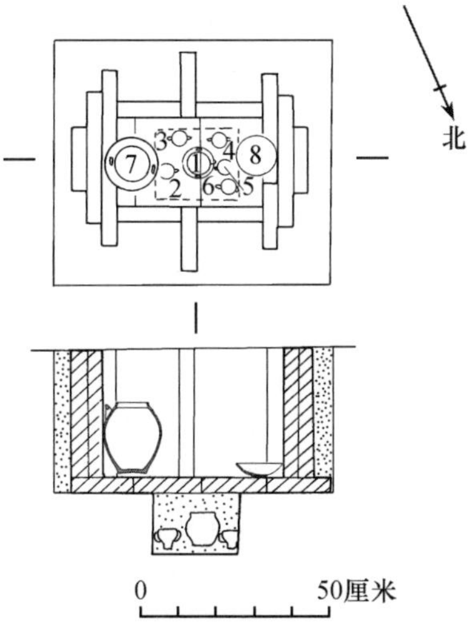

图三八　M73平、剖面图

1、7. 瓷双耳罐　2～6. 陶双耳小杯　8. 瓷碟

瓷碟　1件。M73：8，红褐胎，内壁及器表施青黄色釉，有流釉现象。敞口，圆唇，弧腹，饼足内凹，底内部略下凹。口径12、底径4、高3.5厘米（图三九，8）。

瓷双耳罐　2件。M73：7，红胎，肩部以上施酱黄釉。敛口，斜方唇，短领，溜肩，鼓腹内收，平底微凹，肩部附二桥形横耳。领部下方饰一周凹弦纹。口径15.6、最大腹径26、底径12、高27.6厘米（图三九，1）。M73：1，灰胎，施褐釉不及底。近直口，圆唇，领部较长，溜肩，鼓腹，饼足内凹，肩部附二桥形横耳。口径5.2、最大腹径8.6、底径5.5、高8.4厘米（图三九，2）。

陶双耳小杯　5件。形制基本相同，大小不同。均为夹细砂橙陶。近直口，圆唇，腹部较直，圆柱形饼足，口部至腹部附二竖耳。底部或饰数道弧线纹。M73：2，口径3.6、底径2、高3.3厘米（图三九，4）。M73：3，口径3.8、底径2、高3.3厘米（图三九，3）。M73：4，口径3.7、底径1.9、高3.4厘米（图三九，7）。M73：5，口径3.8、底径2、高3.7厘米（图三九，6）。M73：6，口径3.6、底径2.4、高3.1厘米（图

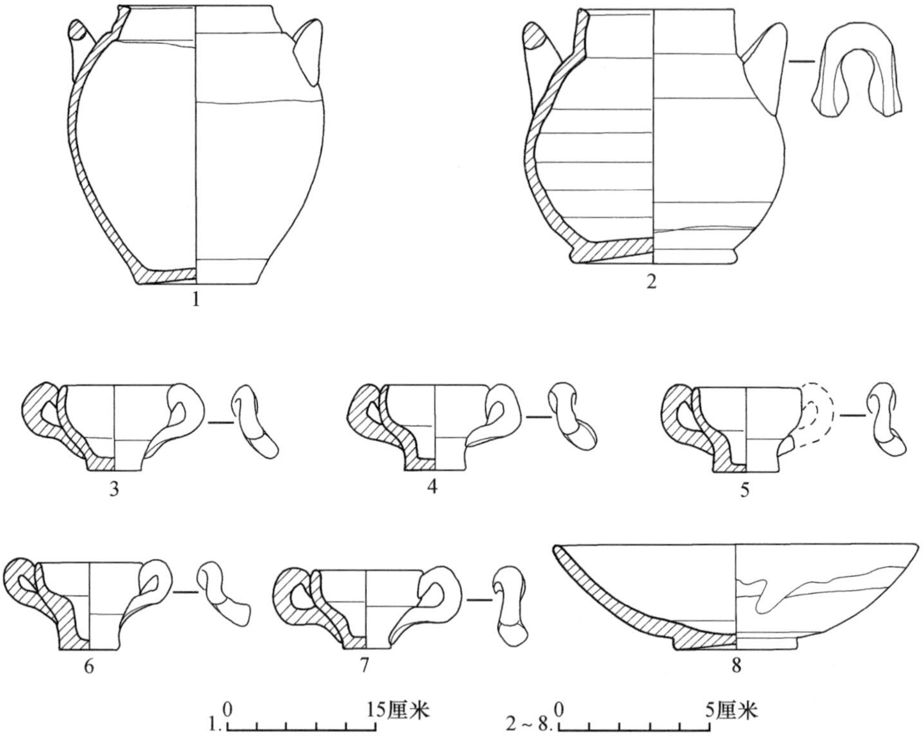

图三九　M73出土器物

1、2. 瓷双耳罐（M73：7、M73：1）　3～7. 陶双耳小杯（M73：3、M73：2、M73：6、M73：5、M73：4）
8. 瓷碟（M73：8）

三九，5）。

M79　单室砖室墓。墓口距地表0.33米。方向130°。墓圹平面略呈方形，直壁，平底。边长0.6、残深0.32米。墓圹内以砖砌筑墓室，墓室与墓圹之间填以五花土。墓室平面呈长方形，长0.43、宽0.25、残高0.32米。墓室四壁皆砌丁砖层，两侧壁以长方形砖的宽面和侧面相间竖砌而成。墓顶不存。墓底以长方形砖横向铺垫。墓底中部带有腰坑，平面近正方形，边长0.2、深0.17米（图四〇）。共出土随葬品8件，放置于墓室及腰坑内。包括瓷碟1件、瓷双耳罐2件、陶双耳小杯5件。

瓷碟　1件。M79：7，灰胎，内壁及器表口部施灰白釉，有流釉现象。敞口，仰折沿，圆唇，弧腹，平底内凹，底部内侧略下凹。口径9.3、底径3.4、高3厘米（图四一，8）。

瓷双耳罐　2件。M79：8，红胎，腹部以上施酱黄釉。敛口，方唇，短领，溜肩，鼓腹，平底内凹，肩部附二桥形横耳。口径17.8、最大腹径25.5、底径12、高31厘米（图四一，1）。M79：1，红褐胎，施深褐釉。近直口，圆唇，领部较长，溜肩，鼓腹，饼足内凹，肩部附二桥形横耳。口径5.2、最大腹径9、底径6、高9.1厘米（图四一，2）。

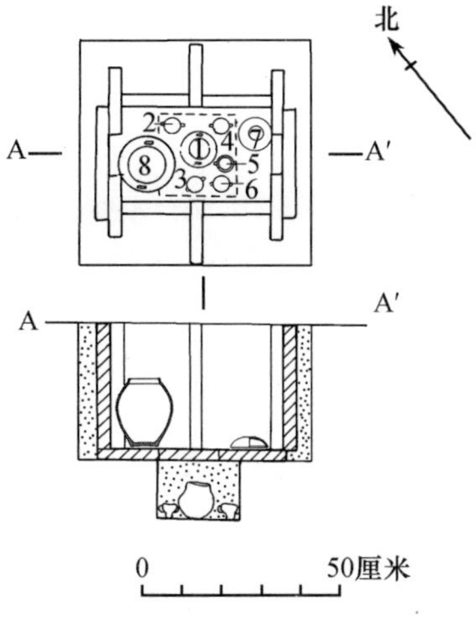

图四〇　M79平、剖面图

1、8. 瓷双耳罐　2～6. 陶双耳小杯　7. 瓷碟

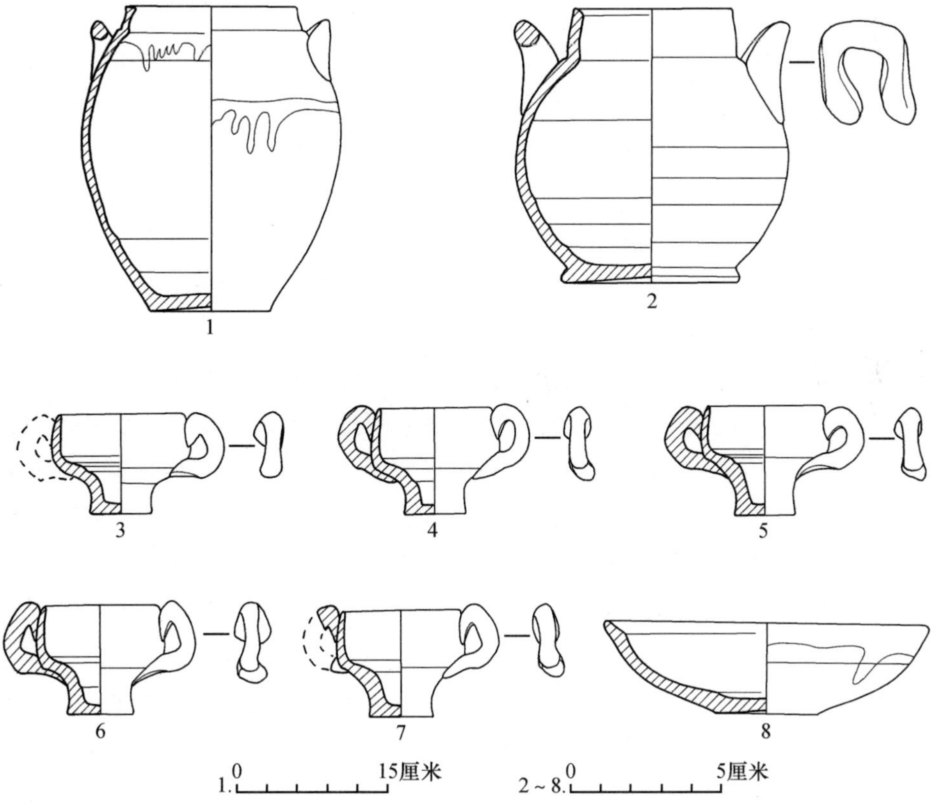

图四一　M79出土器物

1、2. 瓷双耳罐（M79：8、M79：1）　3～7. 陶双耳小杯（M79：2、M79：4、M79：3、M79：6、M79：5）

8. 瓷碟（M79：7）

陶双耳小杯 5件。形制基本相同，大小有差异。均为夹细砂橙陶。近直口，圆唇，腹部较直，圆柱形饼足，口部至腹部附二竖耳。M79：2，口径4、底径2.1、高3.4厘米（图四一，3）。M79：3，口径3.8、底径2.3、高3.7厘米（图四一，5）。M79：4，口径3.8、底径2.2、高3.5厘米（图四一，4）。M79：5，口径4、底径2.3、高3.4厘米（图四一，7）。M79：6，口径4.2、底径2.3、高3.6厘米（图四一，6）。

四、结 语

M22、M77二墓形制相近，均为长方形砖室墓，墓底皆铺设砾石基础，虽没有明确的纪年信息及随葬品的出土，但此类墓葬的特征与中海国际社区M1、M2基本相同，其中M1出土了载有明确纪年信息的纪年砖，铭文为“元康八年八月廿日”[1]。“元康”即为西晋惠帝司马衷在位期间的年号，“元康八年”即298年。因此，可推测M22、M77的时代应在西晋前后。

M81、M82为长方形单室砖墓，所有墓砖均带有模印菱形纹及联璧纹，为四川地区汉代砖室墓的典型特征。两座墓葬均出土12件素面夹砂陶钵，且形制相同，具有东汉中期以后的风格，但墓中不见汉代墓葬中常随葬的仓、灶、井、家禽家畜等模型明器，年代应在东汉晚期以后，结合M81墓底的砾石基础，或可至魏晋时期。

M29墓葬形制相对较复杂，有甬道、前后室、壁龛结构。与金沙村唐墓M1（786年）[2]、高新区紫荆路唐墓M1（唐代中晚期之际）[3]形制十分接近。出土的瓷四系罐、碗与开元通宝等均属于四川地区唐墓分期中的第三期（唐代中晚期）。M92前室近梯形、后室呈长方形的形制亦为唐墓分期中第三期的典型特征[4]。

M11、M84、M43墓室平面呈梯形，形制简单，墓底铺砖，两侧无壁龛。这种墓葬形制在川西地区从唐代早期开始出现，流行并沿用到五代北宋时期。其中M11出土的2件瓷碗与四川唐墓分期中第二期划定的瓷碗形制特征一致，年代应在唐代中期前后。M84出土的瓷盘口四系罐、碟与青白江区艾切斯工地M13[5]、金堂赵镇李家梁子[6]出土的同类器物特征相同，年代大致在唐末五代时期。M43仅在腰坑内出土瓷四系罐1件，该器形在四川地区出现于北宋中期，可延续至北宋晚期，因此M43的年代大致在北宋中晚期。

M23为长方形平顶单室砖室墓，结构简单。其形制与成都近郊发掘的一座嘉定十六年（1223年）长方形单室平顶墓相似。该墓随葬器物具有较明确的时代特征。其中，买地券铭文显示其下葬时代为“皇宋”时期；瓷碗、碟、双耳罐、高领四系罐及釉陶俑等是四川地区宋墓出土随葬品常见的基本组合；釉陶俑类仅有武士俑和伏俑两种，其中武士俑与成都温江区“学府尚郡”M3[7]（淳熙十一年）、成华区三圣乡花果村M7[8]（庆元六年）出土武士俑的形制特征接近；且该墓不见四川地区淳熙以前宋墓中常见的人头蛇身俑、文吏俑、牵马俑等。从墓葬形制和随葬品推测该墓的年代大致在南宋中后期淳熙以后。

M24、M59、M64、M68、M71、M73、M79皆为小型单室火葬墓，墓底皆带有腰坑。随葬品的基本组合为瓷碗、瓷碟、瓷双耳罐或瓷四系罐、陶双耳小杯。其中瓷双耳罐与陶双耳小杯为固定组合，以5件陶双耳小杯围绕1件瓷双耳罐的摆放方式置于腰坑内。这种在腰坑内随葬陶双耳小杯的现象在四川其他区域中也有较多发现，如官渠埝[9]、彭州下梁山[10]、新津方兴村[11]、温江"边城·香格里"工地[12]、青白江景峰村[13]等墓，时代基本集中于南宋中后期。王家碾墓群此类墓葬的时代也应与之相近。M58的形制相对来说比较特殊，墓底以半壁残瓮铺垫，但从其墓底带有腰坑的特征及随葬品的组合仍可判断其时代属于南宋中后期。

其余79座墓葬的出土情况可参照附表，年代基本集中于宋代。

综上所述，王家碾墓地的时代大致可从东汉晚期一直延续至南宋中晚期。该墓地内墓葬形制结构简单，随葬品数量较少，制作粗糙，应为一处平民墓地。墓葬中以南宋中晚期的小型火葬墓为多，其墓室长度多不超过1米，其特别之处在于墓底中部基本带有腰坑，腰坑内随葬瓷双耳罐1件、陶双耳小杯5件。关于陶双耳小杯的性质，有学者认为其在数量和摆放方位上都与已发现的五方镇墓真文券相似，二者的性质或相接近，应同为镇墓器物[14]；在并未发现腰坑的下梁山M3中，5件陶双耳小杯被置于墓室内通常用于放置五方镇墓真文券的两侧壁，佐证了其作为镇墓器物的推论。此外，在四川广元市利州区浩口村M1的腰坑之中，出土了盛有清水的黑釉双耳陶罐，或可据此推测腰坑内所随葬的瓷双耳罐内原皆盛有清水，而其和陶双耳小杯同时置于腰坑之中，应代表了在墓主下葬前的一个较为完整的道教葬仪片段，即先设腰坑并置装有清水的瓷罐或陶罐以祭祀后土神及祷告生人福祉，其次置入双耳小杯以辟邪镇墓，最后或置入买地券以明地界（如M23）。此类现象先前在四川其他区域内均为零星发现，仅王家碾墓地中的发现为最多，或可说明王家碾墓地所在区域是当时此类道教葬仪最为盛行之处。

发掘：谢　涛　田剑波　杨永鹏　倪林忠
绘图：孙志辉
拓片：唐建芳
照相：田剑波
执笔：田剑波　叶小青　谢　涛

注　释

[1] 成都文物考古研究所：《中海国际社区晋墓发掘简报》，《成都考古发现》（2004），科学出版社，2006年。

[2] 成都文物考古研究所：《成都市金沙村唐墓发掘简报》，《成都考古发现》（2004），科学出版社，2006年。

[3] 成都市文物考古研究所：《成都市高新区紫荆路唐宋墓发掘简报》，《成都考古发现》（1999），科学出版社，2001年。

[4] 刘雨茂、朱章义：《四川地区唐代砖室墓分期研究初论》，《四川文物》1999年第3期。

[5] 成都文物考古研究所、青白江区文物保护管理所：《成都青白江艾切斯工地唐、宋墓葬发掘简报》，《成都考古发现》（2006），科学出版社，2008年。

[6] 成都文物考古研究所、金堂县文物保护管理所：《金堂赵镇李家梁子唐宋墓发掘简报》，《成都考古发现》（2007），科学出版社，2009年。

[7] 成都文物考古研究所、温江区文物保护管理所：《成都温江区"学府尚郡"工地五代及宋代墓葬发掘简报》，《成都考古发现》（2006），科学出版社，2008年。

[8] 成都市文物考古工作队：《成都市成华区三圣乡花果村宋墓发掘简报》，《成都考古发现》（2001），科学出版社，2003年。

[9] 四川省文物管理委员会：《四川官渠埝唐、宋、明墓清理简报》，《考古通讯》1956年第5期。

[10] 成都文物考古研究所、彭州文物保护管理所：《彭州市下梁山唐宋墓发掘简报》，《成都考古发现》（2012），科学出版社，2014年。

[11] 成都文物考古研究所、新津县文管所：《成都市新津县方兴唐宋墓群发掘报告》，《成都考古发现》（2009），科学出版社，2011年。

[12] 成都文物考古研究所、温江区文物保护管理所：《成都市温江区"边城·香格里"工地宋代墓葬发掘简报》，《成都考古发现》（2007），科学出版社，2009年。

[13] 成都文物考古研究所：《成都市青白江区景峰村五代及宋代墓葬发掘简报》，《成都考古发现》（2003），科学出版社，2005年。

[14] 成都文物考古研究所、新津县文管所：《成都市新津县方兴唐宋墓群发掘报告》，《成都考古发现》（2009），科学出版社，2011年。

附表　墓葬统计表

墓号	墓向	形制（均为砖室墓）	墓室长×宽×残高/米	有无腰坑	随葬品/件	时代
M1	195°	梯形单室墓	1.89×（0.39～0.41）×0.35	无	瓷五足香炉1，瓷四系罐1	北宋
M2	90°	凸字形三室墓	南室：0.35×0.22×0.36 中室：0.65×0.23×0.36 北室：0.27×0.25×0.36	无	瓷双耳罐2，瓷四系罐3，瓷碟1，瓷双耳小杯5	南宋
M3	175°	梯形单室墓	残0.9×（0.16～？）×0.06	无	无	南宋
M4	175°	梯形单室墓	2.12×（0.35～0.47）×0.34	无	开元通宝2	北宋
M5	东南	长方形单室	1.15×0.2×0.24	无	开元通宝1	北宋
M6	180°	梯形单室墓	1.85×（0.25～0.3）×0.31	无	无	宋代
M7	205°	梯形单室墓	2.58×（0.46～0.66）×0.03	无	开元通宝3	晚唐
M8	203°	梯形单室墓	2.01×（0.31～0.43）×0.38	无	无	宋代
M9	210°	梯形单室墓	0.79×（0.23～0.36）×0.2	有	瓷四系罐1，瓷碗1，瓷双耳罐1，陶双耳小杯5	南宋
M10	205°	梯形单室墓	2.2×（0.3～0.53）×0.38	无	瓷四系罐2，瓷碗2，瓷钵1	晚唐
M11	20°	梯形单室墓	1.9×（0.25～0.38）×0.22	无	瓷碟1，瓷盏1，瓷碗2	中唐
M12	185°	梯形单室墓	2×（？～0.5）×0.37	无	无	唐宋
M13	不明	不明	残0.88×残0.41×残0.6	无	无	不明
M14	165°	梯形单室墓	2.2×（0.56～0.7）×0.32	无	瓷四系罐1，半圆形铜扣2，长方形铜扣2，碑形铜扣1，开元通宝6	晚唐
M15	195°	梯形单室墓	2.13×（0.79～0.92）×0.24	无	开元通宝6	唐宋
M16	195°	梯形单室墓	2.14×（0.35～0.39）×0.3	无	无	不明
M17	180°	梯形单室墓	1.31×（0.21～0.31）×0.38	无	无	南宋
M18	185°	梯形单室墓	1.31×（0.21～0.31）×0.16	无	无	南宋
M19	195°	长方形单室墓	0.48×？×0.24	无	无	南宋
M20	200°	梯形单室墓	0.7×（0.25～0.35）×0.18	无	无	南宋
M21	190°	梯形单室墓	1.1×（0.33～0.46）×0.18	无	无	南宋
M22	165°	长方形单室墓	2.81×（1.16～1.21）×0.2	无	无	西晋
M23	125°	长方形单室墓	1.4×0.37×0.43	有	釉陶武士俑2，釉陶伏俑1，瓷碟1，瓷四系罐1，瓷碗2，瓷双耳罐2，陶双耳小杯5，石墓券2，铁钉2	南宋
M24	80°	长方形单室墓	0.35×0.23×0.16	无	瓷双耳罐2，瓷碟1	南宋
M25	185°	梯形单室墓	2.13×（0.51～0.61）×0.22	无	瓷四系罐1，瓷双耳罐1，瓷碗1	北宋
M26	195°	梯形单室墓	2.33×（0.45～0.62）×0.45	无	铁钉5，开元通宝1	晚唐

续表

墓号	墓向	形制（均为砖室墓）	墓室长×宽×残高/米	有无腰坑	随葬品/件	时代
M27	185°	梯形单室墓	2.15×（0.43～0.6）×0.26	无	无	南宋
M28	190°	梯形单室墓	2.06×（0.61～？）×0.34	无	无	南宋
M29	35°	长方形双室墓	2.7×（0.6～1.47）×0.26	无	瓷四系罐2，瓷碗1，开元通宝5	中晚唐
M30	205°	梯形单室墓	2×（0.32～0.5）×0.42	无	无	不明
M31	200°	梯形单室墓	2.4×（0.5～0.75）×0.87	无	铁钉6，瓷碗1，瓷双耳罐1，铜簪1	北宋
M32	185°	梯形单室墓	2.85×（0.72～0.8）×0.45	无	无	宋代
M33	60°	前室长方形 后室梯形	前室1.04×0.51×0.2 后室1.22×（0.64～0.81）×0.2	无	开元通宝4	晚唐
M34	205°	梯形单室墓	1.6×（0.3～0.39）×0.26	无	无	宋代
M35	185°	梯形单室墓	2.17×（0.35～0.55）×0.24	无	无	宋代
M36	200°	梯形双室墓	前室1.18×（0.5～0.63）×0.27 后室0.88×（0.8～0.9）×0.27	无	瓷碗1，开元通宝4，乾元重宝1	晚唐
M37	南北	梯形单室墓	不明	无	无	不明
M38	220°	梯形单室墓	2.40×（0.34～0.62）×0.38	无	铜簪2	北宋
M39	南北	长方形单室墓	不明	无	无	不明
M40	东南	长方形单室墓	2.3×0.86×0.28	无	瓷碟1	北宋
M41	185°	梯形单室墓	2.5×（0.43～0.65）×0.03	无	无	北宋
M42	190°	梯形单室墓	2.64×（0.45～0.55）×0.05	有	瓷四系罐1	北宋
M43	170°	梯形单室墓	2.7×（0.43～0.5）×0.05	有	瓷四系罐1	北宋中晚期
M44	200°	凸字形双室墓	前室1.9×（0.55～0.9）×0.53 后室0.45×（0.75～0.8）×0.53	无	铁钱1	早唐
M45	205°	梯形单室墓	1.15×（0.29～0.38）×0.07	无	无	南宋
M46	185°	梯形单室墓	2.28×（0.45～0.62）×0.07	无	无	北宋
M47	180°	梯形单室墓	3.33×（0.69～0.82）×0.87	有	瓷双耳罐1	北宋
M48	30°	凸字形双室墓	前室1.8×（0.68～0.73）×0.7 后室5.4×（0.96～0.99）×0.7	无	直百五铢4，五铢1	蜀汉
M49	185°	梯形双室墓	前室1.09×（0.44～0.46）×0.4 后室1.27×（0.56～0.7）×0.4	无	无	北宋
M50	200°	梯形单室墓	0.65×（0.35～0.45）×0.26	无	无	南宋
M51	东西	长方形单室墓	0.32×0.29×0.09	无	无	南宋

续表

墓号	墓向	形制（均为砖室墓）	墓室长×宽×残高/米	有无腰坑	随葬品/件	时代
M52	185°	梯形双室墓	前室1.22×（0.56~0.6）×0.5 后室1×（0.68~0.76）×0.5	无	无	北宋
M53	东南	长方形单室墓	0.4×0.2×0.11	无	无	南宋
M54	205°	梯形单室墓	1×（0.21~0.36）×0.29	无	瓷四系罐1，瓷器盖1	南宋
M55	南北	长方形单室墓	2.33×0.69×?	无	瓷双耳罐1	北宋
M56	东西	不明	残1.1×残0.81×残0.05	无	瓷片1	唐宋
M57	30°	长方形单室墓	残长2×宽0.8×?	无	瓷片3，瓷碗1，瓷罐底1	唐宋
M58	19°	椭圆形单室墓	长径0.72、短径0.36、两端宽0.13	有	瓷提梁小罐1，瓷双耳罐1，陶双耳小杯5	南宋
M59	75°	梯形单室墓	0.91×（0.28~0.32）×0.33	有	瓷碟2，瓷双耳罐2，陶双耳小杯5	南宋
M60	东西	长方形单室墓	残0.85×0.76×?	无	无	不明
M61	265°	长方形单室墓	0.66×0.28×0.35	无	瓷器底1，瓷碗1，瓷罐1	南宋
M62	175°	梯形单室墓	0.44×（0.19~0.29）×0.35	有	瓷双系罐1，陶双耳小杯5	南宋
M63	205°	梯形单室墓	2.38×（0.27~0.48）×0.57	无	瓷四系罐1，瓷双耳罐1	北宋
M64	165°	梯形双室墓	0.83×（0.23~0.25）×0.4	有	瓷四系罐1，瓷双耳罐2，陶双耳小杯5	南宋
M65	160°	梯形单室墓	0.82×（0.25~0.31）×0.25	无	无	南宋
M66	195°	梯形单室墓	2.11×（0.42~0.6）×0.57	无	瓷四系罐1，瓷碗1	北宋
M67	东西	长方形单室墓	0.34×0.24×0.34	无	瓷双耳罐1，瓷碟1	南宋
M68	10°	长方形单室墓	西室0.52×0.33×0.4 东室0.36×0.16×0.4	有	瓷四系罐4，瓷双耳罐2，陶双耳小杯5	南宋
M69	85°	长方形单室墓	0.39×0.27×0.33	无	瓷双耳罐1，瓷碟1	南宋
M70	180°	长方形双室墓	前室0.17×0.21×0.34 后室0.62×0.3×0.34	无	瓷双耳罐1，瓷碟2	南宋
M71	125°	方形单室墓	0.5×（0.35~0.4）×0.33	有	瓷双耳罐2，陶双耳小杯5	南宋
M72	200°	梯形单室墓	1.03×（0.22~0.34）×0.41	无	无	南宋
M73	110°	长方形单室墓	0.48×0.15×0.38	有	瓷碟1，瓷双耳罐2，陶双耳小杯5	南宋
M74	295°	双室墓	北室？×0.35×0.34 南室？×0.34×0.34	无	无	不明
M75	295°	长方形单室墓	1×0.33×0.05	无	瓷盏1，瓷双耳罐1，铁钉3	南宋
M76	295°	长方形单室墓	1×0.34×0.05	无	瓷双耳罐2，瓷碗1，瓷碟1	南宋
M77	70°	长方形单室墓	1.97×0.76×0.1	无	无	西晋

续表

墓号	墓向	形制（均为砖室墓）	墓室长×宽×残高/米	有无腰坑	随葬品/件	时代
M78	160°	梯形双室墓	前室0.9×（0.47～0.59）×0.48 后室1.47×（0.66～1）×0.48	无	无	唐宋
M79	130°	方形单室墓	0.43×0.25×0.32	有	瓷碟1，瓷双耳罐2，陶双耳小杯5	南宋
M80	南北	长方形单室墓	不明	无	无	不明
M81	140°	长方形单室墓	3.58×1.19×0.21	无	陶钵12	东汉晚期
M82	140°	长方形单室墓	4.1×1.1×0.07	无	陶钵12	东汉晚期
M83	165°	梯形单室墓	1.87×（0.56～0.7）×0.37	无	瓷四系罐1	北宋
M84	30°	梯形单室墓	2.51×（0.5～0.77）×0.62	无	瓷碗2，瓷带流壶1，瓷四系罐1，瓷碟1，铜镜1	唐末五代
M85	205°	梯形单室墓	0.75×（0.12～0.18）×0.14	无	瓷碟1，瓷碗1	南宋
M86	200°	梯形单室墓	2.13×（0.31～0.54）×0.5	无	瓷四系罐1，瓷碟1，铜簪1	北宋
M87	345°	梯形单室墓	2.03×（0.73～0.92）×0.48	无	无	唐宋
M88	180°	长方形单室墓	0.35×0.25×0.34	无	瓷双耳罐2，瓷碟1	南宋
M89	南北	长方形单室墓	3.22×0.8×0.03	无	无	魏晋
M90	南北	长方形单室墓	1.7×0.69×0.03	无	无	北宋
M91	170°	梯形单室墓	1.73×（0.38～0.56）×0.03	无	无	北宋
M92	20°	前室梯形 后室长方形	前室1.3×（0.6～0.69）×0.3 后室1.06×0.93×0.49	无	瓷四系罐1，瓷碟1	晚唐
M93	210°	梯形单室墓	1.77×（0.4～0.55）×0.05	无	无	唐宋
M94	南北	长方形单室墓	2.68×0.64×0.05	无	无	不明
M95	205°	梯形单室墓	2.23×（0.41～0.9）×0.18	无	无	唐宋
M96	205°	梯形单室墓	0.92×（0.16～0.2）×0.15	无	无	南宋
M97	200°	梯形单室墓	2.9×（0.5～0.75）×0.46	无	瓷四系罐1，开元通宝2	晚唐

成都市武侯区音乐坊晋、唐、明墓发掘简报

重庆师范大学历史与社会学院
成 都 文 物 考 古 研 究 院

成都市武侯区音乐坊墓地位于四川省成都市武侯区群众路2号、太平横街97号、新生路10号（图一），墓地中心地理坐标为东经104°4′42″、北纬30°38′25″。2020年5月至8月底，成都文物考古研究院会同重庆师范大学考古队对该墓地进行了为期四个月的抢

图一　墓地位置示意图

救性发掘工作，共发掘墓葬191座，包括西晋墓1座，唐宋墓187座，明墓3座。现将晋、明及保存较好的唐五代墓介绍如下。

一、晋　墓

（一）墓葬形制

仅1座。

M104　长方形单室砖室墓，墓向南北向，由墓圹、墓室组成（图二；图版五，1）。墓圹平面呈长方形，四壁陡直，长2.77、宽1.06、深0.65米。墓圹填土为灰褐色花土，夹杂少量碎石块、碎砖。墓室保存较完整，未被盗扰。平顶，由大小不一的墓砖平铺而成，墓顶长2.45、宽0.425～0.75、高0.09～0.16米。墓室平面呈长方形，长2.56、宽0.9、高0.53米。墓室内未见人骨、葬具。墓壁保存较完整。四壁均采用平砖错缝垒砌而

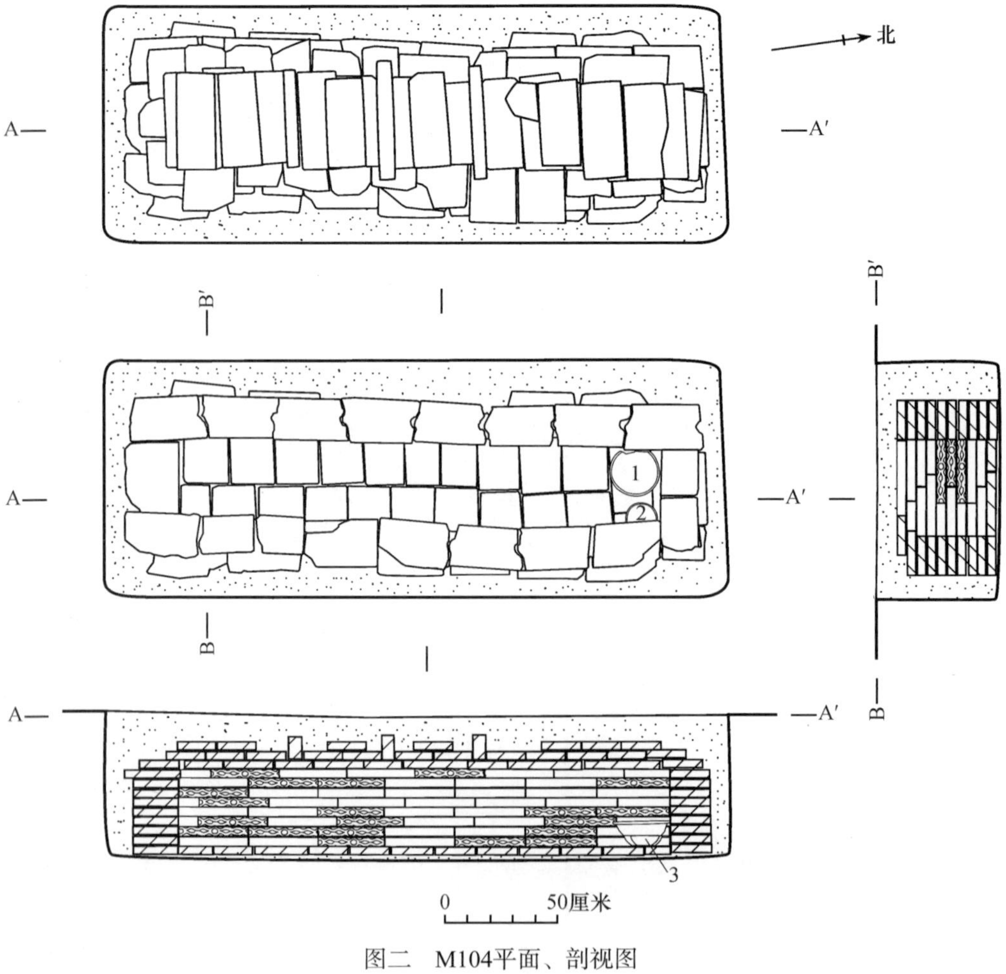

图二　M104平面、剖视图

1. 陶盆　2、3. 陶钵

成；地砖叠压于壁砖之下，采用平砖横铺一层。墓砖为青灰色长方形砖和青灰色楔形子母榫砖，完整者有八种规格，分别为菱形钱币纹砖，长34、宽20、厚5厘米；玉璧钱币纹砖，长32.5、宽25、厚6.5厘米；菱形“×”形钱币纹砖，长32.9、宽20、厚5厘米；玉璧钱币纹砖，长35、宽20、厚5厘米；菱形乳钉纹砖，长29.6、宽25、厚6厘米；菱形钱币纹砖，长35.5、宽21、厚5厘米；素面砖，长44、宽20、厚4厘米或长32.5、宽20、厚5厘米。墓室内淤积大量淤泥，墓室北壁下发现3件陶器，包括盆1件、钵2件。

（二）随 葬 品

3件。皆为陶器，包括盆1件，钵2件。

盆 1件。M104：1，灰胎，器表残留少量化妆土。敞口，平沿，方圆唇，斜弧腹，平底微内凹。内壁一周凹弦纹，近底部下凹形成一周折棱，底部刻两周斜线纹。口径25、底径14.5、高7.3厘米（图三，1）。

钵 2件。M104：2，灰胎，器表残留少量化妆土。敞口，圆唇，斜弧腹，内底下凹，形成一周折棱，平底略内凹。口径13.7、底径8.1、高4.4厘米（图三，2）。M104：3，灰胎，器表残留少量化妆土。敛口，圆唇，弧腹，近底处平折，矮圈足外撇。口径14.8、足径8.2、高6.1厘米（图三，3）。

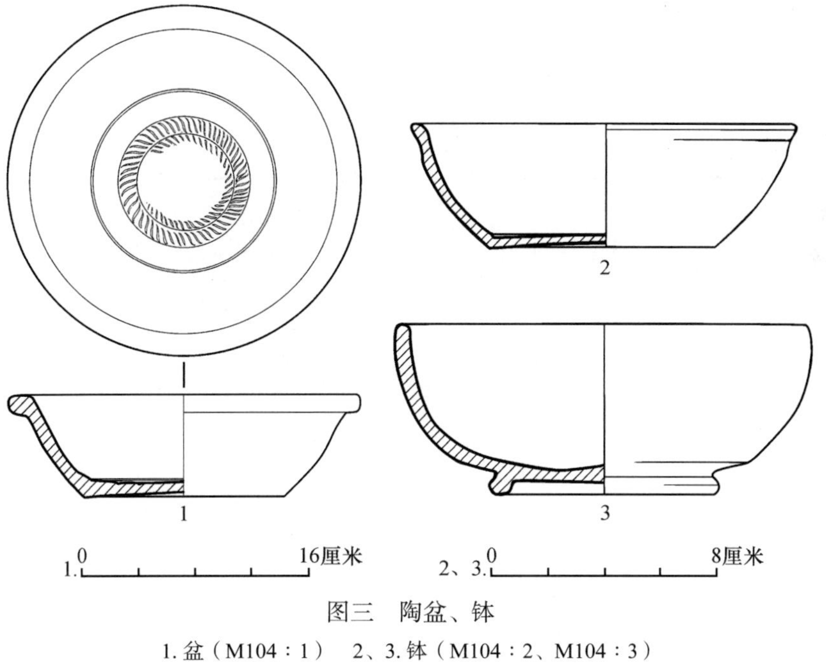

图三 陶盆、钵

1. 盆（M104：1） 2、3. 钵（M104：2、M104：3）

二、唐五代墓

（一）墓葬形制

保存较好的有19座。包括M8、M14、M19～M21、M29、M30、M37、M46、M49、M64、M71、M85、M91、M95、M129、M163、M169、M174，皆为单室砖室墓。根据墓葬形制的不同，分为二型。

A型　15座。梯形单室砖室墓。根据有无甬道及墓室形制的不同，分为三亚型。

Aa型　7座。无甬道，墓室较长、较窄，长多在3米左右，长宽比例较大。包括M8、M14、M20、M21、M30、M37、M49。

M8　墓向160°。由墓圹、墓室组成，墓顶无存。墓圹平面呈梯形，长3.28、宽1.2～1.88、残深0.28～0.42米。墓室平面呈梯形，长2.51、宽0.57～1.2、残高0.37米。墓室东、北壁皆采用一平一丁的方式构筑；西、南壁从上至下残存两层，皆为一平一丁；地砖叠压于壁砖之下，墓底南端顺铺一排，其余错缝横铺（图四；图版六，1）。墓砖为青灰色长方形砖，完整者规格为长39、宽19～35、厚3.5厘米。扰土为灰褐色。未见人骨、葬具。墓室被盗扰，填土中出土瓷罐4件，包括双耳罐2件、四系罐2件。

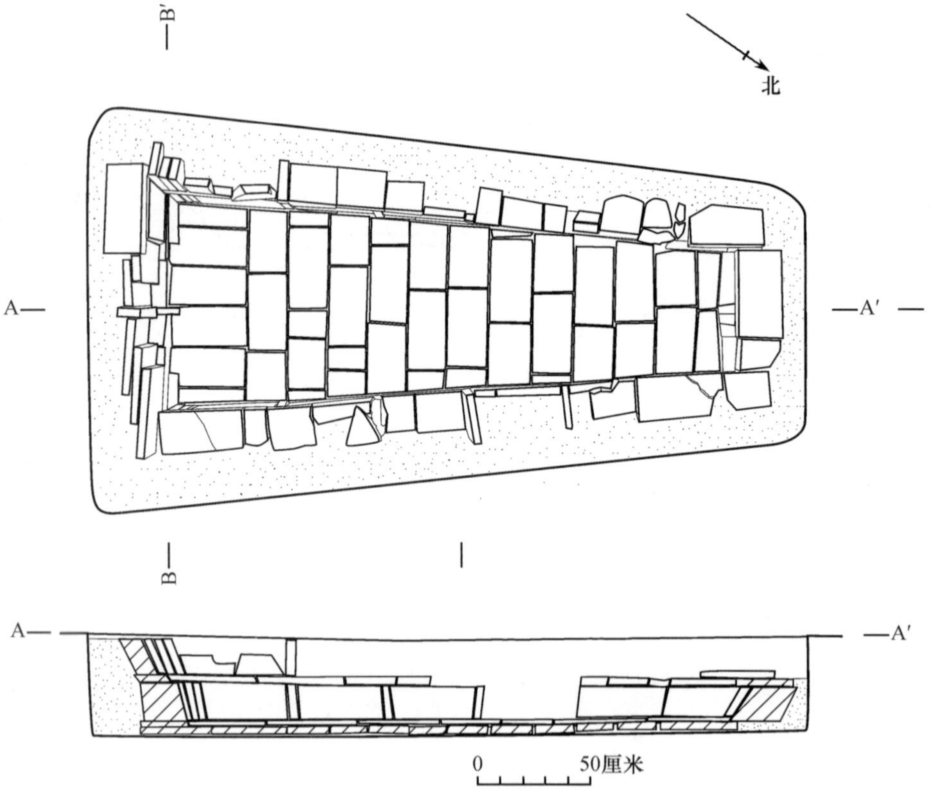

图四　M8平面、剖视图

M14　墓向160°。由墓圹、墓室组成，墓顶无存。墓圹平面呈梯形，长2.65～2.75、宽0.69～1.15、残深0.3～0.33米。墓室平面呈梯形，长2.11、宽0.34～0.61、残高0.21米。墓室东、西、南壁皆存一层丁砖；北壁采用一平一丁的方式砌筑；地砖叠压于壁砖之下，错缝横铺一层（图五；图版六，2）。墓砖为青灰色长方形砖，完整者有两种规格，为长35、宽18、厚4厘米和长31、宽16、厚4厘米。未见人骨、葬具。墓葬被盗扰，仅在墓室扰土发现瓷罐1件。

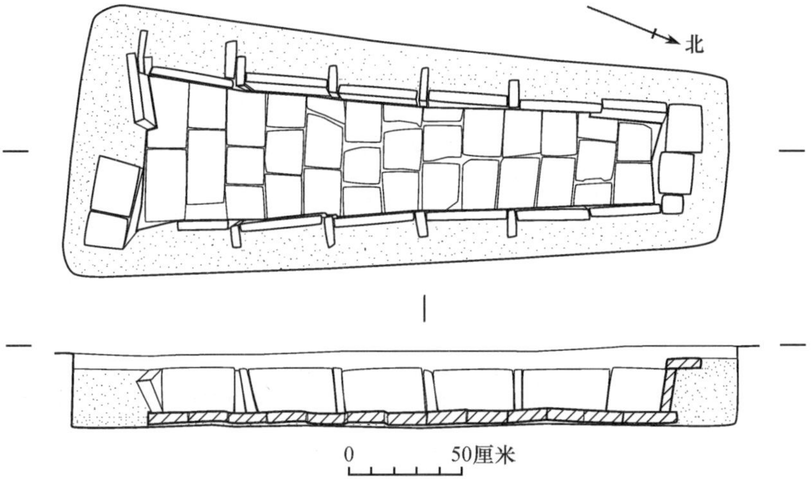

图五　M14平面、剖视图

M20　墓向183°。由墓圹、墓室组成，墓顶无存。墓圹平面呈梯形，长2.44、宽0.75～1.06、残深0.29米。墓室平面呈梯形，长2.1、宽0.38～0.63、残高0.17米。墓室东、西壁砌一层丁砖，北壁残存一层丁砖；南壁由丁砖包砌而成；地砖叠压于壁砖之下，南端顺铺一排，其余错缝横铺（图六）。墓砖为青灰色长方形砖，完整者有两种规格，为长34、宽17、厚3厘米和长35、宽9、厚3厘米。未见人骨、葬具。墓葬被盗扰，未见随葬品。

M21　墓向198°。墓顶无存。墓圹平面呈梯形，长2.74、宽0.81～1.36、残深0.29～0.3米。墓室平面呈梯形，长2.41、宽0.51～0.9、残高0.23米。墓室南壁由丁砖错缝包砌而成；东、西、北壁由丁砖砌筑而成；地砖叠压于壁砖之下，南端顺铺一排，其余错缝横铺（图七）。墓砖为青灰色长方形砖，规格为长38、宽19、厚4厘米和长36、宽18、厚3.5厘米。未见人骨、葬具。墓葬被盗扰，墓室扰土出土瓷四系罐1件。

M30　墓向200°。由墓圹、墓室组成，顶部无存。墓圹平面呈梯形，长3.16、残宽1.1～1.4、残深0.57～0.61米。墓室平面呈梯形，长2.7、残宽0.57～0.74、残高0.41米。墓室东壁从上至下分为两层，第一层由平砖砌筑，第二层采用一丁一平的方式砌筑；西壁仅存北端，砌筑方式与东壁相同；南壁仅存东端，由丁砖砌筑而成；北壁残存两层，皆为一丁一平；地砖叠压于壁砖之下，南端顺铺一排，其余错缝横铺（图八）。墓砖

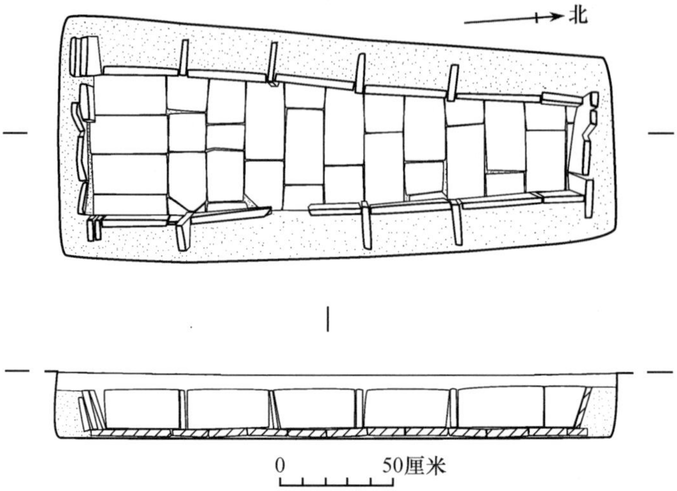

图六　M20平面、剖视图

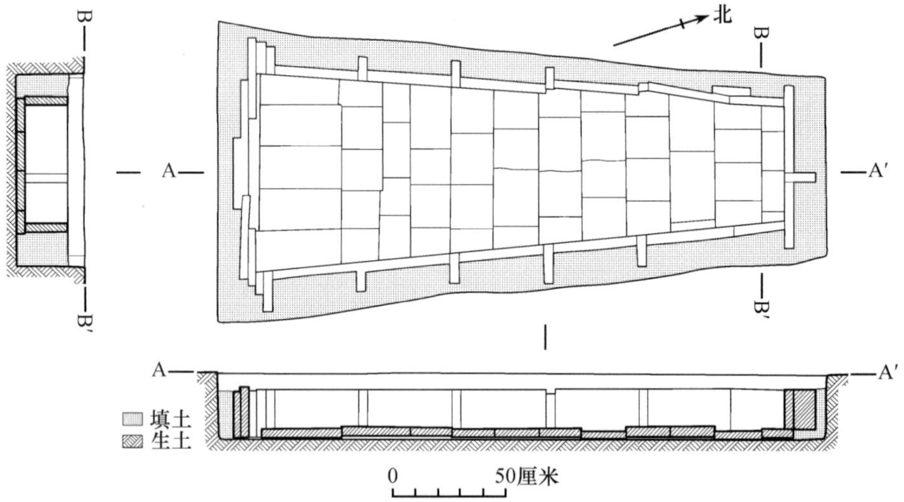

图七　M21平面、剖视图

为桃红色长方形砖，完整者规格为长39、宽19、厚4厘米。未见人骨、葬具。墓葬被盗扰，墓室扰土出土瓷四系罐2件。

M37　墓向335°。由墓圹、墓室组成，墓顶无存。墓圹平面呈梯形，长2.43、宽0.56～0.84、残深0.22米。墓室平面呈梯形，残长1.96、残宽0.57、残高0.12米。墓室仅存东壁，残存一层丁砖；地砖叠压于壁砖之下，由平砖横铺一层（图九）。墓砖为长方形，有青灰色、桃红色两种，完整者有两种规格，分别为长30、宽14、厚4厘米和长33、宽17、厚4厘米。墓室破坏严重，墓室扰土出土开元通宝1枚。

M49　墓向185°。由墓圹、墓室组成，墓顶无存。墓圹平面呈梯形，长2.6、宽0.86～1.23、残深0.26～0.3米。墓室平面呈梯形，长2.28、宽0.51～0.73、残高0.24

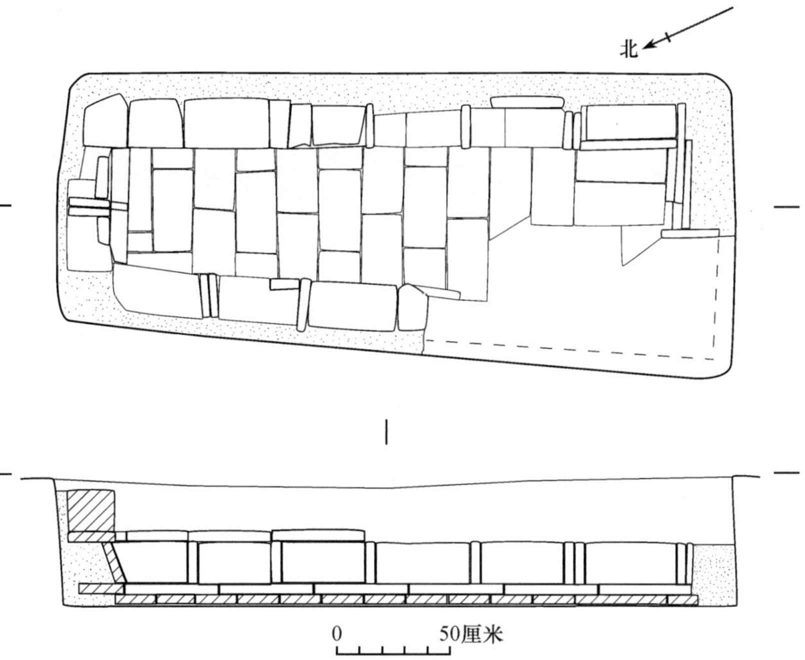

图八 M30平面、剖视图

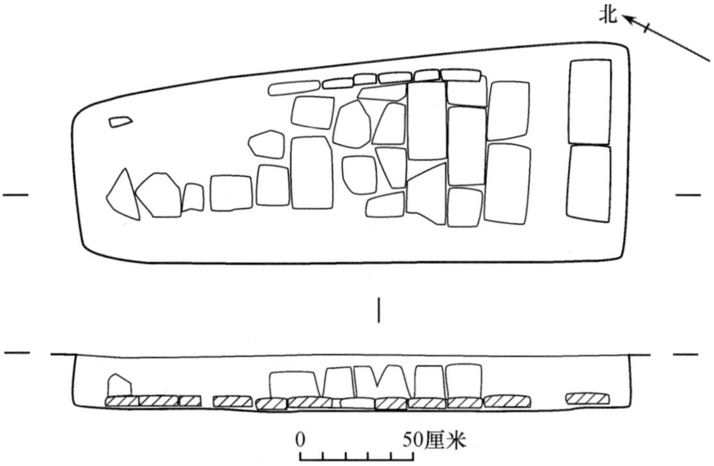

图九 M37平面、剖视图

米。墓室东、西、北壁仅残存一层丁砖；地砖叠压于壁砖之下，由平砖错缝横铺（图一〇）。墓砖为桃红色长方形砖，完整者规格为长34、宽18、厚4厘米。未见人骨、葬具。墓室破坏严重，墓室扰土出土瓷碗1件。

Ab型 2座。有甬道，墓室较长、较窄，长宽比例较大。包括M19、M46。

M19 墓向185°。由封门、甬道、墓室组成，墓顶无存。墓圹平面呈梯形，长3.14、宽0.81～1.2、残深0.3～0.55米。封门位于甬道南端，宽0.98、高0.27、厚0.19米。

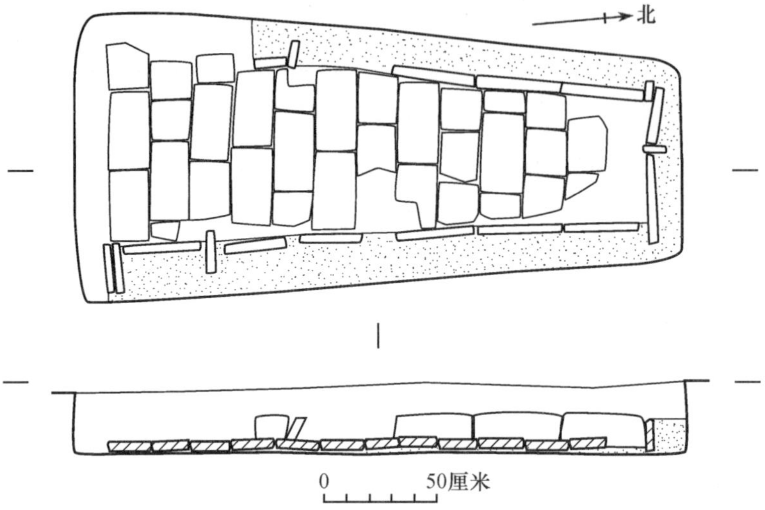

图一〇　M49平面、剖视图

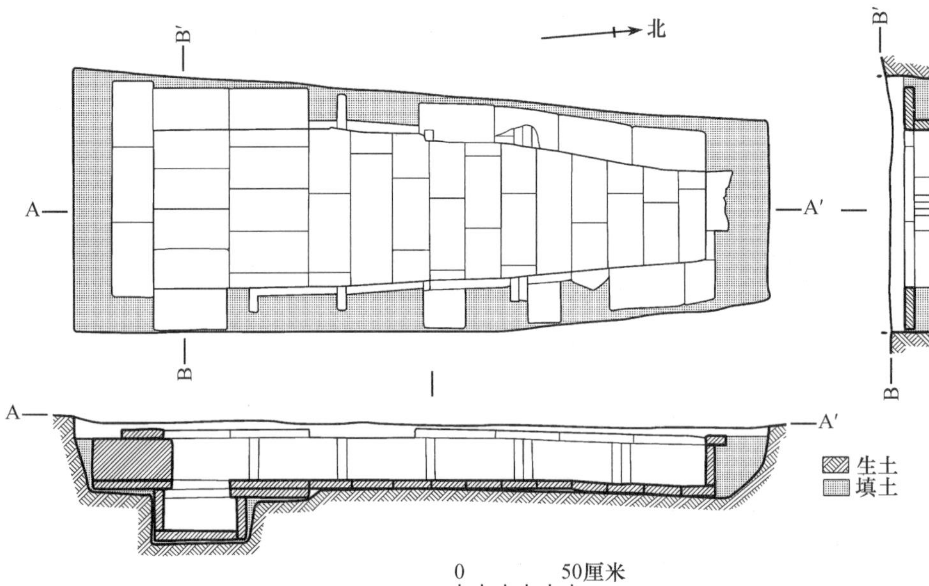

图一一　M19平面、剖视图

甬道位于墓室南端，平面呈长方形，低于墓室0.19米，宽0.72、进深0.34米。墓室平面呈梯形，长2.15、宽0.32～0.72、残高0.27米。封门分为上下两层，皆采用一平一丁的方式砌筑，墓室东、西、北壁皆采用一丁一平砌成；地砖叠压于壁砖之下，南端顺铺一排，其余错缝横铺（图一一；图版七，1）。墓砖皆为长方形素面砖，规格为长36、宽19、厚4厘米和长38、宽19、厚4厘米。未见人骨、葬具。墓葬被盗扰，墓室扰土出土瓷盏1件。

M46 墓向145°。由墓圹、封门、甬道、墓室组成，墓顶无存。墓圹平面呈梯形，长3.08、宽0.93～1.33、残深0.35～0.53米。封门宽1.05、残高0.26、厚0.04～0.2米。甬道位于墓室南端，平面呈长方形，低于墓室底部0.19米，宽0.87、进深0.35米。墓室平面呈梯形，长2.27、宽0.56～0.78、残高0.25米。封门采用三平一丁的方式砌筑。甬道东壁采用丁砖砌筑；西壁采用两平一丁的方式砌筑；北壁由两层丁砖错缝包砌而成；地砖叠压于壁砖之下，顺铺一排。墓室东壁残存北端部分，从上至下保存两层，第一层采用一平一丁的方式砌筑，第二层砌筑一层平砖；西壁残存北端部分，采用一丁一平的方式砌筑；北壁由上至下保存两层，第一层采用一平一丁的方式砌筑，第二层砌筑一层平砖；地砖叠压于壁砖之下，由平砖错缝横铺（图一二）。墓砖为青灰色长方形砖，完整者规格为长34、宽17、厚3厘米。未见人骨、葬具。墓葬破坏严重，仅在墓室扰土中出土瓷碗1件。

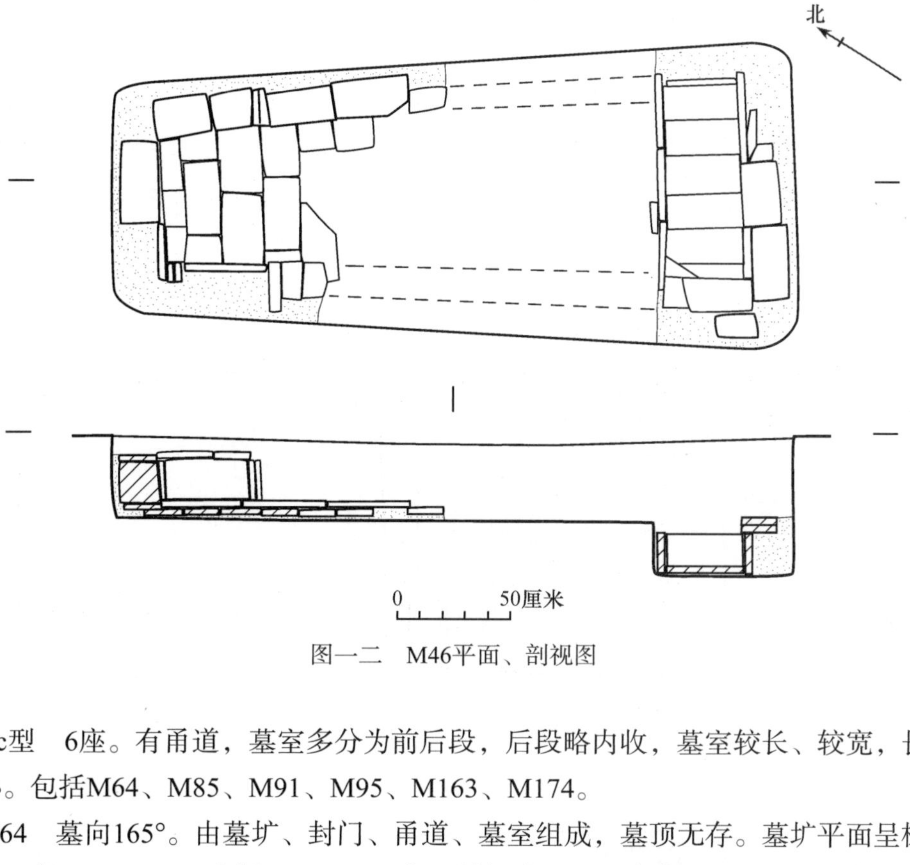

图一二 M46平面、剖视图

Ac型 6座。有甬道，墓室多分为前后段，后段略内收，墓室较长、较宽，长宽比例较小。包括M64、M85、M91、M95、M163、M174。

M64 墓向165°。由墓圹、封门、甬道、墓室组成，墓顶无存。墓圹平面呈梯形，长3.22、宽1.08～1.6、残深0.36～0.66米。封门宽0.55、残高0.36、厚0.18米。甬道位于墓室南端，平面呈凸字形，低于墓室底部0.42米，宽0.86～0.96、进深0.5米。墓室平面呈梯形，长2.12、宽0.58～0.95、残高0.2米。南端由平砖砌作须弥座式，宽0.88、高0.23米，束腰间作3个六边形壶门，高0.16、进深0.04米，壶门两层间隔有4根柱子。封门从上至下保存两层，第一层为丁砖砌筑；第二层采用一平一丁的方式砌筑。甬道东壁采用四平一丁的方式砌筑；西壁采用五平一丁的方式砌筑；地砖叠压于壁砖之下，采用平砖错缝斜铺而成。墓室东、西壁皆采用一丁一平的方式砌筑；地砖叠压于壁砖之下，南端先顺铺一排，其余错缝横铺（图一三）。墓砖为青灰色长方形砖，完整者规格为长34、宽16、厚4厘米。未见人骨、葬具。墓葬破坏严重，仅墓室扰土出土瓷四系罐1件。

M85　墓向182°。由墓圹、封门、甬道、墓室组成，墓顶无存。墓圹平面呈近梯形，长3.2、宽1.4～1.42、残深0.32～0.54米。封门宽1、残高0.46、厚0.18米。甬道位于墓室南端，平面呈长方形，低于墓室底部0.16米，宽0.82～1、进深0.36～0.4米。墓室平面呈梯形，长2.18、宽0.72～1、残高0.28米。南端由两层包砌丁砖砌作须弥座式，宽1、高0.14米，束腰间作3个六边形壶门，壶门两侧有5根柱子，进深0.04米。封门从上至下保存两层，第一层采用一平一丁的方式砌筑，第二层采用四平一丁的方式砌筑。甬道东、西壁皆采用两平一丁的方式砌筑，地砖由南至北先顺铺一排再横铺一排。墓室东、西壁从上至下保存两层，第一层皆采用一平一丁的方式砌筑，第二层由三层平砖错缝垒砌而成；北壁由三层平砖错缝垒砌而成；地砖叠压于壁砖之下，南端先顺铺一排，其余错缝横铺。墓砖为青灰色长方形砖，完整者规格为长30、宽16、厚4厘米（图一四；图版七，2）。未见人骨、葬具。墓葬破坏严重，墓室扰土出土瓷四系罐1件、钱币12枚。

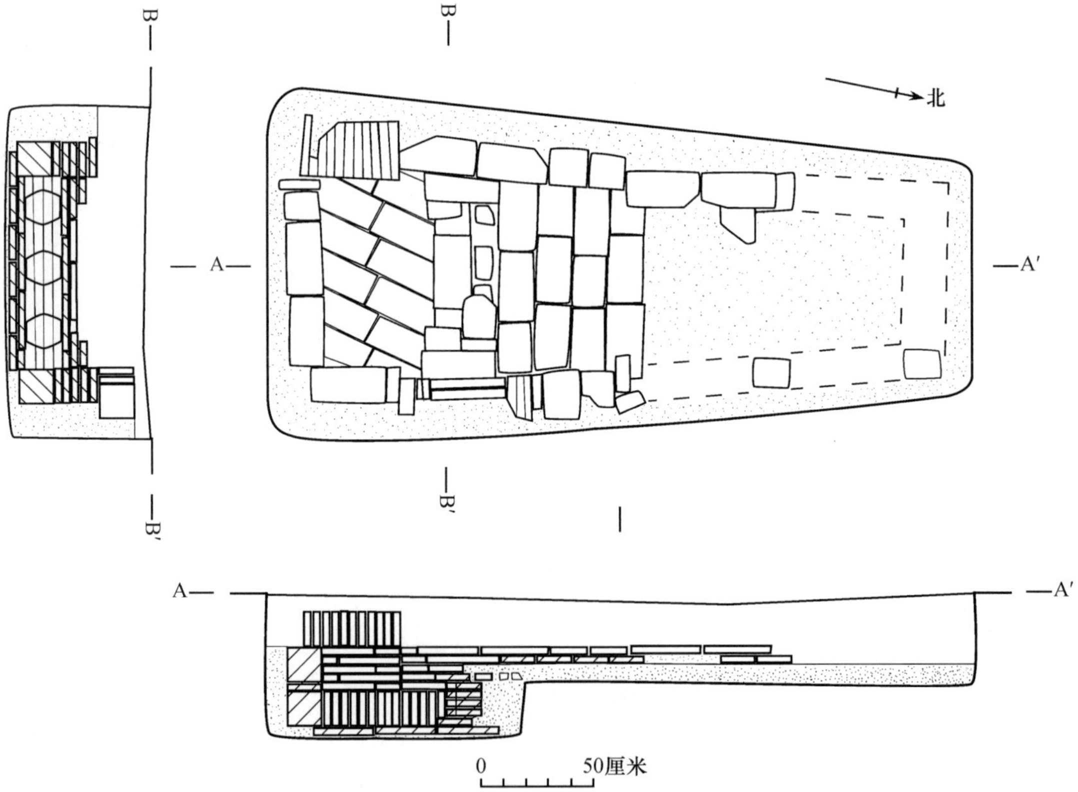

图一三　M64平面、剖视图

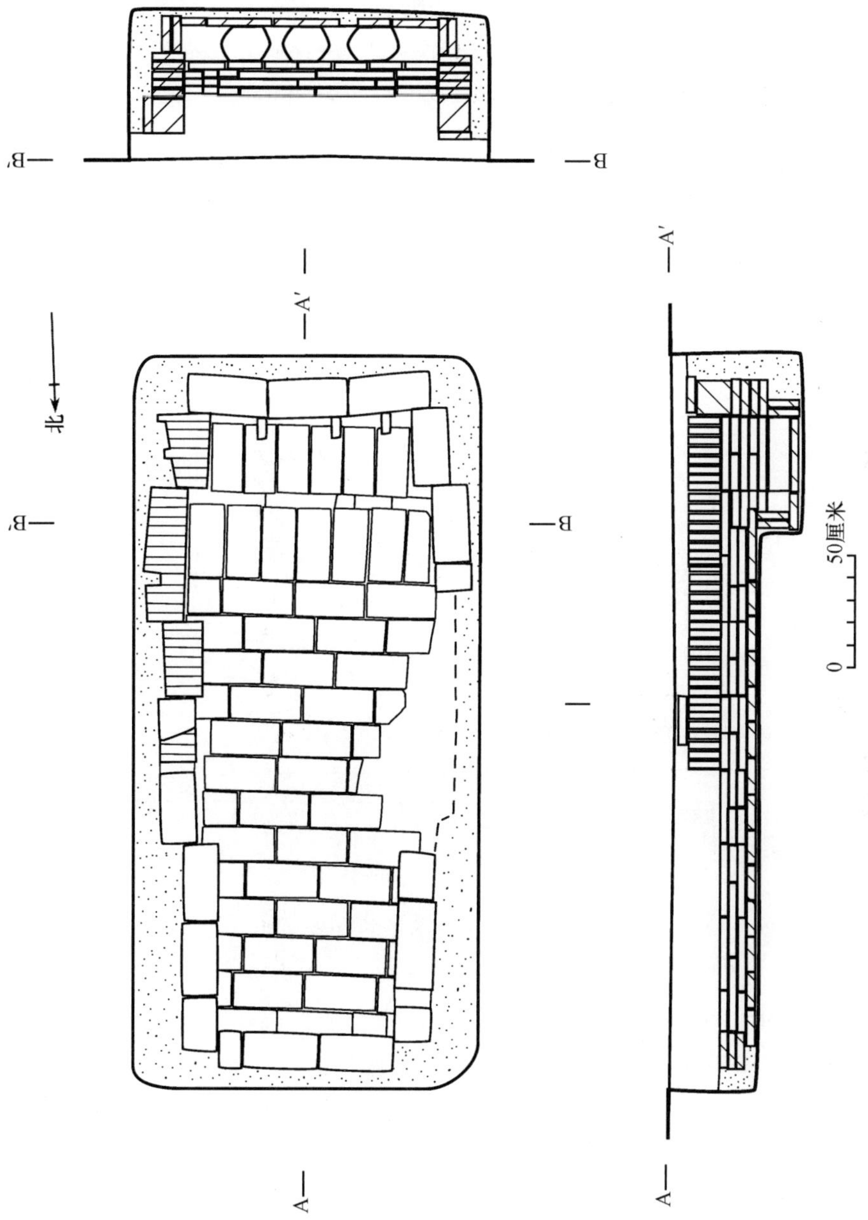

图一四 M85平面、剖视图

M91　墓向164°。由墓圹、封门、甬道、墓室组成，墓顶无存。墓圹平面呈梯形，长3.53、宽1.4～1.71、残深0.11～0.39米。封门残宽0.68、残高0.26、厚0.04～0.19米。甬道位于墓室南端，平面呈凸字形，低于墓室底部0.16米，宽1.14～1.33、进深0.57米。墓室平面呈梯形，长2.36、宽0.98～1.28、残高0.08米。封门采用两平一丁的方式砌筑。甬道仅存东、北壁，东壁采用两平一丁的方式砌筑，北壁由丁砖砌成，地砖由南至北先顺铺一排再横铺一排。墓室东、西、北壁皆由平砖错缝垒砌；地砖叠压于壁砖之下，由平砖错缝横铺（图一五）。墓砖为长方形，有青灰色、桃红色两种，完整者有两种规格，分别为长39、宽19、厚4厘米和长37、宽17、厚4厘米。未见人骨、葬具。墓葬被破坏，墓室扰土出土瓷双耳罐、碗、盏各1件。

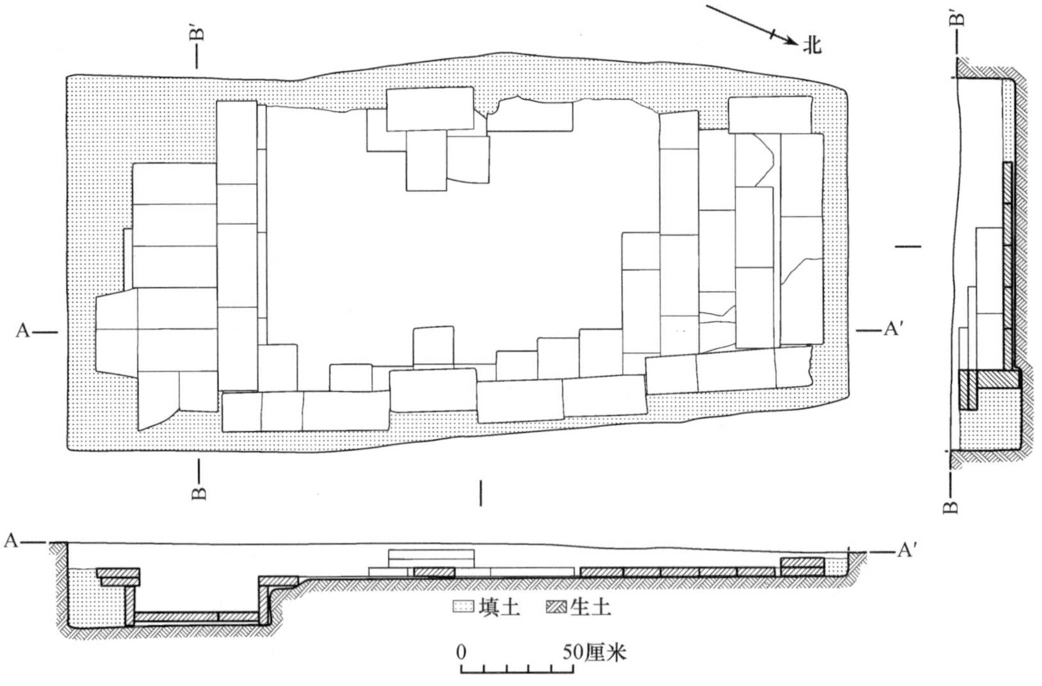

图一五　M91平面、剖视图

M95　墓向320°。由墓圹、封门、甬道、墓室组成，墓葬北端被一现代建筑打破，墓顶无存。墓圹平面呈梯形，长3.1、宽1～1.7、残深0.17～0.39米。封门残宽0.64、残高0.18、厚0.06～0.13米。甬道位于墓室北端，平面呈长方形，低于墓室底部0.18米，残宽0.44、进深0.29米。墓室平面呈梯形，长2.16、残宽0.49～0.61、残高0.03米。墓室距西壁0.21、距南壁1.39米处地砖下有一腰坑，平面近圆形，坑口最大径0.3、坑底最大径0.1米。腰坑底部平铺一块残砖，上置一瓷四系罐。封门墙采用四层丁砖错缝包砌而成。甬道西壁采用丁砖砌筑；南壁采用两层丁砖错缝包砌而成；地砖叠压于壁砖之下，采用平砖顺铺一排。墓室东壁、西壁、南壁均残存一层平砖；地砖叠压于壁砖之下，用平砖错缝横铺，中部遭破坏（图一六；图版八，1）。墓砖为青灰色长方形砖，完整者

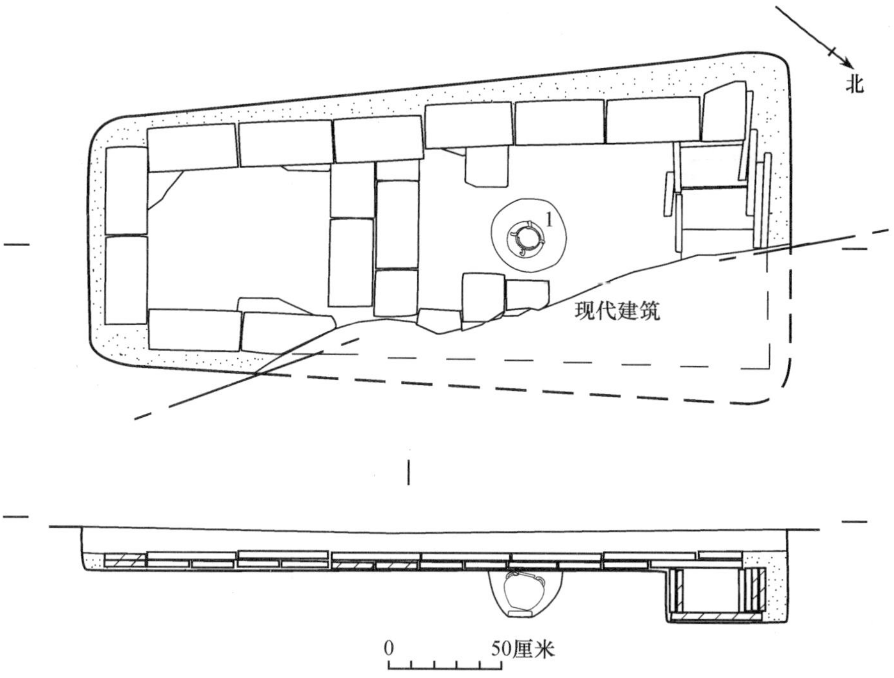

图一六 M95平面、剖视图

1. 瓷四系罐

规格为长36、宽17、厚3厘米。未见人骨、葬具。墓葬破坏严重，仅腰坑出土瓷四系罐1件。

M163 墓向167°。由墓圹、封门、甬道、墓室组成。墓顶无存。墓圹平面呈梯形，长2.97、宽1.3～1.8、残深0.11～0.48米。封门宽1.43、残高0.34、厚0.18米。甬道位于墓室南端，平面呈长方形，低于墓室底部0.25米，宽1.11～1.17、进深0.56米。墓室平面呈梯形，残长1.82、残宽1.13、残高0.2米。封门上层采用平砖砌筑，下层采用丁砖砌筑。甬道东、西壁皆采用三平一丁的方式砌筑；北壁仅存一块丁砖；地砖紧挨壁砖，采用平砖顺铺、横铺交错铺筑而成。墓室东壁残存两层，由平砖顺铺、横铺垒砌而成，西壁构筑方式相同（图一七）。墓砖为青灰色长方形砖，完整者规格为长38、宽18、厚4厘米。未见人骨、葬具。墓葬被盗扰，墓室扰土出土瓷四系罐1件。

M174 墓向167°。由墓圹、封门、甬道、墓室组成，墓顶无存。墓圹平面呈梯形，长3.3、宽1.2～1.58、残深0.4～0.64米。封门宽1.07、残高0.52、厚0.17米。甬道位于墓室南端，平面呈长方形，低于墓室底部0.17米，宽0.93～1.03、进深0.49米。墓室平面呈梯形，长2.4、宽1.2～1.58、残高0.32米。封门残存两层，上层由平砖垒砌而成，下层由丁砖砌筑。甬道东、西壁皆采用一平一丁的方式砌筑；北壁残存包砌的丁砖；地砖紧挨壁砖，采用平砖顺铺、横铺交错砌筑而成。墓室东、西壁皆采用一丁三平的方式砌筑而成；北壁由平砖错缝垒砌三层；地砖紧挨壁砖，由平砖错缝横铺（图一八）。墓砖

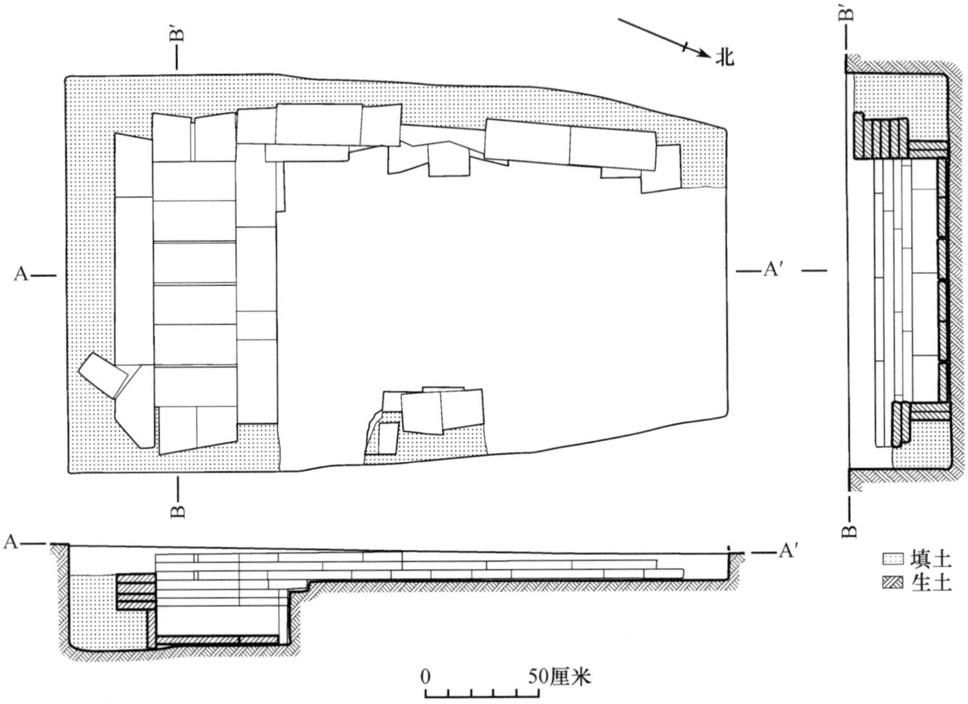

图一七　M163平面、剖视图

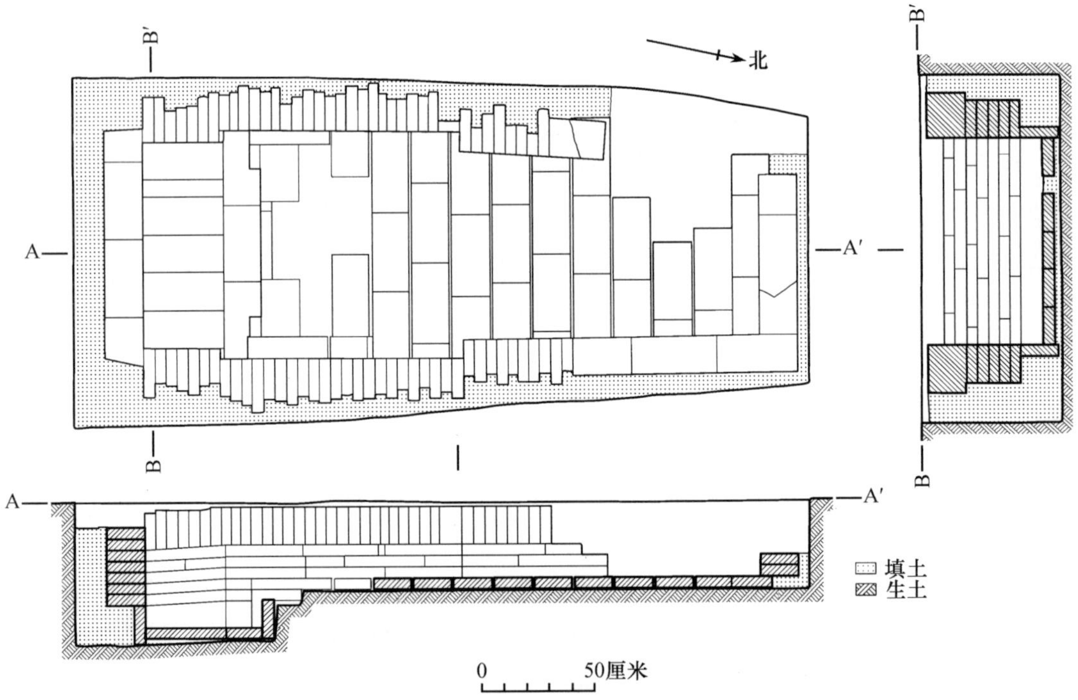

图一八　M174平面、剖视图

为长方形，有青灰色、桃红色两种，完整者规格为长35、宽17、厚5厘米。未见人骨、葬具。墓葬破坏严重，墓室扰土出土钱币2枚。

B型 4座。长方形单室砖室墓。根据有无甬道及墓室形制的不同，分为二亚型。

Ba型 1座。无甬道。

M71 南北向。由墓圹、墓室组成，墓顶无存。墓圹平面近长方形，长1.55、宽1.1～1.15、残深0.22～0.24米。墓室平面近长方形，长1.15、宽0.58～0.67、残高0.17米。墓室西壁仅存一层顺砌的平砖，东、南壁皆采用一平一丁的方式砌筑；北壁仅存西端部分丁砖，由三层丁砖错缝包砌而成；地砖叠压于壁砖之下，由平砖横铺（图一九）。墓砖为青灰色长方形砖，完整者有两种规格，分别为长34、宽16、厚3厘米和长34、宽17、厚3厘米。未见人骨、葬具。墓葬被盗扰，墓室扰土出土瓷盏1件。

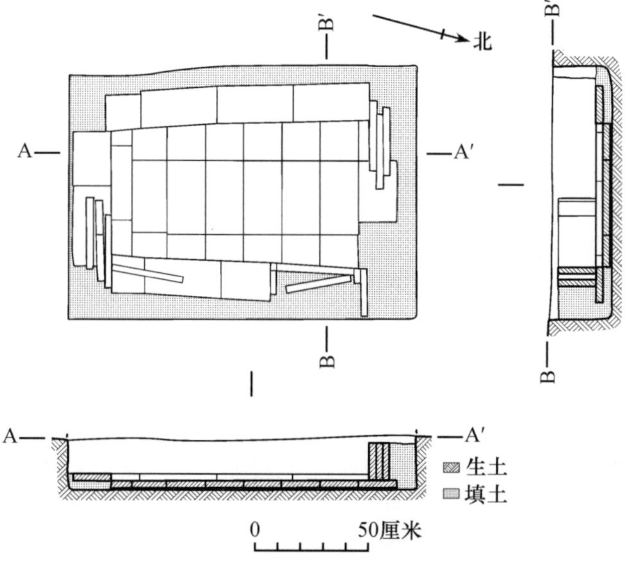

图一九 M71平面、剖视图

Bb型 3座。有甬道。

M29 墓向167°。由墓圹、封门、甬道、墓室组成，被M33打破，墓顶无存。墓圹平面近长方形，长4.36、宽1.84～1.9、残深0.16～0.42米。封门宽1.15、残高0.34、厚0.2米。甬道位于墓室南端，平面呈长方形，低于墓室底部0.22米，宽1.43、进深0.34米。墓室平面呈弧角长方形，残长2、宽1.43、残高0.04米。南端由六层平砖砌作须弥座式，宽1.43、高0.3米，束腰间做3个八边形壸门，进深0.04米，壸门两侧间隔中有4根柱子。封门采用四平一丁的方式砌筑。甬道东壁采用三平一丁的方式砌筑；西壁采用四平一丁的方式砌筑；地砖叠压于壁砖之下，从南至北先顺铺一排再横铺一排。墓室保存较差，仅西壁南端残存一层平砖；地砖叠压于壁砖之下，南端先顺铺一排，其余错缝横铺（图二〇）。墓砖为长方形青灰色砖，完整者有两种，规格为长37、宽18、厚4厘米和长

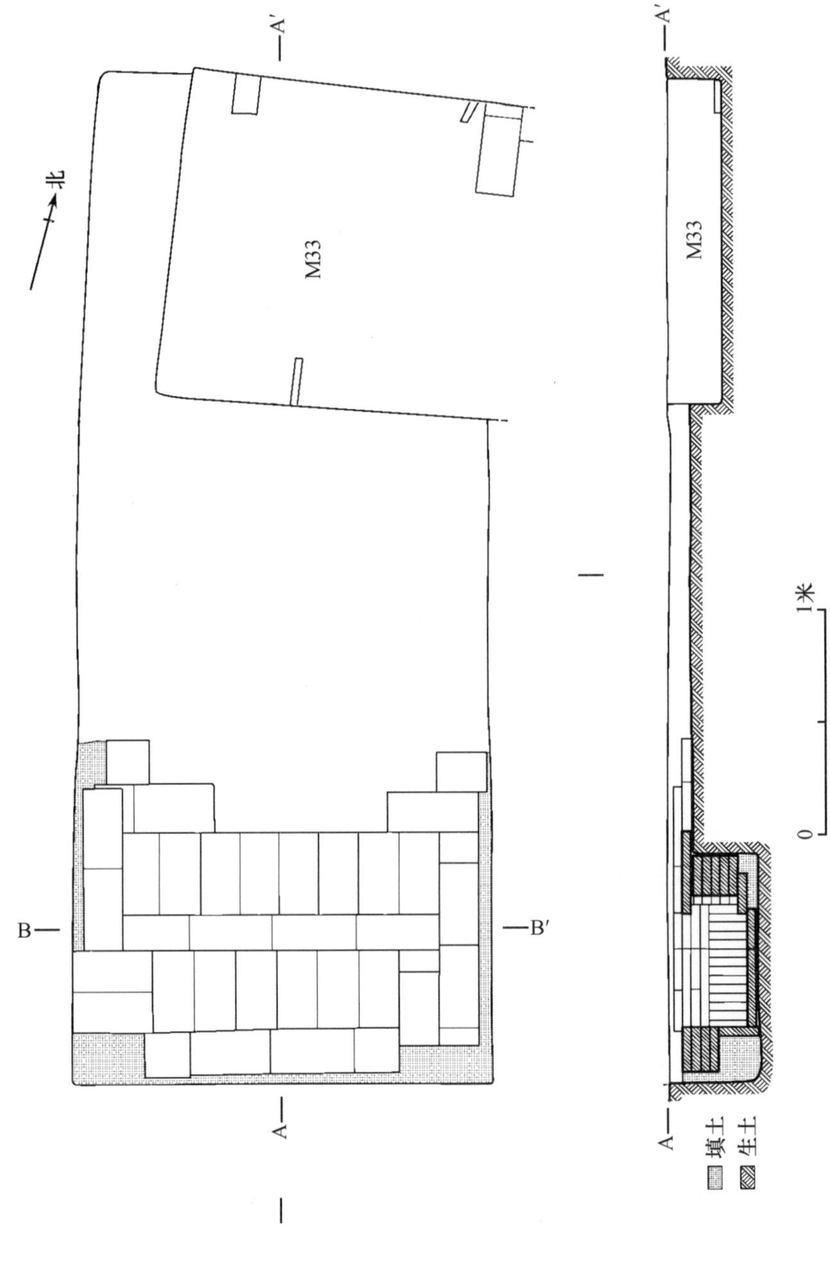

图二〇　M29平面、剖视图

36、宽19、厚4厘米。未见人骨、葬具。墓葬被盗扰，甬道扰土出土瓷器2件，包括四系罐、碗各1件。

M129 墓向141°。由墓圹、封门、甬道、墓室组成。墓顶无存。墓圹平面呈长方形，长4.15、宽1.92、残深0.28～0.48米。封门宽0.57、残高0.14、厚0.16米。甬道位于墓室南端，平面呈长方形，低于墓室底部0.16米，宽0.76、进深0.68米。墓室平面呈长方形，长2.06、宽1.08、残高0.04米。封门砌筑一层丁砖。甬道东、西壁采用五平一丁的方式砌筑而成；北壁残存一层平砖；地砖紧挨壁砖，保存两层，上层采用平砖横铺一层，下层采用平砖斜铺一层。墓室西壁采用平砖横铺一层；南、北壁采用平砖顺铺一层；地砖叠压于壁砖之下，采用平砖横铺、顺铺交错铺筑一层（图二一；图版八，2）。墓砖为长方形，有青灰色、桃红色两种，完整者规格为长34、宽16、厚4厘米。未见人骨、葬具。墓葬破坏严重，仅在甬道扰土出土瓷碗1件。

M169 墓向157°。由墓圹、封门、甬道、墓室组成，墓顶无存。墓圹平面呈长方形，残长3.5、宽2.1、残深0.23～0.62米。封门宽1.92、残高0.22、厚0.4米。甬道位于墓室南端，平面呈长方形，低于墓室底部0.26米，宽1.37、进深0.93米。墓室平面呈长方形，残长1.76、宽1.37、残高0.04米，南端砌作须弥座式，宽1.11、残高0.21米，束腰间残存3个六边形壸门，进深0.06米，壸门两侧间隔3根柱子。封门由四层平砖顺铺垒砌而成。甬道西壁由五平一丁的方式砌筑，东壁无存。墓室东、西壁采用平砖顺铺、横铺垒砌而成；地砖从上至下铺筑两层，上层紧挨壁砖，采用平砖横铺、顺铺交替而成，下层叠压于壁砖之下，采用平砖错缝斜铺（图二二）。墓砖为长方形，有青灰色、桃红色两种，完整者规格为长37、宽18、厚4厘米。未见人骨、葬具。墓室扰土出土钱币2枚。

（二）随 葬 品

39件（枚）。以瓷器为主，另有钱币若干。

1. 瓷器

22件。以琉璃厂窑产品为主，青羊宫窑、长沙窑、邛窑瓷器各出土1件。

（1）青羊宫窑

四系罐 1件。M29：1，灰胎，器表口沿至上腹部施酱釉，有流釉现象，脱落殆尽。子母口，折沿，圆唇，短颈微束，圆肩，鼓腹，下腹斜收至底，最大径在腹中部，饼足微内凹。肩部饰四桥形横系。口径13.3、最大腹径29.6、底径13、高40.5厘米（图二三，1；图版九，1）。

（2）长沙窑

碗 1件。M29：2，灰白胎，胎质细腻，器表通施白色化妆土，除足沿外皆施淡青釉，呈玻璃质感，釉面有细密开片，带少量棕眼，外壁有积釉现象。敞口，尖唇，斜直腹，玉璧足。口径13.7、底径5.7、高3.9厘米（图二三，2）。

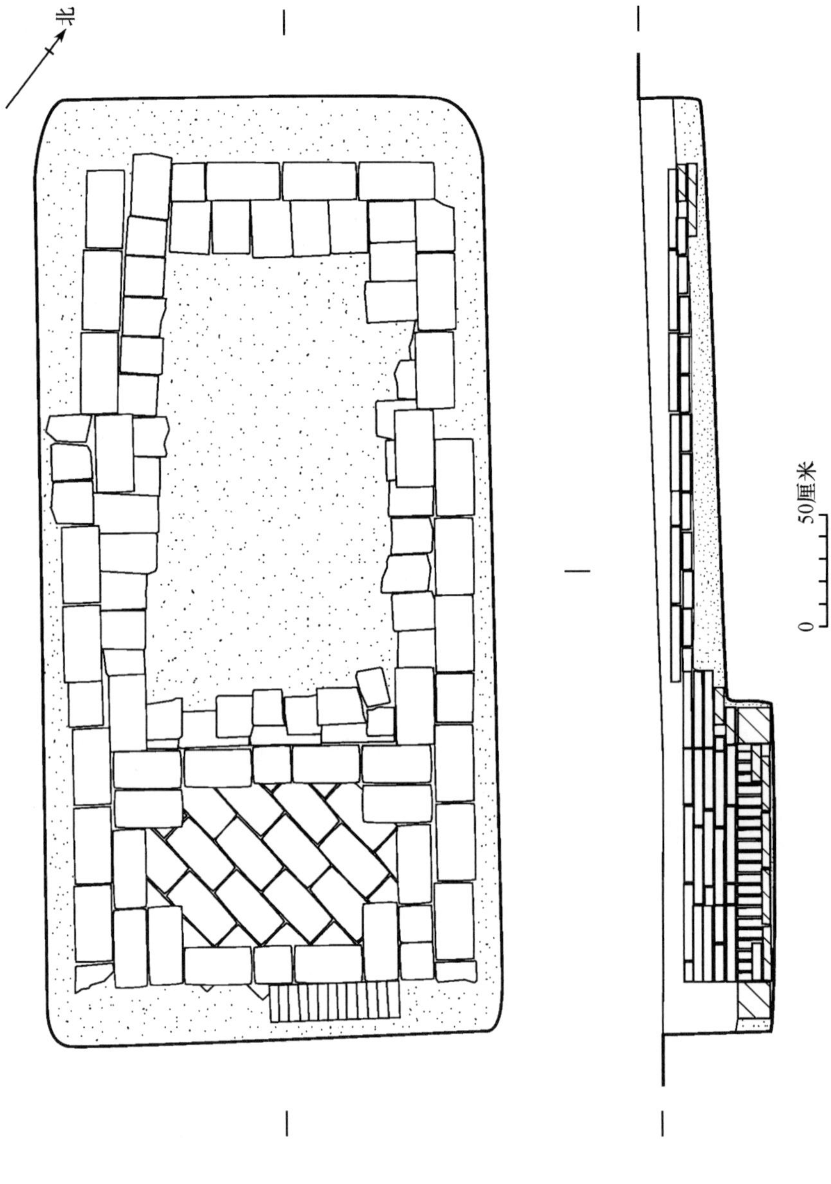

图二一　M129平面、剖视图

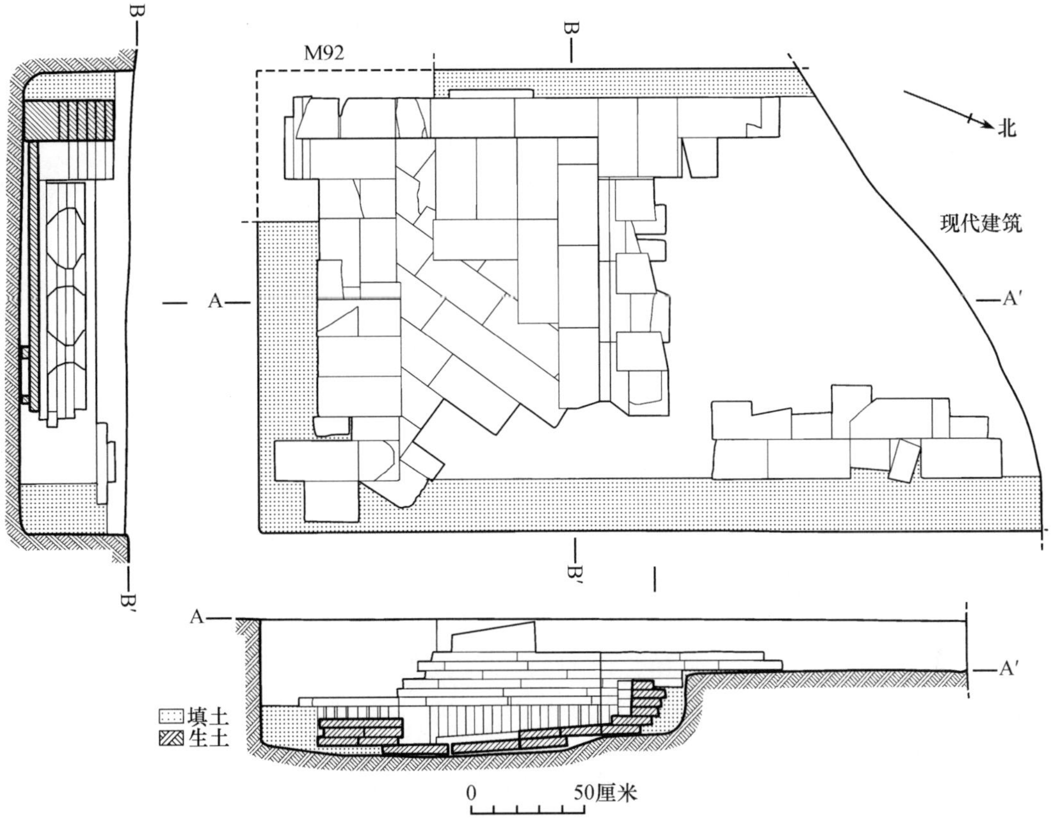

图二二　M169平面、剖视图

（3）邛窑

盏　1件。M71∶1，紫红胎，器表通施白色化妆土，器内和外壁上部施酱釉，釉面脱落殆尽，近底及足部施一层化妆土。敞口，圆唇，斜直腹，高饼足。口径11.1、底径3.6、高3.8厘米（图二三，3）。

（4）琉璃厂窑

四系罐　9件。根据口、腹、系的不同，分为三型。

A型　1件。子母口，鼓腹，平底，肩上饰四桥形横系。M85∶1，砖红胎，器表及器内口沿至领部皆施青釉，釉下一层化妆土，下腹部未见化妆土，脱釉严重。折沿，圆唇，短颈微束，圆肩，鼓腹，下腹斜收至底，最大径在腹中部，小平底。肩上饰四桥形横系。口径14.8、最大腹径30、底径13、高36.2厘米（图二四，1）。

B型　7件。直口，鼓腹，平底或饼足，肩部饰四桥形竖系。根据器物高矮的不同，分为二亚型。

Ba型　4件。较高大。M8∶3，紫红胎，器表口沿至上腹部施薄青釉，釉下白色化妆土，有流釉现象。口径10.4、最大腹径21、底径13、高26.8厘米（图二四，2）。M21∶1，砖红胎，器表口沿至上腹部、器内口沿至领部施青釉，下腹及底不施釉，有

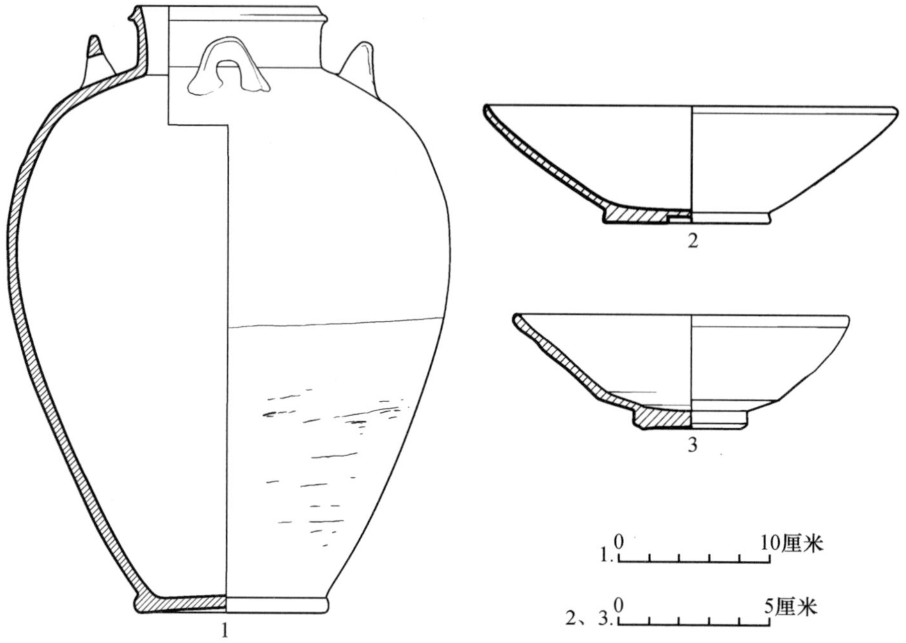

图二三　瓷四系罐、碗、盏

1. 四系罐（M29：1）　2. 碗（M29：2）　3. 盏（M71：1）

流釉现象。口径9.6、最大腹径18.1、底径11.3、高22.8厘米（图二四，3）。M64：1，紫红胎，器表口沿至上腹部施酱黄釉，脱离殆尽，釉下一层化妆土。口径11、最大腹径24.9、底径13.2、高30厘米（图二四，4；图版九，2）。M95：1，砖红胎，器表口沿至上腹部施薄青釉，釉下一层化妆土，脱釉严重，有流釉现象。口径10.4、最大腹径18、底径11.3、高23厘米（图二四，5；图版九，3）。

Bb型　3件。较矮小。M8：4，灰胎，器表口沿至上腹部施青釉，釉下一层白色化妆土。口径11.7、最大腹径17、底径6.9、高15.3厘米（图二五，1）。M30：1，砖红胎，器表口沿至上腹部施酱釉，脱落殆尽。口径7.1、最大腹径13、底径8.5、高14厘米（图二五，2；图版九，4）。M30：2，砖红胎，器表施青釉，脱落殆尽。残余上腹部及底部。口径7.8、最大腹径13.1、残高10厘米（图二五，3）。

C型　1件。盘口，弧腹，平底，肩部饰四桥形横系。M163：1，紫红胎，器外施薄青釉至底约10.5厘米处，釉下一层化妆土。口径8.2、最大腹径20、底径11.2、高29厘米（图二五，4）。

双耳罐　3件。根据系的不同，分为二型。

A型　2件。竖系。依据腹部的不同，分为二亚型。

Aa型　1件。鼓腹。M8：1，紫红胎，器表口沿至上腹部、器内口沿至颈部施薄青釉，釉下一层黄色化妆土，有流釉现象。直口，圆唇，长颈微束，斜折肩，最大径在肩部，饼足。肩部饰二对称桥形竖系。口径6.7、最大腹径10、底径5.6、高10.5厘米（图

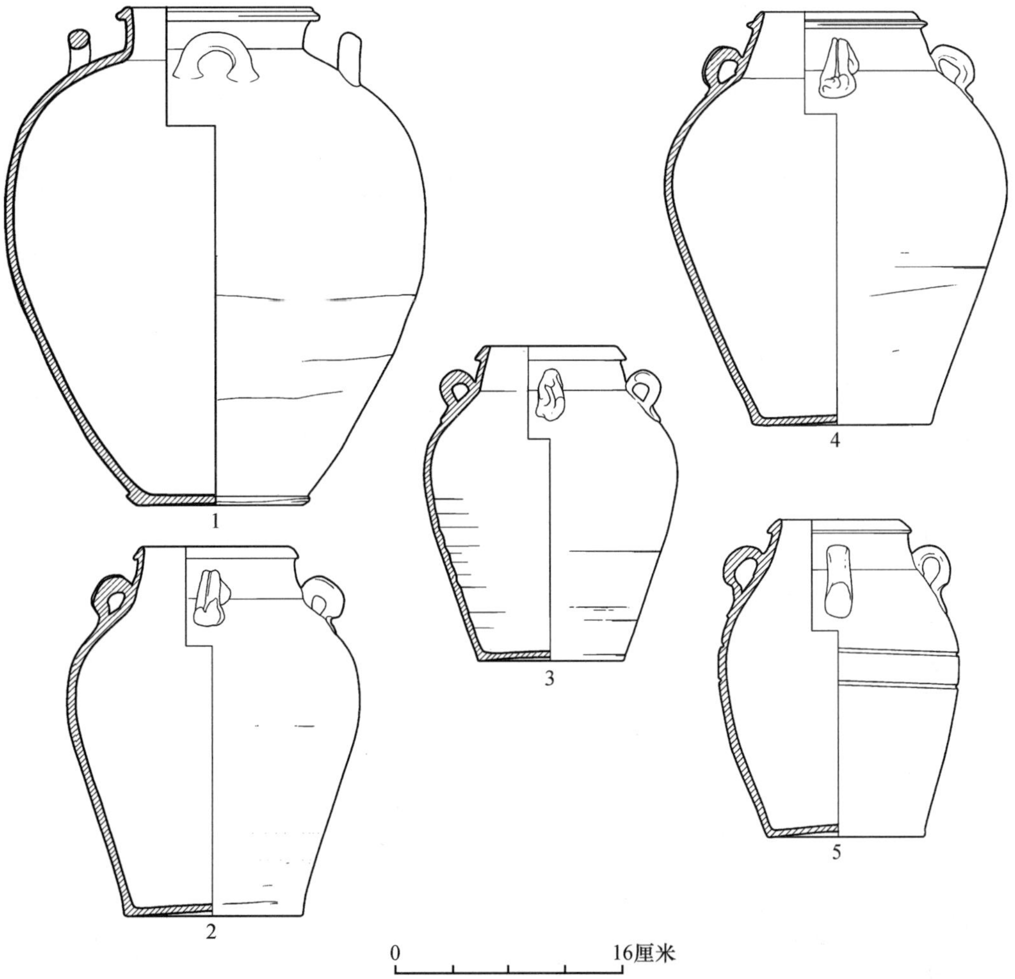

图二四　瓷四系罐

1. A型（M85：1）　2～5. Ba型（M8：3、M21：1、M64：1、M95：1）

二六，1）。

Ab型　1件。弧腹，下腹斜收。M91：1，砖红胎，器表口沿至上腹部、器内口沿至颈部皆施青釉，脱釉严重，釉下一层化妆土。直口微侈，平沿外折，尖唇，高领，溜肩，最大径在上腹部，平底微内凹。肩部饰二对称桥形竖系，耳上一道凹痕。口径8.8、最大腹径14、底径7.7、高17厘米（图二六，2；图版九，5）。

B型　1件。横系。M8：2，砖红胎，器内外均施薄青釉，釉下一层化妆土，器内施半侧，器外下腹及底不施釉。侈口，卷沿，尖唇，长颈微束，圆肩，弧腹斜内收至底，最大径在肩部，饼足。肩上饰二对称桥形横系，肩至底部有多道凸棱。口径6、最大腹径9.2、底径4.5、高9.8厘米（图二六，3）。

罐　1件。M14：1，紫红胎，上腹部施青釉，下腹及底不施釉，有流釉现象。上部残，斜直腹，平底微内凹。底径11.1、残高14.3厘米（图二六，4）。

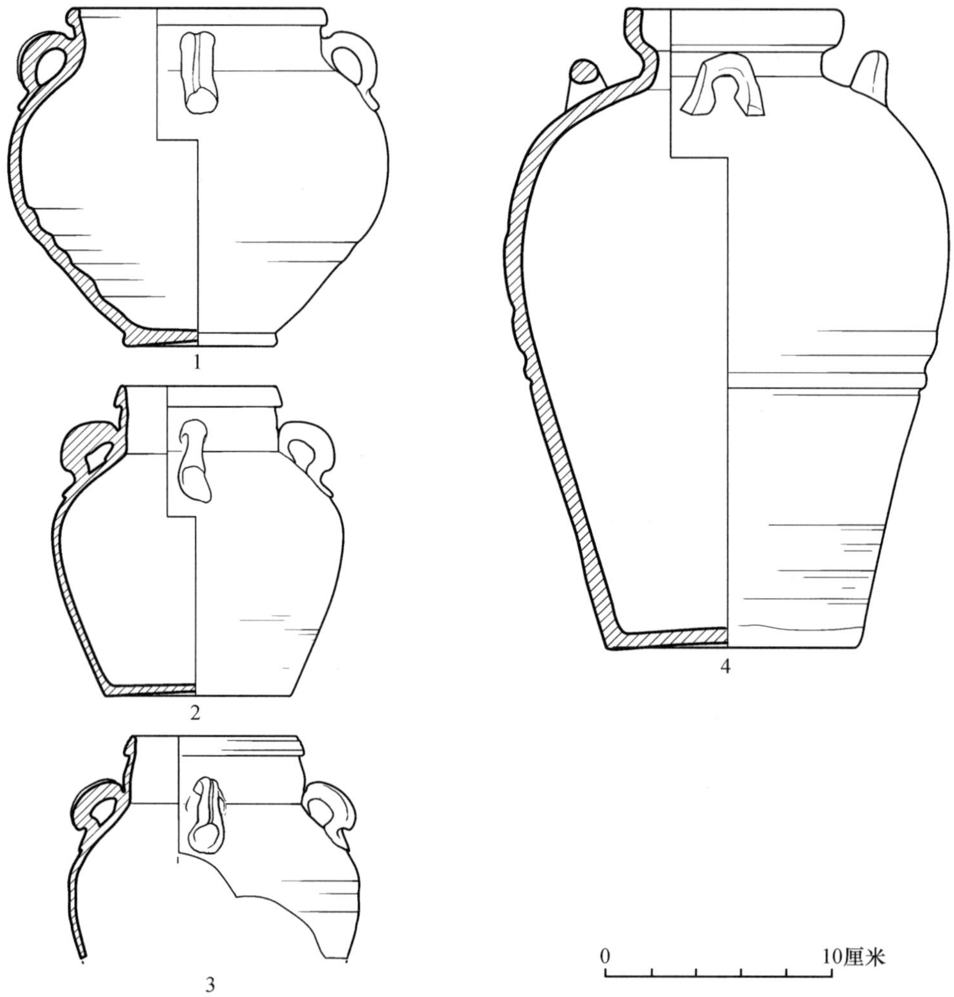

图二五　瓷四系罐

1～3. Bb型（M8：4、M30：1、M30：2）　4. C型（M163：1）

碗　4件。根据口、腹部的不同，分为二型。

A型　3件。敞口，斜直腹，饼足。M49：1，灰胎，胎体较厚，器底露胎处呈红色，器内及外壁上部施淡黄色化妆土，淡黄釉，釉面脱落严重。内底有五个不规则形支钉痕。口径13.4、底径6.3、高4厘米（图二七，1）。M91：2，砖红胎，器内、器外口沿至上腹部皆施青釉，釉下一层化妆土，釉脱落严重，有流釉现象。内底有五个近圆形支钉痕。外壁近底处刻划一周凹弦纹。口径14.5、底径5.7、高5.1厘米（图二七，2）。M129：1，砖红胎，器内和外壁上腹部施白色化妆土。口径14.6、底径7.3、高5厘米（图二七，3）。

B型　1件。侈口，折腹，上腹内束，下腹斜收，饼足。M46：1，胎土红灰相间，器内、器外口沿至上腹部均施酱黄釉，釉面剥落殆尽，仅残留淡黄色化妆土，外壁有流

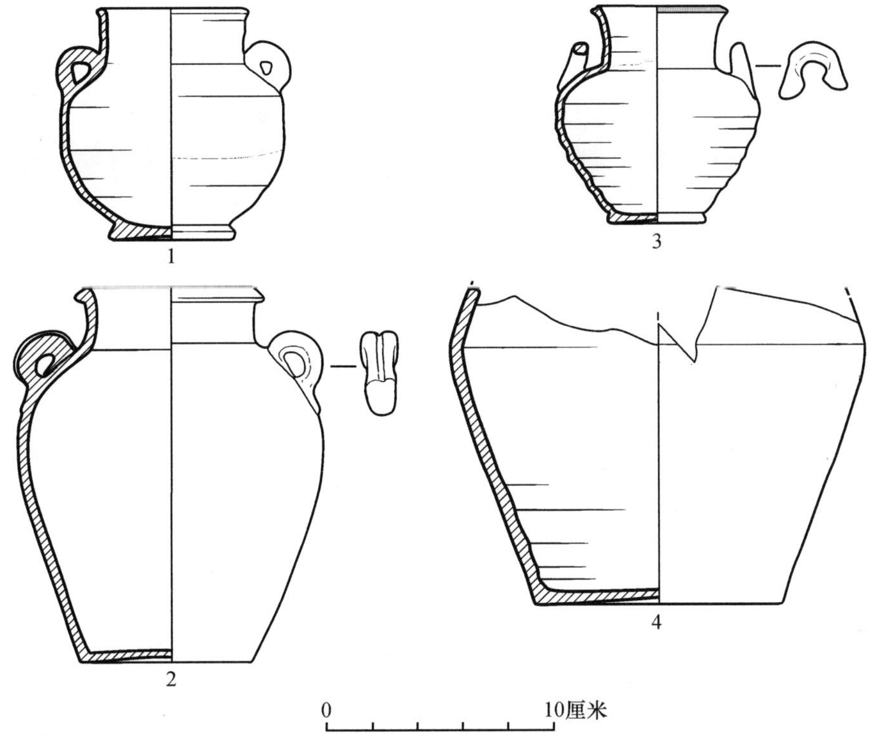

图二六 瓷双耳罐、罐

1. Aa型双耳罐（M8：1） 2. Ab型双系罐（M91：1） 3. B型双耳罐（M8：2） 4. 罐（M14：1）

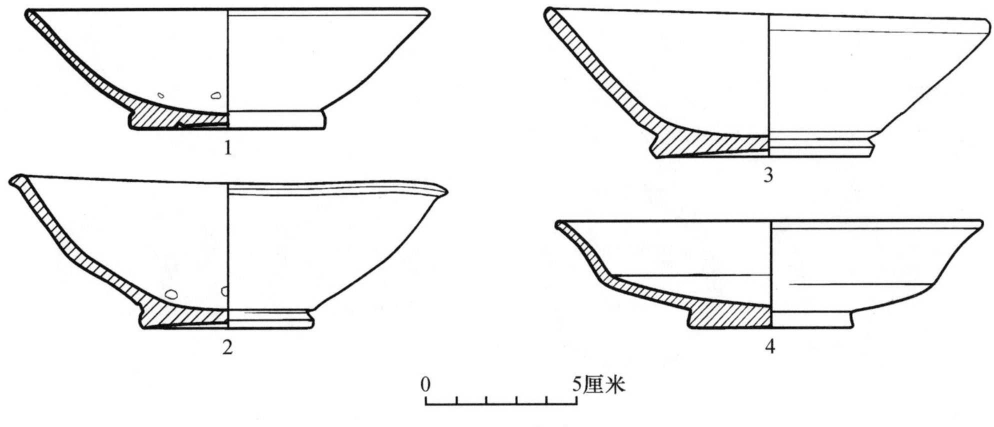

图二七 瓷碗

1～3. A型（M49：1、M91：2、M129：1） 4. B型（M46：1）

釉痕迹。口径14.3、底径5.3、高3.6厘米（图二七，4）。

盏　2件。敞口，厚圆唇，斜直腹较浅，腹微内束，饼足微内凹。M19：1，紫红胎，胎体较厚，施白色化妆土，内壁及口沿施酱黄釉，釉色不均，外壁有流釉现象。口径10.6、底径4、高3.2厘米（图二八，1）。M91：3，砖红胎，胎体厚，釉面脱落严重，器内及口沿仅余淡黄色化妆土。口径11.2、底径4.2、高3厘米（图二八，2）。

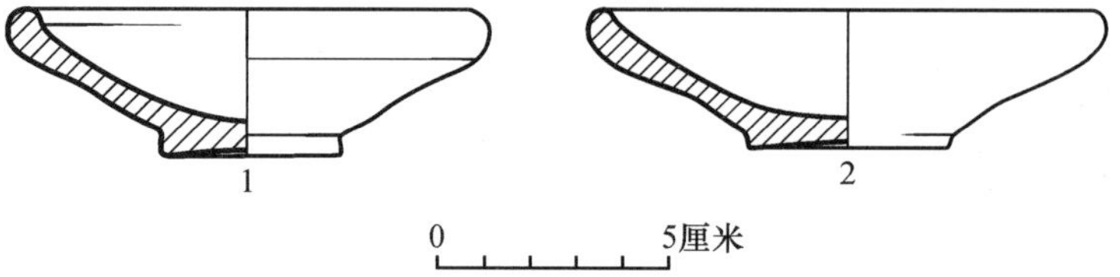

图二八　瓷盏
1. M19：1　2. M91：3

2. 钱币

17枚，其中开元通宝16枚、乾元重宝1枚。

开元通宝　16枚。根据钱文的变化，分为二式。

Ⅰ式：15枚。方穿，面、背皆有内外郭，光背，“元”字上横较短，次横左端上挑，“通”字走部之上三撇似连非连，“宝”字“贝”部中间两横较短，不连竖边。M85：2-1，钱径2.5、穿宽0.65厘米（图二九，1）。M174：1，钱径2.4、穿宽0.6厘米。M169：1-1，钱径2.4、穿宽0.6厘米。

Ⅱ式：1枚。M37：1，方穿，面、背皆有内外郭，外郭较宽，光背，“通”字走部之上三撇似连非连，“元”字上横较长，次横左端上挑，“宝”字“贝”部中间两横与右竖相连。钱径2.4、穿宽0.6厘米（图二九，2）。

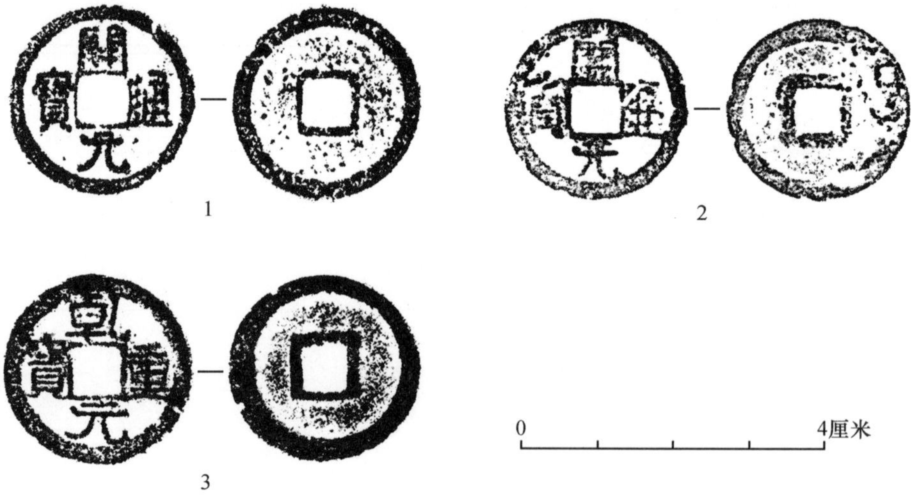

图二九　铜钱
1. Ⅰ式开元通宝（M85：2-1）　2. Ⅱ式开元通宝（M37：1）　3. 乾元重宝（M85：2-3）

乾元重宝　1枚。M85：2-3，方穿，面、背皆有内外郭，钱文方正，字体清晰，光背，“乾”“元”二字较宽大，“元”字上横较长，次横左端上挑，“宝”字“贝”部中间二横和右边一竖相连。钱径2.55、穿宽0.6厘米（图二九，3）。

三、明　墓

（一）墓葬形制

3座。皆为长方形竖穴土坑墓。

M74　墓向135°。平面呈长方形，长2.83、宽0.95～1、残深0.16～0.32米。墓室北端距北壁0.32、距东壁0.26米处叠砌三块板瓦，板瓦两侧再竖放两块板瓦；墓室南端距南壁0.39、距东壁0.24米处铺筑三块板瓦，平面呈“品”字形。墓室四壁陡直，壁面较粗糙，底部较平整，残存一层石灰痕迹，厚约0.01米（图三〇；图版五，2）。填土为黄褐色花土，夹杂植物根茎、碎石、石灰。填土中发现有零星人骨，未见葬具，通过南北端枕瓦可知，墓主葬式应是仰身直肢，头朝南脚朝北。墓室被扰动，扰土中出土瓷器4件，包括龙纹谷仓罐2件、碗2件。

M75　墓向222°。平面呈长方形，长2.15、宽0.8、残深0.05～0.14米。四壁陡直，壁面较粗糙，底部较平整。填土为黄褐色花土，夹杂植物根茎、碎石、石灰。未见人骨、葬具及随葬品。

M158　墓向217°。墓室平面呈长方形，长2.8、宽1.06～1.1、残深0.3～0.37米。四壁陡直，壁面较粗糙，底部较平整（图三一）。填土为黄褐色花土，夹杂植物根茎、碎石。未见人骨、葬具。墓室被扰动，扰土中出土瓷龙纹谷仓罐2件、买地券1方。

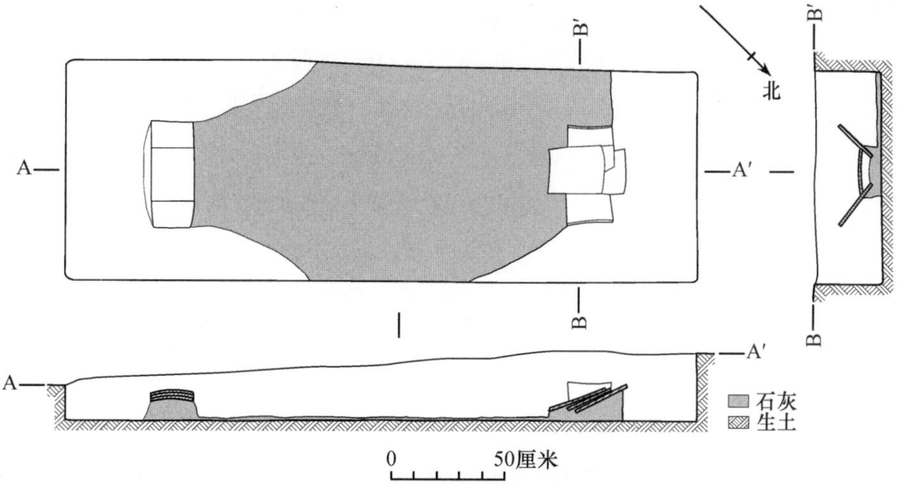

图三〇　M74平面、剖视图

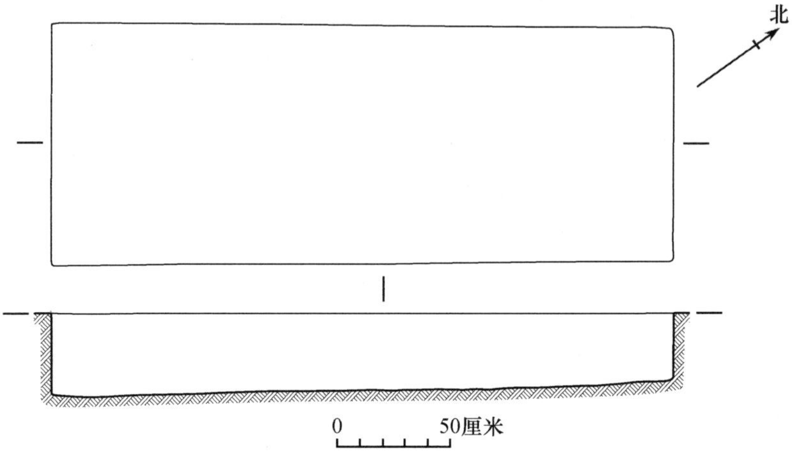

图三一　M158平面、剖视图

（二）随　葬　品

7件。包括瓷龙纹谷仓罐4件、碗2件，买地券1方。

瓷龙纹谷仓罐　4件。根据最大径位置的不同，分为二型。

A型　3件。最大径在肩部。根据肩部的变化，分为二式。

Ⅰ式：1件。折肩，堆塑龙纹较精美。M74：2，灰胎，器表除近底及足部外皆施黑釉。敛口，圆唇，腹部呈微鼓筒状，下腹微内收，矮圈足。肩部堆塑单龙戏珠纹饰及三个脊状凸起。口径5、最大腹径14.7、足径9、通高18.9厘米。器盖部分残，灰胎，器表施黑釉。宝塔状，尖圆纽。底径3.1、最大径7.7、高3厘米（图三二，1）。

Ⅱ式：2件。圆肩，堆塑龙纹有所简化。紫红胎，器外施酱釉，有流釉现象。敛口，圆唇，腹部呈微鼓筒状，下腹微内收，圈足。肩部堆塑单龙戏珠纹饰。M158：1，器口径7.3、最大腹径13.4、足径7.8、通高15.8厘米。器盖，施酱釉，釉不及底。呈盏状，敞口，方唇，浅腹，平底。口径8、底径5.2、高1.9厘米（图三二，2；图版九，6）。M158：2，器口径6.8、最大腹径13.5、足径9.1、通高15.1厘米。器盖，施酱釉，釉不及底。呈盏状，敞口，方唇，浅腹，平底。口径8.3、底径4.5、高1.8厘米（图三二，3）。

B型　1件。最大径在腹部。M74：1，灰胎，器表除近底及足部外皆施黑釉。上腹部残，腹部呈微鼓筒状，下腹微内收，矮圈足。肩部饰凸棱，残余两道。腹径14.9、足径8.9、残高15.5厘米（图三二，4）。

瓷碗　2件。形制相同。紫红胎，胎面粗糙，内外施酱釉，釉不及底，外壁有积釉、流釉现象。敞口，尖唇，弧腹，矮圈足。M74：3，口径15、足径6、高4.3厘米（图三三，1）。M74：4，口径15.6、足径6.3、高4.5厘米（图三三，2）。

买地券　1方。M158：3，青石质。上部略残。正面券文刻于正方形线框内，从右

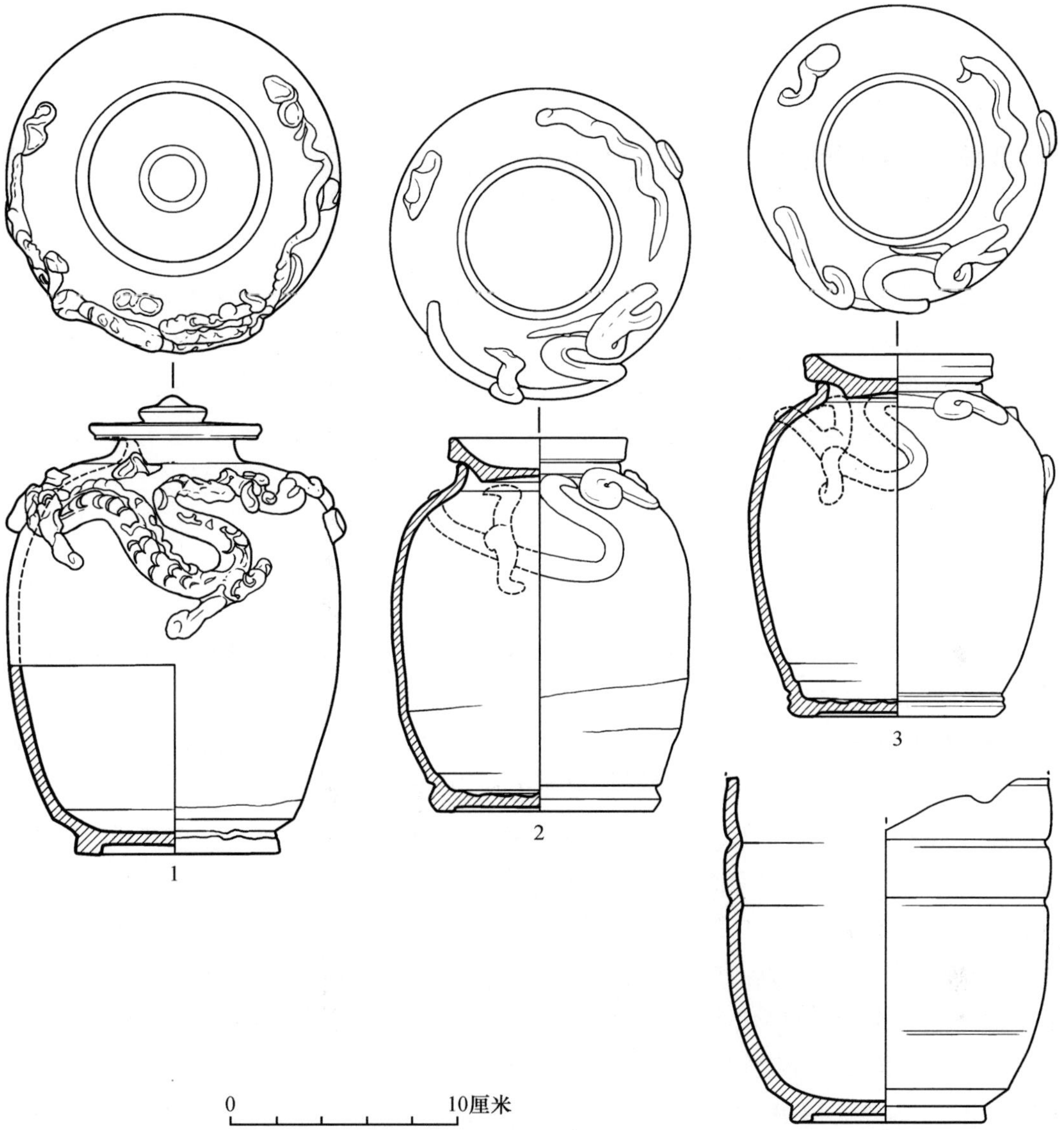

图三二　瓷龙纹谷仓罐

1. A型Ⅰ式（M74：2）　2、3. A型Ⅱ式（M158：1、M158：2）　4. B型（M74：1）

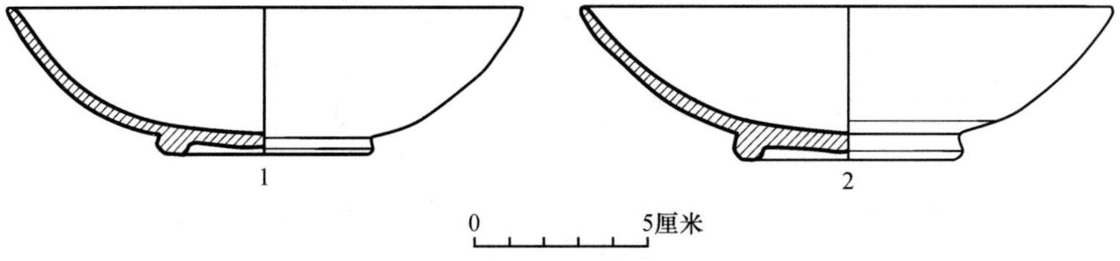

图三三　瓷碗

1. M74：3　2. M74：4

至左共计11列，正方形线框两侧有线条与圆圈组成的纹饰。背面中央有一“穴”字，右侧有“敺烝伏尸”四字，左侧有“永不侵争”四字，文字外围刻一圈后天八卦，部分残损，顺时针可见巽、乾、坎、震、艮。残长34.7、宽39.8、厚4厘米（图三四）。

正面券文从右至左如下：

维/大明崇祯五年岁次壬申十二月甲子朔越二十一日甲申奉/□立券故考石登之魂存阳壬午相四月十七日酉时/生系蝦蟆浑地分生长享年四十九岁于/崇祯三年六月二十九日子时奄逝伏吕亡人地券所山水/自生成乾坤天地大日月两分明阴阳分造化自古至/而今生则居华室死则葬丘坟孝信亲出备买/地葬亡人四至皆明白亡者永安宁山神休占砖准/此今奉行急急如/帝使者女青律令/□券一本给付墓中亡人石登正魂收用

四、结　语

M104保存完整，出土花纹砖多流行于东汉至南朝时期，其墓葬形制与成都中海国际社区M1[1]相似，M104：1与市荣M2：9[2]相似，M104：2与成都中海国际M3：1[3]相似，市荣M2：9年代为东汉晚期，中海国际社区M1、M3年代皆为西晋元康八年（298年），故M104年代应在东汉晚期至西晋时期，且为西晋时期的可能性较大。

Aa型砖室墓与成都金堂李家梁子M34、M41[4]相似，Ab型砖室墓与成都西郊清江路M5[5]相似，Ac型砖室墓与成都西郊化成村SM17[6]相似。琉璃厂窑Ba型瓷四系罐与成都清江东路张家墩M103：1[7]相似，Bb型与成都清江东路张家墩M101：2[8]、新津方兴M30：1[9]相似，A型瓷盏与清江东路张家墩M102：3[10]相似。M71出土邛窑瓷盏与武海中华名城M8：1[11]相似。Ⅰ式开元通宝与徐殿魁所分A型Ⅰ式开元通宝[12]相似，Ⅱ式与徐殿魁所分B型Ⅱ式开元通宝[13]相似。综上可知，M8、M14、M19～M21、M29、M30、M37、M46、M49、M64、M71、M85、M91、M95、M129、M163、M169、M174年代在晚唐五代时期，部分墓葬年代可上溯至中唐时期。

3座长方形竖穴土坑墓中，M74出土有枕瓦，多见于成都地区明墓，M74：2与新津老虎山明墓出土Ab型谷仓龙纹罐[14]相似，后者为明代早中期，M75紧挨M74，两者年代应大致相同，故M74、M75年代应为明代早中期。M158出土有买地券，据文字可知墓主石登卒于崇祯三年（1630年）六月二十九日子时，下葬于崇祯五年（1632年）十二月二十一日，故该墓葬年代为崇祯五年（1632年）。

此次发掘的西晋、唐宋、明代墓葬，较好地反映了当时的社会生活面貌，为我们了解成都地区丧葬面貌的变迁提供了重要的实物资料。此外，明墓出土的买地券还了反映堪舆风水及道教信仰对当时丧葬文化的影响。

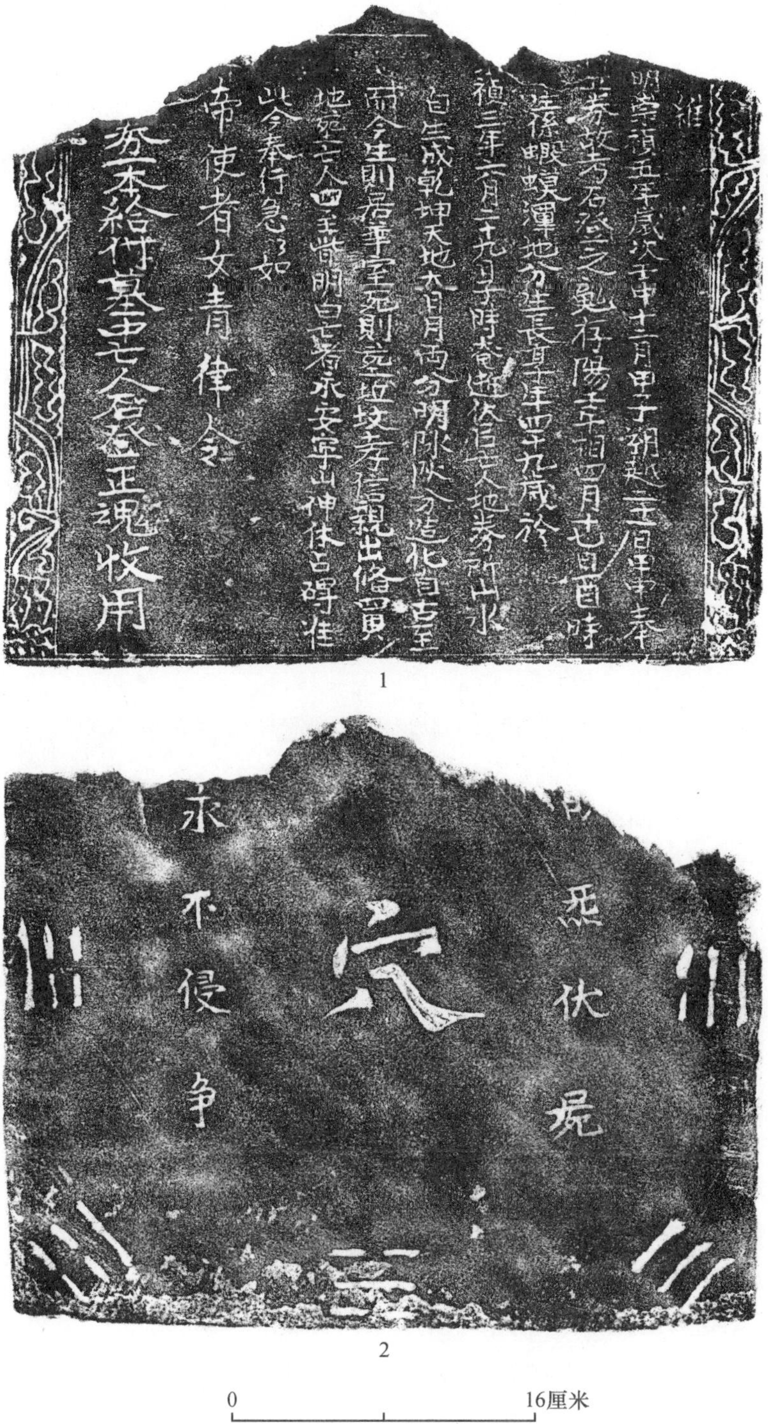

图三四　M158出土买地券
（M158：3）
1. 正面　2. 背面

附记：本次发掘项目的负责人为江滔、葛林杰，参与发掘的人员有葛林杰、秦雄、王雨焓、周有欣、陈燕、邵盈尹、陈煦、曹季培，参加资料整理的人员有葛林杰、秦雄、王雨焓、周有欣、陈燕、邵盈尹。本次考古发掘工作得到成都文物考古研究院的大力协助和支持，特此致谢！本文为重庆市人文社科重点研究基地项目（21SKJD048）的成果。

执笔：葛林杰　江　滔

注　释

［1］成都文物考古研究所：《中海国际社区晋墓发掘简报》，《成都考古发现》（2004），科学出版社，2006年。

［2］四川省文物考古研究院、西安美术学院中国艺术与考古研究所：《四川汉源县市荣遗址2009年度发掘报告》，《四川文物》2011年第5期。

［3］成都文物考古研究所：《中海国际社区晋墓发掘简报》，《成都考古发现》（2004），科学出版社，2006年。

［4］成都文物考古研究所、金堂县文物保护管理所：《金堂赵镇李家梁子唐宋墓发掘简报》，《成都考古发现》（2007），科学出版社，2009年。

［5］成都市文物考古研究所：《成都西郊清江路唐宋墓葬发掘简报》，《成都考古发现》（2000），科学出版社，2002年。

［6］成都市文物考古研究所：《四川成都市西郊化成村唐墓的清理》，《考古》2000年第3期。

［7］四川大学考古系、成都文物考古研究院：《成都市清江东路张家墩隋唐至南宋砖室墓》，《考古》2018年第2期。

［8］四川大学考古系、成都文物考古研究院：《成都市清江东路张家墩隋唐至南宋砖室墓》，《考古》2018年第12期。

［9］成都文物考古研究所、新津县文管所：《成都市新津县方兴唐宋墓群发掘报告》，《成都考古发现》（2009），科学出版社，2011年，第496页。

［10］四川大学考古系、成都文物考古研究院：《成都市清江东路张家墩隋唐至南宋砖室墓》，《考古》2018年第12期。

［11］成都文物考古研究所：《成都市青白江区北部新区武海中华名城唐五代墓葬发掘简报》，《成都考古发现》（2010），科学出版社，2012年，第557页。

［12］徐殿魁：《试论唐开元通宝的分期》，《考古》1991年第6期。

［13］徐殿魁：《试论唐开元通宝的分期》，《考古》1991年第6期。

［14］成都文物考古研究所、新津县文物管理所：《新津县老虎山宋明墓葬发掘简报》，《成都考古发现》（2013），科学出版社，2015年，第593页。

成都市金沙遗址“置信金沙园”地点北朝墓葬发掘简报

成都文物考古研究院

金沙遗址“置信金沙园”地点位于四川省成都市青羊区金阳路，中心地理坐标为东经104°0′26″、北纬30°40′47″，海拔504米（图一）。2002年4～9月，成都文物考古研究院对该地点进行了考古发掘，清理了一批商周至明清时期遗存，其中M13为一座北朝墓葬，其出土的瓷器和铜器风格较为独特，为四川地区少见，现将该墓简介如下。

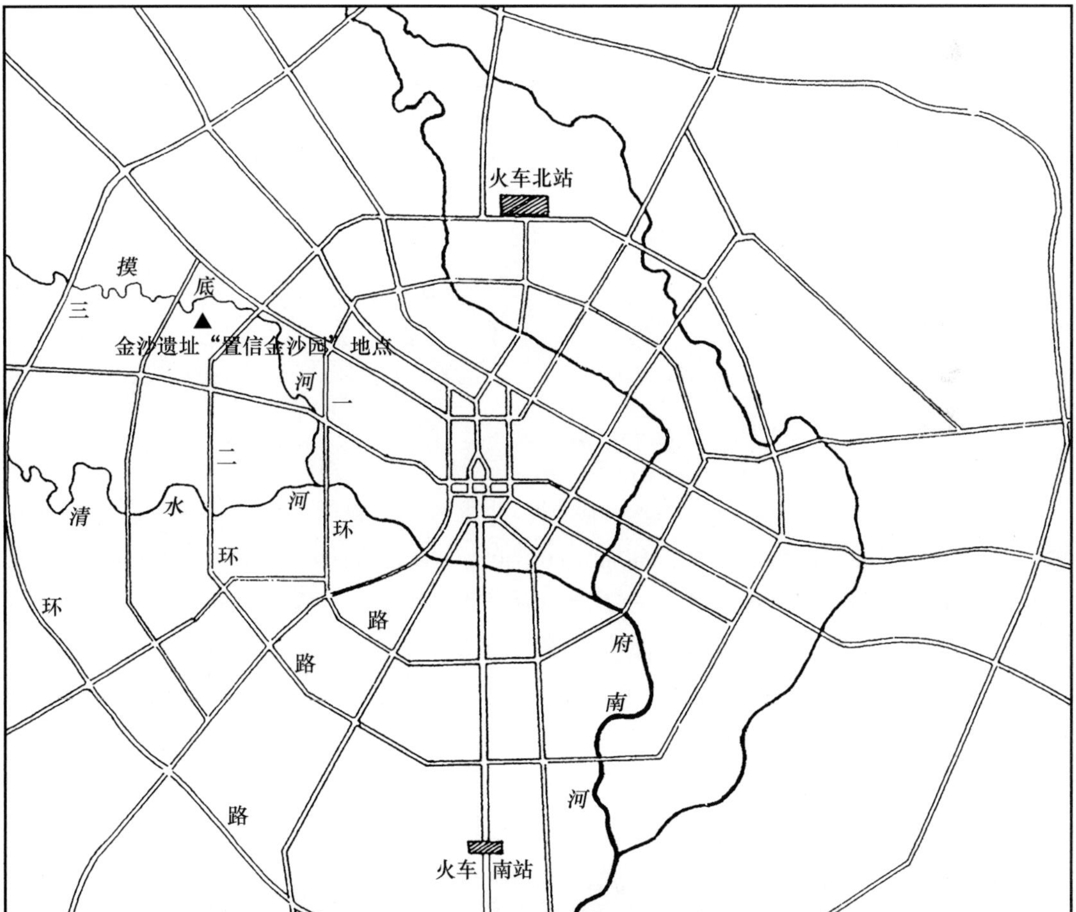

图一　遗址位置示意图

一、墓葬形制

M13　位于发掘区西北部T1176中部。开口于唐宋时期地层下，打破商周时期地层。方向171°。墓圹平面近长方形，直壁，平底。墓葬底部残存呈人字形平铺的地砖。长3.74、宽1.46、残深0.22米。未发现葬具，人骨腐朽严重，葬式不明，性别、年龄不详。出土随葬品4件，瓷壶和铜勺置于墓室东北部，2件瓷碗置于墓室西北部（图二）。

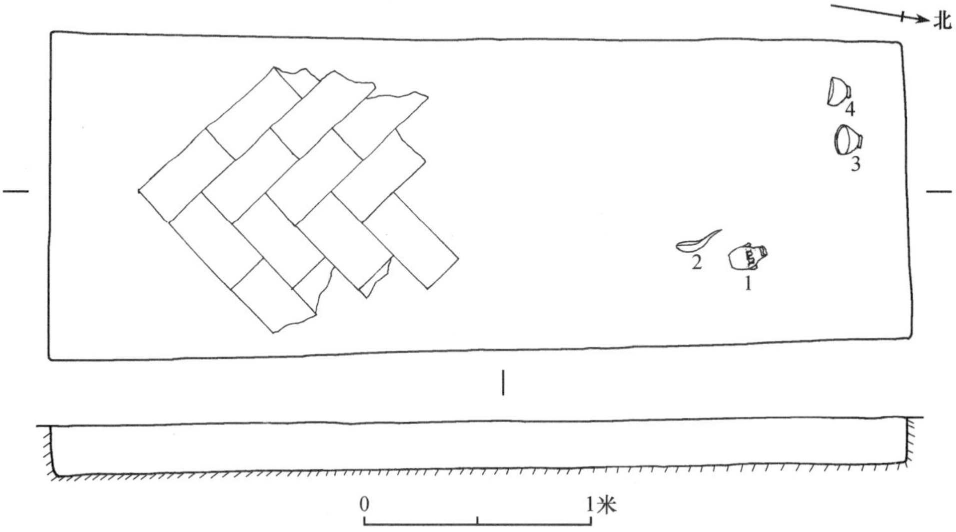

图二　M13平、剖面图
1. 瓷壶　2. 铜勺　3、4. 瓷碗

二、出土遗物

瓷壶　1件。M13：1，灰白胎，青绿釉，外壁釉至下腹部，内壁釉至颈部，釉面有细小冰裂纹。口部残，束颈较长，溜肩，深鼓腹，平底。肩部粘贴有分别对称的两个双系和两个单系。颈部有三周凸棱；肩部饰一周乳钉，乳钉上有花瓣纹；腹最大径处有一周凸棱。腹径22、底径11、残高32厘米（图三；图版一〇，1）。

瓷碗　2件。灰白胎，青绿釉，内满釉，外半釉，足无釉，釉面有细小冰裂纹。敞口，深弧腹，饼状足内凹。内底均有一周支钉痕迹。M13：3，口径13.5、底径4.8、高7.5厘米（图四，1；图版一〇，2、3）。M13：4，口径12.9、底径5、高6.4厘米（图四，2）。

铜勺　1件。M13：2，舟形，圜底，曲柄向尾部渐宽，尾部残断。勺内和柄上饰细阴线纹。经检测，勺表面平均成分铜57.2%、锡32%、铅9.5%；断面平均成分铜67%、锡19.5%、铅12.5%。为青铜材质，表面含锡量较高，形成类似银的光泽。残长13.2、宽4.2厘米（图四，3；图版一〇，4、5）。

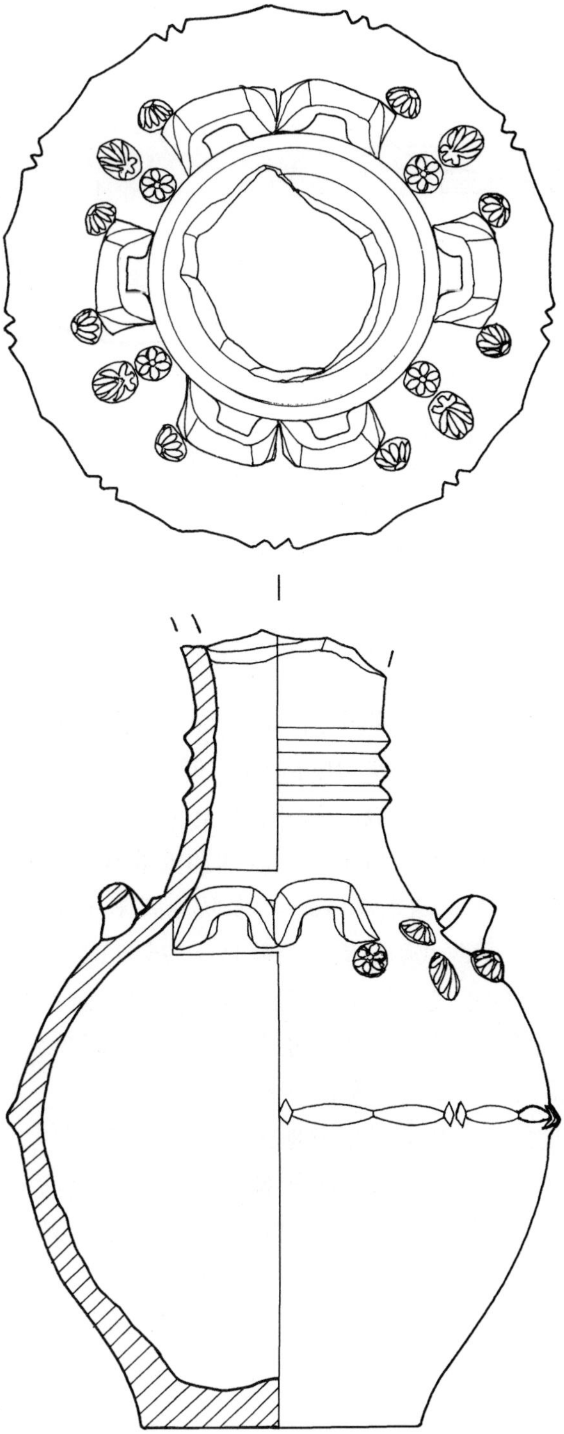

图三 瓷壶
（M13：1）

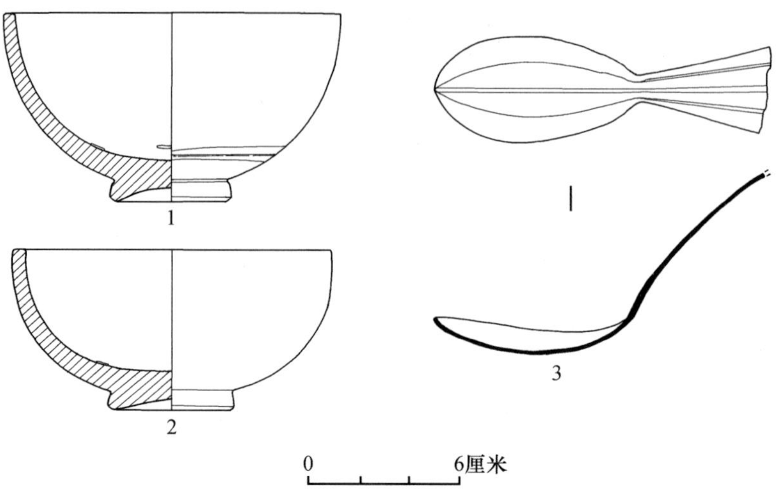

图四　出土器物

1、2. 瓷碗（M13：3、M13：4）　3. 铜勺（M13：2）

三、结　　语

M13出土的3件青瓷器，具有较明显的时代特征。壶的形态较为瘦高，碗弧腹较深，为四川地区南朝中晚期以后瓷器的风格[1]，但壶颈部凸棱及六系为四川地区所未见。此类特征的壶见于长江中下游地区南朝末期至唐代早期的墓葬中[2]，但与M13这件差异明显。这类壶也多见于北朝区域，如陕西西安北魏韦乾墓（534年）[3]和河北沧州东魏武定二年（544年）墓四系盘口壶[4]及陕西咸阳北周独孤藏墓（578年）六系盘口壶[5]等。M13瓷碗与陕西咸阳北周王德衡墓（576年）瓷碗的形态和釉质均非常接近。综上所述，M13瓷器的年代为北朝末期。M13铜勺表面光亮似银，与宁夏固原北周李贤夫妇墓（569年）银勺[6]颇为相似，均为曲柄，且尾部渐宽，南方地区则未见此类勺。根据随葬品特征推测该墓年代约为北朝末年至隋代。

四川地区以往发现的六朝瓷器与南方地区关系更为密切[7]。而M13出土瓷器和铜器具有较典型的北方风格。M13反映出西魏取蜀（553年）之后，四川地区日益受到北方地区的影响，其对认识南北朝时期四川地区政权更替、文化嬗变等具有重要意义。

绘图：孙志辉

照相：程立文　杨颖东

执笔：田剑波　周志清　黄婉琳

注 释

[1] 何志国：《四川六朝瓷器初论》，《考古》1992年第7期。

[2] 李梅田：《长江中游地区六朝隋唐青瓷分期研究》，《华夏考古》2000年第4期。

[3] 西安市文物保护考古所：《西安南郊北魏北周墓发掘简报》，《文物》2009年第5期。

[4] 张平一：《河北吴桥县发现东魏墓》，《考古通讯》1956年第6期。

[5] 张勇盛：《北朝纪年墓出土瓷器分期初探》，《华夏考古》2017年第2期。

[6] 宁夏回族自治区博物馆、宁夏固原博物馆：《宁夏固原北周李贤夫妇墓发掘简报》，《文物》1985年第11期。

[7] 刘雨茂、易立、唐光孝：《绵阳崖墓出土瓷器的初步研究》，《考古》2017年第1期。

成都市高新区“锦城小学综合楼”项目
唐宋墓葬发掘报告

成都文物考古研究院

锦城小学位于成都市高新区雍翠路120号，北距成都市区约8千米（图一）。2019年11月初，成都文物考古研究院为配合锦城小学建设，对锦城小学综合楼项目进行考古勘

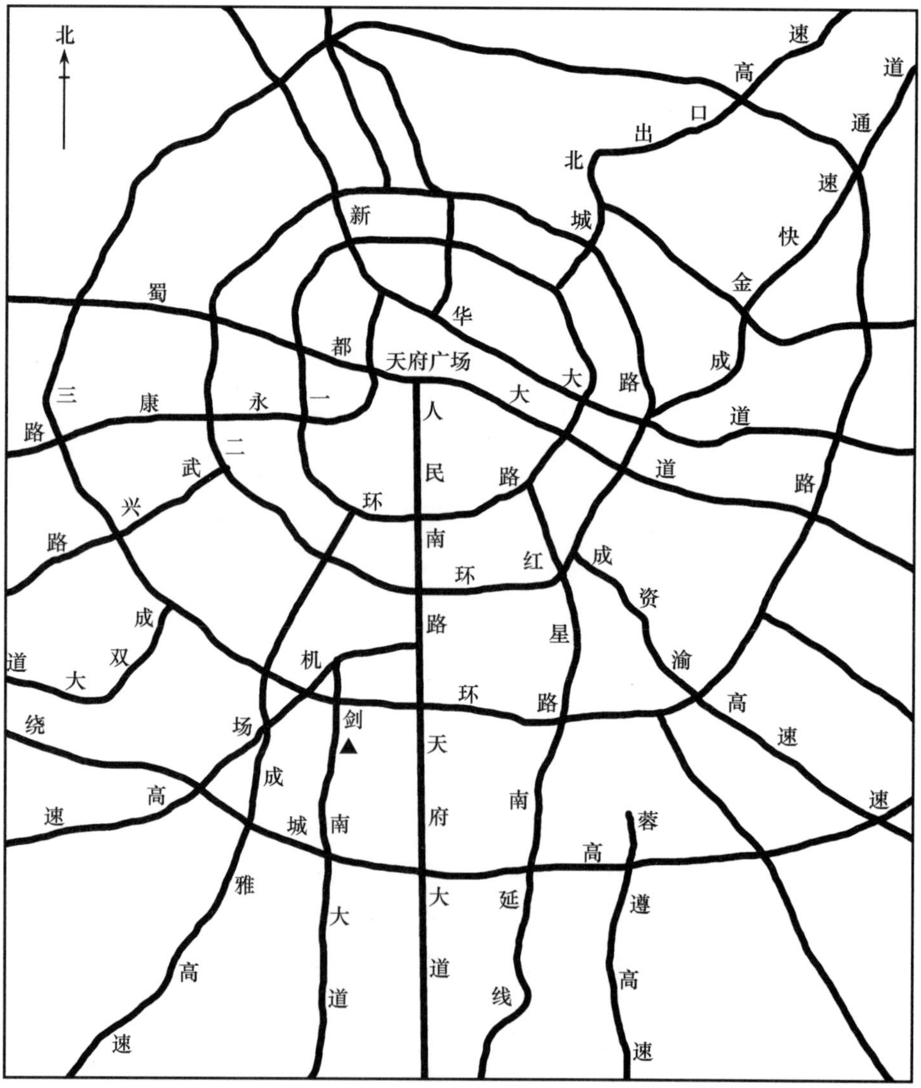

图一　墓葬位置示意图

探，勘探发现了11座唐宋时期的砖室墓（图版一一）。2019年12月至2020年1月，成都文物考古研究院对这批墓葬进行了考古发掘。现将墓葬发掘情况报告如下。

一、墓葬形制

高新区“锦城小学综合楼”项目共清理了11座砖室墓，其中3座火葬墓M2、M9和M11开口于第1层下，其余墓葬均开口于第2层下。这批墓葬相互之间无叠压和打破关系且排列有序（图二）。根据墓葬葬俗的差异，可以将这批墓葬分成两类，一类为火葬墓，一类为土葬墓。

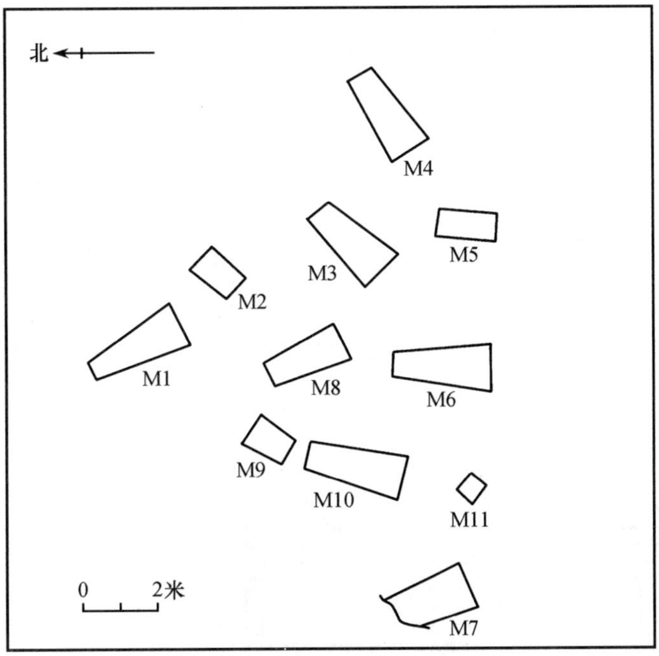

图二 唐宋墓葬总平面图

（一）火葬墓

3座。墓圹和墓室平面均呈梯形，墓室顶部为叠涩顶。

M2 位于发掘区东北部，东南邻M3。保存较好。墓室长1.12、宽0.64～0.8、高0.46米，内长0.8、宽0.2～0.38、高约0.18米。墓底横向平铺单层墓砖，墓壁砌法为两顺一丁，再用三层平砖叠压封顶。墓砖均为青灰色长方形素面砖，长36、宽18、厚2厘米。墓室中部发现人骨骨灰，墓室北部有1件瓷双耳罐和1件瓷碗，瓷碗正面朝上放置于瓷双耳罐口部（图三）。

瓷碗 1件。M2：1，保存较完整，器身稍微变形。褐胎，施化妆土，内部及口部施淡青釉，口部有流釉现象。敞口微侈，圆唇，斜弧腹，饼足微内凹，足外缘经修整。

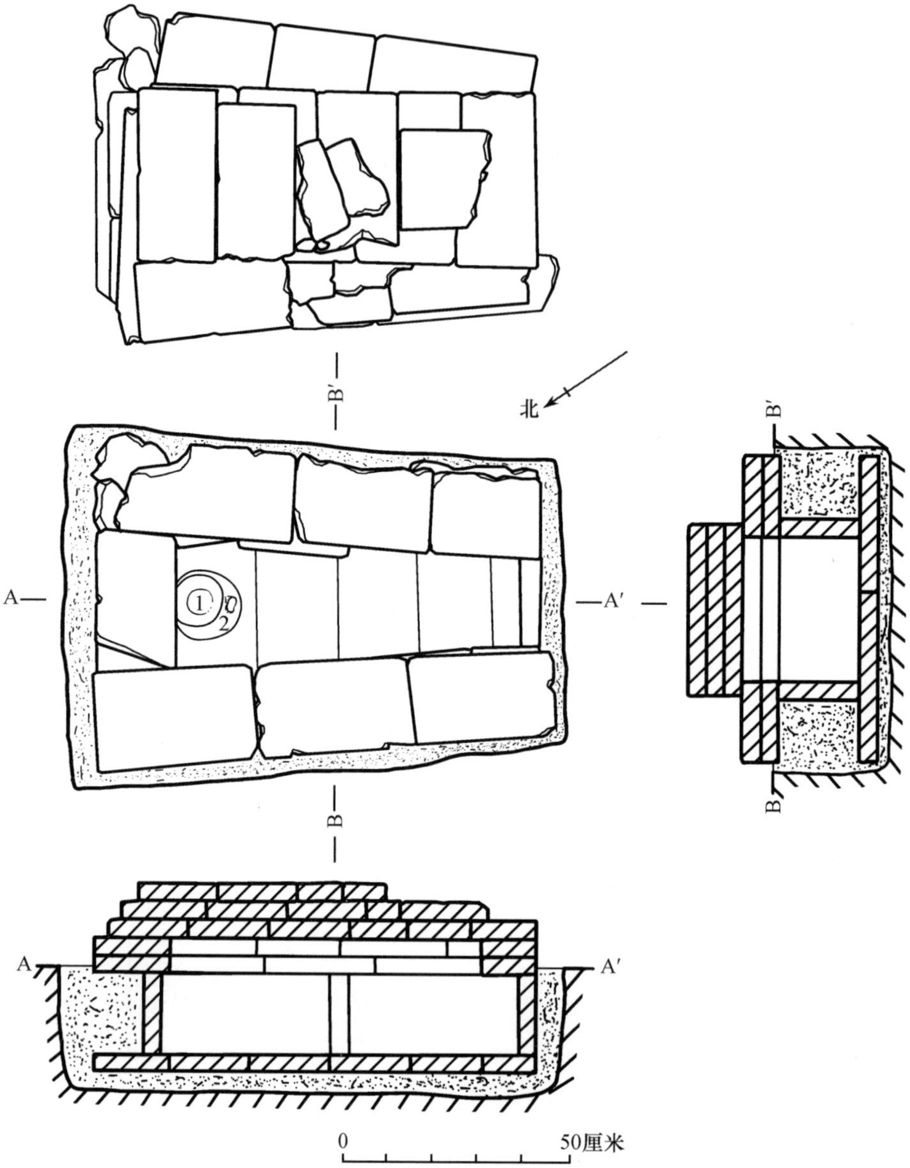

图三　M2平、剖面图
1. 瓷碗　2. 瓷四系罐

内底有五齿支钉痕迹。口径11.6、底径5.2、高3.6、胎厚0.3～0.5厘米（图四，1）。

瓷双耳罐　1件。M2：2，保存较完整，仅口部略有残缺。红褐胎，施化妆土，上腹部釉已基本脱落，有流釉现象。侈口，方唇，鼓肩，弧腹较深，最大径在上腹部，平底微内凹，肩部有两个对称桥形耳。器身为泥条盘筑后经快轮修整而成。口径10.2、最大腹径17、底径10.6、高19.1厘米（图四，2）。

M9　位于发掘区西北部，南临M10。保存较好。墓室长1.1、宽0.36～0.64、残高0.46米。墓壁砌法为两顺一丁，再用四层平砖顺向错位叠压封顶。墓砖均为青灰色长方形素面砖，长34、宽17、厚4厘米。墓室出土瓷双耳罐1件、瓷碗2件、瓷壶1件和陶球1枚（图五）。

瓷双耳罐　1件。M9∶1，保存较完整。红褐胎，施化妆土，上腹部釉已基本脱落，有流釉现象。矮直口，方唇，溜肩，弧腹，最大径在上腹部，平底微内凹，肩部有

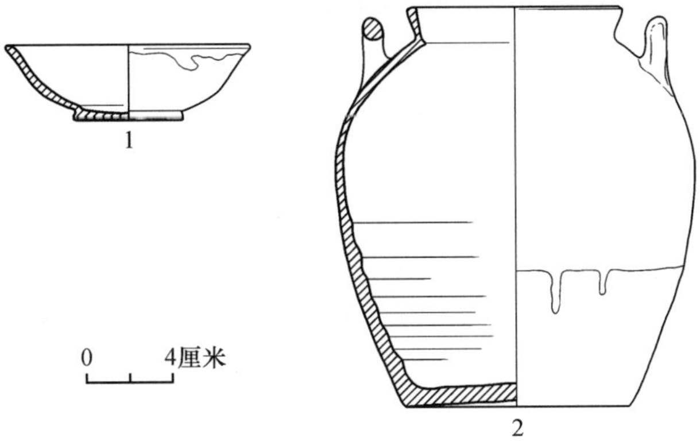

图四　M2出土瓷器

1. 碗（M2∶1）　2. 双耳罐（M2∶2）

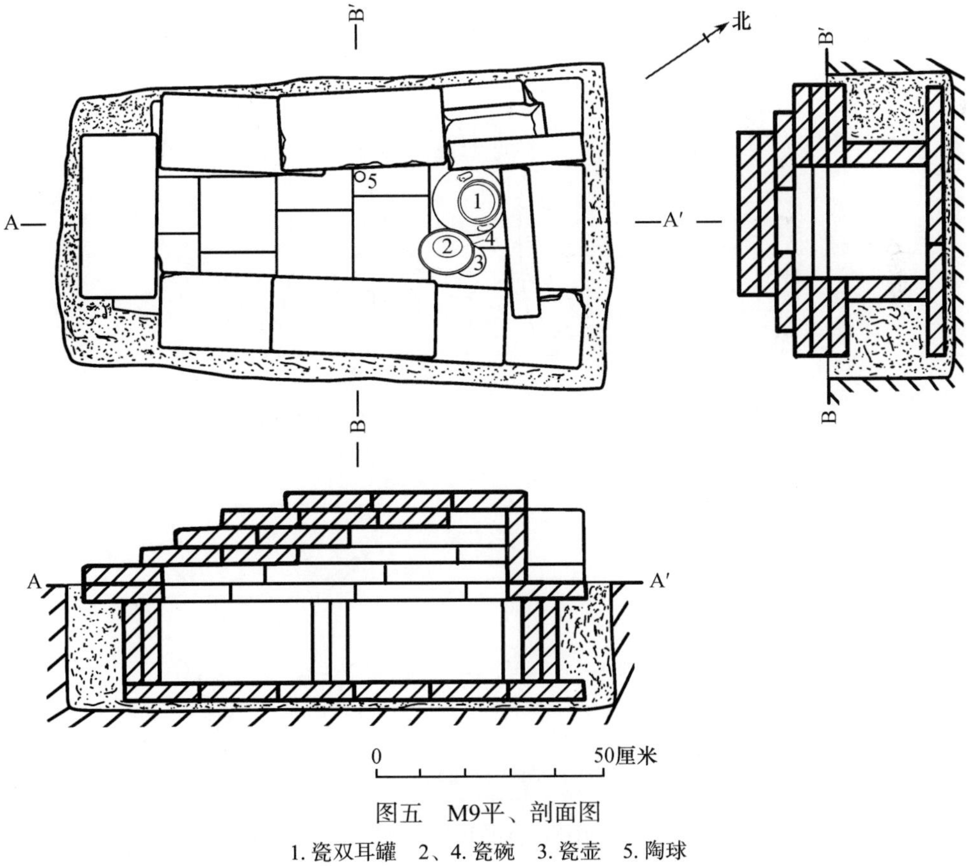

图五　M9平、剖面图

1. 瓷双耳罐　2、4. 瓷碗　3. 瓷壶　5. 陶球

两个对称桥形耳。器身可见制作时泥条盘筑后经轮制修整的痕迹。口径9.2、最大腹径15.4、底径9.9、高18.6厘米（图六，1）。

瓷碗　2件。红褐胎，施化妆土，外壁上部和内壁施青釉，外壁部分釉面已脱落，有流釉现象。M9：2，基本完整。侈口，圆唇，斜腹，下腹部略折，饼足微内凹，内底有一个五齿支钉痕迹。口径11.6、底径5.2、高4厘米（图六，2）。M9：4，基本完整，器身稍微变形。侈口，圆唇，弧腹，饼足微内凹。口径14.8、底径5.6、高5.3厘米（图六，4）。

瓷壶　1件。M9：3，保存完整。红褐胎，施化妆土，器壁和器内均施酱黄釉，内壁釉面脱落严重，外壁有流釉现象。带盖。敛口，矮直领，尖圆唇，弧肩，鼓腹，饼足，肩部有两个对称桥形耳和一流。内壁肩腹处留有三处垫片痕迹。口径7.6、最大腹径11、底径6、高10厘米（图六，3）。

陶球　1枚。M9：5，保存完整。表面为红褐色。整体略呈球形。直径2.8厘米（图六，5）。

M11　位于发掘区西南部，东邻M6，西邻M7，北邻M10。顶部被破坏，仅存四壁。墓室长约0.56、宽0.46～0.56、残高0.22米。墓壁由双层丁砖砌成。墓砖均为青灰色长方形素面砖，长33、宽18、厚4厘米。墓室出土2件瓷四系罐（图七；图版一二，1）。

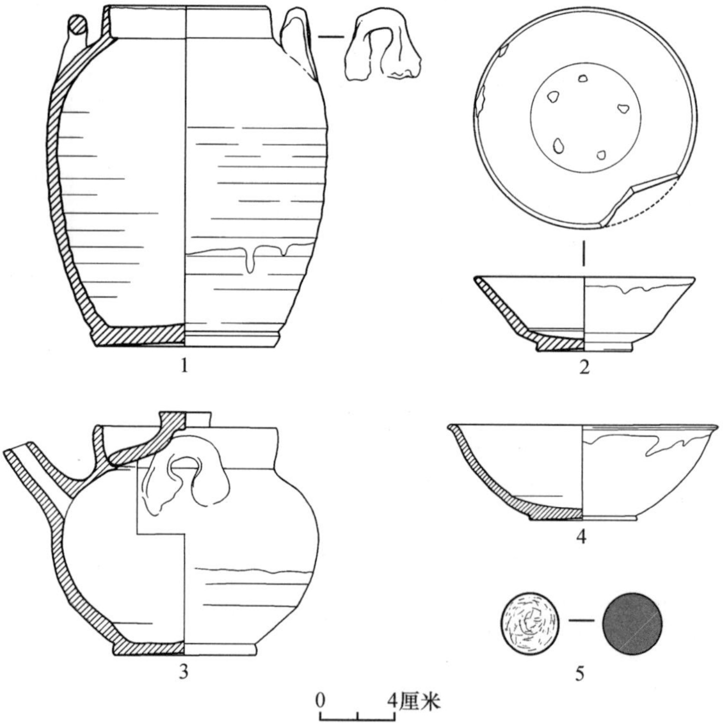

图六　M9出土器物

1. 瓷双耳罐（M9：1）　2、4. 瓷碗（M9：2、M9：4）　3. 瓷壶（M9：3）　5. 陶球（M9：5）

瓷四系罐　2件。红褐胎，施化妆土，青黄釉，有流釉现象。肩、颈相交处有两组对称立耳。泥条盘筑，后经快轮修整。M11：1，保存较好。直口，尖圆唇，直领，溜肩，弧腹，最大径位于腹中部，平底微内凹。口径7.7、最大腹径12.2、底径8.6、高13.6厘米（图八，1）。M11：2，上部少量残缺。直口微侈，尖唇，束颈，溜肩，弧腹，最大径位于上腹部，平底。肩、颈相交处的立耳缺失一个。口径12、最大腹径20.2、底径12.4、高23.4厘米（图八，2）。

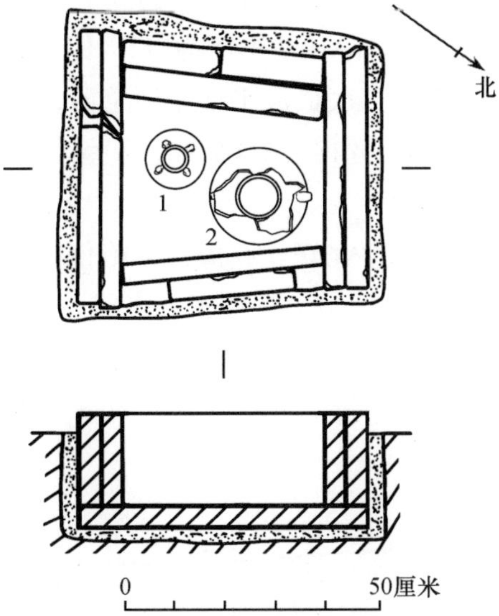

图七　M11平、剖面图

1、2. 瓷四系罐

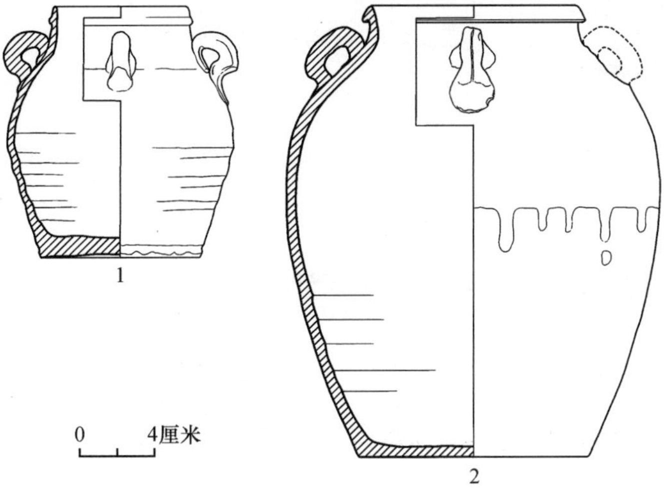

图八　M11出土瓷四系罐

1. M11：1　2. M11：2

（二）土　葬　墓

8座。均为平面呈梯形的单室墓。根据甬道的有无，分为二型。

A型　7座。无甬道。除了M5因为顶部遭到严重破坏而无法确定顶部修建方式之外，其余6座墓葬根据顶部修建方式的不同，分为二亚型。

Aa型　3座。墓顶靠近墓门处起券，其余部分为叠涩。

M1　位于发掘区域北部，南邻M8，东南为M2。保存较好，墓向335°。墓室内长约2.4、宽0.36～0.72、高约1米。墓底横向平铺单层墓砖，墓壁砌法为一顺一丁。墓砖均为青灰色长方形素面砖，长36、宽18、厚4厘米。墓室未见人骨。墓室前部出土1件瓷四系罐（图九；图版一二，2）。

瓷四系罐　1件。M1∶1，保存完好。红褐胎，施化妆土，青黄釉，有流釉现象。直口，尖唇，矮斜领，溜肩，弧腹，最大径位于上腹部，平底。肩、颈相交处有两组对称立耳。器身可见制作时泥条盘筑后经轮制修整的痕迹。口径7.9、最大腹径12、底径6.7、高14.7厘米（图一〇）。

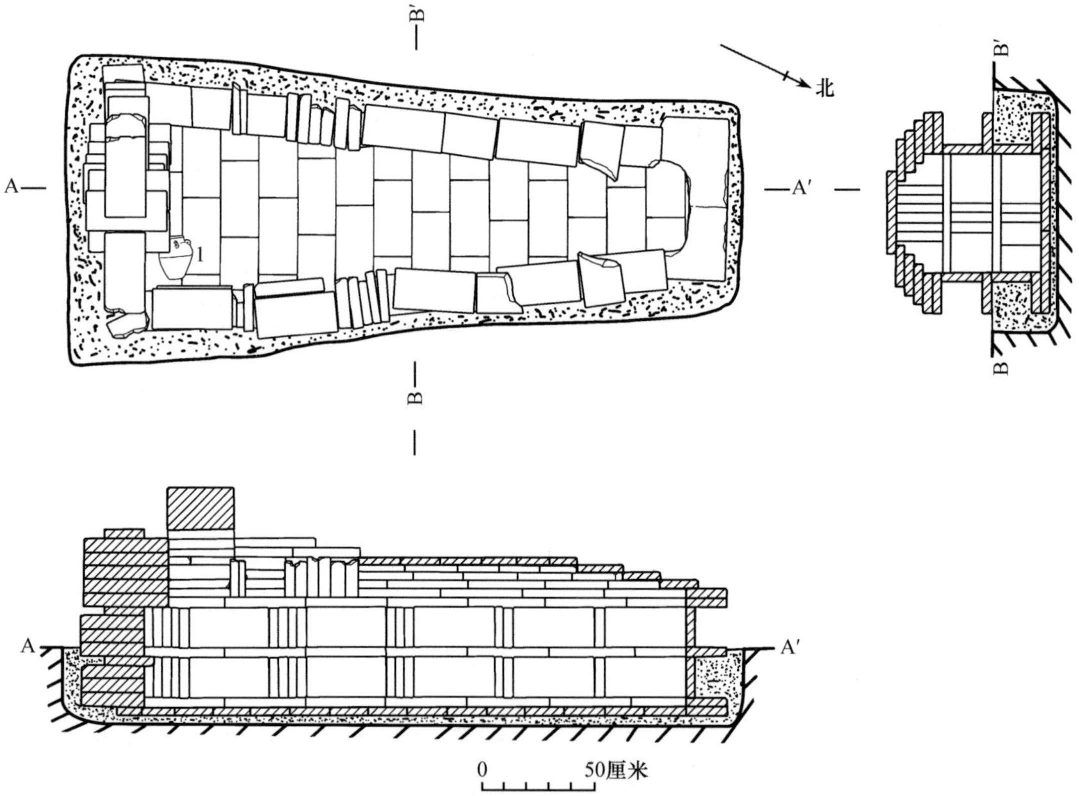

图九　M1平、剖面图

1. 瓷四系罐

M3　位于发掘区东北部，东邻M4，西邻M8，南邻M5。上半部分遭到破坏，但墓顶修建方式依旧能辨识，墓向208°。墓室内长约2.12、宽0.76～0.46、高约0.3米。墓底横向平铺单层墓砖，墓壁砌法为三顺一丁。墓砖均为青灰色长方形素面砖，长36、宽18、厚4厘米。墓室人骨保存较差，仰身直肢。人骨散落，但非二次葬。颅骨破碎，躯干移位至盆骨附近，四肢骨较残，大切迹窄深，四肢骨、锁骨粗壮，臼齿质点接近暴露。根据人骨鉴定结果，墓主人应该为25～30岁的男性。无任何器物出土（图一一）。

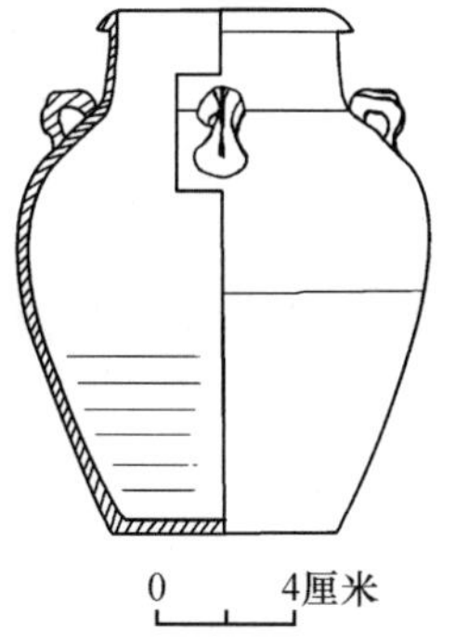

图一〇　M1出土瓷四系罐（M1：1）

M8　位于发掘区中部偏北，南邻M6。保存较好，仅墓顶局部坍塌，墓向204°。墓室内长约2.02、宽0.32～0.62、残高0.32米。封门残高约0.4米。墓底横向平铺单层墓砖，墓壁砌法为两顺一丁。墓砖均为青灰色长方形素面砖，长32、宽16、厚4厘米。墓室内人骨仅残存部分股骨和胫骨，仅余部分散落牙齿和左右下肢骨。臼齿齿尖接近磨平，无质点暴露。根据人骨鉴定结果，墓主人年龄不到20岁，甚至有可能未成年。人骨周围散落数枚铜钱，在靠封门处底部出土1件瓷四系罐，东壁近封门处第一个壁龛中出土1件瓷盏（图一二）。

瓷四系罐　1件。M8：1，保存完整。红褐胎，施化妆土，青黄釉，部分釉面已脱落，有流釉现象。侈口，尖唇，矮斜领，溜肩，弧腹，最大径位于腹中部，饼足，肩、颈相交处有两组对称桥形耳。器身可见制作时泥条盘筑后经轮制修整的痕迹。口径10.6、最大腹径22、底径10.8、高29.6厘米（图一三，1）。

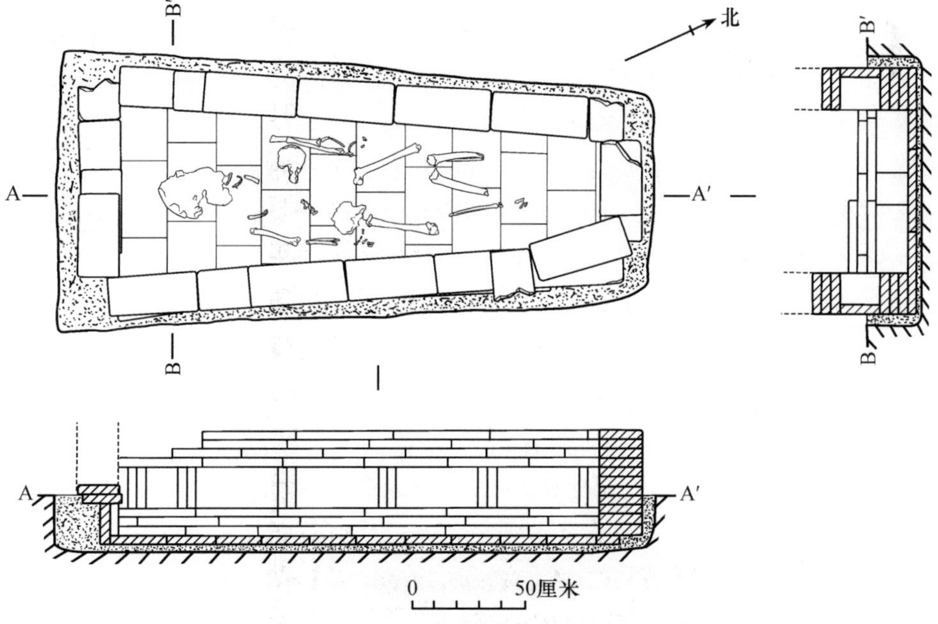

图一一　M3平、剖面图

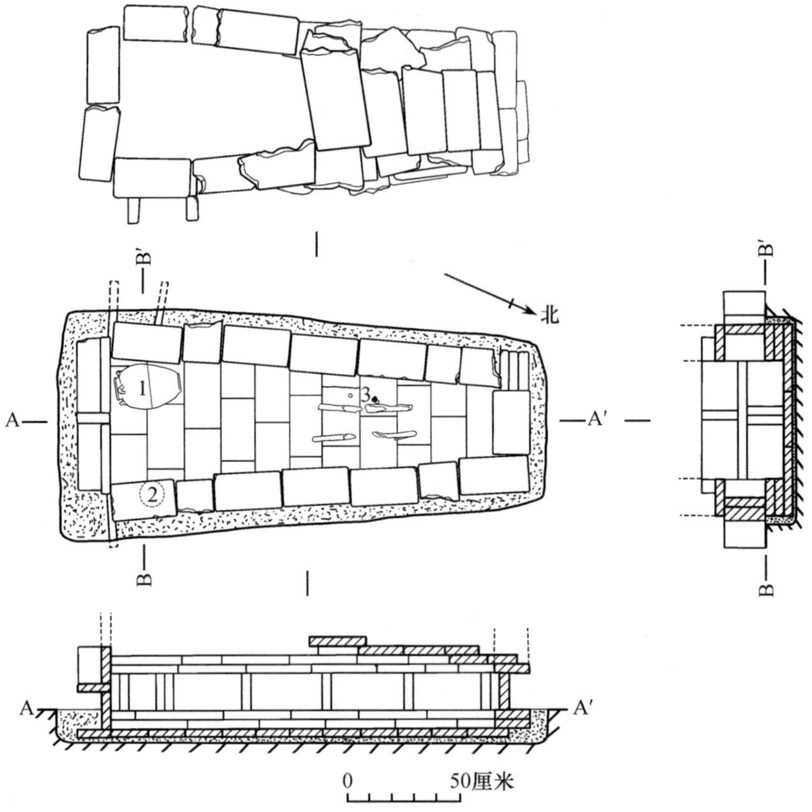

图一二　M8平、剖面图
1. 瓷四系罐　2. 瓷盏　3. 铜钱

瓷盏　1件。M8：2，保存完整，器身微变形。红褐胎，施化妆土，青黄釉，部分釉面已脱落，有流釉现象。侈口，圆唇，浅弧腹，小平底。器底可见制作时泥条盘筑后经轮制修整的痕迹。口径10.4、底径3.6、高3.3厘米（图一三，2）。

铜钱　26枚。M8：3，均锈蚀严重。其中17枚可较为清晰辨认出为开元通宝，9枚因锈蚀难以辨识。保存较好的钱币面、背均有内外郭，轮廓规整，钱文清晰，背部素面。直径2.4、穿宽0.7厘米（图一三，3、4）。

Ab型　3座。墓顶全部为叠涩顶。

M4　位于发掘区东部，西邻M3和M5。保存较好，墓向230°。墓室内长约2.4、宽0.38～0.68、高约0.42米。墓底横向平铺单层墓砖，墓壁砌法为一顺一丁。墓砖均为青灰色长方形素面砖，长36、宽18、厚4厘米。墓室内人骨保存较为完整，仰身直肢。肱骨特细，锁骨、肋骨、尺骨、桡骨较细，下颌左侧第三臼齿萌出、斜生，下颌左侧第二臼齿咬合面右前点齿质暴露，散落臼齿质点未暴露。根据人骨鉴定结果，墓主人为25岁左右的女性。出土遗物包含1件瓷盏、1件瓷四系罐和1件铜钗（图一四；图版一三）。

瓷盏　1件。M4：1，保存完好。红褐胎，施化妆土，青黄釉，有流釉现象。敞

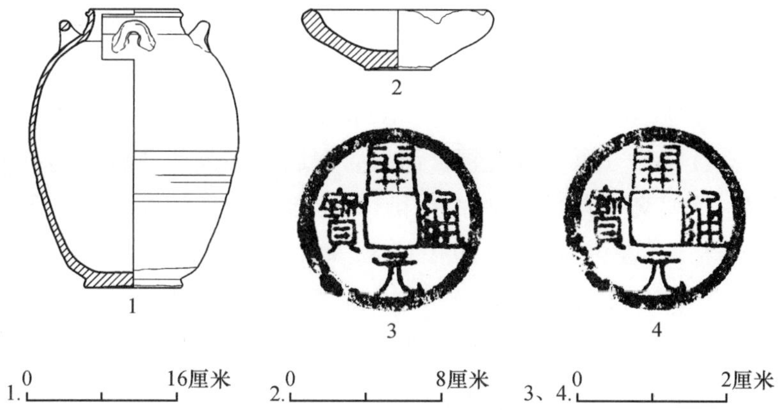

图一三　M8出土器物

1. 瓷四系罐（M8：1）　2. 瓷盏（M8：2）　3、4. 开元通宝（M8：3-1、M8：3-2）

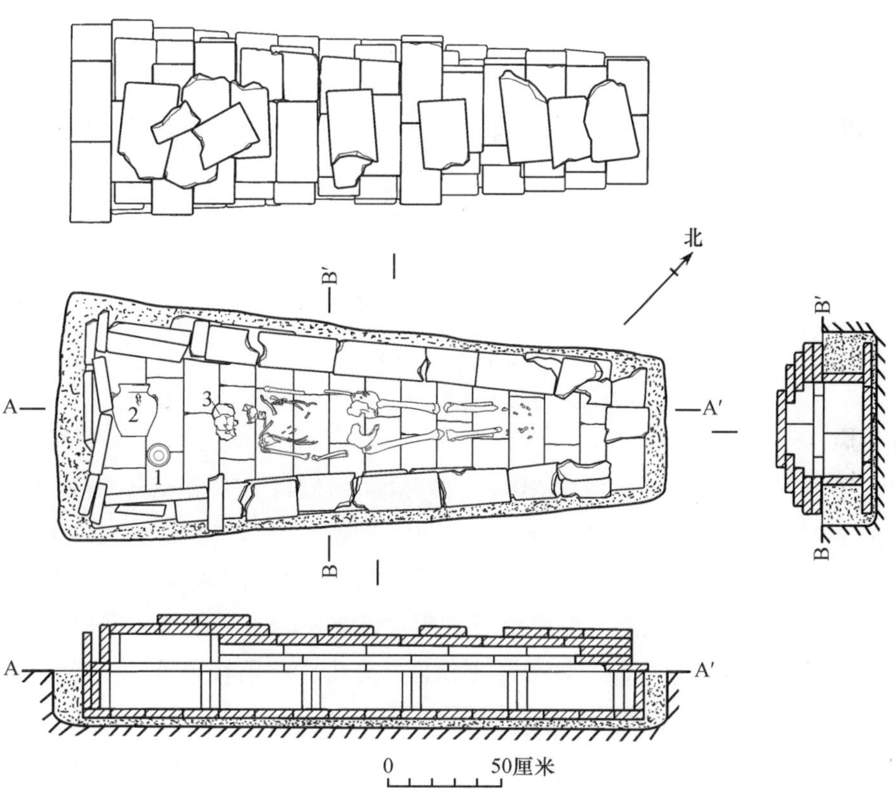

图一四　M4平、剖面图

1. 瓷盏　2. 瓷四系罐　3. 铜钗

口，圆唇，浅斜腹，小平底。器物用泥条盘筑法制作，后经快轮修整。口径10.6、底径4.3、高3厘米（图一五，1）。

瓷四系罐　1件。M4：2，保存完好。红褐胎，施化妆土，青黄釉，有流釉现象，腹下部未施釉。直口，方唇，矮直领，溜肩，深腹，最大径在腹上部，腹下部斜收至底，平底，肩、领相交处有两组对称立耳。领上饰两周凸棱纹。器物用泥条盘筑法制作，后经快轮修整。口径9.6、最大腹径17.8、底径10.6、高24.1厘米（图一五，2）。

铜钗　1件。M4：3，部分残缺。由一根细长的铜丝对折后加工而成，现已碎成两根。每根残长约7、直径0.1～0.2厘米（图一五，3）。

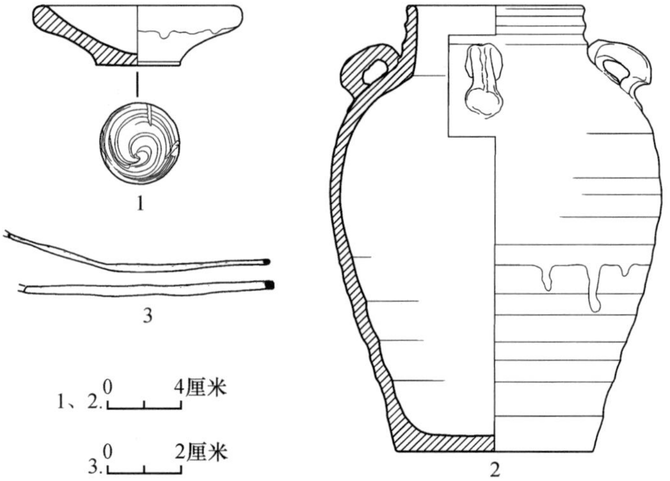

图一五　M4出土器物

1. 瓷盏（M4：1）　2. 瓷四系罐（M4：2）　3. 铜钗（M4：3）

M6　位于发掘区南部，北邻M8，西邻M10与M11，东邻M5。保存较好，墓向185°。墓室内长约2.44、宽0.34～0.68、高约0.52米。墓门宽0.84、高0.53米。墓底横向平铺单层墓砖，墓壁砌法为一顺一丁。墓砖均为青灰色长方形素面砖，长36、宽18、厚4厘米。墓室内人骨保存较好，仰身直肢。颅骨可复原，坐骨大切迹开口宽浅，额结节突出，乳突较小，下颌角内翻，枕外隆突稍显。牙齿磨耗前轻后重，臼齿齿质点接近暴露。现场体长143、左股长37、右股长38、右胫长32、左股中部横径23.06、右股中部横径24.44厘米。根据人骨鉴定结果，墓主人应该为30岁左右的女性。出土遗物有1件瓷四系罐、1件瓷盏、1件瓷碗、4枚铜钱和1件铜扣（图一六；图版一四）。

瓷盏　1件。M6：1，保存完好。红褐胎，施化妆土，青黄釉，有流釉现象。敞口，圆唇，浅斜腹，小平底。器物用泥条盘筑法，后经快轮修整。口径10.2、底径3.6、高2.6厘米（图一七，1）。

瓷四系罐　1件。M6：2，保存完好。红褐胎，施化妆土，青黄釉，有流釉现象，部分釉面脱落。侈口，尖唇，直领略高，溜肩，深弧腹，最大径在腹上部，平底，肩、

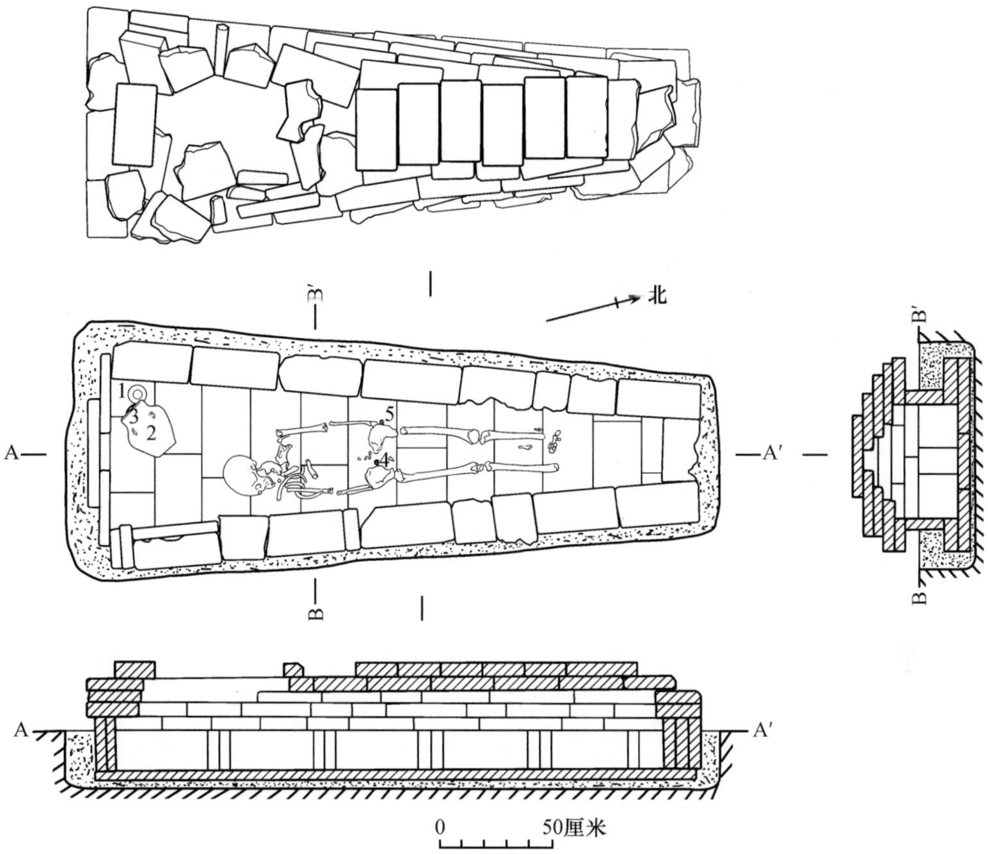

图一六　M6平、剖面图

1. 瓷盏　2. 瓷四系罐　3. 瓷碗　4. 铜扣　5. 铜钱

领相交处有两组对称立耳。领上饰一周凸棱纹。器物用泥条盘筑法制作，后经快轮修整。口径12.6、最大腹径21.6、底径13.4、高25.3厘米（图一七，3）。

瓷碗　1件。M6∶3，保存完好，器身微变形。红褐胎，施化妆土，淡黄釉，有流釉现象。侈口，尖圆唇，折曲腹，饼足内凹。内底有五齿支钉痕迹。口径18.3、底径7.1、高4.9厘米（图一七，4）。

铜扣　1件。M6∶4，保存较完整。由扣环、扣舌和转轴组成。扣环略呈扁椭圆形，扣舌在转轴中部，活舌，转轴可由扣环一侧取出。扣环长4、宽2.3、厚0.3～0.7厘米，扣舌长2.1、宽0.5、厚0.3厘米，转轴长约3.1、直径0.15厘米（图一七，5）。

铜钱　4枚。M6∶5，虽然保存较差，但依稀可以辨识，均为开元通宝。钱币面、背均有内外郭，轮廓规整，钱文较模糊，背部素面。直径2.3、穿宽0.7厘米（图一七，2）。

M10　位于发掘区中部偏西，西邻M7，北邻M9，南邻M11。保存较好，墓向189°。墓室内长约2.53、宽0.42～0.68、残高0.34米。墓底横向平铺单层墓砖，墓壁砌法

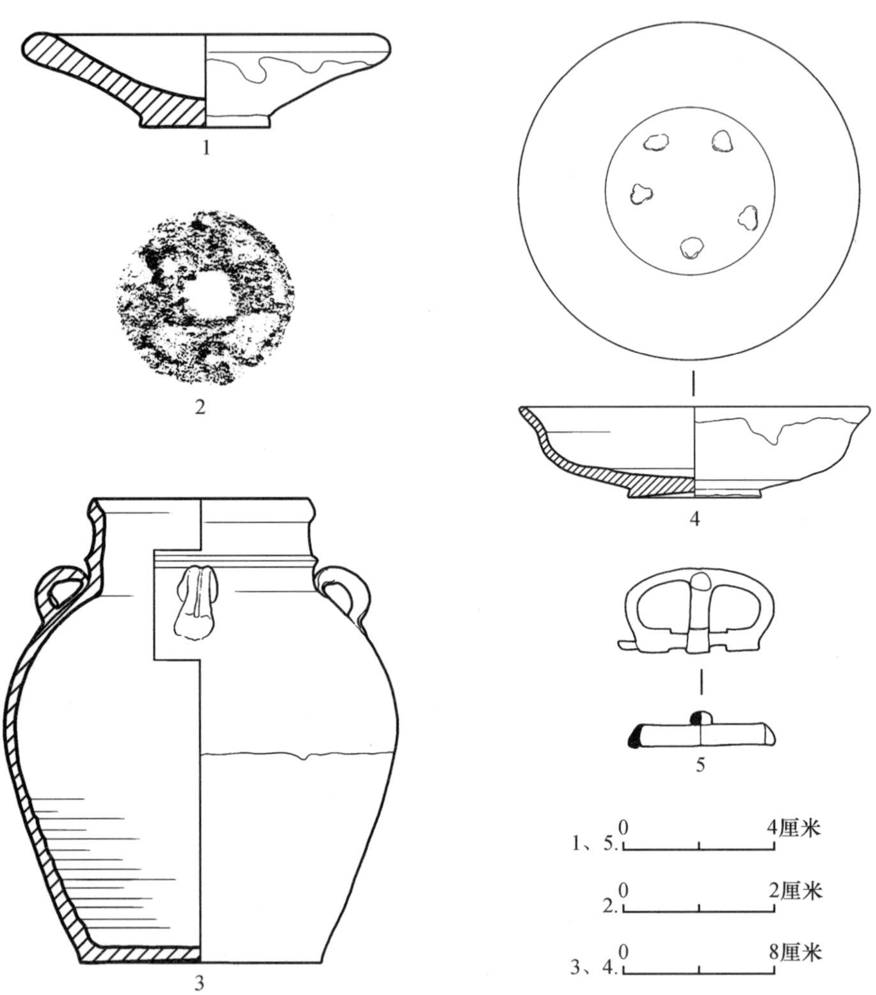

图一七　M6出土器物

1. 瓷盏（M6：1）　2. 开元通宝（M6：5-1）　3. 瓷四系罐（M6：2）　4. 瓷碗（M6：3）　5. 铜扣（M6：4）

为一顺一丁。墓砖均为青灰色长方形素面砖，长34、宽18、厚4厘米。墓室底部人体颅骨无保留，仅余部分散落牙齿和右侧下颌骨。躯干骨和四肢骨保存较好，处于解剖学位置，仰身直肢。肱骨较纤细，下肢骨粗壮，大切迹窄深，下颌骨上牙齿硕大。臼齿齿质点接近暴露。根据人骨鉴定结果，墓主人应该为25～30岁的男性。墓室南部有1件瓷四系罐，人骨周围散落4枚铜钱（图一八）。

瓷四系罐　1件。M10：1，保存完好。红褐胎，施化妆土，青黄釉，有流釉现象。侈口，尖唇，直领，溜肩，斜弧腹，器身最大径位于腹上部，平底，肩、领相交处有两组对称立耳。器物用泥条盘筑法制成，后经快轮修整。口径9.7、最大腹径17.6、底径10.8、高23.3厘米（图一九，1）。

铜钱　4枚。M10：2，开元通宝。其中2枚保存较好。面、背均有内外郭，轮廓规整，钱文清晰。“元”字首横较短，次横长且左端上挑，背部素面。钱径2.3、穿宽0.7

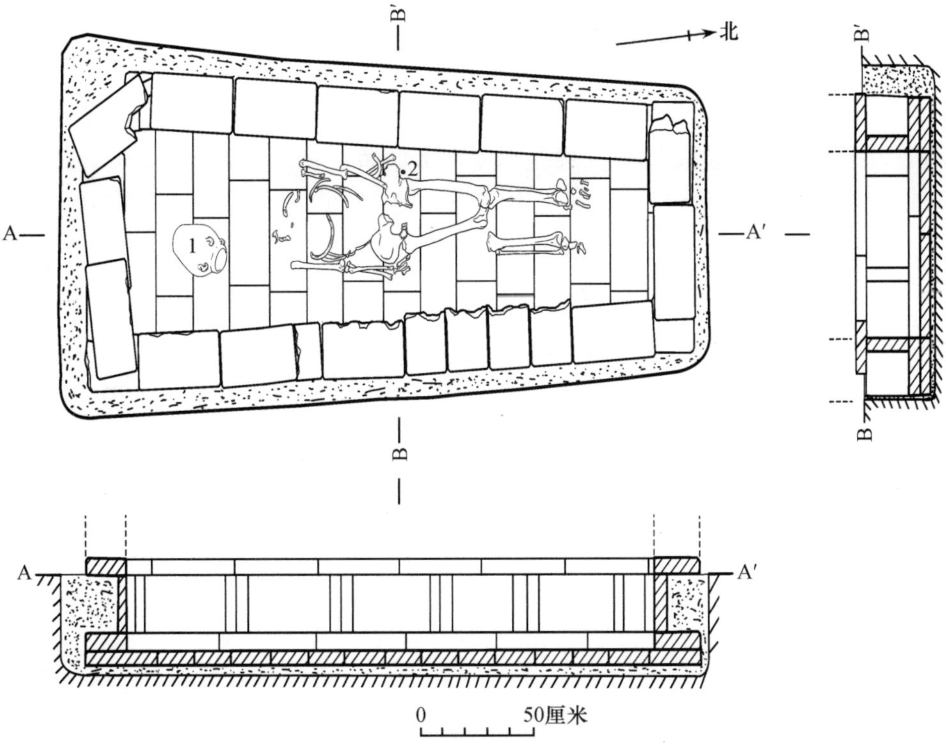

图一八　M10平、剖面图

1. 瓷四系罐　2. 铜钱

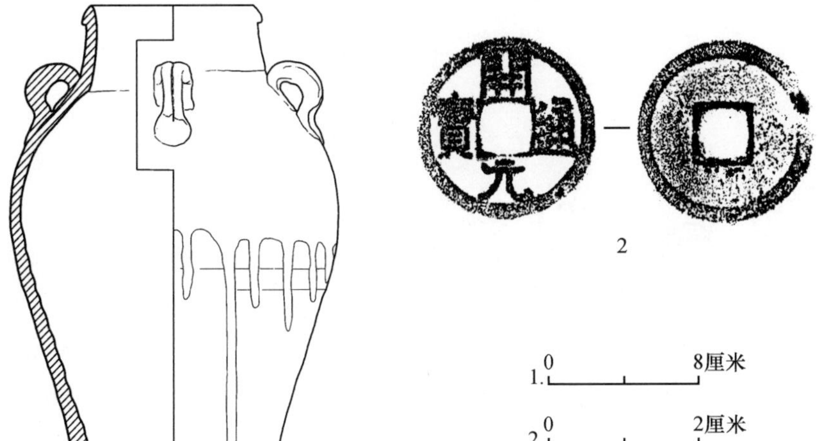

图一九　M10出土器物

1. 瓷四系罐（M10：1）　2. 开元通宝（M10：2-1）

厘米（图一九，2）。

M5　位于发掘区中部偏东，北邻M3。被破坏严重，顶部不存，墓向195°。墓室内长约1.08、宽0.24～0.44、高约0.2米。墓门宽0.48、高0.2米。墓底横向平铺单层墓砖，墓壁砌法为一顺一丁。墓砖均为青灰色长方形素面砖，长36、宽18、厚4厘米。墓室内发现未成年个体，仅余颅骨碎片，可见乳门齿、犬齿、臼齿。根据人骨鉴定结果，墓主人应该为2～3岁的小孩。出土瓷四系罐1件（图二〇）。

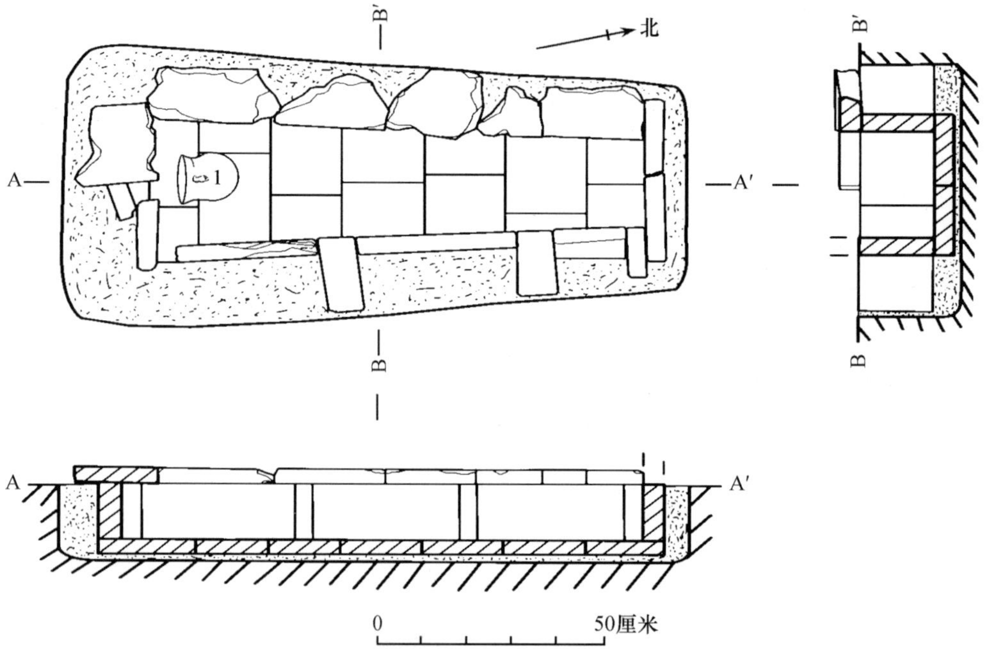

图二〇　M5平、剖面图

1. 瓷四系罐

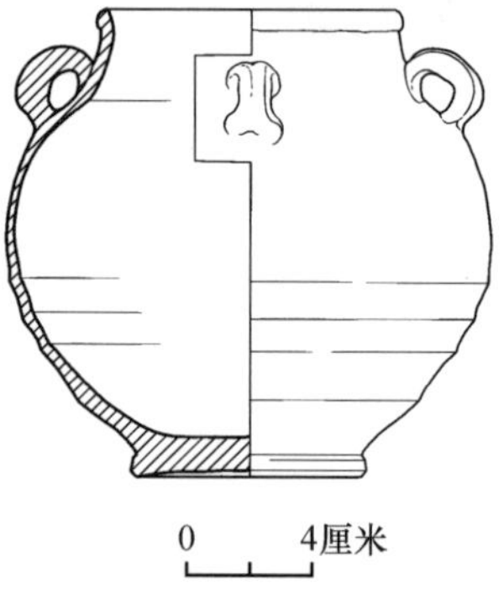

图二一　M5出土瓷四系罐（M5：1）

瓷四系罐　1件。M5：1，耳部略有残缺，其余部分保存较好。红褐胎，施化妆土，青黄釉，有流釉现象，釉面部分脱落。侈口，尖圆唇，矮领，微束颈，溜肩，鼓腹，最大径在腹中部，饼足微内凹，肩、领相交处有两组对称立耳。器物用泥条盘筑法制作，后经快轮修整。口径9.8、最大腹径15.6、底径7.6、高14.9厘米（图二一）。

B型　1座。有甬道。仅M7一座。

M7　位于发掘区西部，东邻M11和M10。上部被破坏严重，墓向160°。墓葬残长2.2、最宽处1.36、残高0.24米。甬道和墓室处于同一平面，平面略呈长方形，宽约0.68、进深0.34米。封门残高约0.2米。甬道竖向平铺一排墓砖。墓室底部砖横向平铺，残存墓壁砌法为5层顺砖平砌。墓砖均为青灰色长方形素面砖，长34、宽16、厚4厘米。墓室内骨骼散乱，处于非解剖学体位。各部位骨骼均有留存，但残损严重。大切迹处损坏，下肢骨粗壮，股骨粗线特显，上肢骨粗壮度一般。下颌左右侧第一、第二臼齿齿质点暴露连片，接近全部暴露。根据人骨鉴定结果，墓主人年龄在45岁左右。甬道内出土有1件瓷四系罐、1件瓷盏和2件瓷碗。人骨附近散落3枚铜钱（图二二）。

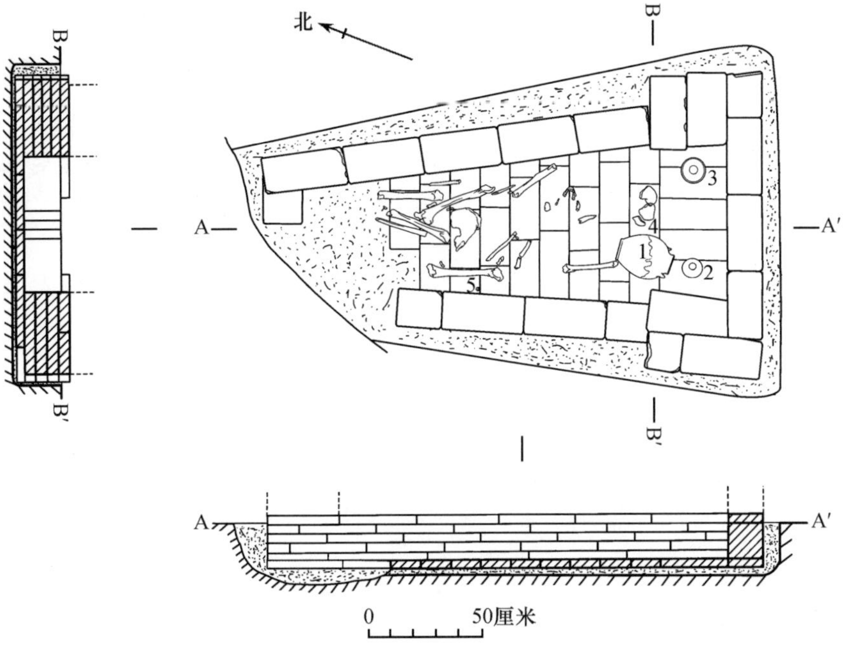

图二二　M7平、剖面图
1. 瓷四系罐　2. 瓷盏　3、4. 瓷碗　5. 铜钱

瓷四系罐　1件。M7∶1，保存较完整。红褐胎，施化妆土，青黄釉，釉面大部分脱落。侈口，尖唇，矮斜领，弧肩，斜弧腹，最大径在上腹部，饼足微内凹，肩、领相交处有两组对称立耳。口径10、最大腹径20、底径10.8、高26.7厘米（图二三，1）。

瓷盏　1件。M7∶2，保存完整，器身不规整。红褐胎，施化妆土，青黄釉，大部分釉面已脱落，有流釉现象。侈口，圆唇，浅弧腹，小平底。器物用泥条盘筑法制作，后经快轮修整。口径10.2、底径3.6、高2.6厘米（图二三，2）。

瓷碗　2件。红褐胎，施化妆土，青黄釉，口部有流釉现象。M7∶3，保存完整，但大部分釉面已脱落。侈口，尖圆唇，弧腹，饼足内凹。内底有五齿支钉痕迹。口径13.2、底径6.7、高4.2厘米（图二三，4）。M7∶4，器身大部分残缺。敞口，尖圆唇，浅斜弧腹，饼足。口径16、底径6.4、高4.8厘米（图二三，3）。

铜钱　3枚。M7∶5，开元通宝，其中2枚保存较好。面、背均有内外郭，轮廓规整，钱文清晰，“元”字首横较短，次横长且左端上挑。钱径2.4、穿宽0.7厘米。其中1枚背部穿上有月牙纹（图二三，5）。

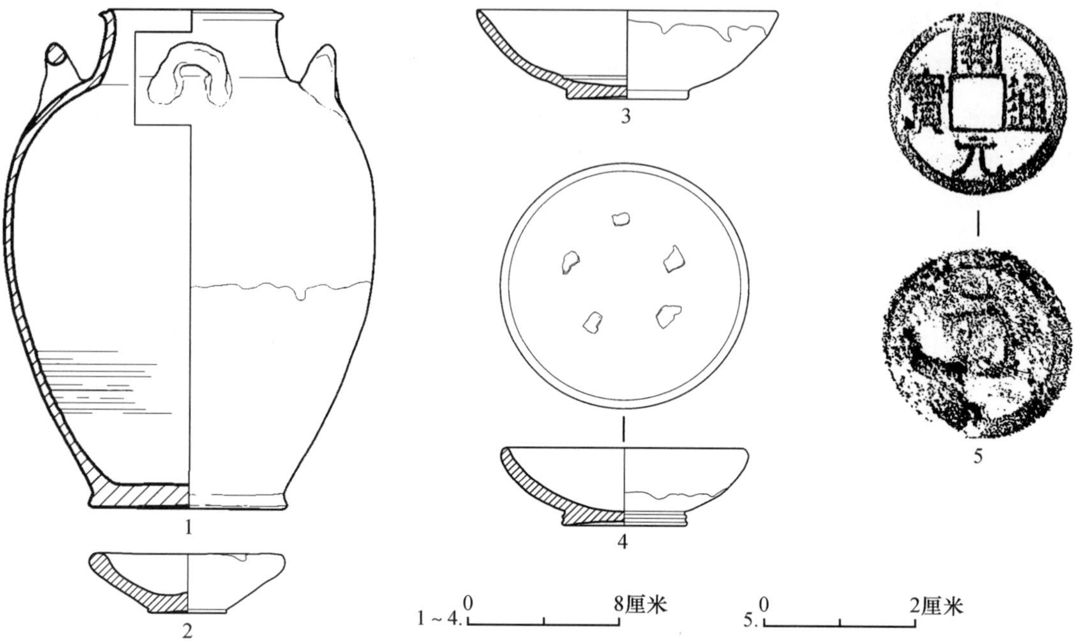

图二三　M7出土器物

1. 瓷四系罐（M7：1）　2. 瓷盏（M7：2）　3、4. 瓷碗（M7：4、M7：3）　5. 开元通宝（M7：5-1）

二、结　　语

（一）墓葬年代

这批墓葬之间未见叠压和打破关系，但是火葬墓开口于第1层下，其余墓葬开口于第2层下，所以可以知道火葬墓年代要相对于土葬墓晚一些。

火葬墓M2、M9和M11虽未发现纪年材料，但都有器物出土。M2和M9都是平面略呈梯形的叠涩顶单室火葬墓，出土器物也主要为瓷双耳罐和碗。M2出土的瓷双耳罐和双流华阳镇欧香小镇的双耳罐M31：9、M31：10、M31：13和M34：9相似[1]。M2出土的瓷碗也与双流华阳镇欧香小镇的瓷碗M31：7、M31：11和M34：8相同。M9出土的瓷双耳罐与天回镇甘油村M1：1相似[2]。M9出土的瓷碗M9：2与三圣乡花果村瓷碗M1左：40相似[3]；M9：4与华阳镇欧香小镇M31：14也基本相同。根据M2出土的两件瓷器组合判断，其时代应该与双流华阳镇欧香小镇的M31和M34接近，而双流华阳镇欧香小镇的M31和M34均出土了纪年材料，M31墓主人下葬年代为绍圣四年，即1097年，M34墓主人下葬年代为崇宁三年，即1104年。出土物与M9相似的三圣乡花果村M1墓主人的下葬年代为靖康元年，即1126年。天回镇甘油村M1墓主人的下葬年代为宣和六年，即1124年。M9出土的器物和M2虽然略有差异，但器形整体上是比较接近的，再根据三圣乡和甘油村墓葬的纪年材料判断，M9的下葬年代应该略晚于M2。因此M2和M9的年代应该为北宋晚期。

M11出土的瓷四系罐M11：1也见于成都清江东路张家墩M101：2[4]，瓷四系罐M11：2与永陵公园的M12：1相同[5]。M1、M3～M6、M8和M10的墓葬形制与《四川地区唐代砖室墓分期研究初论》划分的Bb型墓葬接近[6]。瓷四系罐M1：1和M10：1与清江东路张家墩M101：1相同。领上饰凸棱纹的瓷四系罐M4：2和M6：2与永陵公园M12：3相似。M5出土的鼓腹、束颈小四系罐与清江东路张家墩M103：3以及永陵公园M12：5相同。瓷盏M4：1和M6：1与清江东路张家墩M103：5相同。瓷碗M6：3与清江东路张家墩M103：6基本相同。M8出土的瓷四系罐和盏均与清江东路张家墩M102相同。永陵公园M12有纪年材料出土，墓葬下葬时间为后蜀广政二十六年，即963年。清江东路张家墩的发掘者将M101和M103的年代定为五代时期，将M102年代定为唐代中晚期。此外，《四川地区唐代砖室墓分期研究初论》一文认为颈（领）部有一周凸棱纹的尖唇四系罐主要流行于唐末五代时期。因此，M8要比M1、M3～M6、M10和M11的年代略早一些，属于唐代晚期。M1、M3～M6、M10和M11年代为唐末五代时期，但是M4、M6可能要略晚于其他墓葬。

M7出土的瓷四系罐和瓷盏也见于青羊区西窑村M41[7]，瓷碗M7：4与红色村王怀珍墓M2：6相同[8]，瓷碗M7：3与金沙村鲜腾墓M1：4相似[9]。青羊区西窑村M41发现多枚背部带月牙纹的开元通宝，年代为元和十四年，即819年。金沙村鲜腾墓下葬年代为唐大中四年，即850年。因此，M7的年代可以推定为唐代中晚期。

综上所述，M7的年代为唐代中晚期，M8的年代为唐代晚期，M1、M3～M6、M10和M11年代为唐末五代时期，火葬墓M2和M9的年代为北宋晚期。

（二）墓地形成与演变

“锦城小学综合楼”项目唐宋墓地从唐代中晚期一直沿用至北宋晚期。根据墓葬分布特征和墓葬形制和结构差异，可以区分出来三组合葬墓，即M1与M8、M3与M4、M6与M10（图二四）。M1和M8属于Aa型，M6和M10属于Ab型，M3和M4一座属于Aa型、一座属于Ab型。根据上文对两类墓葬出土器物的年代的判断，Aa型墓葬可能要略早于Ab型墓葬。

根据墓葬人骨鉴定，M3墓主人为25～30岁的男性，M4墓主人为25岁左右的女性，M6墓主人为30岁左右的女性，M10墓主人应该是25～30岁的男性，M5墓主人为2～3岁的小孩。M3和M4、M6和M10两组墓葬均为年龄相近的异性，可能是夫妻异穴合葬，需要注意的是M5属于未成年个体，可能与其中一组属于同一家庭。火葬墓M2和M9墓葬形制、结构、墓向和年代都相似，推测也是一组异穴合葬墓。

综上所述，该墓地可能为一处沿用时间较长的家族墓葬，M7最先下葬，随后M1、M8、M3～M6、M10、M11下葬，M2和M9最后下葬。由于墓葬下葬年代较为集中，部分墓葬之间早晚很难确定，所以目前暂不清楚是否存在特殊葬法。

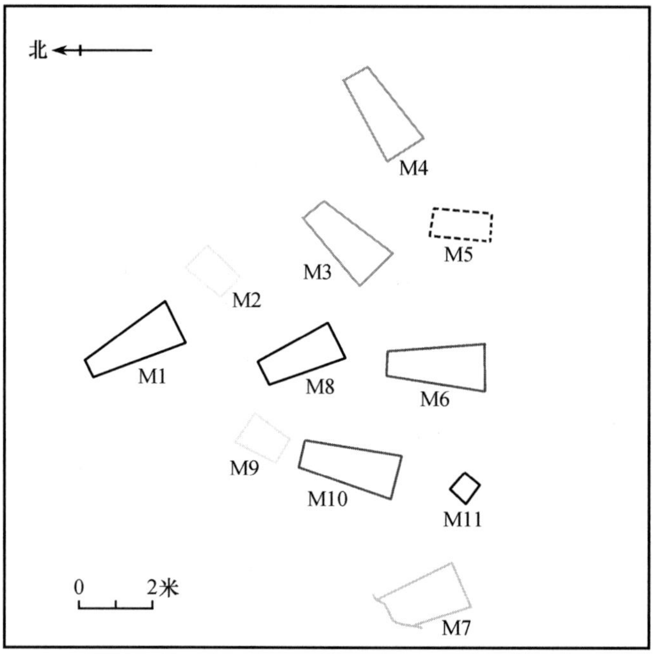

图二四 唐宋墓地墓葬分组示意图

（三）意义与价值

第一，由于成都平原唐宋墓葬人骨普遍保存较差，人骨相关材料偏少，所以该墓地这批保存较好的人骨材料就显得比较重要。这批墓葬的墓主人年龄最大的为45岁，最小的为2～3岁，而且多数为20～30岁的年轻人。因此，该墓地这种年轻人聚葬的现象对我们进一步认识唐宋时期的社会状况提供了新的材料。

第二，发现一批保存较好、形制多样且年代较为集中的墓葬。这一发现丰富了四川地区唐宋砖室墓的资料，为进一步细化年代序列提供了新的材料。

第三，最近几年四川地区发现了很多唐宋时期的家族墓地，这批墓葬的发现进一步丰富了唐宋时期家族墓地的材料，为唐宋时期家族墓地的研究提供了新材料。

附记：本次发掘和整理的人员有杨波、杨云峰。线图由杨波绘制，拓片由党明、蒋艳制作，照片由杨波、杨云峰拍摄。特别感谢韩涛博士到工地对人骨进行现场鉴定。

执笔：杨　波　杨云峰

注 释

[1] 成都文物考古研究所、双流县文物管理所：《双流县华阳镇骑龙村“欧香小镇”唐宋墓葬发掘简报》，《成都考古发现》（2011），科学出版社，2013年。

[2] 成都市文物考古工作队：《成都北郊甘油村发现北宋宣和六年墓》，《四川文物》1999年第3期。

[3] 成都市文物考古工作队：《成都市成华区三圣乡花果村宋墓发掘简报》，《成都考古发现》（2001），科学出版社，2003年。

[4] 四川大学考古系、成都文物考古研究院：《成都市清江东路张家墩隋唐至南宋砖室墓》，《考古》2018年第12期。

[5] 成都文物考古研究所：《2008年度永陵公园古遗址发掘简报》，《成都考古发现》（2008），科学出版社，2010年。

[6] 刘雨茂、朱章义：《四川地区唐代砖室墓分期研究初论》，《四川文物》1999年第3期。

[7] 成都文物考古研究院：《成都市青羊区唐代砖室墓》，《考古学集刊》（第21集），社会科学文献出版社，2018年。

[8] 成都文物考古研究所：《成都市西郊红色村唐代王怀珍墓》，《成都考古发现》（2005），科学出版社，2007年。

[9] 成都市文物考古研究所：《成都市金沙村唐墓发掘简报》，《考古》2008年第3期。

成都市双流区“成都国际空港商务区”项目工地唐宋墓葬发掘简报

成都文物考古研究院

2019年12月，为配合“成都国际空港商务区”项目工地的建设，成都文物考古研究院在双流区东升街道冯家祠附近发现一批唐宋时期墓葬（图一）。该墓群东距双流国际机场约100米，西距成双大道约300米，中心地理坐标为东经103°57′1.51″、北纬30°35′9.52″，海拔498米，发掘编号为“2019CSDK”。此次发掘清理出唐宋时期墓葬13座，编号为M1～M13（图二）。这13座墓葬分布零散，原地表为居民区，后又经过拆迁，墓葬均遭到严重破坏，封土情况不详。现将保存相对较好的各墓葬简报如下。

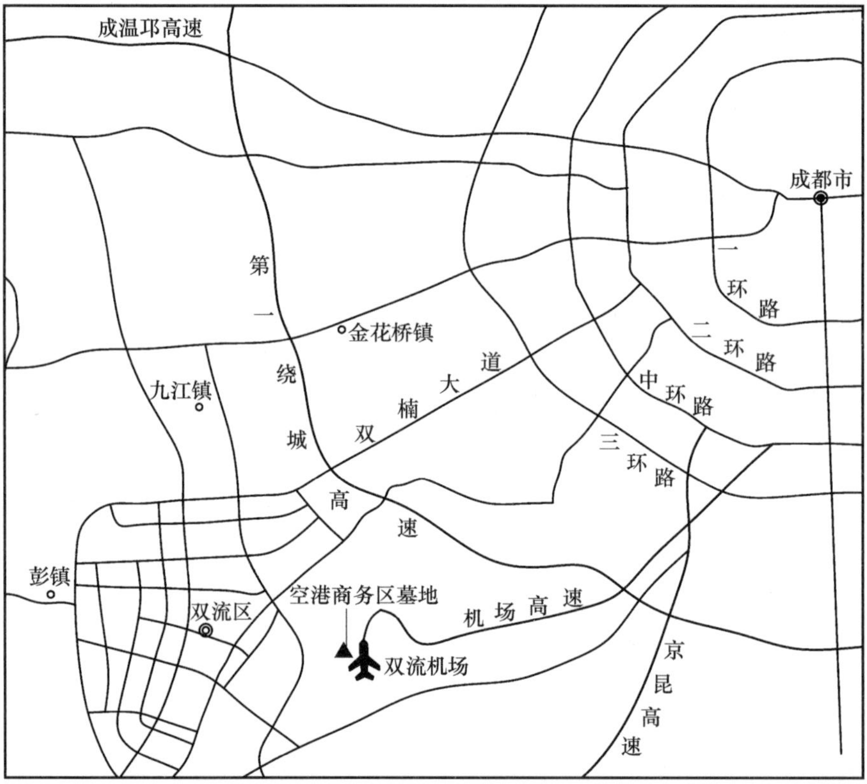

图一　墓地位置示意图

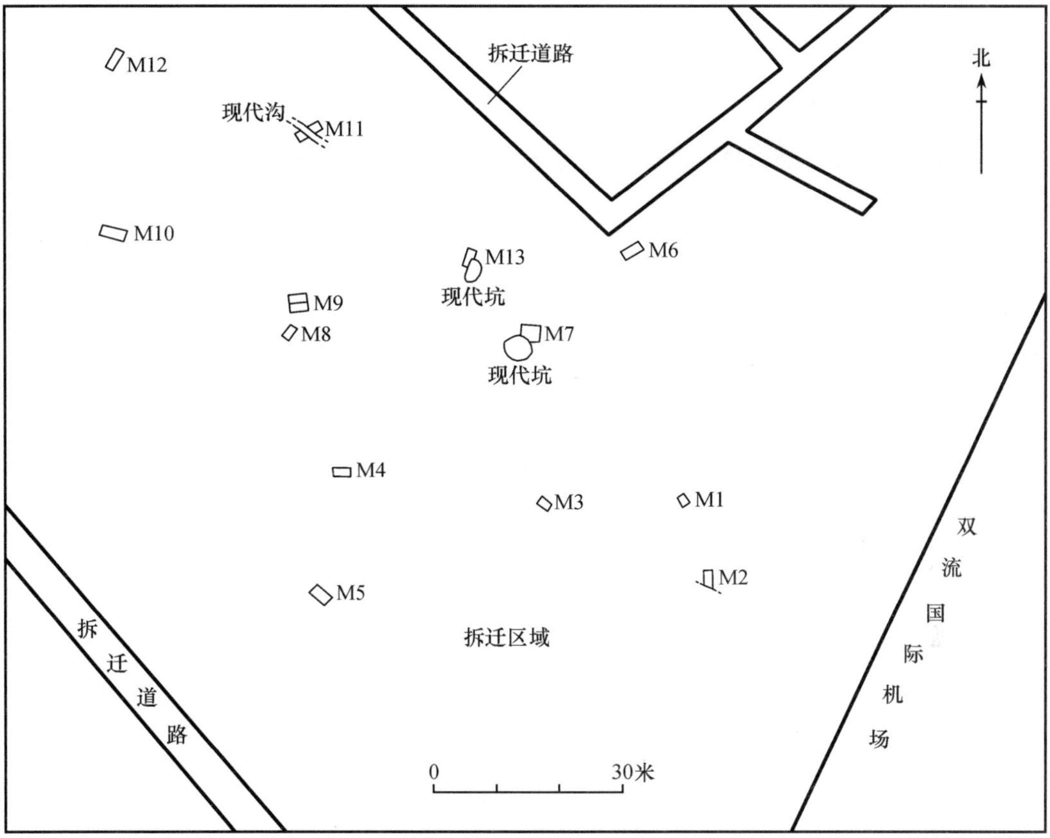

图二 墓葬分布示意图

一、墓葬介绍

M1 竖穴土圹单室砖室墓，结构简陋，规模小，墓葬遭破坏严重，仅余部分墓墙，无法判断墓向。墓室平面呈梯形，长1.1、宽0.7～0.9、残高0.1米。墓壁墙砖砌法为错缝平铺，地砖不存，墓底有一层垫土层，厚约0.06米。墓砖为长方形素面砖，规格为长34、宽16、厚3厘米（图三）。

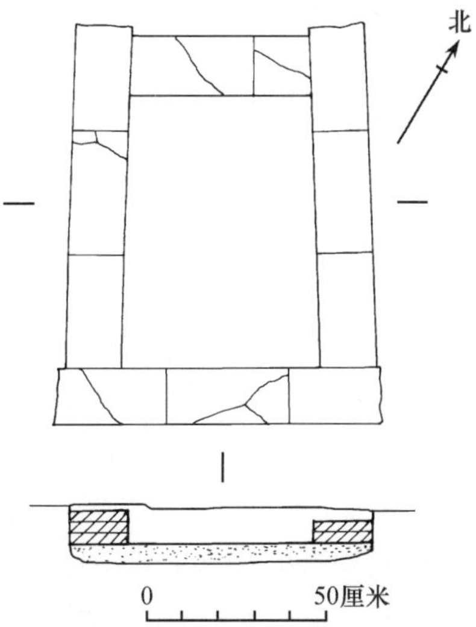

图三 M1平、剖面图

M2 竖穴土圹单室砖室墓，墓向185°。墓葬遭到扰乱破坏，头端被一现代沟打破，墓室仅余地砖与部分墙砖，墓道不详。墓圹平面呈长方形，残长2.25、宽1.1～1.14、深0.24米。墓室贴圹修筑。墓室平面略呈梯形，长2.19、宽1～1.05、高0.24米。残存墓壁在铺地砖以上用一平一丁交替砌筑，其中丁砖横、顺相间，平砖皆顺铺。墓底用一层平砖错缝横铺。墓砖为青灰色长方形素面砖，长34、宽16、厚4厘米。墓室内残留部分人骨，依稀可辨为股骨及胫骨，从残存的骨骼情况看，应为仰身直肢葬，头向朝南。墓内发现有少量棺钉，葬具可能为木棺（图四）。

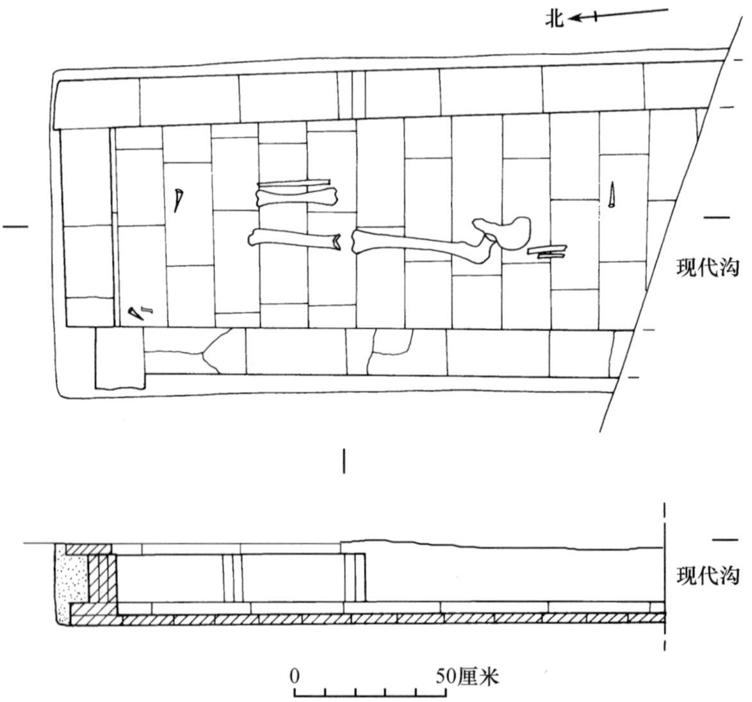

图四　M2平、剖面图

M7　竖穴土圹双室砖室墓，墓向196°。墓葬遭到扰乱破坏，墓葬南部及墓道缺失，墓圹平面呈长方形，长1.84、宽2.05、深0.43米。墓室平面呈长方形，由两个长方形墓室组成。东室长1.3、宽0.56米，西室残长1.1、宽0.56米，残存砖墙最高处约0.43米。两个墓室结构基本相同，墓壁砖自下而上砌法为两横一丁，其上缺失不详。墓室带一对壁龛，平面呈长方形，宽0.38、进深0.02、高0.18米。墓底有一层青砖错缝平铺。墓砖为青灰色长方形素面砖，长38、宽18、厚4厘米。东室和西室北侧均有较多黑色碳化物，墓内残存少量骨渣，应为火葬墓。葬具不详。东室南壁中部放置瓷盏1件，北壁中部出土石俑1件，东壁南侧出土陶俑4件、石券1件，西壁南侧出土陶俑8件、石券1件，东室中部出土石券1件、“开元通宝”钱币3枚、“乾元重宝”钱币1枚、庆历重宝2枚。西室北部出土陶俑1件（图五）。

陶俑　13件。包括匍匐俑、文官俑。

陶匍匐俑　2件。合缝捏制，中空，形制、大小基本一致。全身作匍匐状，身着一广袖交领落地长袍，双手平放于身前，双腿曲跪，头顶盘髻，抬头目视前方，面部丰满，眼、鼻、嘴部刻画清晰。M7∶1，红胎，胎质疏松，器表施酱褐釉。头部残缺。残

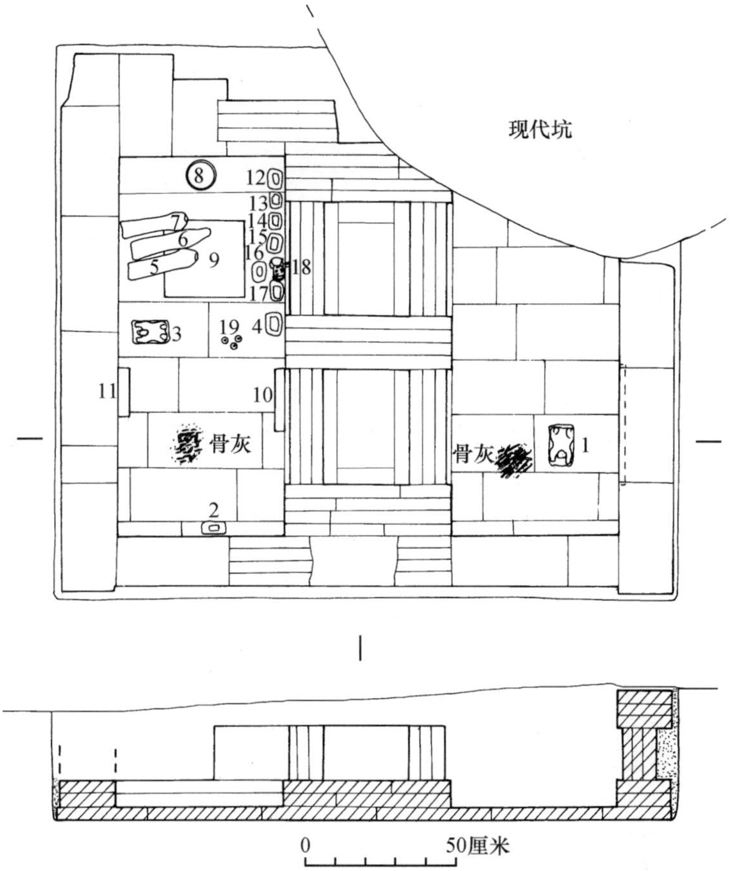

图五　M7平、剖面图

1、3. 陶甪端俑　2. 石俑　4～7、12～18. 陶文官俑　8. 瓷盏　9～11. 石券　19. 铜钱

高8厘米（图六，1）。M7∶3，红胎，胎质疏松，胎面装饰手法与前者同。右臂残缺。高11.5厘米（图六，2）。

陶文官俑　11件。合缝捏制，中空，形制、大小基本一致。头戴幞头，身着圆领宽袖长袍。面部表情丰满，双目平视前方，神情自然。衣襟坠地，腰束革带，垂至腹前。双手握于胸前，左手在上。靴尖微露，双脚立于近方形座上。M7∶4，红胎，胎质疏松，器表施米黄色化妆土。高29.5厘米（图七，1）。M7∶5，红胎，胎质疏松，胎面装饰手法与前者同。头部残缺。残高23.3厘米（图七，2）。M7∶6，红胎，胎质疏松，胎面装饰手法与前者同。高29厘米（图八，2）。M7∶7，红胎，胎质疏松，胎面装饰手法与前者同。高30.5厘米（图八，1）。M7∶12，红胎，胎质疏松，胎面装饰手法与前者同。仅存底部。残高22.7厘米（图九，2）。M7∶13，红胎，胎质疏松，胎面装饰手法与前者同。仅存底部。残高10.6厘米（图一〇，6）。M7∶14，红胎，胎质疏松，胎面装饰手法与前者同。仅存底部。残高22.8厘米（图九，1）。M7∶15，红胎，胎质疏松，胎面装饰手法与前者同。仅存底部。残高8厘米（图一〇，4）。M7∶16，

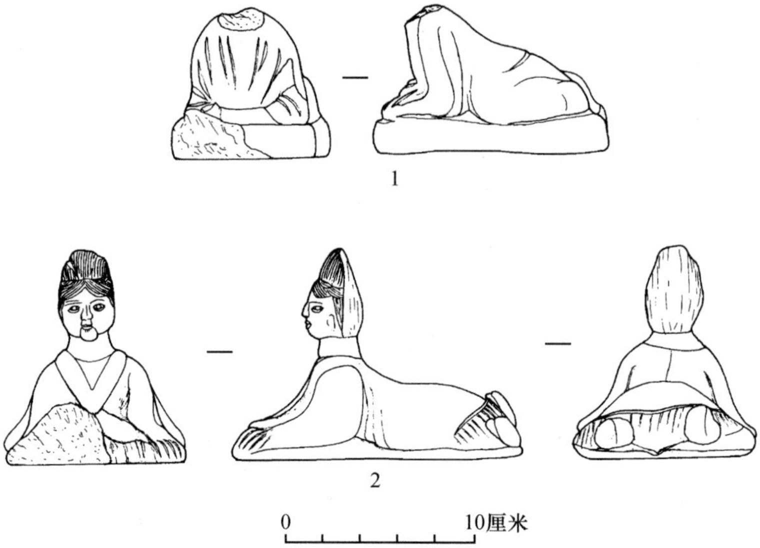

图六　M7出土陶匍匐俑

1. M7：1　2. M7：3

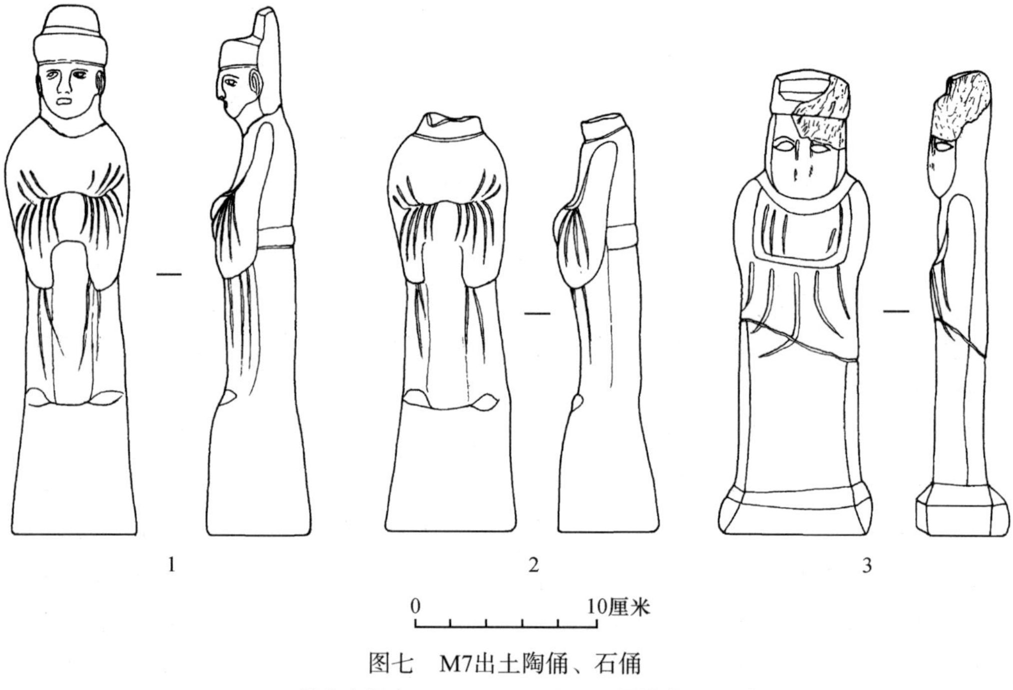

图七　M7出土陶俑、石俑

1、2. 陶文官俑（M7：4、M7：5）　3. 石俑（M7：2）

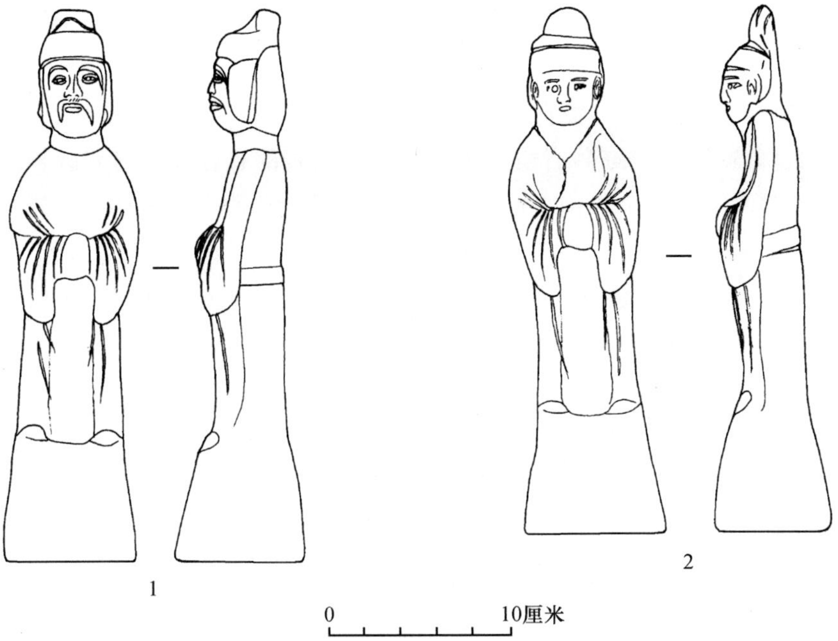

图八 M7出土陶文官俑

1. M7∶7 2. M7∶6

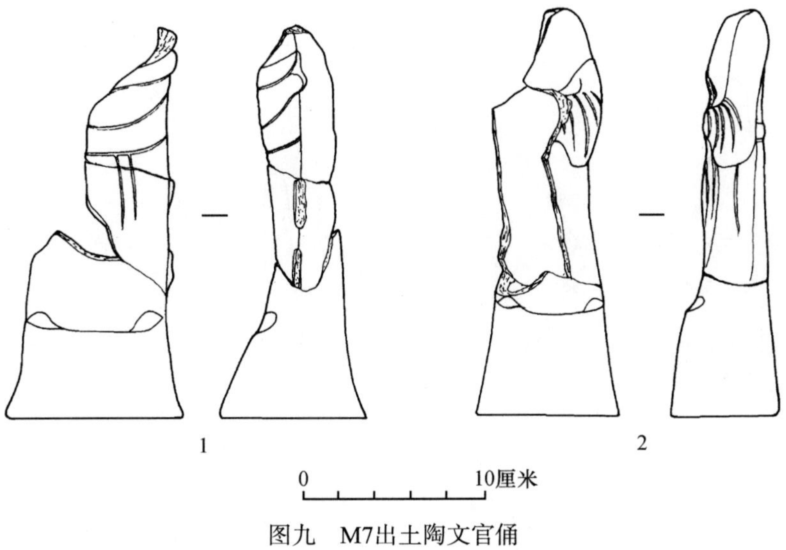

图九 M7出土陶文官俑

1. M7∶14 2. M7∶12

红胎，胎质疏松，胎面装饰手法与前者同。仅存底部。残高10厘米（图一〇，5）。M7：17，红胎，胎质疏松，胎面装饰手法与前者同。仅存底部。残高9.6厘米（图一〇，3）。M7：18，红胎，胎质疏松。仅存头部。残高8.9厘米（图一〇，2）。

石俑　1件。M7：2，红砂岩质。头部、左臂及底部有残缺。身着圆领广袖长袍。面部丰满，双目平视前方。衣袍垂地，双手隐于袖中拢于腹前。双脚立于近方形座上。高26厘米（图七，3）。

瓷盏　1件。M7：8，灰胎，口及内底均施青黄釉，有流釉现象。敞口，斜弧腹，饼足。口径11.2、底径3.5、高3.5厘米（图一〇，1）。

钱币　6枚。包括“开元通宝”、“乾元重宝”和“庆历重宝”三种。

开元通宝　3枚。M7：19-1，方穿，面、背均有内、外郭，钱文清晰，“开”字背月纹。钱径2.4、穿宽0.7、郭宽0.15厘米，重约4克（图一一，4）。

乾元重宝　1枚。M7：19-2，方穿，面、背均有内、外郭，“乾”“元”两字清晰，“重”字依稀可见，另一字锈蚀严重，背光。钱径2.9、穿宽0.7、郭宽0.25厘米，重约6克（图一一，3）。

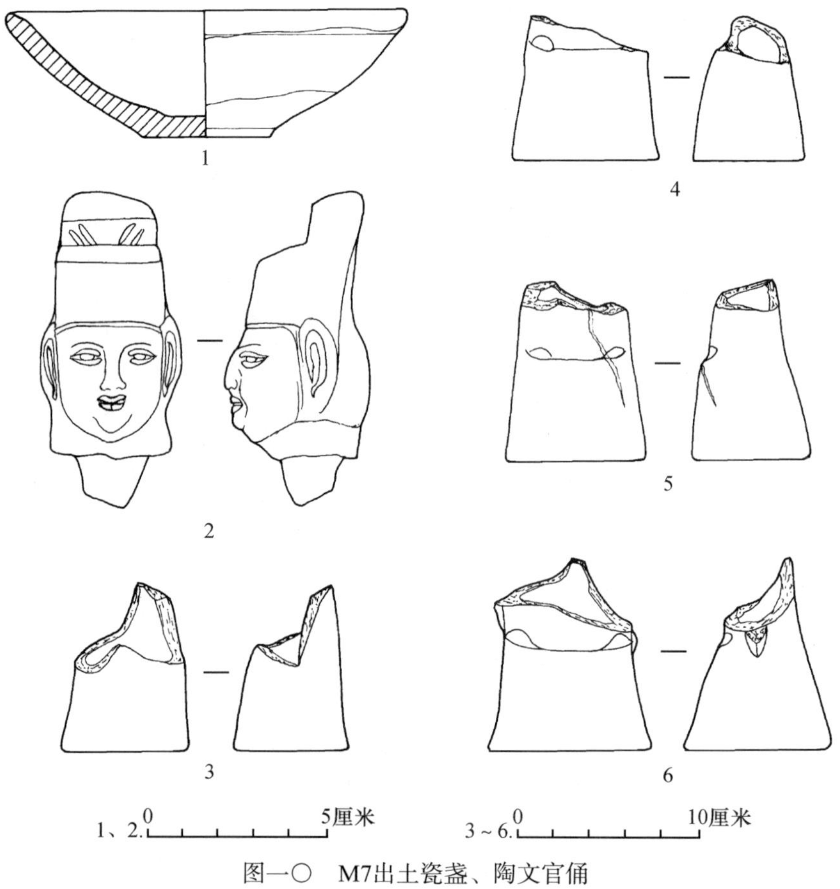

图一〇　M7出土瓷盏、陶文官俑

1. 瓷盏（M7：8）　2～6. 陶文官俑（M7：18、M7：17、M7：15、M7：16、M7：13）

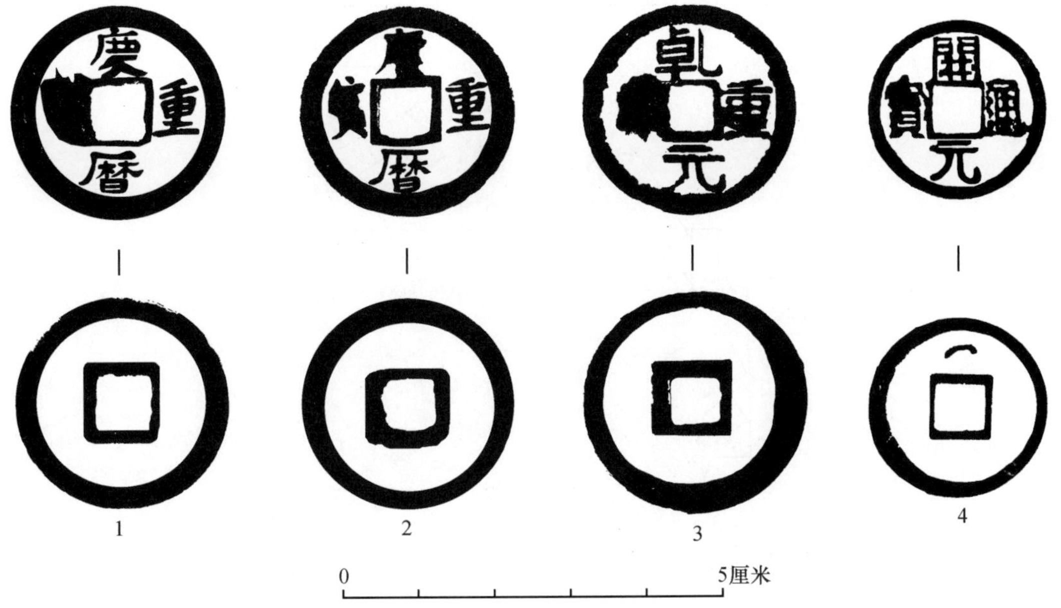

图一一　M7出土铜钱

1、2. 庆历重宝（M7：19-3、M7：19-4）　3. 乾元重宝（M7：19-2）　4. 开元通宝（M7：19-1）

庆历重宝　2枚。M7：19-3，方穿，面、背均有内、外郭，背光。钱径2.9、穿宽0.8、郭宽0.3厘米，重约6克（图一一，1）。M7：19-4，方穿，面、背均有内、外郭，背光。钱径2.9、穿宽0.8、郭宽0.3厘米，重约6克（图一一，2）。

石券　3件。均为红砂岩质，平面近方形，风化严重，无法采集。

M9　竖穴土圹双室砖室墓，墓向无法判断。墓葬被严重破坏，墓室仅存部分地砖和墙砖。墓圹平面呈方形，残长3.2、宽3.3、深约0.15米。墓圹内填土为黄褐色五花土。墓葬由南北两室组成，墓室形制结构相当，以北室为例予以说明。北室残长3.2、宽1.3、高0.15米。从残存情况来看，墓室后壁用顺砖错缝平砌，墓底用一层砖错缝斜铺。墓砖为青灰色长方形素面砖，长38、宽19、厚4厘米。未见人骨，葬式、葬具不详（图一二）。墓葬填土中出土少量瓷片，可辨器形有罐口沿、罐耳、罐底、圈足、碗、盆。

瓷罐口沿　3件。M9填土：1，紫红胎，酱黄釉。敛口，方唇。口径26、残高4厘米（图一三，1）。M9填土：2，紫红胎，酱黄釉。敛口，方唇，溜肩，肩部系耳已脱落。口径20、残高7厘米（图一三，2）。M9填土：3，紫红胎，黄釉。直口，方唇，颈较长，颈部耳已脱落。口径7.8、残高4.3厘米（图一三，5）。

瓷罐耳　2件。M9填土：4，紫红胎，酱黄釉。桥形耳。残高4.5厘米（图一三，6）。M9填土：5，紫红胎，酱黄釉。桥形耳。残高5.6厘米（图一三，7）。

瓷罐底　2件。M9填土：6，紫红胎，上部施酱黄釉，近底部露胎。鼓腹，平底。最大腹径9、底径4.7、残高7.1厘米（图一三，8）。M9填土：7，紫红胎。斜弧腹，平底。底径4.7、残高6厘米（图一三，9）。

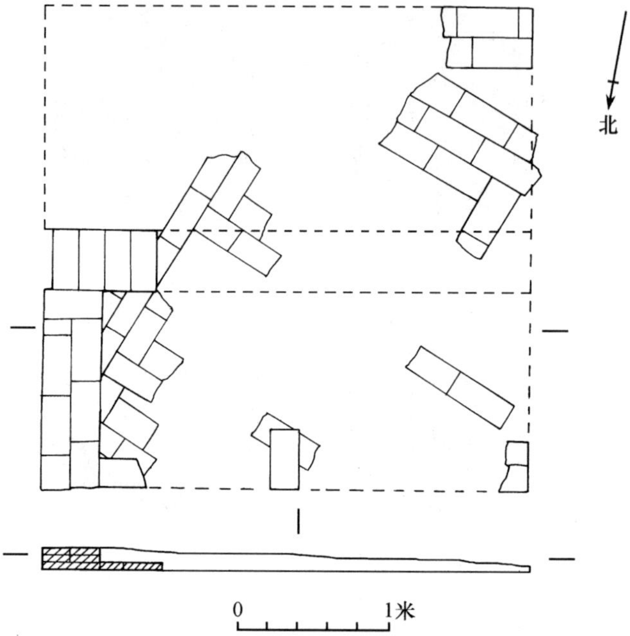

图一二 M9平、剖面图

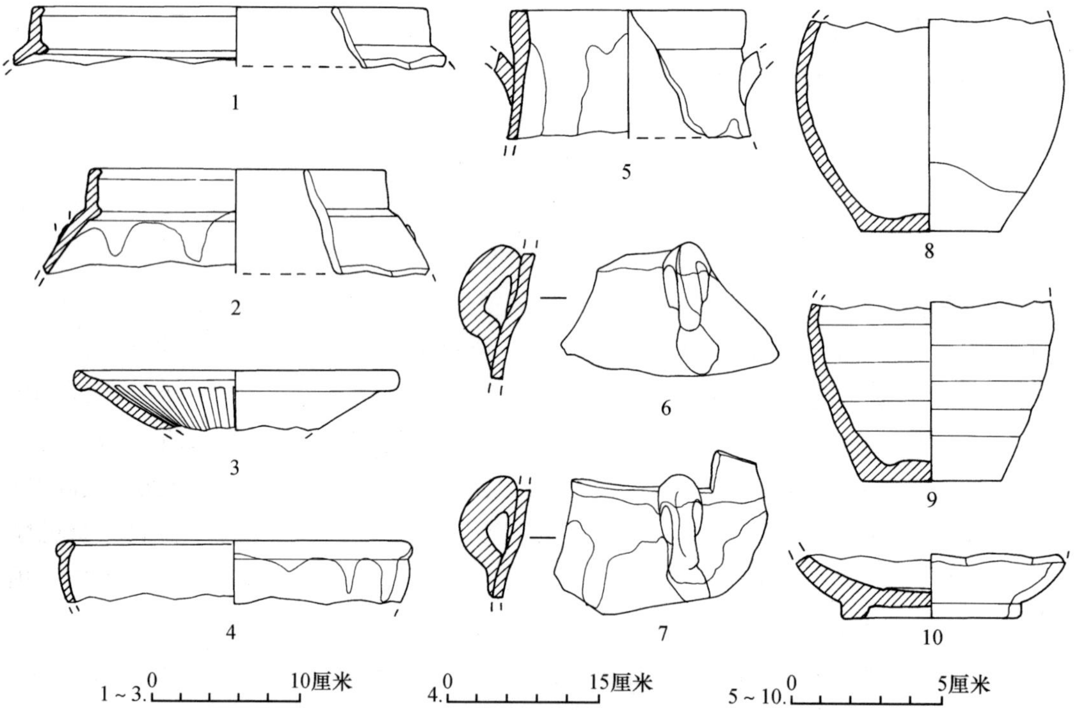

图一三 M9出土瓷器

1、2、5. 罐口沿（M9填土：1、M9填土：2、M9填土：3） 3. 碗（M9填土：9） 4. 盆（M9填土：10）
6、7. 罐耳（M9填土：4、M9填土：5） 8、9. 罐底（M9填土：6、M9填土：7） 10. 圈足（M9填土：8）

瓷圈足 1件。M9填土：8，紫红胎。下腹斜弧，矮圈足。足径6、残高2.2厘米（图一三，10）。

瓷碗 1件。M9填土：9，青白瓷，灰白胎，内外皆施釉。敞口，口沿略外翻，厚圆唇，斜腹，底残。内壁刻画折扇纹。口径22、残高4厘米（图一三，3）。

瓷盆 1件。M9填土：10，紫红胎，仅口部施黄釉，泛青，有流釉现象。敛口，厚圆唇，弧腹。口径36、残高6.3厘米（图一三，4）。

M11 竖穴土圹单室砖室墓，墓向227°。墓葬遭到扰乱破坏，墓室仅存地砖与部分墙砖，墓葬中部和东南部缺失，墓道不详。墓圹平面呈长方形，残长3、宽1.3、深0.6米。墓室平面呈梯形，长2.89、宽1.01、高0.58米。残存墓壁在铺地砖以上用二平一丁交替砌筑，其中丁砖横、顺相间，平砖皆顺铺。墓底用一层平砖错缝顺铺。墓砖为青灰色长方形素面砖，长40、宽19、厚4厘米。未见人骨，葬式、葬具不详。填土内出土瓷碟1件（图一四）。

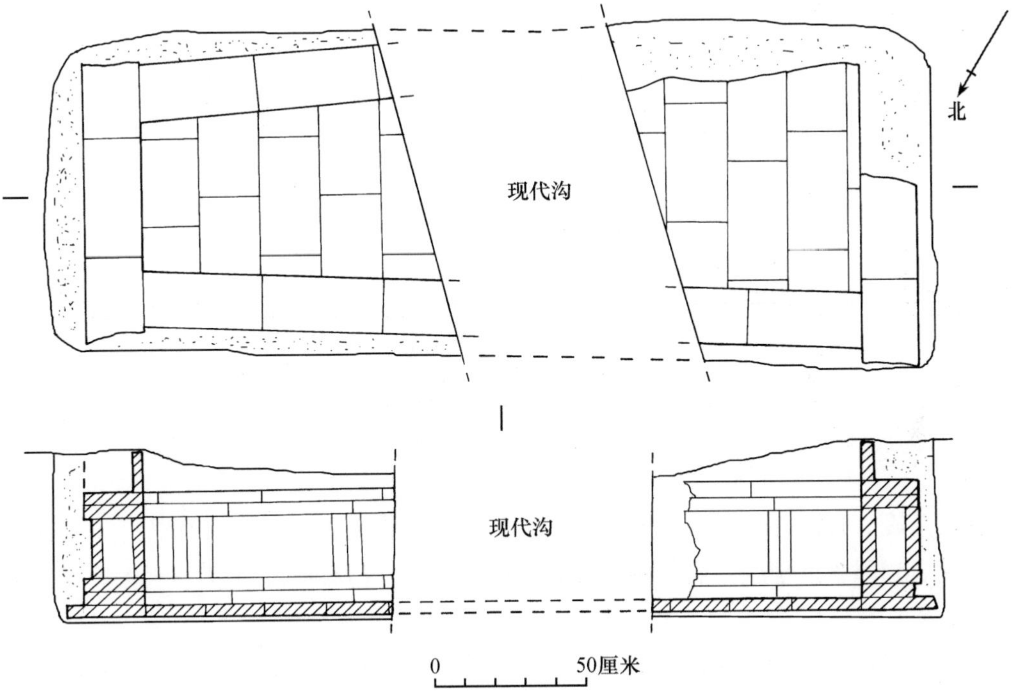

图一四 M11平、剖面图

瓷碟 1件。M11：1，紫红胎，内壁及口部施浅黄色化妆土，未施釉。敞口，厚圆唇，浅斜腹，小饼足。口径10、底径3.5、高2.6厘米（图一五）。

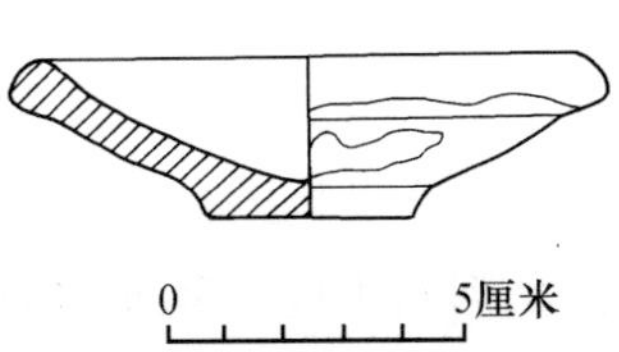

图一五 M11出土瓷碟（M11：1）

M13 竖穴土圹单室砖室墓，墓向15°。墓葬遭到扰乱破坏，墓室仅存地砖与部分墙砖，墓葬东南部缺失，墓道不详。墓圹平面呈长方形，长3.09、宽1.58、深0.3米。墓室平面呈长方形，长2.89、宽1.52、高0.24米。直墙为平砖垒筑，共6层，其上缺失不详。墓室带一壁龛，平面呈长方形，宽0.38、进深0.19、高0.16米。墓底有一层青砖错缝平铺。墓砖为青灰色长方形素面砖，长38、宽19、厚4厘米。未见人骨，葬式、葬具不详。墓室东壁北侧出土瓷四系罐1件，西北角出土瓷盏1件（图一六）。

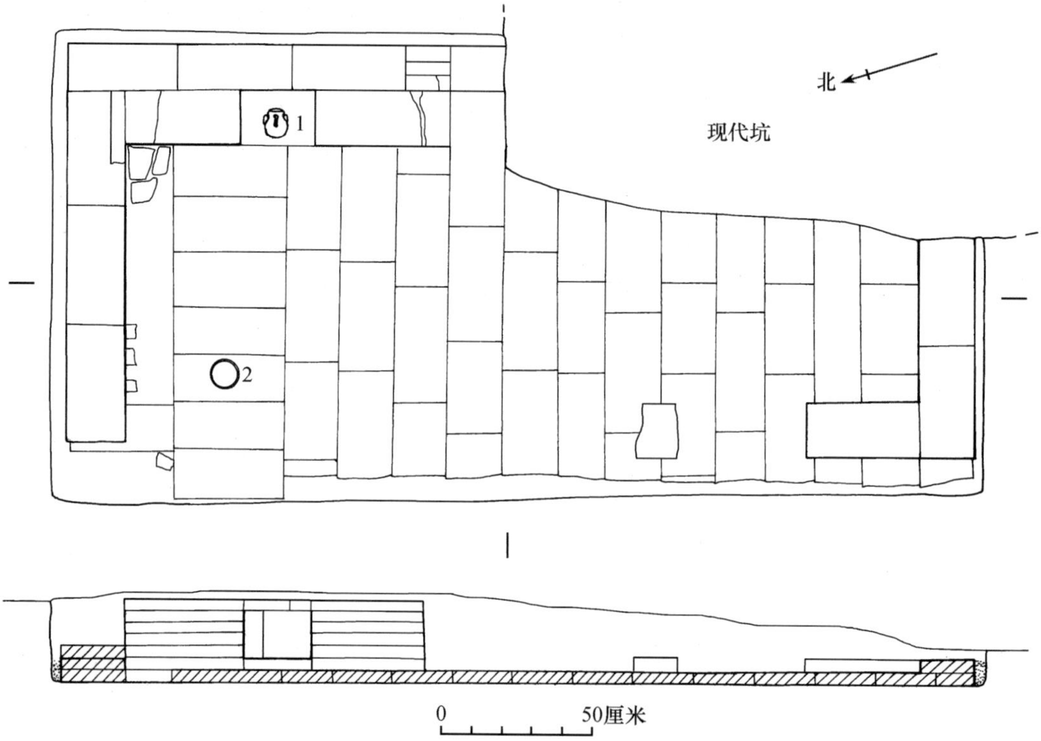

图一六　M13平、剖面图
1. 瓷四系罐　2. 瓷盏

瓷四系罐　1件。M13：1，紫红胎，腹部及底部施化妆土，肩部及以上施酱黄釉。侈口，溜肩，弧腹，平底，肩与颈交接处有四个立耳。口径8.2、最大腹径9.4、底径6、高14.5厘米（图一七，1）。

瓷盏　1件。M13：2，紫红胎，口及内底均施青黄釉，有流釉现象。口部残缺，敞口，斜弧腹，饼足。口径11、底径4.7、高3.2厘米（图一七，2）。

二、墓葬年代

本次发掘的M3～M6、M8、M10和M12等7座墓葬因保存极差，未见任何出土物而无法判断年代。剩下的6座墓也遭到不同程度的破坏，随葬器物多遭盗毁，但根据墓葬形制和出土器物的特征，与成都地区以往发掘的同类墓葬相对比也可大致判断时代。

M1与M7是成都平原较为常见的南宋小型火葬墓，其时代亦应在南宋。其中M7出

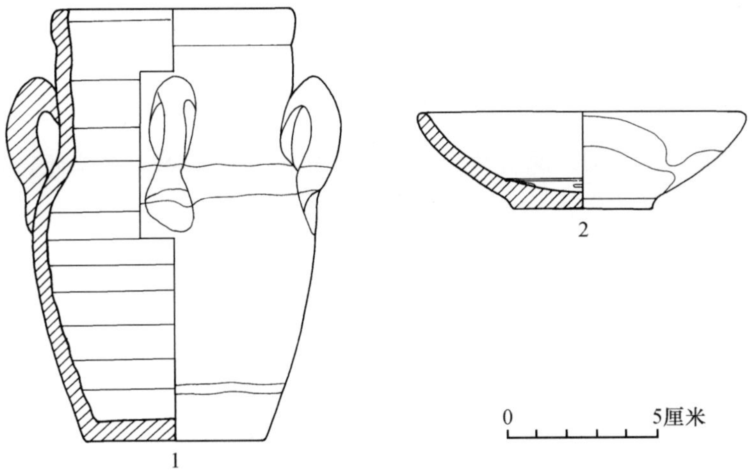

图一七　M13出土瓷器

1. 四系罐（M13：1）　2. 盏（M13：2）

土有2枚“庆历重宝”，故其上限当不早于北宋庆历年间。M7出土瓷盏与温江寨纳河畔M1出土A型瓷盏（SM1：1）相近，M7出土陶匍匐俑也与温江寨纳河畔M1出土釉陶匍匐俑（SM1：6）相似[1]。塞纳河畔M1出土了嘉定二年的买地券。综上所述，M7年代当在南宋中期。

M2与M11墓葬形制接近，平面呈梯形，形制可与《四川地区唐代砖室墓分期研究初论》[2]一文中的Bb型Ⅱ式砖室墓相对应；M11出土瓷碟具有典型的五代风格，与青龙乡海滨村年家院子M24出土的Cb型瓷盏相近，年家院子M24出土有广政二十年（957年）的墓幢[3]。综合来看，这两座墓的年代大致在晚唐至五代时期。

M9为长方形双室墓，但墓葬形制不清，出土器物也较破碎。根据瓷罐口沿和瓷盆口沿来看，分别与石岭村M1[4]和温江“学府尚郡”M3[5]出土的同类器相近。因此，推断该墓年代大致在南宋时期。

M13平面呈长方形，墓葬形制可与《四川地区宋代墓葬研究》[6]一文中乙类砖室墓中的Ⅱ类Aa型Ⅰ式相对应，出土的瓷四系罐和盏分别与海滨村M5：36和M4：9相似。根据墓志铭，海滨村M4墓主人死于元丰二年（1079年），M5墓主人死于元祐四年（1089年）[7]。综上所述，M13的年代应在北宋晚期。

三、结　　语

成都及其周边地区大量唐宋时期遗迹的发现，已为了解本地区唐宋时期的社会生活面貌提供了丰富的物质材料。本次发掘的13座唐宋墓葬，尽管在墓葬形成之后的漫长时间当中受到了不同程度的破坏，但是仍然保留了不少有效的信息，可以对前人的发掘资料和研究成果进行补充。这几座墓葬虽然保存较差，但是墓地布局、墓葬平面形制基本清楚，各类随葬品都有发现，从这些方面也能够对丧葬活动背后所反映的社会生活加以考察。

附记：参加此次发掘的人员有成都文物考古研究院杨占风、熊谯乔、蒋志军。整理人员有熊谯乔、孙志辉、王博及崇州市博物馆陈大春、刘铁丁。

领队：杨占风
发掘：蒋志军　熊谯乔
绘图：孙志辉
拓片：熊谯乔
执笔：熊谯乔　陈大春　刘铁丁　王　博

注　释

［1］成都市文物考古研究所、温江区文物保护管理所：《成都市温江区检察院办公楼、塞纳河畔工地五代及宋代墓葬发掘简报》，《成都考古发现》（2005），科学出版社，2007年。

［2］刘雨茂、朱章义：《四川地区唐代砖室墓分期研究初论》，《四川文物》1999年第3期。

［3］成都文物考古研究院：《成都市青龙乡海滨村年家院子墓地发掘简报》，《成都考古发现》（2016），科学出版社，2018年。

［4］成都市文物考古研究所：《成都市青龙乡石岭村宋墓发掘简报》，《成都考古发现》（2003），科学出版社，2005年。

［5］成都市文物考古研究所、温江区文物保护管理所：《成都温江区“学府尚郡”工地五代及宋代墓葬发掘简报》，《成都考古发现》（2006），科学出版社，2008年。

［6］陈云洪：《四川地区宋代墓葬研究》，《南方民族考古》（第七辑），科学出版社，2011年。

［7］成都市文物考古研究所：《成都市青龙乡海滨村墓葬发掘简报》，《成都考古发现》（2003），科学出版社，2005年。

2017年成都市青羊区光华村唐宋墓发掘简报

成都文物考古研究院

光华村唐宋墓位于成都市青羊区光华街道办辖区内。具体地点在青羊大道与光华村街交汇处东北侧。此地在2004年以前属苏坡乡西窑村6组。其北部约1.5千米为金沙遗址，东部约1.7千米为杜甫草堂（图一）。2017年3月，成都市文物考古工作队在配合一处基建项目的发掘过程中清理了一批墓葬，包括西汉前后的土坑墓、东汉砖室墓和唐宋时期的砖室墓几类，发掘编号为“2017CQX”。其中唐宋砖室墓26座（图二），现将这批墓葬资料简报如下，其中M41、M44、M65等几座唐墓已经发表了简报[1]，本文不再赘述。

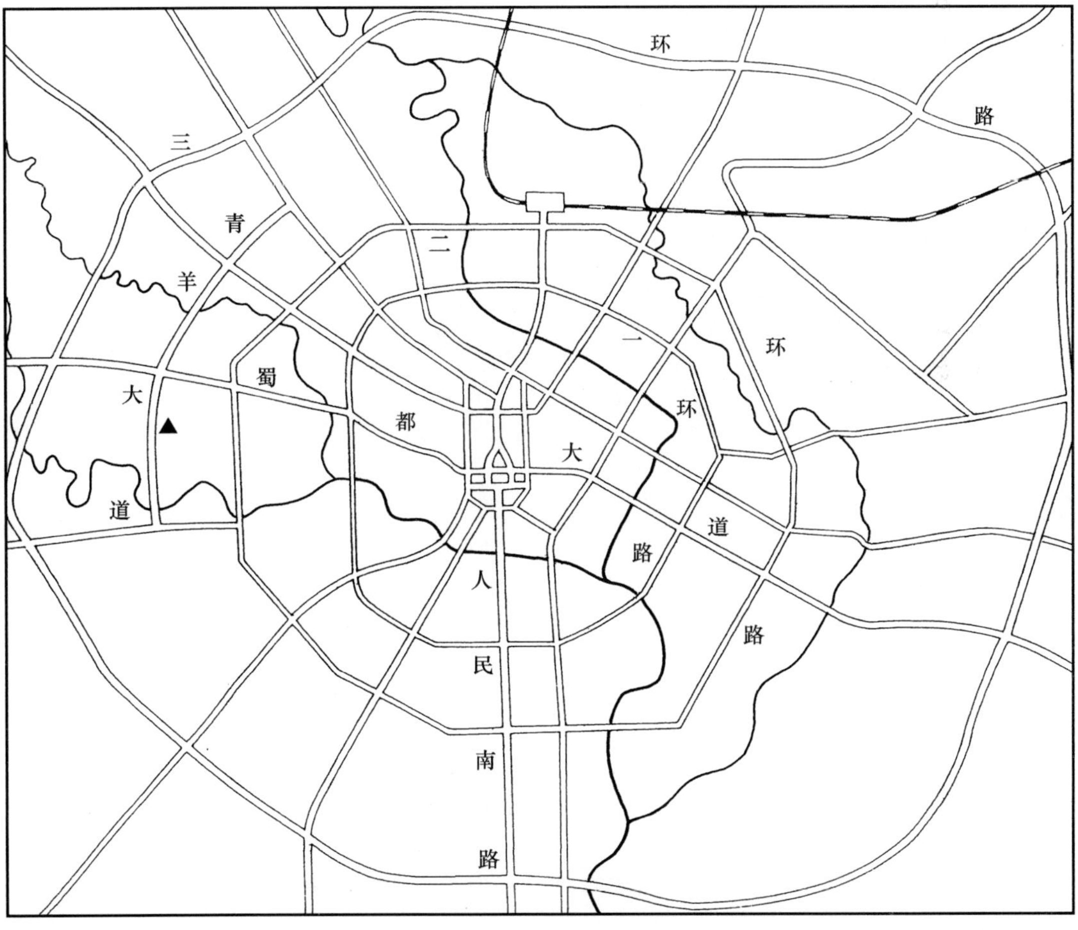

图一　墓葬位置示意图

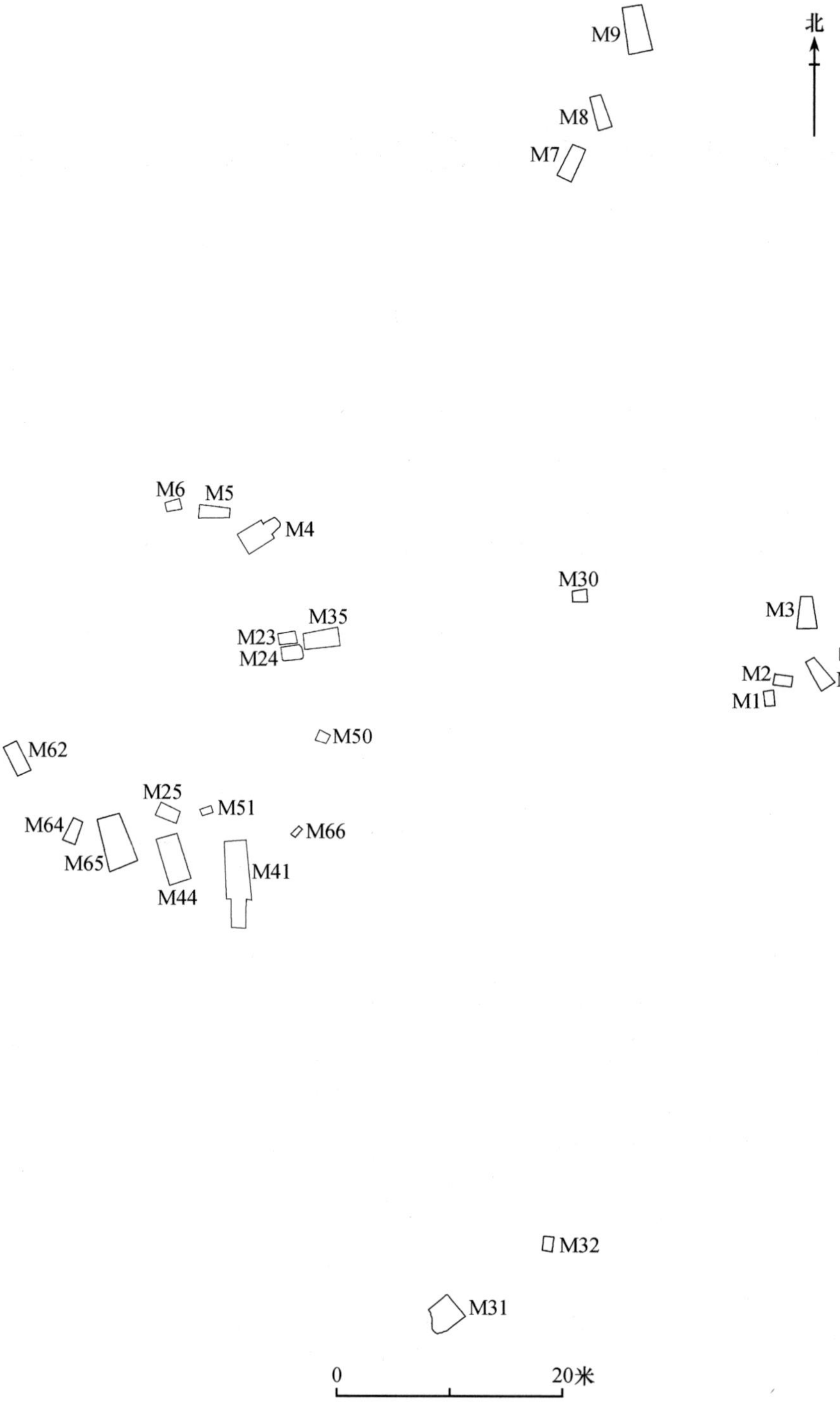
北
M9
M8
M7
M6
M5
M4
M30
M3
M35
M23
M24
M28
M2
M29
M1
M50
M62
M25
M51
M64
M66
M65
M41
M44
M32
M31
0
20米

图二　墓葬分布示意图

一、墓葬形制

根据墓葬的结构可将这批砖室墓分为两类。

（一）甲 类

单室墓 22座。根据墓葬大小的不同，分为两个亚类。

甲Ⅰ类 11座。中型墓，长度基本在2米以上。其中9座根据是否带甬道，分为二型。

A型 2座。带甬道。包括M4、M9。

M4 破坏严重，仅存部分砖墙。墓圹平面近长方形，长3.6、宽2.03米。方向68°。由墓道、甬道和墓室三部分组成。墓道平面近长方形，斜坡状。长1.34、宽1.1米。甬道紧接墓道，连接二者之间的封门已残。甬道呈长方形，长0.57、宽1.1、深1米。已被破坏至底部，侧墙残存部分砌法为一顺一丁。墓室平面近梯形，长约2.52、宽约0.84～1.08、残深0.8米，底部高出甬道底0.2米。由于墓室破坏较甚，只能大致看出两壁应各残存有三个肋柱。肋柱的砌法为一顺一丁，循环三组之后用顺砖逐渐起券。铺地砖基本破坏，应为顺砖平铺（图三）。墓砖均为素面砖，颜色多为红色或者黑红色。规格有长36、宽17.5、厚3.5厘米，长34、宽17、厚3厘米和长35、宽17、厚3厘米等几种。因破坏严重，随葬品基本不存，仅在甬道的填土中出土1件瓷盏和1枚铜钱。

M9 墓道情况不详。墓葬全长4.15、宽1.95～2.4、残高1.03米。方向174°。残存部分由封门、甬道、墓室三部分组成。封门基本采用一平一侧的砌法，侧砖层从两侧向中间叠涩，中部夹数匹丁砖。甬道内宽1.2、长0.62米。甬道侧墙为顺砖与丁砖交替砌成。侧墙前部向内凸出形成肋柱，甬道内地砖斜铺。墓室平面呈梯形，内部长2.7、宽0.9～1.2米，底部高出甬道底0.3米，自成台阶，台阶上下出涩，立面雕出四个近圆形的壸门，形成须弥座的造型。墓室前部与甬道连接处地砖为一丁一顺平铺，其后均为人字形铺法。墓室及甬道的侧墙基本采用两顺一丁的砌法。侧墙上每隔一定距离向内凸出形成肋柱。肋柱的砌法与侧墙相同，其中每组平砖层有一层为丁砖平砌，通过这几层丁砖将肋柱与侧壁结合。墓室内有三组肋柱，甬道内一组，整个墓葬内共有四组肋柱。肋柱1、2之间的侧墙上层有一个小龛。肋柱2、3之间的上层丁砖45°立砌，形成多棱装饰。肋柱3、4之间的侧墙上下两层平砖之间侧砖向后缩进一砖。后壁的砌法与墓门基本一致（图四）。墓砖均为素面青砖，规格为长38、宽19、厚4厘米和长38.5、宽19、厚4.5厘米。不见人骨。随葬品主要位于甬道内，包括瓷碗、瓷碟、瓷双耳罐等。

B型 7座。无甬道。根据侧墙是否在一条直线上，分为二亚型。

Ba型 3座。分段式梯形墓，墓室侧墙并不在一条直线上，一般分为前后两段。包括M3、M7、M35。

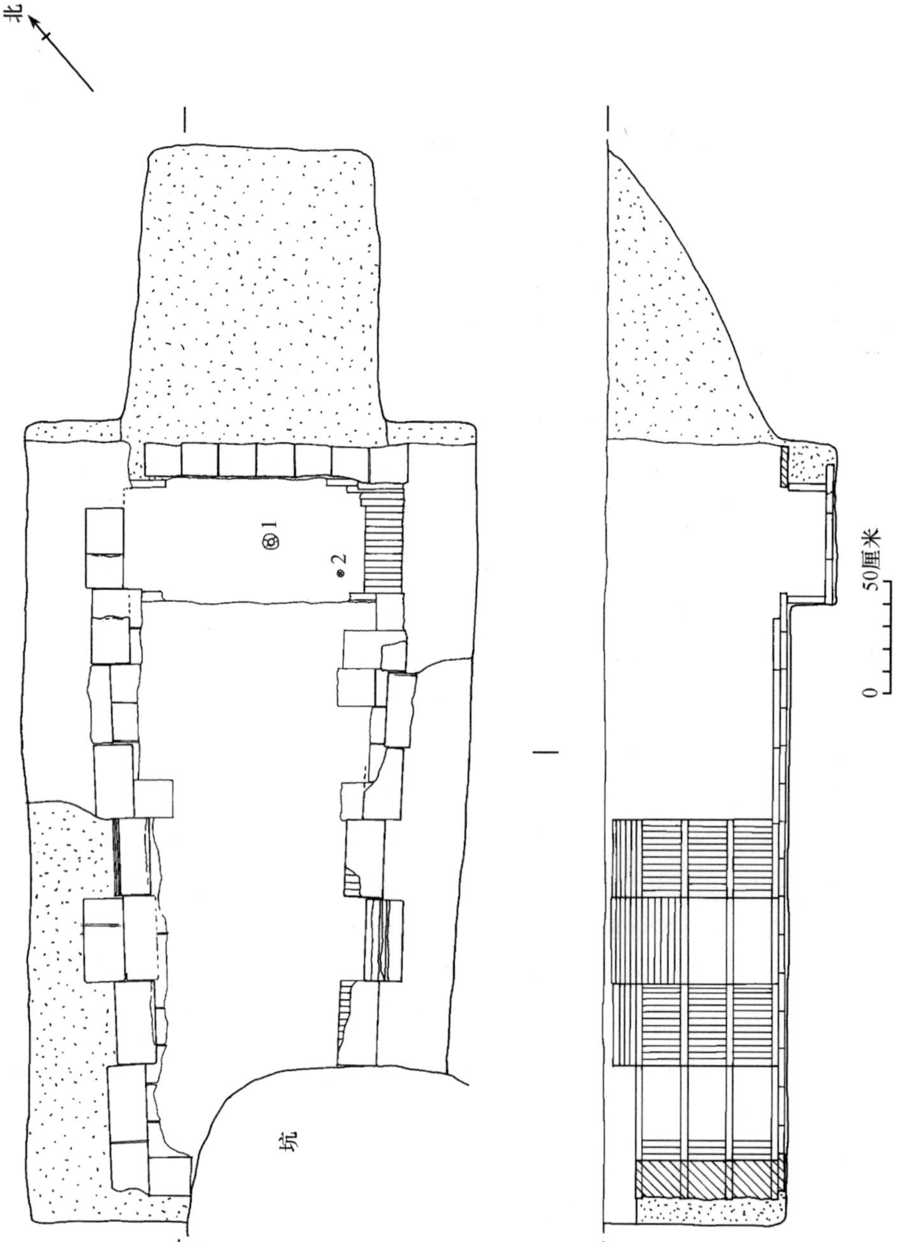

图三 M4平、剖面图

1. 瓷盏 2. 铜钱

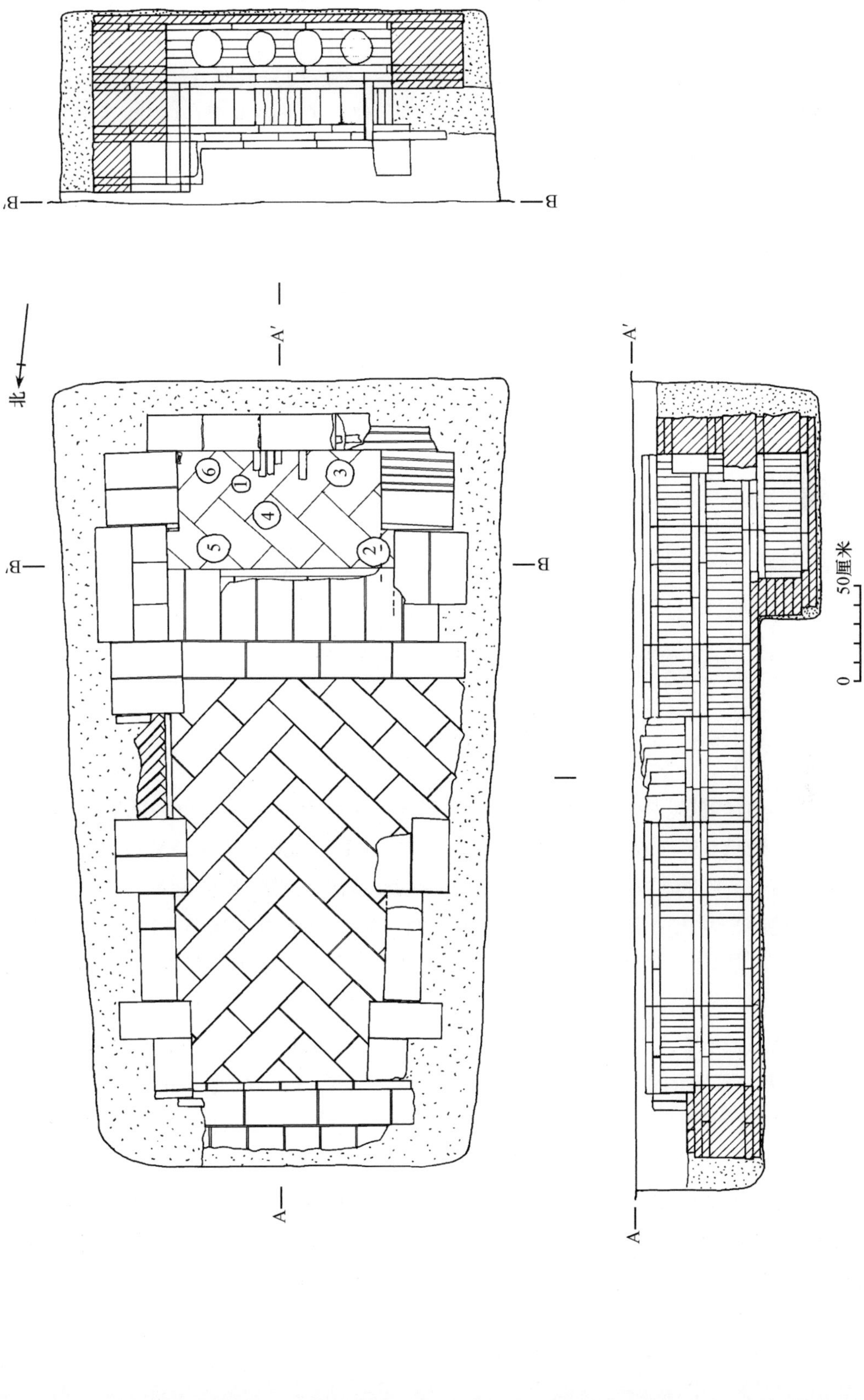

图四 M9平、剖面图

1. 瓷碟 2～4. 瓷双耳罐 5、6. 瓷碗

M3　破坏严重，仅存底部。墓圹呈梯形，长2.94、宽0.92～1.46米。方向180°。墓室平面呈梯形，分为南北两段，均为梯形。南段长1.03、宽0.77～0.94米，北段长1.33、宽0.4～0.7米。两侧壁采用一平一侧的砌法，相邻两匹侧砖之间以数匹丁砖间隔。前后壁亦采用一平一侧的砌法。墓底顺砖平铺（图五）。墓砖均为素面青砖，有长36.5、宽19、厚3.5厘米和长37、宽18.5、厚3厘米两种规格。仅在填土中发现1件瓷四系罐残片。

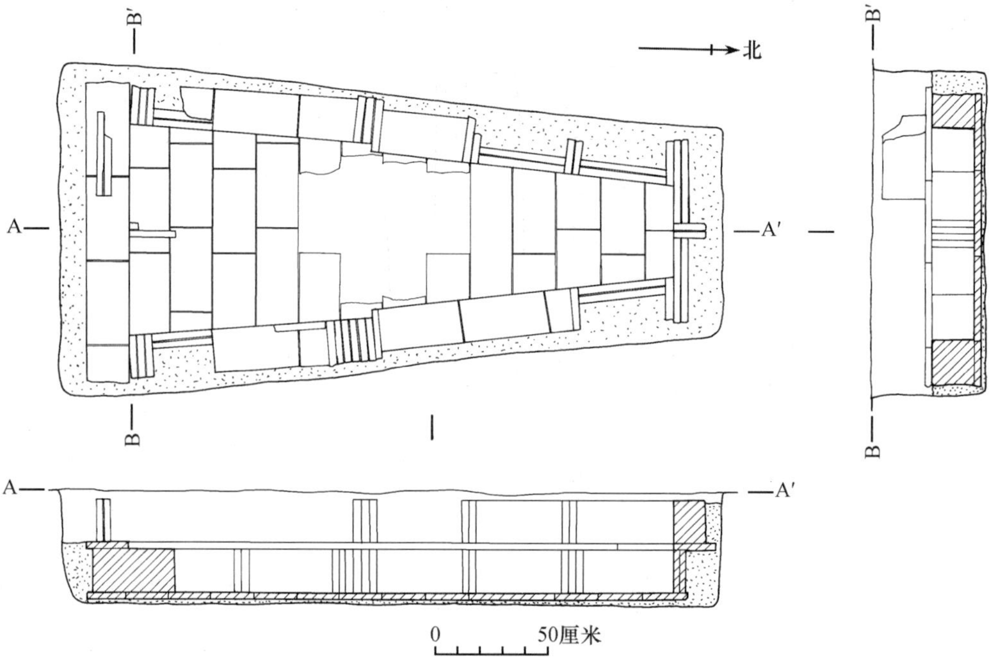

图五　M3平、剖面图

M7　墓室前部被破坏，残长2.5、残深0.55米。方向202°。墓室分为两段，前段已破坏至底部，残长1.33、残宽0.88～0.92米，后段长1.17、宽0.64～0.76米。两壁采用一平一侧或者两平一侧的砌法，侧砖之间以丁砖间隔，后壁与侧壁砌法基本一致，侧砖层向内叠涩。地砖采用人字形铺法。墓砖均为素面青砖，规格为长38、宽19、厚4厘米和长38.6、宽19、厚4厘米两种。随葬品有瓷碗、瓷碟、铜镜各1件，铜钱1枚，均出于靠近墓底的填土中。

M35　墓室总长3、宽0.92～1.44米。方向78°。墓圹稍大于墓室，中间填黄色花土以及碎砖块。墓室内部总长2.46米，分为前后两段，均呈梯形，前段长1.24、宽0.8～0.84米，后段长1.22、宽0.56～0.6米。墓葬的封门采用一平一侧的砌法，侧砖层的中部夹数匹丁砖。三组交替之后其上基本为平铺的丁砖。两侧壁也基本采用一平一侧的砌法，侧砖之间夹两匹到数匹的丁砖。前后段连接处用了较多的丁砖加固支撑。墓室前端第二层侧砖层留有壁龛，壁龛宽0.18、进深0.13、高0.18米。壁龛之上全顺砖叠砌形成肋拱。墓室后段也有一个肋拱，其余部分逐步叠涩成平顶，墓室后壁亦采用一平一侧的砌法，下两层侧砖的中部向内叠涩。地砖采用错缝平铺法（图六）。墓砖均为素面青砖，规格为长36、宽18、厚4厘米。墓内未发现人骨或骨渣。随葬品分布于墓室前部，包括1件陶盆，盆内置1件瓷四系罐，旁有1件瓷盏。

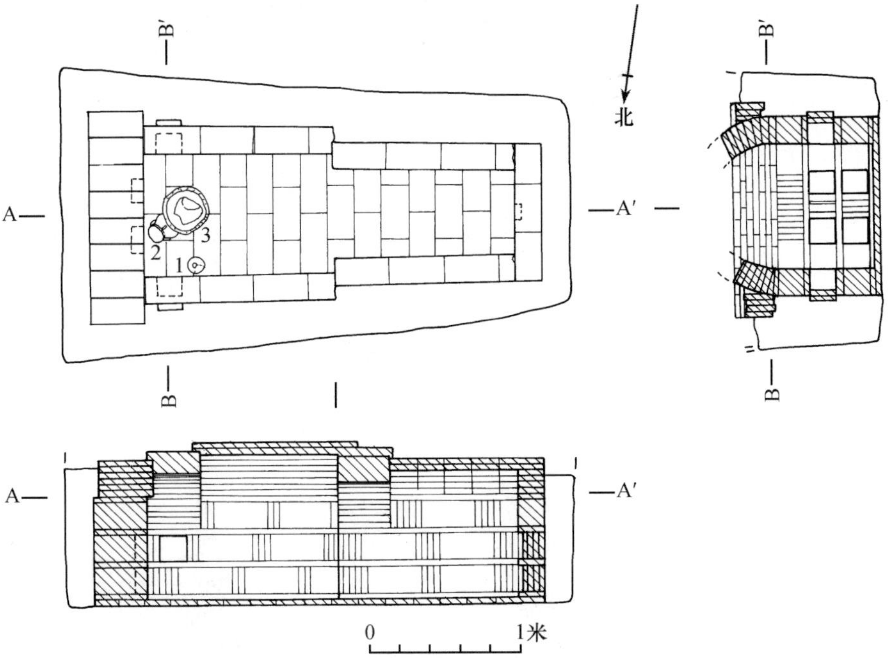

图六 M35平、剖面图

1. 瓷盏 2. 瓷四系罐 3. 陶盆

Bb型 4座。梯形墓，墓室侧墙在一条直线上，不分段。根据具体结构的不同，分为二式。

Ⅰ式：2座。墓室构造简单，无肋柱，应为叠涩平顶。包括M5、M8。

M5 墓室内长2.11、宽0.42～0.68、残高0.43米。方向98°。墓圹略大于砖室。砌法较为简单，四壁均采用一平一侧的砌法，墓底顺砖错缝平铺，采用了较多的残砖（图七）。墓砖均为素面青砖，规格为长36、宽18、厚4厘米。人骨不存。在墓室前部有1件瓷碟及2枚铁钱。

M8 破坏较甚。墓室内长2.4、宽0.42～0.65、残高0.55米。方向162°。墓室四壁均采用一平一侧的砌法，残留两组。底砖为人字形铺法（图八）。墓室采用素面青砖，规格为长36、宽18、厚4厘米，长36.5、宽18.5、厚4厘米，长37、宽18、厚4厘米三种。未见人骨。在墓室的前部随葬1件瓷四系罐。

Ⅱ式：2座。墓室内有肋柱，应为券拱结构。包括M62、M64。

M62 墓葬前端被破坏，墓道情况不详。墓圹长3、宽1.55、残深0.7米。方向157°。墓室内长2.48、宽0.67～0.9、残高0.65米。侧墙采用一顺一丁的砌法，侧墙之内

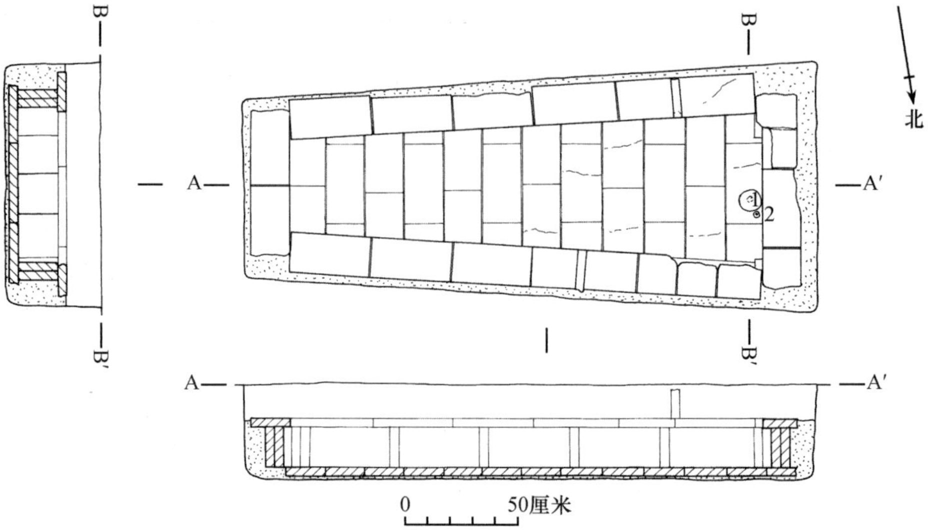

图七　M5平、剖面图

1. 瓷碟　2. 铁钱

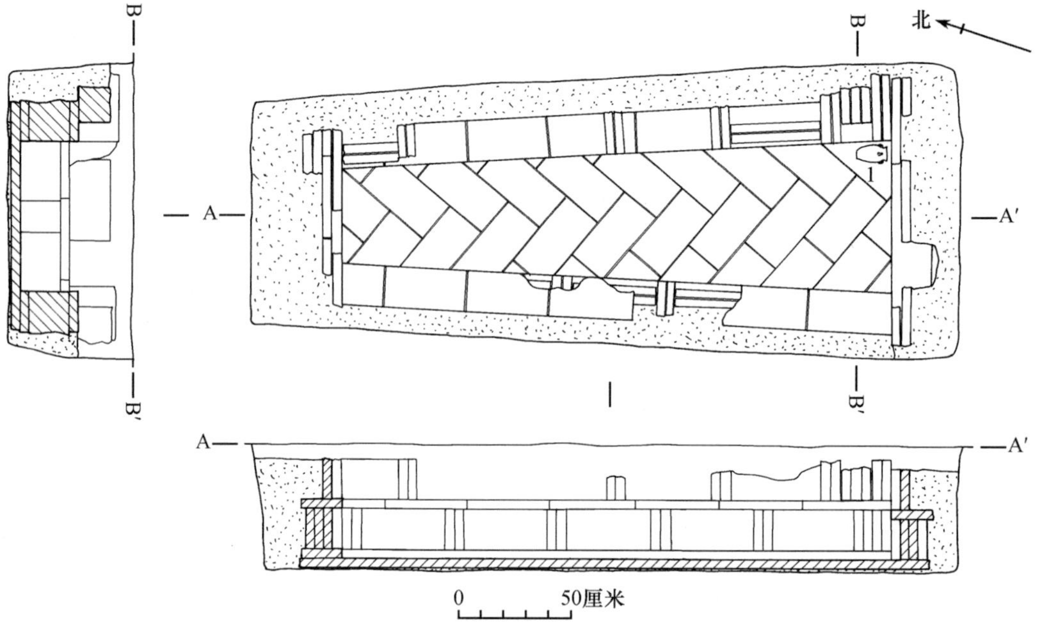

图八　M8平、剖面图

1. 瓷四系罐

有四组肋柱，亦采用一顺一丁的砌法，两组之后全顺砖逐步起券。肋拱的丁砖层伸入侧墙之内。封门可能为侧砖叠涩。后端墙为一平一侧的砌法。地砖主要采用顺砖平铺，后半部有一排丁砖平铺（图九）。墓室采用素面青砖砌成，规格为长36、宽18、厚3.5厘米。未见人骨。在墓室前端西南角出土1件瓷碟。

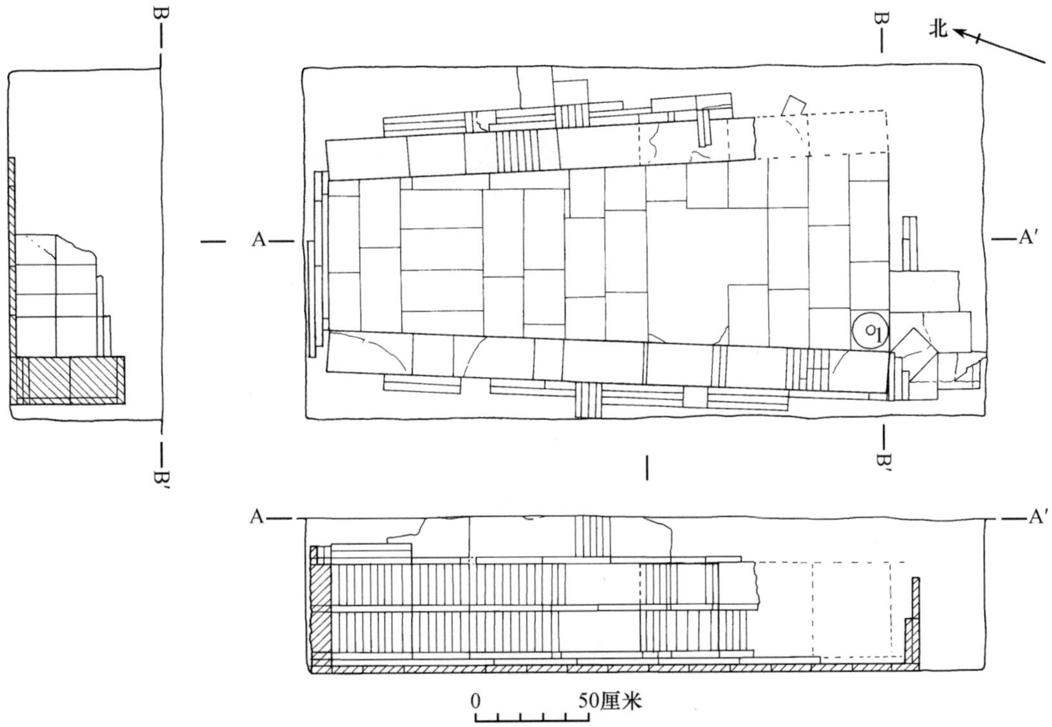

图九　M62平、剖面图

1. 瓷碟

M64　墓葬前半部完全被破坏，墓圹长2.7、宽1.03～1.21、残深0.37米。方向202°。残存墓室部分均为一平一侧的砌法，地砖错缝平铺（图一〇）。墓室采用素面青砖，规格为长35、宽17、厚3.5厘米。人骨不存，亦未见随葬品。

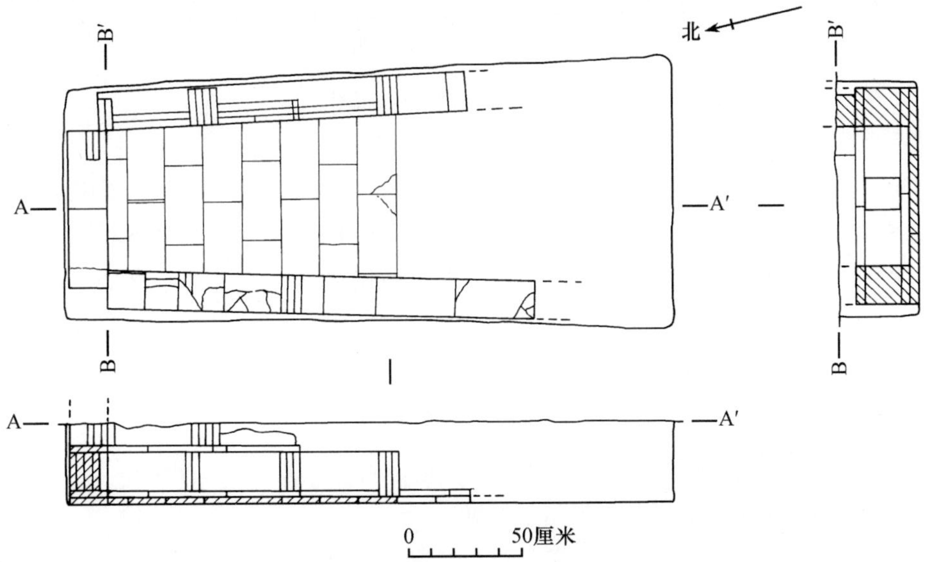

图一〇　M64平、剖面图

另有2座梯形墓较为残破，无法确定具体型式。

M29 破坏严重。墓圹长3.4、宽1.04～1.7、残高0.74米。方向156°。墓门基本破坏至底部，墓道情况不明。墓室内长2.9、宽0.62～1.18米。两侧墙为一平一侧结构，仅存三组。前后端墙也基本采用一侧一平交替的砌法，局部间杂数匹丁砖。前端墙的底部侧砖叠错。地砖错缝平铺（图一一）。墓砖均为素面青砖，规格为长37、宽19、厚4厘米，长37.5、宽19、厚4.5厘米。人骨不存，亦未见随葬品。

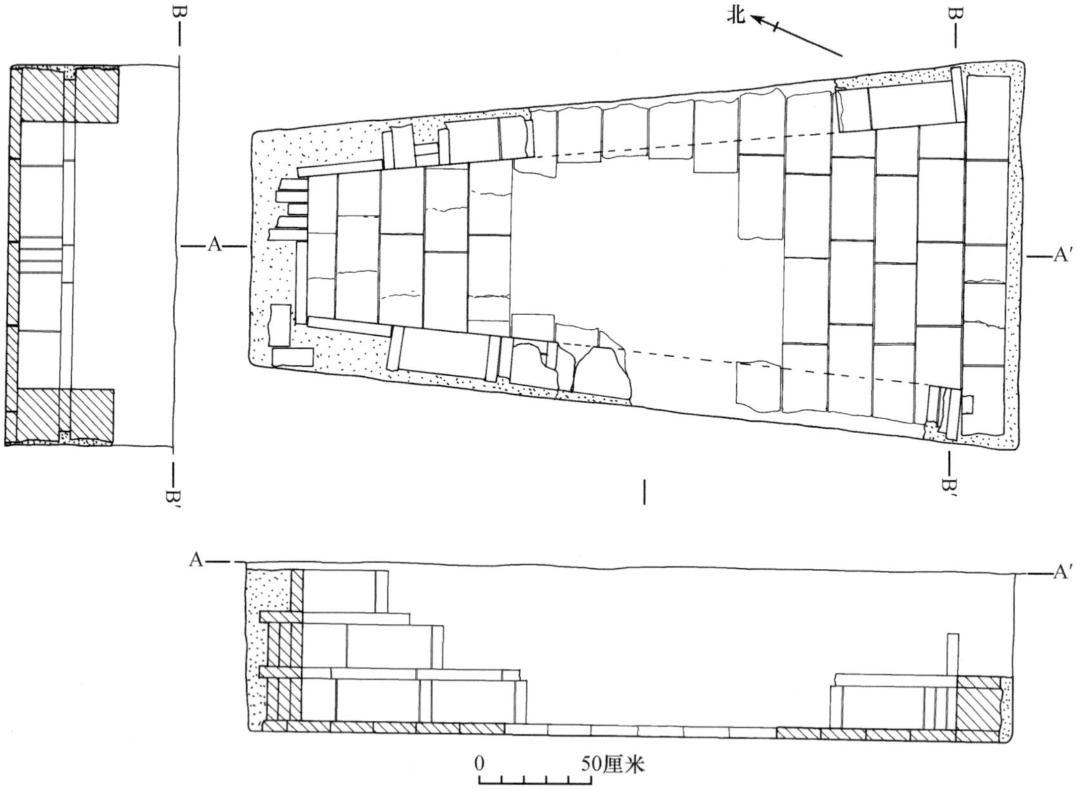

图一一 M29平、剖面图

M30 后部被晚期灰坑破坏，残存砖室部分长1.17、宽0.91～1.02、高0.43米。方向92°。墓圹略大于墓室，中间填以黄土。墓室内残长0.95、宽0.44～0.6米。墓室两侧壁采用一平一侧的砌法，前端侧砖之上用顺砖平砌数层，此处应有一个券拱。前端墙亦采用一平一侧的砌法，残留两层，底层侧砖向内叠涩（图一二）。墓砖主要为素面青砖，还有少量黑红色砖。一般长37、宽18.5、厚3厘米。人骨不存。随葬品包括瓷壶、瓷四系罐、瓷盏各1件，铁钱2枚，主要分布在墓室的前部。

甲Ⅱ类 11座。小型火葬墓，长度一般在1.5米左右。包括M1、M2、M6、M23～M25、M28、M32、M50、M51、M66等。

M1 墓圹呈长方形，长1.42、宽0.93、残深0.52米。方向0°。墓室平面呈梯形，内

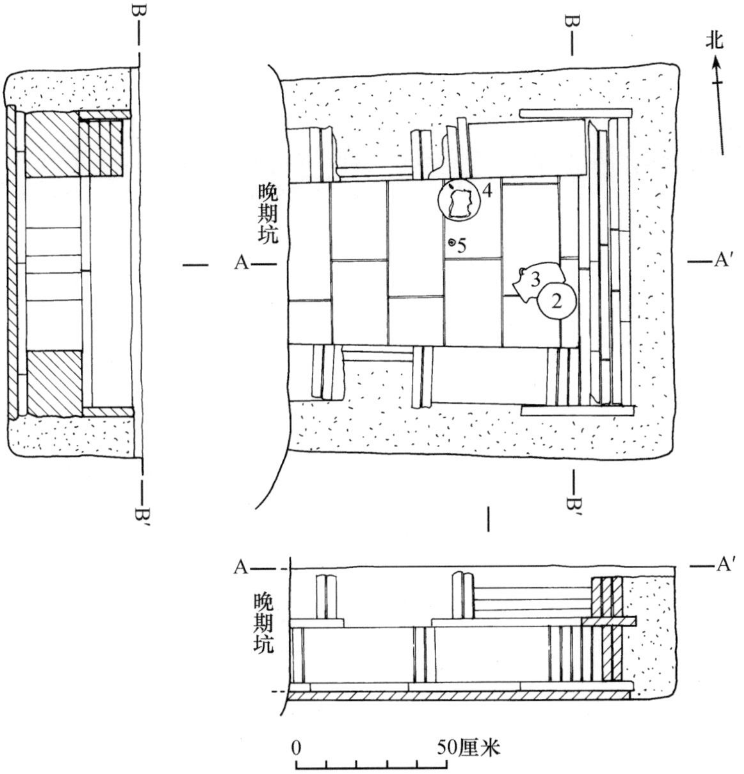

图一二　M30平、剖面图
2. 瓷盏　3. 瓷四系罐　4. 瓷壶　5. 铁钱

长0.91、宽0.2～0.35、残高0.45米。墓室结构十分简略，在地砖之上用一层侧砖合围之后用顺砖叠涩。侧砖之间以丁砖相间固定，墓底为顺砖平铺（图一三）。墓砖均为素面青砖，规格为长36、宽18、厚3厘米。墓室中部有一堆白色的骨渣。北部有1件瓷四系罐，上盖1件瓷盏。

M2　墓圹平面呈长方形，长1.34、宽0.81、残深0.35米。方向282°。墓室内长1.03、宽0.36、残高0.3米。墓室结构十分简略，除西端墙为两层侧砖叠砌外，其余三墙均为一侧两平。地砖多用残砖拼对平铺（图一四）。墓砖均为素面青砖，规格为长36或36.5、宽19、厚4厘米。墓室中部有一堆烧过的骨渣。骨渣的西部扣1件瓷盏。

M6　墓室平面呈梯形，内部长0.98、宽0.38～0.48、残深0.12米。方向88°。墓室结构十分简单，四壁均采用一平一侧的砌法，地砖顺铺（图一五）。墓砖多为红色，烧制较差，规格一般为长35、宽17、厚3厘米。墓室内中部有一堆骨渣。东端有瓷四系罐2件、瓷盏1件。

M23　平面呈梯形，墓室总长1.61、宽0.74～1.15、残高0.7米。方向269°。由甬道和墓室两部分组成。墓室前端底部为一排立砌丁砖，之上有两层侧砖，再上为一层顺砖。甬道长0.16、宽0.61～0.69米，地砖顺铺。两壁底部分别为一层侧砖，其上全顺

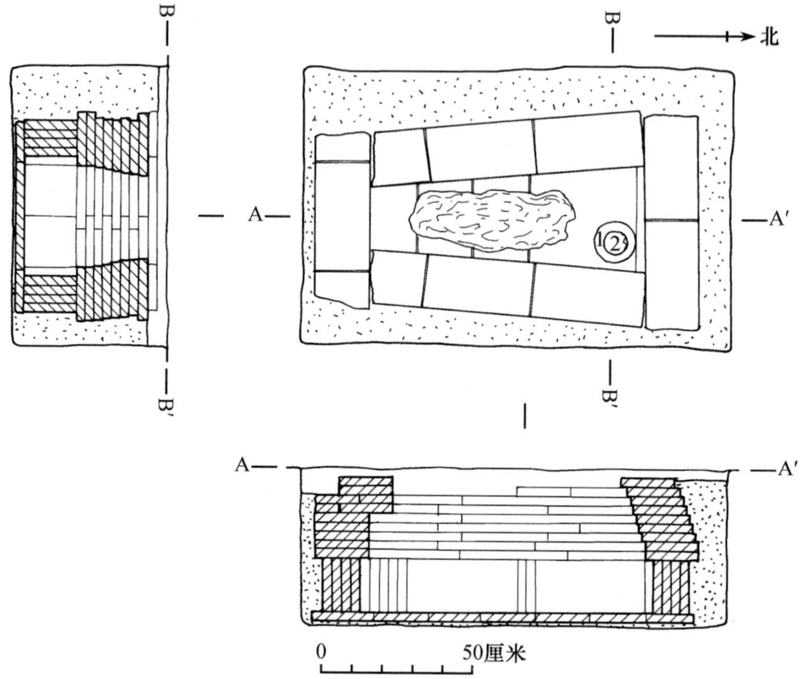

图一三　M1平、剖面图

1. 瓷四系罐　2. 瓷盏

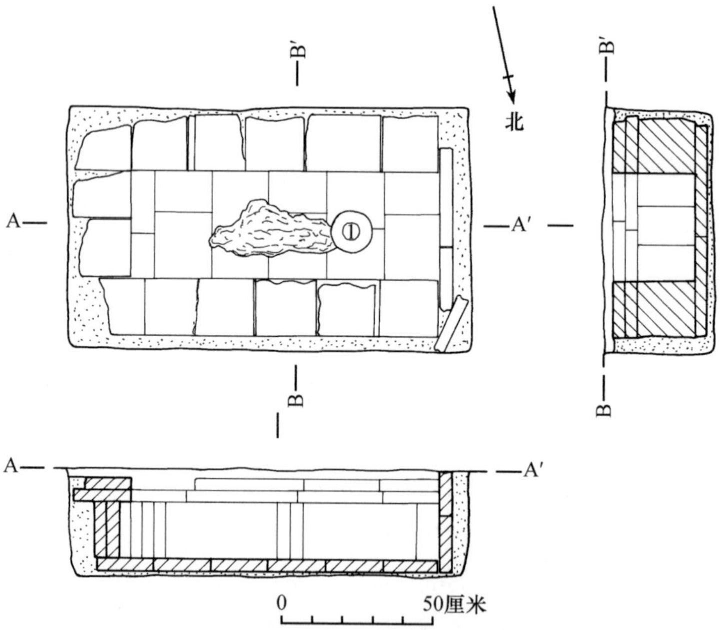

图一四　M2平、剖面图

1. 瓷盏

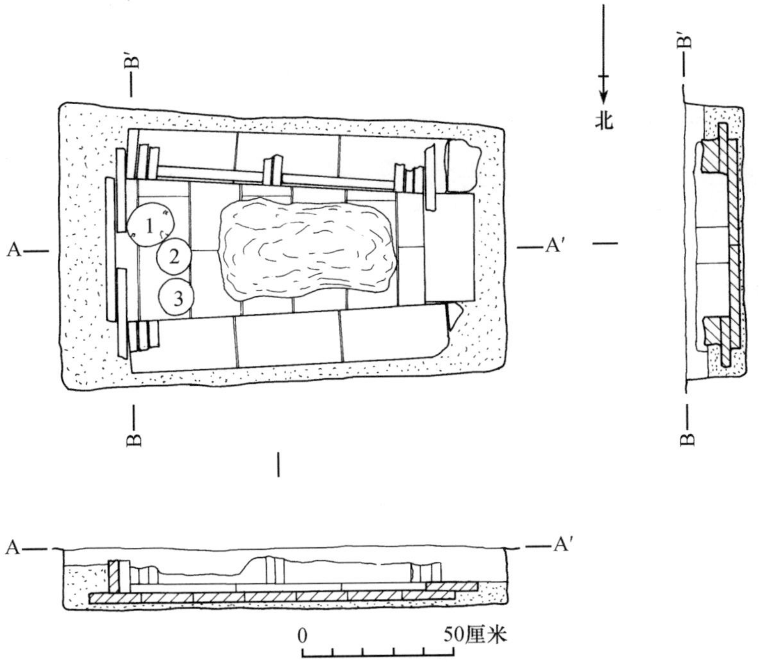

图一五　M6平、剖面图

1、2. 瓷四系罐　3. 瓷盏

砖，顶部逐渐形成肋拱。墓室底部高出甬道底形成台阶，台阶立面以侧砖包裹。墓室长1.18、宽0.61～0.55米。地砖以丁砖顺砖交错平铺。墓室中部也有一条顺砖叠砌的肋拱，二拱之外用侧砖叠砌封口。第二肋拱之后的侧墙为一平一侧的砌法。墓室后壁亦采用一平一侧的砌法。墓室后部采用叠涩的方法封顶（图一六）。墓砖均为素面青灰色砖，有长35、宽17、厚3厘米和长35、宽17.5、厚3厘米两种规格。墓室的中部有一堆烧过的骨骼。骨骼南侧有1件瓷双耳罐，南龛内有1件瓷碗。

M24　紧邻M23。平面呈梯形，砖室部分长1.4、宽0.7～0.95、残高0.63米。方向91°。墓室内长1.12、宽0.38～0.6米。前壁采用三层侧砖叠砌，其余三墙基本采用一平一侧的砌法。墓室前部两侧分别用立砖砌出一个六边形的壁龛，壁龛宽0.17、进深0.12、高0.38米。壁龛之上残留两层顺砖，此处应有一处肋拱，其后应为叠涩平顶。墓底顺砖平铺（图一七）。墓砖均为青灰色素面砖，规格为长35.5、宽17.5、厚3厘米。墓内未见人骨或者骨渣，在墓室后部有一尊红砂石坐像，可能为墓主人像。其余随葬品包括5件瓷五足香炉和4件瓷提梁罐，主要分布在墓室后部的两侧。

M25　墓室平面呈梯形，墓室内长1.2、宽0.4～0.55、残高0.45米。方向122°。墓圹稍大于砖室，中间填以黄土。墓葬结构简单，四壁均采用一平一侧的砌法。墓底顺砖平铺（图一八）。墓砖多为红色素面砖，还有部分深灰色素面砖，规格为长35.5、宽18、厚3厘米。墓室中部偏后部有一堆烧过的骨渣。骨渣附近有数枚铁钱。墓室前部有一陶盆，盆内放置几块烧过的木炭及1件瓷碟，旁侧有1件瓷四系罐。

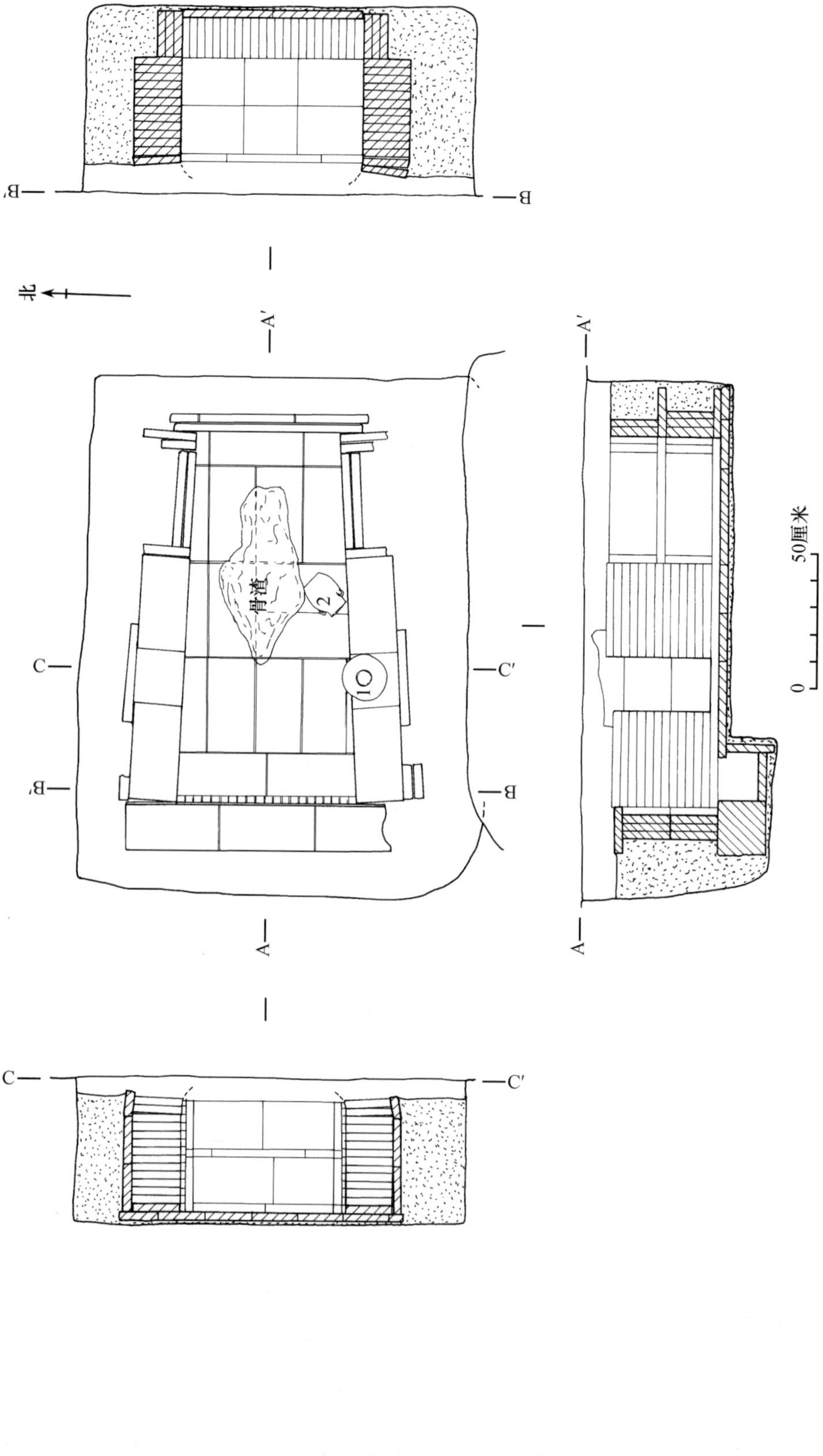

图一六　M23平、剖面图
1. 瓷碗　2. 瓷双耳罐

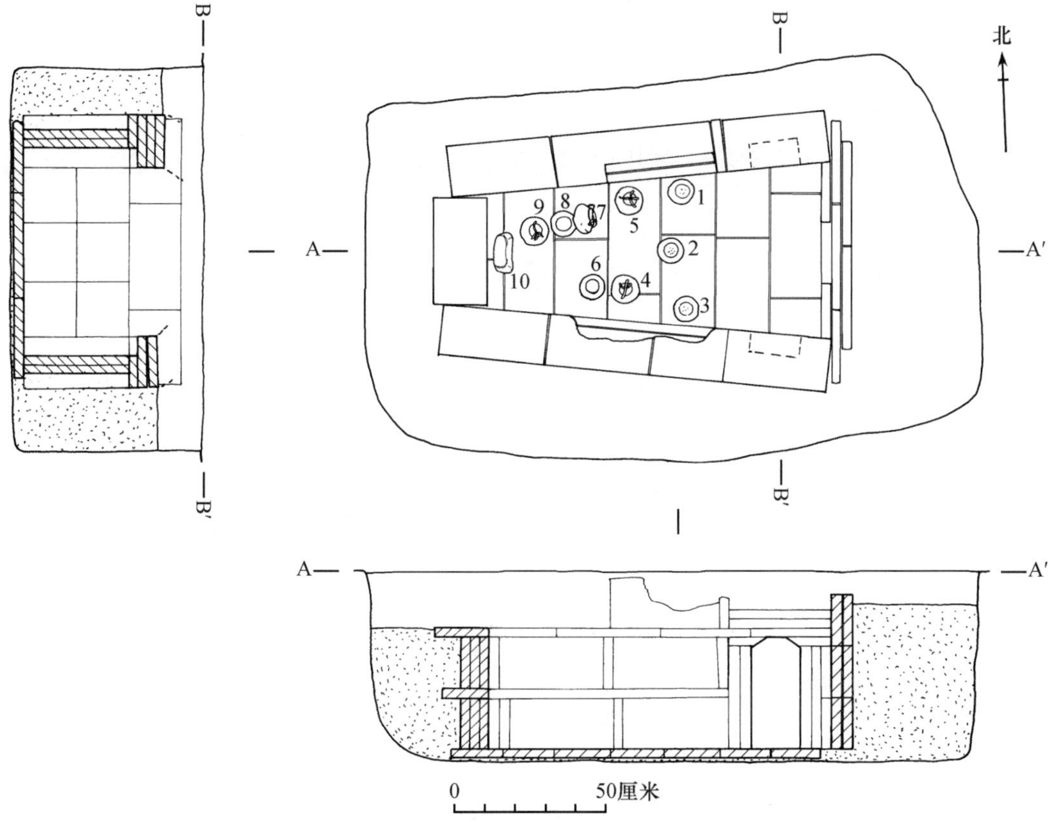

图一七　M24平、剖面图

1～3、6、8. 瓷五足炉　4、5、7、9. 瓷提梁罐　10. 石像

M28　墓室平面呈梯形，墓圹长1.28、宽0.73～0.85、残深0.29米。方向268°。墓室内长0.93、宽0.4～0.5、残高0.12米。墓壁仅存一层侧砖，两侧壁夹杂丁砖。地砖顺砖错缝平铺（图一九）。墓砖均为素面青灰色砖，规格为长35、宽17、厚3厘米。墓室中部有一堆烧过的骨骼。西端随葬1件瓷四系罐。

M32　破坏严重，基本仅剩底部。墓室残长1.35、宽0.7～0.9、残高0.2米。方向191°。地砖错缝平铺（图二〇）。墓砖均为素面砖，有青灰色和红色两种，规格为长35、宽17、厚4厘米。墓室中部有一堆残骨渣。北端及骨渣附近有大量的铁钱，锈蚀较为严重。

M66　破坏严重，仅存底部及一侧墙及端墙，从痕迹判断平面为梯形。墓室内长0.83、最宽0.94、残高0.2米。方向221°。结构十分简单，残余部分仅存一层侧砖。地砖为顺砖平铺。墓砖均为素面砖，有青灰色和红色两种，规格为长35、宽17、厚4厘米。墓内残存少量烧过的骨渣。随葬品包括1件瓷四系罐和1件瓷碟。

其余火葬墓过于残破且无随葬品，略去不表。

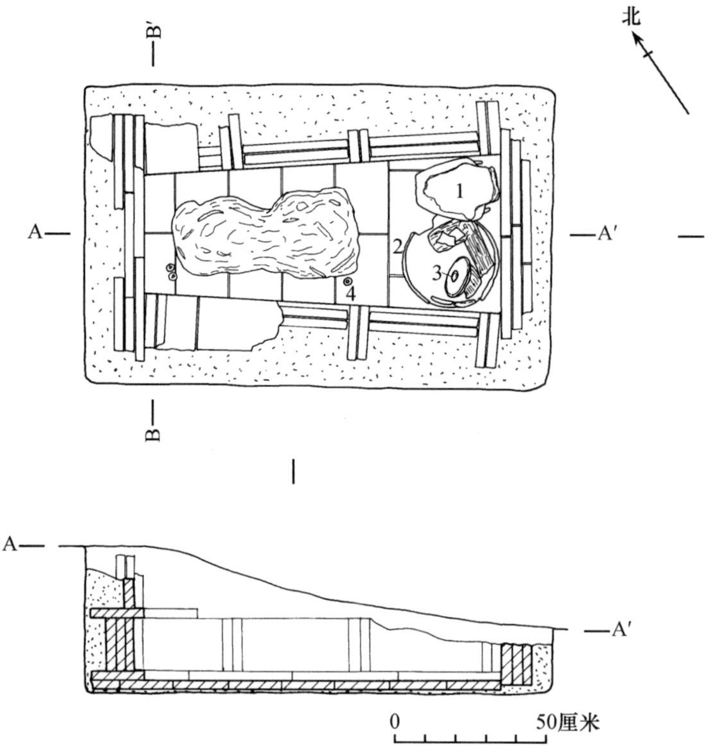

图一八　M25平、剖面图

1. 瓷四系罐　2. 陶盆　3. 瓷碟　4. 铁钱

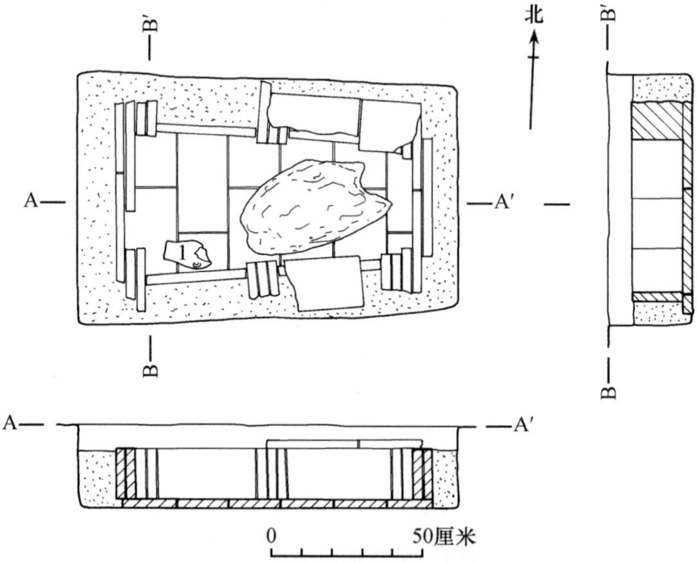

图一九　M28平、剖面图

1. 瓷四系罐

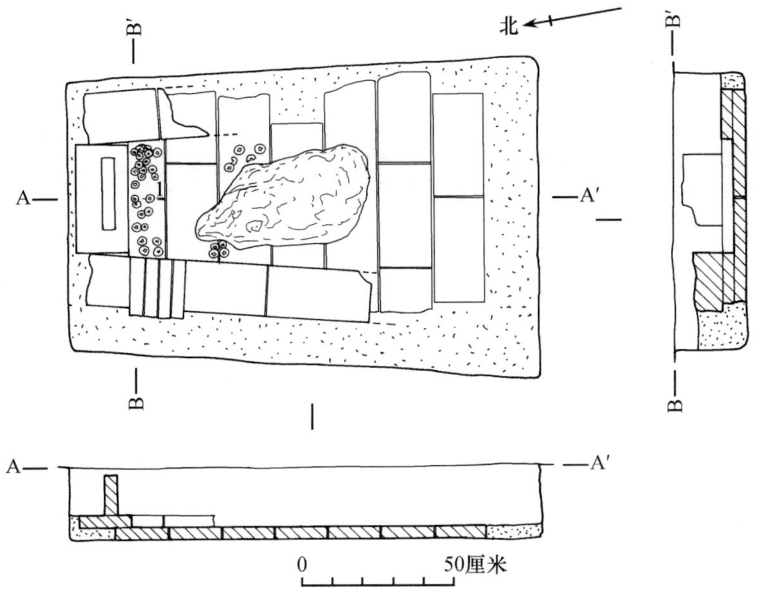

图二〇 M32平、剖面图
1. 铁钱

（二）乙 类

双室墓 1座。

M31 长方形双室砖室墓。破坏严重。墓室总长2.92、宽2.71米。方向55°。中间以砖墙相隔。南北两部分结构基本一致。现以保存较好的南室为例说明。墓门为顺砖叠砌。墓室内长2.66、宽1米。侧墙基本采用三顺一丁的砌法，两组之后开始全顺砖砌筑，可能逐步形成筒拱。侧壁的中部有一个壁龛，宽0.35、进深0.17、高0.44米。墓室地砖采用一顺一丁平铺。地砖之上用两列顺砖砌成棺台。棺台贯通后室，周围留出宽约0.12米的排水沟（图二一）。墓室后部内收成一后龛，底部与棺台平。龛宽0.4、进深0.28米。墓室采用素面砖，以红色或红色偏黑色为主，四壁及铺地砖的规格基本为长34、宽17、厚3厘米或长34.5、宽17、厚3厘米，棺台用砖规格为长30、宽16、厚3厘米。北室内有极少量肢骨残存，未经火烧。南室中部有一堆骨渣，应为火葬遗存。北室未见随葬品，南室存2件陶俑，位于墓门附近。

二、随 葬 品

这批砖室墓基本被破坏，出土随葬品数量不多，以瓷器为主，还有少量陶器、石俑、铜器、铁钱等。

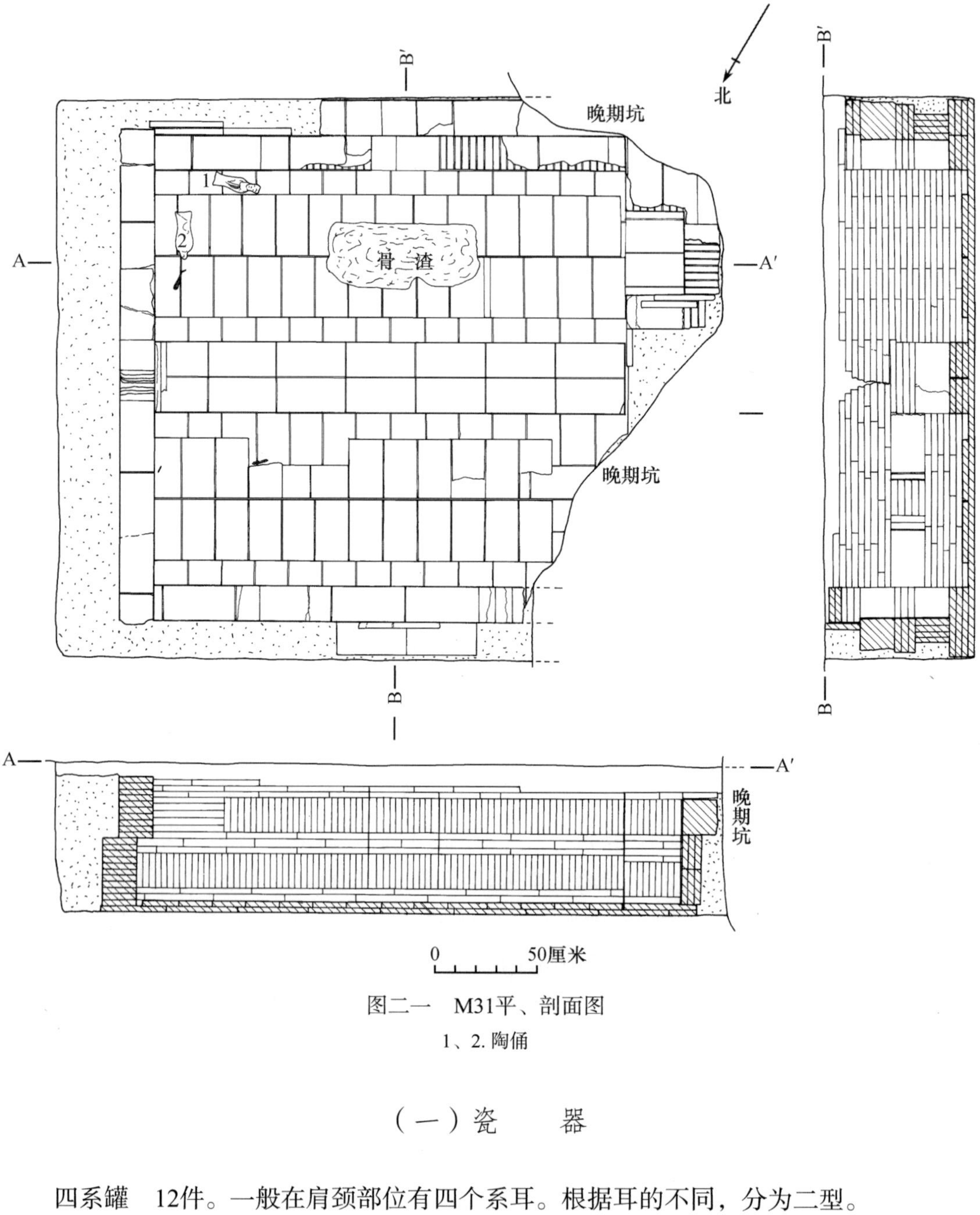

图二一　M31平、剖面图
1、2. 陶俑

（一）瓷　　器

四系罐　12件。一般在肩颈部位有四个系耳。根据耳的不同，分为二型。

A型　10件。竖耳。根据口肩部的不同，分为四亚型。

Aa型　5件。直口，溜肩。根据整体的不同，分为三式。

Ⅰ式：2件。整体较为瘦长，颈部较细。M1：1，红胎灰表，肩部以上施一层米色化妆土，其外施透明釉，局部釉已脱落。口径8.6、底径8.6、高22厘米（图二二，1）。M66：1，红胎，肩部以上施一层米色化妆土，其外施透明釉，釉多已脱落。口径7.4、底径8.6、高19.6厘米（图二二，2）。

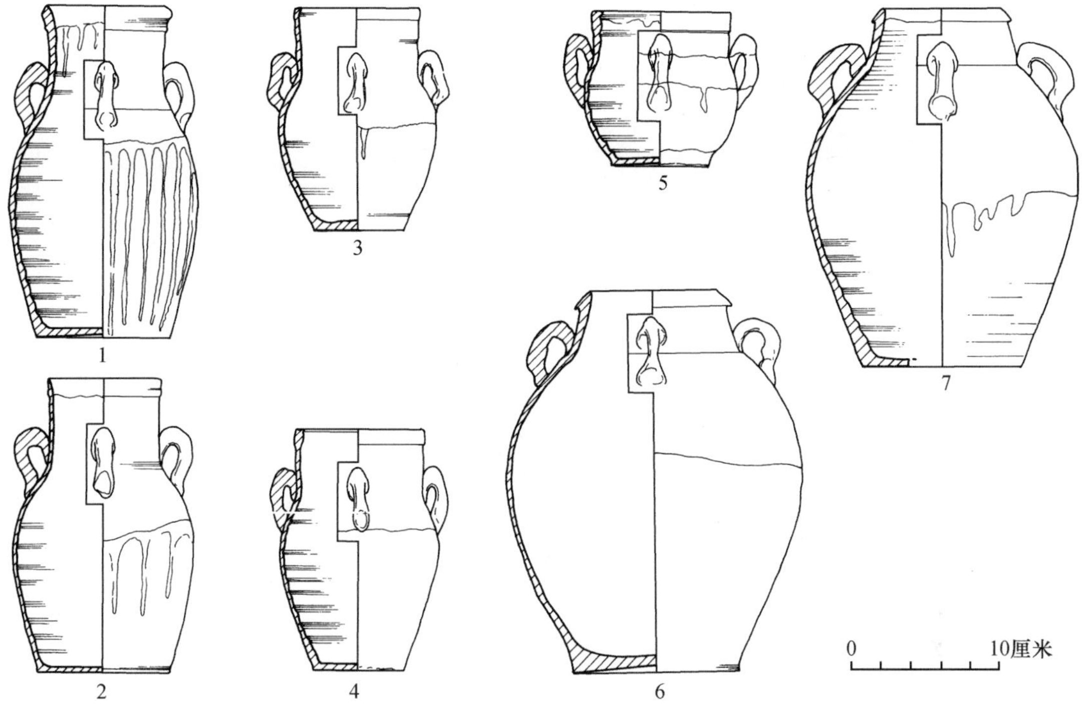

图二二　A型瓷四系罐

1、2. Aa型Ⅰ式（M1∶1、M66∶1）　3、4. Aa型Ⅱ式（M30∶3、M28∶1）　5. Aa型Ⅲ式（M6∶1）
6、7. Ab型（M35∶2、M30∶1）

Ⅱ式：2件。器形略矮，颈部稍粗。M30∶3，红胎，肩部以上施一层米色化妆土，未施釉。口径8.6、底径6、高14.8厘米（图二二，3）。M28∶1，红胎，肩部以上施一层米色化妆土，未施釉。口径8.6、底径6、高16厘米（图二二，4）。

Ⅲ式：1件。整体较为矮胖，颈部短粗，剖面近方形。M6∶1，红胎，肩部以上施一层米色化妆土，外施透明釉，多已脱落。口径9.2、底径6.4、高10.2厘米（图二二，5）。

Ab型　2件。敛口，溜肩。M35∶2，红胎灰表，肩部以上有一层深棕色化妆土，未施釉。下垂沿，尖唇，短颈。口径10.6、底径11、高25.4厘米（图二二，6）。M30∶1，出于填土中。红胎，肩部以上有一层米色化妆土，施酱釉。尖唇。口径8、底径10.8、高23.8厘米（图二二，7）。

Ac型　1件。直口，圆肩。M3∶1，红胎，器表施米白色化妆土，釉已基本脱落。中部残缺，短颈。颈部有数周瓦楞状装饰。口径9.2、底径10.4厘米（图二三，1）。

Ad型　2件。短颈，鼓肩。M8∶1，红胎，下腹以上施一层白色化妆土，再施透明釉，釉已基本脱落。敛口。口径10.2、底径12.8、高21厘米（图二三，2）。M8∶2，下腹以上施米黄色化妆土，外原有一层透明釉，已基本脱落。口部向外出沿，下折沿，短直颈。口径8.5、底径12、高18.8厘米（图二三，5）。

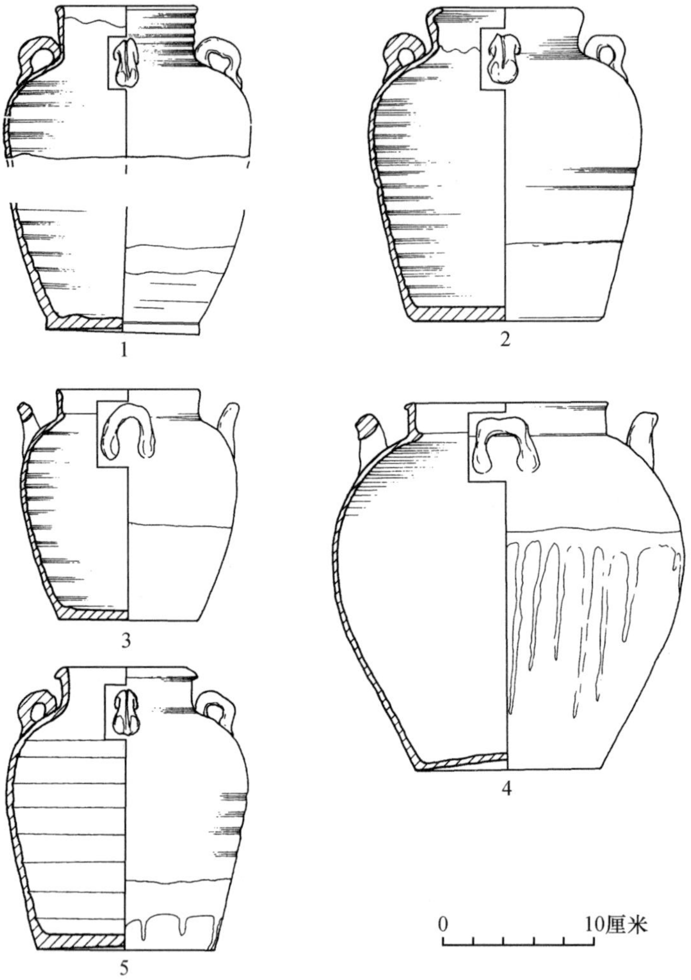

图二三　瓷四系罐

1. Ac型（M3∶1）　2、5. Ad型（M8∶1、M8∶2）　3. Bb型（M6∶2）　4. Ba型（M25∶1）

B型　2件。横耳。根据肩部的不同，分为二亚型。

Ba型　1件。圆肩，体型较大。M25∶1，红胎，肩部以上施米黄色化妆土。短直口。口径13.4、底径12.5、高24.4厘米（图二三，4）。

Bb型　1件。鼓肩，体型较小。M6∶2，灰胎，腹部以上有一层深棕色化妆土，未施釉。短颈。口径9.6、底径9.4、高15.4厘米（图二三，3）。

双耳罐　5件。根据耳的不同，分为二型。

A型　4件。竖耳。棕红胎，上半身施酱釉。器形较为类似，微敞口，方唇，短颈，鼓肩。M9∶7，口径9.8、底径8.8、高17厘米（图二四，1）。M9∶4，口径9.8、底径8、高17.8厘米（图二四，2）。M9∶2，口径9.2、底径8.4、高16厘米（图二四，3）。M9∶3，口径17.2、底径8.4、高17.2厘米（图二四，4）。

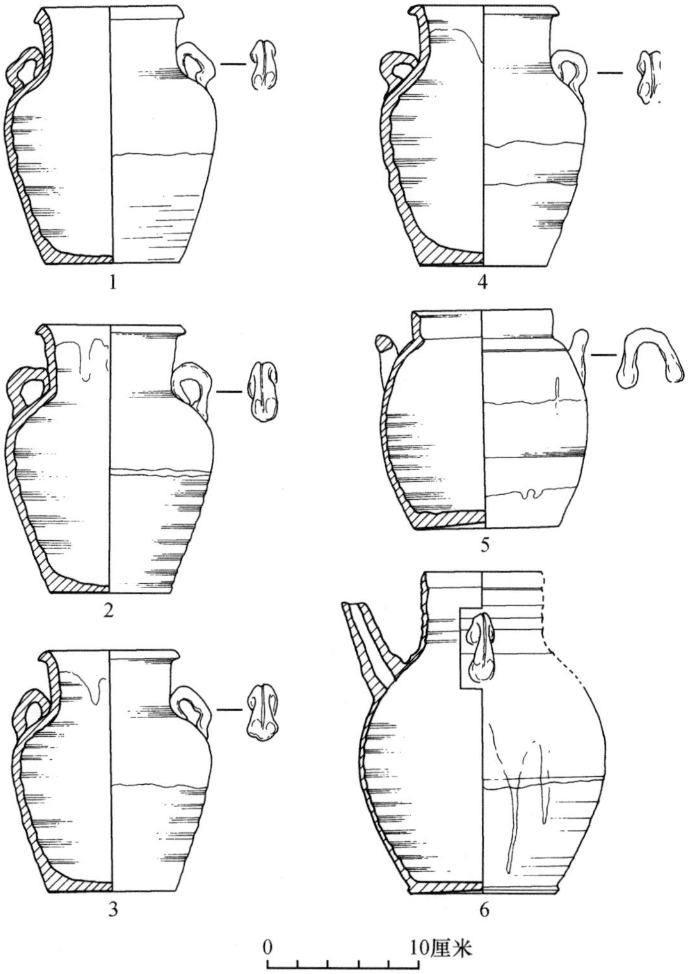

图二四 瓷双耳罐、壶

1～4. A型双耳罐（M9：7、M9：4、M9：2、M9：3） 5. B型双耳罐（M23：2） 6. 壶（M30：4）

B型 1件。横耳。M23：2，红胎灰表，腹部以下有一层淡黄色化妆土，未施釉。短颈，溜肩，弧腹。口径9.2、底径9.6、高14.4厘米（图二四，5）。

壶 1件。M30：4，红胎灰表，上半部施米白色化妆土，釉已基本脱落。残，尖唇，短颈，圆腹。肩部有一短直流，残留一竖向系耳。颈部有瓦楞状装饰。口径8.2、底径9.4、高21.4厘米（图二四，6）。

碗 5件。根据足的不同，分为二型。

A型 饼足。3件。根据腹部的不同，分为三亚型。

Aa型 1件。敞口，腹壁较直。M7：1，红胎，内壁及口沿外施米色化妆土。口径13.8、底径5.8、高4.8厘米（图二五，4）。

Ab型 1件。敞口，深弧腹。M9：5，红胎，内壁及外侧腹部以上施白色化妆土，再施酱釉，釉已基本脱落。口径18、底径6.4、高5.6厘米（图二五，1）。

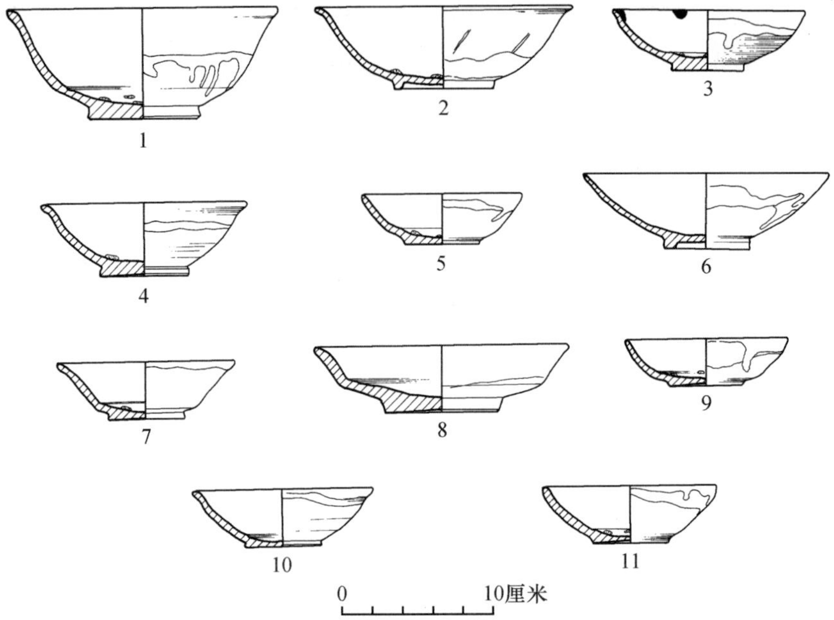

图二五　瓷碗、盏

1. Ab型碗（M9：5）　2、6. B型碗（M23：1、M31：3）　3、11. Ⅱ式盏（M2：1、M1：2）　4. Aa型碗（M7：1）　5、9. Ⅲ式盏（M4：1、M6：3）　7、10. Ⅰ式盏（M35：1、M30：2）　8. Ac型碗（M9：6）

Ac型　1件。折腹。M9：6，红胎，内壁及器表上半部施一层米色化妆土。口径16.6、底径7.4、高4.4厘米（图二五，8）。

B型　2件。圈足。M23：1，青灰胎，器表上部及内壁施一层青釉。底部有五个支钉痕。口径17、足径6.7、高5.4厘米（图二五，2）。M31：3，红胎，内壁及器表上半部先挂一层深灰色化妆土，又挂一层白色化妆土。口径16.5、足径4.8、高4厘米（图二五，6）。

盏　6件。小饼足或平底。根据器形高矮的不同，分为三式。

Ⅰ式：2件。整体较高，微侈口。M30：2，灰胎，内壁及口沿外施一层米色化妆土，又挂一层透明釉。口径12、底径5、高3.8厘米（图二五，10）。M35：1，深红胎，内壁及器表施青釉。口径12、底径5、高3.8厘米（图二五，7）。

Ⅱ式：2件。器形稍高，敞口。M1：2，灰胎，内壁及口沿外施黄釉。口径11.4、底径5、高3.8厘米（图二五，11）。M2：1，深红胎，内壁及口沿外施黄釉，又挂一层透明釉。口径12.8、底径4.8、高4厘米（图二五，3）。

Ⅲ式：2件。整体较矮，敞口。M4：1，红胎，内壁及口沿外施黄色化妆土，挂一层透明釉。口径11.2、底径5、高3.3厘米（图二五，5）。M6：3，灰胎，内壁及口沿外施米色化妆土，挂一层透明釉。口径10.8、底径4.8、高3.1厘米（图二五，9）。

碟　7件。根据口部的不同，分为二型。

A型　5件。厚胎，圆唇或平圆唇。根据口唇的不同，分为四式。

Ⅰ式：1件。圆唇微敛。M65∶1，砖红胎，内壁及口外施一层粉色化妆土，未施釉。口径11、底径4、高3.6厘米（图二六，7）。

Ⅱ式：1件。敞口，圆唇。M7∶3，青灰胎，内壁挂一层灰白色化妆土，施黄釉，多已脱落。口径10.9、底径3.8、高3厘米（图二六，5）。

Ⅲ式：2件。敞口，平圆唇。M5∶1，红褐胎，内壁及口外挂一层米色化妆土，上施酱釉。口径13、底径4.6、高3.2厘米（图二六，4）。M9∶1，红褐胎，内壁及口外挂一层砖红色化妆土，釉已基本脱落。口径11.4、底径4、高3厘米（图二六，2）。

Ⅳ式：1件。平唇。M66∶2，灰褐胎，内壁及口外施一层米色化妆土，施酱釉。口径11.6、底径5、高2.8厘米（图二六，1）。

B型　2件。方唇外折。M25∶3，红褐胎，内壁及口部挂一层米色化妆土，施酱釉。口径12、底径4、高3厘米（图二六，3）。M62∶1，红褐胎，内壁及口部挂一层米色化妆土，施酱釉。口径13、底径4.5、高4.1厘米（图二六，6）。

五足炉　5件。平折沿，直腹，底部接五个外撇的锥形足，内壁及口沿处施一层米色化妆土。其中M24∶6、M24∶8，还施一层酱釉，但多已脱落。M24∶1，口径9、高4厘米（图二六，8）。M24∶8，口径9、高4厘米（图二六，9）。M24∶2，口径9、高4.2厘米（图二六，10）。M24∶3，口径8.8、高4.4厘米（图二六，11）。M24∶6，口径9、高4厘米（图二六，12）。

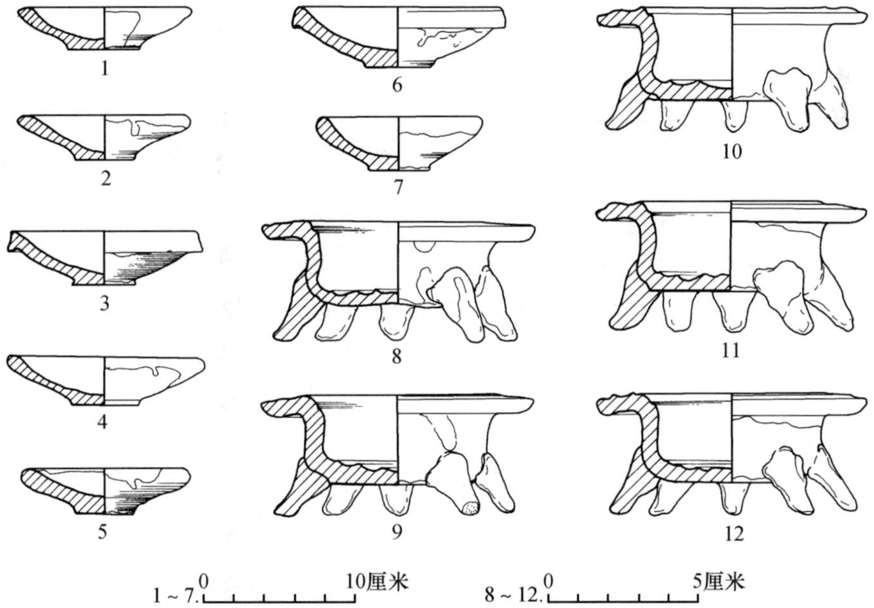

图二六　瓷碟、五足炉

1. A型Ⅳ式碟（M66∶2）　2、4. A型Ⅲ式碟（M9∶1、M5∶1）　3、6. B型碟（M25∶3、M62∶1）　5. A型Ⅱ式碟（M7∶3）　7. A型Ⅰ式碟（M65∶1）　8～12. 五足炉（M24∶1、M24∶8、M24∶2、M24∶3、M24∶6）

提梁罐　4件。暗红胎，上半部及提梁施酱黑釉，多已脱落。圆鼓腹，口部有较为抽象的蟠螭提梁。M24：4，口径6、底径5.6、高7厘米（图二七，4）。M24：5，口径5.4、底径5.6、高7.5厘米（图二七，1）。M24：7，口径5.6、底径5.5、高7.7厘米（图二七，2）。M24：9，口径5、底径5.4、高7.5厘米（图二七，3）。

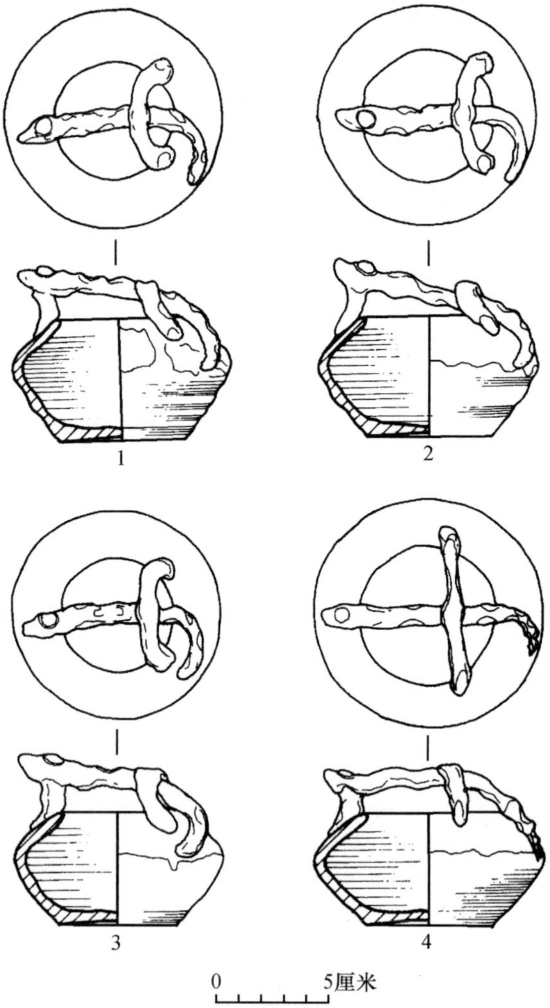

图二七　瓷提梁罐

1. M24：5　2. M24：7　3. M24：9　4. M24：4

（二）陶　　器

盆　2件。根据腹部的不同，分为二型。

A型　1件。腹较深。M35：3，口部微敛，弧腹，平底。素面。口径30.8、底径17.6、高10.8厘米（图二八，1）。

B型　1件。大口，浅腹。M25：2，敞口，厚方唇，底部略内凹。素面。口径

34.8、底径27、高8厘米（图二八，2）。

武士俑 1件。M31：2，红胎，膝盖以上施釉。头戴风帽，身着绿衣，鱼鳞状裲甲，双手握于腹部。面部模糊，制作粗糙。宽7.5、高21、厚5.5厘米（图二九）。

文官俑 1件。M31：1，红胎，腿部以上施釉。头戴绿冠，身着褐色广袖袍，袖口为绿色，双手袖于腹部。五官较为模糊，整体风格较为呆板，制作不精。宽6、高18.5、厚5厘米（图三〇，2）。

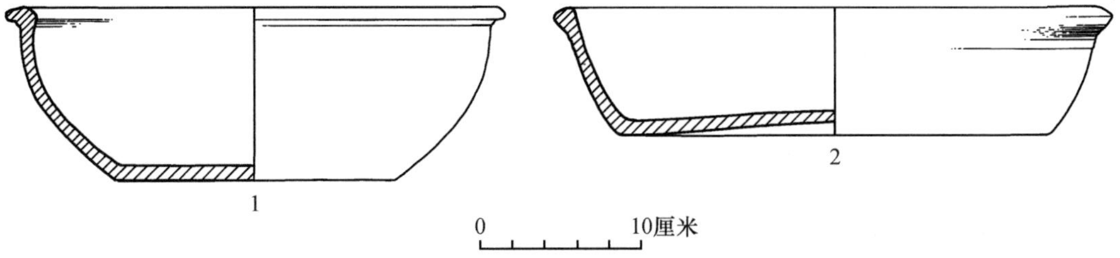

图二八 陶盆

1. A型（M35：3） 2. B型（M25：2）

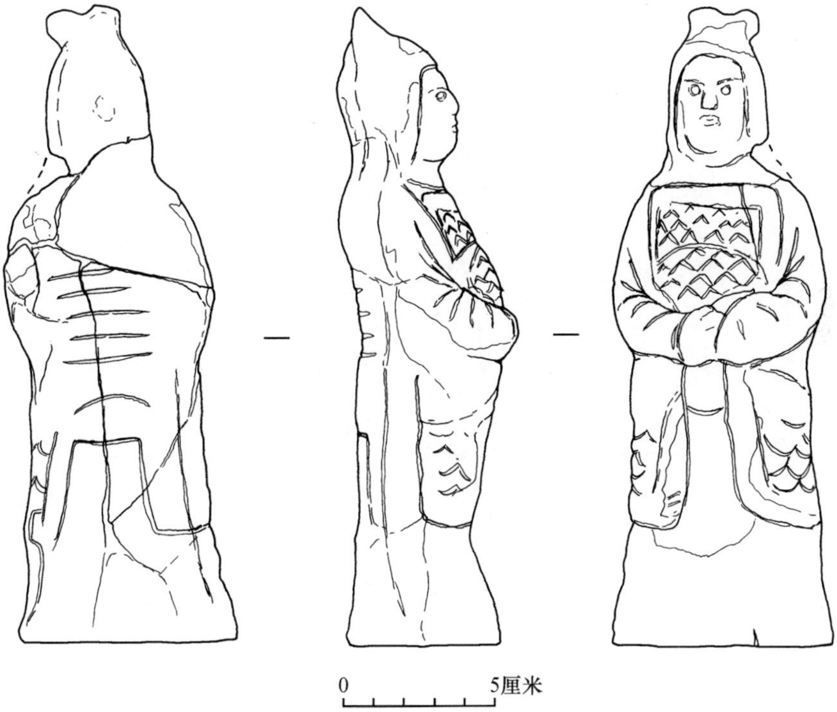

图二九 陶武士俑

（M31：2）

（三）石　　像

1件。M24：10，应为墓主人像，头部残。整体造型较为简略，身躯部分仅用线条刻画出服饰的痕迹。宽12、残高16、厚5.4厘米（图三○，1）。

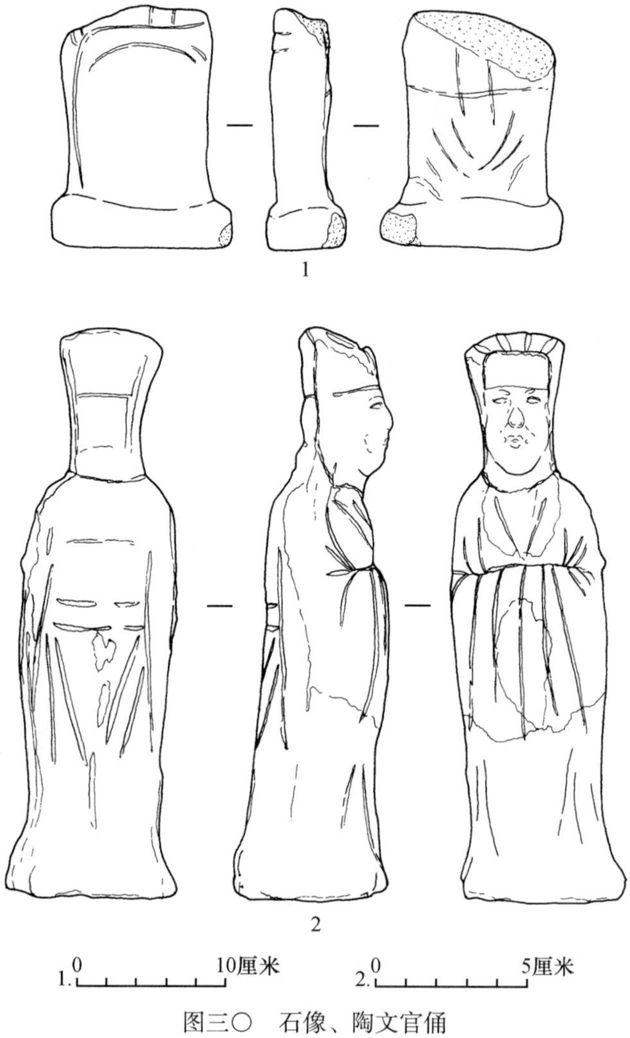

图三○　石像、陶文官俑

1. 石像（M24：10）　2. 陶文官俑（M31：1）

（四）铜　　器

铜镜　1件。M7：4，委角方形，弓形纽。表面浅浮雕底纹上用细线刻画出花卉等纹饰。长13.8、宽13.7、边缘厚0.4、镜体厚0.2厘米（图三一，1）。

铜钱　2枚。M4：2，宋元通宝。略残，锈蚀严重。直径2.4、穿宽0.5厘米（图三一，2）。M7：2，开元通宝。背后有一月纹。直径2.5、穿宽0.6厘米（图三一，3）。

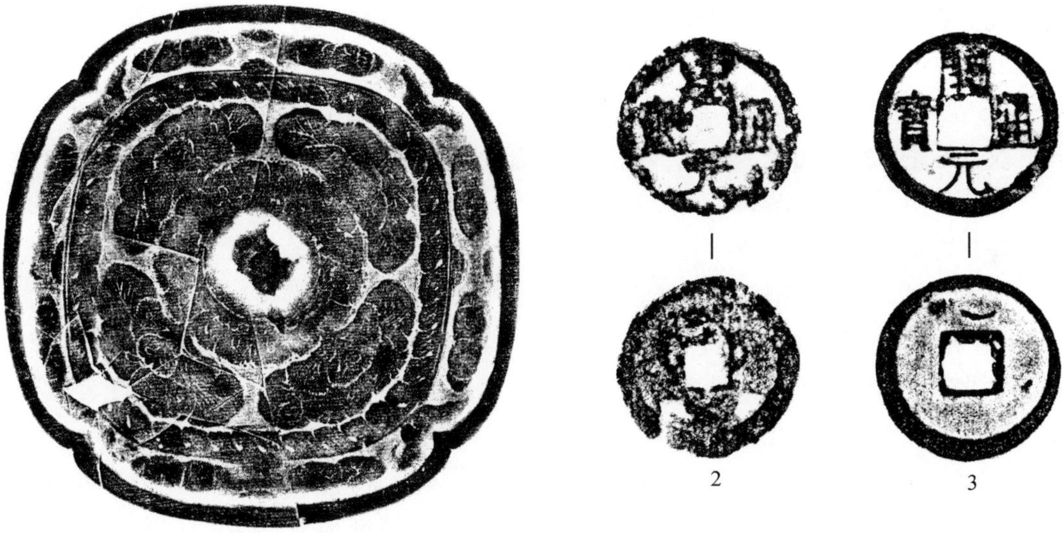

1　2　3

1. 0　4厘米　2、3. 0　2厘米

图三一　铜镜、铜钱

1. 铜镜（M7：4）　2. 宋元通宝（M4：2）　3. 开元通宝（M7：2）

（五）铁　钱

数量较多，但均腐朽难辨。

三、年代判断

A型带甬道的梯形砖室墓在成都地区多见于晚唐五代至北宋时期。其中M9甬道与墓室连接处带有四个近圆形的壶门，此类壶门结构主要见于唐代及五代。从出土器物来看，M9出土瓷双耳罐、碟均与梁家巷M3[2]出土的同类器接近，瓷碗折腹、敞口的形态也是唐末五代时期的常见造型。因此M9的年代应为五代时期。M4出土1枚宋元通宝钱，应为北宋初期墓葬。

Ba型砖室墓平面呈梯形，前后分两段，类似墓例有博瑞M28[3]，永陵公园M12[4]，紫荆路M2[5]，西窑村M9[6]，欧香小镇M1、M5、M32[7]等，此类墓葬在成都地区多见于唐代中晚期至五代时期，部分可晚至北宋早期。从器物形态来看，光华村M7出土的瓷碗敞口、小平底，与金沙村M1[8]类似，瓷碟敞口、圆唇，与梁家巷M1瓷盏类似，铜镜花纹与1957年西安东郊郭家滩M534[9]出土的蝶花镜几乎一致。综合看来，M7的年代应在唐代中晚期。M3出土瓷四系罐口部较直，圆唇，与化成五组M2：5[10]形态接近，化成M2为五代墓，因此可将M3的年代定在五代时期。M30出土的瓷壶与金牛区城乡一体化安置房A地点J1[11]出土器物十分接近，J1的年代为唐代晚期至五代时期，瓷四系罐在前蜀王宗侃墓中出土有类似器物，因此M30的年代大致在五代时期。M35出土的瓷尖唇口四系罐与M30的基本一致，年代也应接近。

Bb型Ⅰ式梯形墓结构简单，与蜀新M11类似[12]。M5出土的瓷碟为敞口、厚唇，与广汉烟堆子M3：110[13]类似，年代在五代时期。M8出土的瓷四系罐与金沙村M1：5整体较为接近，而唇部略向下斜。金沙M1出土了唐大中四年（850年）的墓志，M8年代也应与之接近或稍晚。

Bb型Ⅱ式墓葬与A型单室墓结构类似，但不带甬道。此类券拱墓晚唐五代时造型较为复杂，基本都有甬道，常带有壁龛、后龛，至北宋逐步简化，因此Bb型Ⅱ式墓葬应不早于北宋。M62出土的酱釉瓷碟与琉璃厂古窑址带有“政和四年”题记的灯盏[14]造型比较接近。年代应为北宋晚期。

小型火葬墓在成都一般见于两宋时期，尤以南宋为盛。从出土器物来看，M66出土的瓷碟器壁较厚，与晚唐五代时期的同类器相比，唯唇部稍平，其年代当不晚于北宋早期。M1出土的瓷四系罐与M66同属一式，年代也应类似。M24出土了瓷提梁罐和五足炉，通过对金鱼村M2、M9[15]，崇州德寿村DM3[16]，永陵公园M17等有纪年的墓葬中此类器物的观察，其演变规律是整体逐渐变矮，腹部愈加突出。M24的瓷提梁罐腹部较圆弧，年代应与上述年代最早的绍兴十三年的永陵公园M17相当，因此M24的年代定为南宋早期。M23出土的瓷横双耳罐为成都地区南宋时期常见器形，比较隆兴元年博瑞M18、淳熙九年金鱼村M11、端平二年化成村M5出土的同类器物，可知此类器物在成都地区的演变规律为由圆弧腹逐渐变为垂腹，口部由直广口逐渐内敛变小。因此M23的双耳罐属于南宋较早的类型。M25的瓷四系罐与北宋张确夫妇墓[17]中元祐年间的右：12类似，酱釉瓷碟与M62的较为接近，因此M25的年代应在北宋晚期。M6出土的Bb型瓷四系罐与M25的Ba型瓷四系罐造型接近，Aa型Ⅲ式瓷四系罐器形矮胖，也是北宋晚期的特征。M28与M30同出Aa型Ⅱ式瓷四系罐，此类瓷四系罐从五代至北宋均较为流行，而梯形的火葬墓主要见于北宋时期，因此将M28定为北宋。

乙类长方形双室合葬墓在宋代也比较常见，M31的结构与砌法均与成都二仙桥宋墓[18]接近，出土陶俑造型简单，制作粗糙，是南宋时期的典型做法[19]。M31破坏严重，但其南室内保存了一些骨渣，应是火葬遗存，北室不见骨渣，可能是正常的埋葬方式。可见M31是一座比较特殊的合葬墓。此种合葬方式在成都地区的元代墓葬中也有发现，可见M31的年代或应接近南宋末。

M65此前发表的简报中未发表遗物，此次整理拼对出1件瓷碟，圆唇内敛，与筒车田M1[20]出土器物略似，可将此墓年代上限调整至唐代中期。

四、结　　语

光华村墓地的唐宋墓葬由唐代中晚期一直延续到南宋时期。此前发掘过的博瑞都市花园、西窑村均与此地紧邻，当属同一墓地。根据M41出土的墓志铭，此地在唐代时属于“犀浦金砂乡安业里”，至北宋时，博瑞M26出土墓志铭亦提到“成都县金砂乡”。可见，从唐代至宋代，金砂乡的归属虽有变化，但此地作为城西的一处墓地一直延续使用。

领队：易 立
发掘：易 立 李 佩 高 潘
测绘：白铁勇
绘图：张立超
拓片：严 彬
执笔：李 佩

注 释

[1] 成都文物考古研究院：《成都市青羊区唐代砖室墓》，《考古学集刊》（第21集），社会科学文献出版社，2018年。

[2] 成都市文物考古工作队：《成都梁家巷唐宋墓葬发掘简报》，《四川文物》1999年第3期。

[3] 成都市文物考古工作队：《成都博瑞“都市花园”汉、宋墓葬发掘报告》《成都考古发现》（2001），科学出版社，2003年。

[4] 成都文物考古研究所：《2008年度永陵公园古遗址发掘简报》《成都考古发现》（2008），科学出版社，2010年。M12买地券为“维广二十六年岁次癸丑”，应漏刻一“政”字，广政二十六年即为癸丑年。

[5] 成都市文物考古研究所：《成都市高新区紫荆路唐宋墓发掘简报》，《成都考古发现》（1999），科学出版社，2001年。

[6] 成都市文物考古研究所：《成都市西郊土坑墓、砖室墓发掘简报》，《成都考古发现》（2001），科学出版社，2003年。

[7] 成都文物考古研究所、双流县文物管理所：《双流县华阳镇骑龙村“欧香小镇”唐宋墓葬发掘简报》，《成都考古发现》（2011），科学出版社，2013年。

[8] 成都市文物考古研究所：《成都市金沙村唐墓发掘简报》，《考古》2008年第3期。

[9] 陕西省文物管理委员会：《陕西省出土铜镜》，文物出版社，1959年。

[10] 成都市文物考古工作队：《成都市五代墓出土尊胜陀罗尼石刻》，《四川文物》1999年第3期。

[11] 成都文物考古研究所：《成都金牛区城乡一体化拆迁安置房5号A地点唐—五代墓葬水井发掘简报》，《成都考古发现》（2007），科学出版社，2009年。

[12] 刘雨茂、朱章义：《四川地区唐代砖室墓分期研究初论》，《四川文物》1999年第3期。

[13] 四川省文物考古研究院、德阳市文物考古研究所、广汉市文管所：《2004年广汉烟堆子遗址晚唐、五代墓发掘简报》，《四川文物》2005年第3期。

［14］　成都文物考古研究所：《成都市琉璃厂古窑址2010年试掘报告》，《成都考古发现》（2010），科学出版社，2012年。

［15］　成都市文物考古工作队：《四川成都市西郊金鱼村南宋砖室火葬墓》，《考古》1997年第10期。

［16］　成都文物考古研究所、崇州市文物保护管理所：《崇州市山泉村和德寿村宋墓发掘简报》，《成都考古发现》（2013），科学出版社，2015年。

［17］　成都市博物馆考古队：《成都东郊北宋张确夫妇墓》，《文物》1990年第3期。

［18］　成都市文物考古研究所、成都市文物考古工作队：《成都市二仙桥南宋墓发掘简报》，《考古》2004年第5期。

［19］　吴敬：《成都地区宋代砖室墓的分期研究》，《四川文物》2009年第4期。

［20］　成都市文物考古工作队：《成都市西郊土桥村筒车田唐墓》，《四川文物》1999年第3期。

成都市青羊区高坎七组小学唐宋墓发掘简报

成都文物考古研究院
青羊区文物管理所

高坎七组小学项目位于四川省成都市青羊区黄田坝街道，中心地理坐标为东经103°56′18″、北纬30°43′11″，海拔479米（图一）。西南距离土龙路和文家路的交汇丁字路口约400米。2018年3月，为了配合该项目建设，成都文物考古研究院对项目用地进行文物勘探时发现砖室墓。2018年4～6月，成都市文物考古研究院对墓葬进行考古发掘。项目用地内地表平整，种植油菜和树。共清理砖室墓7座、水井1口、灰坑1座，出土陶、瓷、石质等一批遗物。整个墓群保存状况较差，多数受到后期破坏，周边可见不少墓葬残砖。现将发掘情况简报如下。

图一　项目位置示意图

一、地层堆积

发掘区的地层堆积较为简单，现以T1北壁剖面为例说明如下（图二）。

第1层：青灰色土，土质紧密。厚0.15米。包含大量草木根系、现代遗物。

第2层：灰色粉砂土，土质较为疏松。厚0.1米。包含少量明清瓷片。

第3层：青灰色粉砂土，土质较致密。厚约0.15米。包含少量宋代瓷片。遗迹均开口该层下。

第3层以下为生土。

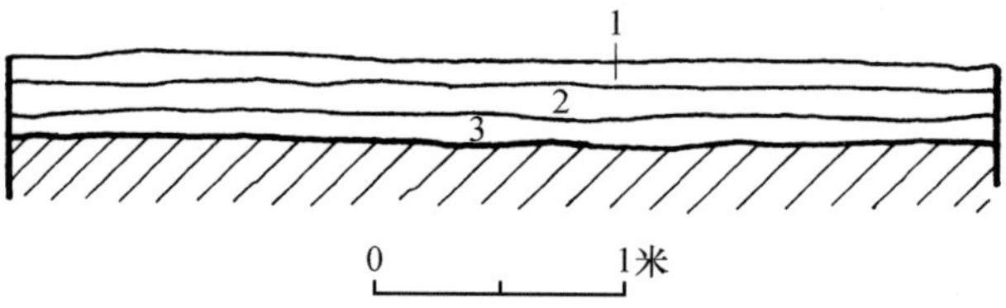

图二　T1北壁剖面图

二、地层出土遗物

瓷提梁小罐　1件。T1③：1，暗红胎，腹部以上施酱釉，釉面基本脱落。敛口，折肩，弧腹。提梁已断，应该交叉成巾字形。口径4、底径4、残高2.3厘米（图三，1）。

瓷香炉托盘　1件。T1③：3，砖红胎，底部未施釉，其余表面施青黄釉。侈口，方唇，平底略凹，喇叭形圈足。托盘内有六个支钉痕。口径14.4、足径9.4、高6.6厘米（图三，4）。

瓷碗　2件。T1③：2，灰白胎，器表施酱釉。敞口，圆唇，弧腹内收，矮圈足。口径12.4、足径3.8、高3.6厘米（图三，3）。T1③：4，灰白胎，施白色化妆土，内壁及外壁口部施青白釉，有流釉现象，内壁用绿釉点彩勾画草叶纹，外壁腹部挂酱色化妆土。敞口，圆唇，弧腹微折，矮圈足。口径17.2、足径6、高5.6厘米（图三，2）。

三、遗迹及出土器物

J1　位于T1中部。开口于第3层下，打破生土。井圹呈圆形，直径1.2、残深1.5米。井壁用青砖砌筑，采用一立砖一横砖结构（图四）。出土零星瓷片，无可辨器形。

H1　位于T1东南部。开口于第3层下，打破生土。平面呈椭圆形，直壁，平底，坑壁无加工痕迹。长1.3、宽0.94、深0.44米（图五）。

瓷六系罐　1件。H1：1，紫红胎，口部至上腹部施青黄釉，有流釉现象。敛口，方唇，矮领，溜肩，弧腹，平底内凹，肩部有六个对称横桥形耳。领部饰三周凹弦纹。口径20.4、底径14.6、高44厘米（图六）。

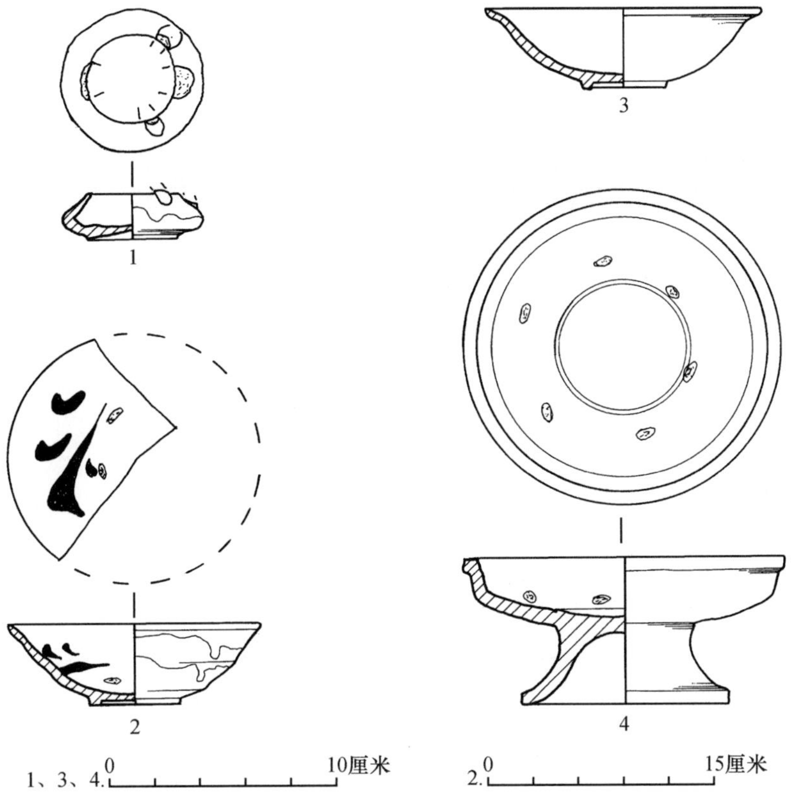

图三　地层出土瓷器

1. 提梁小罐（T1③：1）　2、3. 碗（T1③：4、T1③：2）　4. 香炉托盘（T1③：3）

M1　开口于第3层下，打破生土。单室墓，方向110°。封土不详。墓圹呈梯形，长3.52、宽1.44～1.8、残深0.7米。由墓室、棺床、壁龛组成。中部被现代坑破坏。墓室长2.72、宽0.64～0.84、残高0.08～0.66米。铺地砖一层，为横向错缝平铺。在铺地砖之上砌有棺床，存高两层。长2.2、宽0.56、高0.08米。墓墙自下而上由一丁一顺砖垒砌而成。壁龛位于墓室后部的西壁上，宽0.2、进深0.18米。顶部被破坏，不清楚其结构。墓葬内部人骨腐朽不存。墓砖为青灰色长方形素面砖，规格为长37、宽18、厚3.5厘米。出土瓷直口罐1件、瓷四系罐1件、瓷灯盏1件，后龛内出土真文券1方（图七）。

瓷直口罐　1件。M1：1，黑灰胎。直口微侈，尖圆唇，高领，鼓肩，弧腹内收，平底内凹。口径2.8、底径3.5、高6.9厘米（图八，1）。

瓷四系罐　1件。M1：2，紫红胎，口部施米黄釉。直口，方唇，直领微束，溜肩，斜弧腹，平底。口径8、底径5.2、高14.2厘米（图八，2）。

瓷灯盏　1件。M1：3，紫红胎，内壁和外壁口部施米黄色化妆土，黄釉大多脱落，有流釉现象。敞口，圆唇，斜腹，小饼足。口径9.6、底径3.6、高2.5厘米（图八，3）。

真文券　1方。M1：4，泥质灰陶，刻八排八列共计64个符书，字迹模糊。长34、

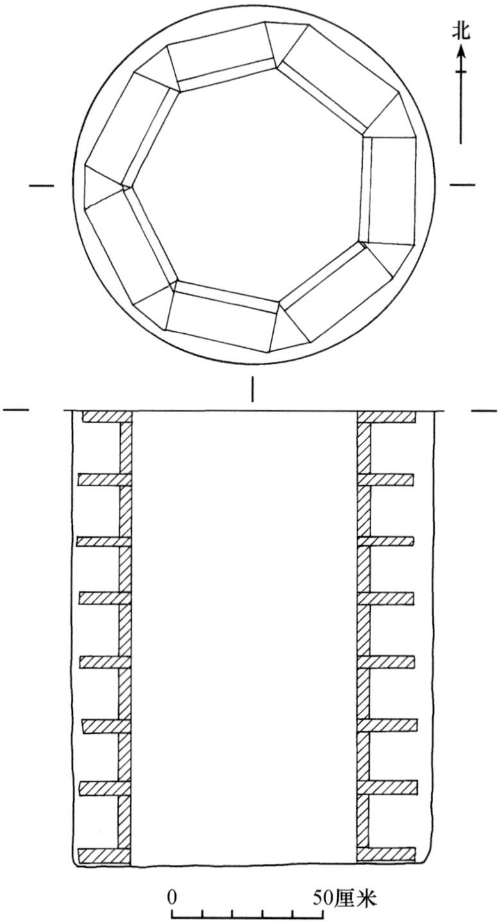

图四　J1平、剖面图

宽33、厚3.6厘米（图九）。

M2　开口于第3层下，打破生土。双室墓，方向125°。墓葬西南部被现代坑打破。封土不详。墓圹平面呈长方形，长3.04、残宽2.36、残深0.1米。墓圹内砌筑双室砖墓，南室被现代坑破坏。以北室为例，墓室长2.58、宽0.8米。地砖斜向错缝平铺一层，北直墙以梅花丁和平砖丁砌结合，东西墙以平砖顺砌下两层，西墙三层采用立砖竖丁，其上结构不详。两墓室顶部均被破坏，不清楚其结构。墓葬内部人骨腐朽不存。墓砖为青灰色长方形素面砖，规格为长33、宽17、厚3厘米。北室西北角出土瓷小注壶1件（图一〇）。

瓷小注壶　1件。M2：1，灰胎，米白釉。仅存器身，鼓腹，矮圈足。足径3.8、残高4.3厘米（图八，4）。

M3　开口于第3层下，打破生土。单室墓，方向25°。封土不详。墓圹平面呈长方形，长2.6、宽1.28、残深0.58米。墓圹内砌筑墓室、壁龛等。墓室长2.17、宽0.82、高0.72米。地砖横向错缝平铺一层。铺地砖之上砌有棺床，存高一层砖。长2、宽0.68、

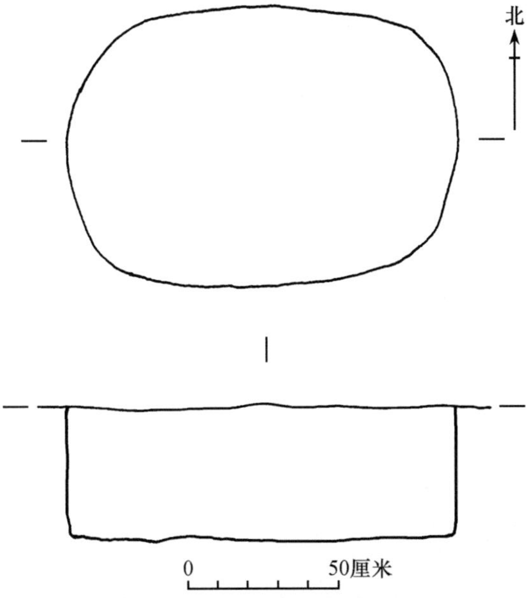

图五　H1平、剖面图

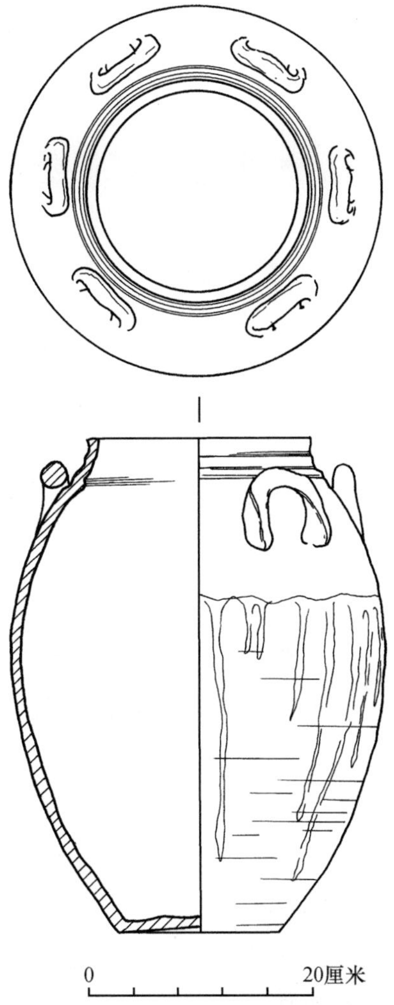

图六　H1出土瓷六系罐
（H1：1）

高0.04米。墓墙自下而上由两顺一丁砌成，再用顺砖错缝垒砌至0.58米，开始呈半圆形收顶，券拱被破坏。壁龛位于墓室南壁中部，高出墓底0.1米。龛宽0.26、进深0.12、高0.16米。墓砖为青灰色长方形素面砖，规格为长33、宽17、厚3厘米。墓葬内人骨腐朽不存。棺床上散布有瓷双耳罐1件、瓷灯盏1件、瓷茶盏1件、瓷盖1件、瓷盒1件、三彩文俑1件、三彩匍匐俑 1件、三彩龙形俑1件、瓷盆1件，棺床下一周分布有三彩文俑3件、三彩鸡俑1件、三彩龙形俑1件，龛内出土三彩狗俑1件（图一一）。

瓷灯盏　1件。M3：4，紫红胎，厚胎，内壁及外壁口部挂米白色化妆土，施黄釉，有流釉现象。敞口，重唇，浅腹，小饼足，重唇处有一小孔。口径11、底径4.3、高3.2厘米（图一二，1）。

瓷茶盏　1件。M3：5，灰白胎，除底外皆施黑釉，内壁有兔毫。敞口，圆唇，弧

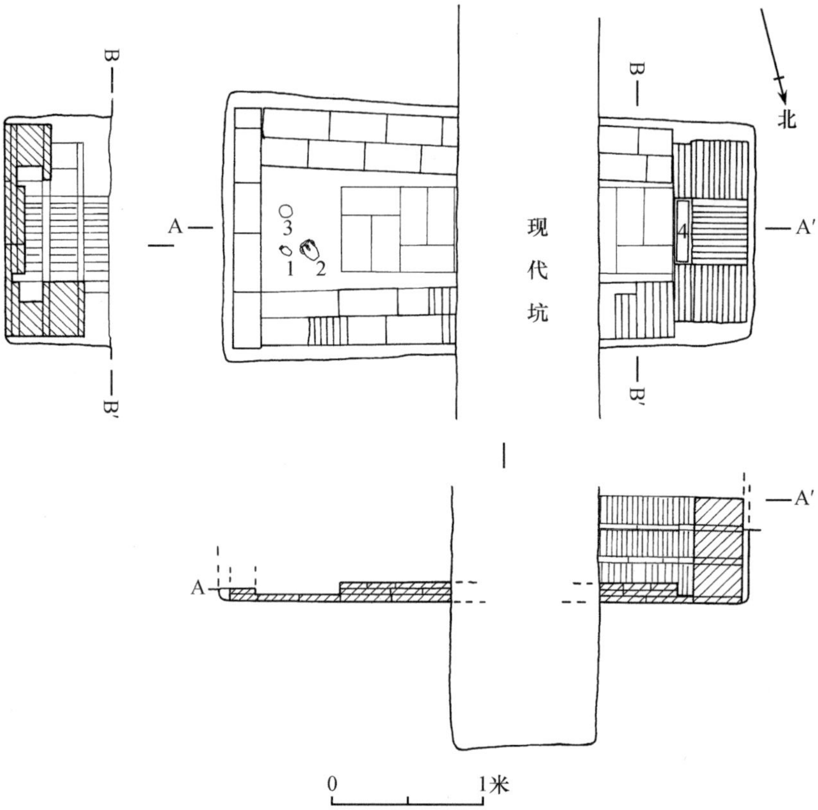

图七　M1平、剖面图

1. 瓷直口罐　2. 瓷四系罐　3. 瓷灯盏　4. 真文券

腹，玉璧底。口径12、底径4.2、高7.2厘米（图一二，2）。

瓷双耳罐　1件。M3：6，暗红胎，釉层脱落，施暗紫红色化妆土。敛口，圆唇，矮领，溜肩，弧腹微鼓，底部内凹，肩上有两个对称横桥形耳。腹部用奶黄色化妆土左右对称各描画四道斜线纹。口径6.1、底径7、高12厘米（图一二，3）。

瓷盖　1件。M3：7，灰白胎，盖面施白釉。敞口，翻折沿，圆唇，中部凸起，底部内凹。直径8.6、底径3.7、高1厘米（图一二，4）。

瓷盒　1件。M3：8，灰白胎，除盒盖内壁和盒体底部外施青白釉。圆形，子母口，平顶，平底。盖面阴刻莲花纹饰。盖顶直径4.6、器身直径7、底径4.4、高4厘米（图一二，5）。

瓷盆　1件。M3：10，灰胎，外壁施黄釉。敛口，圆唇，折腹内收，腹部有錾，平底。口径21.3、底径10.8、高12.8厘米（图一二，6）。

三彩文俑　4件。泥质红陶，内中空，幞头施黄褐釉，面部施米黄釉，身体正面施橙黄釉，长巾施绿釉，背面未施釉。形制较为接近，头戴幞头，面部饱满，凤目入鬓，正视前方，八字胡，表情肃穆。身穿直领圆襟宽袖长袍，衣袍垂地。背后有一条宽带

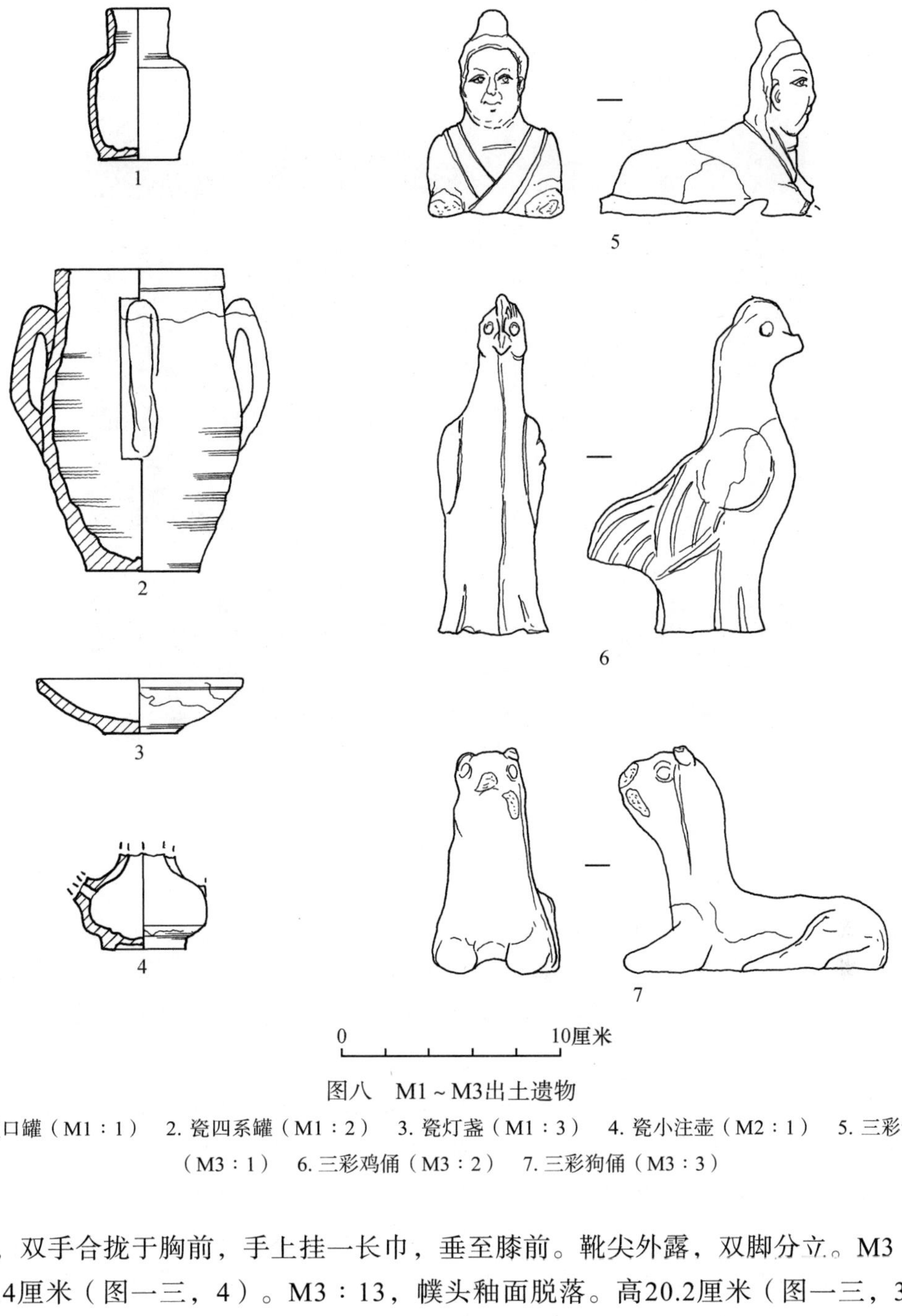

图八 M1～M3出土遗物

1. 瓷直口罐（M1：1） 2. 瓷四系罐（M1：2） 3. 瓷灯盏（M1：3） 4. 瓷小注壶（M2：1） 5. 三彩匍匐俑（M3：1） 6. 三彩鸡俑（M3：2） 7. 三彩狗俑（M3：3）

束腰，双手合拢于胸前，手上挂一长巾，垂至膝前。靴尖外露，双脚分立。M3：9，高20.4厘米（图一三，4）。M3：13，幞头釉面脱落。高20.2厘米（图一三，3）。M3：14，釉面多脱落。高21.8厘米（图一三，2）。M3：15，高20.5厘米（图一三，1）。

三彩匍匐俑 1件。M3：1，泥质红陶，内中空，面部施黄釉，胸前及臀部施绿釉，其余施褐釉。头顶挽髻，面部丰腴，神态安然，手肘及手掌着地，双腿屈跪，作匍匐状。长9.7、高9.4厘米（图八，5）。

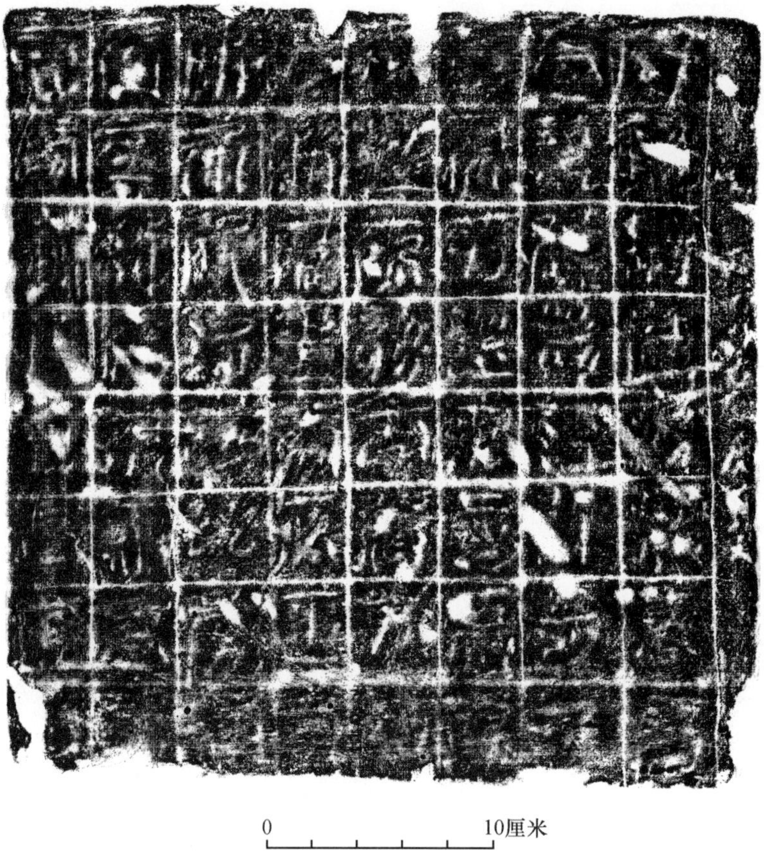

图九　M1出土真文券
（M1∶4）

三彩鸡俑　1件。M3∶2，红胎，中空，头部、颈部和双翅施褐釉，背部至尾部施绿釉。头微昂，喙稍残，颈部较细长，双翅合拢紧贴身体两侧，身体以下接圆座，腿部不明显。高15.6厘米（图八，6）。

三彩狗俑　1件。M3∶3，红胎，内中空，除近底部均施黄釉。抬头，双耳微耸，前肢撑地，身躯后部向左扭，呈俯卧状，匍匐于地。长12.5、高10.2厘米（图八，7）。

三彩龙形俑　2件。首似驼微昂，圆眼，双耳后伸，四肢趴地，身呈弓形，下有长方形座。M3∶11，泥质红陶，挂白色化妆土，釉多数脱落。背脊有鳍。长14.2、高8.2厘米（图一四，1）。M3∶12，泥质红陶，挂白色化妆土，施米黄釉，脊背有少许绿釉。背脊无鳍。长13.8、高7.2厘米（图一四，2）。

M4　开口于第3层下，打破生土。无法确认墓向。墓圹平面呈长方形，长2.8、宽1.8、残深0.3米。墓葬基本被破坏，结构不清，仅存局部一层斜铺地砖。墓葬内人骨腐朽不存。未见随葬器物（图一五）。

M5　开口于第3层下，打破生土。单室墓，方向204°。封土不详。墓圹平面呈长方形，长2.34、宽1.48、残深0.15米。由甬道、墓室、棺床组成。甬道位于墓室前部，呈

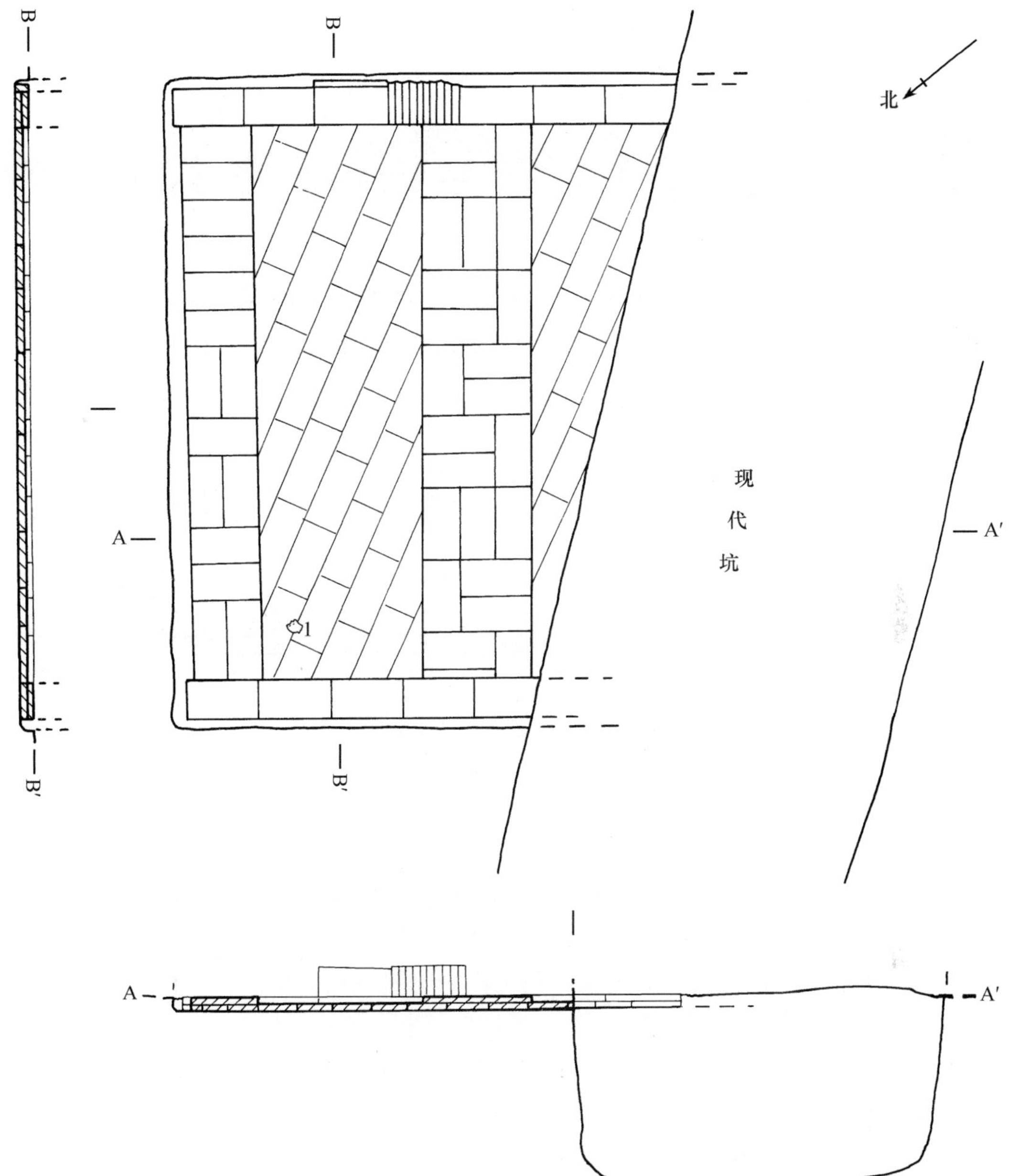

图一〇 M2平、剖面图
1. 瓷小注壶

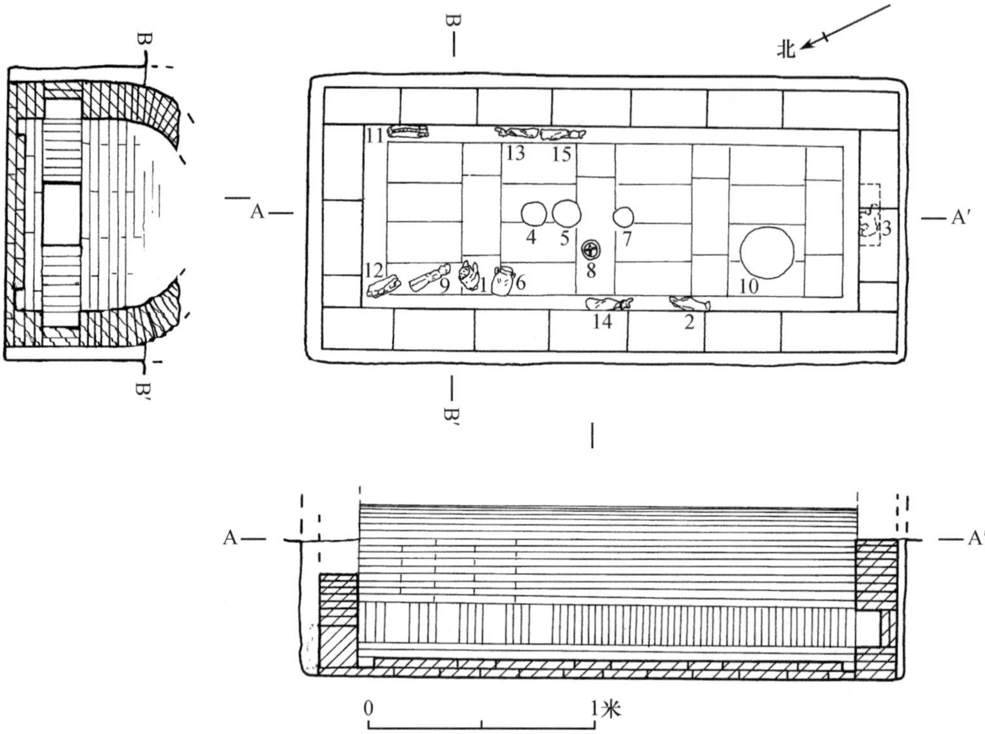

图一一　M3平、剖面图

1. 三彩匍匐俑　2. 三彩鸡俑　3. 三彩狗俑　4. 瓷灯盏　5. 瓷茶盏　6. 瓷双耳罐　7. 瓷盖　8. 瓷盒　9、13～15. 三彩文俑　10. 瓷盆　11、12. 三彩龙形俑

长方形，长0.38、宽1米。底与墓室同高。在甬道与墓室之间自下而上平砌两层砖分隔甬道与墓室。甬道地砖斜铺一层。砖室全长1.8、宽1、残高0.1米。墓室长1.08、宽1、残高0.1米。地砖为顺砖错缝斜铺一层。四壁砌法一致，自下而上错缝平砌。顶部被破坏，不清楚结构。墓葬内人骨腐朽不存。墓砖为青灰色砖，规格为长34、宽18、厚4厘米。随葬器物有铜镜、瓷灯盏、三彩坐像各1件。铜镜置于甬道内东部，瓷碟、三彩坐像置于墓室东南部（图一六）。

铜镜　1件。M5：1，圆形，环状纽，镜背中部有一周凸环纹，其外侧一周有四个乳突，素缘。直径6.6、纽径0.7厘米（图一四，3）。

瓷灯盏　1件。M5：2，黑褐胎，内壁及外壁一侧施米黄色化妆土，青釉多脱落。敞口，方唇，浅腹微弧，底内凹。口径9.2、底径3.8、高2.4厘米（图一四，4）。

三彩坐像　1件。M5：3，红胎，内中空，面部施米黄釉，身体正面袍施褐釉，部分脱落，背面未施釉。头戴冠，坐于便座之上。面部饱满，身穿圆襟宽袖长袍，衣袍垂地。双手放在膝盖上。靴尖外露，双脚分开。宽7.4、高19.1厘米（图一四，5）。

M6　开口于第3层下，打破生土。单室墓，方向114°。封土不详。墓圹长2.88、宽1.4～1.58、残深0.16米。墓室长2.44、宽0.66～0.76、残高0.1米。地砖为横纵交错平铺

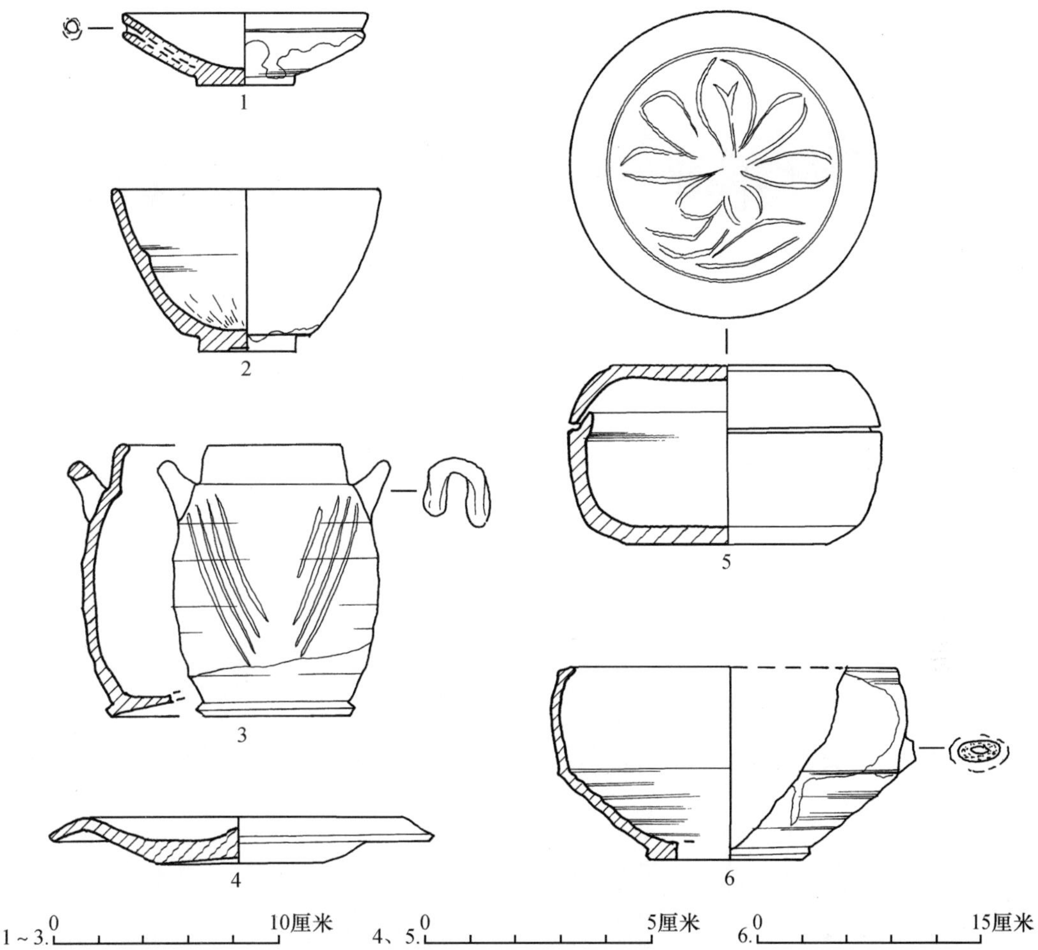

图一二　M3出土瓷器

1. 灯盏（M3：4）　2. 茶盏（M3：5）　3. 双耳罐（M3：6）　4. 盖（M3：7）　5. 盒（M3：8）　6. 盆（M3：10）

一层。四壁砌法一致，自下而上错缝平砌。顶部被破坏，不清楚结构。墓葬内人骨腐朽不存。墓砖为青灰色砖，规格为长34、宽17、厚4厘米。未见随葬器物（图一七）。

M7　开口于第3层下，打破生土。双室墓，方向110°。封土不详。墓圹平面呈长方形，长3.04、宽2.7、残深0.16米。由甬道、墓室等组成。两室并列而建，用隔墙将两室分开，长2.22、宽0.5、残高0.1米。两墓室共用一条甬道。甬道位于墓室前部，呈长方形，长0.4、宽1.9米，低于墓室0.1米。地砖为错缝斜铺一层。南北两室结构相同，以南室为例。砖室全长2.6、宽0.7、残高0.1米。墓室长2.2、宽0.7、残高0.1米。地砖为错缝平铺一层。墓墙用顺砖垒砌而成。两墓室顶部均被破坏，不清楚结构。墓葬内人骨腐朽不存。墓砖规格为长34、宽17、厚3.5厘米，长34、宽17、厚4厘米。随葬器物有瓷碗1件、瓷灯盏2件，均置于甬道内（图一八）。

瓷碗　1件。M7：1，紫红胎，内壁及外壁上部挂米白色化妆土，釉面基本脱落，

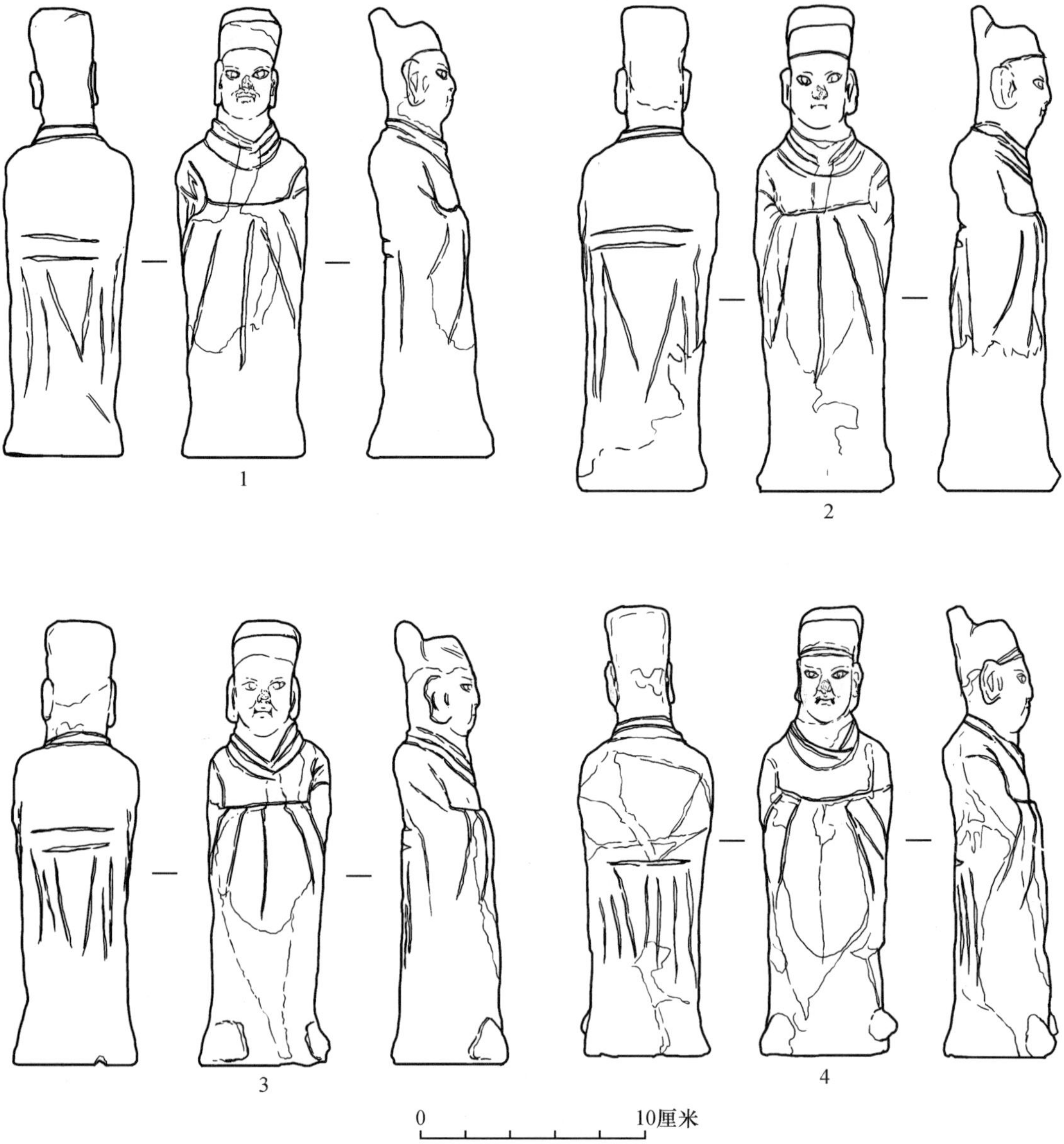

图一三　M3出土三彩文俑

1. M3：15　2. M3：14　3. M3：13　4. M3：9

残存可见为茶色釉。敞口，尖圆唇，浅弧腹，小饼足。口径10.8、底径4、高3厘米（图一九，1）。

瓷灯盏　2件。厚胎。敞口，厚圆唇，斜浅腹，小饼足。M7：2，紫红胎，内壁挂米白色化妆土。口径11.8、底径4.4、高2.7厘米（图一九，2）。M7：3，紫红色胎，内壁挂米白色化妆土。口径11、底径4.3、高2.7厘米（图一九，3）。

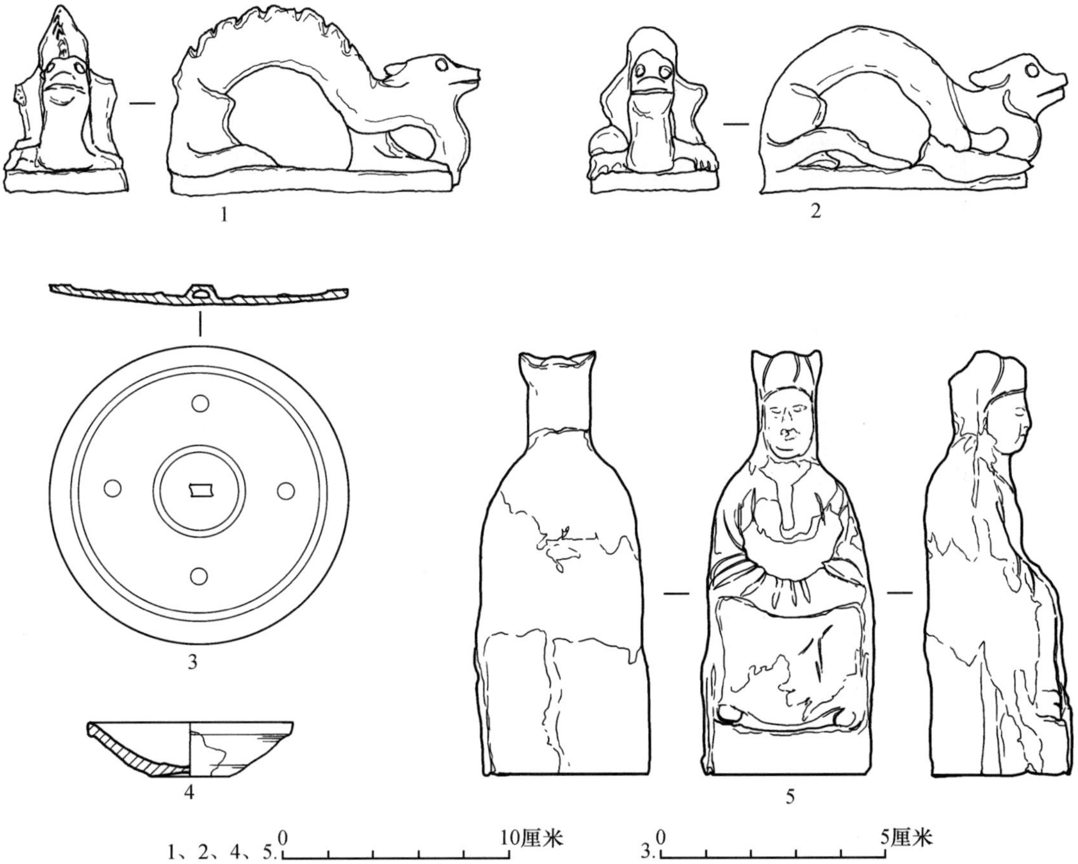

图一四 M3、M5出土遗物

1、2. 三彩龙形俑（M3：11、M3：12） 3. 铜镜（M5：1） 4. 瓷灯盏（M5：2） 5. 三彩坐像（M5：3）

四、年代判定

第3层出土瓷器年代均为宋代，如提梁小罐器身较扁平，多出土于南宋晚期墓葬，地层形成年代不晚于南宋。墓葬都叠压于第3层下，因此这批遗存年代不晚于南宋。

M1出土瓷四系罐（M1：2）与华阳骑龙村欧香小镇M34[1]出土B型四系罐、四川新津邓双乡王府君墓出土C型四系罐类似，前者年代为北宋崇宁三年（1104年），后者年代为北宋元丰四年（1081年），年代均为北宋晚期，故M1年代推测为北宋晚期。M2破坏较严重，墓葬结构简单，与《四川地区宋墓研究》中乙类Ac型类似[2]，墓葬年代应该较晚，估计为南宋时期。M3出土瓷双耳罐在外壁用白色化妆土描画对称的斜线纹，这种装饰技法在南宋琉璃厂窑瓷器上较为普遍，如成都石墙村南宋墓[3]、成都三圣乡花果村[4]M7出土瓷双耳罐，前者年代为嘉定四年（1211年），后者下葬年代为南宋庆元六年（1200年）。出土兔毫瓷茶盏M3：5应当为金凤窑产品，与青龙乡石岭村宋墓[5]出土茶盏类似。墓葬出土三彩俑也为南宋常见产物，M3年代应该为南宋早中

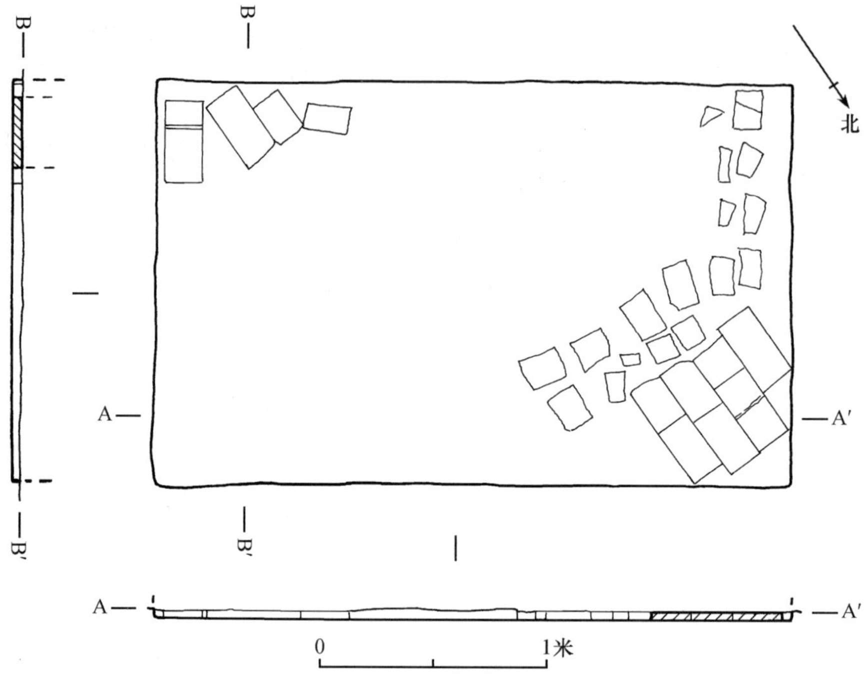

图一五　M4平、剖面图

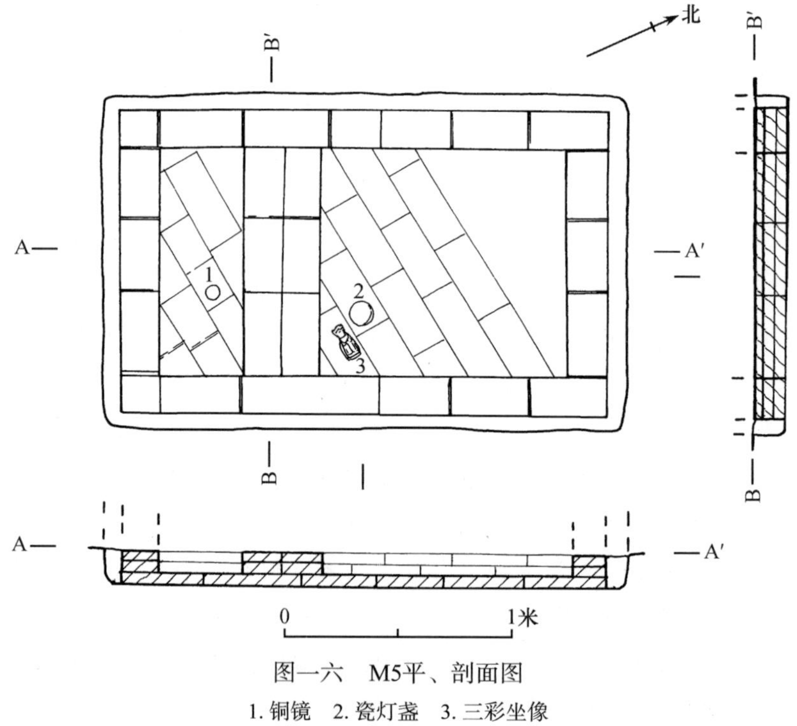

图一六　M5平、剖面图

1. 铜镜　2. 瓷灯盏　3. 三彩坐像

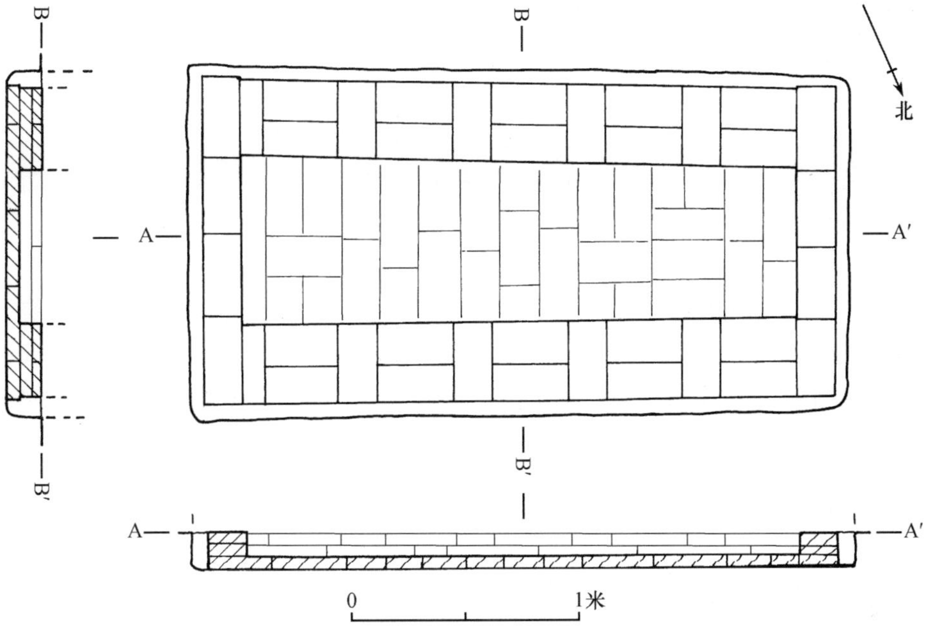

图一七 M6平、剖面图

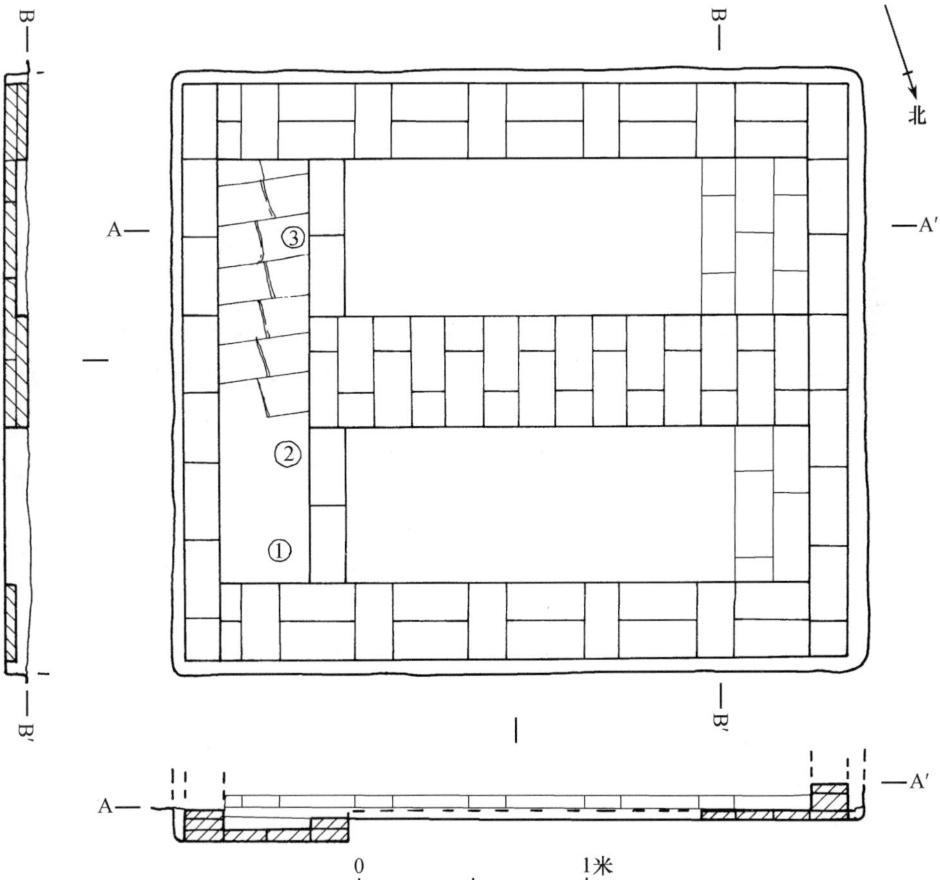

图一八 M7平、剖面图

1. 瓷碗 2、3. 瓷灯盏

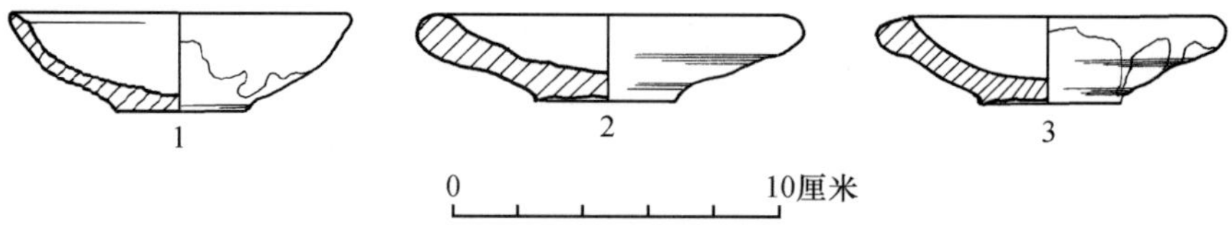

图一九　M7出土瓷器

1. 碗（M7：1）　2、3. 灯盏（M7：2、M7：3）

期。M4破坏严重，仅能根据地层推断不晚于南宋。M5出土坐像M5：3可能为墓主人坐像，出土瓷灯盏M5：2与温江“学府尚郡”[6]M3东：5类似，该墓为同坟异葬的夫妇墓葬，西室出土买地券下葬年代为淳熙十一年（1184年），故M5年代为南宋早中期。M6破坏严重，无随葬品，根据墓葬结构和墓砖情况判断应该为宋墓。M7出土圆唇、厚胎瓷盏属于唐末五代风格器形，与梁家巷M3[7]出土瓷盏M3：2相同，故M7年代应该为唐末五代。

发掘：向　导　谢　涛　杨永鹏　倪林忠
绘图：张立超
拓片：严　斌
执笔：向　导　杨云峰　谢　涛

注　释

［1］ 成都文物考古研究所、双流县文物管理所：《双流县华阳镇骑龙村“欧香小镇”唐宋墓葬发掘简报》，《成都考古发现》（2011），科学出版社，2013年。

［2］ 陈云洪：《四川地区宋墓研究》，《南方民族考古》（第七辑），科学出版社，2011年。

［3］ 成都市文物考古研究所、新津县文物管理所：《新津县邓双乡北宋石室墓发掘简报》，《成都考古发现》（2002），科学出版社，2004年。

［4］ 成都市文物考古工作队：《成都市成华区三圣乡花果村宋墓发掘简报》，《成都考古发现》（2001），科学出版社，2003年。

［5］ 成都市文物考古研究所：《成都市青龙乡石岭村宋墓发掘简报》，《成都考古发现》（2003），科学出版社，2005年。

［6］ 成都文物考古研究所、温江区文物保护管理所：《成都温江区“学府尚郡”工地五代及宋代墓葬发掘简报》，《成都考古发现》（2006），科学出版社，2008年。

［7］ 成都市文物考古工作队：《成都梁家巷唐宋墓葬发掘简报》，《四川文物》1999年第3期。

成都市金牛区万圣家园E区唐宋砖室墓发掘简报

成都文物考古研究院
金牛区文物保护管理所

万圣家园E区安置房项目位于四川省成都市金牛区天回镇街道天丰路以北，万石路以西，东南临毗河支流。地理坐标为东经104°6′7″、北纬30°45′43″（图一）。2018年5月，成都文物考古研究院为配合工程项目建设对项目用地进行文物勘探时发现数座砖室墓，随即对墓葬进行了抢救性清理。地表有厚1.2～1.8米的现代回填土，在揭开回填土后，共清理砖室墓8座（图二）。现将墓葬发掘情况简报如下。

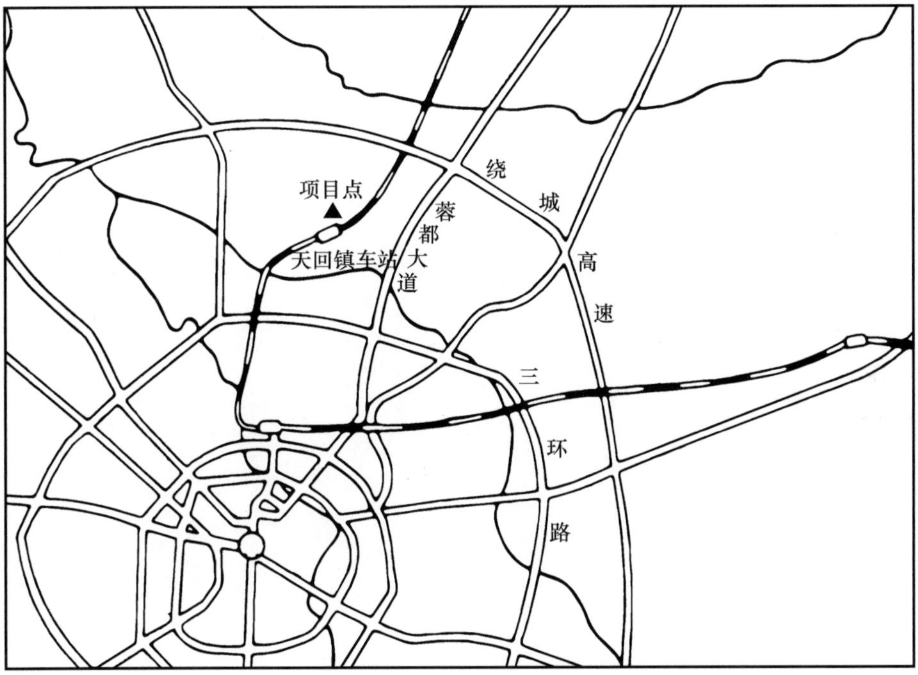

图一　项目位置示意图

一、墓葬及出土遗物

M1　单室墓，无法判断墓向及头向，方向150°或330°。墓圹平面呈长方形，坑壁竖直，坑底平整，长2.6、宽1、深0.44米。墓葬破坏严重，顶部已坍塌，情况不明。现残存部分砖墙，墓室平面呈长方形，长2.48、宽0.88、残高0.4米。墓葬东西两壁、墓底及南壁砖墙均遭破坏，残存部分墓底用大小不同的铺地砖横向错缝平铺一层，墓壁底部

图二　墓葬位置示意图

用小砖错缝平砌一层，上面再用立砖、平砖砌筑，东西两侧先两砖立砌再外围平砌，两砖第一、二排之间夹一块丁砖侧立以加固墓壁，第三至五排之间夹两块丁砖侧立以加固墓壁。铺地砖与墙砖规格相近，素面，长35、宽17、厚4厘米。因墓室破坏严重，未发现葬具及人骨遗存，葬式不详。随葬品有瓷小双耳罐1件、开元通宝16枚（图三）。

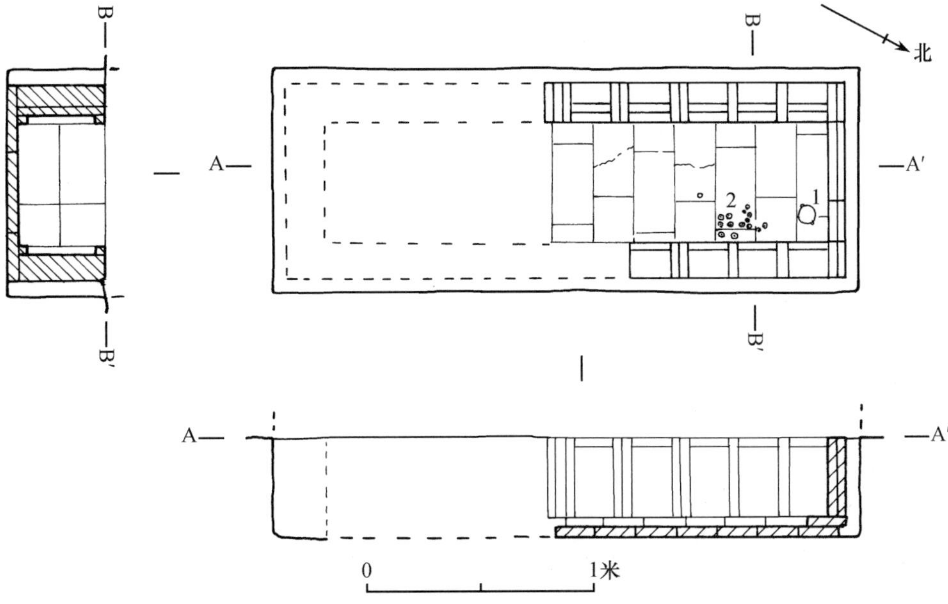

图三　M1平、剖面图

1. 瓷小双耳罐　2. 开元通宝

瓷小双耳罐　1件。M1：1，紫红胎，内壁口沿及外壁腹上部施白色化妆土。口微敛，圆唇，颈较高，弧肩，弧腹内收，底部内凹，肩上有两个对称竖耳。口径5.2、底径4.4、高8厘米（图四，1）。

开元通宝　16枚。M1：2，内、外有郭。根据钱币大小、文字等特征的不同，分为五式。

Ⅰ式：4枚。M1：2-1～M1：2-4，面、背肉好，郭整，钱文深峻、清晰，铸造精良。“开”字间架匀称。“元”字首画为一短横，次画长横左挑。“通”字前三笔不相连，呈三撇状。“宝”字中“贝”内为两短横，不与左右竖笔相连接。直径2.4、穿宽0.7、郭宽0.1厘米（图五，1～4）。

Ⅱ式：3枚。M1：2-5～M1：2-7，面、背肉好，郭整，钱文深峻、清晰，铸造精良。字体纤细清秀，“开”字间架匀称。“元”字首画加长，次画左挑。“通”字前三笔呈似连非连的顿折状。“宝”字中“贝”内为两长横，与左右竖笔相连接，背面有月牙痕。直径2.4、穿宽0.7、郭宽0.1厘米（图五，5～7）。

Ⅲ式：5枚。M1：2-8～M1：2-12，面、背肉较好，郭整，背郭偏斜。字体较为清晰，“元”字首画加长，次画左挑。“通”字前三笔呈似连非连的顿折状。“宝”字中

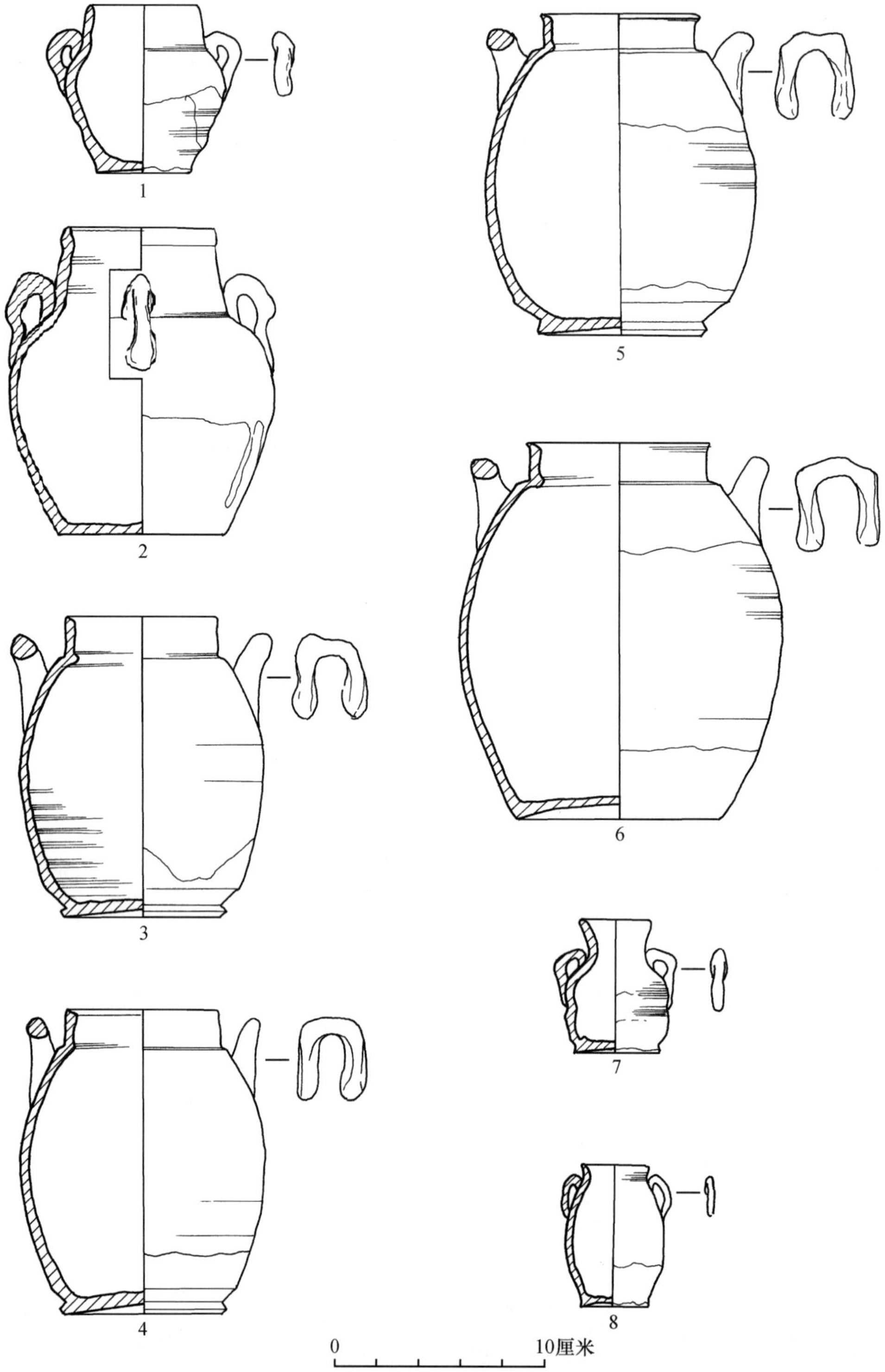

图四　M1、M3、M4出土瓷器

1、7、8. 小双耳罐（M1：1、M4：5、M4：6）　2. 四系罐（M3：1）　3～6. 大双耳罐（M4：1、M4：2、M4：3、M4：4）

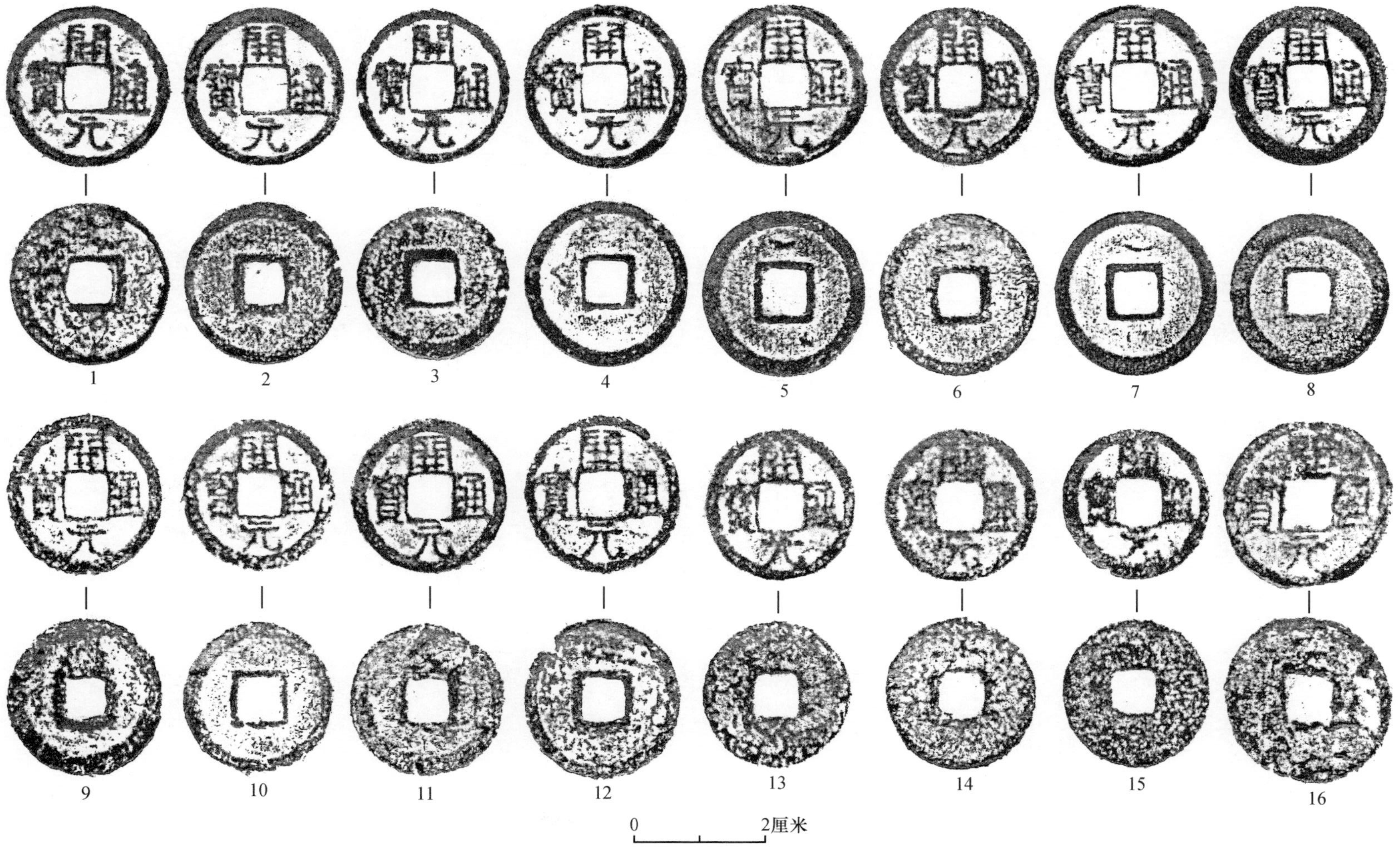

图五　M1出土开元通宝

1～4. Ⅰ式（M1：2-1、M1：2-2、M1：2-3、M1：2-4）　5～7. Ⅱ式（M1：2-5、M1：2-6、M1：2-7）　8～12. Ⅲ式（M1：2-8、M1：2-9、M1：2-10、M1：2-11、M1：2-12）　13～15. Ⅳ式（M1：2-13、M1：2-14、M1：2-15）　16. Ⅴ式（M1：2-16）

“贝”内为两长横，与左右竖笔相连接。直径2.3～2.4、穿宽0.7、郭宽0.1厘米（图五，8～12）。

Ⅳ式：3枚。M1：2-13～M1：2-15，肉薄量轻，周郭偏斜，背穿郭近平，字迹模糊，铸造较差。直径2.3、穿宽0.7、郭宽0.05～0.1厘米（图五，13～15）。

Ⅴ式：1枚。M1：2-16，肉薄量轻，周郭偏斜，字迹模糊，铜质发黑，尺寸稍大。“元”字首画加长。“宝”字中“贝”内为两长横，与左右竖笔相连接。直径2.6、穿宽0.7、郭宽0.1厘米（图五，16）。

M2　单室墓，方向165°。墓圹平面呈梯形，坑壁竖直，坑底平整，长2.54、宽0.78～1.08、深0.4米。墓葬破坏严重，墓顶已坍塌，结构不详。墓室长2.22、宽0.6～0.98米，砖墙残高0.36米。墓底用长方形砖横向错缝平铺一层，部分已破坏，四壁用立砖砌筑，且两砖之间夹丁砖，以加固墓壁。铺地砖与墙砖规格一致，素面，长36、宽17、厚4厘米。未发现葬具及人骨遗存，葬式不详。未见随葬品（图六）。

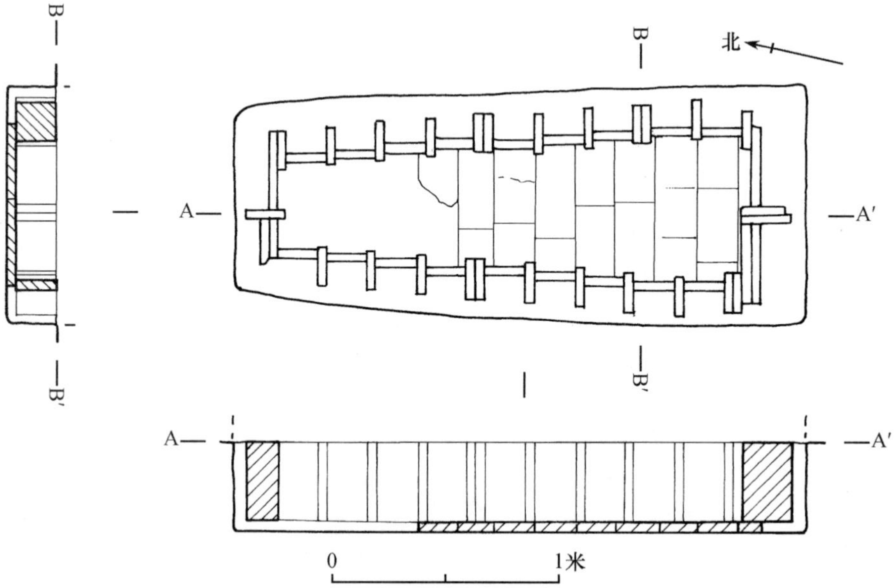

图六　M2平、剖面图

M3　单室墓，方向165°。墓圹平面呈梯形，坑壁竖直，底部平坦，开口长2.45、宽0.58～0.86、深0.22米。墓葬破坏严重，未见墓顶，墓砖大部分被盗走，现仅存几块零碎的铺地砖和一层墙砖，从残存铺地砖看，墓底用长方形砖横向错缝平铺一层。铺地砖规格与墙砖相同，长36、宽18、厚4厘米。未发现葬具及人骨遗存，葬式不详。出土瓷四系罐1件（图七）。

瓷四系罐　1件。M3：1，紫红胎，外壁腹部以上挂黄褐色化妆土。敛口，圆唇，颈部较长，弧肩，弧腹内收，平底，肩部有两对对称竖耳。口径7.4、底径8.2、高14.7厘米（图四，2）。

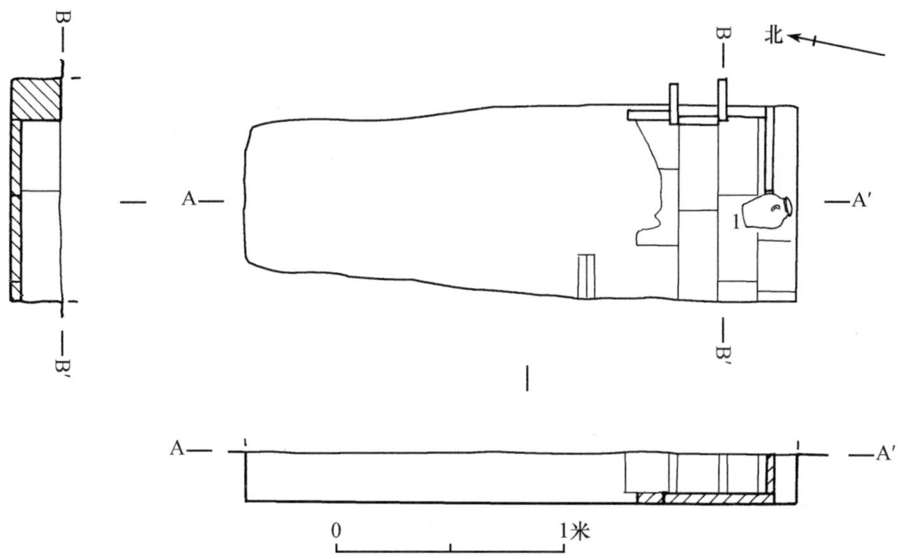

图七　M3平、剖面图

1. 瓷四系罐

M4　封土不详，双室墓，方向127°。墓圹平面呈长方形，坑壁微弧，底部平坦，口长3.46、宽约3.3、深1.08米。属同坟异葬的双室合葬墓，两室并列而建，用隔墙将两室分开，两室建造方法完全一致，由封门墙、墓室、壁龛组成，墓室平面呈长方形。北室长3.4、宽1.48、高1.7、直墙高0.8、券顶高0.7米。南室长3.03、宽1.64、高1.7、直墙高0.8、券顶高0.7米。封门墙采用平砖顺砌与立砖丁砌相间砌成，纵联式券拱，拱内高0.41米，券顶已遭破坏，仅剩一道肋拱。后墙与两侧直墙砌法相同，均采用平砖顺砌的方法砌筑，一侧直墙设有两个壁龛，龛宽0.44、进深0.2、高0.76米。墓底横向错缝平铺一层砖，该墓所用墓砖统一，均为长30、宽15、厚3厘米的青灰色素面砖，两砖之间采用灰土抹缝。两室均未发现葬具及人骨遗存，葬式不明。出土瓷大双耳罐4件、瓷小双耳罐2件、瓷茶盏1件、瓷碟2件、瓷灯盏2件及陶匍匐俑1件（图八）。

瓷大双耳罐　4件。紫红胎，通体施浅黄色化妆土，外壁口部至肩部施深黄褐釉，腹部施浅黄褐釉，有流釉现象，近底部仅见黄色化妆土。直口，尖圆唇，矮颈，溜肩，弧腹内收，肩上有两个对称横桥形耳。颈肩饰一周凹弦纹。M4∶1，饼足内凹。口径7.4、底径8、高14.4厘米（图四，3）。M4∶2，饼足内凹。口径7.4、底径8.2、高14.6厘米（图四，4）。M4∶3，沿面微外翻，饼足内凹。口径7、底径8、高15.4厘米（图四，5）。M4∶4，沿面微外翻，底部内凹。口径8.6、底径10、高18.1厘米（图四，6）。

瓷小双耳罐　2件。M4∶5，紫红胎，通体施白色化妆土，外壁口部至肩部施深黄褐釉，腹部施浅黄褐釉。侈口，圆唇，长颈，鼓肩，腹部有一周凹陷，底部内凹，肩上有两个对称竖耳。口径3.4、底径4、高6.4厘米（图四，7）。M4∶6，紫红胎，通体施

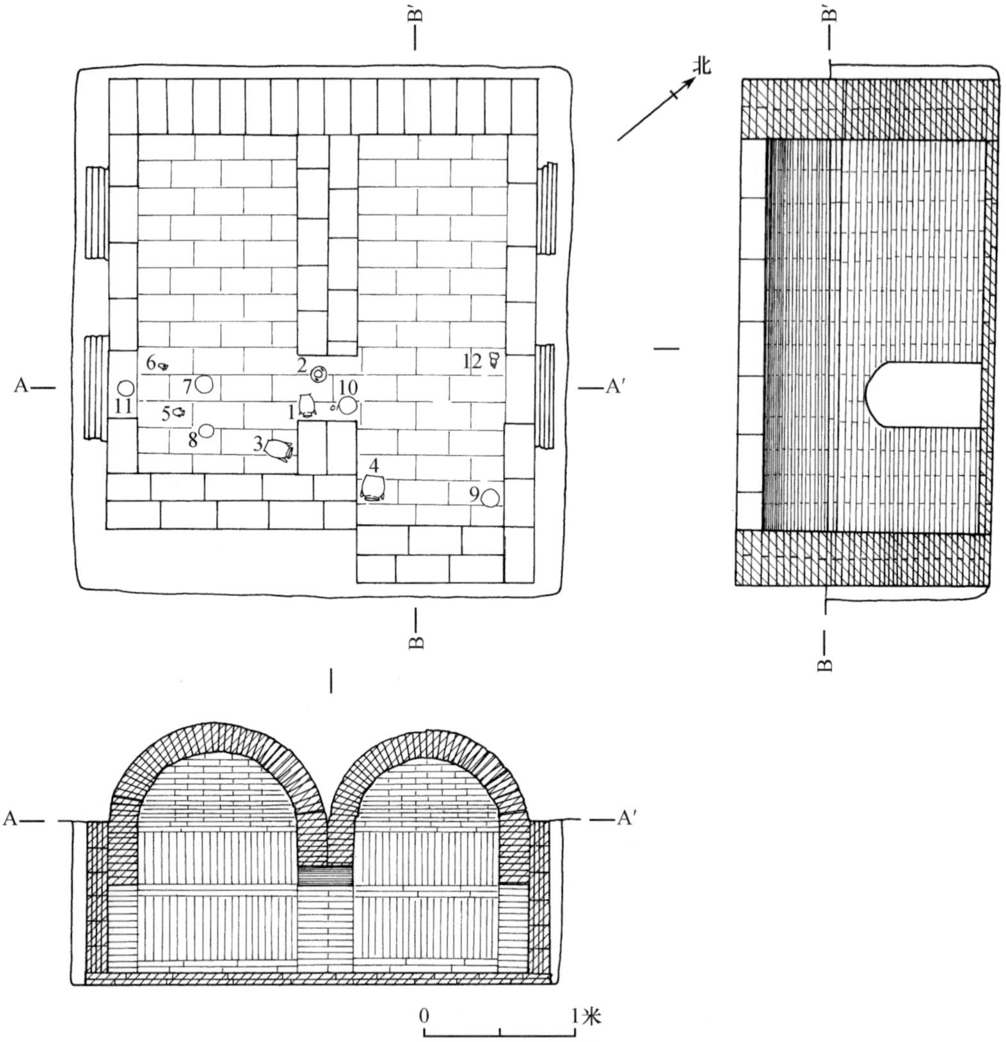

图八　M4平、剖面图

1～4. 瓷大双耳罐　5、6. 瓷小双耳罐　7. 瓷茶盏　8、11. 瓷碟　9、10. 瓷灯盏　12. 陶甪䦆俑

白色化妆土，外壁口部至肩部施深黄褐釉，腹部施浅黄褐釉。侈口，圆唇，短颈，溜肩，弧腹内收，底部内凹，肩上有两个对称竖耳。口径3、底径3.2、高6.8厘米（图四，8）。

瓷茶盏　1件。M4：7，灰白胎，施青白釉，釉面龟裂，内壁部分脱落。喇叭口，尖唇，斜直腹，小饼足。口径14.1、底径3.2、高5厘米（图九，1）。

瓷碟　2件。M4：8，灰白胎，内外壁施青釉。敞口，尖唇，浅斜弧腹，平底。口径10.8、底径4、高2.5厘米（图九，2）。M4：11，褐胎，内壁及外壁口部挂米白色化妆土，青黄釉多脱落。敞口，圆唇，浅斜弧腹，平底。口径11、底径3.6、高3厘米（图九，3）。

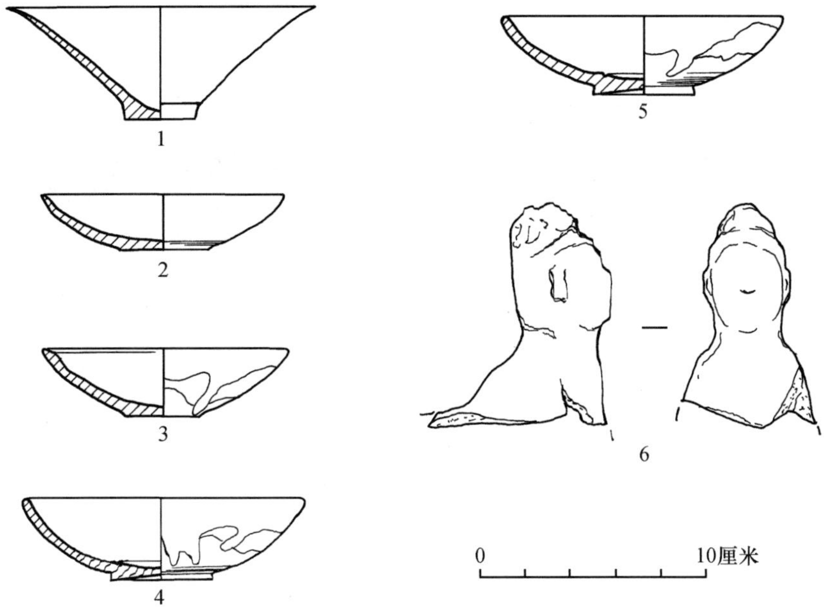

图九　M4出土遗物

1. 瓷茶盏（M4：7）　2、3. 瓷碟（M4：8、M4：11）　4、5. 瓷灯盏（M4：9、M4：10）　6. 陶匍匐俑（M4：12）

瓷灯盏　2件。M4：9，紫红胎，内壁及外壁上部挂米黄色化妆土，青黄釉多脱落。敞口，圆唇，斜弧腹，小饼足内凹。口径12.6、底径4.4、高3.6厘米（图九，4）。M4：10，紫红胎，内壁及外壁口部挂米黄色化妆土，青黄釉多脱落。敞口，圆唇，斜弧腹，小饼足内凹。口径12.5、底径4.3、高3.5厘米（图九，5）。

陶匍匐俑　1件。M4：12，泥质红胎。头顶挽髻，面部丰腴，五官模糊不清，下身残损。残长8、残高9.8厘米（图九，6）。

M5　单室墓，方向140°。墓圹平面呈长方形，坑壁竖直，底部平坦，开口长2.87、宽1.44、深0.52米。墓室长2.56、宽1.09～1.24、砖墙残高0.48米。墓葬被扰乱，墓顶已破坏，情况不明。封门先用厚0.4米的黄土夯筑，然后在夯土上用长方形砖错缝立砌两层，门外再竖立四列砖，两立砖之间留有一定空隙，有仿窗结构，东、西、北三壁也砌两层竖砖，且两砖之间夹丁砖，以加固墓壁。其上用长方形大砖平铺一层，东西两壁再利用斜砖错缝平砌一层，两端伸出墙体，凸出呈“W”形，然后在上面错缝平砌两层大砖，铺地砖横向错缝平铺一层。铺地砖与墙砖规格不同，墙砖长38、宽19、厚4厘米，铺地砖长34、宽17、厚4厘米。未发现葬具及人骨遗存，葬式不详。随葬品有瓷四系罐1件、铜发簪1件、太平通宝1枚、乾元重宝1枚（图一〇）。

瓷四系罐　1件。M5：1，褐胎，口至上腹部挂白色化妆土。口微侈，斜方唇，领较高，弧肩，弧腹内收，底部内凹，肩部有两对对称竖耳。口径8.4、底径10.2、高20.8厘米（图一一，1）。

铜发簪　1件。M5：4，双股，呈U形。残长18、宽1.1厘米（图一一，2）。

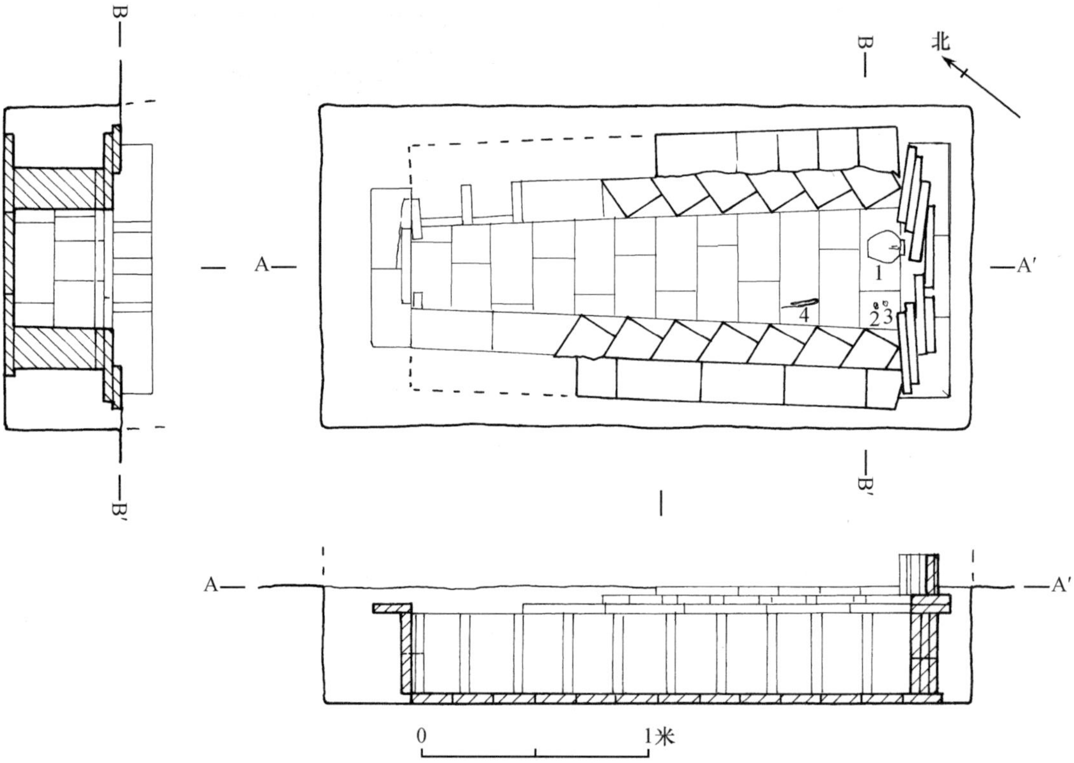

图一〇　M5平、剖面图

1. 瓷四系罐　2. 太平通宝　3. 乾元重宝　4. 铜发簪

太平通宝　1枚。M5∶2，圆形郭，方孔，面、背肉好，郭整，钱文深峻、清晰，铸造精良。直径2.4、穿宽0.6、郭宽0.2厘米（图一二，1）。

乾元重宝　1枚。M5∶3，圆形郭，方孔，郭较窄、不规整，轮廓模糊，较为轻薄，铜质较差有磨穿，背穿郭近平。直径2.3、穿宽0.6、郭宽0.1厘米（图一二，2）。

M6　单室墓，方向134°。墓圹平面呈长方形，长3.02、宽1.5、深0.32米。墓圹及砖室结构已遭破坏，顶部坍塌，情况不明。墓室平面呈梯形，北壁缺失，残长2.9、宽0.88～1.4、高0.66米。墓底用素面砖横向错缝平铺一层，墓壁采用平砖顺砌与立砖丁砌相间砌成，第一、三、四及六至八层采用平砖顺砌，第二、五层采用立砖顺丁相间砌成。铺地砖与墙砖规格相同，长36、宽18、厚3厘米。因墓室破坏严重，未发现葬具及人骨遗存，葬式不详。随葬品有瓷四系罐2件、瓷碗1件、瓷双耳罐1件（图一三）。

瓷碗　1件。M6∶1，紫红胎，挂米黄色化妆土，黄釉多数脱落，可见流釉现象，碗内可见五个支钉痕迹。敞口，圆唇，弧腹内收，饼足内凹。口径17.6、底径7.9、高5.6厘米（图一一，3）。

瓷四系罐　2件。M6∶2，紫红胎，腹部以上挂褐色化妆土，施酱釉，釉面部分脱落，有流釉现象。口微侈，圆唇，颈较高，弧肩，弧腹内收，底部内凹，肩部有两对

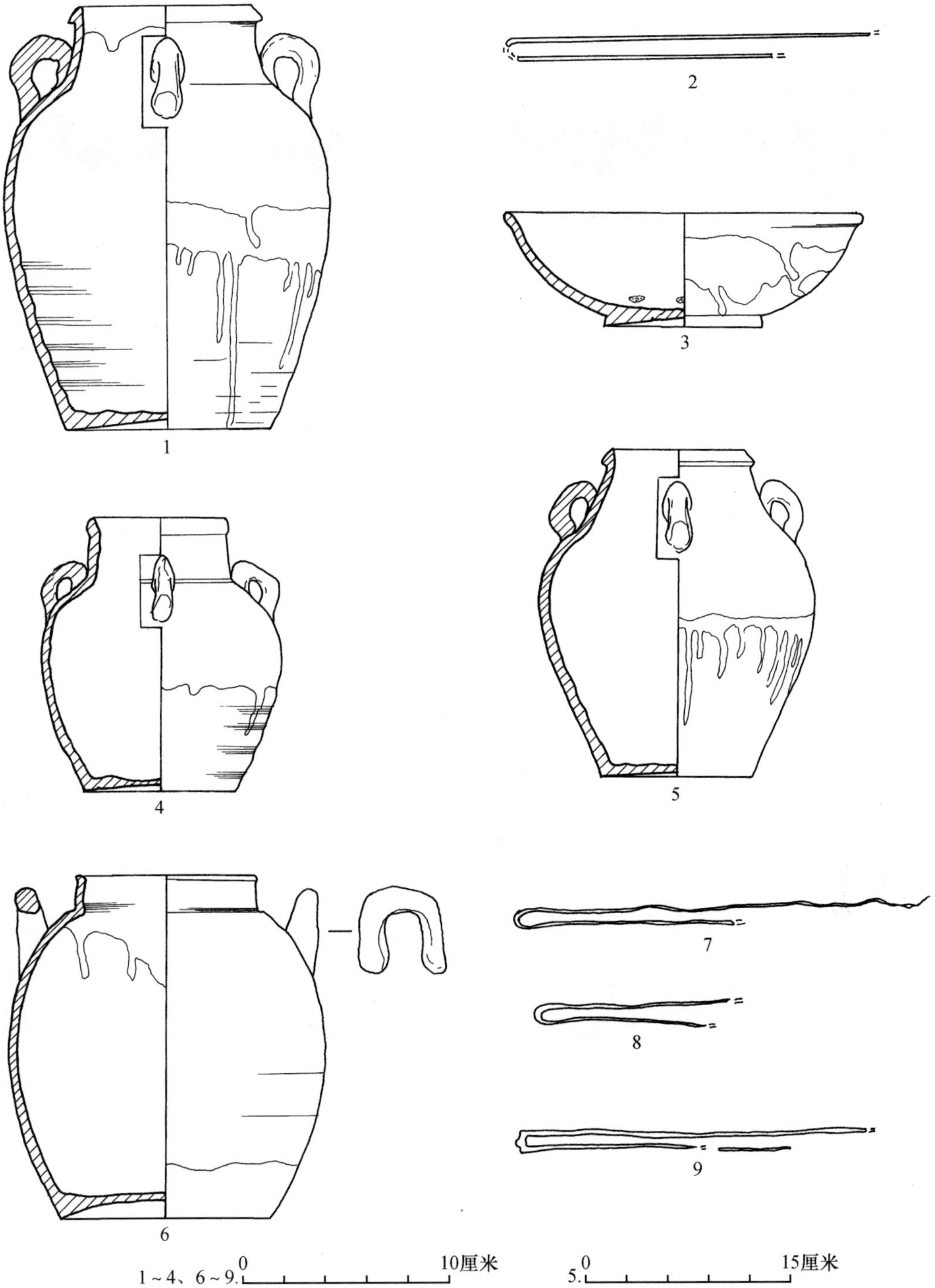

图一一　M5、M6、M7出土器物

1、4、5. 瓷四系罐（M5：1、M6：2、M6：3）　2、7～9. 铜发簪（M5：4、M7：1、M7：2、M7：3）
3. 瓷碗（M6：1）　6. 瓷双耳罐（M6：4）

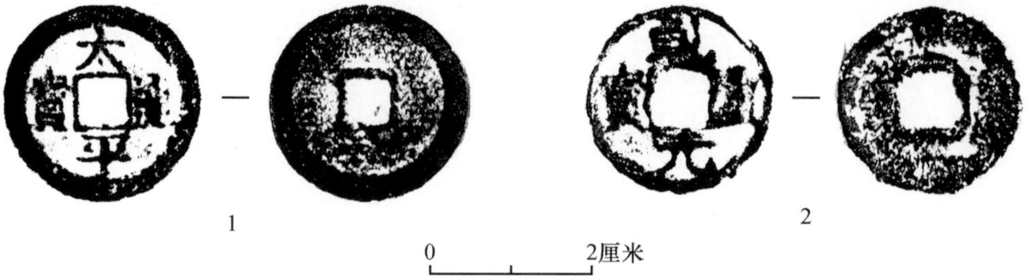

图一二　M5出土铜钱

1. 太平通宝（M5：2）　2. 乾元重宝（M5：3）

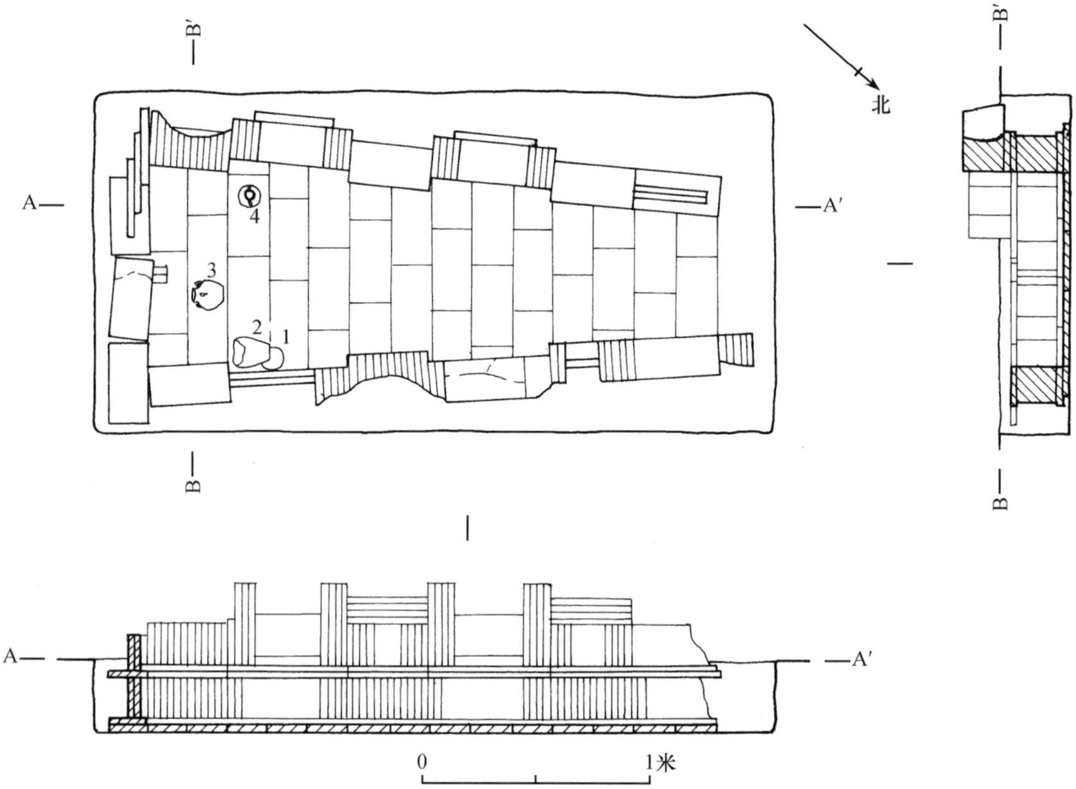

图一三　M6平、剖面图

1. 瓷碗　2、3. 瓷四系罐　4. 瓷双耳罐

对称竖耳。口径6.6、底径7.6、高13.4厘米（图一一，4）。M6：3，紫红胎，腹部以上挂米白色化妆土，施黄釉，釉面部分脱落，有流釉现象。口微侈，斜方唇，颈较高，弧肩，弧腹内收，底部内凹，肩部有两对对称竖耳。口径10、底径11.5、高24厘米（图一一，5）。

瓷双耳罐　1件。M6：4，红胎，通体挂米白色化妆土，口部至近底部施黄褐釉，有流釉现象。口微敛，尖圆唇，矮颈，溜肩，弧腹内收，底部内凹，肩上有两个对称横耳。颈肩饰一周凹弦纹。口径8.8、底径10.4、高16.8厘米（图一一，6）。

M7 单室墓，方向200°。墓圹平面呈长方形，坑壁竖直，底部平坦，长2.47、宽1.04、深0.18米。墓葬破坏严重，顶部已坍塌，结构不详。现残存部分砖墙，从残存四壁砖墙看，墓室平面呈梯形，长2.37、宽0.74～0.86、残高0.14～0.32米。墓壁用立砖砌筑，东西两壁单层，且两砖之间夹丁砖，以加固墓壁，南北两壁砌双层，呈“八”字形，北壁在双层外正中加一块封门砖。墓底用长方形砖竖向齐缝靠东西两壁平铺一层，呈“八”字形，中间部分用黄偏灰土填平。铺地砖与砖墙规格相近，素面，长34、宽18、厚4厘米。葬具、葬式不明。出土铜发簪3件（图一四）。

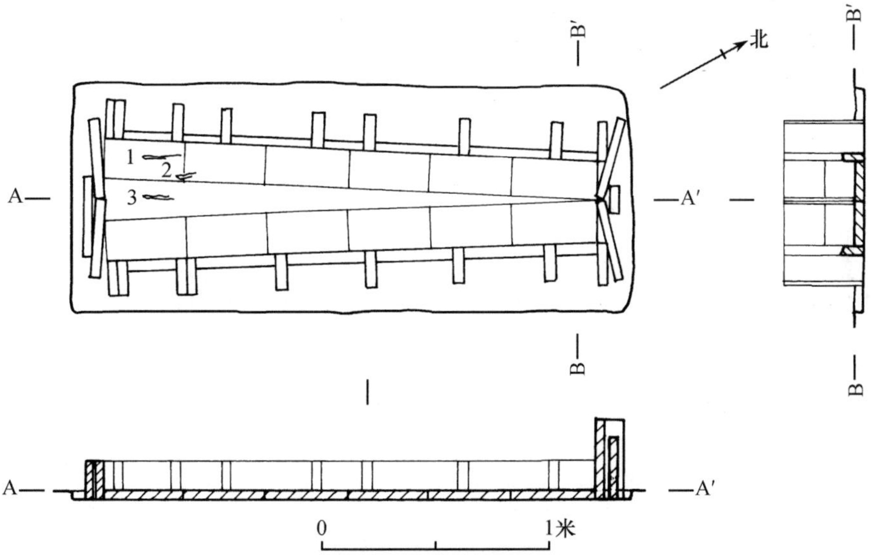

图一四 M7平、剖面图
1～3. 铜发簪

铜发簪 3件。双股，锈蚀严重，呈U形。M7：1，残长20、宽1厘米（图一一，7）。M7：2，残长9.6、宽1厘米（图一一，8）。M7：3，头有凸起。残长17、宽1厘米（图一一，9）。

M8 单室墓，方向340°。墓圹平面呈长方形，长3.04、宽1.5、深0.22～0.6米。墓室结构已遭破坏，平面近长方形，东、西、南壁残，北壁砖墙仅存一部分，长2.9、宽1.36、残高0.03～0.19米。墓底横向错缝平铺一层砖，与砖墙处于同一平面上，东、西壁底砖竖向错缝平铺两列，北壁残存砖墙外从西往东先横向立砌六排，自西向东再立砌九排，其余部分均残。铺地砖与墙砖规格相同，长34、宽16、厚4厘米。未发现葬具及人骨遗存。随葬瓷双耳罐1件（图一五）。

瓷双耳罐 1件。M8：1，紫红胎，外壁口部至上腹部部施深黄褐釉，有流釉现象，下腹部挂黄色化妆土，近底部无装饰。直口，圆唇，矮颈，溜肩，弧腹内收，平底，肩上有两个对称横耳。口径11.5、底径8.8、高15.8厘米（图一六）。

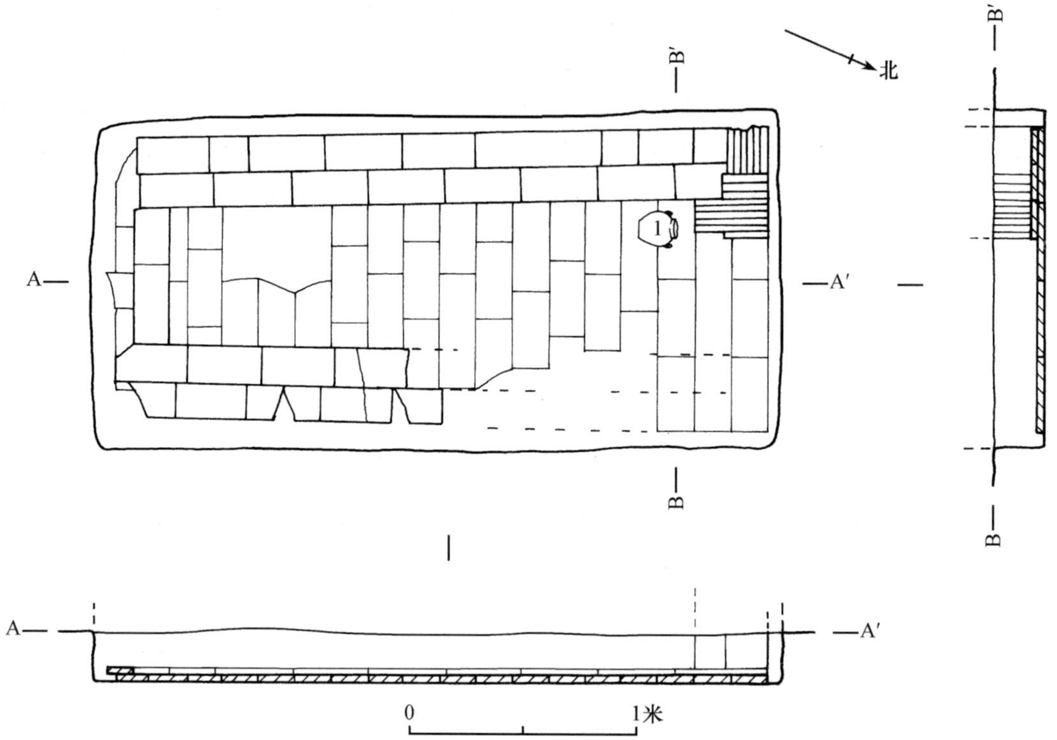

图一五　M8平、剖面图

1. 瓷双耳罐

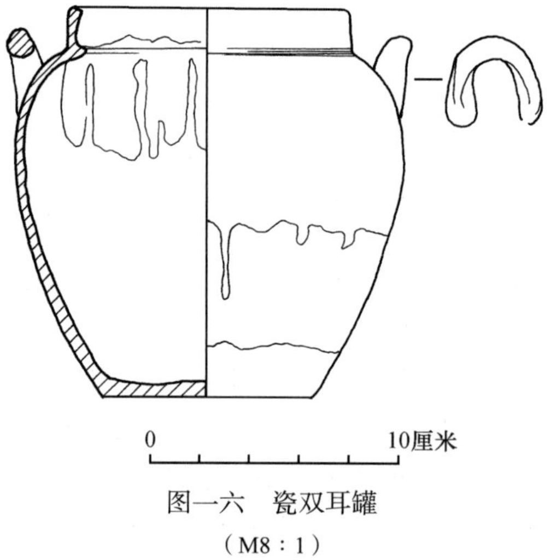

图一六　瓷双耳罐

（M8：1）

二、年代判定

M1出土Ⅳ式、Ⅴ式开元通宝质地恶劣，制造粗糙，可能为晚唐衰落和经济混乱在货币流通领域里的客观反映[1]，出土的瓷小双耳罐（M1：1）与广汉烟堆子M3[2]出土的小双耳罐（M3：76）类似，广汉烟堆子M3出土有“乾德元宝”，该钱币为前蜀后主王衍乾德元年（919年）所铸，故M1年代定为五代。M2结构与金堂赵镇李家梁子唐宋墓M34、M41[3]类似，发掘者将两墓年代定为唐中晚期，M2无随葬品，年代应该与之相近，为唐中晚期。M3出土瓷四系罐与成都西窑村[4]四系罐M21：4类似，M21出土买地券有“广政”二字，为蜀后主孟昶所用年号，故推测M3年代为唐末五代。M4出土瓷大双耳罐与成都西郊金鱼村[5]M2、M11出土双耳罐类似，后者明确纪年分别为淳熙九年、淳熙十五年，故M4年代为南宋早中期。M5出土瓷四系罐与成都指挥街遗址第4层出土A型Ⅳ式带系罐[6]类似，发掘者将该层年代大致断定在唐末至北宋前期，且M5出土太平通宝为北宋早期钱币，故推测M5年代为北宋早期。M6出土瓷双耳罐M6：4与成都青龙乡海滨村M1[7]出土双耳罐M1：4相似，后者下葬于元符二年（1099年），故M6年代应为北宋晚期。M7根据墓葬结构和墓砖尺寸判断应该为唐宋时期墓葬。M8出土瓷双耳罐M8：1与保和乡东桂村宋墓[8]出土双耳罐M1：20类似，《四川地区宋墓研究》[9]将后者年代定为北宋中期，故M8年代应该为北宋中期。

发掘：向　导　谢　涛　倪林忠　杨永鹏
绘图：张立超
拓片：严　斌
测绘：牛安寅
执笔：向　导　赵月茹　谢　涛　牛安寅

注　释

［1］ 徐殿魁：《试论唐开元通宝的分期》，《考古》1991年第6期。

［2］ 四川省文物考古研究院、德阳市文物考古研究所、广汉市文管所：《2004年广汉烟堆子遗址晚唐、五代墓地发掘简报》，《四川文物》2005年第3期。

［3］ 成都文物考古研究所、金堂县文物保护管理所：《金堂赵镇李家梁子唐宋墓发掘简报》，《成都考古发现》（2007），科学出版社，2009年。

［4］ 成都市文物考古研究所：《成都西郊西窑村唐宋墓葬发掘简报》，《东南文化》2003年第7期。

［5］ 成都市文物考古工作队：《四川成都市西郊金鱼村南宋砖室火葬墓》，《考古》1997年第10期。

［6］ 成都市博物馆、四川大学博物馆：《成都指挥街唐宋遗址发掘报告》，《南方民族考古》（第二辑），四川科学技术出版社，1990年。

［7］成都市文物考古研究所：《成都市青龙乡海滨村墓葬发掘简报》，《成都考古发现》（2003），科学出版社，2005年。

［8］成都市文物考古研究所：《成都市保和乡东桂村宋墓发掘简报》，《成都考古发现》（2002），科学出版社，2004年。

［9］陈云洪：《四川地区宋墓研究》，《南方民族考古》（第七辑），科学出版社，2011年。

崇州市燎原乡铧头村易家坝唐宋墓群清理简报

成都文物考古研究院
崇州市博物馆（市文管所）

易家坝墓地位于四川省崇州市燎原乡铧头村三组，地理坐标为东经103°36′2″、北纬30°33′50″，海拔约520米（图一）。2017年12月中旬，铧头村三组村民在开挖排水沟过程中发现一批唐宋砖室墓。为保障文物安全，防止文物被盗，在燎原乡政府的配合下，我们对已经暴露的7座唐宋墓葬进行了抢救性发掘（图二）。现将发掘情况报道如下。

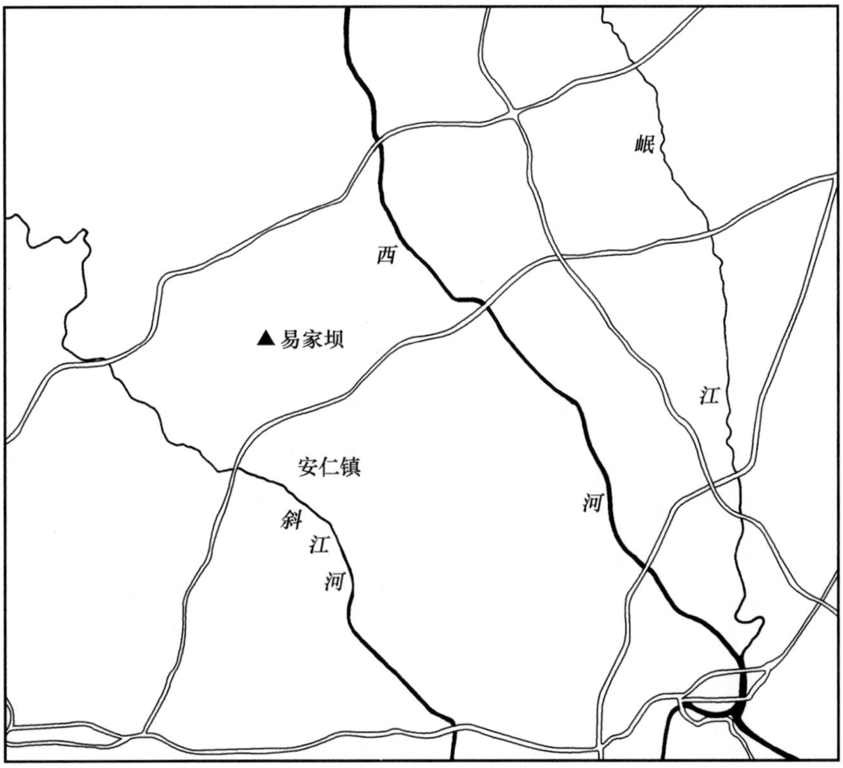

图一　墓地位置示意图

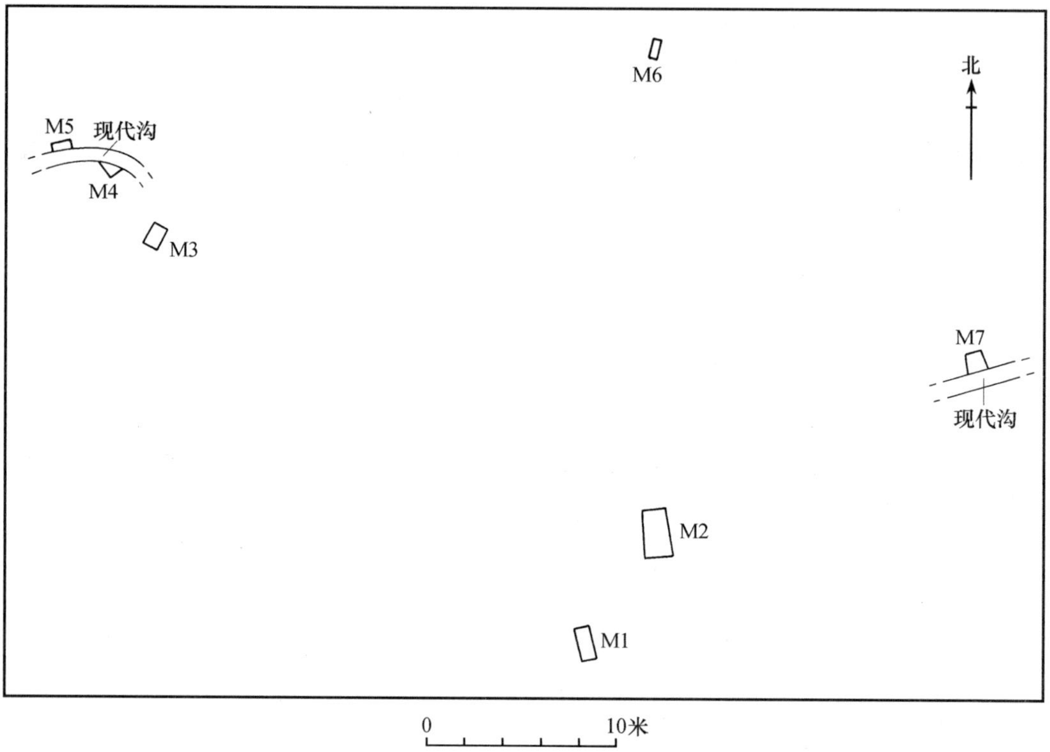

图二　墓葬平面分布图

一、墓葬形制

这批墓葬均叠压于明清时期地层之下，埋藏很浅，墓葬开口位置距地表均约0.3米。由于埋藏较浅，故大多受到过较为严重的破坏，未见结构完整者。墓葬均为单室砖室墓，平面呈长方形或梯形。因墓地未整体揭露，故墓地的布局情况不明。由于墓葬结构保存较差，故本文将不对墓葬形制进行类型划分。

M1　方向347°。墓圹平面呈长方形，长1.88、宽0.86、残深0.24米。仅保存有墓底铺砖和墓室西壁二砖。墓底铺砖方式为最西一排砖纵铺，最东侧一排砖横铺，中间为横竖交替铺成。墓室西壁二砖交错纵立于墓底最西一排铺地砖之上。墓砖均呈长方形，有三种规格，最大者为青灰色菱形纹砖，规格为长33、宽18、厚6厘米；次大者为青灰色素面砖，规格为长30、宽16、厚3.5厘米；最小者暗红色素面砖，规格为长28、宽16、厚4.5厘米。墓底出土铜钱1枚（图三）。

M2　方向355°。墓圹平面呈南宽北窄的梯形，长2.52、北宽1.22、南宽1.5、残深0.2米。仅保存有铺地砖和墓室南、西、东壁砖。墓底用长方形素面砖铺成，铺砖方式为最中间一排砖横铺，两侧砖横竖交替铺成。墓室南壁用长方形素面砖平砌，西壁和东壁均用梯形花纹砖平砌。在墓室南侧两角分别纵向放置一块长方形素面砖，两砖之间放

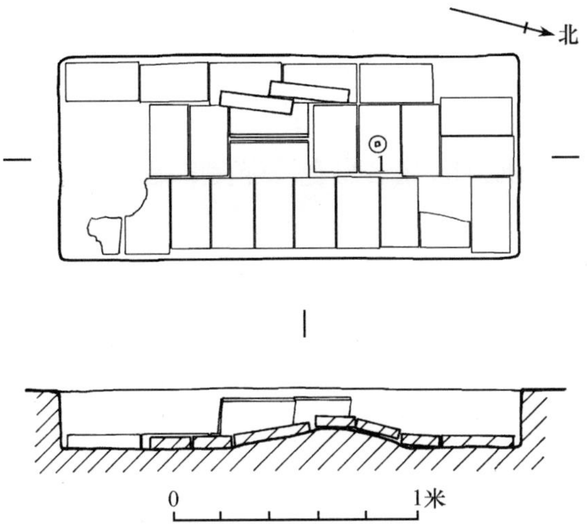

图三 M1平、剖面图
1. 铜钱

置一块梯形花纹砖。墓砖有长方形素面砖和梯形花纹砖两类。其中长方形素面砖仅墓室南壁最东端一块青灰色残砖较大，规格为长36、宽22、厚5厘米，其余长方形素面砖多为暗红色，少量为青灰色，规格均为长28、宽18、厚5厘米。梯形花纹砖均在砖一头或两头饰菱形纹，规格一般为长34、宽18～22、厚6厘米。墓底出有瓷盘口罐、瓷盏、瓷碗、铜钱（图四）。

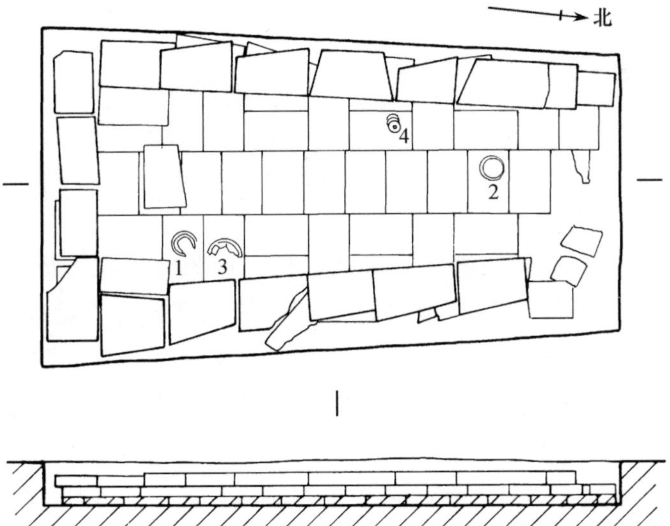

图四 M2平、剖面图
1. 瓷盘口罐 2. 瓷盏 3. 瓷碗 4. 铜钱

M3　方向27°。墓圹平面呈长方形，长1.27、宽0.88、残深0.14米。墓葬破坏严重。墓底铺砖仅保留北侧横铺的两块墓砖。四壁用长方形整砖和残砖平砌，东南角外侧有两块长方形砖分别横立于东壁和南壁外侧，紧贴墓壁。墓砖为青灰色长方形素面砖，整砖规格为长30、宽16、厚3厘米。墓底出有一瓷提梁罐、一瓷炉，填土中出有一瓷壶嘴（图五）。

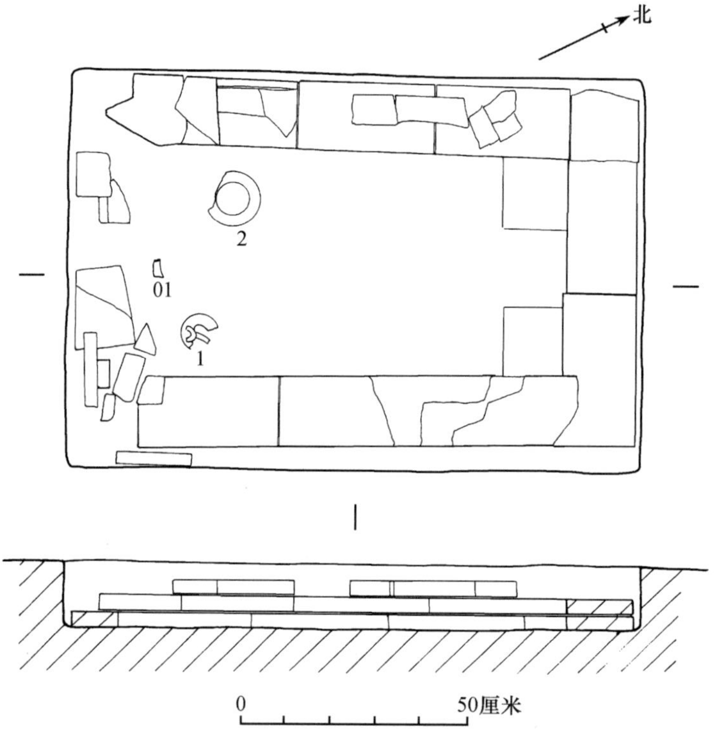

图五　M3平、剖面图

1. 瓷提梁罐　2. 瓷炉　01. 瓷壶嘴

M4　方向305°。墓圹已被破坏，仅剩一角，推测应呈长方形，残长0.86、残宽1.23、残深0.18米。仅保存有铺地砖和墓室西壁、南壁部分砖。铺地砖用长方形素面砖横纵交替铺成，西壁、南壁用整块和残缺的长方形素面砖平砌。西壁上有三块残砖竖立其上。墓砖均为长方形素面砖，整砖规格为长30、宽15.5、厚3厘米。无随葬品出土（图六）。

M5　方向348°。墓葬破坏严重，墓圹推测应呈长方形，残长0.4、残宽0.84、残深0.1米。残存4块破碎的长方形铺地砖和铺地砖外侧少量残碎砖块。四块长方形铺地砖并列纵铺，铺地砖北侧、东侧有少量平铺的散碎砖块。墓砖均为青灰色长方形素面砖，规格为长30、宽16、厚3厘米。无随葬品出土（图七）。

M6　方向13°。墓圹平面呈长方形，长1.1、宽0.48、残深0.35米。铺地砖用长方形砖一纵一横两列铺成，部分砖为碎砖。墓四壁均用砖横立砌成，其中南壁用一块砖，西

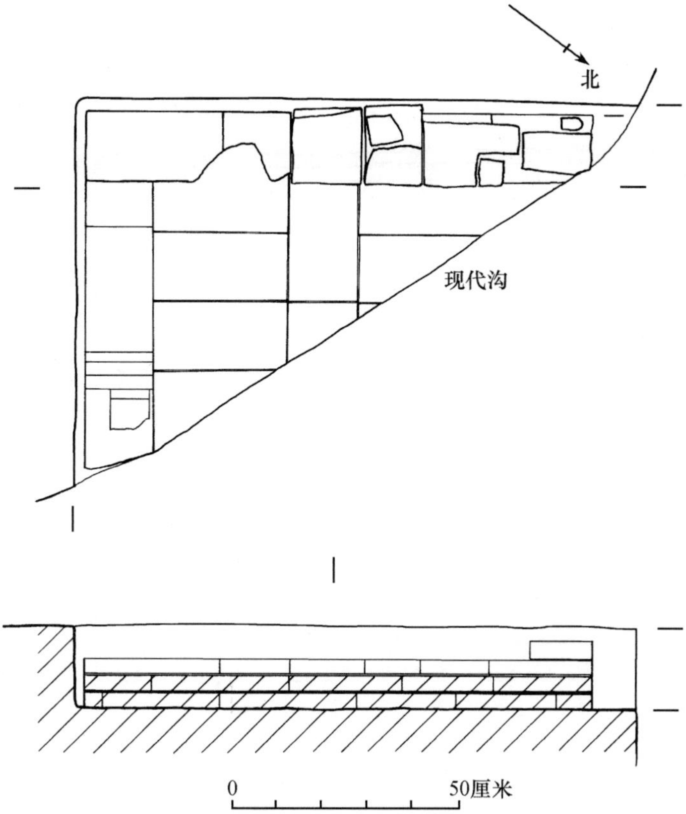

图六　M4平、剖面图

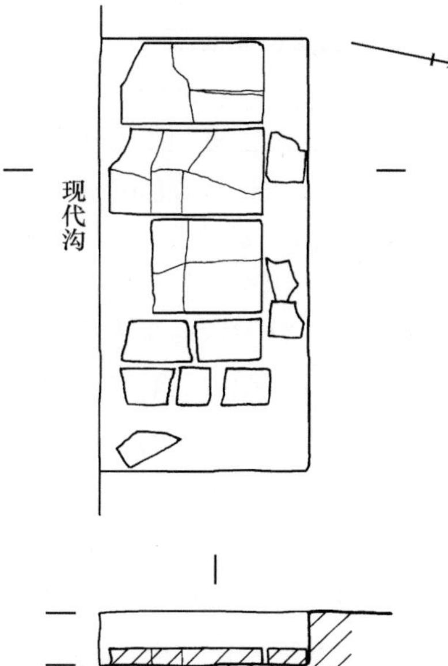

图七　M5平、剖面图

壁可见两排砖交错纵立，东壁可见三排砖交错纵立。墓顶用三层砖铺砌，其中最下一层和最上一层均为横铺，中间一层砖纵横交替铺砌。墓砖均为暗红色长方形素面砖，规格为长30、宽14.5、厚3.4厘米。墓室南侧斜置一瓷碗，墓室中部出土铜钱6枚（图八）。

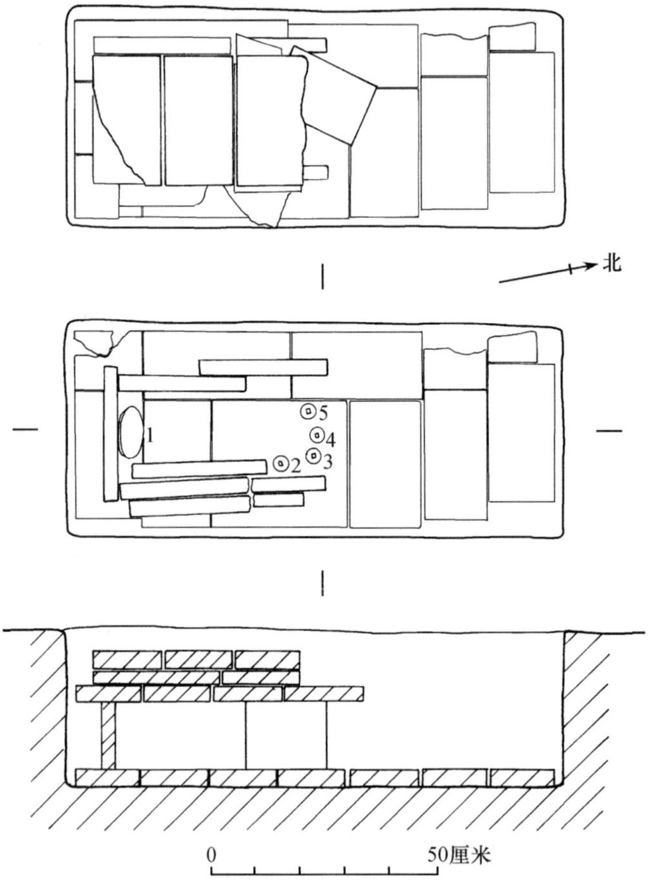

图八　M6平、剖面图
1. 瓷碗　2～5. 铜钱

M7　方向344°。墓圹平面呈南宽北窄的梯形，南侧被现代沟破坏，残长1.08、北宽0.94、残深0.31米。仅保存有铺地砖和墓室北、西、东壁砖。墓底用长方形素面整砖和残砖铺成，大部分砖横铺，少量砖纵铺。北壁、西壁、东壁用砖顺铺于铺地砖之上，除西南角一砖用梯形花纹砖外，其余均用长方形素面砖铺砌，有整砖也有残砖。墓砖有三种规格，青灰色梯形砖两头饰菱形纹，规格为长32、宽18～20、厚6厘米；青灰色长方形素面砖小者为长30、宽16.5、厚4厘米，大者为长35、宽17.5、厚5.5厘米。墓砖中有两块暗红色长方形素面砖，其规格与青灰色长方形素面砖中小者接近。墓葬中人骨似为二次葬。墓底西北角出土残瓷盏1件（图九）。

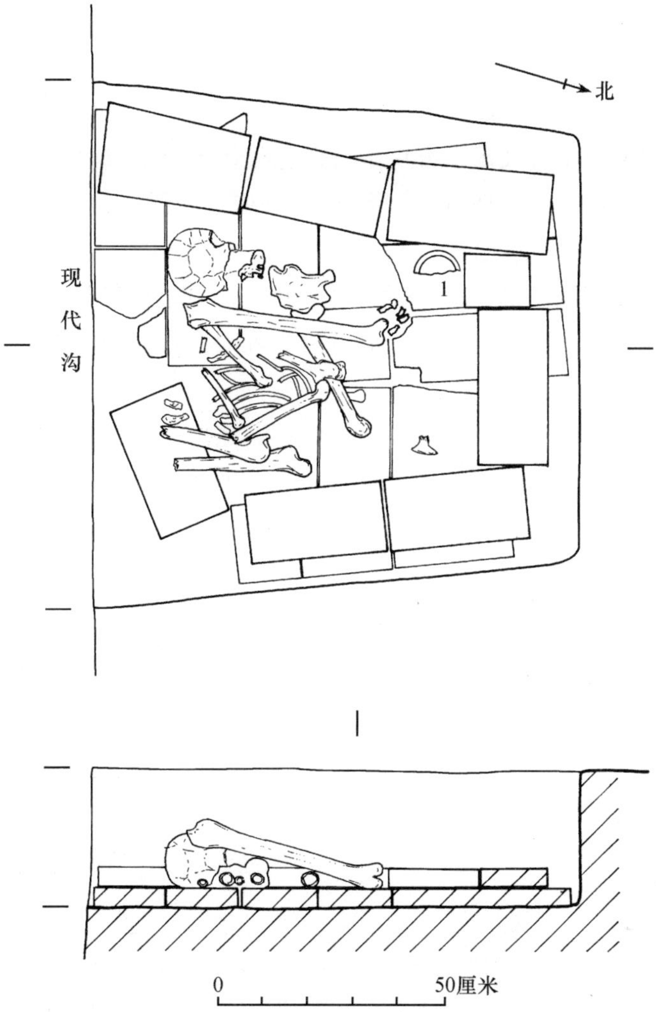

图九　M7平、剖面图
1. 瓷盏

二、随葬器物

7座墓共出土器物19件（枚），其中瓷器8件，铜钱11枚。

1. 瓷器

8件，有盘口罐、碗、盏、提梁罐、炉、壶六类。

盘口罐　1件。M2∶1，砖红胎，乳白釉，外壁施满釉，内壁施釉仅及口部。直口微敞，方唇微外侈，长颈，颈部以下残。口径11.2、残高6.8厘米（图一〇，1）。

碗　2件。根据口部的不同，分为二型。

A型　1件。敞口外侈。M2∶3，灰白胎，乳白釉，内壁施满釉，外壁施釉仅及唇部，外壁有流釉现象。圆唇，口部与腹部相交处有一折棱，斜弧腹，腹部以下残。口径17.6、残高4.8厘米（图一〇，2）。

B型　1件。口部斜直。M6：1，灰白胎，乳白釉，内壁施满釉，外壁施釉及腹中部，外壁有流釉现象，足底及足上方周围有白色化妆土。敞口，圆唇，斜弧腹，饼足。内壁底部有五个支钉痕。口径15.6、底径6.5、高5厘米（图一〇，3）。

盏　2件。根据腹部的不同，分为二型。

A型　1件。斜弧腹。M2：2，灰胎，乳白釉，内壁施满釉，外壁施釉仅及唇部，外壁有流釉现象。敞口，圆唇，平底。底部可见偏心圆纹。口径9.6、底径3.8、高2.8厘米（图一〇，4）。

B型　1件。斜直腹。M7：1，灰胎，内外壁满施白色化妆土，内壁从唇至底又施一层极薄的斑驳的酱釉。敞口，圆唇，平底。底部可见偏心圆纹。口径7.2、底径3.8、高1.8厘米（图一〇，5）。

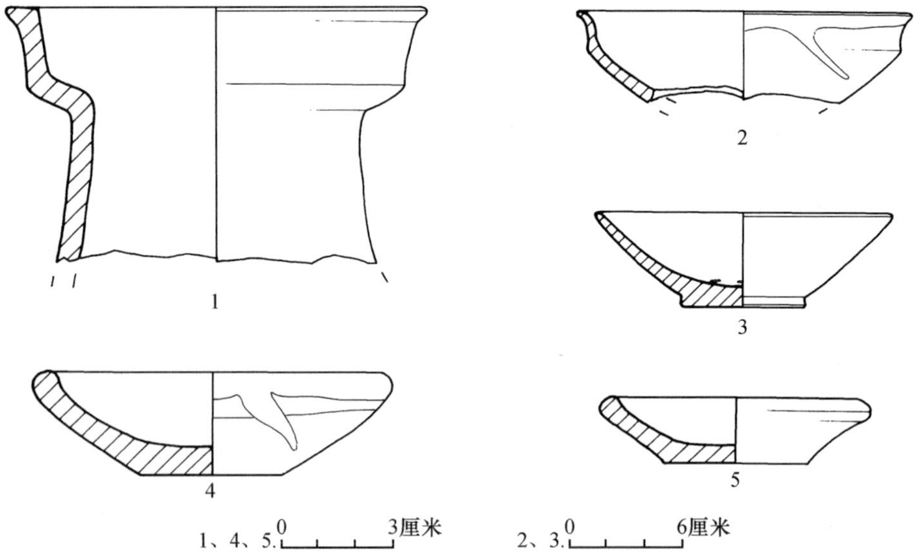

图一〇　M2、M6、M7出土瓷器

1. 盘口罐（M2：1）　2. A型碗（M2：3）　3. B型碗（M6：1）　4. A型盏（M2：2）　5. B型盏（M7：1）

提梁罐　1件。M3：1，暗红胎，内壁施酱釉仅及唇部，外壁施酱釉至腹上部，提梁施酱釉，外壁有流釉现象。敛口，尖圆唇，折腹，腹上方有蟠螭提梁，饼足，足底向内凹。底部可见偏心圆纹。口径4.5、腹径7.2、底径4.3、通高4.8厘米（图一一，1）。

炉　1件。M3：2，砖红胎，内壁及外壁唇部施白色化妆土，沿部施斑驳酱釉。敞口，宽沿下搭，圆唇，斜弧腹，平底，底微向内凹。五只圆锥形足附于腹下部。口内壁有一周凹槽，腹内壁下方有一周凸棱，底部可见偏心圆纹。口径13.5、底径3.6、高2.7厘米（图一一，2）。

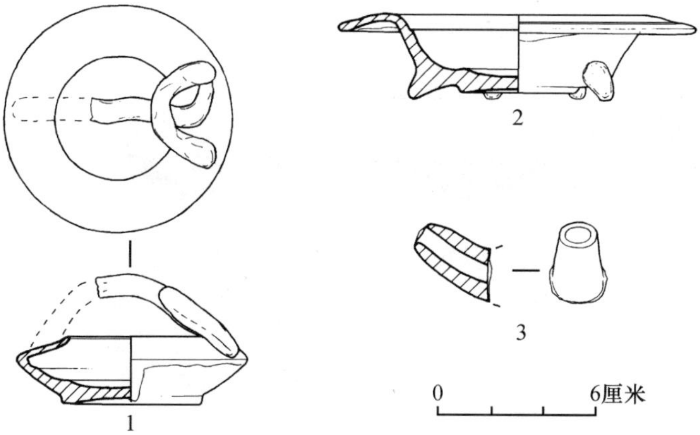

图一一 M3出土瓷器

1. 提梁罐（M3：1） 2. 炉（M3：2） 3. 壶（M3：01）

壶 1件。仅存壶嘴。M3：01，灰白胎，外壁施白色化妆土，化妆土上有斑驳酱釉。圆唇，短管状流，嘴部以外残。壶嘴直径0.9、长3厘米（图一一，3）。

2. 铜钱

11枚。有开元通宝和乾元重宝两种，均为圆形方孔钱。

开元通宝 7枚。根据郭的宽窄，分为二型。

A型 6件。郭窄。M6：3，“元”字上部一横较长。直径2.41厘米，重3.51克（图一二，1）。M6：4-1，“元”字下部一横左侧不上挑。直径2.41厘米，重3.12克（图一二，2）。M1：1，文字不甚清晰，郭背面宽窄不均。直径2.42厘米，重3.08克（图一二，3）。M6：4-2，“元”字下部一横左长右短。直径2.42厘米，重3.55克（图一二，4）。M6：2，文字清晰，笔画略粗。直径2.42厘米，重3.5克（图一二，6）。M6：5-2，“宝”字第二笔左撇较多。直径2.41厘米，重3.47克（图一二，7）。

B型 1件。郭略宽。M6：5-1，“通”字走部前三笔相连，甬部上笔开口很扁，“宝”字贝部中间两横较长，背上方有一月牙纹。直径2.52厘米，重3.96克（图一二，5）。

乾元重宝 4枚。根据直径大小，分为二型。

A型 2件。直径较大。M2：4-2，郭宽窄适中。“元”字下部一横左侧不上挑。直径2.62厘米，重5.23克（图一二，9）。M2：4-1，郭较宽。“重”字微向右倾斜。直径2.62厘米，重4.41克（图一二，10）。

B型 2件。直径较小。根据郭的宽度，分为二亚型。

Ba型 1件。郭宽窄适中。M2：4-3，背下方有一月牙纹。直径2.42厘米，重3.67克（图一二，8）。

Bb型 1件。郭很窄且宽窄不均。M2：4-4，“重”字与“宝”字下方有砂眼。“宝”字最下两笔较长。直径2.5厘米，重3.58克（图一二，11）。

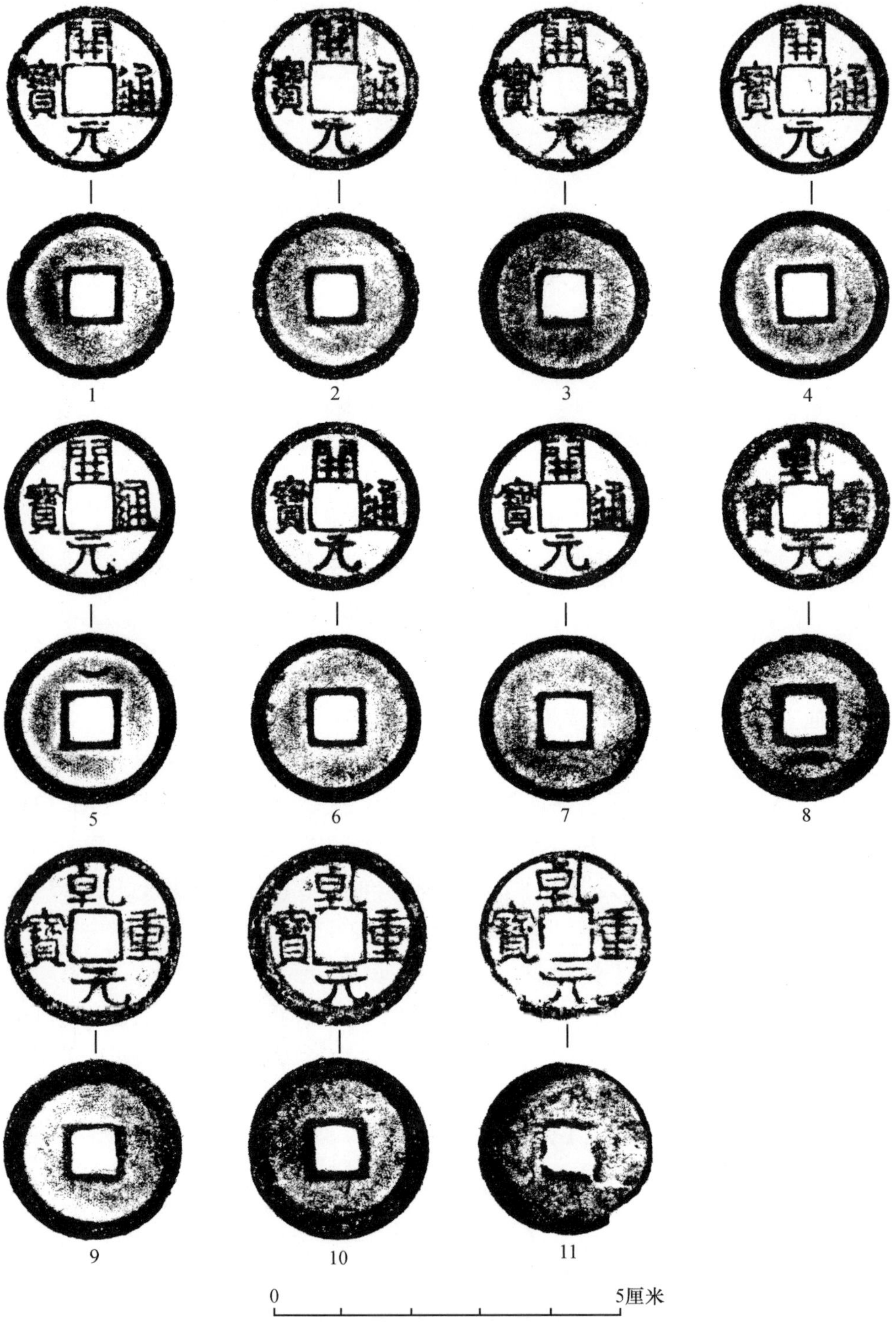

图一二　出土铜钱

1～4、6、7. A型开元通宝（M6：3、M6：4-1、M1：1、M6：4-2、M6：2、M6：5-2）　5. B型开元通宝（M6：5-1）　8. Ba型乾元重宝（M2：4-3）　9、10. A型乾元重宝（M2：4-2、M2：4-1）　11. Bb型乾元重宝（M2：4-4）

三、结　　语

从7座墓的分布情况看，M3～M5位于墓地西部，距离很近，明显距其他4座墓葬较远。M1、M2、M6、M7位于墓地东部。其中M2、M7墓圹平面形状呈梯形，且均使用了梯形花纹砖，M1、M6墓室侧壁均用长方形素面砖交错横立砌成，表现出一定的相似性。

M2出土的瓷盘口罐M2：1口部形态与成都金港唐墓M2所出盘口罐近似[1]，出土瓷盏M2：2整体与成都筒车田唐墓M1所出瓷盏M1：1近似[2]，而金港M2和筒车田M1时代均为唐代中期[3]，且M2出土4枚中唐时期的钱币“乾元重宝”，故可将其年代推断为唐代中期。

M7所出瓷盏M7：1圆唇、腹壁斜直、无饼足的特征与成都新津永商镇望江村唐墓M1所出瓷盏M1：3相似，望江村M1时代为唐代中晚期[4]，故M7时代也大致应为唐代中晚期。

M6所出瓷碗M6：1腹部浅且饼足很平，与成都干道M2所出D型Ⅰ式碗形态相似，成都干道M2时代为唐代中晚期[5]，M6时代当与之接近。M1墓葬形制与M6十分接近，时代应与M6大致相当，为唐代中晚期。

M3所出提梁罐M3：1与成都西郊金鱼村宋墓所出提梁罐M9：8相似，金鱼村M9中出土镇墓券记其时代为大宋淳熙九年[6]，M3时代当与之接近，大致为南宋中晚期。M4、M5中未出土随葬品，但墓砖规格与M3接近，厚度均为3厘米左右，且距离较近，时代或与之相距不远，大体为宋代。

综上所述，易家坝墓地M1、M2、M6、M7应为唐代墓葬，时代大致为唐代中期至中晚期；M3～M5为宋代墓葬。

成都平原以往发现的唐代墓葬不多，本次发现的四座唐墓为成都平原地区唐代墓葬的研究提供了新的资料。

附记：参加本次发掘的人员有崇州市博物馆（市文管所）张志伟、陈大春，西南民族大学旅游与历史文化学院2014级本科生白玛代宗、米玛吉巴，黑龙江大学历史文化旅游学院2015级本科生王磊、钟毅、魏秀秀、徐铖，成都文物考古研究院刘祥宇。

绘图：陈　睿　马小姣
拓片：严　彬
执笔：刘祥宇　张志伟　陈大春　张振刚
钟　毅

注 释

［1］ 刘雨茂、朱章义：《四川地区唐代砖室墓分期研究初论》，《四川文物》1999年第3期。

［2］ 成都市文物考古工作队：《成都市西郊土桥村筒车田唐墓》，《四川文物》1999年第3期。

［3］ 刘雨茂、朱章义：《四川地区唐代砖室墓分期研究初论》，《四川文物》1999年第3期。

［4］ 成都文物考古研究所、新津县文物管理所：《新津两座唐墓清理简报》，《成都考古发现》（2006），科学出版社，2008年。

［5］ 刘雨茂、朱章义：《四川地区唐代砖室墓分期研究初论》，《四川文物》1999年第3期。

［6］ 成都市文物考古工作队：《四川成都市西郊金鱼村南宋砖室火葬墓》，《考古》1997年第10期。

成都市高新区王家山Ⅱ号点唐宋明墓葬发掘简报

成都文物考古研究院

为配合新川创新科技园项目基本建设，2019年12月下旬成都文物考古研究院对园区Ⅵ～30号地块范围进行了文物勘探，发现了古代墓群，墓群分布区所在地点为王家山。王家山包括两个相邻浅丘，被分别命名为王家山Ⅰ号点、Ⅱ号点，两个点均发现了古代墓群，此次清理发掘为王家山Ⅱ号点。王家山Ⅱ号点墓群位于成都市高新区中和街道蒲草社区六组，北为蒲东路，东为南C线，南为规划道路，西为南D线，中心位置地理坐标为东经104°5′26.6″、北纬30°29′54.3″，海拔为490.72～500.95米（图一）。

2019年12月下旬至2020年8月下旬，成都市文物考古工作队对王家山Ⅱ号点古代墓群进行了抢救性考古发掘，共清理74座古代墓葬（图二），包括汉六朝、唐宋、明代等各时期墓葬。唐宋明墓葬共发现25座，均叠压于近现代层之下，出土较多陶、瓷、铜、玉石器等各类材质的随葬品。现将唐宋明墓葬发掘情况简报如下。

一、唐宋墓葬

（一）墓葬形制

唐宋墓葬20座，包括M15、M18、M43、M44、M51～M53、M57、M59～M62、M65、M66、M69～M74。其中M43、M44两座墓葬保存较差，形制不辨[1]，其余18座墓葬虽存在不同程度的扰动，但保存相对较好。根据砌筑材料的不同，可将这18座墓葬分为甲、乙、丙三大类，其中乙类墓数量最多。

甲类　3座。砖室墓。均为单室墓。依据墓室平面的不同，分为二型。

A型　2座。墓室平面呈梯形。依据功能分区的不同，分为二亚型。

Aa型　1座。无墓道。

M71　墓葬被破坏，墓顶不存。墓向175°。墓圹平面呈长方形，长2.74、宽1.15、深0.18～0.69米。填土为黄褐色夹杂红褐色黏土，土质致密。墓室北窄南宽，长2.3、宽0.36～0.73、残高0.24～0.63米。墓室四壁和底部均由青砖砌筑而成。墓底由一层青砖错缝平铺而成。四壁均在铺地砖上开始砌筑砖墙，南壁现存青砖六层，一竖一平两层为一组，共三组，竖砖与平砖皆顺砌。北壁现存一平一竖两层青砖，皆顺砌。东西两壁砌筑方式相同，由下至上逐层砌筑，一竖一平为一组，现存三组共六层青砖，平砖顺砌，竖砖顺向与纵向相间砌筑，纵向砌筑的竖砖向墓壁外侧伸出，与墓圹内填土相互咬合。所

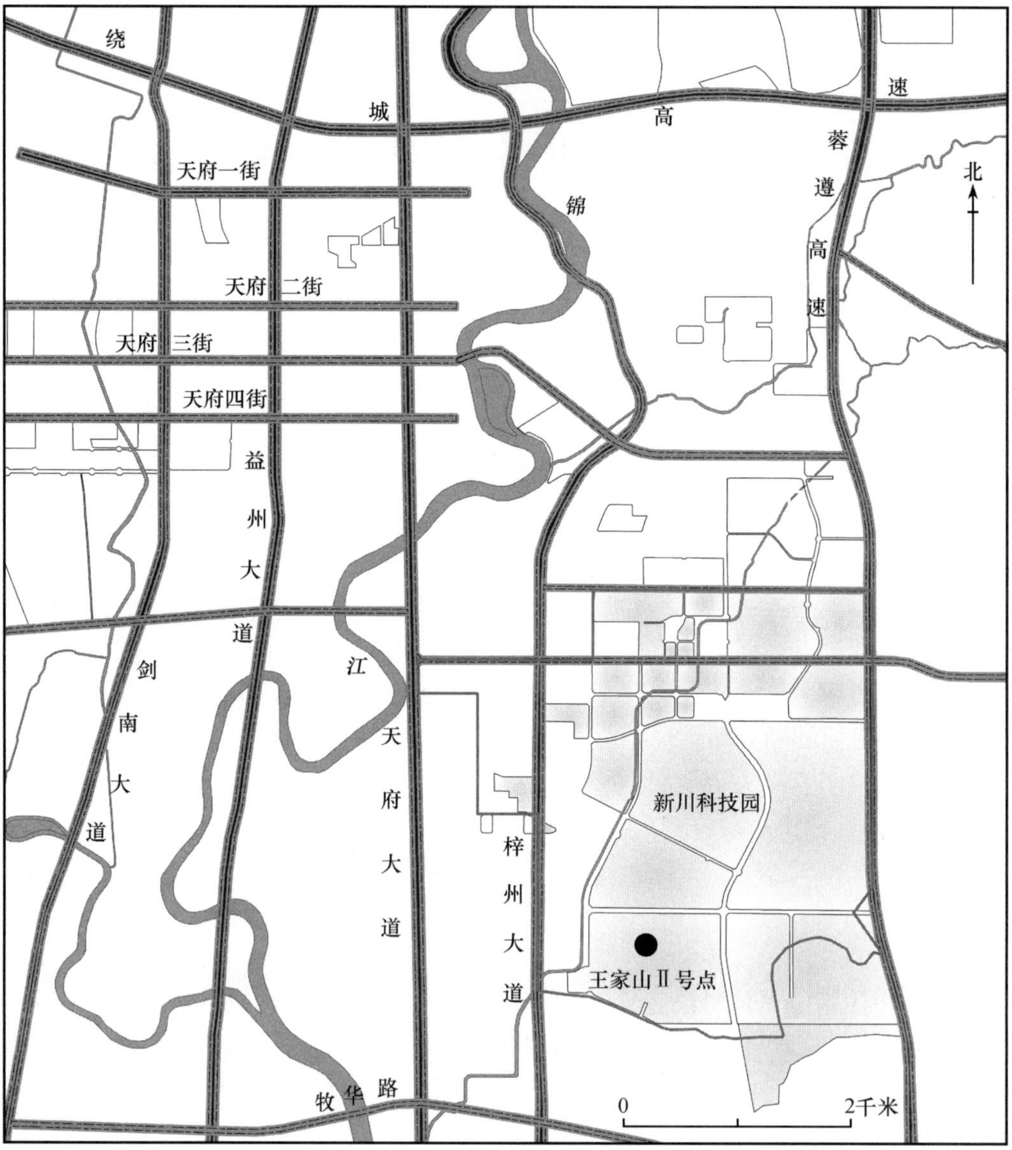

图一　墓地位置示意图

用青砖皆素面，平面呈长方形，长36、宽18、厚3厘米。未见人骨及葬具。该墓扰动严重，在墓室底部南侧出土瓷双耳罐、瓷盏各1件（图三）。

Ab型　1座。带墓道。

M74　墓葬被破坏，墓顶不存。墓向237°。由墓道、封门、墓室组成。墓圹平面呈长方形，长3.2、宽1.7、残深0.8米。填土为黄褐色五花土，夹杂黑色颗粒物，土质较致密。墓道平面呈半圆形，两壁斜直，底部为缓坡状，其内填土为黄褐色五花土，夹杂少量细碎石粒，土质较致密。墓道长1.05、宽0.65、最深处距地表0.54米。封门位于墓道东端，由青砖砌筑，在铺地砖上依次向上砌筑一丁两顺一丁，再上为顺铺14层，平砖之上遭破坏，结构不明。墓室长2.44、宽0.62～1.08、残高0.77米。墓壁及墓底均为青砖砌

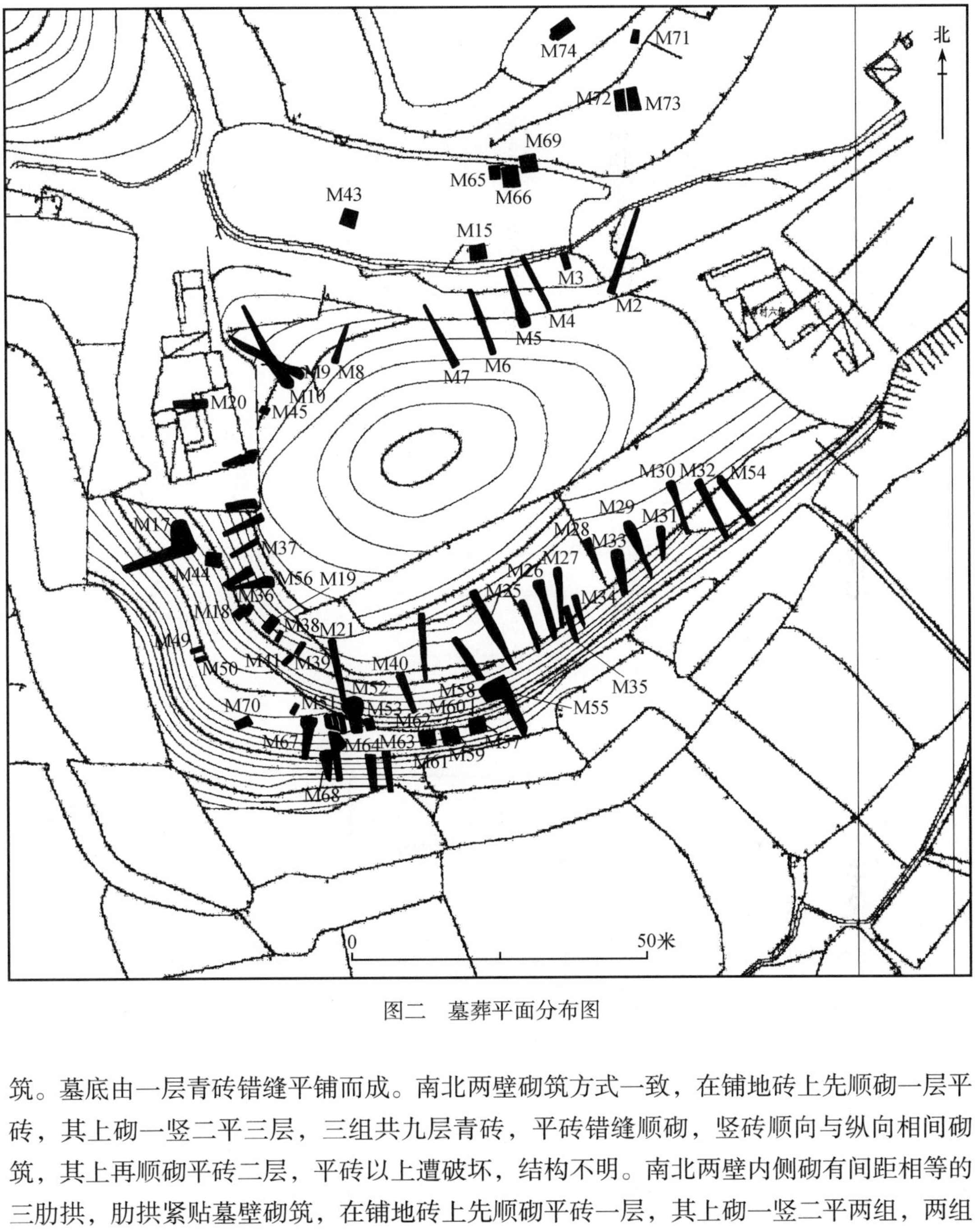

图二　墓葬平面分布图

筑。墓底由一层青砖错缝平铺而成。南北两壁砌筑方式一致，在铺地砖上先顺砌一层平砖，其上砌一竖二平三层，三组共九层青砖，平砖错缝顺砌，竖砖顺向与纵向相间砌筑，其上再顺砌平砖二层，平砖以上遭破坏，结构不明。南北两壁内侧砌有间距相等的三肋拱，肋拱紧贴墓壁砌筑，在铺地砖上先顺砌平砖一层，其上砌一竖二平两组，两组共六层青砖，平砖顺砌，竖砖纵砌，肋拱高0.54、相距0.57米。肋拱之上起券，逐层纵砌平砖，每层向内微收形成纵连式拱券，券顶已遭破坏，结构不完整，残高0.14～0.26米。东壁在铺地砖上依次向上砌筑竖砖一层，平砖一层，再砌竖砖一层，平砖两层、竖砖一层，平砖顺砌，竖砖皆纵砌，竖砖之上错缝顺砌平砖，平砖之上遭破坏，结构不明。墓室用砖皆为素面青砖，平面呈长方形，长37、宽18、厚3厘米。未见人骨及葬具。该墓经扰动，随葬品散乱分布，墓室底部西侧出土瓷碗、瓷瓶、瓷四系罐各1件（图四）。

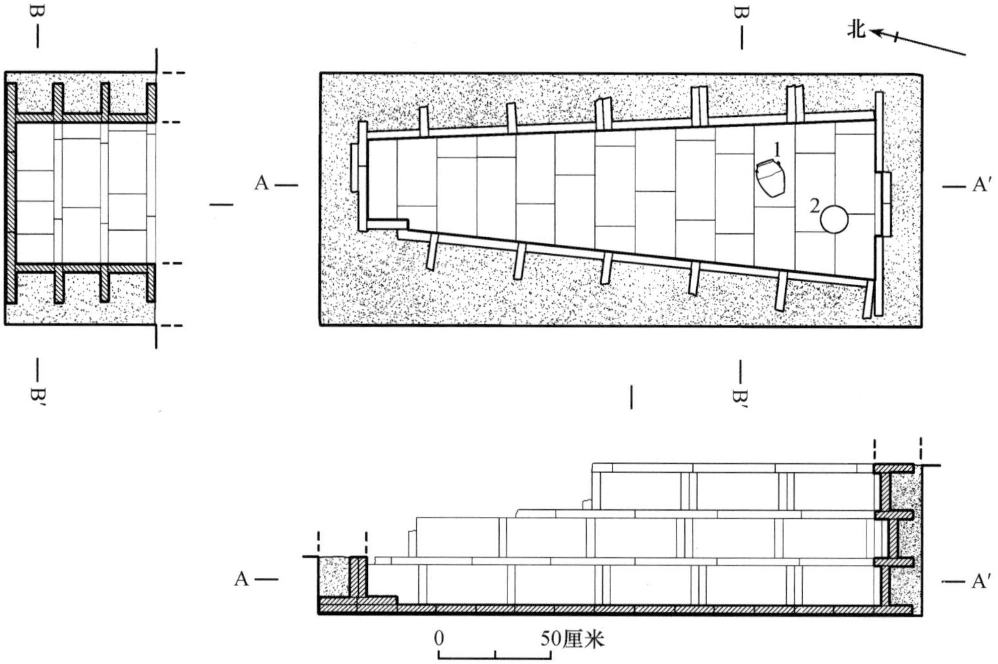

图三　M71平、剖面图

1. 瓷双耳罐　2. 瓷盏

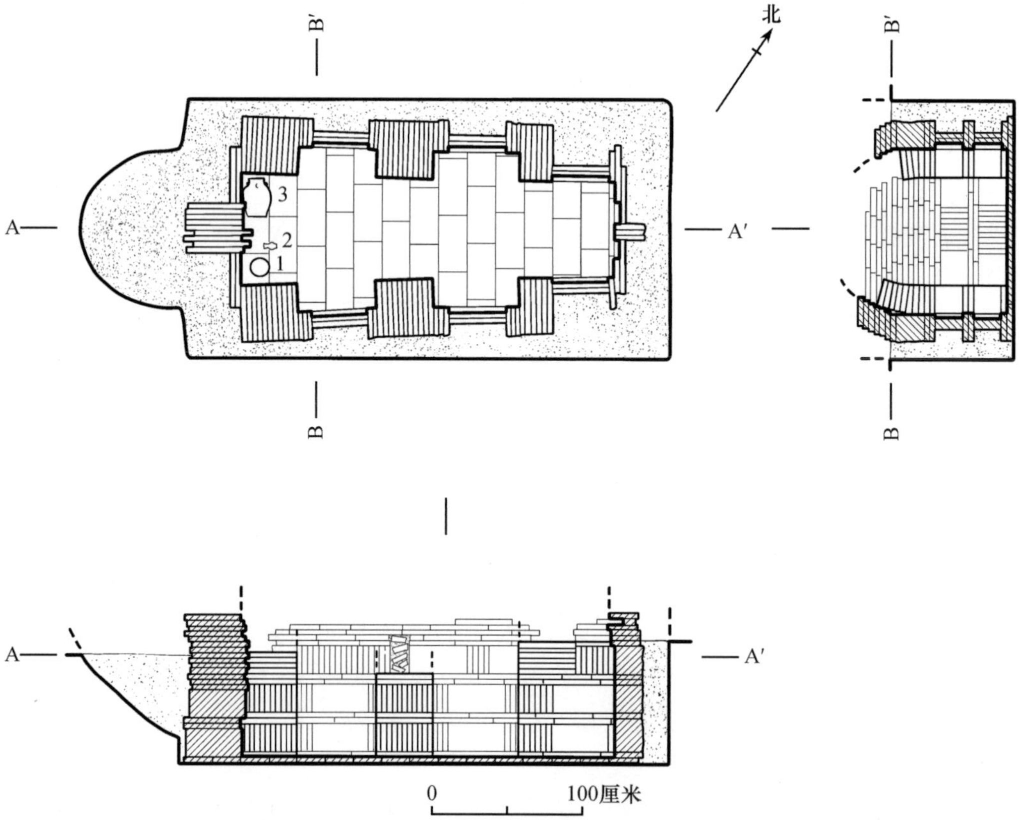

图四　M74平、剖面图

1. 瓷碗　2. 瓷瓶　3. 瓷四系罐

B型　1座。墓室平面近长方形。

M18　墓葬上部被M36打破。墓向235°。墓圹平面呈梯形，长3.02、宽1.8～1.94、残深0.8米。填土为黄褐色花土，包含少量青砖碎块和植物根茎。墓室北宽南窄，长2.5、宽0.8～0.92、残高0.72米。墓室四壁及墓底均由青砖砌筑而成。墓底由一层顺向与纵向交错的青砖平铺而成。四壁在铺地砖上开始砌筑砖墙，砌筑方式相同，均为两平一纵相间砌筑，平砖与纵砖皆顺砌。所用青砖素面，平面呈长方形，长32、宽16、厚4厘米。未见人骨、葬具。墓室南壁东、西角各放置陶武士俑1件，保存不佳，未修复（图五）。

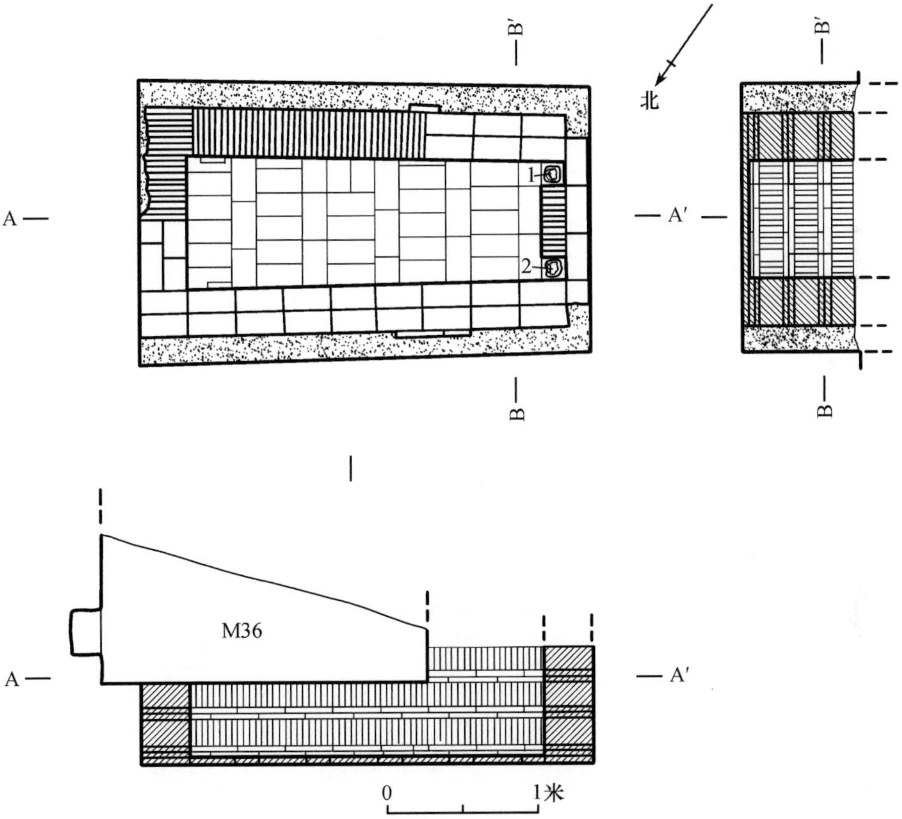

图五　M18平、剖面图
1、2. 陶武士俑（未修复）

乙类　11座。石室墓。根据墓室数量的不同，分为三型。

A型　7座。单室墓。墓室平面均呈长方形。根据有无甬道，分为二亚型。

Aa型　2座。无甬道。

M60　墓葬被破坏，墓顶不存。墓向175°。墓圹平面呈长方形，长3.04、宽1.4、深1.15米。填土为黄褐色砂土，包含少量植物根茎，土质较致密。墓室墓壁直立，底部平整，口底同大，长2.24、宽0.64、高0.67米。墓室四壁均由平面呈长方形的红砂岩石板砌筑而成，东、西壁两壁自墓圹底部向上纵向立砌四石板，南、北两壁自墓圹底部向上横向立砌二石板，四壁石板均紧贴铺地石板侧面立砌。墓壁石板素面，长0.84～1.18、宽0.3～0.44、厚0.16～0.2米。墓底由六块红砂岩石板横纵交错平铺而成，铺地石板长0.46～1.12、宽0.18～0.46、厚0.12米。未见人骨，墓底出土铁棺钉若干，推测原有木棺，现已腐朽不存。墓室底部北侧出土板瓦1件，应为墓主人之枕瓦。该墓已被扰动，仅墓室底部北侧出土瓷双耳罐1件（图六）。

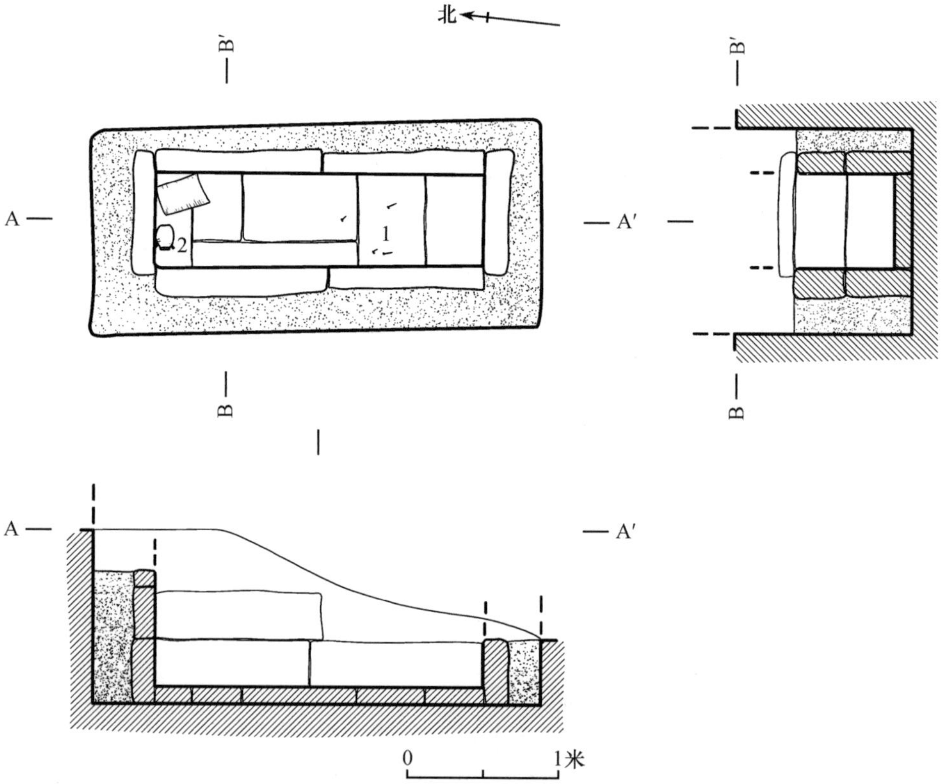

图六　M60平、剖面图

1. 棺钉　2. 瓷双耳罐

M70　墓葬保存完整。墓向250°。墓圹平面呈长方形，长3.38、宽2、深0.9米。填土为黄褐色五花土，夹杂黑色颗粒物，土质较致密。石室砌筑于墓圹内，长2.66、宽1、高0.84米。四壁直立，底部为原岩面，平整，口底同大。四壁均由长方形石条砌筑而成，先于墓圹底部四周凿宽0.43～0.55米的凹槽，再自凹槽中向上依次横向垒砌石条构筑墓室四壁。西壁凹槽深0.18米，其内横置一石板后与墓室中部高度齐平，石板平面呈长方形，长1、宽0.52、厚0.18米，自该石板向上顺向垒砌五块条石，形成封门。东壁由六块石条顺砌而成，内侧下部阴刻上、下、左、右、中五个对称分布的钱纹，大小相等，直径0.2米。南、北两壁先错缝顺砌四层石条，此为直墙，第五层开始起券，以截面为扇形的石条纵向砌筑，逐层内收形成纵连式拱券，扇形石条共7块，表面可见斜向的尖凿痕，长0.9～1.72、宽0.22～0.38、厚0.24～0.26米。墓壁及封门所用石条表面可见斜向的尖凿痕，长0.66～1.62、宽0.16～0.24、厚0.26米。未见人骨、葬具及随葬品（图七）。

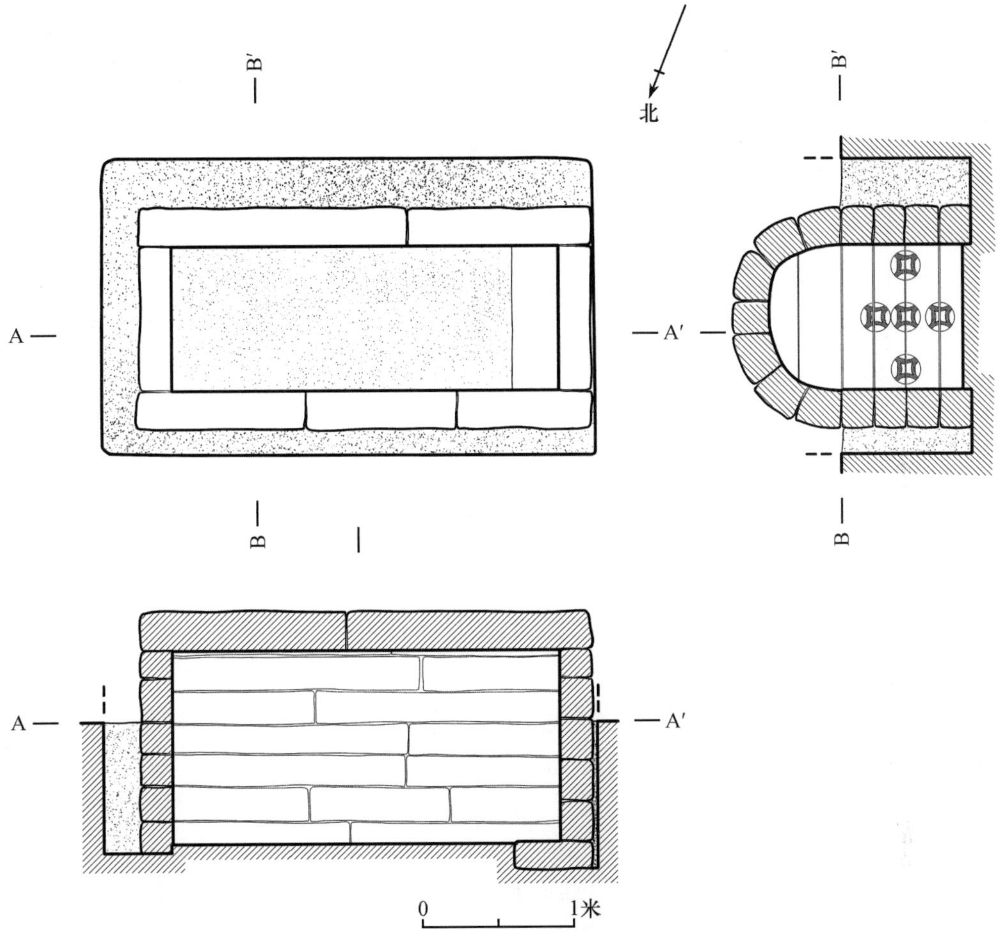

图七　M70平、剖面图

Ab型　5座。有甬道。

M57　墓葬被破坏，墓顶不存。墓向165°。由甬道、墓室组成。墓圹平面呈长方形，长3.28、宽1.4、残深1米。填土为红褐色沙土，包含少量植物根茎，土质较致密。甬道位于墓室南端，平面呈长方形，底部低于墓室底部0.12米，长0.34、宽0.79米。甬道底部横向平铺一红砂岩石板，南端紧贴铺地石板侧面立砌一块石板。墓室壁面陡直，底部平整，口底同大，残长2、宽0.79、残高1米。东、西两壁各残存两块直立红砂岩石板，石板紧贴铺底石侧面立砌，石板间以榫卯相接。北壁遭破坏，现已不存。两侧壁石板均为素面，长0.66～0.92、宽0.28～0.34、厚0.08～0.16米。墓室底部由红砂岩石板横向平铺而成，北侧已遭破坏，现仅存石板四块。铺地石板长0.79、宽0.44～0.56、厚

0.12～0.13米。铺地石板紧邻东、西两壁处各凿有一条细长的凹槽通向甬道，应做墓室排水之用，凹槽长1、宽0.07、深0.02米。未见人骨及葬具。该墓扰动严重，仅在墓室底部北侧出土铁钱1枚，锈蚀严重（图八）。

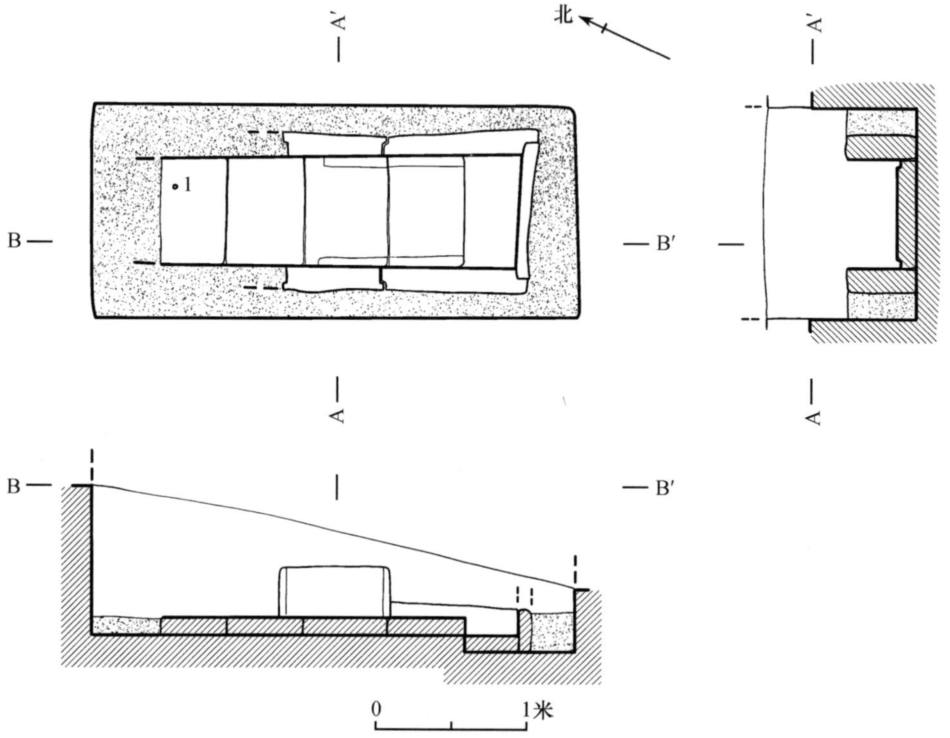

图八　M57平、剖面图
1. 铁钱

M59　墓葬被破坏，墓顶不存。墓向183°。由甬道、墓室组成。墓圹平面呈长方形，长3、宽1.6、深1.38米。填土为黄褐色沙土，包含少量植物根茎，土质较致密。甬道位于墓室南端，平面呈长方形，底部低于墓室底部0.24米，长0.36、宽0.8米。甬道底部为原岩面，未见铺地石，东、西两壁各立砌一石板。墓室壁面陡直，底部平整，口底同大，长2.1、宽0.8、残高1.2米。东、西两壁各由五块直立红砂岩石板砌筑，石板紧贴铺地石侧面立砌，上端破坏严重，高度参差不齐。墓室南、北两壁均由两块红砂岩石板横向砌筑而成。墓壁石板素面，宽、厚各不相同，规格不一，长0.46～0.78、宽0.24～0.67、厚0.08～0.2米。墓室底部平铺三块红砂岩石板，北部横向铺筑两块，南部纵向铺筑一块。铺地石素面，长0.8～1.44、宽0.33～0.8、厚0.1米。铺地石板紧邻东、西两壁处各凿有一条细长的凹槽通向甬道，应做墓室排水之用，凹槽长1.44、宽0.1、深0.02米。未见人骨，墓底出土铁棺钉若干，推测原有木棺，现已腐朽不存。该墓扰动严重，仅在墓室底部西侧出土瓷盏1件（图九）。

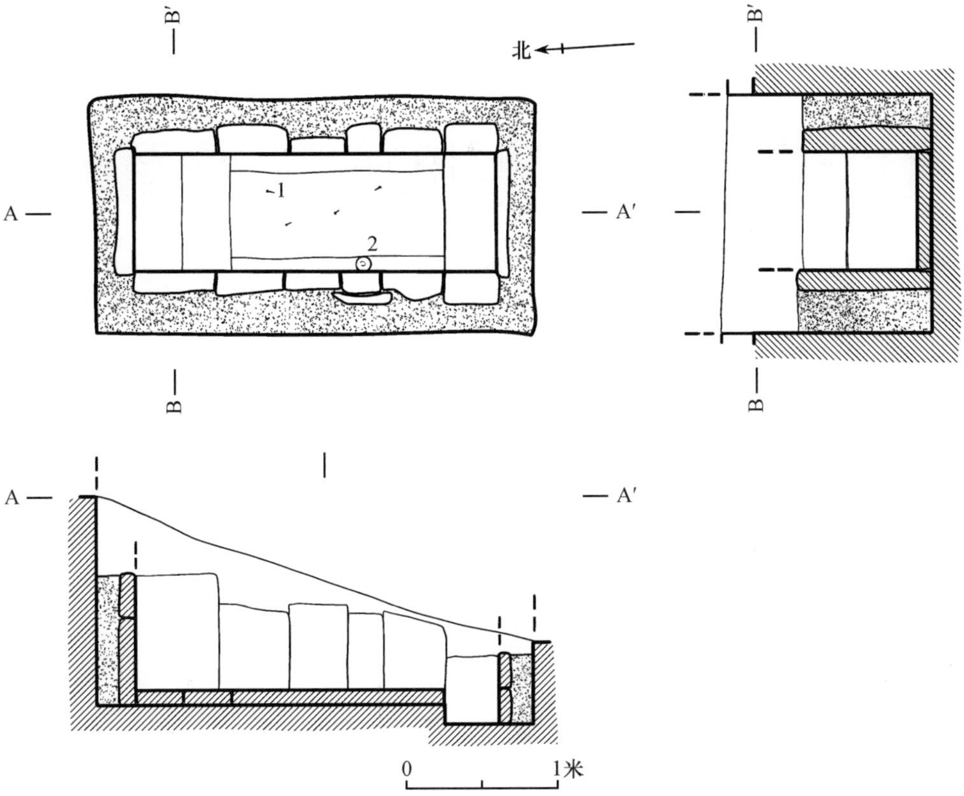

图九 M59平、剖面图
1. 铁棺钉 2. 瓷盏

M61 墓葬被破坏严重，墓顶不存。墓向172°。由甬道、墓室组成。墓圹平面呈长方形，长2.55、宽1.35、残深0.83米。填土为黄褐色花土，包含少量植物根茎，土质较致密。甬道位于墓室南端，平面呈长方形，底部低于墓室底部0.13米，长0.32、宽0.64米。甬道底部横向平铺红砂岩石板一块，东、西两壁紧贴甬道铺地石侧面各立砌一块石板。墓室壁面陡直，底部平整，口底同大，长1.7、宽0.65、残高0.84米。东、西两壁各由五块直立红砂岩石板砌筑，石板紧贴铺地石侧面立砌，上端破坏严重，高度参差不齐。墓室南、北两壁均由两块红砂岩石板横向砌筑而成。墓壁石板素面，宽、厚各不相同，规格不一，长0.18～0.92、宽0.3～0.48、厚0.1～0.18米。墓室底部由六块红砂岩石板纵横交错平铺而成，铺地石素面，长0.3～1.44、宽0.22～0.52、厚0.14米。未见人骨，墓底出土铁棺钉若干，推测原有木棺，现已腐朽不存。甬道底部北侧出土板瓦1件，应为墓主人之枕瓦。该墓扰动严重，随葬品散乱分布，甬道底部出土陶匍匐俑1件，残不可修，墓室底部出土瓷碗、瓷双耳罐各1件（图一〇）。

M62 墓葬被破坏严重，墓顶不存。墓向178°。由甬道、墓室组成。墓圹平面呈梯形，北宽南窄，长2.7、宽1.18～1.35、深0.72米。填土为黄褐色花土，包含少量植物根茎，土质较致密。甬道位于墓室南端，平面呈长方形，底部低于墓室底部0.1米，长

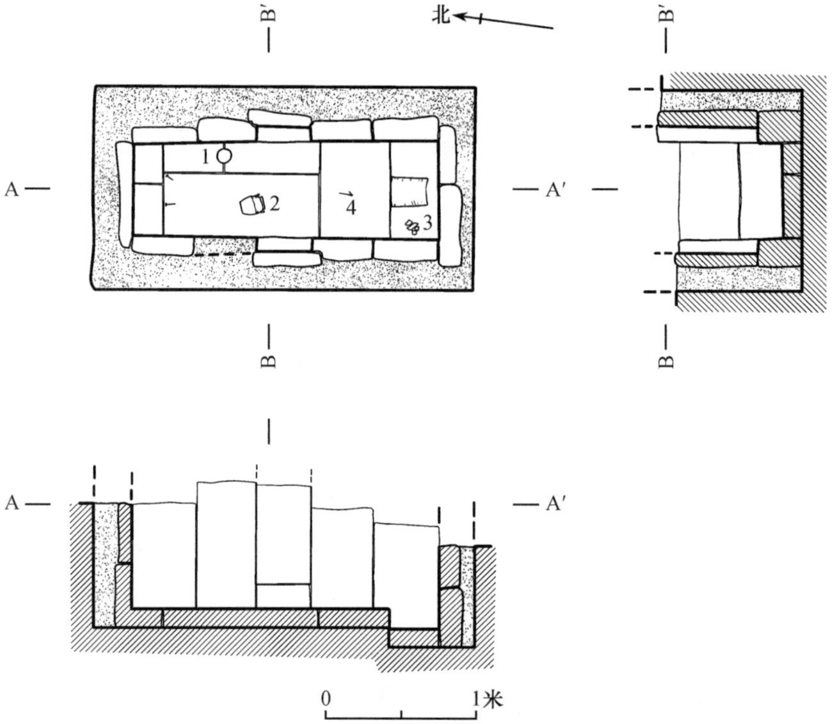

图一〇　M61平、剖面图

1. 瓷碗　2. 瓷双耳罐　3. 陶甪鬲俑　4. 铁棺钉

0.36、宽0.7米。甬道底部横向平铺红砂岩石板一块，东、西两壁紧贴甬道铺地石侧面各立砌一块石板。墓室壁面陡直，底部平整，口底同大，长1.7、宽0.72、残高0.64米。东、西两壁各由五块直立红砂岩石板砌筑，石板紧贴铺地石侧面立砌，上端破坏严重，高度参差不齐。墓室南、北壁均由红砂石板横向砌筑而成，北壁有两块石板，南壁残存一块石板。墓壁石板素面，宽、厚各不相同，规格不一，长0.18～0.6、宽0.26～0.48、厚0.1～0.18米。墓室底部由四块红砂岩石板纵横交错平铺而成，铺地石素面，长0.5～1.3、宽0.16～0.52、厚0.12米。未见人骨，墓底出土铁棺钉若干，推测原有木棺，现已腐朽不存。该墓扰动严重，随葬品散乱分布，甬道底部出土石买地券1方，未见券文，另有陶甪鬲俑1件，墓室底部出土瓷双耳罐2件、瓷盏1件，另有铁钱若干，锈蚀严重（图一一）。

M72　墓葬保存完整。墓向351°。由甬道、墓室组成。墓圹平面呈梯形，北宽南窄，长3.34、宽1.58～1.68、深1.22～1.42米。填土为黄褐色五花土，包含黑色颗粒状物，土质较致密。封门位于甬道北端，由五块宽度不一的红砂岩石条横向顺砌而成。甬道南接墓室，平面呈长方形，底部低于墓室底部0.22米，长0.34、宽0.9米。自墓圹底部横向平铺一块红砂岩石板，在石板之上东、西两端各立砌一块石板构成侧壁。墓室口底同大，长2.25、宽0.88、高1米。墓底由六块石板平铺而成，自南向北先横向平铺三块石

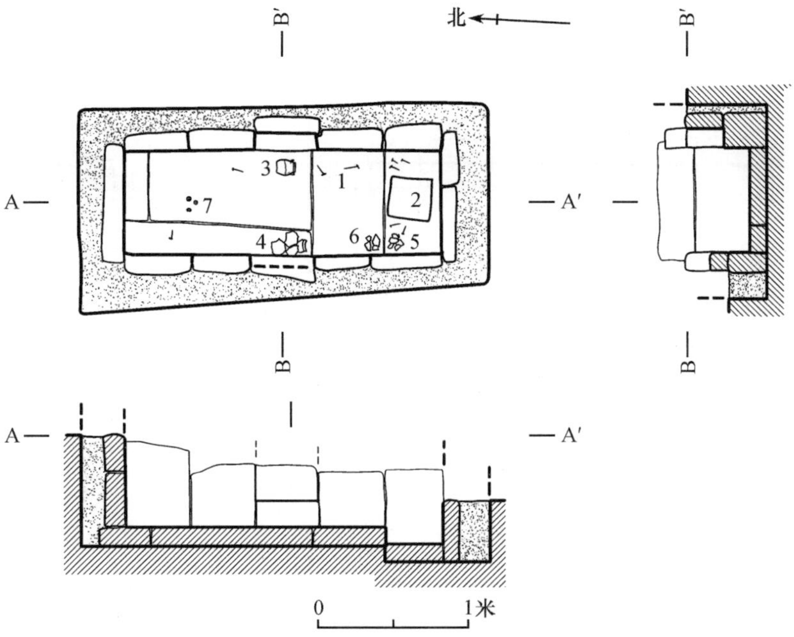

图一一 M62平、剖面图

1. 铁棺钉 2. 石买地券 3、4. 瓷双耳罐 5. 陶俑匐俑 6. 瓷盏 7. 铁钱

板，再纵向平铺三块石板，石板平面呈长方形，表面可见尖状凿痕，长0.88～1.1、宽0.16～0.6、厚0.14～0.22米。石板之上砌筑东、西、南三壁，三壁砌筑方式相同，均由红砂岩石板横向逐层垒砌三层而成，其中南壁使用四块石板，东、西两壁各用六块石板。石板均素面，表面可见尖状凿痕，长0.84～1.12、宽0.22～0.38、厚0.1～0.3米。墓顶为平顶，由东、西直墙上横向平铺的六块条石砌成，条石平面呈长方形，素面，表面可见尖状凿痕，长0.98～1.26、宽0.22～0.38、厚0.18～0.2米。未见人骨及葬具。墓室底部南侧出土瓷双耳罐1件（图一二）。

B型 3座。双室墓，为共用墓圹的异穴合葬墓。根据有无甬道，分为二亚型。

Ba型 2座。无甬道。

M15 墓葬被破坏严重，墓顶不存。墓向356°。双室东西并列。墓圹平面呈长方形，东西长3.1、南北宽3.06、深0.7米。填土为红褐色沙土，包含少量植物根茎，土质较致密。二墓室形制相同，墓室平面均呈长方形，墓壁直立，北、东、西三壁及墓顶垮塌，破坏严重，长2.1、宽0.7、残高0.61米。东、西两壁残存有直立红砂岩石板，石板紧贴铺地石侧面立砌，北壁遭破坏，现已不存，南壁残存石板一块，长0.52、宽0.16、厚0.12米。两侧壁石板均为素面，长0.4～0.74、宽0.12～0.26、厚0.1～0.27米。墓室底部由红砂岩石板横向平铺而成，铺地石板长0.7～0.9、宽0.44～0.7、厚0.12米。未见人骨及葬具。该墓扰动严重，仅在西侧墓室底部出土陶俑匐俑1件，另有铁钱1枚，锈蚀严重（图一三）。

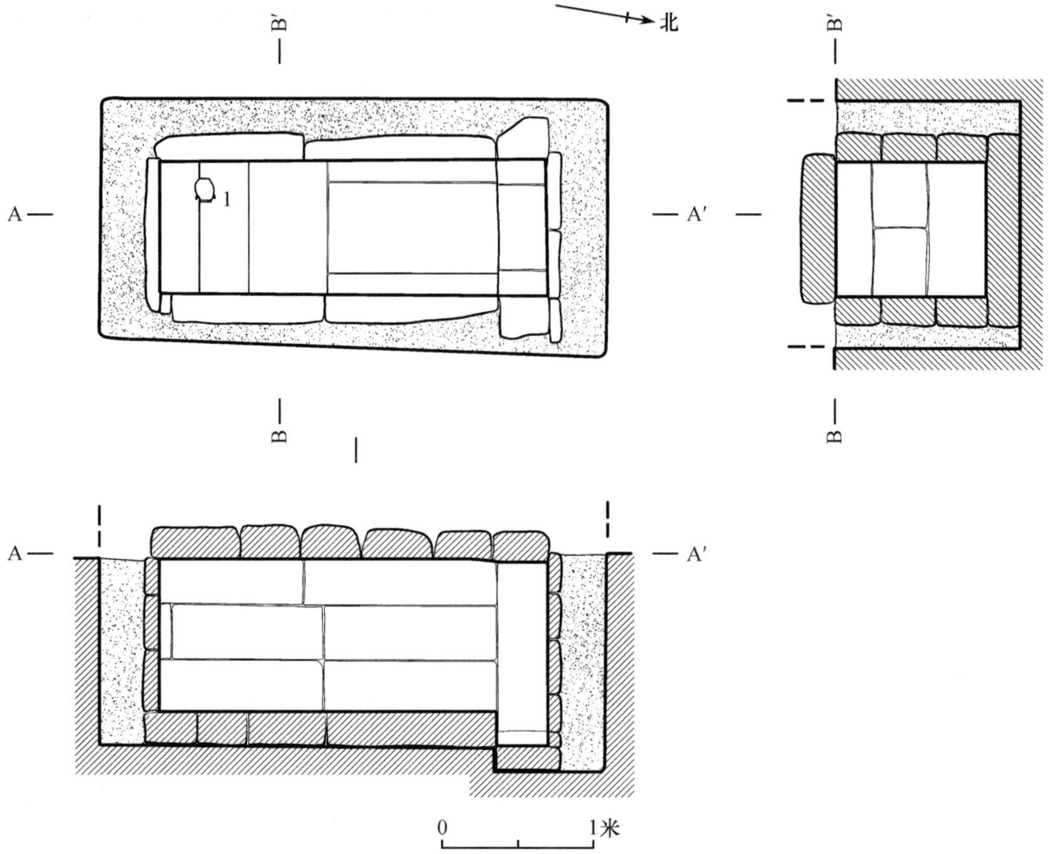

图一二　M72平、剖面图
1. 瓷双耳罐

M53　墓葬被破坏严重，墓顶不存。墓向0°。双室东西并列。现直接开口于耕土层下，距地表0.4米。二墓室均砌筑于墓圹内，墓圹平面呈曲尺形，南部遭破坏，现已不存，残长2.4、宽1.2～1.75、深0.06～0.4米。墓圹填土为黄褐色夹杂红褐色五花土，包含少量植物根茎，土质较紧密。东侧墓室平面呈长方形，因晚期扰动，墓室顶部完全缺失，墓壁被破坏。墓壁直立，底部平整，口底同大，残长2.02、宽0.72、残高0.4米。左右两壁各以四块红砂岩石板立砌而成，北壁用一块红砂岩石板立砌而成，南壁遭破坏，结构不详。红砂岩石板长0.3～0.84、宽0.44、厚0.1～0.18米。墓底由数块红砂岩石板横纵交错平铺而成，铺底石板长0.36～0.9、宽0.32～0.72、厚0.1米。墓室底部残存人骨一具，从朽痕观察，应为仰身直肢葬，未见葬具。墓室底部出土石买地券1方，保存较差，未见券文，另有瓷双耳罐1件。西侧墓室平面呈长方形，因晚期扰动，墓室顶部完全缺失。墓壁直立，底部平整，口底同大，残长0.98、残宽0.34～0.4、残高0.24米。墓壁大部分缺失，仅残存后壁。后壁为一块红砂岩石板立砌而成，石板长0.6、宽0.24、厚0.14米。墓室底部平整，为一块红砂岩石板平铺而成，石板长0.98、宽0.34～0.4、厚0.1米。墓室底部残存人骨火化残渣，未见葬具（图一四）。

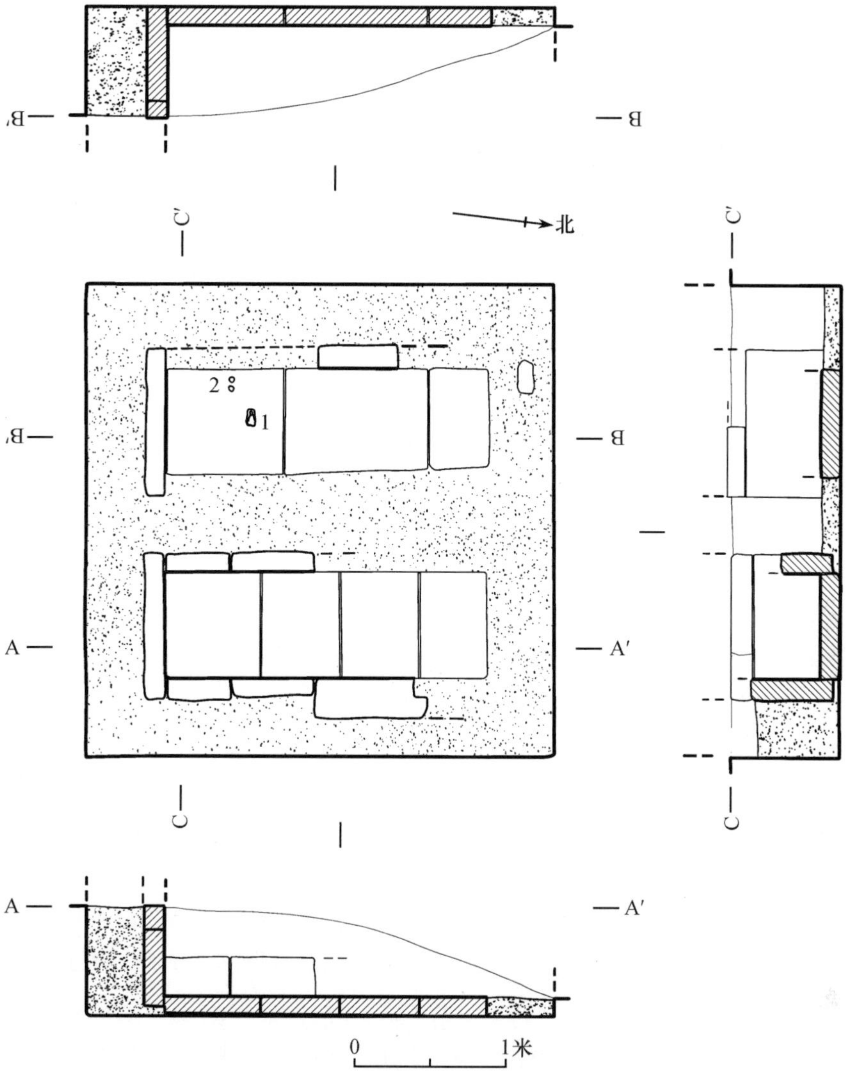

图一三　M15平、剖面图
西室：1. 陶甪蔮俑　2. 铁钱

Bb型　1座。有甬道。

M69　墓葬部分保存完整。墓向174°。双室东西并列。墓圹平面略呈方形，边长3.8、深1.33米，东南角被破坏。填土为黄褐色花土，土质较为致密。东、西两室结构相同，均由封门、甬道、墓室、壁龛、排水设施组成。西墓室顶部垮塌严重，东墓室保存较为完整，现以东室为例描述其结构。墓顶保存完整，平面呈长方形，长2.88、宽1.48米，以六块素面石板横向平铺，石板长0.4～1.5、宽0.4～0.5、厚0.3～0.6米。墓室平面呈长方形，长2.64、宽1.18、高1.24米。墓室四壁及铺地石均由红砂岩石板砌筑而成。封门位于甬道北端，自甬道铺地石上向上依次横砌红砂石板四块构成封门。甬道南接墓室，平面呈长方形，底部低于墓室底部0.16米，长0.36、宽0.76米。甬道底部横向平铺

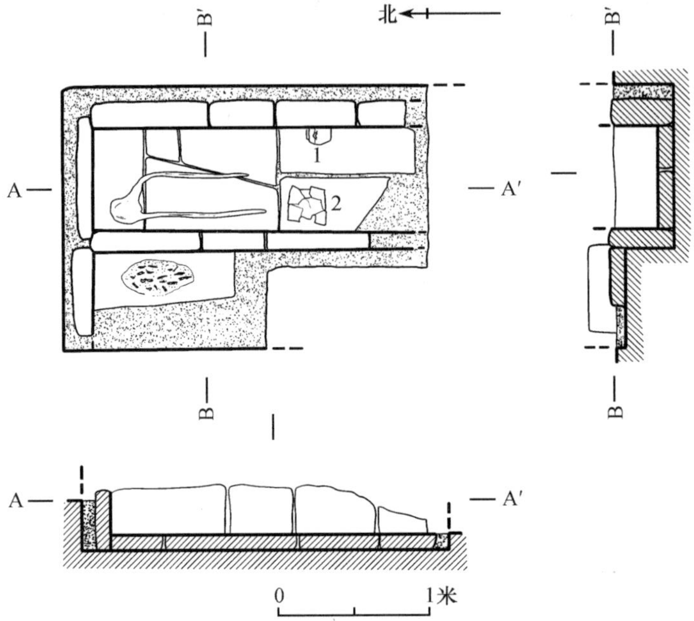

图一四　M53平、剖面图

东室：1. 瓷双耳罐　2. 石买地券

一块红砂岩石板，其上东、西两端各立砌一块石板。墓室平面呈长方形，墓壁直立，墓底平铺两纵三横共五块红砂岩石板。东、西两壁砌筑方式相同，在铺地石上各立砌五块红砂岩石板，石板三前两后前后交错砌成，在墓室东、西壁内侧各形成两个浅龛，龛立面呈长方形，宽0.4、高0.9、进深0.13米，龛底距墓底0.26米。南壁由五块红砂岩石板分三层砌筑而成，自墓圹底部紧贴铺地石侧面横向砌筑一红砂岩石条，其上东、西两端立砌与之等宽的石条各一块，中部竖砌一方形石板，石板稍薄，最上一层横砌一与底部石条宽度相等、厚度稍薄的石条，五块红砂岩石块在南壁内侧形成一浅龛，龛立面呈长方形，宽0.46、高0.7、进深0.15米，龛底距墓底0.3米。铺地石板紧邻东、西两壁处各凿有一条细长的浅槽通向甬道，应做墓室排水之用，浅槽长1.9、宽0.12、深0.03米。砌筑墓壁的石板长0.3～1.24、宽0.22～0.46、厚0.14～0.32米，墓底铺地石板长0.9～1.08、宽0.34～0.4、厚0.16米，石板皆素面。东、西墓室均未见人骨及葬具，出土随葬品均为瓷器。东室保存完整，甬道内出土瓷双耳罐1件，墓室底部北侧出土瓷盏和陶甪甪俑各1件。西室经扰动，随葬品集中分布在甬道及墓室底部北侧内，其中甬道底部出土瓷器盖1件，墓室底部北侧出土瓷四系罐1件、瓷双耳罐1件、瓷盏1件、陶甪甪俑1件，另外在墓室底部南侧出土瓷四系罐1件（图一五）。

C型　1座。多室墓。

M51　墓葬被破坏严重，墓顶不存。墓向173°。该墓为墓圹分离的异穴石室墓，东西向并列三室。墓室均由红砂岩石板砌筑而成。东室墓圹与中、西室墓圹以生土分隔，

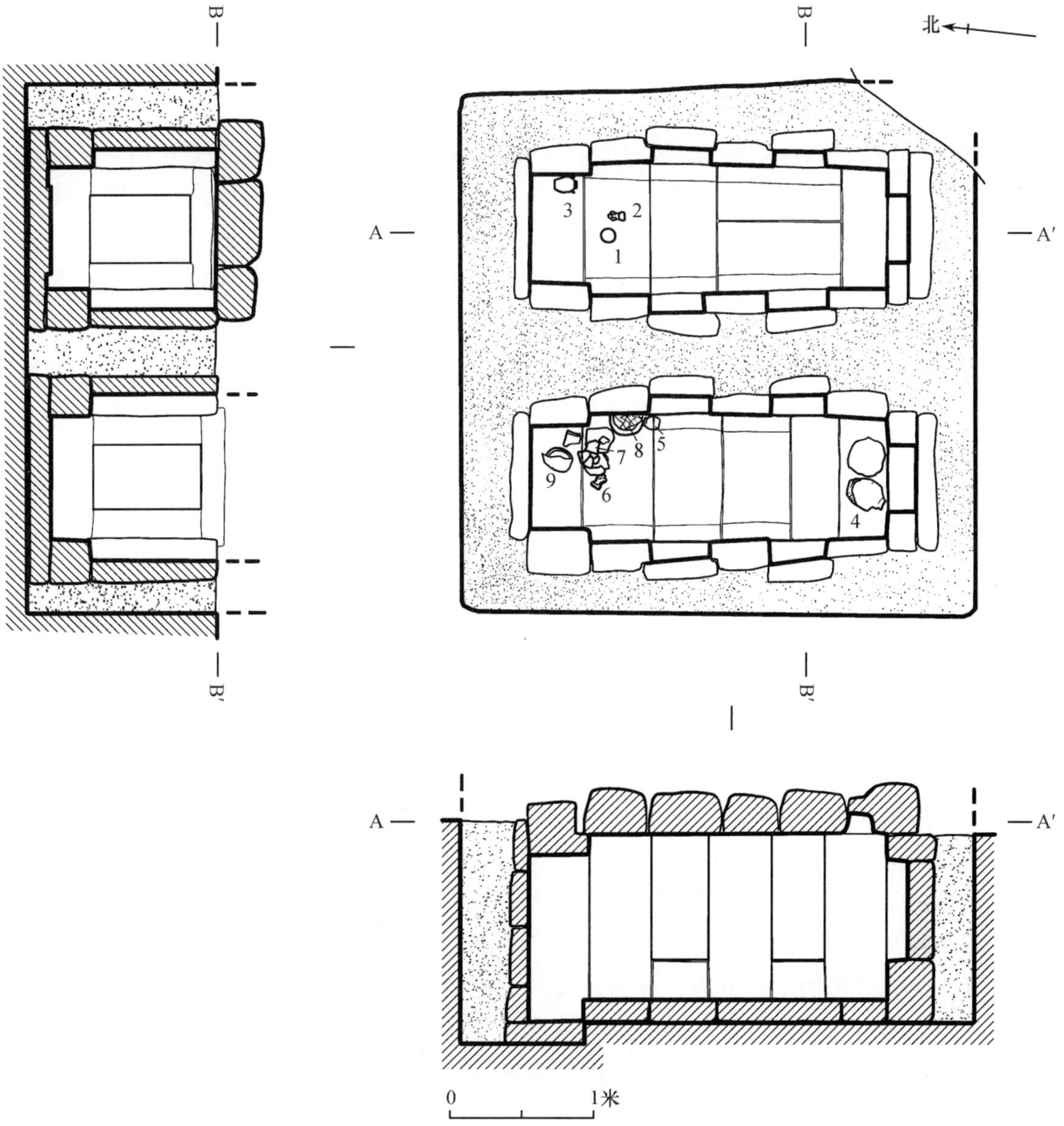

图一五　M69平、剖面图

东室：1. 瓷盏　2. 陶俑匐俑　3. 瓷双耳罐

西室：4、7. 瓷四系罐　5. 瓷双耳罐　6. 陶俑匐俑　8. 瓷盏　9. 瓷器盖

中室墓圹打破西室墓圹，两墓圹以填土分隔。三室墓圹平面均呈长方形。填土为黄褐色夹杂红褐色五花土，包含少量植物根茎，土质较致密。西、中室墓圹南部及东室墓圹西南角被一晚期坑破坏。东室墓圹长2.9、宽1.53、残深0.87米。中室墓圹残长1.28、宽0.63、残深0.33米。西室墓圹长残长2.44、宽1.52、残深0.56米。东室由封门、甬道、墓室、壁龛组成。封门位于甬道南端，由一块红砂岩石板立砌而成。甬道北接墓室，平面呈长方形，底部较墓室底部低0.35米，长0.34、宽0.78米。甬道底部横向平铺一块

石板，东西两壁紧贴铺地石侧面各立砌一块石板。墓室平面呈长方形，口底同大，长1.9、宽0.7、残高0.82米。直壁，墓底平整。东、西侧壁由竖向、横向石板各一块相间砌筑，石板紧贴铺地石侧面，在横向石板上向墓室外侧立砌一石板，形成长方形壁龛，东侧壁龛宽0.48、残高0.48、进深0.16米；西侧壁龛宽0.45、残高0.5、进深0.14米。后壁紧贴铺地石侧面立砌二石板，其上横向立砌一石板。墓底自北向南依次横纵交错平铺三石板，再立砌一石板，立砌石板紧贴甬道铺地石侧面。未见人骨及葬具。墓底中部出土买地券1方及瓷片若干。中室平面呈长方形，口底同大，长1、宽0.4、残深0.22米。东、西两壁及前壁均遭破坏，现仅存后壁。后壁由一石板立砌而成，石板长0.14～0.52、宽0.08～0.28、厚0.08～0.16米。墓底平铺一块石板，长1、宽0.4、厚0.1米。墓底留有骨灰残渣，未见葬具。墓底南部出土买地券1方，保存较差，未见券文，另有钱币若干枚。西室保存极差，墓室西南部遭破坏，现已不存。口底同大，残长0.9～1.98、宽0.72、残深0.3米。墓壁大部分缺失，仅残存后壁。后壁由一石板立砌而成，石板残长0.44、残宽0.36、厚0.14米。墓底平铺一石板，长0.22～1.24、宽0.18～0.72、厚0.1米。墓底残存人头骨朽痕，未见葬具。墓底后部出土铜发簪1件、银耳环1件、琉璃珠饰若干，银耳环叠压于铜发簪之下，铜发簪、银耳环、珠饰保存较差（图一六）。

丙类　4座。砖石混筑墓。根据墓室数量的不同，分为二型。

A型　2座。单室墓。

M65　墓葬保存较好。墓向185°。墓圹平面呈长方形，长2.32、宽1.24、深0.43米。填土为黄褐色花土，夹杂黑色颗粒物，包含少量植物根茎，土质较致密。墓室平面呈梯形，南宽北窄，长1.62、宽0.42～0.42、残高0.43米。墓底及四壁均由青砖砌筑而成。墓底由一层青砖斜向错缝平铺而成。四壁砌筑方式一致，先在铺地砖上顺砌一层平砖，其上依次砌竖砖一层，平砖二层，竖砖一层，平砖一层，竖砖顺向与纵向相间砌成，平砖皆顺砌。青砖平面呈长方形，素面，长31、宽15、厚3厘米。最上层平砖上横向平铺盖顶石，墓顶部分遭破坏，仅南侧尚存盖顶石条4块，石条平面呈长方形，表面可见尖状斜向凿痕，长1.04、宽0.21～0.25、厚0.08米。墓室底部北侧残存人骨，大致分布于长0.45、宽0.25米的长方形区域内，未见葬具。该墓扰动严重，仅在墓室底部东北角出土瓷双耳罐1件（图一七）。

M73　墓葬被严重破坏，墓顶残甚。墓向352°。墓葬由封门、甬道、墓室组成。墓圹呈长方形，长3.18、宽1.6、残深1.51米。填土为黄褐色花土，土质致密。封门位于甬道北侧，由五块宽度不一的红砂岩石条横向顺砌而成。甬道南接墓室，平面呈长方形，长0.32、宽0.86米，底部低于墓室底部0.22米，自墓圹底部横向平铺一块红砂岩石板，在石板之上东、西两端各立砌一块石板构成侧壁。墓室平面呈长方形，口底同大，长2.15、宽0.88、高1.21米。墓底由六块石板纵向平铺而成，石板平面呈长方形，素面，长1.12～1.14、宽0.14～0.88、厚0.1～0.22米。石板之上砌筑东、西、南三壁，三壁砌筑方式相同，均由红砂石条横向逐层垒砌二层而成，其中南壁使用三块石条，东、西两

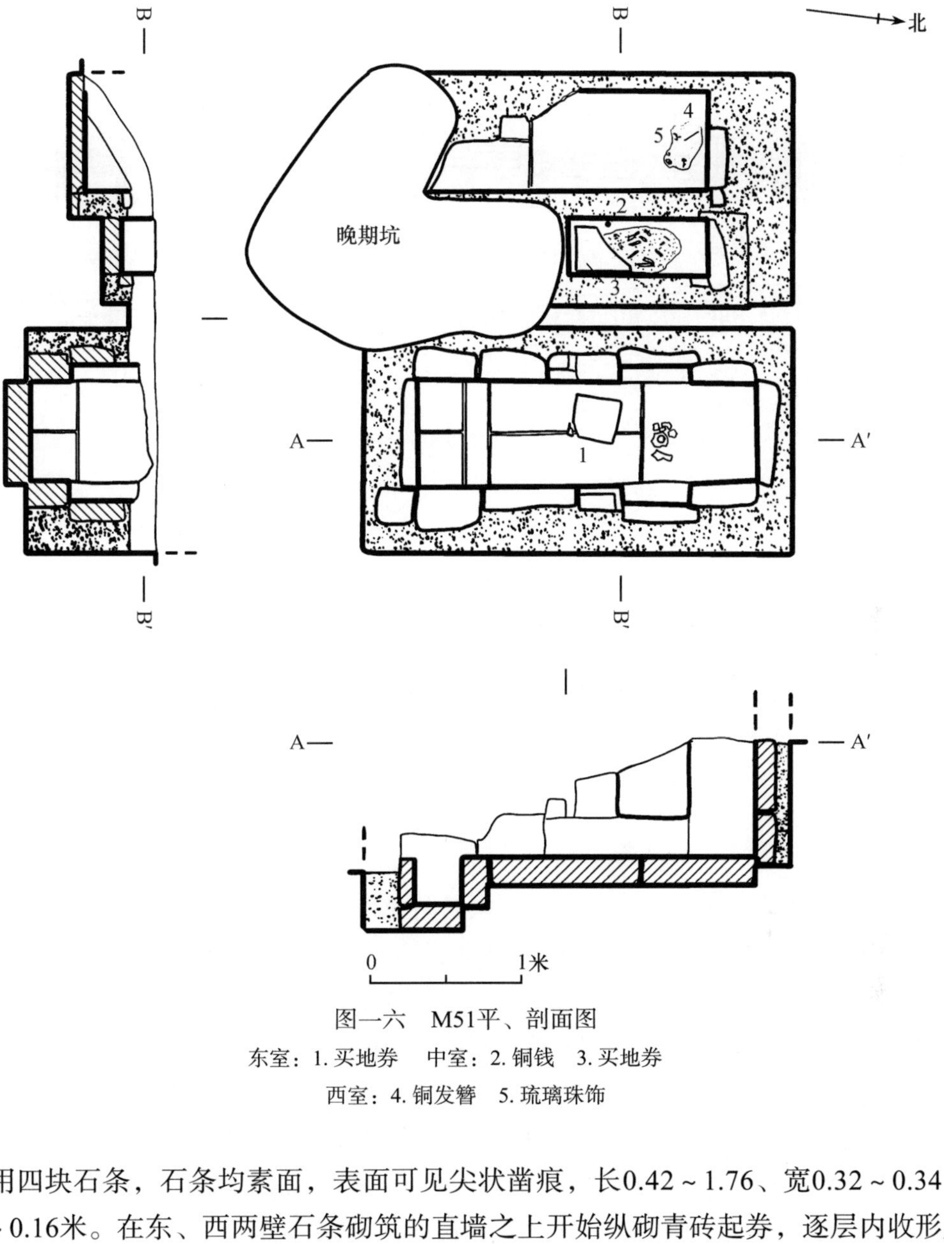

图一六　M51平、剖面图

东室：1. 买地券　中室：2. 铜钱　3. 买地券

西室：4. 铜发簪　5. 琉璃珠饰

壁各用四块石条，石条均素面，表面可见尖状凿痕，长0.42～1.76、宽0.32～0.34、厚0.14～0.16米。在东、西两壁石条砌筑的直墙之上开始纵砌青砖起券，逐层内收形成纵连式拱券，券高0.62米，券砖素面，平面呈长方形，长32、宽16、厚3厘米。券顶垮塌严重，仅南部稍完整。墓室南壁石条之上砌一平一竖两组共四层，平砖顺砌，竖砖纵砌，向上再顺砌四层平砖与券顶相接。券顶与墓圹东壁之间残存纵向砌筑的平砖七层。除券顶砖外，其余用砖皆素面，平面呈长方形，长32、宽14、厚4厘米。未见人骨及葬具。该墓经扰动，随葬品散乱分布，甬道内出土瓷双耳罐1件；墓室底部出土瓷盒3件、瓷碗1件、铜镜1面，瓷盒残损严重，未提取。整理时又修复完整瓷双耳罐1件，位置不详（图一八）。

B型　2座。双室墓，为共用墓圹的同穴异室墓。

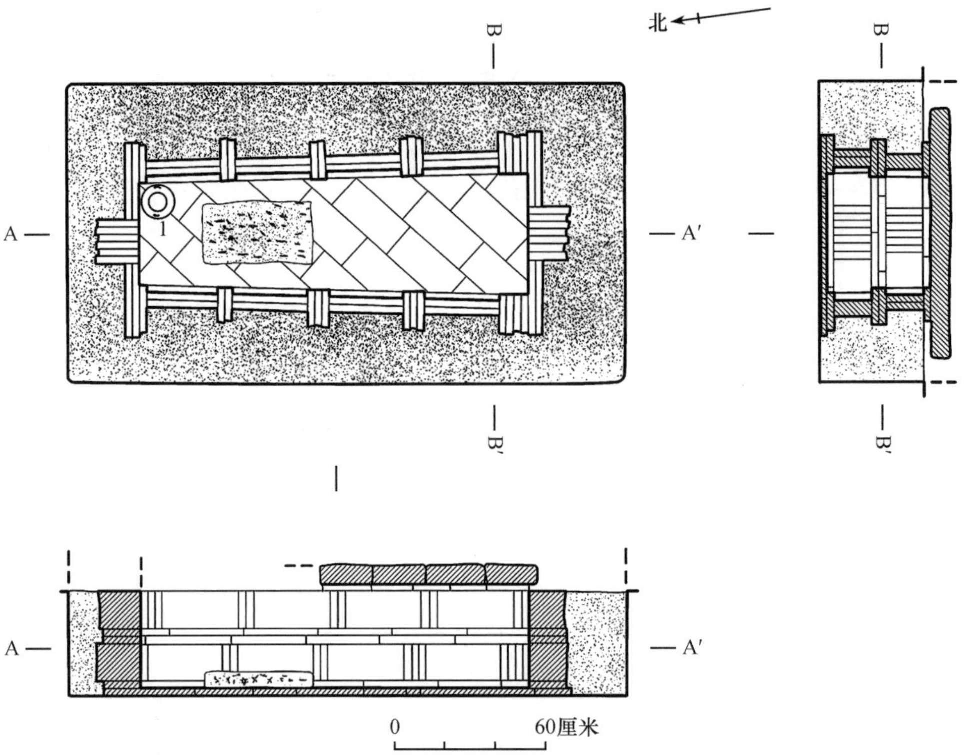

图一七　M65平、剖面图
1. 瓷双耳罐

M52　墓葬保存较差。墓向4°。双室东西向并列。墓圹开凿于山体原岩之中，由上自下呈三级台阶逐层向下收缩。第一级台阶上墓圹平面呈圆形，直径4.2米。该层砌有半圆形外墙，外墙自底部向上依次砌筑一平一丁两组共四层素面青砖，平砖皆顺砌，丁砖侧砌。丁砖之上再顺砌平砖一层，该层平砖之上的部分已遭破坏，结构不明。砌筑外墙的青砖有三种规格，分别为长36、宽18、厚4厘米，长34、宽17、厚3.5厘米，长32、宽16、厚3.5厘米。向下第二、三级台阶上墓圹的平面均呈长方形，第二层墓圹东西长3.28、南北宽2.93米。第三层墓圹东西长3.05、南北宽2.96米，墓室墙砖及封门砌筑于该级台阶之上，封门券顶的最高点低于第二级台阶所在的平面。墓圹内填土为黄褐色黏土，包含黑色颗粒，其内夹杂少量碎陶、瓷片，土质较致密。东西墓室结构相同，均由墓道、封门、甬道和墓室组成。墓道北接封门，直接开凿于山体原岩之上，呈短斜坡状，平面略呈长方形，两壁斜直，底部凹凸不平，填土为黄褐色五花土，包含少量细碎石粒，土质较致密。东室墓道长0.94、宽0.7～1.19、最深处距现地表0.7米；西室墓道长0.89、宽1.14～1.23、最深处距现地表0.67米。封门分两层，外层为石板，内层为砖墙。砖墙自墓圹第三级台阶上开始砌筑，先由下至上依次砌一平一丁两层青砖，平砖顺砌，丁砖侧砌，丁砖之上再错缝顺砌十层平砖。紧贴砖墙外侧自墓道底部向上侧立石板三块，构成外层封门墙。甬道为向下开凿原岩而成，南接墓道，平面呈长方形，底部低于

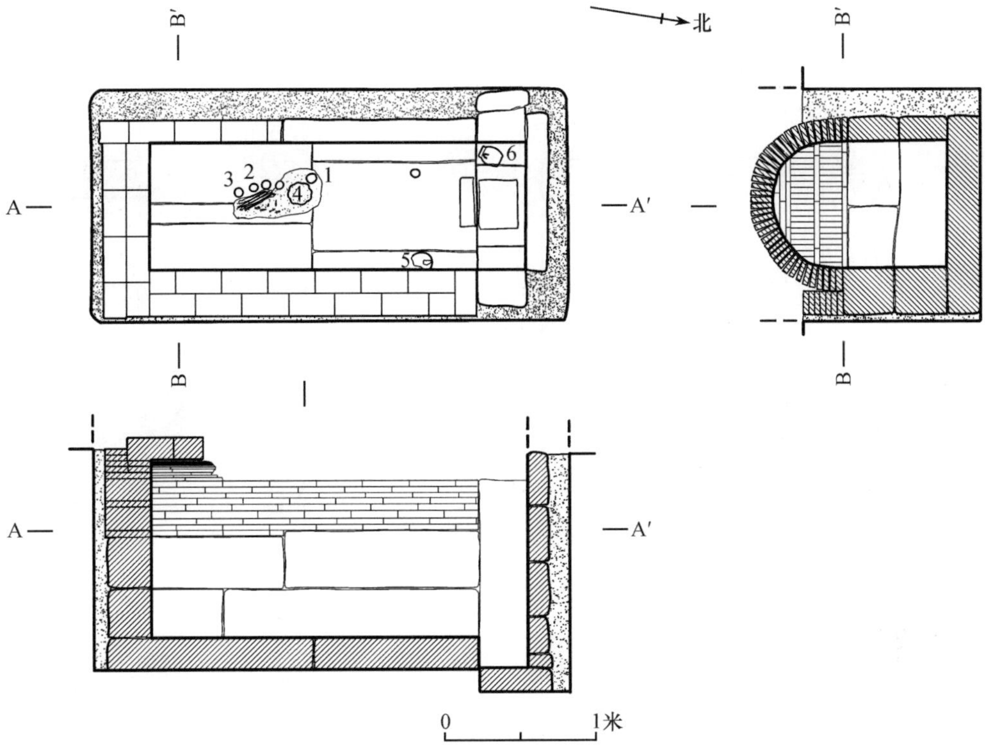

图一八　M73平、剖面图
1～3. 瓷盒　4. 铜镜　5. 瓷碗　6. 瓷双耳罐

墓室底部0.16米，长0.3、宽0.78米。墓室平面呈长方形，长1.5、宽0.72、高1.22米。墓室下部为岩坑，上部为砖室，岩坑系向下开凿原岩而成，四壁直立，底部为原岩面，平整，深0.6米。在墓圹第三级台阶上开始砌筑墓室砖墙，东、西侧壁均在原岩石阶上先砌一平一丁一平三层青砖，平砖顺砌，丁砖侧砌。在第三层平砖之上纵砌平砖开始起券，为纵连式券顶，东、西二墓室券顶被一晚期扰土坑破坏殆尽，仅封门上方各残存一道拱券，券顶高于两侧直墙0.65米。砌筑墓室的素面青砖长36、宽17、厚4厘米。东、西墓室均未见人骨及葬具。两墓室均被扰动，随葬品散乱分布。西室甬道底部出土瓷盏1件；东室底部出土瓷盏1件、陶立俑3件（图一九）。

M66　墓葬保存较完整。墓向358°。双室东西并列。墓圹平面呈梯形，北宽南窄，南北长2.87～2.91、东西宽2.83～3.09、深0.74米。填土为黄褐色夹杂红褐色黏土，土质致密。东墓室平面呈长方形，由墓道、封门、墓室、壁龛组成，长2.09～2.29、宽0.66～0.92、高1.12米。墓道位于墓室北端，平面略呈长方形，北端为圆弧形，东、西侧壁斜直，底部呈缓坡状，墓道填土与墓圹填土相同，墓道长1.22、宽0.2～0.9米，最深处距地表0.47米。封门北接墓道，由青砖与红砂岩石板共同砌筑。先在铺地砖之上纵砌竖砖一层，其上立砌石板一块，石板高度与墓室券顶齐平，石板平面呈长方形，素面，长0.79、宽0.6～0.76、厚0.09～0.13米。墓室平面呈长方形，墓底及四壁均由青砖

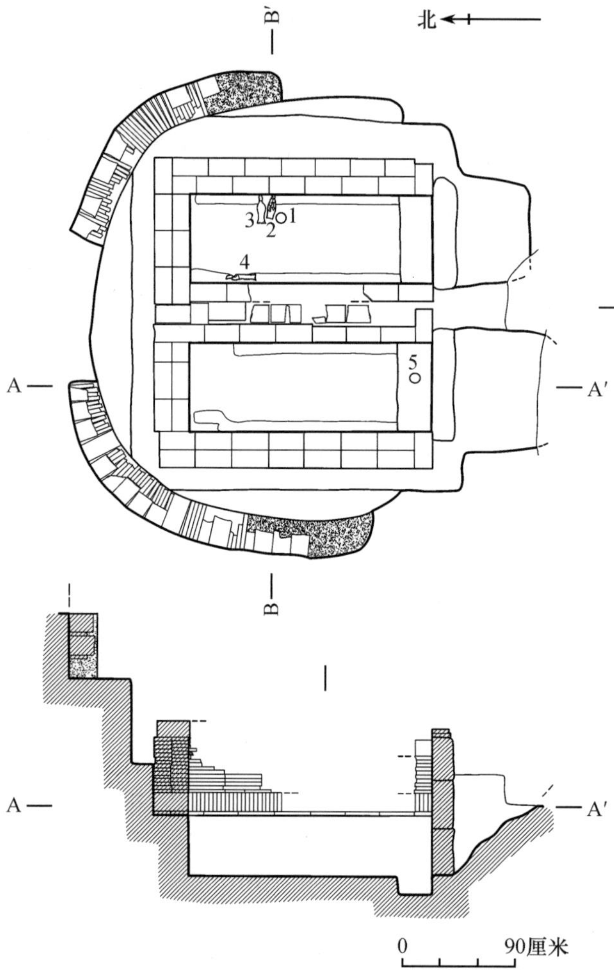

图一九　M52平、剖面图
东室：1. 瓷盏　2～4. 陶立俑
西室：5. 瓷盏

砌筑而成。墓底横向平铺一层平砖，东西两侧纵向平铺一层平砖；南壁自铺地砖上先顺砌平砖一层，其上纵砌竖砖一层，再错缝顺砌三层平砖，平砖之上再顺砌立砖两层、平砖一层，最后再顺砌立砖两层与拱券相接，南壁砌有龛，龛底高于墓底0.3、宽0.38、进深0.16米；东、西侧壁在铺地砖上先顺砌平砖一层，其上依次砌竖砖一层，平砖三层，竖砖纵砌，平砖错缝平铺。平砖之上开始起券，逐层纵砌平砖，每层向内微收形成纵连式拱券，共五道券拱，两券之间相距0.15米，券宽0.31、厚0.16、高0.64米，券与券之间盖以两层平砖相连。所用青砖皆为素面长方形，长31、宽16、厚3厘米。未见人骨及葬具。墓室底部出土瓷双耳罐2件、铜簪1件，铜簪残损严重。西墓室结构与东墓室大体相同，仅南壁及墓底稍有差别。南壁在铺地砖上先纵砌竖砖一层，其上错缝顺砌四层平砖，平砖之上再顺砌立砖两层，平砖一层，最后再顺砌立砖一层与拱券相接，壁面直立，无壁龛。墓底铺地砖共两层，每层由南向北依次平铺两横一纵青砖，共六组，最北端平铺三块较小的青砖，长29、宽14、厚3厘米，其余青砖规格均与东室用砖相同。铺地砖东、西和北三侧均未与墓壁相连，留有宽0.05～0.21米的间隙，其内以熟土填塞，土质土色与墓道填土相同。未见人骨及葬具。墓室底部北端出土瓷盏1件，东壁北端券拱之间出土瓷双耳罐1件（图二〇）。

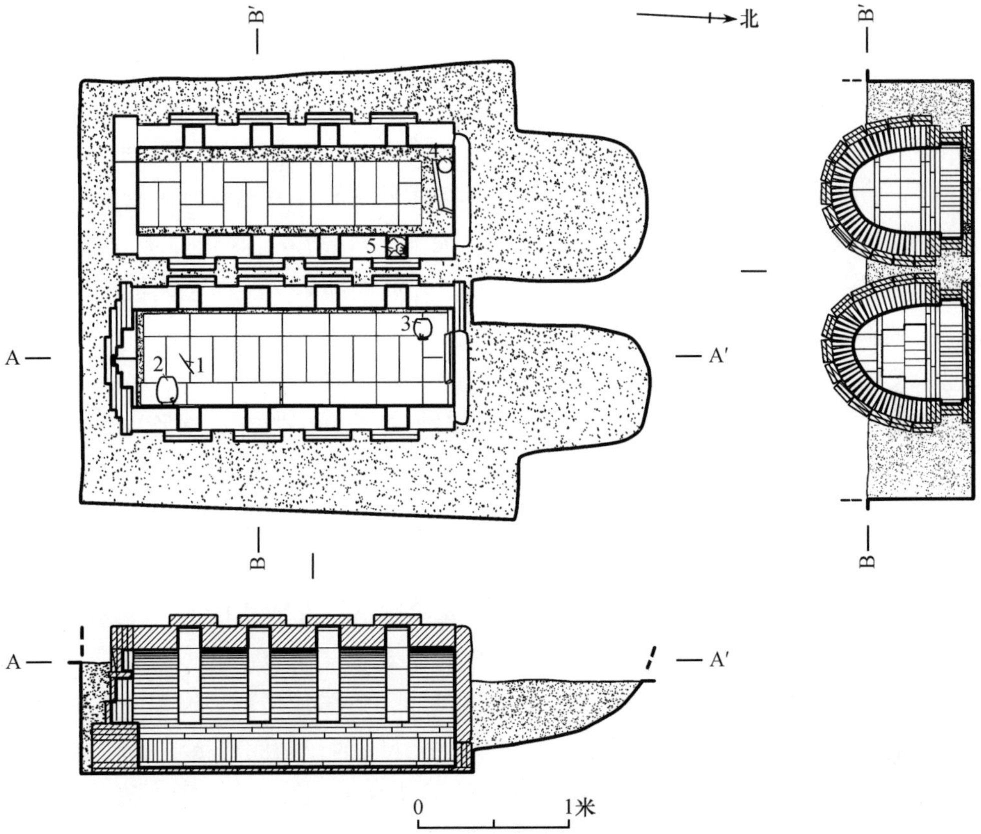

图二〇 M66平、剖面图

东室：1. 铜簪 2、3. 瓷双耳罐

西室：4. 瓷盏 5. 瓷双耳罐

（二）出土器物

上述18座墓葬均遭到不同程度的破坏，出土器物较少，以瓷器为主，少量陶器，零星石质器物、铜器等。现按材质分别介绍如下。

1. 瓷器

32件。器形包括双耳罐、四系罐、碗、盏、瓶等，以罐类为主。

双耳罐 15件。无沿，矮直领，肩部皆贴塑两个半圆形环耳，环耳系泥条捏制而成，弧腹，平底或略内凹，大多腹下部近底处有一周刻划的凹槽。根据器形大小，分为二型。

A型　10件。器形较大。根据领、肩和最大径的变化，分为三式。

Ⅰ式：1件。矮直领，圆肩，最大径在肩部。M71：1，夹砂灰褐胎，内壁及外壁大部着一层灰色化妆土，其上施釉，釉面已完全脱落。直口，方唇。口径8.5、腹径14.8、底径9.4、高15.8厘米（图二一，1）。

Ⅱ式：6件。矮斜直领，溜肩，最大径在肩、腹过渡处，整体略矮胖。M73：7，夹砂灰褐胎，外壁及器耳以下着一层白色化妆土，其上施酱黄釉，胎釉结合不佳，釉面脱落殆尽。口部烧结变形，直口微侈，尖唇。口径7.6、腹径14.2、底径8、高17.6厘米（图二一，2）。M73：6，夹砂灰褐胎，外壁器耳至底部着一层白色化妆土，其上施黄绿釉，釉面较薄，脱釉严重。口部烧结变形，尖唇。口径7.6、腹径13.4、底径8.56、高16厘米（图二一，8）。M72：1，夹砂灰褐胎，外壁大部着一层白色化妆土，其上施黄绿釉，施釉不均，有流釉现象，脱釉严重。直口，尖唇。口径8、腹径14.4、底径9.2、高16厘米（图二一，4）。M69：3，夹砂红褐胎，外壁器耳至底部着一层白色化妆土，其上原施釉，现已完全脱落，外壁器耳至口部露胎。直口，尖唇。口径7.5、腹径14.1、底径8.8、高16.5厘米（图二一，6）。M65：1，夹砂红褐胎，外壁器耳至底部着一层白色化妆土，其上施黄绿釉，施釉不均，有流釉现象，釉面大多脱落。直口，尖唇。口径7.4、腹径13.7、底径8.4、高16.6厘米（图二一，3）。M66：2，夹砂红褐胎，外壁器耳至底部着一层白色化妆土，其上原施釉，现已完全脱落，外壁器耳至口部露胎。直口，尖唇。口径8.9、腹径16.8、底径9.9、高18.4厘米（图二一，5）。

Ⅲ式：3件。矮斜直领，溜肩，最大径在腹部，整体较瘦高。M61：2，夹砂灰褐胎，外壁器耳至底部着一层白色化妆土，其上施青绿釉，釉面较薄，胎釉结合不佳，脱釉严重。直口，尖唇。口径7.2、腹径13.5、底径8.3、高17.1厘米（图二一，7）。M66：5，夹砂红胎，外壁器耳至底部着一层白色化妆土，其上原施釉，现已完全脱落，外壁器耳至口部露胎。直口，尖唇。口径7.5、腹径13.9、底径8.8、高17.9厘米（图二一，9）。M53：1，夹砂灰褐胎，外壁器耳至底部着一层白色化妆土，其上施酱黄釉，外壁器耳至口部露胎，胎釉结合不佳，釉面已脱落殆尽。直口微侈，尖唇。口径7.6、腹径13.6、底径8.8、高17厘米（图二一，10）。

B型　5件。器形略小。矮斜直领，溜肩，领、肩交界处有一周折棱，最大径在腹部，平底略内凹，口部内侧削去一周，腹下部近底处有一周刻划的凹槽。M69：5，夹砂灰褐胎，外壁器耳至底部着一层白色化妆土，其上施黄绿釉，施釉不均，有流釉现象。直口，尖唇。口径5.2、腹径9.2、底径6.6、高12厘米（图二一，15）。M60：2，夹砂红褐胎，外壁器耳至底部着一层白色化妆土，其上施黄绿釉，釉面较薄，脱釉严重，外壁器耳至口部露胎。敛口，方唇。口径6.4、腹径10.8、底径7、高13.6厘米（图二一，14）。M62：3，夹砂灰褐胎，外壁器耳至底部着一层白色化妆土，其上施酱黄

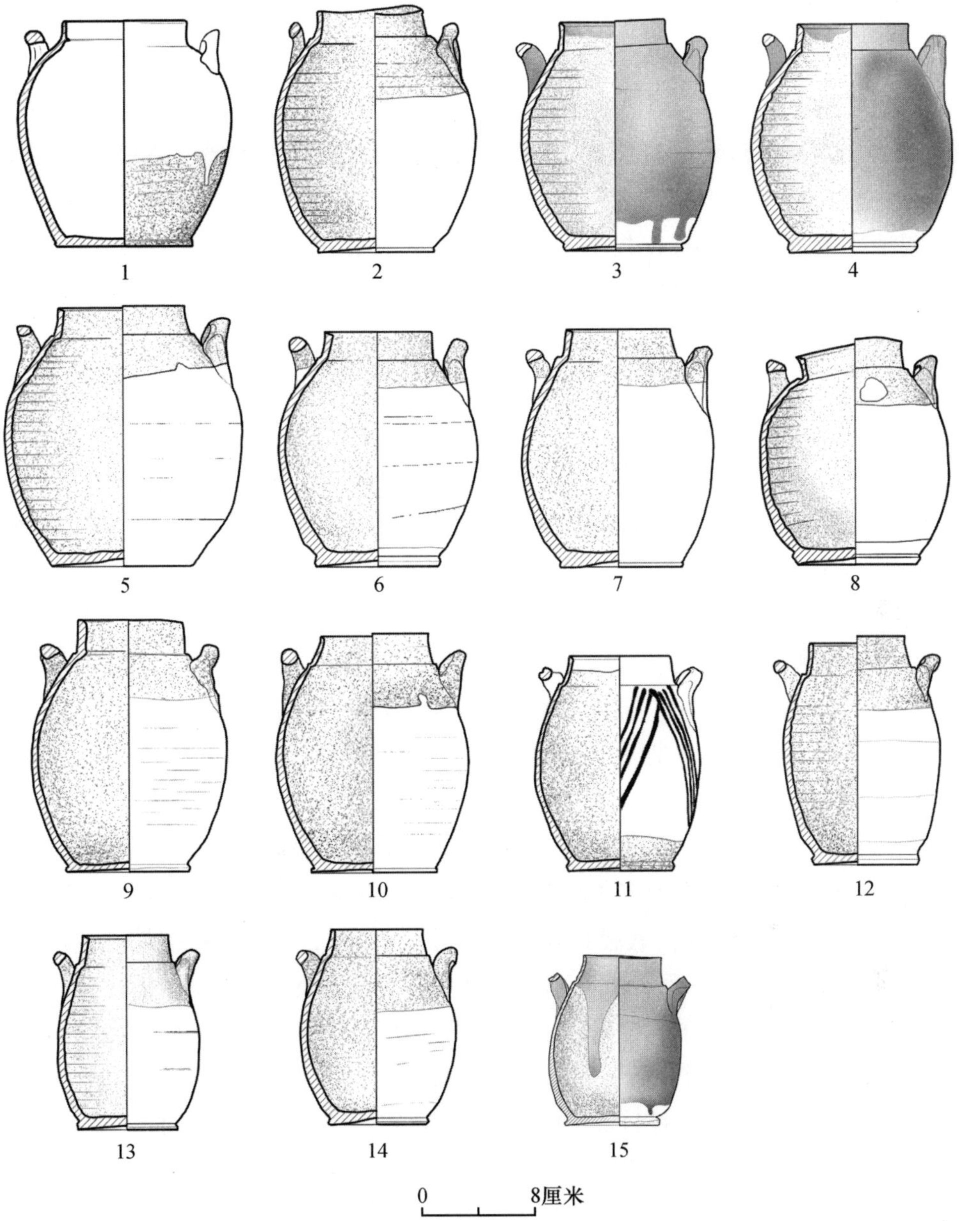

图二一　瓷双耳罐

1. A型Ⅰ式（M71：1）　2～6、8. A型Ⅱ式（M73：7、M65：1、M72：1、M66：2、M69：3、M73：6）　7、9、10. A型Ⅲ式（M61：2、M66：5、M53：1）　11～15. B型（M62：4、M66：3、M62：3、M60：2、M69：5）

釉，釉面脱落殆尽。敛口，尖唇。口径6、腹径10、底径7.2、高13.9厘米（图二一，13）。M62∶4，夹砂灰褐胎，烧成温度高，质地坚硬。外壁腹部以白色化妆土绘制斜向交错的线条8组，每组4条，相邻两组组成倒“V”形。敛口，尖唇。口径7、腹径11.4、底径7、高15.1厘米（图二一，11）。M66∶3，夹砂灰褐胎，烧成温度高，质地坚硬。外壁器耳至底部着一层白色化妆土，腹部化妆土上施黄绿釉，釉层较薄，有流釉现象，脱釉严重，底部仅有化妆土未施釉，外壁器耳至口部露胎。直口，尖唇。口径6.6、腹径11、底径7、高16厘米（图二一，12）。

四系罐　4件。根据器形的不同，分为三型。

A型　2件。直口，尖唇，矮直领，溜肩，弧腹，小平底内凹。根据是否有盖，分为二亚型。

Aa型　1件。无盖，肩部均匀贴塑四个对称拱形横系，横系为泥条捏制。M69∶4，夹细砂红褐胎，外壁器耳至口部原施釉，现已完全脱落，仅存条状流釉痕迹，外壁器耳至底部露胎。口径17.3、腹径25、底径10.6、高28.4厘米（图二二，1）。

Ab型　1件。有盖，器盖与器身肩部各贴塑两个对称横系。器身（M69∶7），夹细砂红褐胎，外壁以白色化妆土描绘七周平行状线条，宽窄不等。口径15.6、腹径27.2、底径12.4、高29.4厘米。器盖（M69∶9），夹细砂红褐胎，外壁器耳至底部施黄褐釉，脱釉严重。口微敛，方唇，盖壁斜弧，顶略下凹。口径20、底径8.8、高6厘米（图二二，2）。

B型　1件。直口微侈，尖唇外翻，短束颈，溜肩，深弧腹，平底略内凹，肩部均匀贴塑四个对称竖系，四系为泥条捏制。M74∶3，夹砂红褐胎，外壁原施釉，现已完全脱落。口径9.4、腹径19.8、底径11.4、高24.3厘米（图二二，3）。

C型　1件。侈口，方唇，束颈，溜肩，弧腹，平底略内凹，肩部均匀贴塑四个对称竖系，四系为泥条捏制。下腹近底处有一周刻划的凹槽。M74∶4，夹砂红褐胎，外壁口部至上腹部着一层白色化妆土，其上施黄绿釉，釉面大部已脱落，内壁、外壁下腹部和底部露胎。口径8.4、腹径11.6、底径6.7、高13.2厘米（图二二，4）。

碗　4件。敞口，圆唇。根据腹部的不同，分为三型。

A型　2件。弧腹。根据足部的变化，分为二式。

Ⅰ式：1件。饼足。M74∶1，夹砂灰褐胎，内壁及口部着一层白色化妆土，其上施青釉，釉面较薄，脱落严重，仅口部有少量残存。底部略内凹，外缘削去一周。口径12.4、底径5.2、高4.2厘米（图二三，1）。

Ⅱ式：1件。矮圈足。M61∶1，夹细砂红褐胎，内壁施满青釉，外壁施半釉，底部露胎，釉面已完全脱落。口径11.4、足径4.3、高3.8厘米（图二三，2）。

B型　1件。斜直腹。M73∶5，夹细砂红褐胎，内壁及外壁口沿下着一层白色化妆土，其上施青釉，釉面较薄，器表釉面已脱落殆尽，外壁底部仅着化妆土，未施釉。矮圈足，足跟外撇，外缘削去一周，底微凹。口径13.8、足径4、高4.6厘米（图二三，4）。

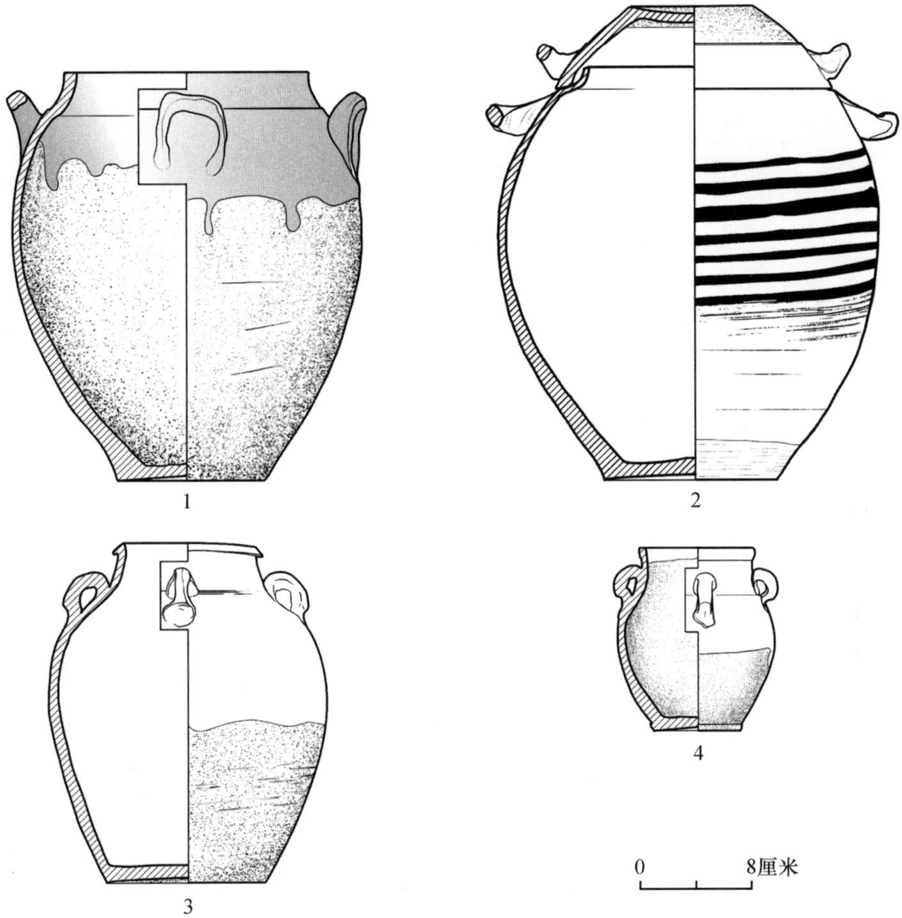

图二二　瓷四系罐

1. Aa型（M69：4）　2. Ab型（M69：7、M69：9）　3. B型（M74：3）　4. C型（M74：4）

C型　1件。腹微折。M51：6，夹细砂灰褐胎，内壁及外壁口沿下着一层白色化妆土，其上施褐釉，施釉不均，有流釉现象，釉面较薄，脱釉较严重，器身釉面大多不存。高圈足，足跟外撇。口径17.2、足径6.5、高8厘米（图二三，3）。

盏　8件。敞口，浅腹。根据唇部的变化，分为三式。

Ⅰ式：1件。厚唇。M71：2，夹细砂红褐胎，内壁、口部及上腹部着一层白色化妆土，其上施黄绿釉，施釉不均，有流釉现象，胎釉结合不佳，仅口部残留少量釉。饼足。口径12、底径4.6、高4.6厘米（图二三，6）。

Ⅱ式：5件。小方唇，小平底。M52：1，夹砂红褐胎，内壁及口部着一层白色化妆土，其上施黄绿釉，胎釉结合不佳，大部已脱落。口径10、底径3.7、高2.7厘米（图二三，7）。M52：5，夹细砂红褐胎，内壁及口部着一层白色化妆土，其上施黄绿釉，釉面均匀有光泽。腹微折。口下部及腹部各饰一周凹弦纹。口径10.2、底径3.8、高2.6厘米（图二三，8）。M62：6，夹细砂灰褐胎，内壁及口部着一层白色化妆土，其上施

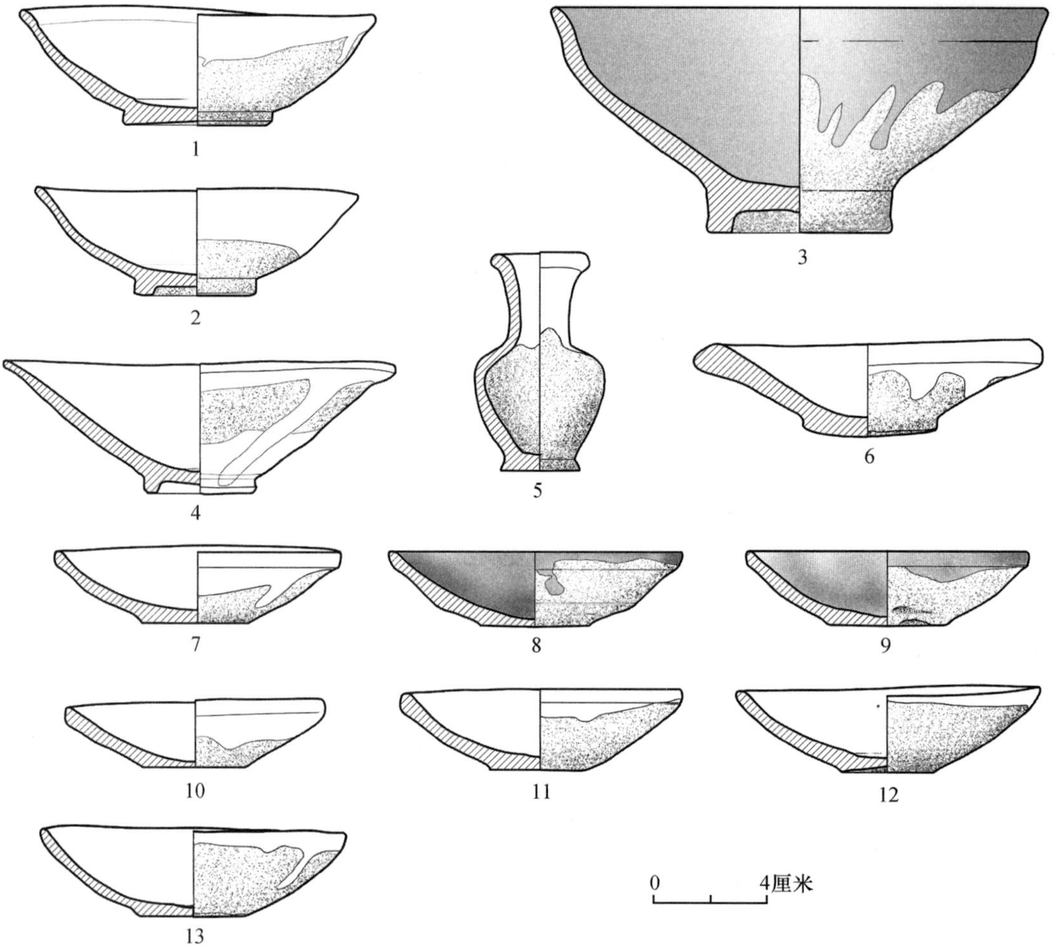

图二三　瓷碗、盏、瓶

1. A型Ⅰ式碗（M74：1）　2. A型Ⅱ型碗（M61：1）　3. C型碗（M51：6）　4. B型碗（M73：5）　5. 瓶（M74：2）　6. Ⅰ式盏（M71：2）　7～11. Ⅱ式盏（M52：1、M52：5、M62：6、M69：1、M69：8）　12、13. Ⅲ式盏（M59：2、M66：4）

黄绿釉，釉面均有光泽。口径9.8、底径4、高2.6厘米（图二三，9）。M69：1，夹砂红褐胎，内壁、口部及上腹部着一层白色化妆土，其上施黄绿釉，胎釉结合不佳，大部已脱落。口径9.2、底径3.6、高2.5厘米（图二三，10）。M69：8，夹细砂红褐胎，内壁和口部着一层白色化妆土，其上施黄绿釉，脱釉严重。口径9.6、底径3.6、高2.8厘米（图二三，11）。

Ⅲ式：2件。尖圆唇。M59：2，夹细砂灰褐胎，内壁及口部着一层白色化妆土，其上施黄绿釉，釉面较薄，脱釉严重，仅口部有少量残存。底略内凹。口径10.4、底径3.2、高3厘米（图二三，12）。M66：4，夹细砂红褐胎，内壁及口部着一层白色化妆土，其上施黄绿釉，脱釉严重，釉面已脱落殆尽。口径10.7、底径3.8、高3.2厘米（图二三，13）。

瓶　1件。M74：2，夹细砂红褐胎，口及颈部内外壁着一层白色化妆土，其上施黄绿釉，现已脱落殆尽，腹部及底部露胎。侈口，圆唇，长束颈，溜肩，弧腹，小平底，底部外缘外侈。口径3.2、腹径4.6、底径2.9、高7.9厘米（图二三，5）。

2. 陶器

7件。均为陶俑，包括匍匐俑和立俑两类，其中匍匐俑器表还施一层低温黄绿釉，皆为模制，身体两侧可见范缝，器身中空。

匍匐俑　4件。夹细砂红陶，器身施一层黄绿色低温釉，面部为黄色，身体为黄、绿色相间。俑身着交领右衽广袖长袍，匍匐于地，双肘支地，双臂交叉横置于胸前，昂首前视，头顶盘髻，前额中分，双鬓后梳，双目圆睁，口微张。M15：1，长10.1、宽5.7、高8.8厘米（图二四，1）。M62：5，俑身着内衣。长11.6、宽6、高9.2厘米（图二四，2）。M69：2，长10.5、宽5.9、高9.2厘米（图二四，3）。M69：6，俑身着内衣。长11.2、宽6.8、高10.5厘米（图二四，4）。

立俑　3件。M52：2，夹细砂红陶。头戴风帽，方圆脸，双眼微睁，凸鼻，鼻翼宽大，嘴角上扬，做微笑状，长须，身着圆领宽袖长袍，袖摆下垂，袍身及地，掩盖双足。右臂弯曲置于腹前，左手作捻须状。高24厘米（图二五，1）。M52：3，夹细砂红陶。头戴幞头，圆脸，双目圆睁，凸鼻，抿嘴。身着圆领宽袖长袍，袖摆下垂，袍身及地，掩盖双足。双臂弯曲置于胸前，作拱手状。高27.2厘米（图二五，2）。M52：4，

图二四　陶匍匐俑

1. M15：1　2. M62：5　3. M69：2　4. M69：6

夹细砂红陶。头戴幞头，圆脸，双目圆睁，凸鼻，抿嘴。身着圆领宽袖长袍，袖摆下垂，袍身及地，掩盖双足。双臂弯曲置于胸前，作拱手状。高28.1厘米（图二五，3）。

3. 铜器

铜镜　1件。M73：4，平面呈葵瓣形，桥形纽。素面。直径16.6、缘厚0.44、面厚0.26厘米（图二五，4）。

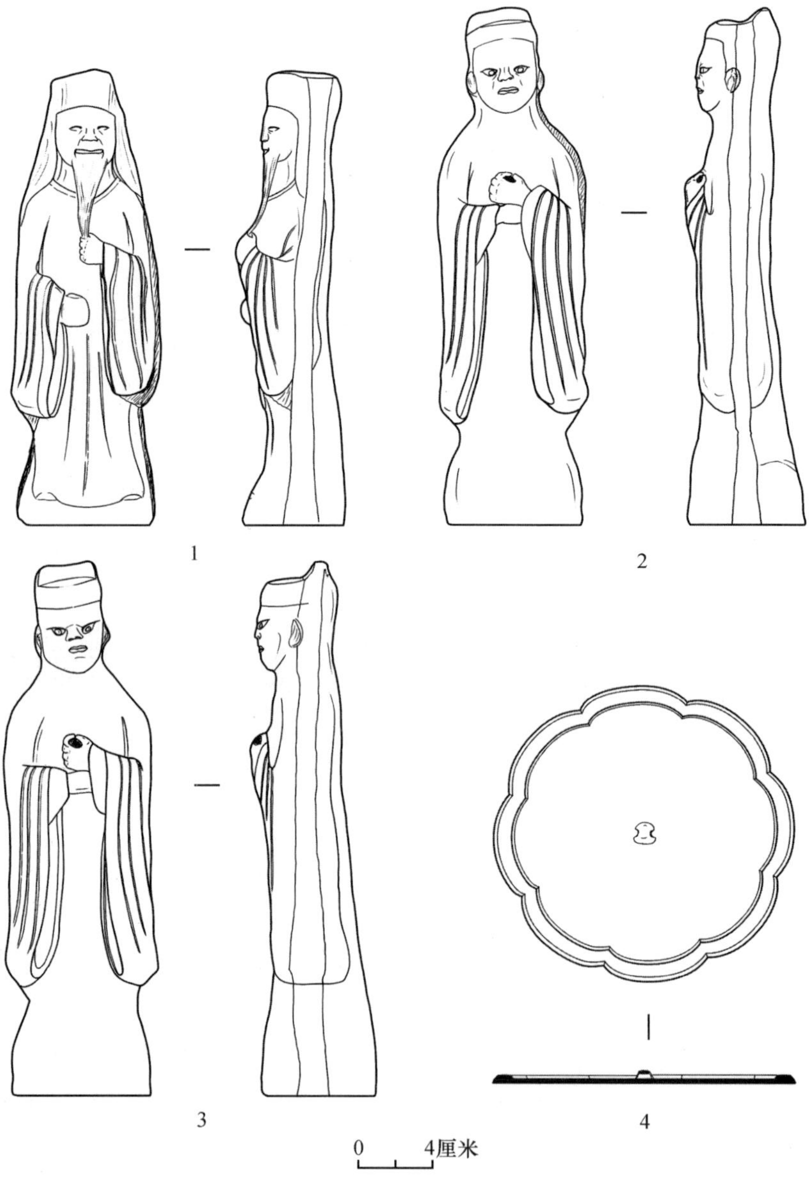

图二五　陶立俑、铜镜

1～3. 陶立俑（M52：2、M52：3、M52：4）　4. 铜镜（M73：4）

4. 石质器物

买地券　有券文者2件。M51：1，红砂石质。平面呈长方形，长34.5、宽33、厚约1厘米。券文阴刻，分上下两部分。上部为券额，右起横书，券文为“宋故义亲郭成……”，下部为券身，左起竖书8行，券文为“皇宋庆元五年九月乙未/□□癸亥朔初十日壬卯/义亲郭成礼/地券生居人世死安宅兆/卜筮叶从相地大吉宜于此/广都县灵溪乡安葬壬山/之下整齐千陌千秋万□/永保元吉一如律令”（图二六）。M62：2，红砂石质。保存很差，券文漫漶不清。

图二六　M51出土石买地券

（M51：1）

5. 其他

宋代墓葬还出土有少量铁钱，过于锈蚀，钱文不识。

（三）分期与年代

在18座墓葬形制保存相对较好的宋代墓葬中，M18、M57、M70三座墓葬未见特征突出的随葬品，其余15座墓葬中，除M51（东室）出土之买地券记述墓主人下葬于南宋庆元五年（1199年），为墓葬年代判定提供准确文字材料外，剩余14座墓葬均缺乏纪年信息，需通过类型学的排比及与周邻地区已有发掘、研究成果的墓葬比对来推定这批墓葬的年代。

甲类墓为单室砖室墓。Aa型墓M71墓葬形制与成都金堂县赵镇李家梁子M34、M41[2]，新津方兴村M30[3]，成都西郊清江路M6[4]等相近，新津方兴村M30铺地砖为斜向错缝平铺，而M71地砖为横铺，成都西郊清江路M6侧壁无深入墓圹的纵砖，上述墓葬年代在唐代中晚期至五代时期。M71墓葬形制与砌筑工艺具有唐五代风格。从随葬品来看，M71出土Ⅰ式瓷盏（M71：2）与成都西郊西窑村Ⅰ式瓷盏（M9：3）[5]、清江路瓷盏（M4：1）[6]形制相同，成都西郊西窑村M9年代在唐代中晚期至五代时期，清江路M4的年代在五代。M71年代大体为唐末五代。

Ab型M74作内肋拱，所出A型Ⅰ式瓷碗底为大饼足，施青釉，流行于唐末五代时期，与成都金沙村鲜腾墓[7]、龙泉驿区前蜀王宗侃墓[8]出土同类器形制相似，B型四系罐与成都西郊西窑村A型Ⅰ式四耳罐（M21：4）[9]形制相近，西窑村M21出土乾德元宝，为前蜀后主王衍乾德年间（919～924年）所铸，同墓并出的买地券有“广政”二字，亦为前蜀年号。M74下葬年代亦为唐末五代时期。

乙类墓为石室墓，该类墓葬在成都平原主要流行于北宋晚期至南宋时期。乙类Aa型墓包括M60、M70，M60出土B型瓷双耳罐，为南宋墓常出器形。乙类Ab型墓包括M57、M59、M61、M62、M72，M61出土A型Ⅱ式瓷碗与成都青白江区景峰村Ⅱ式瓷碗（M7：3）[10]形制相似，唯M7所出者器形略大，发掘者认为后者年代应在南宋时期，M61出土A型Ⅲ式瓷双耳罐与成都西郊A型Ⅰ式双耳罐（M3：5）[11]形制接近，西郊M3年代在南宋时期，M62出土Ⅱ式瓷盏与方兴村B型Ⅱ式盏（M35：3）[12]形制相同，方兴村M35年代在北宋晚期至南宋早期，M62出土陶匍匐女俑与成都成华区三圣乡花果村C型Ⅰ式匍匐俑（M7：13）[13]相似，该墓出土买地券，年代为南宋庆元六年（1200年），为南宋中期，成都温江塞纳河畔工地M1中也有同类器物出土，年代也在南宋中期[14]。

乙类B型墓为双室墓，单个墓室平面、砌筑工艺及随葬品均与乙类A型墓相近，下葬年代也应与之相近。M69东、西墓室中随葬品形制及组合多有相似之处，两墓室内均出瓷盏、双耳罐及陶匍匐女俑，这表明两墓室年代相差不远。在西墓室中还出Aa型瓷四系罐（M69：4）、Ab型瓷四系罐（M69：7）各1件，M69：4与成都新津方兴村异型四系罐（M32：1）[15]、张确夫妇墓右室所出四系罐（右：12）[16]形制相同，方兴村M32年代在北宋中晚期，张确夫妇墓年代在北宋中晚期（1084年）。M69：7在成都青龙乡东林花园M1中有形制相同者[17]，东林花园M1年代在北宋中期。M69所出Ⅱ式瓷盏、A型Ⅱ式瓷双耳罐年代在南宋早期。M69所出陶匍匐女俑与M62的匍匐俑形制相同，M62年代在南宋中期。在M69的随葬品中，除Aa型四系罐在北宋时期的墓葬中有发现外，其余类型的随葬品均为南宋时期常见器类。Ab型四系罐较为少见，年代特征不具典型意义，根据瓷盏、陶俑等反映的时代特征，可将M69的年代推定为南宋早中期。

乙类C型墓仅发现1座，M51东墓室出土买地券有明确的纪年信息，表明墓主人故于南宋宁宗庆元五年，该墓结构与双流绿水康城小区宋墓M16相近，绿水康城M16年代为南宋中晚期[18]。

丙类墓为砖石混筑墓。丙类A型墓包括M65、M73。M65出土A型Ⅱ式瓷双耳罐与成都洪河大道南延线B型Ⅱ式瓷双耳罐（M7：3）[19]、成都青白江区景峰村A型Ⅰ式双耳罐（M5：5）[20]形制极为相似，前者年代在南宋时期，发掘者推定后者年代为五代至南宋初，年代范围过大。M65所出瓷双耳罐整体造型较为矮胖，年代要早于南宋中晚期四川地区整体造型瘦高修长的双耳罐，因此M65的年代应在北宋中晚期，其下限或可至南宋初年。M73砖砌的方式与成都青龙乡东林花园M1[21]相似，东林花园M1年代在北宋中期，从随葬品来看，所出B型瓷碗与十陵宋墓出土瓷碗（M7：9）[22]形制相同，M7年代在五代末至北宋中期，M73所出A型Ⅱ式瓷双耳罐与M65：1形制相同，年代应大致相当，M73的年代应在北宋中晚期，其下限或可至南宋初年。

丙类B型墓包括M52、M66。M52单个墓室平面、砌法及随葬品与M73相近，年代亦大体相当。M66墓葬形制与十陵M3[23]几乎完全相同，就单座墓室的砌筑方式而言，成都温江塞纳河畔工地M1[24]与M66也较为相似，二者平面均呈长方形，墓室砌有肋拱多道，十陵M3年代在北宋晚期至南宋初期，塞纳河畔工地M1出土南宋嘉定二年（1209年）纪年买地券，即南宋中期。从上述对比墓葬来看，自北宋晚期至南宋中期均可见到M66的墓葬形制。在随葬品方面，M66随葬品具有明显的南宋中期特征，西室所出Ⅲ式瓷盏（M66：4）与塞纳河畔工地A型瓷盏（M1：1）[25]、成都新津方兴B型Ⅰ式盏（M23：1）[26]形制相似，后两座墓葬的年代均在南宋中期，M66出土A型Ⅲ式瓷双耳罐（M66：5）与成都西郊M3出土A型Ⅰ式双耳罐（M3：5）[27]形制接近，西郊M3年代在南宋时期，表明M66西室年代在南宋中期，东室所出A型Ⅱ式瓷双耳罐M66：2与M65所出形制相同，年代稍早。综上分析，M66的年代当在南宋早中期，西室年代或在南宋中期，东室略早，或可早至南宋早期。

M72、M59、M15、M53、M60五座墓葬因盗扰严重，各墓均仅发现1件随葬品。M59、M72为Ab型石室墓，其砌筑方式与M61、M62大致相同，M61与M62年代在南宋中期。M72所出A型Ⅱ式瓷双耳罐（M72：1）与M65：1形制相同，M65年代在北宋中晚期，下限或可至南宋初年。M59所出的Ⅲ式瓷盏（M59：2）与M66：4形制相同，M66年代在南宋中期；M15、M53为Ba型双室石室墓，其中M53东墓室砌筑方式与Aa型单室石室墓大致相同，西墓室规模较小，其内残存骨灰，为火葬墓，M53所出A型Ⅲ式瓷双耳罐（M53：1）在M66中有相同形制者（M66：5），M66年代在南宋中期。M15东、西两墓室与M53东墓室形制相同，所出陶匍匐俑与M62的匍匐俑形制相同，M62年代在南宋中期；M60为Aa型石室墓，所出B型瓷双耳罐（M60：2）在M69、M66、M62中均有形制相同者，M69的年代在南宋早中期，M66、M62的年代在南宋中期。综上所述，综合墓葬形制与随葬分析，可将以上五座墓葬的年代大致推定在南宋时期。

M18、M57、M70三墓未见特征突出随葬品，仅可据墓葬形制大致判断其年代。M18为B型砖室墓，其墓葬砌筑方式与砖石混筑墓M52、M73有相似之处，所用墓砖规格也比较接近，M52、M73年代约在北宋中晚期，或晚至南宋初年；M57为Ab型单室石室墓，与M61、M62的墓葬形制相同，两墓年代均在南宋中期；M70为Aa型券顶石室墓，平面呈长方形，与《四川地区宋代墓葬研究》一文中所分甲Ⅱ类Aa型石室墓形制接近，文章认为该类型墓葬在四川地区出现于北宋晚期[28]，值得注意的是，该墓墓室后壁刻有钱纹，这种纹饰在宋代建筑与墓葬雕刻中较为常见，常作为门窗上的装饰纹样。综上所述，M18、M57、M70三墓年代可大致推定在宋代，其中M18、M70大体为北宋晚期或更晚，M57为南宋中期前后。

据上可将这批宋墓可分为两期。第一期为唐末五代，属于本期的墓葬为M71、M74，单室梯形墓继承唐墓风格，瓷四系罐、大饼足斜弧腹瓷碗、圆唇饼足瓷盏颇有时代特点，第二期为北宋中晚期至南宋时期，属于本期的墓葬为除M71、M74外的其他墓葬，新出砖石混筑墓，墓室平面盛行长方形，石室墓大为流行，瓷双耳罐、瓷圈足碗、陶匍匐俑等为常见器物组合，该期还存在进一步分段的可能。

二、明代墓葬

（一）墓葬形制

此次发现明墓5座，包括M19、M36、M39、M49、M50。均为单室墓。根据墓葬砌筑材料及方式的不同，分为二型。

A型　1座。砖室墓。

M19　墓葬保存较完整。墓向222°。墓圹平面呈长方形，南部遭破坏，残长3.64、宽1.84、残深0.7米，填土为黑褐色夹杂红褐色花土，其内夹杂少量植物根茎，土质较致密。墓室平面呈长方形，长2.9、宽0.92、高0.8米，墓壁及铺地砖由素面青砖砌筑，封门缺失。墓壁于墓圹底部向上逐层错缝平铺顺砖十一层，其上开始起券，墓顶为拱券，券顶由十八块青砖纵向连接，墓底横向平铺一层青砖，墓壁与铺地砖间留有宽0.04米的间隙，应做墓室排水之用。砖缝间以白石灰填缝。所有墓砖规格一致，皆为平面呈长方形的素面青砖，长28、宽16、厚4厘米。墓室底部残留木棺底板，残长1.82、残宽0.4米，未见人骨。墓室北壁东、西两侧角落及木棺南端各放置瓷罐1件（图二七）。

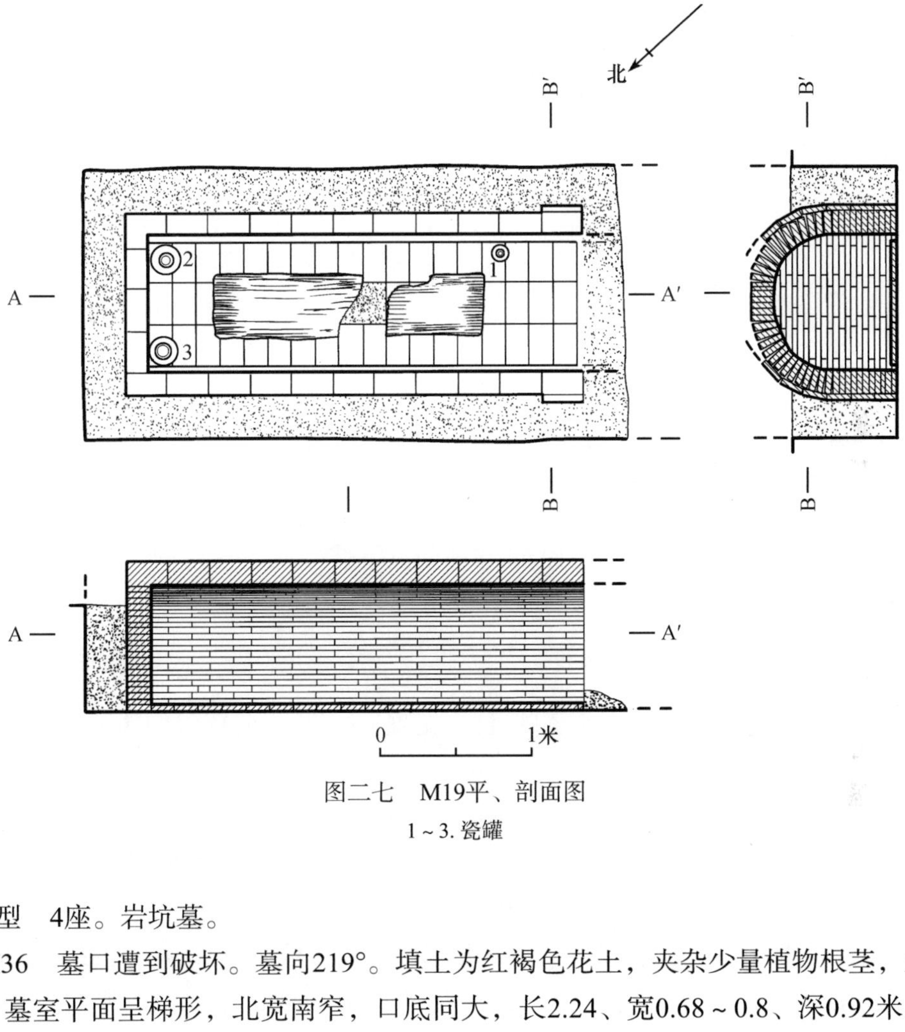

图二七　M19平、剖面图

1～3. 瓷罐

B型　4座。岩坑墓。

M36　墓口遭到破坏。墓向219°。填土为红褐色花土，夹杂少量植物根茎，土质较致密。墓室平面呈梯形，北宽南窄，口底同大，长2.24、宽0.68～0.8、深0.92米。墓壁陡直，墓底平整。墓室北壁距墓底0.18米处开一龛，龛底较平，平面呈梯形，东、西壁向内斜收，宽0.72、高0.3、进深0.2米。墓室北侧底部残存板瓦1片，应为墓主人头枕之处。未见人骨，葬式不明。该墓已被扰动，板瓦附近出土铜簪5件，均残；龛内出土瓷碗、罐各2件，出土时瓷碗倒扣于瓷罐之上（图二八）。

M39　墓口遭到破坏。方向20°。填土为红褐色花土，夹杂少量植物根茎，土质较致密。墓室平面呈梯形，北宽南窄，口底同大，长2.4、宽0.7～1、残深0.75米。墓壁陡直，墓底平整。墓室北壁距墓底0.4米处开一龛，龛底较平，平面呈梯形，东、西壁向内斜收，龛顶不存，宽0.15～0.35、残高0.35、进深0.21米。未见人骨及葬具，葬式不

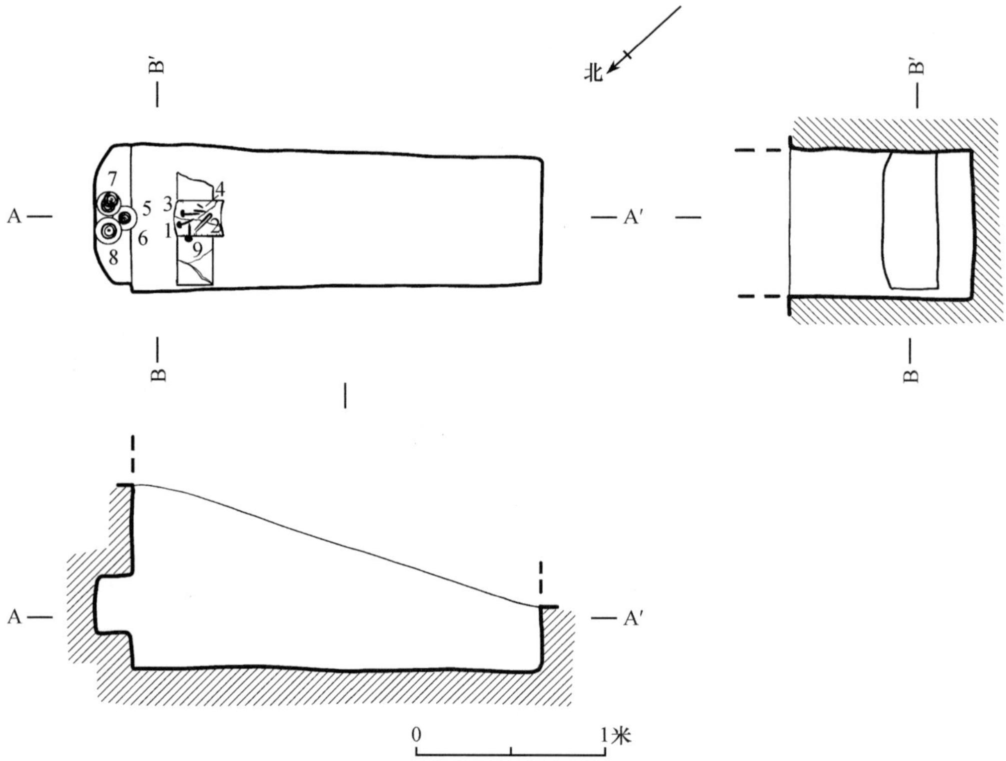

图二八　M36平、剖面图
1～4、9. 铜簪　5、6. 瓷碗　7、8. 瓷罐

明。该墓已被扰动，仅在龛内出土瓷碗1件、瓷罐1件，出土时瓷碗倒扣于瓷罐之上（图二九）。

M49　墓口遭到破坏。方向26°。填土为红褐色花土，夹杂少量植物根茎，土质较致密。墓室平面呈梯形，北宽南窄，口底同大，长2.5、宽0.58～0.8、残深0.75米。墓壁陡直，墓底平整。墓室北壁距墓底0.3米处开一拱形龛，龛底较平，平面呈长方形，弧形顶，宽0.25、高0.35、进深0.2米。墓室北侧底部残存板瓦3片，两侧板瓦凸面朝上，中部板瓦凹面朝上，应为墓主人头枕之处。墓室中部发现铁棺钉1枚，推测原有木棺，现已腐朽不存。未见人骨。该墓已被扰动，墓室底部出土铜簪2件，龛内放置瓷碗2件、罐2件、器盖1件，出土时瓷碗倒扣于瓷罐之上，瓷器盖置于两瓷罐之间（图三〇）。

M50　墓口遭到破坏。方向38°。填土为红褐色花土，夹杂少量植物根茎，土质较致密。墓室南部遭破坏，现已不存，现存部分平面呈梯形，北宽南窄，口底同大，残长1.63～1.8、宽0.75～0.8、深0.43米。墓壁陡直，墓底平整。墓室北壁距墓底0.33米处开一龛，龛底较平，平面略呈方形，后壁转角处微弧，龛顶及东壁部分残，残宽0.3、残高0.13、进深0.19米。墓底发现铁棺钉若干，推测原有木棺，现已腐朽不存。未见人骨。该墓已被扰动，仅在龛内出土瓷罐2件、瓷碗1件（图三一）。

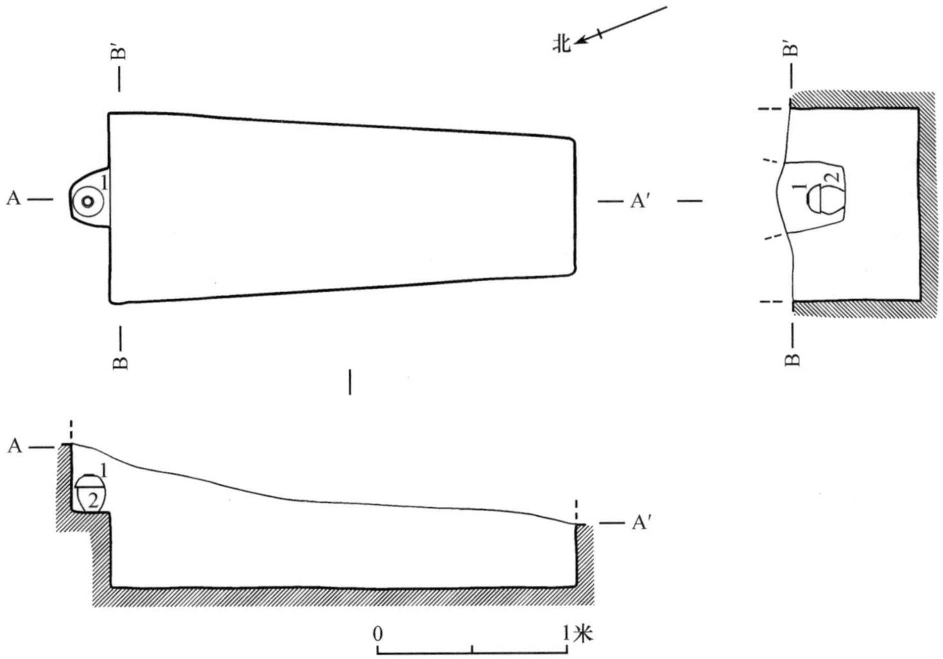

图二九　M39平、剖面图

1. 瓷碗　2. 瓷罐

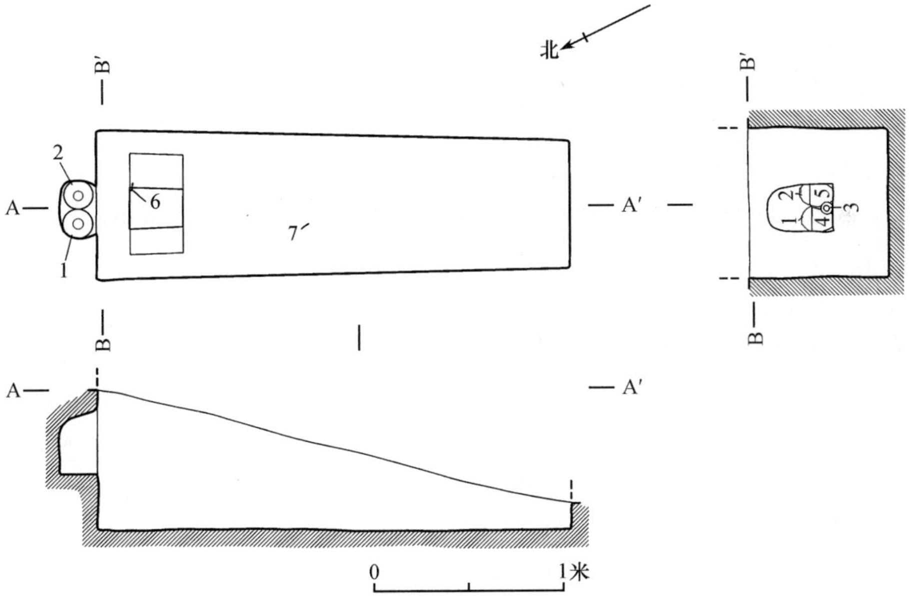

图三〇　M49平、剖面图

1、2. 瓷碗　3. 瓷器盖　4、5. 瓷罐　6. 铜簪　7. 铁棺钉

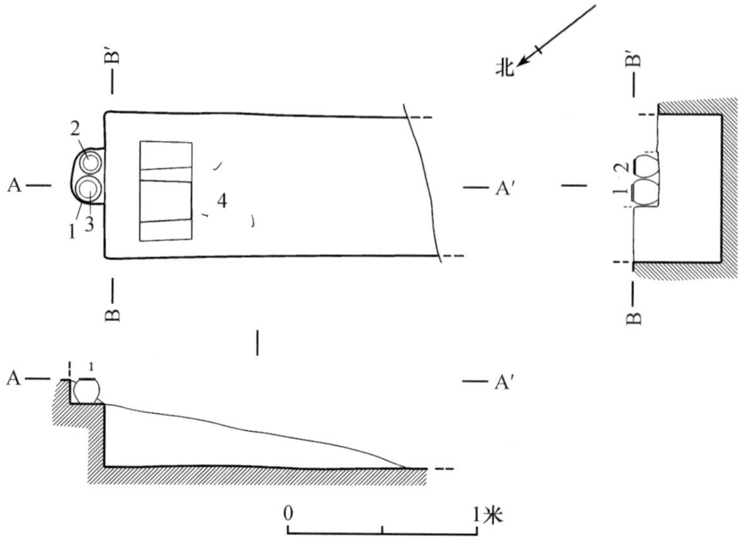

图三一　M50平、剖面图
1、2. 瓷罐　3. 瓷碗　4. 铁棺钉

（二）随　葬　品

5座墓葬共出瓷、铜质随葬品19件，以瓷器居多，器形包括罐、碗两类，另有器盖1件。铜器共2件，均为铜簪。

1. 瓷器

罐　10件。根据器形的不同，分为三型。

A型　5件。直领罐。圆肩或溜肩，弧腹斜直，平底。根据口部的不同，分为二亚型。

Aa型　3件。尖唇，口部外侧被削去一周。M19：1，夹细砂红胎，上腹部至口部施黄褐色釉，施釉不均，有流釉现象。口径5.6、腹径11、底径7.3、高11.58厘米（图三二，1）。M19：2，夹细砂红褐胎，器表及内壁均施满灰黄釉，釉面均匀有光泽，外壁底部露胎。口径10.2、腹径21.9、底径11.8、高22.9厘米（图三二，2）。M19：3，夹细砂红褐胎，器表及内壁均施满灰黄釉，釉面均匀有光泽，外壁底部露胎。口径10.9、腹径21.4、底径12.5、高21.6厘米（图三二，3）。

Ab型　2件。圆唇。M50：1，夹细砂灰褐胎，外壁口部至上腹施黄绿釉，胎釉结合不佳，釉面大部已脱落，内壁、外壁下腹及底部露胎。口径9.6、腹径14.6、底径6.4、高13.6厘米（图三二，5）。M50：2，夹砂灰褐胎，上腹部至口部原施釉，现已完全脱落。口径8、腹径12.2、底径5.5、高13.2厘米（图三二，4）。

B型　4件。谷仓罐，由器盖及罐身组成。盖身微隆，中空，中部有一尖圆纽。器身侈口，圆唇，溜肩。根据腹部及底部的不同，分为二亚型。

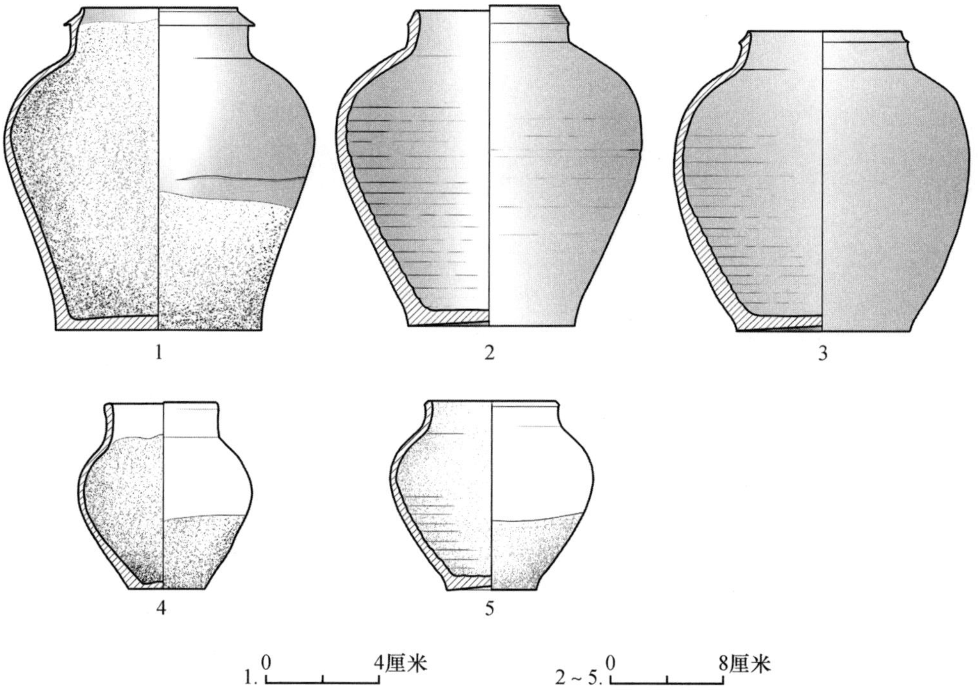

图三二 A型瓷罐

1～3. Aa型（M19：1、M19：2、M19：3） 4、5. Ab型（M50：2、M50：1）

Ba型 2件。斜直腹，平底外侈。器身短束颈，肩部贴塑一周上翘的尖棱，平底略内凹。M36：7，夹砂红胎，器盖露胎，器身上腹部至口部施黄绿釉，釉面较薄，脱釉严重。器盖纽顶开小孔，纽身中空。肩部尖棱上均匀分布三尖状凸起。口径8.48、腹径14.7、底径8.4、通高23.6厘米（图三三，1）。M36：8，夹砂红胎，器盖露胎，器身上腹部至口部施黄绿釉，釉面较薄，脱釉严重。肩部尖棱呈波浪状。口径8.72、腹径15.4、底径8.9、通高23.2厘米（图三三，2）。

Bb型 2件。圆弧腹，矮圈足。盖上有一周折棱。器身矮直领，矮圈足。足跟外撇，圈足底部外缘和足跟外侧皆削去一周。M49：4，夹砂红褐胎，器盖、身釉色相差明显，器盖外壁施酱黑釉，器身外壁施酱褐釉，釉层厚重，均匀有光亮，器盖、器身内壁及底部露胎。外壁腹壁近底处削去一周。器盖直径9.7、高3.9厘米，器身口径9.6、腹径14.6、底径7、高13.6厘米，通高16.8厘米（图三三，4）。M49：5，夹砂红褐胎，器盖及器身外壁施酱黑釉，釉层光亮，施釉不均，有流釉现象，器盖、器身内壁及底部露胎。器盖直径9.2、高4.4厘米，器身口径7.8、腹径14.8、底径7.8、高15厘米，通高18.8厘米（图三三，5）。

C型 1件。双耳罐。M39：2，夹砂红褐胎，器身腹部至口部着灰白色化妆土，其上施黄绿釉，施釉不均匀，有流釉现象，胎釉结合不佳，脱釉严重，内壁、外壁下腹和底皆露胎。直口微敛，窄沿，沿面向外斜，尖唇，短束颈，溜肩，斜直腹，平底略内

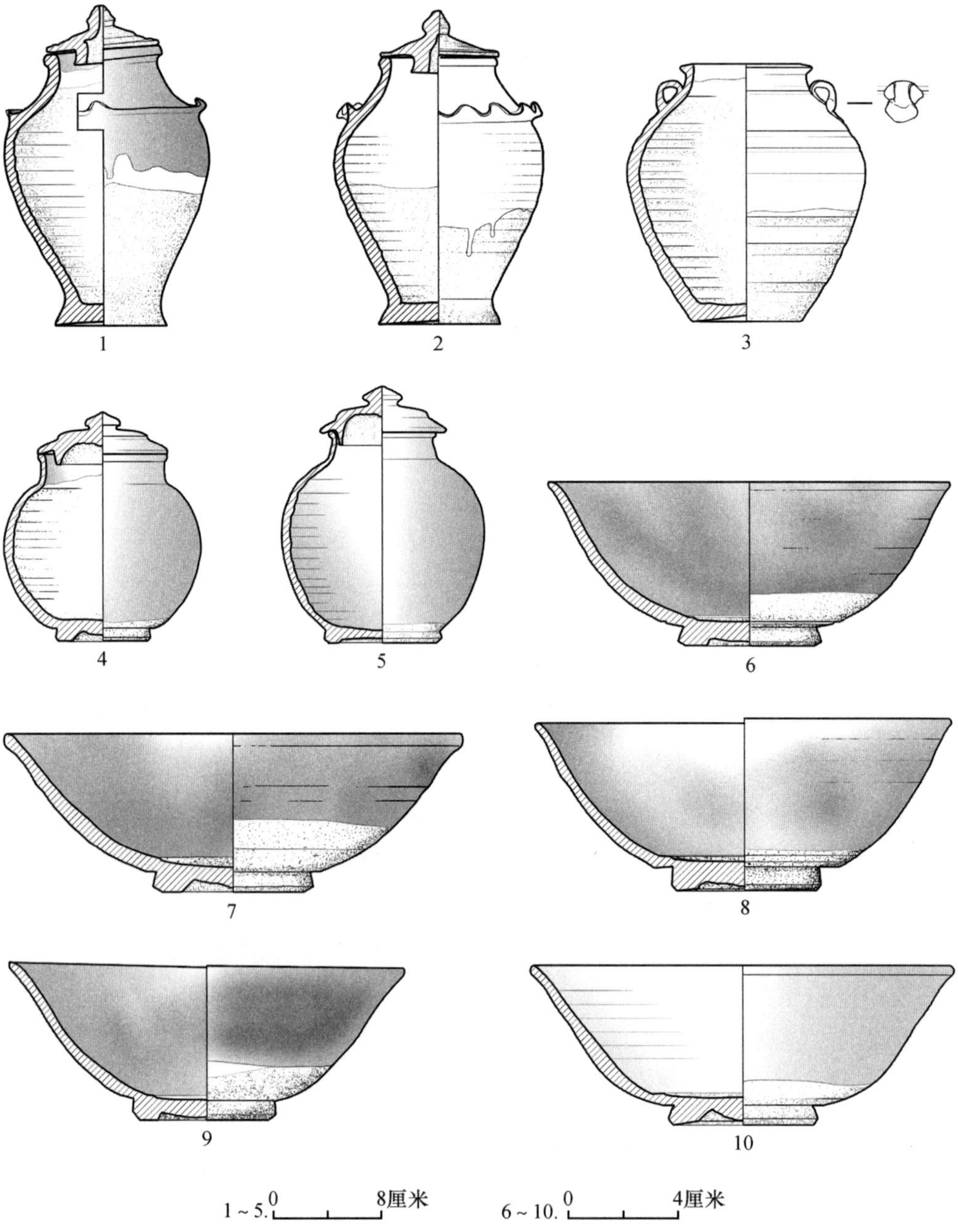

图三三　出土瓷器

1、2. Ba型罐（M36：7、M36：8）　3. C型罐（M39：2）　4、5. Bb型罐（M49：4、M49：5）
6～10. 碗（M36：6、M39：1、M49：1、M49：2、M50：3）

凹，肩部贴塑两个半圆形环耳，环耳系泥条捏制而成。口径9.7、腹径17.5、底径8、高19厘米（图三三，3）。

碗　6件。敞口，圆唇，弧腹，矮圈足，圈足底部微凸，圈足底部外缘和足跟外侧皆削去一周。M36：6，夹砂红褐胎，涩圈叠烧，器身内、外壁均施酱褐釉，釉层厚重，均匀有光亮，内、外底部露胎。内底和外壁腹部近圈足处各饰一周凹弦纹。口径14.8、足径5.1、高6厘米（图三三，6）。M39：1，夹砂红褐胎，涩圈叠烧，器身内、外壁均施酱褐釉，釉层厚重，均匀有光亮，内、外底部露胎。口径17、足径6、高5.6厘米（图三三，7）。M49：1，夹砂红褐胎，涩圈叠烧，器身内、外壁均施酱褐釉，釉层厚重，均匀有光亮，内、外底部露胎。外壁腹壁近圈足处削去一周。口径15.2、足径5.4、高6.3厘米（图三三，8）。M49：2，夹砂红褐胎，涩圈叠烧，器身内、外壁均施酱褐釉，釉层厚重，均匀有光亮，内、外底部露胎。外壁腹壁近圈足处削去一周。口径14.6、足径5.1、高5.8厘米（图三三，9）。M50：3，夹细砂红褐胎，涩圈叠烧，器身大部施酱褐釉，釉面均匀有光泽，圈足及内底露胎。外壁腹壁近圈足处削去一周。口径15.5、足径5.4、高6厘米（图三三，10）。

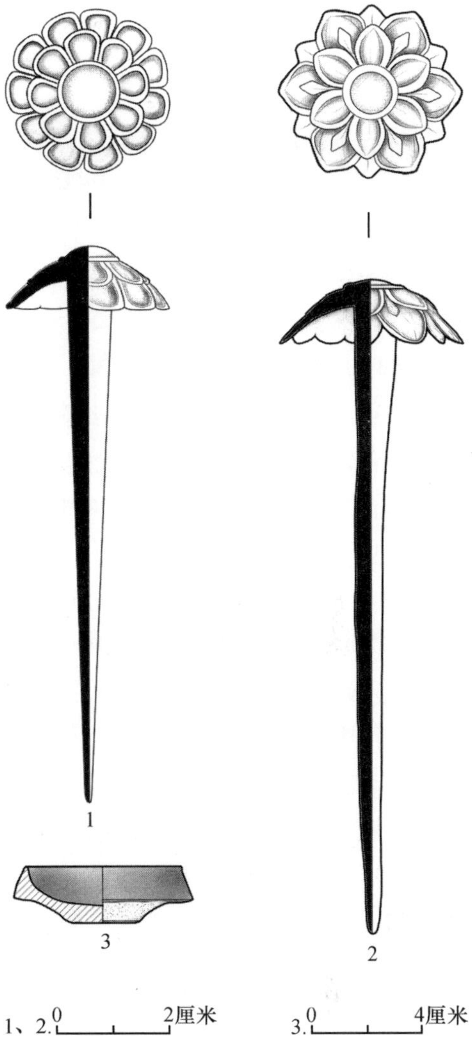

图三四　瓷器盖、铜簪

1、2. 铜簪（M49：6-1、M49：6-2）

3. 瓷器盖（M49：3）

器盖　1件。M49：3，盖顶施酱褐釉，釉面厚重，均匀有光泽，底部露胎。顶大底小，顶部平面呈圆形，下凹，边缘向下倾斜。直径6.2、高2.1厘米（图三四，3）。

2. 铜器

簪　2件。由簪帽及尖状簪身组成，簪帽为多层花瓣状。M49：6-1，簪帽饰半圆形花瓣。直径2.9、通长9.9厘米（图三四，1）。M49：6-2，簪帽饰莲瓣。直径3.32、通长11.72厘米（图三四，2）。

（三）分期与年代

M19为券顶砖室墓，墓砖之间以石灰黏合，是明墓常见的砌筑方式，其墓葬形制与邛崃市羊安工业区Bb型砖室墓F30M26[29]形制基本一致，发掘者认为该类型墓葬的年代在明代中期。M19出土3件形制基本相同的直领罐，此类器物以往在成都市十一街遗址晚期地层中有过发现，发掘者认为这类器物与明代土坑墓所出随葬品年代相近[30]，至明中期，墓葬出土器物基本是成套的谷仓罐和器盖组合[31]，M19中未见谷仓罐出土，表明其年代不晚于明代中期。综上所述，M19的年代可推定在明代早中期。

M36、M39、M49、M50四座墓葬均为平面呈梯形的竖穴岩坑墓，墓主人头下垫枕瓦，头侧均有壁龛，其内放置随葬品，随葬品组合为瓷碗、罐。从墓葬形制及随葬品器物组合来看，以上四墓年代应相差不远。Bb型瓷谷仓罐（M49：4）与成都温江区万春镇A型无耳罐（M1：1）[32]形制相同，万春镇M1中还出土有与M49：3形制相同的器盖[33]。M49所出铜簪（M49：6-1、M49：6-2）与成都温江区中粮包装A型铜簪（M3：3）、B型铜簪（M9：2）形制较为接近，簪头均为多层花瓣状，风格相似[34]。M36所出的2件Ba型瓷带盖谷仓罐与成都市青白江包家梁子M11、M107、M109三座明代中期墓葬所出的Bb型无耳灰陶罐形制相近，均带有佛塔形器盖[35]，瓷双耳罐（M39：2）与成都市龙泉驿区二河村出土双耳罐（M4：1）形制相似，同时二河村M4所出瓷碗与以上四墓所出瓷碗形制相同[36]。万春镇M1、中粮包装厂M3和M9均出纪年买地券，中粮包装厂M3墓主人卒于正德四年（1509年），M9墓主人卒于正德十二年（1517年），万春镇M1墓主人卒于明弘治三年（1490年），于弘治五年（1492年）下葬，双河村M4的年代也在明代中期。据此可将以上四墓的年代推定在明代中期。

三、结　语

王家山Ⅱ号点墓葬数量众多，且分布密集，是成都平原东南部一处重要的墓葬分布区。本次发掘的墓葬类型丰富，包括崖墓、砖室墓、岩坑墓等多种类型，墓葬年代自汉延续至明清时期，时间跨度大，多个时期、不同类型的墓葬共处一地的现象为了解不同时期的古人的墓葬选址与营建提供了重要的研究材料。本文所公布的25座唐宋明代的墓葬与历年来成都地区所发现的同类墓葬无论在墓葬形制还是在随葬品组合等方面均有高度的相似性，反映了成都地区宋明时期的丧葬文化。比如同成都平原同时期墓葬相比，王家山Ⅱ号点宋代墓葬也有自身一些特点，比如石室墓及砖石混筑墓比例偏高，个中原因有可能与所处地理环境相关，也有可能因为该地处于成都平原与简阳一带的过渡地带，两个方向不同的葬俗风尚在此交汇。

值得一提的是，M51东室所出买地券不仅提供了准确的年代信息（庆元五年），而且披露了宋代广都县“乡”一级行政单位名称——“灵溪乡”。易立曾爬梳文献记载，注重出土文献，对唐宋时期成都府辖县乡、里做详细考证，“灵溪乡”名仅见文献记载，具体位置不详[37]。除王家山Ⅱ号点外新川园区板栗湾宋代墓葬出土2方买地券亦曾提到“灵溪乡”[38]，红松村宋代墓地M19、M24所出土买地券均载有“云淴乡”乡名[39]。诸类地名信息有助于进一步探讨宋代广都县基层行政组织设置及具体管辖范围。

此次发掘收获进一步完善了成都地区唐宋明时期墓葬的年代序列，为研究同时期的葬制葬俗、社会文化的发展与变迁提供了新的实物资料。

发掘及整理：左志强　马驰浩　何　强　张成俊
刘　利　郑　田　肖丽萍　蒙建洲
周久堡　戴传灏
测　　绘：尚春杰
绘　　图：王　凯　徐　豪
拓　　片：徐　豪
修　　复：张志平　冯春兰
执　　笔：左志强　马驰浩　李　康

注　释

[1] M43、M44两座墓葬仅存墓圹及少量墓砖，据残存遗迹判断，两墓均为共用墓圹的双室墓，惜墓室主体已被完全破坏，两墓均未见人骨、葬具和随葬品。根据残存的墓砖形制推测，两墓的年代可能为宋代。

[2] 成都文物考古研究所、金堂县文物保护管理所：《金堂赵镇李家梁子唐宋墓发掘简报》，《成都考古发现》（2007），科学出版社，2009年，第566、567、578页。

[3] 成都文物考古研究所、新津县文管所：《成都市新津县方兴唐宋墓群发掘报告》，《成都考古发现》（2009），科学出版社，2011年，第479、507页。

[4] 成都市文物考古研究所：《成都西郊清江路唐宋墓葬发掘简报》，《成都考古发现》（2000），科学出版社，2002年，第346、357页。

[5] 成都市文物考古研究所：《成都西郊西窑村唐宋墓葬发掘简报》，《东南文化》2003年第7期。

[6] 成都市文物考古研究所：《成都西郊清江路唐宋墓葬发掘简报》，《成都考古发现》（2000），科学出版社，2002年，第351页。

[7] 成都市文物考古研究所：《成都市金沙村唐墓发掘简报》，《考古》2008年第3期。

[8] 成都市文物考古研究所、龙泉驿区文物保护管理所：《成都市龙泉驿区五代前蜀王宗侃夫妇墓》，《考古》2011年第6期。

[9] 成都市文物考古研究所：《成都西郊西窑村唐宋墓葬发掘简报》，《东南文化》2003年第7期。

[10] 成都市文物考古研究所、青白江区文物管理所：《成都市青白江区景峰村五代及宋代墓葬发掘简报》，《成都考古发现》（2003），科学出版社，2005年，第343页。

[11] 成都市文物考古研究所：《成都西郊西窑村唐宋墓葬发掘简报》，《东南文化》2003年第7期。

[12] 成都文物考古研究所、新津县文管所：《成都市新津县方兴唐宋墓群发掘报告》，《成都考古发现》（2009），科学出版社，2011年，第496页。

[13] 成都文物考古研究所：《成都市成华区三圣乡花果村宋墓发掘简报》，《成都考古发现》（2001），科学出版社，2003年，第218页。

[14] 成都文物考古研究所、温江区文物保护管理所：《成都市温江区检察院办公楼、塞纳河畔工地五代及宋代墓葬发掘简报》，《成都考古发现》（2005），科学出版社，2007年，第350页。

[15] 成都文物考古研究所、新津县文管所：《成都市新津县方兴唐宋墓群发掘报告》，《成都考古发现》（2009），科学出版社，2011年，第493页。

[16] 成都市博物馆考古队：《成都东郊北宋张确夫妇墓》，《文物》1990年第3期。

[17] 成都文物考古研究所：《成都青龙乡东林花园21线道路西段墓葬发掘简报》，《成都考古发现》（2006），科学出版社，2008年，第277页。

[18] 成都市文物考古研究所：《成都市双流县华阳镇绿水康城小区发现一批砖室墓》，《成都考古发现》（2003），科学出版社，2005年。

[19] 成都市文物考古研究所：《成都市龙泉驿区洪河大道南延线唐宋墓葬发掘简报》，《成都考古发现》（2001），科学出版社，2003年，第171页。

[20] 成都市文物考古研究所、青白江区文物管理所：《成都市青白江区景峰村五代及宋代墓葬发掘简报》，《成都考古发现》（2003），科学出版社，2005年，第340页。

[21] 成都文物考古研究所：《成都青龙乡东林花园21线道路西段墓葬发掘简报》，《成都考古发现》（2006），科学出版社，2008年，第276页。

[22] 成都市文物考古研究所：《成都市龙泉驿区十陵宋墓发掘简报》，《成都考古发现》（2001），科学出版社，2003年，第190页。

[23] 成都市文物考古研究所：《成都市龙泉驿区十陵宋墓发掘简报》，《成都考古发现》（2001），科学出版社，2003年，第180页。

[24] 成都市文物考古研究所、温江区文物保护管理所：《成都市温江区检察院办公楼、塞纳河畔工地五代及宋代墓葬发掘简报》，《成都考古发现》（2005），科学出版社，2007年，第348页。

[25] 成都市文物考古研究所、温江区文物保护管理所：《成都市温江区检察院办公楼、塞纳河畔工地五代及宋代墓葬发掘简报》，《成都考古发现》（2005），科学出版社，2007年，第349页。

[26] 成都市文物考古研究所、新津县文管所：《成都市新津县方兴唐宋墓群发掘报告》，《成都考古发现》（2009），科学出版社，2011年，第497页。

[27] 成都市文物考古研究所：《成都西郊西窑村唐宋墓葬发掘简报》，《东南文化》2003年第7期。

[28] 陈云洪：《四川地区宋代墓葬研究》，《南方民族考古》（第七辑），科学出版社，2011年。

[29] 成都文物考古研究所、邛崃市文物局：《邛崃市羊安工业区墓群明墓发掘简报》，《成都考古发现》（2011），科学出版社，2013年，第589页。

[30] 成都文物考古研究所：《成都市十一街遗址墓葬清理简报》，《成都考古发现》（2016），科学出版社，

2018年，第363页。

[31] 成都文物考古研究所、邛崃市文物局：《邛崃市羊安工业区墓群明墓发掘简报》，《成都考古发现》（2011），科学出版社，2013年，第593页。

[32] 成都文物考古研究所、温江区文物保护管理所：《成都市温江区万春镇明墓发掘简报》，《成都考古发现》（2005），科学出版社，2007年，第433页。

[33] 成都文物考古研究所、温江区文物保护管理所：《成都市温江区万春镇明墓发掘简报》，《成都考古发现》（2005），科学出版社，2007年，第433页。

[34] 成都文物考古研究所、温江区文物保护管理所：《成都市温江区中粮包装厂明墓发掘简报》，《成都考古发现》（2005），科学出版社，2007年，第453页。

[35] 成都文物考古研究所、青白江区文物保护管理所：《成都市青白江包家梁子宋明墓发掘简报》，《成都考古发现》（2010），科学出版社，2012年，第639页。

[36] 成都文物考古研究所、龙泉驿区文物保护管理所：《成都市龙泉驿区二河村墓地发掘简报》，《成都考古发现》（2014），科学出版社，2016年，第318页。

[37] 易立：《唐宋时期成都府辖县乡、里考》，《成都考古研究》（二），科学出版社，2013年。

[38] 四川大学历史文化学院、成都文物考古研究院：《成都高新区板栗湾唐宋墓》，待刊。

[39] 成都文物考古研究院、双流县文物管理所：《成都市高新南区中和街道红松村宋墓群发掘简报》，《成都考古发现》（2017），科学出版社，2019年。

都江堰市罗家井坎遗址发掘简报

成都文物考古研究院
都江堰市文化体育和旅游局

罗家井坎遗址位于都江堰市石羊镇皂角社区十四组，小地名为罗家井坎。遗址地处白江河东岸，西距白江河约250米。遗址中心地理坐标为东经103°37′13.50″、北纬30°51′29.57″，海拔642米（图一）。遗址位于低矮台地之上，经过多次土地整理，现存台地南北长约200、东西宽约150米。为配合成都经济区环线高速公路项目建设，成都文物考古研究院与都江堰市文物局联合对该遗址进行了调查，在地表发现较多宋代砖瓦及瓷片，推测该区域有宋代遗存分布。根据项目建设进度，2018年3～8月，成都文物考古研究院与都江堰市文物局对罗家井坎遗址进行了发掘，据实际地形情况布5米×5米探方50个，方向北偏东7°。遗址编号为“2018CDSL”，探方编号T1～T50，发掘面积1250平方米（图二）。现将发掘情况简报如下。

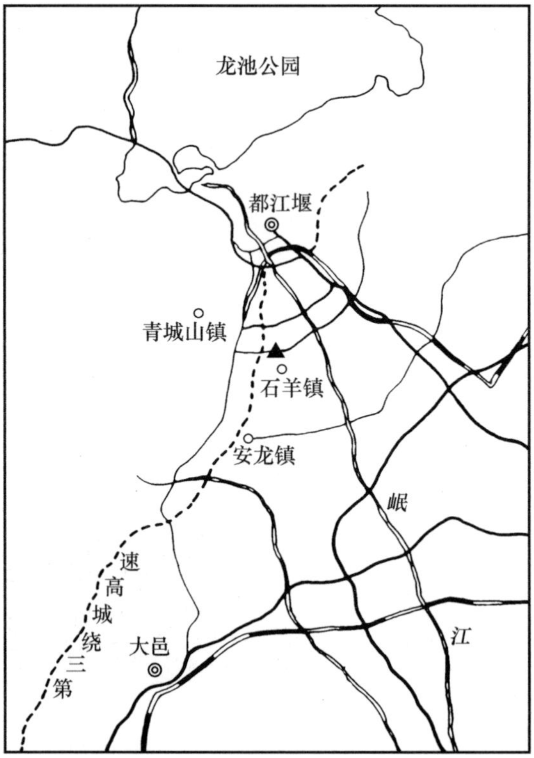

图一　遗址位置示意图

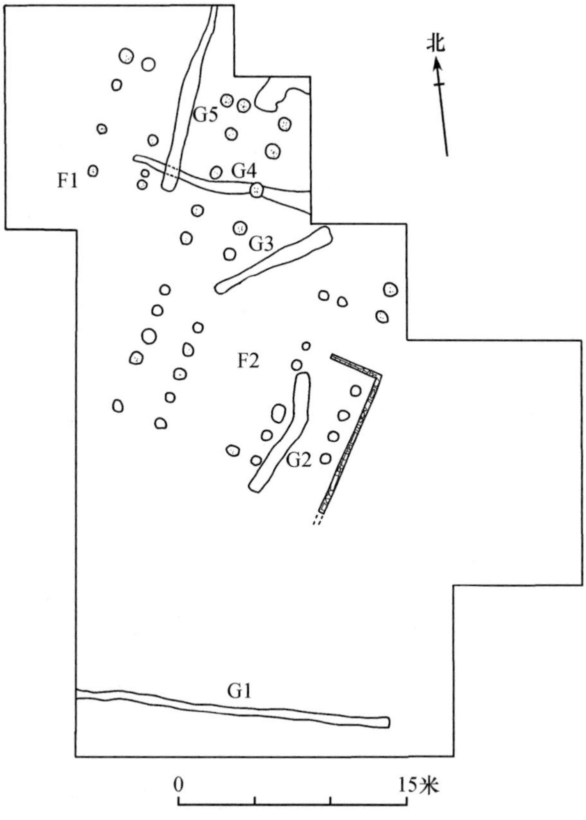

图二 遗址总平面图

一、地层堆积

根据土质、土色及包含物不同，该遗址自上而下可分为3层，除第2层局部分布外，其余两层在各探方内均有分布，大体为水平堆积。现以T27西壁为例加以说明（图三）。

第1层：现代农耕土，灰褐色黏性砂土，土质疏松。厚0.1～0.2米。包含砖瓦片、陶瓷片、植物根系、石块等。

第2层：黄褐色黏性砂土，夹杂较多锈斑，土质较致密。厚0～0.12米。包含青花瓷片、砖瓦片等。该层为明清时期地层。该层下叠压F1、F2。

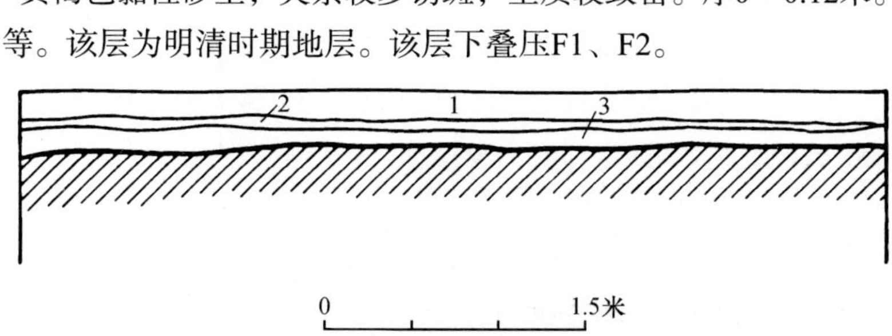

图三 T27西壁剖面图

第3层：灰褐色黏性砂土，夹杂少量锈斑，土质较致密。厚0.1～0.2米。出土有酱釉、青绿釉、黑釉瓷片及砖瓦片。该层为宋代地层。该层下叠压G1～G5。

第3层以下为生土，为黄色砂土，土质较致密。

二、遗　　迹

房址2座，编号F1、F2。开口于第2层下。后期破坏较为严重，现发现主要为柱洞，打破第3层和生土。

F1　位于F2西侧。现可见独立分布的柱洞19个，主要分为三排，呈东北—西南走向，整体呈不规整的长方形，最长约23、最宽约9.5米（图四）。柱洞平面多呈圆形，剖面为长方形。直径0.27～0.41、残深0.11～0.32米。部分柱洞的四周及底部夯筑有河沙及大小不一的卵石。

F2　位于F1东侧。现可见独立分布的柱洞24个，主要分为三排，呈东北—西南走向，整体呈不规整的长方形，柱洞范围最长约22.22、宽约11.94米（图五）。柱洞多呈圆形，直径0.28～0.43、残深0.12～0.28米。部分柱洞四周及底部夯筑有河沙及大小不一的卵石。F2东部残留一段“7”字形砖砌排水沟，与柱洞处于同一水平面。排水沟底部用一层砖竖向平铺，两侧用砖平铺向上层层叠砌，一般为4层，上部用砖平铺封闭，形成封闭式的地下排水沟。沟残长约10.24、宽0.4、深0.2米（图六）。排水沟所用砖均为青灰色长方形砖。

灰沟5条，编号G1～G5。皆开口于第3层下，打破生土。现以G1为例进行介绍。

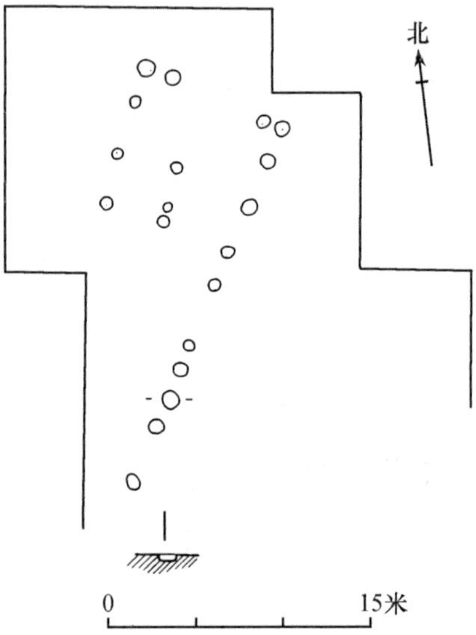

图四　F1平、剖面图

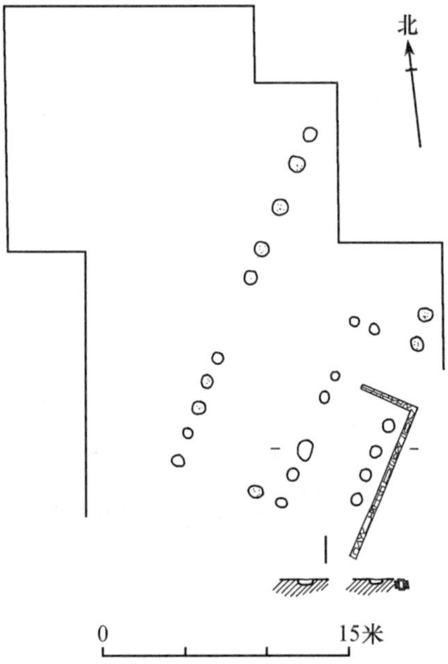

图五　F2平、剖面图

G1　呈西北—东南走向，分布于T46～T50。长20.85、最宽0.75、最深0.16米。填土为灰黑色粉砂土，土质较疏松，出有零星瓦片（图七）。

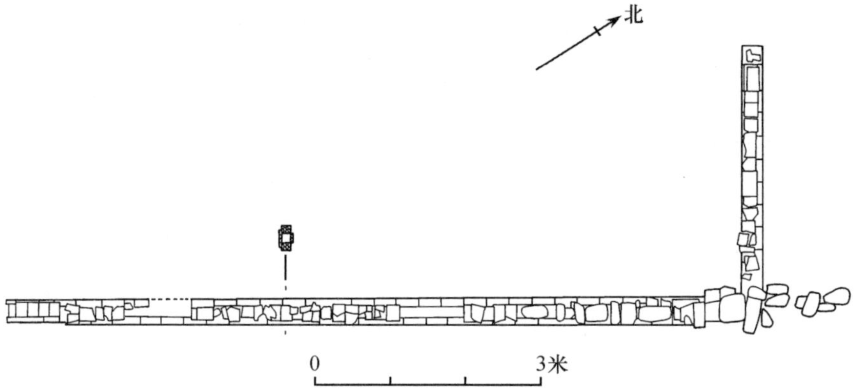

图六　F2排水沟平、剖面图

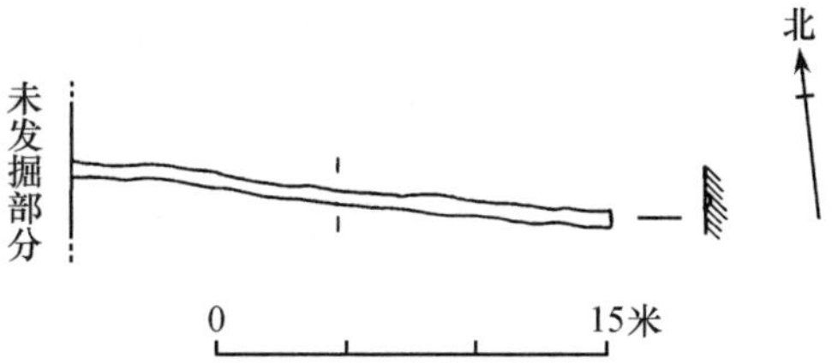

图七　G1平、剖面图

三、出土遗物

主要为瓷器，集中出土于T37，另有少量石器、铜器、陶建筑构件等，还出土有大量砖瓦片。瓷器釉色主要有白釉、酱釉、绿釉、黑釉、褐釉等，可辨器形有碗、罐、壶、盏、器盖、盆等。

1. 瓷器

白釉　皆残，能辨识器形者共8件。主要器形为碗，其次为器盖等。

碗　7件。灰胎。敞口，弧腹。根据唇部的不同，分为二型。

A型　6件。尖圆唇。T37③：13，内外壁皆施釉及底。矮圈足。无花纹。口径18.5、足径7.1、高6厘米（图八，7）。T37③：15，外壁施釉及底。矮圈足。内壁上腹部饰花草纹，下腹部饰瓣纹，中间以一周弦纹隔开。口径18.5、足径6.5、高6.1厘米（图八，5）。T37③：26，外壁施釉及底。内壁饰水波纹和花草纹样，水波纹在上，花草纹在下，其间以弦纹分隔，每两朵花草纹为一组，其间以弦纹相隔，内底有双鱼纹样。圈足。口径16、足径7、高3.8厘米（图八，1）。T37③：32，外壁施釉及底。内壁饰水波纹和花草纹样，水波纹在上，花草纹在下，其间以弦纹分隔，花草纹呈组分布，

图八　白釉瓷碗

1～5、7. A型（T37③：26、T37③：32、T37③：33、T37③：47、T37③：15、T37③：13）
6. B型（T37③：14）

其间以弦纹相隔，内底有双鱼纹样。矮圈足。口径17.9、足径7.6、高6.15厘米（图八，2）。T37③：33，外壁施釉及底。内壁饰曲线纹和花草纹样。矮圈足。口径19.3、足径6.2、高7.6厘米（图八，3）。T37③：47，内外壁皆施釉及底。矮圈足。口径18.1、足径6.5、高6.1厘米（图八，4）。

B型　1件。圆唇。T37③：14，外壁施釉及底。内壁上腹部饰花草纹，下腹部饰瓣纹，中间以一周弦纹隔开。口径18.3、足径8.7、高6.7厘米（图八，6）。

器盖　1件。保存较好。T37③：49，灰胎，器表遍施白釉。平顶，母口，弧壁。顶部饰一周凹弦纹。口径6.2、高1.45厘米（图九，7）。

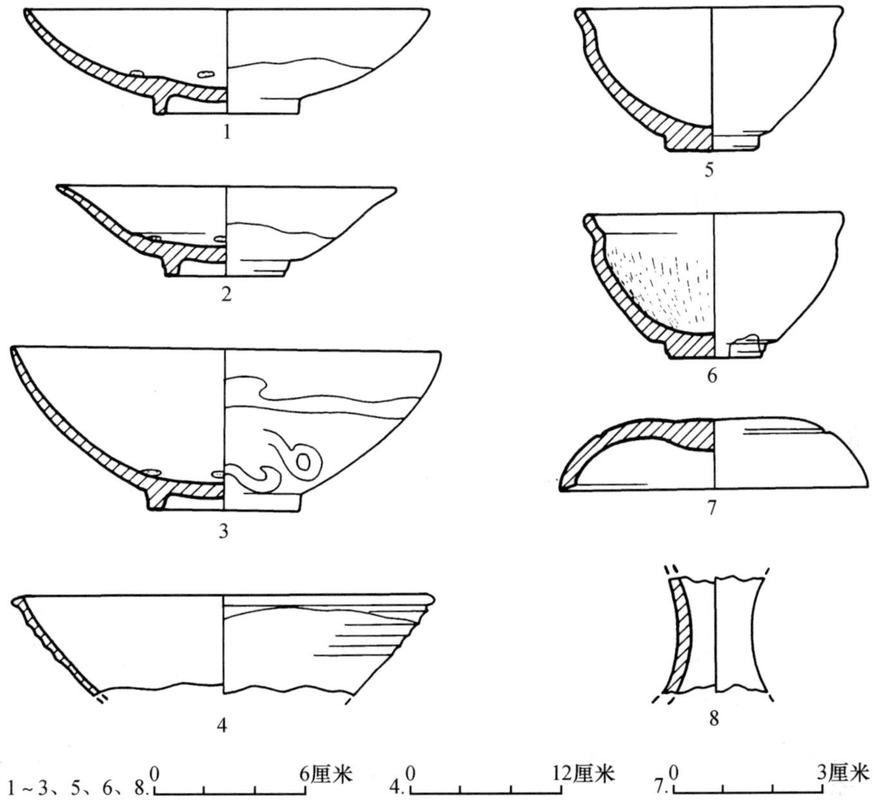

图九　出土瓷器

1、2. B型绿釉碗（T37③：45、T37③：18）　3. A型绿釉碗（T37③：28）　4. 酱釉盆（T37③：20）　5、6. 黑釉盏（T37③：4、T37③：3）　7. 白釉器盖（T37③：49）　8. 黑釉壶（T37③：35）

酱釉　皆残，能辨识器形者共13件。主要器形为碗、罐、盆、壶等。

碗　6件。敞口，弧腹，矮圈足。根据唇部的不同，分为二型。

A型　4件。尖圆唇。T9③：1，红胎。外壁施釉及半。口径12.6、足径4.8、高4.35厘米（图一〇，6）。T37③：8，灰胎，外壁施釉及底，烧造过程中由于火候原因部分釉色偏黑。口径17.6、足径5.9、高6.5厘米（图一〇，2）。T37③：40，红胎，外壁施釉及底，部分脱落。口径16.2、足径5.8、高4.7厘米（图一〇，3）。T37③：41，灰胎，外壁施釉及半。口径12.9、足径4.7、高3.7厘米（图一〇，5）。

B型　2件。圆唇。T37③：16，灰胎，外壁施釉及半。口径12、足径4.7、高3.2厘米（图一〇，4）。T37③：34，灰胎，外壁施釉不及底。口径17.9、足径6.1、高6.75厘米（图一〇，1）。

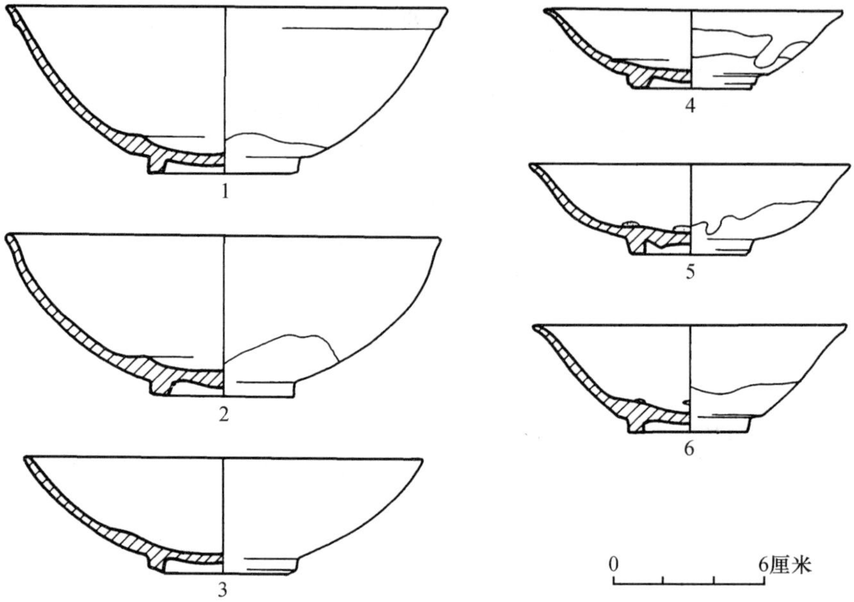

图一〇　酱釉瓷碗

1、4. B型（T37③：34、T37③：16）　2、3、5、6. A型（T37③：8、T37③：40、T37③：41、T9③：1）

罐　2件。残缺严重，不分型。T20③：1，灰胎，外壁施釉过半。底部残缺，敞口，圆唇，短颈，圆肩，圆腹，肩部置双纵系。口径7.2、腹径10.9、残高12.3厘米（图一一，6）。T37③：39，红胎。仅存下腹部，圆弧腹，平底。腹径17.5、底径12.5、残高11.6厘米（图一一，2）。

盆　1件。T37③：20，红胎。仅存上腹部，敞口，圆唇，弧腹。口径32、残高8厘米（图九，4）。

壶　4件。分为二型。

A型　2件。注壶。T24③：1，灰胎，外壁施釉不及底。曲柄及底部残缺，敞口，圆唇，直长颈，曲流，丰肩，圆腹，肩部残一纵系。口径6、腹径12.5、残高17.2厘米（图一一，4）。T37③：25，红胎，釉基本已脱落。仅存流部，曲流。流部残长5厘米（图一一，3）。

B型　2件。小口壶。T37③：2，红胎，外壁釉已基本脱落。圆唇，广肩。口径3、残高6.5厘米（图一一，1）。T44③：1，红胎。大部已残，敞口，外叠唇，曲颈，圆肩。口径5.1、残高4.7厘米（图一一，5）。

绿釉　皆残，能辨识器形者3件。主要器形为碗。根据腹部的不同，分为二型。

A型　1件。深弧腹。T37③：28，红胎，外壁施釉不及半。敞口，尖圆唇，矮圈足。口径17.2、足径6、高6.5厘米（图九，3）。

B型　2件。浅弧腹。敞口，矮圈足。T37③：18，灰胎，部分釉已脱落。圆唇。口径13.6、足径4.8、高3.6厘米（图九，2）。T37③：45，红胎，外壁施釉不及半，大部

图一一　酱釉瓷壶、罐

1、5. B型壶（T37③：2、T44③：1）　2、6. 罐（T37③：39、T20③：1）　3、4. A型壶（T37③：25、T24③：1）

已脱落。尖圆唇。口径16.2、足径5.8、高4.2厘米（图九，1）。

黑釉　皆残，能辨识器形者3件。主要器形为盏、壶等。

盏　2件。灰胎，外壁施釉不及底。形制相同，敞口，折沿，圆唇，弧腹，饼足。T37③：4，口径10.8、底径3.8、高5.8厘米（图九，5）。T37③：3，口径10.5、底径3.8、高5.8厘米（图九，6）。

壶　1件。T37③：35，灰胎。仅存颈部，曲颈。残高4.6厘米（图九，8）。

褐釉　皆残，能辨识器形者共7件。主要器形为碗。根据圈足高矮的不同，分为二型。

A型　2件。圈足较高。灰胎，外壁施釉及底。形制基本相同，敞口，圆唇，弧腹。T37③：23，口径9、足径4.3、高3.7厘米（图一二，5）。T37③：37，口径10.4、

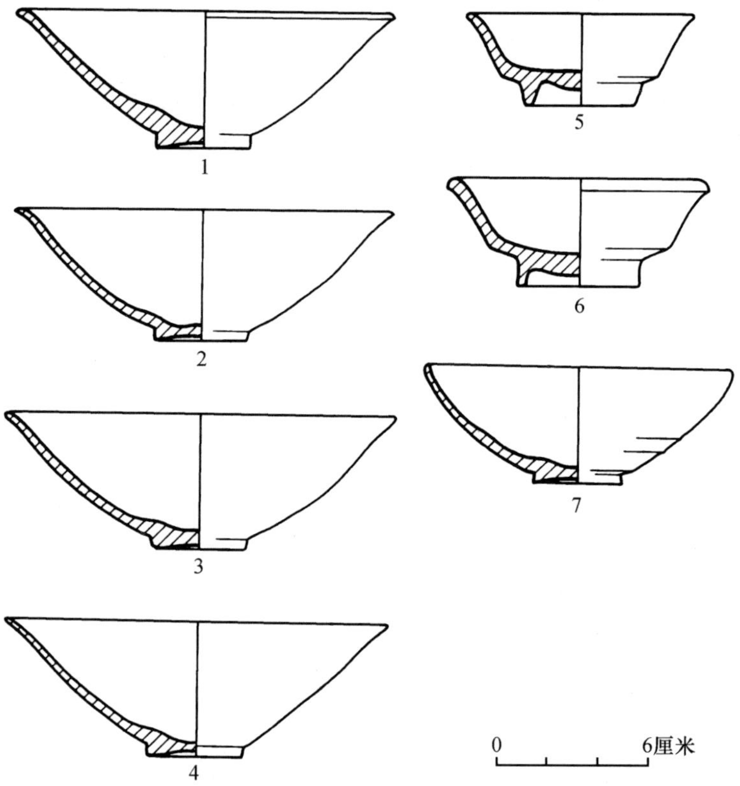

图一二　褐釉瓷碗

1～4、7. B型（T37③：43、T37③：6、T37③：38、T9③：2、T37③：21）　5、6. A型（T37③：23、T37③：37）

足径4.8、高4.3厘米（图一二，6）。

B型　5件。圈足较矮。灰胎，外壁施釉及底。形制基本相同，敞口，圆唇，弧腹。T37③：43，口径15.2、足径3.8、高5.5厘米（图一二，1）。T37③：6，口径15.2、足径3.7、高5.4厘米（图一二，2）。T37③：38，口径15.6、足径3.8、高5.4厘米（图一二，3）。T9③：2，口径15.4、足径3.8、高5.4厘米（图一二，4）。T37③：21，口径12.2、足径3.5、高4.6厘米（图一二，7）。

2. 陶器

建筑构件　1件。T37③：50，残，灰黄陶，外施黑色陶衣。外壁素面，内壁饰云纹、兽面纹及动物纹样。残长13、宽8.5、最厚处2.7厘米（图一三，1）。

3. 铜器

崇宁重宝　1枚。T19③：1，圆形方孔，锈蚀较为严重。

刀　1件。T14②：1，通体青绿色。长条形，表面有刮削及切割痕迹。残长6.2、宽1.8、厚0.3厘米（图一三，2）。

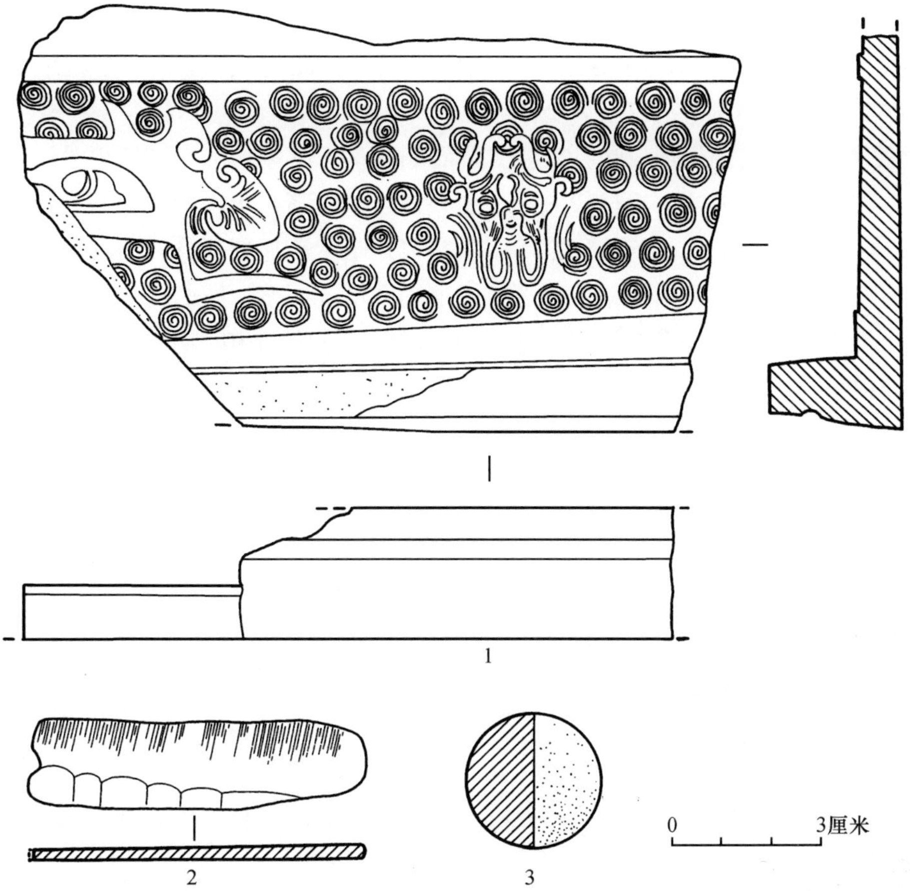

图一三　陶建筑构件、铜刀、石球

1. 陶建筑构件（T37③：50）　2. 铜刀（T14②：1）　3. 石球（T22②：1）

4. 石器

球　1件。T22②：1，通体呈紫红色，表面略粗糙。直径2.65厘米（图一三，3）。

四、结　　语

从发掘情况来看，宋代遗存是罗家井坎遗址的主体堆积，而第3层出土的“崇宁重宝”铜钱则为判断其时代上限提供了最直接的材料。“崇宁重宝”始铸于北宋徽宗崇宁年间（1102～1106年），因而该遗址宋代遗存的时代上限不会早于北宋晚期。而从出土的瓷片釉色观察，酱釉占有较大比重，依据黄晓枫的研究，这是四川宋代瓷器生产至南宋晚期时呈现出的特征，由此我们判断该遗址宋代遗存的时代下限可能至南宋晚期[1]。遗址中出土的酱釉瓷器基本为暗红胎，与成都琉璃厂窑出土瓷器特征相似，此类器物窑口应为琉璃厂窑[2]。出土的绿釉瓷器分灰胎和红胎两种，釉色与玉堂窑出土乳浊绿釉瓷器相同，此类器物窑口应为玉堂窑[3]。出土的黑釉盏与磁峰窑出土黑釉盏特征基本相同，此类器物窑口应为磁峰窑[4]。出土的褐釉碗特征与都江堰金凤窑遗址出土器物特征基本相同，此类器物窑口应为金凤窑[5]。

罗家井坎遗址发现的遗迹包括2座房址及5条灰沟，其中房址特别值得关注，虽然破坏严重，仅存柱洞，但柱洞规格较大，房屋整体规格较高，出土的遗物基本为瓷片，有玉堂窑、金凤窑、磁峰窑、琉璃厂窑等多个窑口，暗示该遗址所具有的区域特殊地位。虽然没有明确的文字材料出土，但从遗迹及遗物的情况观察，我们初步推断，罗家井坎遗址很可能是宋代的一处重要场所，遗址的发现对于研究两宋时期成都平原的社会面貌具有重要的价值。

发　　掘：吴　鹏　潘绍池　何江涛　龙　岗
整理、修复：吴　鹏　何江涛　李亚丽
绘　　图：逯德军　杨　丽　柏凤霞
执　　笔：何江涛　吴　鹏　刘文强　李亚丽

注　释

[1] 黄晓枫：《四川出土宋代瓷器初步研究》，四川大学硕士学位论文，2002年。

[2] 成都文物考古研究所：《成都市琉璃厂古窑址2010年试掘报告》，《成都考古发现》（2010），科学出版社，2012年。

[3] 成都文物考古研究所、都江堰市文物局：《2007年玉堂窑遗址六号窑包试掘简报》，《成都考古发现》（2007），科学出版社，2009年；成都文物考古研究所、都江堰市文物局：《都江堰市玉堂窑遗址马家窑包（6号）2013年试掘简报》，《成都考古发现》（2012），科学出版社，2014年；成都文物考古研究所、都江堰市文物局：《都江堰市沿江村唐五代灰沟及宋代墓葬发掘简报》，《成都考古发现》（2012），科学出版社，2014年。

[4] 成都市文物考古研究所、彭州市博物馆：《2000年磁峰窑发掘报告》，《成都考古发现》（2000），科学出版社，2002年。

[5] 成都市文物考古研究所、都江堰市文物局：《都江堰市金凤窑发掘报告》，《成都考古发现》（2000），科学出版社，2002年。

成都市新津区兴义镇访竹东路宋代墓葬发掘简报

成都文物考古研究院
新 津 区 文 保 中 心

2020年9月，新津区文保中心对位于成都市新津区兴义镇访竹东路（图一）的成都天府农博园农村集体土地流转示范项目红线范围内进行了文物勘探工作，发现较为分散的5座宋代墓葬，成都文物考古研究院随即组织人员进行考古发掘工作，发掘过程中又发现6座宋代墓葬，共计清理墓葬11座（图二），现将发掘情况简报如下。

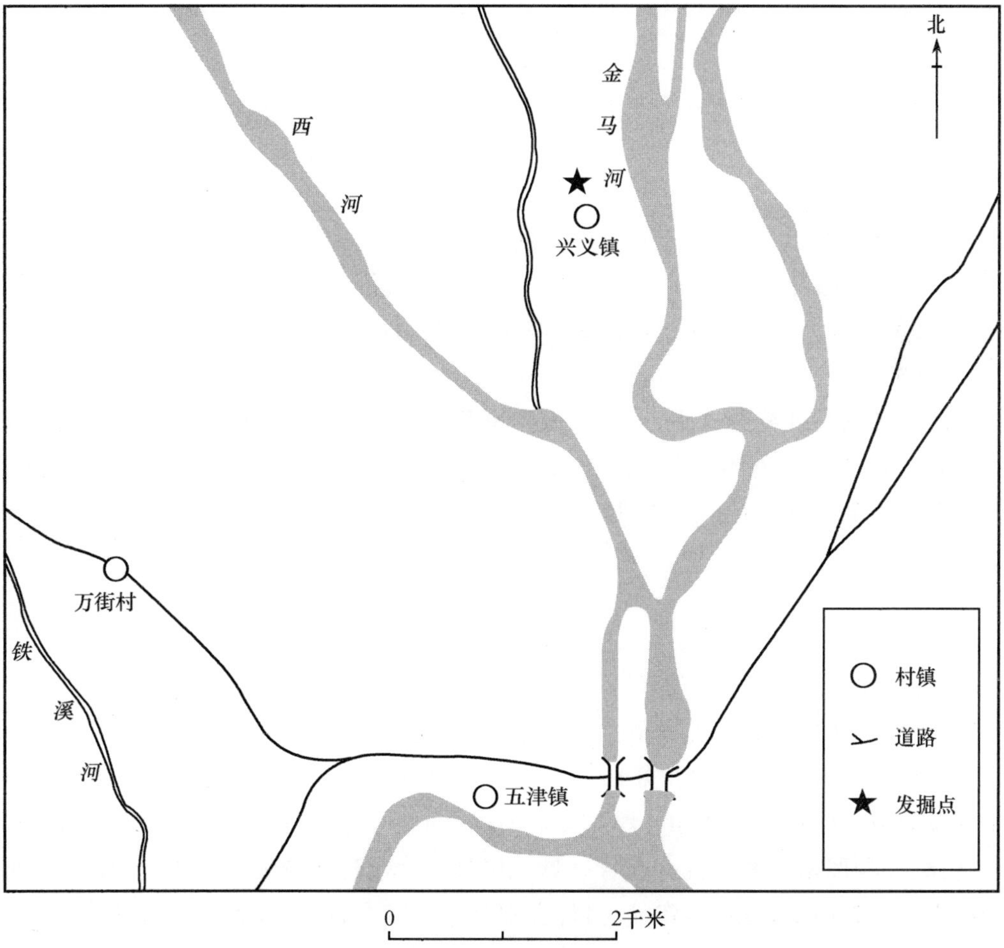

图一 墓地位置示意图

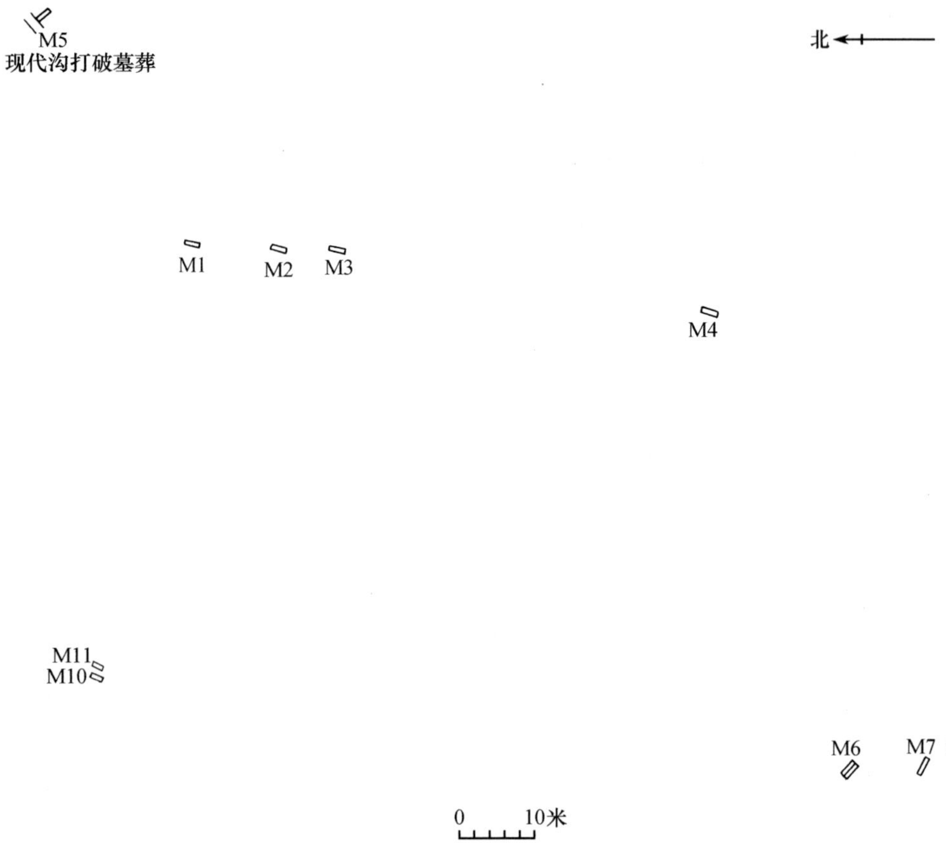

图二　墓葬平面分布示意图

一、墓葬形制与随葬器物

本次发掘共清理墓葬11座，其中6座砖室墓，5座石室墓，除M5外，均不见墓圹，推测因墓葬建造于沙土环境中，沙土膨胀挤压致使墓圹不见。墓葬随葬器物以瓷器为主，另有少量金、银、铜、铁、陶器。

（一）砖　室　墓

6座砖室墓中，除M6为双室外，其余皆为单室。

M1　墓向183°。单室砖室墓。封门用砖平丁间砌而成，宽0.72、残高0.5、厚0.28米。墓室平面近梯形，长2.2、宽0.24～0.72、残高0.48米。墓顶已不存，残存墓壁用砖平丁间砌而成，砖长30、宽14、厚4厘米。墓底铺地砖保存较好，皆为错缝平铺，砖长32、宽14、厚4厘米。墓底置有人骨一具，仅余头骨及若干肢骨，葬式应为仰身直肢，头向西南。近封门处发现2件瓷盏、1件瓷双耳罐，其中1件瓷盏置于瓷双耳罐口部（图三）。

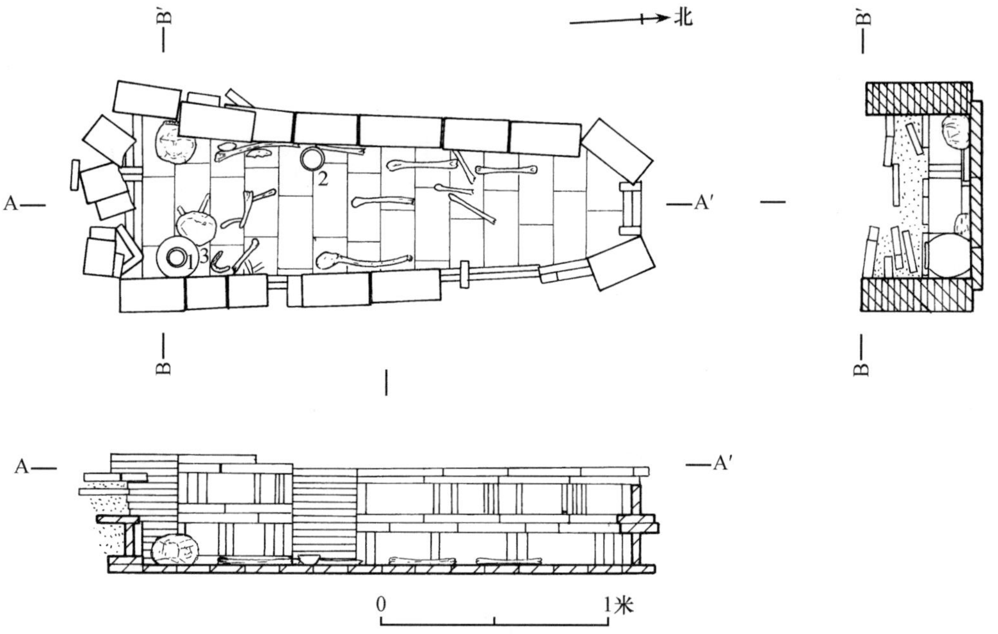

图三　M1平、剖面图

1、3. 瓷盏　2. 瓷双耳罐

瓷盏　2件。M1：1，紫胎，釉已脱落。敞口，圆唇，斜弧腹，饼足。口径9.3、底径5.3、高2.6厘米（图四，1）。M1：2，紫红胎，青釉，内壁满釉，外壁施釉不及底。敞口，圆唇，斜弧腹，饼足。口径11、底径4.1、高3.3厘米（图四，2）。

瓷双耳罐　1件。M1：3，紫红胎，釉已脱落，口沿及器身上部施白色化妆土。侈口，圆唇，束颈，圆肩，弧腹，平底，颈肩交接处有两个对称半圆形立耳。口径10、腹径17.6、底径8.8、高18.8厘米（图四，3）。

M2　墓向194°。单室砖室墓。封门用砖平丁间砌而成，宽0.96、残高0.4、厚0.16米。墓室平面近梯形，长2.32、宽0.5～0.7、残高0.4米。墓顶已不存，残存两侧墓壁用砖平丁间砌而成，后壁用砖丁砌，砖长36、宽16、厚4厘米。墓底铺地砖保存较好，皆为错缝平铺，砖长30、宽16、厚4厘米。墓底置有人骨一具，葬式为仰身直肢，头向南。近封门处发现1件瓷四系罐、1件瓷碗、1件瓷盏，瓷盏置于瓷四系罐口部，封门处及墓室中部还发现有6枚开元通宝铜钱，人骨头部右侧有1枚铜耳坠，腰间还有一串珠饰（图五）。

瓷盏　1件。M2：1，红胎，酱釉，基本已脱落。敞口，尖圆唇，上腹外敞，下腹斜弧内收，平底微内凹。口径13.6、底径6.2、高3.6厘米（图四，4）。

瓷碗　1件。M2：2，灰胎，釉已脱落，内壁及外壁口沿处施白色化妆土。敞口，尖圆唇，斜弧腹，平底微内凹。口径19.5、底径8.6、高6.9厘米（图四，5）。

瓷四系罐　1件。M2：3，紫红胎，酱青釉，大部已脱落，器身施白色化妆土。侈

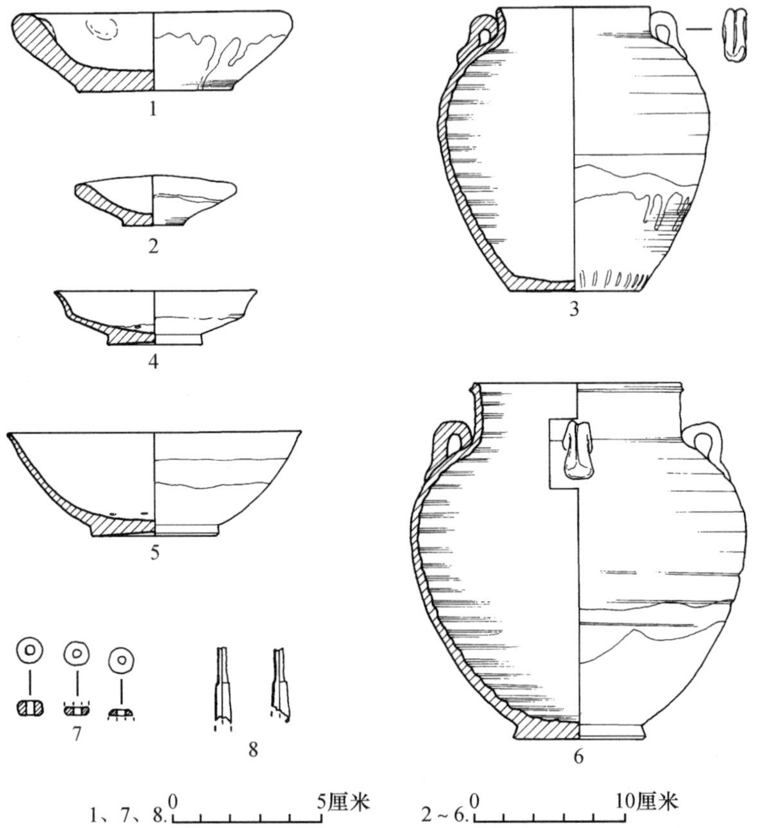

图四　M1、M2出土器物

1、2、4. 瓷盏（M1∶1、M1∶2、M2∶1）　3. 瓷双耳罐（M1∶3）　5. 瓷碗（M2∶2）　6. 瓷四系罐（M2∶3）　7. 串珠（M2∶4-1、M2∶4-2、M2∶4-3）　8. 铜耳坠（M2∶5-1、M2∶5-2）

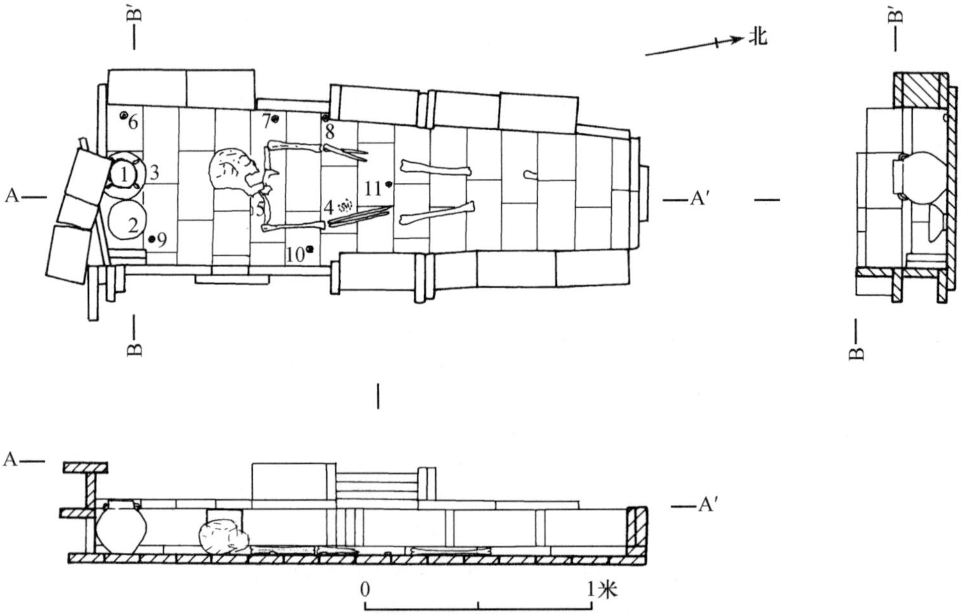

图五　M2平、剖面图

1. 瓷盏　2. 瓷碗　3. 瓷四系罐　4. 串珠　5. 铜耳坠　6～11. 开元通宝铜钱

口，圆唇，直领，圆肩，弧腹，饼足，颈肩交接处有四个对称半圆形立耳。口径13.5、腹径22、底径8.7、高23.7厘米（图四，6）。

串珠 1串。M2：4-1，珠子直径0.8、高0.5厘米（图四，7）。

铜耳坠 1枚。M2：5，残长2厘米（图四，8）。

铜钱 6枚。均为开元通宝，钱文清晰，直读（图六）。以M2：6为例，钱径2.4、穿宽0.7、郭宽0.2厘米。

M3 墓向192°。单室砖室墓。封门用砖平丁间砌而成，宽1、残高0.42、厚0.16米。墓室平面近梯形，长2.36、宽0.16～0.96、残高0.46米。墓顶已不存，残存墓壁用砖平丁间砌而成，砖长28、宽16、厚3厘米。墓底铺地砖保存较好，皆为错缝平铺，砖长30、宽15、厚4厘米。墓底置有人骨一具，葬式为仰身直肢，头向西南。近封门处有1件

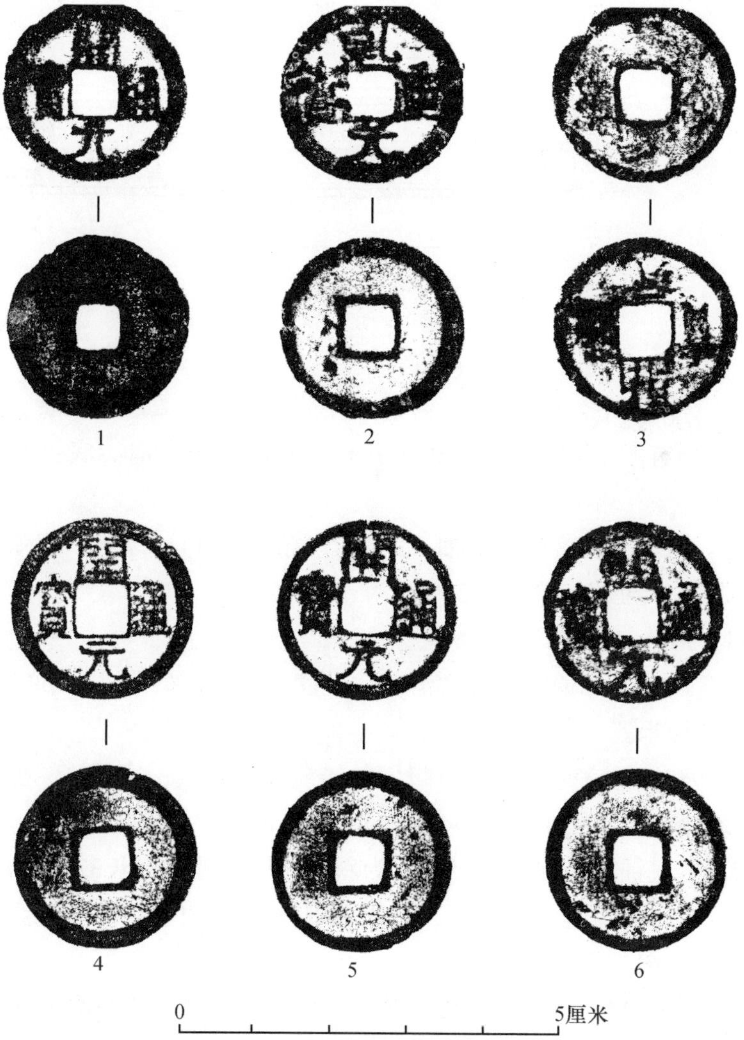

图六 M2出土开元通宝铜钱

1. M2：6 2. M2：7 3. M2：8 4. M2：9 5. M2：10 6. M2：11

瓷四系罐，有1件瓷盏放置于其口部，人骨头部有1件铜簪，墓室中部还出土有开元通宝铜钱（图七）。

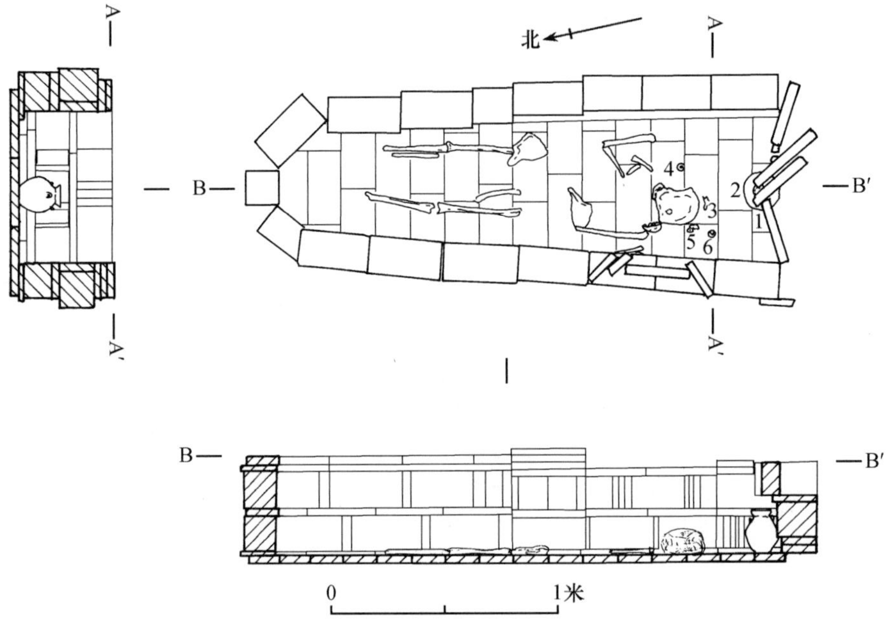

图七　M3平、剖面图

1. 瓷四系罐　2. 瓷盏　3. 铜簪　4～6. 开元通宝铜钱

瓷四系罐　1件。M3∶1，红胎，酱釉，大部已脱落。敛口，圆唇，直领，圆肩，弧腹，饼足，肩部有四个对称半圆形横耳。口径8.4、腹径16.1、底径7.7、高18.7厘米（图八，1）。

瓷盏　1件。M3∶2，紫胎，酱釉，大部已脱落。敞口，圆唇，斜弧腹，饼足。口径11、底径3.4、高3.2厘米（图八，2）。

铜簪　1件。M3∶3，残长15厘米（图八，3）。

铜钱　6枚。均为开元通宝，钱文清晰，直读（图九，1～6）。M3∶4，钱径2.3、穿宽0.7、郭宽0.2厘米。

M4　墓向198°。单室砖室墓。封门用砖错缝平砌而成，宽1.02、残高0.8、厚0.34米。墓室平面近梯形，长2.34、宽0.64～1.14、残高0.66米。墓顶已不存，残存墓壁用砖错缝平砌而成。墓底铺地砖保存较好，皆为斜向错缝平铺，砖长32、宽16、厚4厘米。墓内人骨散乱，可辨有头骨、肢骨等，葬式难以辨认。封门处有1件瓷盘口壶，人骨头部右侧有1件瓷盏（图一〇）。

瓷盘口壶　1件。M4∶1，紫红胎，酱釉，大部已脱落，有流釉现象。盘口微敞且较深，方唇，束颈，鼓肩，斜弧腹，平底，肩部有四个对称半圆形横耳。口径12.2、腹径14.4、底径8.6、高34.8厘米（图八，4）。

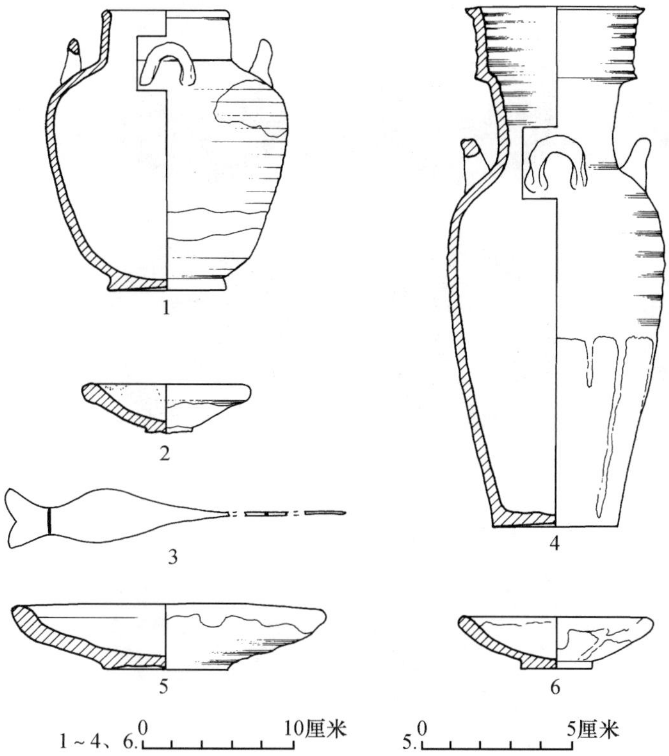

图八 M3～M5出土器物

1. 瓷四系罐（M3：1） 2、5、6. 瓷盏（M3：2、M4：2、M5：1） 3. 铜簪（M3：3） 4. 瓷盘口壶（M4：1）

瓷盏 1件。M4：2，紫红胎，酱釉，大部已脱落。敞口，圆唇，斜弧腹，平底微内凹。口径10.6、底径4.2、高2.2厘米（图八，5）。

M5 墓向145°。单室砖室墓，由墓圹和墓室组成，残损严重，其北部被一现代沟打破。墓圹平面呈长方形，残长2.2、宽0.88～1.04、残深0.18米。墓室平面呈梯形，残长2.06、宽0.46～0.7、残高0.12米。墓壁用砖错缝平砌而成，砖长26、宽16、厚4厘米。墓底铺地砖保存较好，为错缝平铺，砖长30、宽16、厚4厘米。墓内人骨散乱，葬式难以辨认。墓室前端置有1件瓷盏，其旁有1枚开元通宝铜钱（图一一）。

瓷盏 1件。M5：1，黄胎，酱釉，内壁满釉，外壁施釉不及底。敞口，圆唇，斜弧腹，饼足。口径12.8、底径4.8、高3.4厘米（图八，6）。

铜钱 1枚。开元通宝，钱文清晰，直读。M5：2，钱径2.4、穿宽0.7、郭宽0.2厘米（图九，7）。

M6 墓向285°。双室砖室墓。两座墓室各有一道封门，南室封门分为两层，下层由立砖通缝叠砌，上层用平砖错缝叠砌，宽1.04、高1.08、厚0.18米。北室封门由平砖错缝叠砌而成，宽1.12、高1.18、厚0.18米。南北两墓室内各设一甬道，形制、规格基本相同，平面呈长方形，宽0.9、进深0.14、距墓顶1、低于墓底0.04米。墓室平面呈长

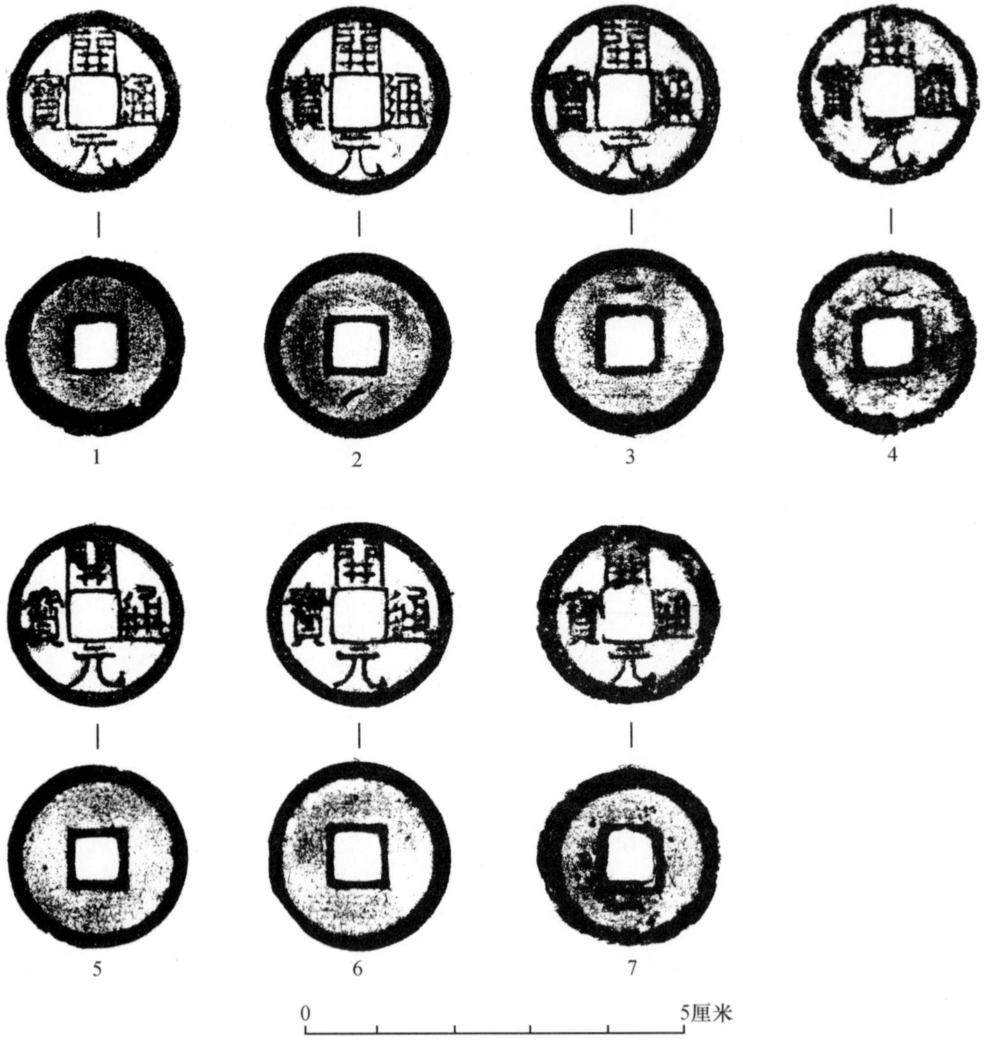

图九　M3、M5出土开元通宝铜钱

1. M3：4　2. M3：5　3. M3：6　4. M3：7　5. M3：8　6. M3：9　7. M5：2

方形，南北两座墓室形制、规格基本相同。以南室为例，墓室长2.5、宽1.24、高0.98米，墓顶为券顶，用长方形砖纵向叠砌起券，砖长34、宽18、厚4厘米。墓壁分为三层，上下两层用平砖错缝叠砌，中间用立砖一顺两丁间砌而成，壁砖长33、宽18、厚4厘米。墓底用方砖错缝平铺而成，共铺两层，砖边长38、厚4厘米。南室内置有人骨一具，葬式为仰身直肢，头向西北，人骨头部有1件银发簪，足部置有1件瓷盏，瓷盏东侧置有1方买地券，墓室北壁及南壁处有10枚铁钱。北室置有人骨一具，葬式为仰身直肢，头向西北。人骨足部有1方买地券、1件瓷盘口壶及5件陶双耳杯。南北两室墓底中部下各有一腰坑，坑长、宽、深皆为8厘米，坑内各置有1件瓷双耳罐。南北两墓室均出有若干铁棺钉。南侧甬道处有一堆散乱的人骨，有明显火烧痕迹，人骨之上置有2件瓷碟，北侧甬道处有1件瓷碟、1件瓷杯（图一二）。

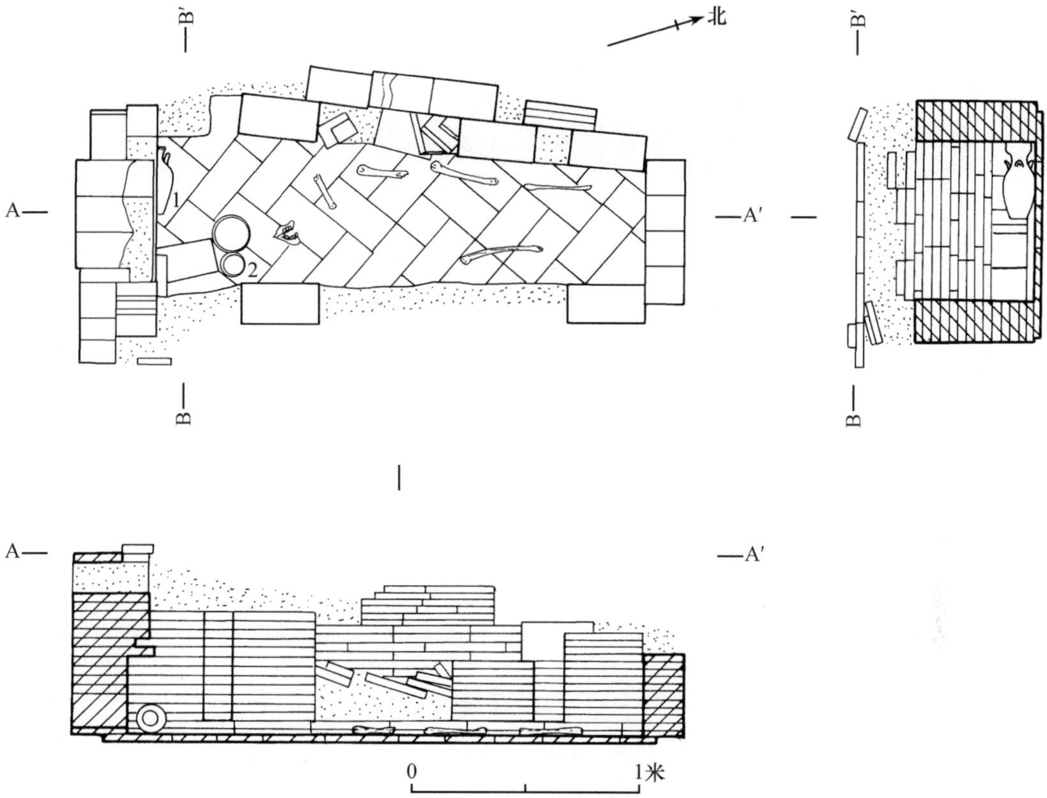

图一〇　M4平、剖面图

1. 瓷盘口壶　2. 瓷盏

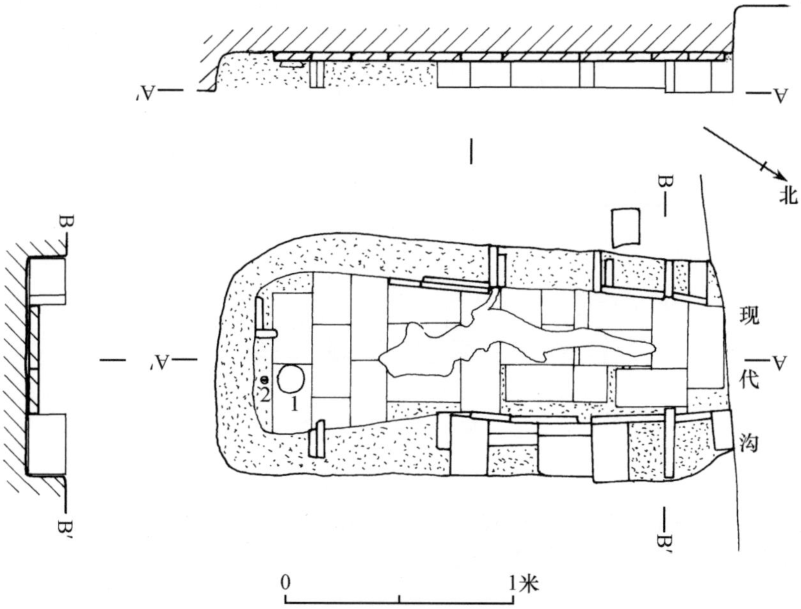

图一一　M5平、剖面图

1. 瓷盏　2. 开元通宝铜钱

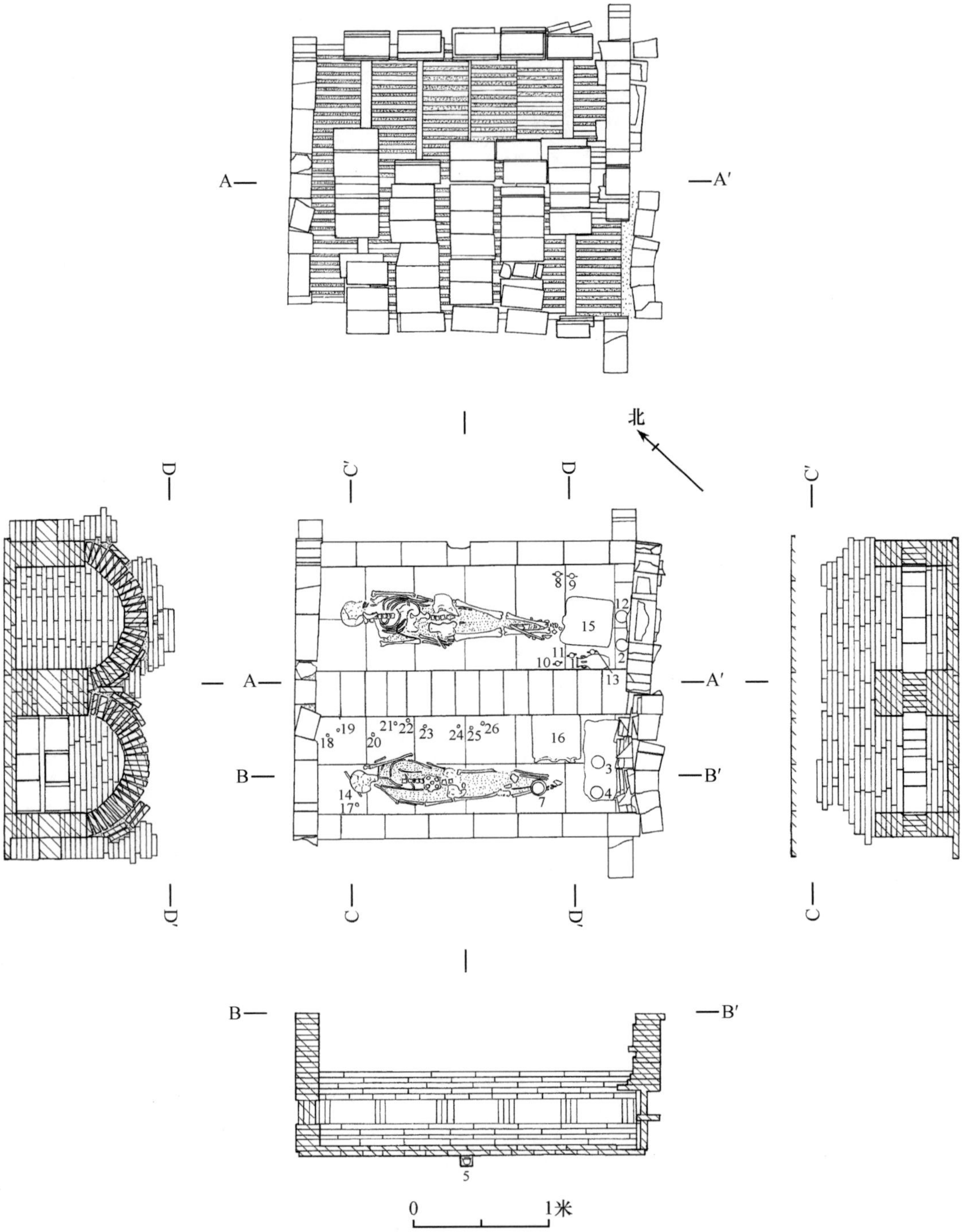

图一二　M6平、剖面图

1. 瓷盘口壶　2～4. 瓷碟　5. 瓷双耳罐　7. 瓷盏　8～11、13. 陶双耳杯　12. 瓷杯　14. 银发簪　15、16. 买地券　17～26. 铁钱

瓷盘口壶 1件。M6：1，灰胎，釉已脱落。盘口微敞且较浅，方唇，长束颈，溜肩，弧腹，平底略内凹。颈部有四个对称半圆形立耳。口径8.4、腹径9.4、底径7.2、高23厘米（图一三，1）。

瓷碟 3件。M6：2，紫红胎，釉已脱落，内壁及口沿处施白色化妆土。敞口，圆唇，斜弧腹，平底。口径10.8、底径4、高2.8厘米（图一三，2）。M6：3，紫红胎，酱釉，基本已脱落，有流釉现象。敞口，方圆唇，斜弧腹，平底略内凹。口径9.2、底径3.8、高2.5厘米（图一三，3）。M6：4，紫红胎，酱釉，基本已脱落，有流釉现象。敞口，圆唇，斜弧腹，平底略内凹。口径8.7、底径3.4、高2.5厘米（图一三，4）。

瓷双耳罐 2件。M6：5，红胎，釉已基本脱落。敛口，方圆唇，直领微束，溜肩，弧腹，平底略内凹，肩部有两个对称半圆形横耳。口径5.2、腹径8、底径5.4、高8.8厘米（图一三，5）。M6：6，红胎，釉已基本脱落。敛口，方圆唇，直领微束，溜

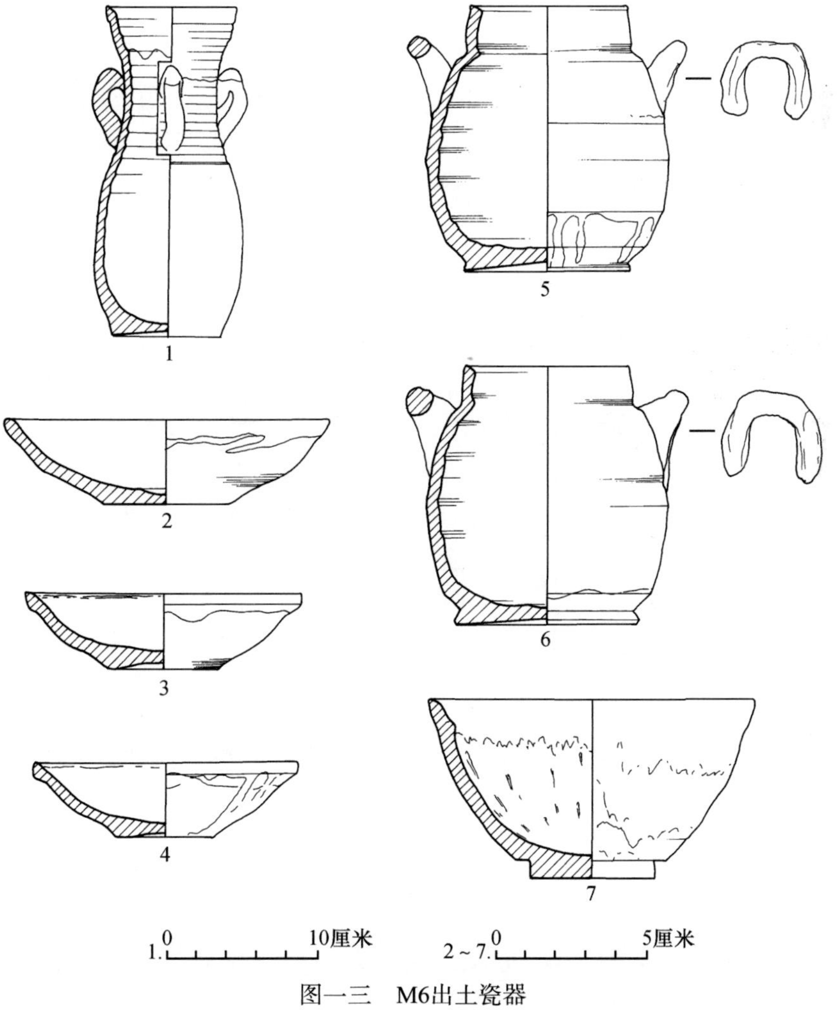

图一三 M6出土瓷器

1. 盘口壶（M6：1） 2～4. 碟（M6：2、M6：3、M6：4） 5、6. 双耳罐（M6：5、M6：6）
7. 盏（M6：7）

肩，弧腹，平底略内凹，肩部有两个对称半圆形横耳。口径5.4、腹径7.9、底径6、高8.6厘米（图一三，6）。

瓷盏　1件。M6：7，黄胎，黑釉，内壁满釉，外壁施釉不及底。敞口，圆唇，斜弧腹，平底。口径10.8、底径4.2、高6厘米（图一三，7）。

陶双耳杯　5件。夹细砂红陶。敞口，圆唇，平底，底部以下为圆柱形饼足，口腹相接处有两个对称竖耳。M6：8，曲腹。口径3.1、底径2.5、高2.6厘米（图一四，1）。M6：9，曲腹。口径3.2、底径2.1、高2.7厘米（图一四，2）。M6：10，曲腹。口径3、底径2、高2.5厘米（图一四，3）。M6：11，上腹斜弧，下腹内曲。口径3.6、底径2.5、高2.9厘米（图一四，4）。M6：13，上腹斜弧，下腹内曲。口径3、底径2.2、高2.7厘米（图一四，6）。

瓷杯　1件。M6：12，白胎，白釉，内壁口沿处施釉，外壁施釉及底。敞口，方圆唇，斜直腹，圈足。口径8.4、足径3.9、高5厘米（图一四，5）。

银发簪[1]　1件。M6：14，细长条形。长17.9厘米（图一四，7）。

买地券　2方。砖质。碑形。M6：15，顶部呈屋檐状，面上被分割为十六竖栏，未见文字痕迹。长36、宽32、厚3厘米（图一五）。M6：16，顶部呈屋檐状，面上被分割为十六竖栏，未见文字痕迹。长36、宽35、厚3厘米（图一六）。

铁钱　10枚。锈蚀严重，无法辨识。

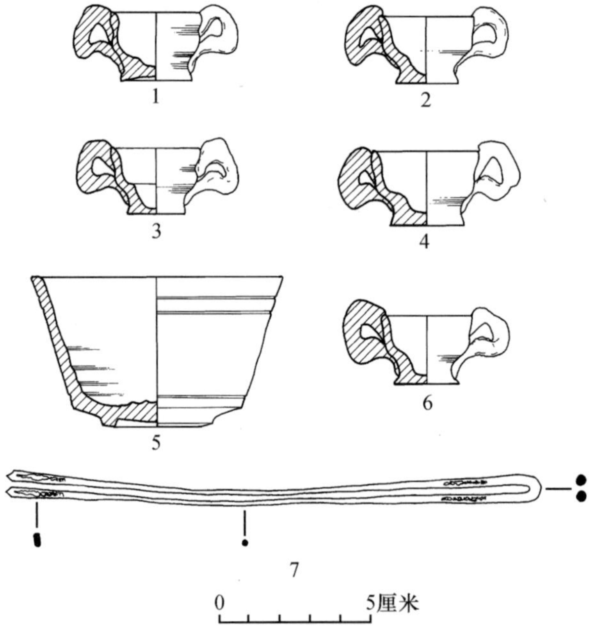

图一四　M6出土器物

1～4、6. 陶双耳杯（M6：8、M6：9、M6：10、M6：11、M6：13）　5. 瓷杯（M6：12）
7. 银发簪（M6：14）

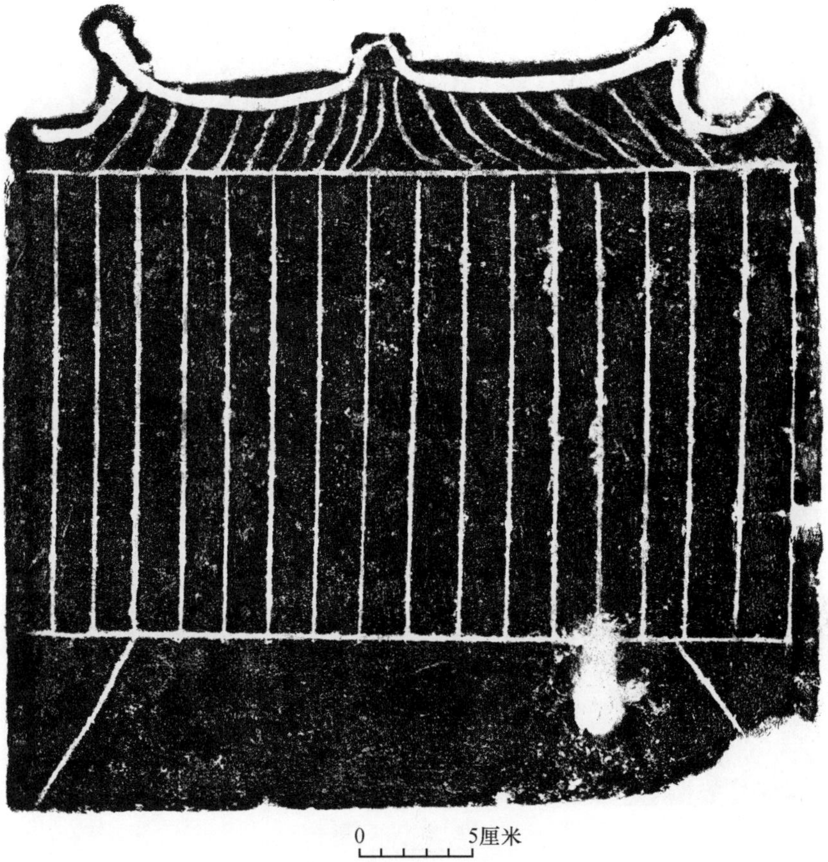

图一五 M6出土买地券
（M6：15）

（二）石 室 墓

5座石室墓中，除M10、M11保存较差、难以辨明形制外，其余3座均为单室墓。

M7 墓向293°。单室石室墓，封门残损严重，仅余墓室。墓室平面呈长方形，长2.22、宽0.6、残高0.52米。两侧墓壁用长方形石板顺向侧砌而成，现各残存六块，石板长0.23～1.2、宽0.2～0.26、厚0.08米。后壁用长方形石板顺向侧砌而成，现残存两块，石板长0.58、宽0.13～0.24、厚0.08米。墓底用石板通缝平铺，石板长0.6、宽0.27、厚0.08米。墓底置有人骨一具，葬式为仰身直肢，头向西北。墓底近后壁处有1件瓷盏，墓室中部有2枚铁钱（图一七）。

瓷盏 1件。M7：1，黄胎，黑釉，内壁满釉，外壁施釉不及底。敞口，圆唇，斜弧腹，饼足。口径10.6、底径3.8、高6厘米（图一八，1）。

铁钱 2枚。锈蚀严重，无法辨识。

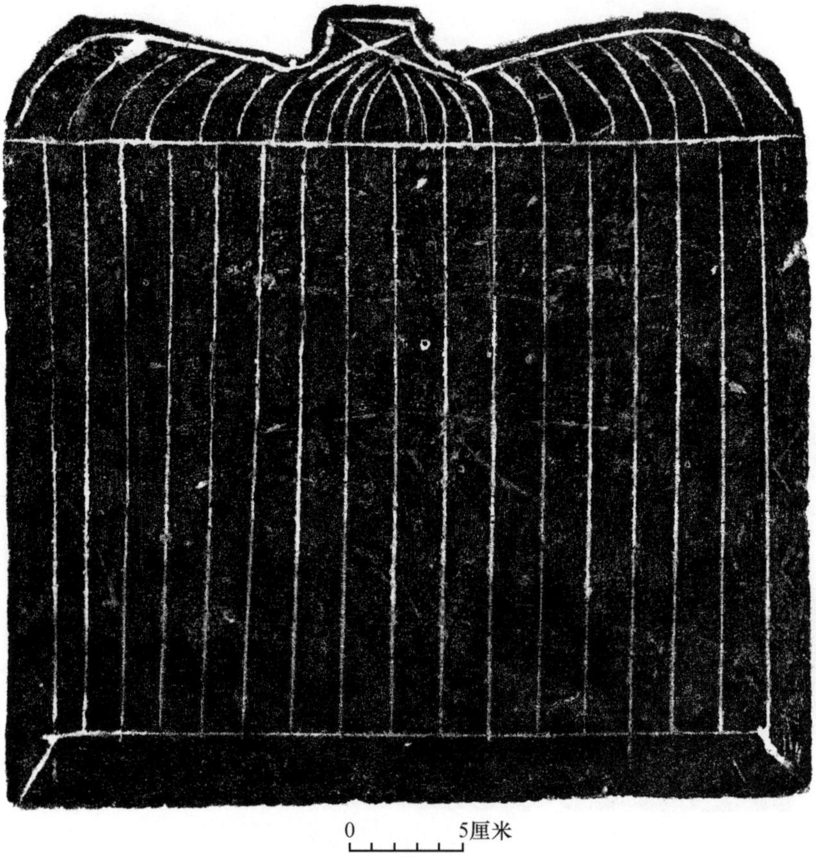

图一六　M6出土买地券
（M6：16）

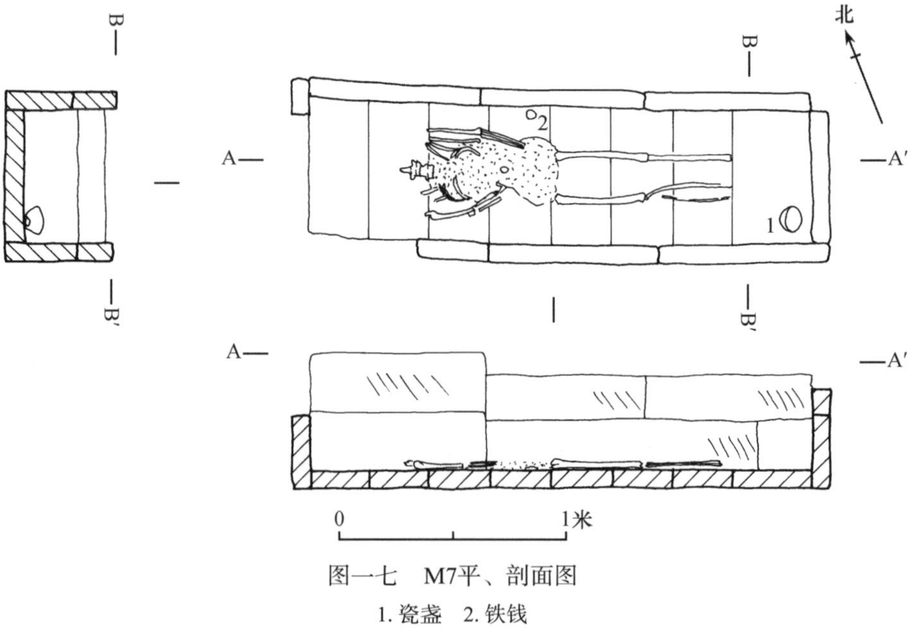

图一七　M7平、剖面图
1. 瓷盏　2. 铁钱

M8　墓向295°，单室石室墓。封门用石板顺向侧砌而成，宽0.78、残高0.32、厚0.08米。墓室平面呈梯形，长2.24、宽0.56～0.66、残高0.24米。两侧墓壁用长方形石板顺向侧砌而成，现各残存三块，石板长0.72、宽0.24、厚0.1米。后壁用长方形石板顺向侧砌而成，现残存一块，石板长0.72、宽0.24、厚0.08米。墓底用石板错缝平铺而成，石板长0.23～1.23、宽0.26～0.38、厚0.08米。墓底置有人骨一具，葬式为仰身直肢，头向西北。墓室近后壁处置有1件瓷盏、1件瓷碟，墓室中部有1枚铁钱（图一九）。

瓷盏　1件。M8：1，黄胎，黑釉，内壁满釉，外壁施釉不及底。敞口，圆唇，斜弧腹，饼足。口径10.6、底径3.8、高6厘米（图一八，2）。

瓷碟　1件。M8：2，紫红胎，釉已脱落，内壁及口沿处可见残余的白色化妆土。敞口，圆唇，斜弧腹，平底微内凹。口径9.2、底径3.4、高2.3厘米（图一八，4）。

铁钱　1枚。锈蚀严重，无法辨识。

M9　墓向296°。单室石室墓。封门用石板顺向侧砌而成，封门宽0.8、残高0.38、厚0.08米。墓室平面呈梯形，长2.2、宽0.54～0.66、残高0.54米。两侧墓壁用长方形石板顺向侧砌而成，现各残存四块，石板长0.78、宽0.3、厚0.08米。后壁用长方形石板顺向侧砌而成，现残存两块，石板长0.56、宽0.2～0.26、厚0.08米。墓底用石板错缝平铺而成，石板长0.33～0.74、宽0.2～0.35、厚0.08米。墓底置有人骨一具，葬式为仰身直肢，头向西北。墓室近后壁处置有1件瓷碟、1件瓷盏、2枚铁钱，人骨头部附近有1枚金耳坠（图二〇）。

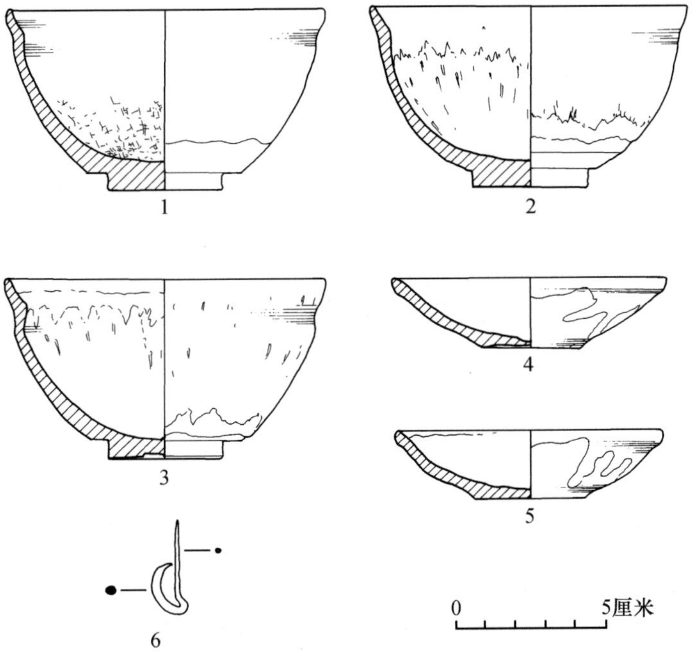

图一八　M7～M9出土器物

1～3. 瓷盏（M7：1、M8：1、M9：1）　4、5. 瓷碟（M8：2、M9：2）　6. 金耳坠（M9：3）

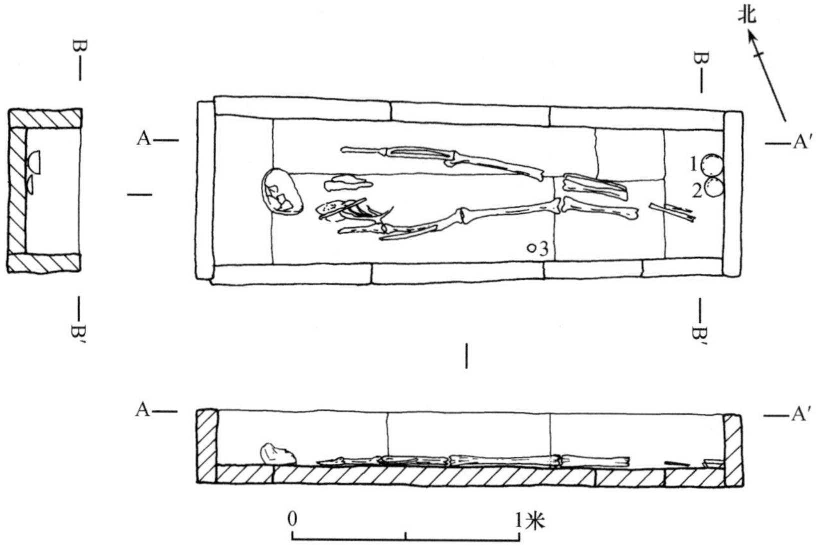

图一九　M8平、剖面图

1. 瓷盏　2. 瓷碟　3. 铁钱

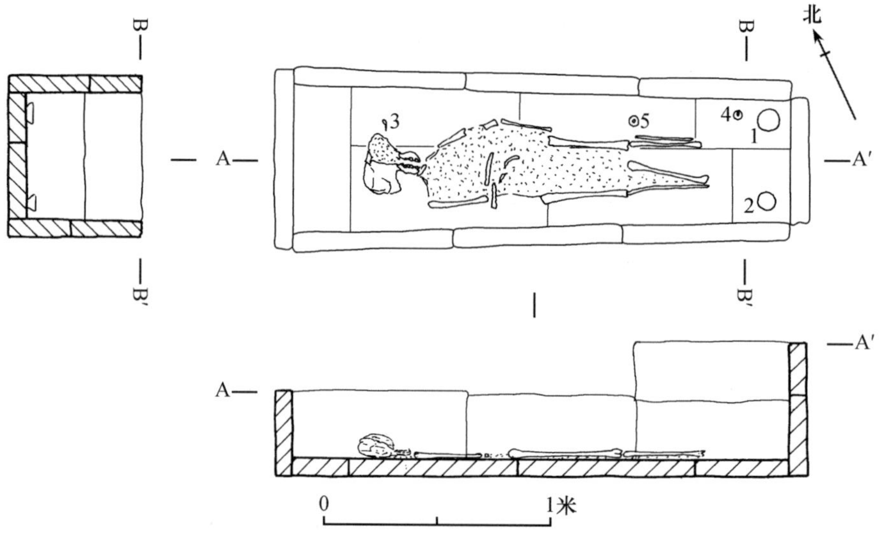

图二〇　M9平、剖面图

1. 瓷盏　2. 瓷碟　3. 金耳坠　4、5. 铁钱

瓷盏　1件。M9：1，黄胎，黑釉，内壁满釉，外壁施釉不及底。敞口，圆唇，斜弧腹，玉璧足。口径10.6、底径3.8、高6厘米（图一八，3）。

瓷碟　1件。M9：2，紫红胎，酱釉，基本已脱落，有流釉现象。敞口，圆唇，斜弧腹，平底。口径9、底径3.4、高2.3厘米（图一八，5）。

金耳坠　1枚。M9：3，长3厘米（图一八，6）。

铁钱 2枚。锈蚀严重，无法辨识。

M10 保存较差，可辨为石室墓，其余形制结构不明，采集有器物，具体位置不明。

瓷双耳杯 4件。M10：1，红胎，釉已脱落，口部施灰白色化妆土。敞口，圆唇，斜弧腹微曲，平底，底部以下为圆柱形饼足，腹部有两个对称竖耳，杯内含有扣状物。口径5.2、底径2.3、高4.2厘米（图二一，1）。M10：2，灰胎，釉已脱落，口部施灰白色化妆土。直口，圆唇，斜弧腹微曲，平底，底部以下为圆柱形饼足，腹部有两个对称竖耳，杯内含有扣状物。口径4.8、底径2、高4.3厘米（图二一，2）。M10：3，紫红胎，釉已脱落，口部施灰白色化妆土。直口，圆唇，直腹微曲，平底，底部以下为圆柱形饼足，腹部有两个对称竖耳。口径5、底径2.2、高4.6厘米（图二一，3）。M10：4，紫胎，釉已脱落，口部施灰白色化妆土。直口微敛，圆唇，斜直腹微曲，平底，底部以下为圆柱形饼足，腹部有两个对称竖耳，杯内含有扣状物。口径4.8、底径2.1、高4.4厘米（图二一，4）。

瓷四系罐 1件。M10：5，紫红胎，酱青釉，内壁未施釉，外壁施釉不及底，大部已脱落，有流釉现象。口沿部位较厚，侈口，方唇，直领微束，圆肩，弧腹，平底，肩

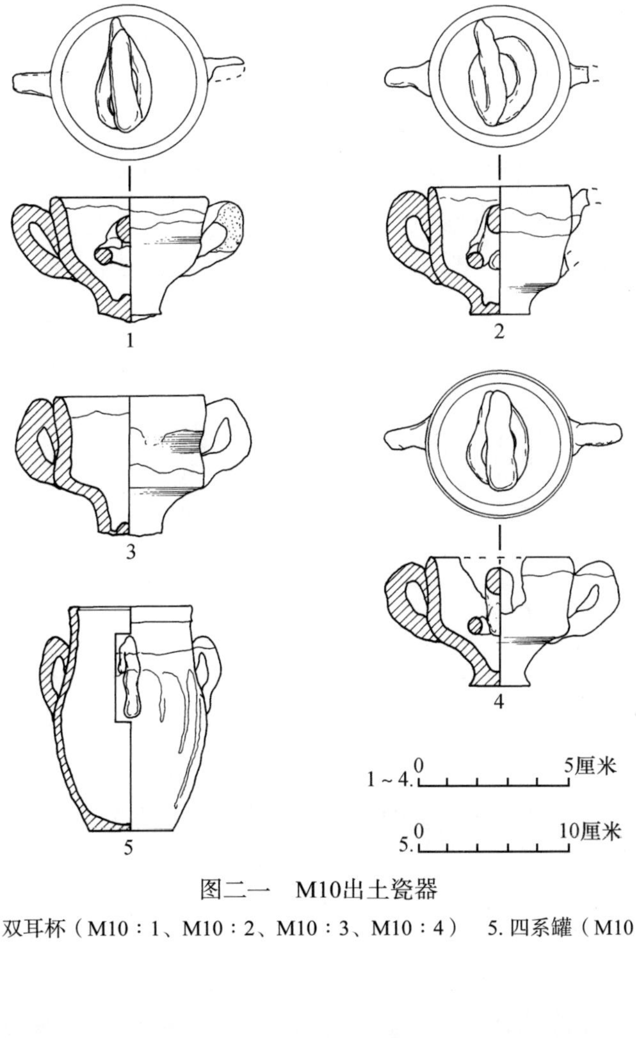

图二一 M10出土瓷器

1～4. 双耳杯（M10：1、M10：2、M10：3、M10：4） 5. 四系罐（M10：5）

部有四个对称竖耳。口径8.2、腹径10.1、底径5.6、高15厘米（图二一，5）。

M11　保存较差，可辨为石室墓，其余形制结构不明，采集有器物，具体位置不明。

瓷双耳杯　3件。M11：1，紫胎，釉已脱落，口部施灰白色化妆土。敞口，圆唇，斜直腹微曲，平底，底部以下为圆柱形饼足，腹部有两个对称竖耳，杯内含有扣状物。口径5、底径2.5、高4.8厘米（图二二，1）。M11：2，红胎，釉已脱落，口部施灰白色化妆土。敞口，圆唇，斜弧腹微曲，平底，底部以下为圆柱形饼足，腹部有两个对称竖耳，杯内含有扣状物。口径5.6、底径2、高4.6厘米（图二二，2）。M11：3，灰胎，釉已脱落，口部施灰白色化妆土。敞口，圆唇，直腹微曲，平底，底部以下为圆柱形饼足，腹部有两个对称竖耳，杯内含有扣状物。口径5、底径2.5、高4.3厘米（图二二，3）。

瓷四系罐　1件。M11：4，紫红胎，酱青釉，内壁未施釉，外壁施釉不及底，大部已脱落，有流釉现象。直口，方唇，直领，圆肩，弧腹，平底，领肩交接处有四个对称竖耳。口沿部位较厚。口径7.9、腹径9.2、底径5、高14厘米（图二二，4）。

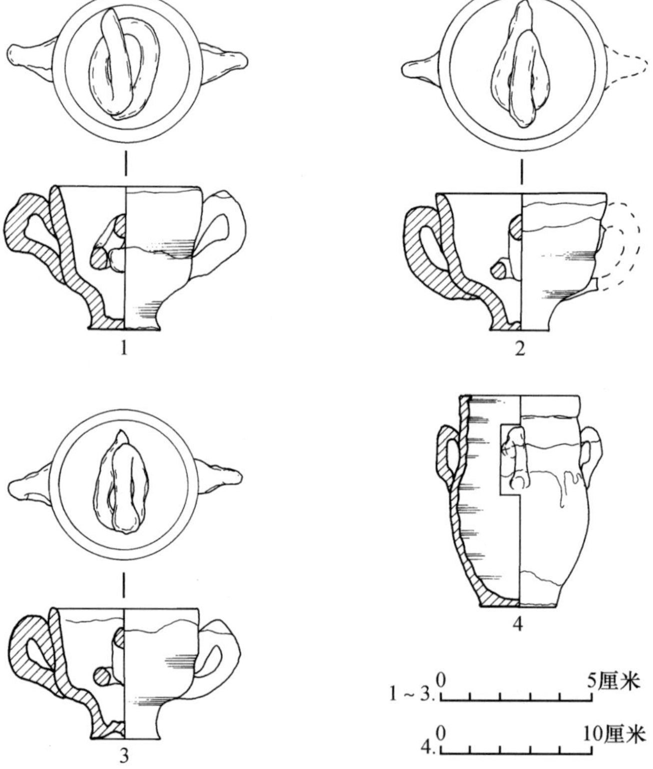

图二二　M11出土瓷器

1～3. 双耳杯（M11：1、M11：2、M11：3）　4. 四系罐（M11：4）

二、随葬品的类型学分析

出土随葬品中，以瓷器为主，少量陶、金、银、铜、铁器。瓷器中以盘口壶、四系罐、双耳罐、盏形制变化较为显著，可进行类型学分析。

瓷盘口壶　2件。根据口、颈、腹部的变化，分为二式。

Ⅰ式：1件。盘口较大且深，口部外敞，颈部粗短。如M4：1。

Ⅱ式：1件。盘口变小变浅，口部近直，颈部变长。如M6：1。

瓷四系罐　4件。根据器身整体形态的不同，分为二型。

A型　器身较大。如M2：3、M3：1。

B型　器身较小。如M10：5、M11：4。

瓷双耳罐　3件。根据器身整体形态的不同，分为二型。

A型　器身较大。如M1：3。

B型　器身较小。如M6：5、M6：6。

瓷盏　10件。根据腹部形态的不同，分为二型。

A型　6件。腹较浅。如M1：1、M1：2、M2：1、M3：2、M4：2、M5：1。

B型　4件。腹较深。如M6：7、M7：1、M8：1、M9：1。

三、墓葬年代

由于墓葬中均未出土纪年材料，只能通过随葬器物特征来推断其大致年代。

M1中的A型瓷双耳罐与双流欧香小镇瓷双耳罐（M31：13）较为相近，后者时代为北宋元祐二年（1087年）[2]，M2中的瓷碗与龙泉驿青龙村瓷碗（M3：2）大致接近，后者时代为北宋崇宁五年（1106年）[3]，因此这两座墓的时代应大致属北宋晚期。

M3中的A型瓷四系罐属陈云洪《四川地区宋代墓葬研究》一文中所划分四系罐中的最早一式，时代为北宋早期[4]，M4中的Ⅰ式瓷盘口壶、M5中的A型瓷盏分别与新津方兴瓷盘口壶（M21：1）、瓷盏（M16：1）基本相近，后两者时代为五代至北宋早中期[5]，因此我们推断这三座墓的时代大致为北宋早期，上限或可至五代时期。

M6～M9中的B型瓷盏与青龙乡石岭村瓷盏（M1：20）基本相同，后者时代为南宋嘉定六年（1213年）[6]，因此将这四座墓的时代定在南宋中期左右应大致不误。

M10、M11中的B型瓷四系罐与青龙乡海滨村瓷四系罐（M5：36）基本相同，后者时代为北宋绍圣元年（1094年）[7]，因此这两座墓的时代应为北宋晚期。

四、结　语

访竹东路宋墓中存在土葬、土葬与火葬结合两种葬俗，其中第一种占据主流，后一种较少。土葬与火葬结合的丧葬习俗较为特殊，在M6南室内置有仰身直肢葬人骨一具，近封门处则有一堆散乱人骨，有明显火烧痕迹，应为火葬。需要注意的是，这种现象在新津将军坟宋代墓地中也有类似发现[8]，有待进一步考察。

此外，M6南北两室墓底中部各有一腰坑，腰坑内各置有一瓷双耳罐，这种在墓底设置腰坑埋葬器物的现象，在成都平原两宋时期墓葬中多有发现。

新津兴义访竹东路宋墓的发掘，为进一步完善成都平原两宋时期墓葬形制及随葬品发展演变序列提供了新的资料。

发掘：唐　森　唐　浩
整理：吴　鹏　唐　森
修复：郎　丽
绘图：陈　睿　张立超
拓片：严　彬　戴福尧
执笔：唐　森　吴　鹏

注　释

[1] 经成都文物考古研究院科技考古中心杨颖东先生鉴定。

[2] 成都文物考古研究所、双流县文物管理所：《双流县华阳镇骑龙村“欧香小镇”唐宋墓葬发掘简报》，《成都考古发现》（2011），科学出版社，2013年。

[3] 成都市文物考古研究所、双流县文物管理所：《成都市龙泉驿区青龙村宋墓发掘简报》，《成都考古发现》（1999），科学出版社，2001年。

[4] 陈云洪：《四川地区宋代墓葬研究》，《南方民族考古》（第七辑），科学出版社，2011年。

[5] 成都文物考古研究所、新津县文管所：《成都市新津县方兴唐宋墓群发掘报告》，《成都考古发现》（2009），科学出版社，2011年。

[6] 成都市文物考古研究所：《成都市青龙乡石岭村宋墓发掘简报》，《成都考古发现》（2003），科学出版社，2005年。

[7] 成都市文物考古研究所：《成都市青龙村海滨乡墓葬发掘简报》，《成都考古发现》（2003），科学出版社，2005年。

[8] 资料现存成都文物考古研究院。

简阳市平泉镇竹林湾墓地发掘简报

成都文物考古研究院
简阳市文物管理所

为配合成都简阳环保发电厂配套炉渣项目建设，成都文物考古研究院于2020年9月对该项目进行了全面的文物勘探工作，发现1处宋明时期墓地。墓地位于简阳市平泉镇新桥村五组，小地名为竹林湾，墓地编号为“2020CJXZ”，中心地理坐标为东经104°35′50.81″、北纬30°20′51.18″，海拔432米（图一）。2020年10～12月，成都文物考古研究院对该墓地进行了考古发掘工作，共清理墓葬15座，其中宋墓10座，明墓5座（图二）。墓葬皆分布于半山腰。现将发掘情况简报如下。

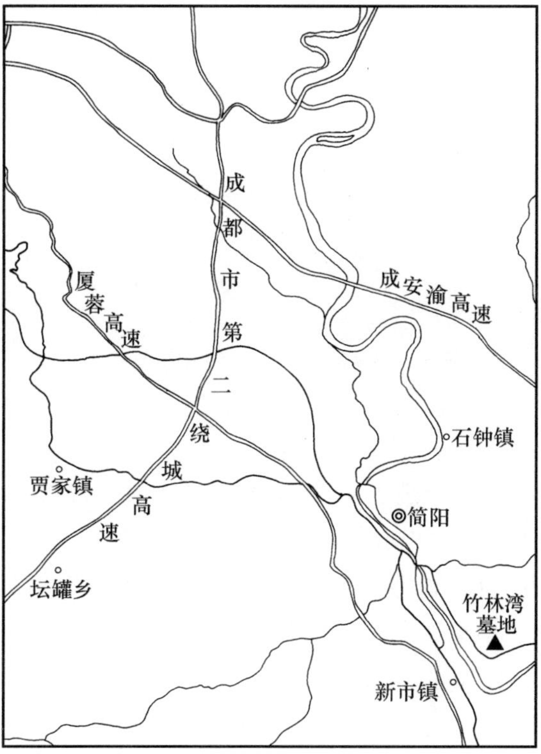

图一　墓地位置示意图

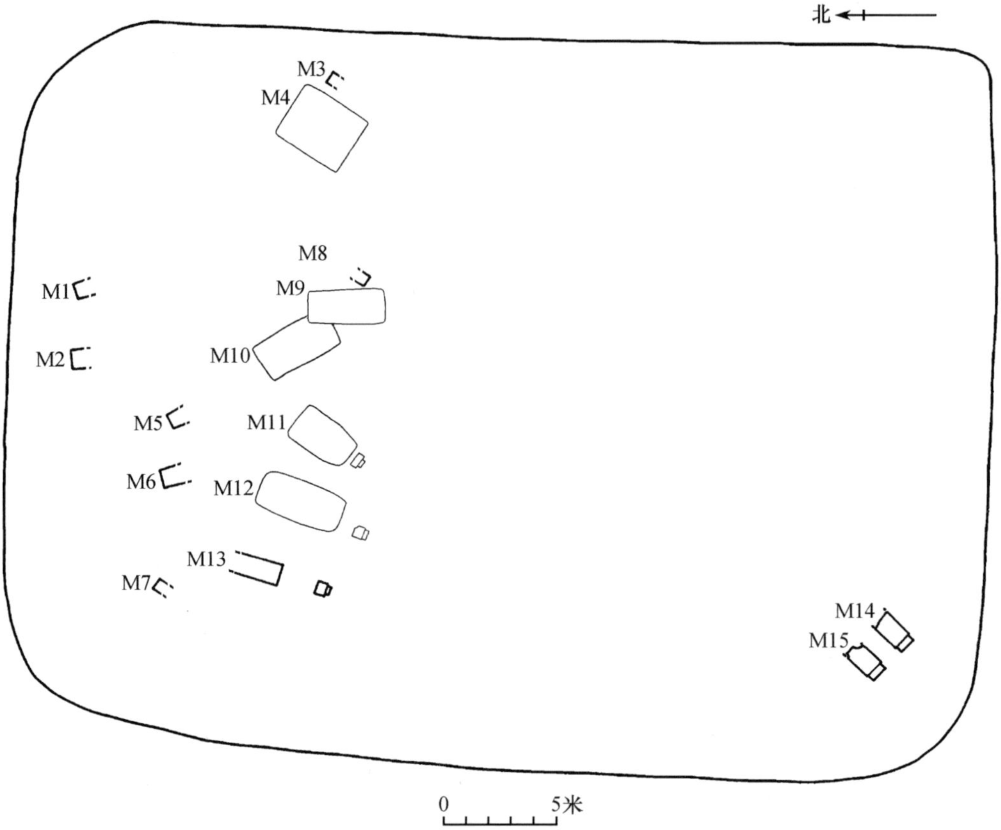

图二　墓葬分布图

一、宋　　墓

（一）墓葬形制

皆为石室墓，共10座，分别为M1、M2、M5、M6、M10～M15。大部分保存较差，后期破坏严重。现以保存相对较好的3座为例予以介绍。

M10　单室墓，方向158°。墓圹平面略呈长方形，东南角被M9打破。长3.82、宽1.72～2.01米。由封门、甬道、墓室组成。封门位于甬道南端，由四块较为规则的长方形石板横向立砌而成，石块厚0.15米。甬道位于墓室南端，平面略呈长方形，底部低于墓室底部0.42米，宽0.92、进深0.4米。墓室位于甬道北端，平面呈梯形，长2.6、宽0.81～1.05、高1.45米。顶部及两侧壁均遭到不同程度的破坏。两侧壁三根肋柱间各砌成两个龛，左右基本对称，各龛形制及规格基本相同，立面呈长方形，龛壁由一块石板竖向立砌而成，龛底高出墓底0.06米，宽0.4、进深0.15、高1.4米。后壁已被破坏，砌出一后龛。龛底高出墓底0.34米，宽0.28、进深0.1米。棺床由三块石板横向平铺而成。墓室前部棺床下放置一瓷双耳罐（图三）。

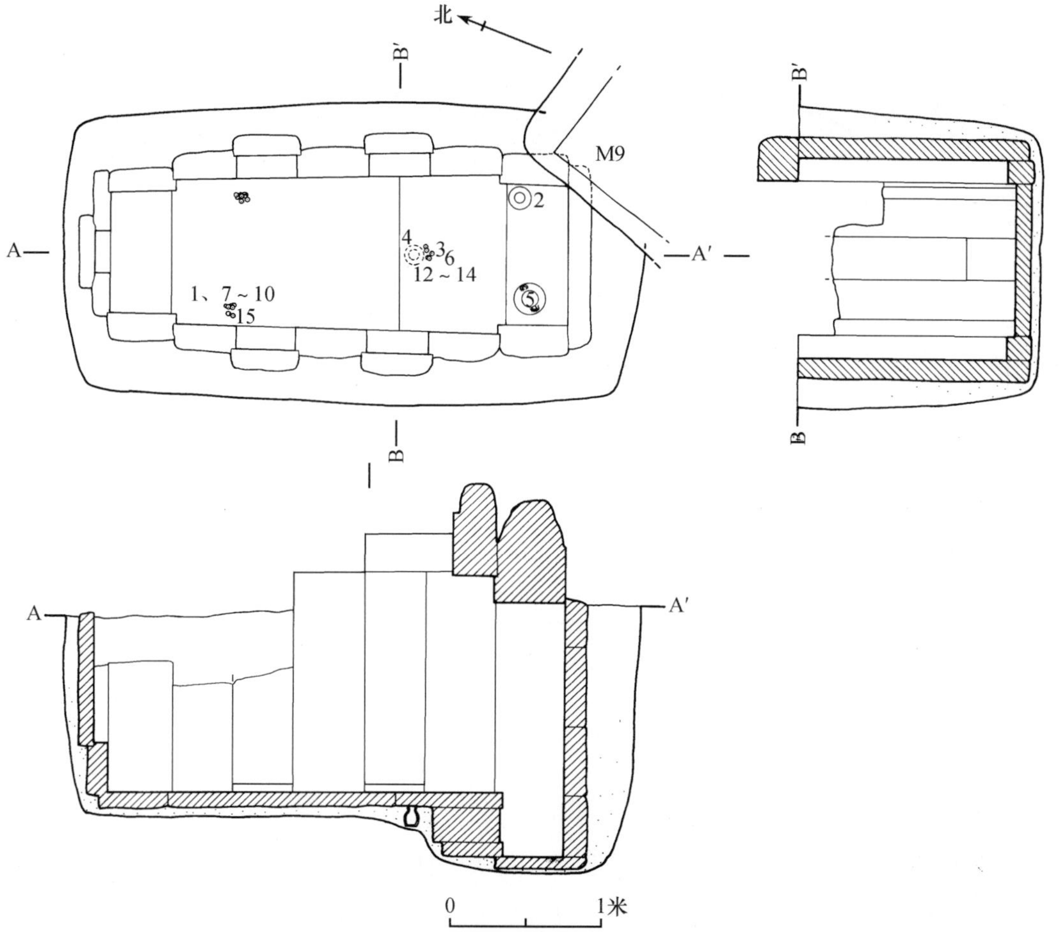

图三 M10平、剖面图
1、3、6～10、12～15. 铜钱 2. 瓷碗 4、5. 瓷双耳罐

M11 单室墓，方向34°。墓圹平面呈不规则梯形。长3.44、宽1.2～1.88米。由封门、甬道、墓室组成。封门位于甬道北端，由较为规则石板横向立砌而成，上部被破坏，现残留两块石板，石板厚约0.11米。甬道位于墓室北端，平面呈横长方形，底部低于墓室底部0.14米，宽0.9、进深0.26米。墓室位于甬道南端，平面呈长方形。长2.66、宽0.9米。顶部已不存。两侧壁三根肋柱间各砌成两个龛，左右基本对称，各龛形制及规格基本相同，立面呈长方形，龛壁由一块石板竖向立砌而成，龛底高出墓底0.03米，宽0.45、进深0.12米。后壁上部被破坏，砌有一后龛，龛底高出墓底0.16米，宽0.56、进深0.28米。棺床由四块石板横向平铺而成。在墓圹正后方0.28米处有两块石板一平铺一立砌成“L”形，立砌石板面向墓室侧中部向内凿出一壶门形象（图四）。

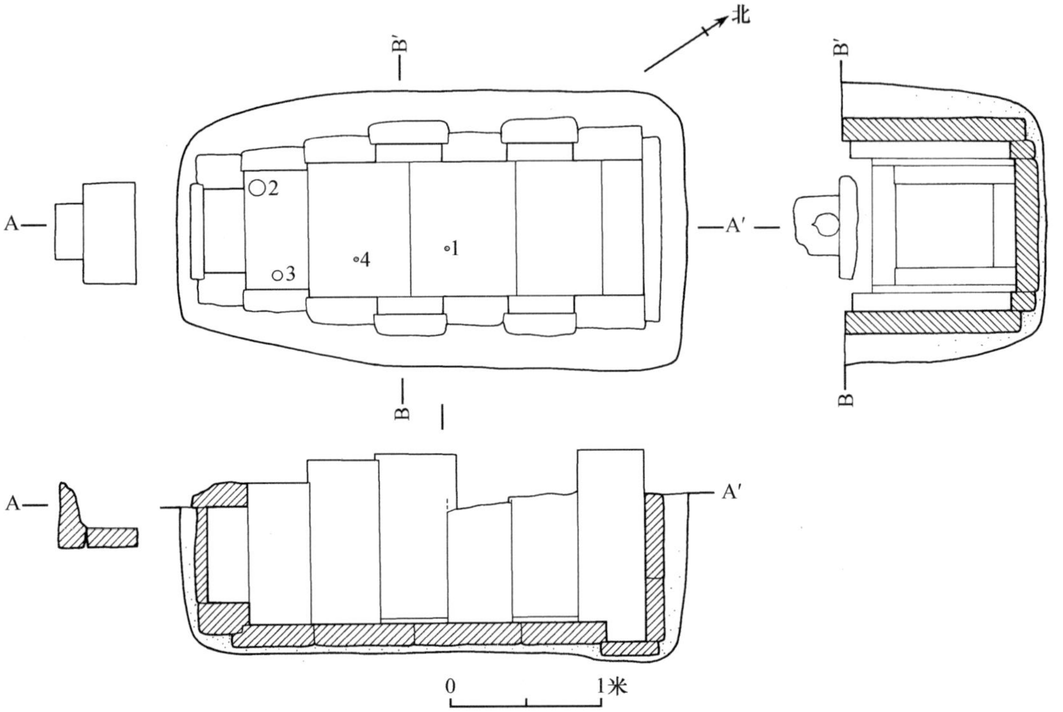

图四　M11平、剖面图
1、4. 铜钱　2. 瓷盏　3. 陶钵

M12　石室墓，方向200°。墓圹平面呈不规则长方形。长4.12、宽1.76～1.96米。由封门、甬道、墓室组成。封门位于甬道南端，由五块较为规则的石板横向立砌而成，石板厚0.16米。甬道位于封门北端，平面略呈横长方形，底部低于墓底0.36米，宽0.96～0.98、进深0.3米。两侧壁皆雕刻“经幡”图案，部分已风化。墓室位于甬道北端，平面呈梯形。长2.66、宽0.86～0.96、高1.36米。顶为叠涩顶。顶部横梁下有雕刻，靠近甬道横向下雕刻三重菱形纹饰，其内雕刻双层圆形纹饰。另外两根横梁下雕刻相同，为三重菱形纹饰。两侧壁三根肋柱间各砌成两个龛，左右基本对称，各龛形制及规格基本相同，立面呈长方形，龛壁由一块石板竖向立砌而成，龛底高出墓底0.05米，宽0.4、进深0.14、高1.3米。后壁顶已被破坏，砌有一龛，龛底高出墓底0.1米，宽0.42、进深0.3、残高0.94米。棺床由四块石板横向平铺而成。在墓圹正前方0.78米处有两块石板一平铺一立砌成“L”形，立砌石板面向墓室侧中部向内凿出一壶门形象（图五）。

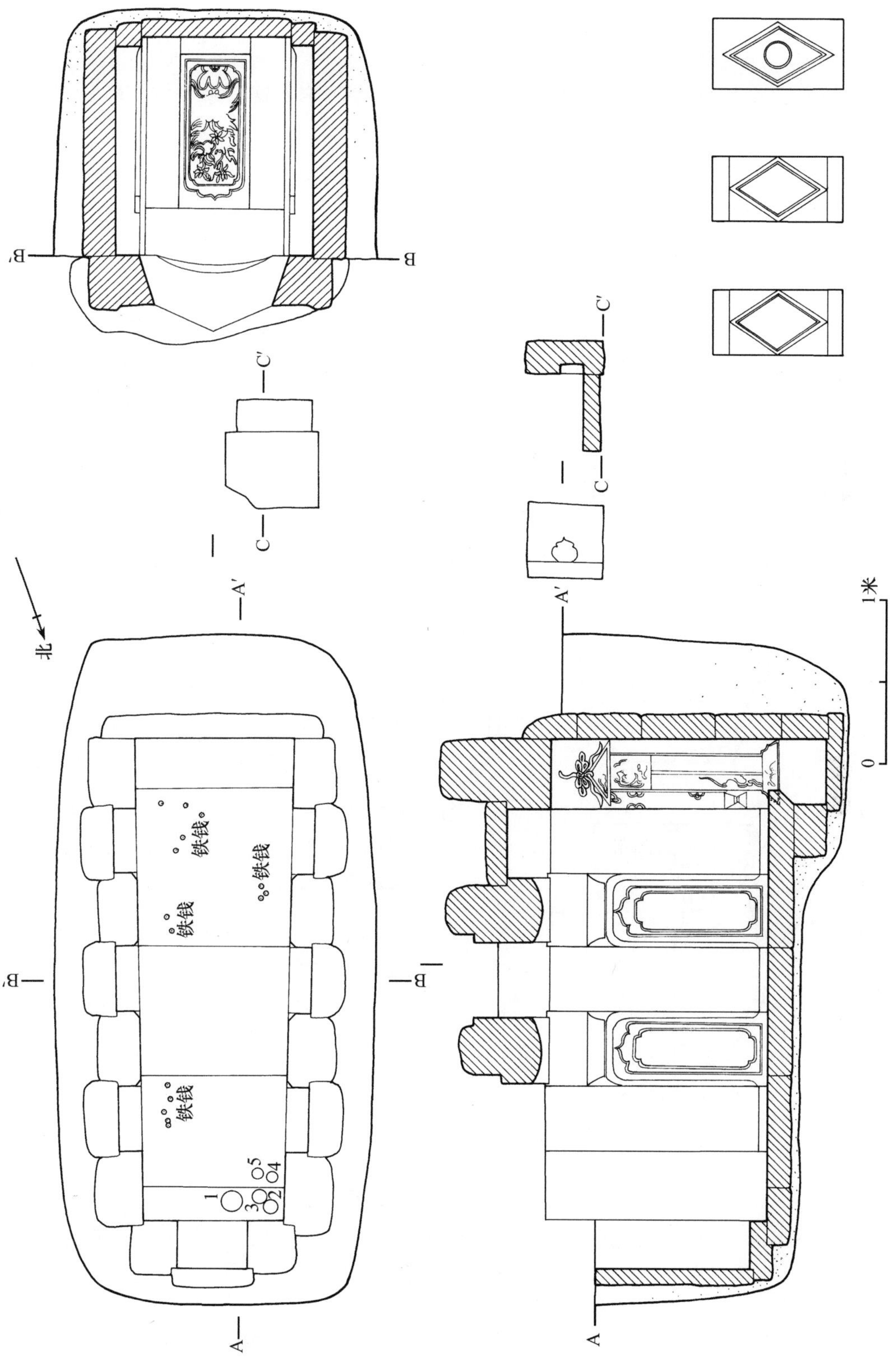

图五 M12平、剖面图
1. 瓷盏 2～5. 陶钵

（二）随葬器物

出土随葬品共20件，质地有陶器和瓷器两种。主要器形有罐、碗、盏、钵。另出土有较多的钱币。

1. 瓷器

15件。主要器形有罐、碗、盏。

罐　8件。分四系罐、双耳罐两种。

四系罐　3件。暗红胎，口、颈部内外壁均施白釉。直口，方唇，溜肩，上腹微鼓，下腹斜收，平底，颈与肩之间对称分布有四个竖桥形耳。M1：2，口径7.8、最大径8.6、底径5.4、高10.6厘米（图六，1）。M2：1，口径7.6、最大径8.6、底径4.8、高11厘米（图六，2）。M6：5，口径7.4、最大径9、底径5、高11厘米（图六，4）。

双耳罐　5件。根据领部的不同，分为二型。

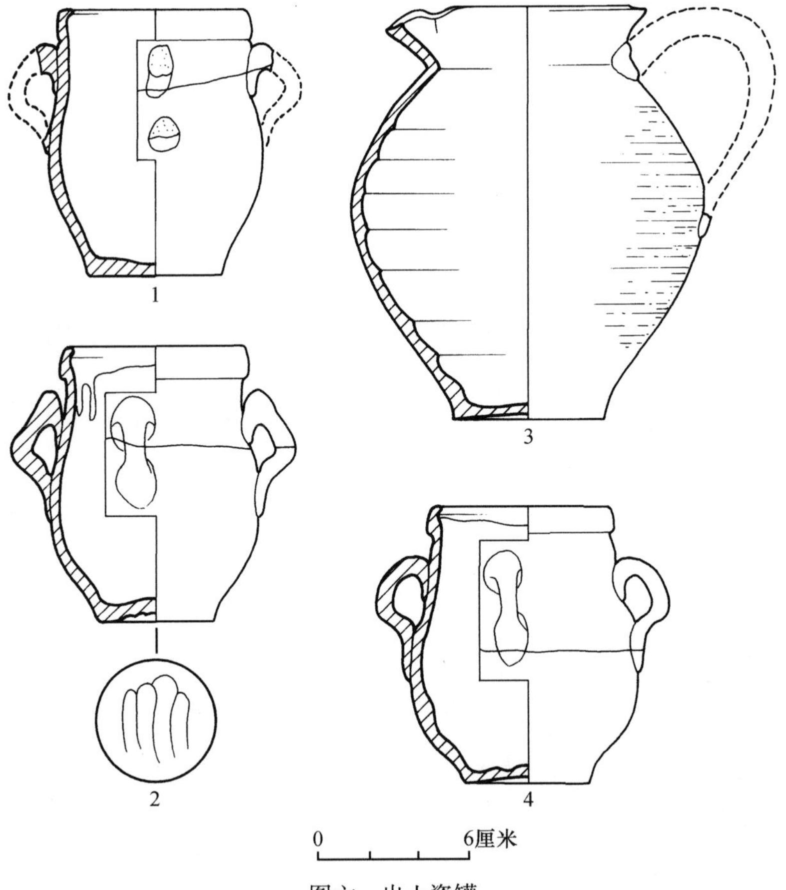

图六　出土瓷罐

1、2、4. 四系罐（M1：2、M2：1、M6：5）　3. 带流罐（M4：2）

A型 1件。领部略直微内收。M10：4，灰胎，器表上部施酱釉，下部施白釉。直口，尖唇，溜肩，腹部微鼓，饼足，底略内凹。肩腹交界处有两个对称的桥形耳。口径5.7、最大径在中部9、底径6、高11厘米（图七，3）。

B型 4件。直领。暗红胎，肩部施酱釉，腹部施酱黄釉，近底及底部施白釉。尖圆唇，弧腹微鼓，平底略内凹，肩部有两个对称的桥形耳。M6：3，直口，圆肩。口径9、底径9.8、高15.4厘米（图七，1）。M6：4，直口，溜肩。口径9.6、底径11.2、高19.2厘米（图七，4）。M10：5，直口，溜肩。口径10.6、底径12.4、高26.8厘米（图七，2）。M13：3，直口微敛，圆肩。口径8.6、底径9.6、高18厘米（图七，5）。

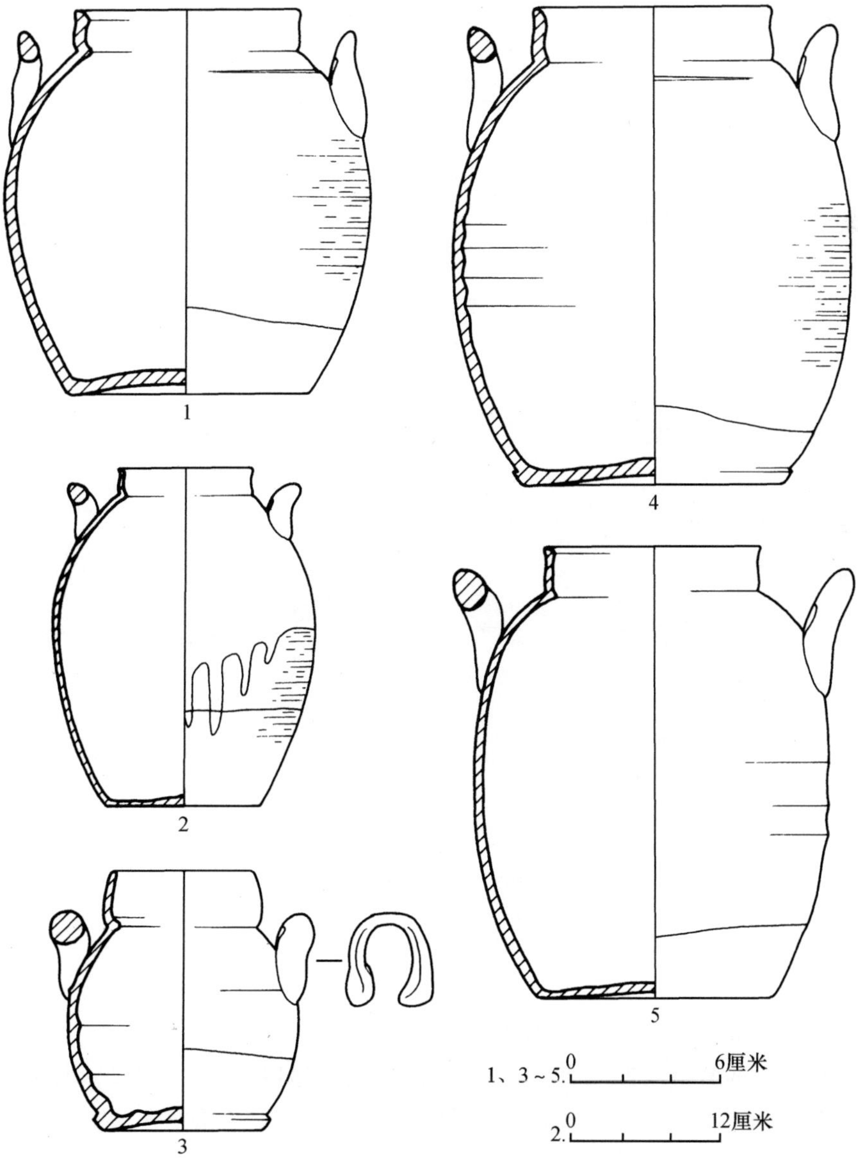

图七 瓷双耳罐

1、2、4、5. B型（M6：3、M10：5、M6：4、M13：3） 3. A型（M10：4）

碗　3件。红胎。侈口，矮圈足。M1：3，口沿施白釉，腹部施酱釉，内壁施米黄色釉，有流釉的现象。尖唇，斜腹。口径14.6、足径4.4、高5.2厘米（图八，3）。M5：2，器表施白釉及酱黄釉，部分釉掉落。尖圆唇，斜弧腹。口径16.6、足径5.2、高5.8厘米（图八，2）。M10：2，内壁、口沿及腹部均施酱黄釉，部分釉掉落。圆唇，弧腹。口径15.8、足径5.4、高4.8厘米（图八，1）。

盏　4件。暗红胎，口及内壁施酱黄釉，其余施米黄釉。侈口，圆唇，小平底。M6：2，斜腹微弧。口径11.4、底径4、高2.9厘米（图八，8）。M11：2，直领，斜腹。口径10.2、底径4、高4厘米（图八，6）。M12：1，直领，斜腹。口径10.4、底径4、高3厘米（图八，5）。M13：2，斜腹微弧。口径11、底径4.4、高3厘米（图八，7）。

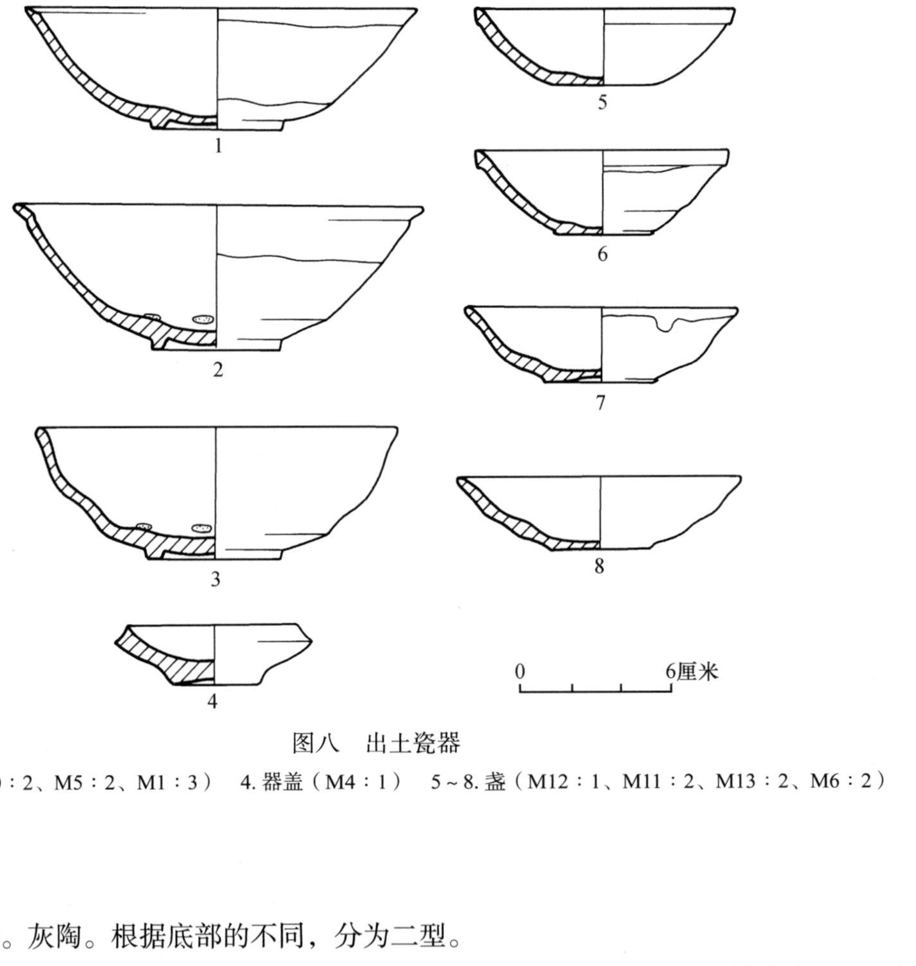

图八　出土瓷器

1～3. 碗（M10：2、M5：2、M1：3）　4. 器盖（M4：1）　5～8. 盏（M12：1、M11：2、M13：2、M6：2）

2. 陶器

钵　5件。灰陶。根据底部的不同，分为二型。

A型　4件。饼足略内凹。敛口，方唇，圆腹。M11：3，口径7、最大径7.8、底径5、高5.3厘米（图九，2）。M12：2，口径7、最大径8、底径5、高5厘米（图九，1）。M12：3，口径7.6、最大径8.4、底径5.8、高5.4厘米（图九，5）。M12：4，口径7.2、最大径9.2、底径5.6、高5.6厘米（图九，4）。

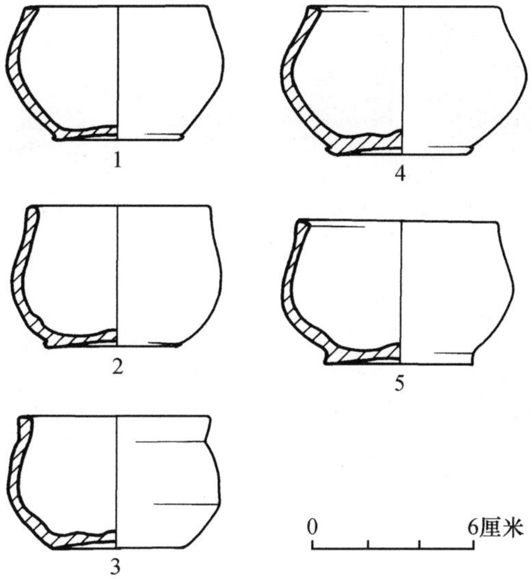

图九 陶钵

1、2、4、5. A型（M12：2、M11：3、M12：4、M12：3） 3. B型（M12：5）

B型 1件。平底略内凹。M12：5，敛口，方唇，圆腹，最大径在下腹部。口径6.6、最大径7.8、底径5、高5厘米（图九，3）。

3. 钱币

188枚。分铜钱和铁钱两种。

铜钱 23枚。可辨识字迹共21枚。

崇宁通宝 11枚（图一〇）。分别出土于M6、M10、M14。具体如下（表一）。

表一 崇宁通宝铜钱统计表

编号	钱径/厘米	穿宽/厘米	内郭宽/厘米	外郭宽/厘米	现重量/克	备注
M6：1	3.50	0.89	0.09	0.21	11.5	较好
M6：7	3.59	0.91	0.06	0.23	11.1	较好
M6：8	3.50	0.90	0.07	0.11	12.0	较好
M6：9	3.49	0.89	0.10	0.19	10.6	较好
M6：10	3.51	0.89	0.08	0.15	10.9	较好
M10：7	3.50	0.86	0.08	0.18	9.7	较好
M10：8	3.60	0.87	0.08	0.14	12.4	较好
M10：9	3.46	0.90	0.06	0.18	/	锈蚀
M10：10	3.46	0.91	0.10	0.17	11.7	较好
M10：15	3.50	0.92	0.07	0.20	11.5	较好
M14：2	3.50	0.93	0.06	0.13	8.4	较好

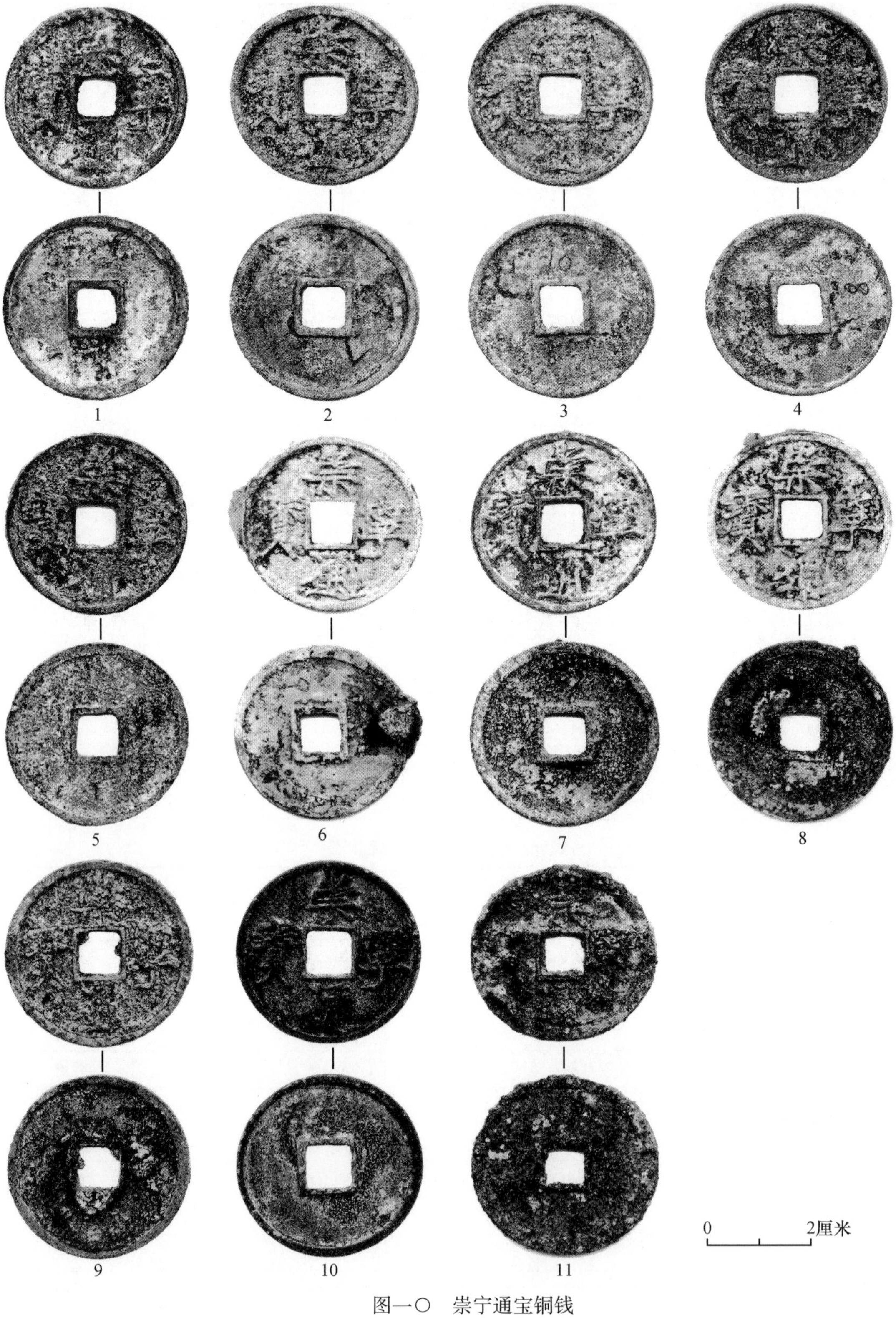

图一〇　崇宁通宝铜钱

1. M6∶1　2. M6∶7　3. M6∶8　4. M6∶9　5. M6∶10　6. M10∶7　7. M10∶8　8. M10∶10　9. M10∶15　10. M14∶2　11. M10∶9

圣宋元宝　2枚（图一一，9、10）。分别出土于M6、M10。具体如下（表二）。

表二　圣宋元宝铜钱统计表

编号	钱径/厘米	穿宽/厘米	内郭宽/厘米	外郭宽/厘米	现重量/克	备注
M6：6	2.42	0.68	0.09	0.28	4.0	较好
M10：1	2.42	0.66	0.09	0.28	3.9	较好

咸平元宝　2枚（图一一，1、2）。分别出土于M6、M11。具体如下（表三）。

表三　咸平元宝铜钱统计表

编号	钱径/厘米	穿宽/厘米	内郭宽/厘米	外郭宽/厘米	现重量/克	备注
M6：12	2.49	0.63	0.06	0.33	3.3	较好
M11：4	2.49	0.61	0.08	0.32	3.4	较好

太平通宝　1枚（图一一，3）。出土于M6。具体如下（表四）。

表四　太平通宝铜钱统计表

编号	钱径/厘米	穿宽/厘米	内郭宽/厘米	外郭宽/厘米	现重量/克	备注
M6：13	2.45	0.64	0.07	0.26	4.0	较好

景德元宝　1枚（图一一，4）。出土于M6。具体如下（表五）。

表五　景德元宝铜钱统计表

编号	钱径/厘米	穿宽/厘米	内郭宽/厘米	外郭宽/厘米	现重量/g	备注
M6：11	2.47	0.60	0.09	0.23	3.5	较好

熙宁元宝　2枚（图一一，5、6）。出土于M10。具体如下（表六）。

表六　熙宁元宝铜钱统计表

编号	钱径/厘米	穿宽/厘米	内郭宽/厘米	外郭宽/厘米	现重量/克	备注
M10：13	2.44	0.77	0.08	0.24	4.5	较好
M10：14	2.39	0.70	0.06	0.24	3.7	较好

开元通宝　2枚（图一一，7、8）。分别出土于M10、M11。具体如下（表七）。

表七　开元通宝铜钱统计表

编号	钱径/厘米	穿宽/厘米	内郭宽/厘米	外郭宽/厘米	现重量/克	备注
M10：12	2.44	0.69	0.05	0.19	3.4	较好
M11：1	2.44	0.67	0.07	0.26	3.3	较好

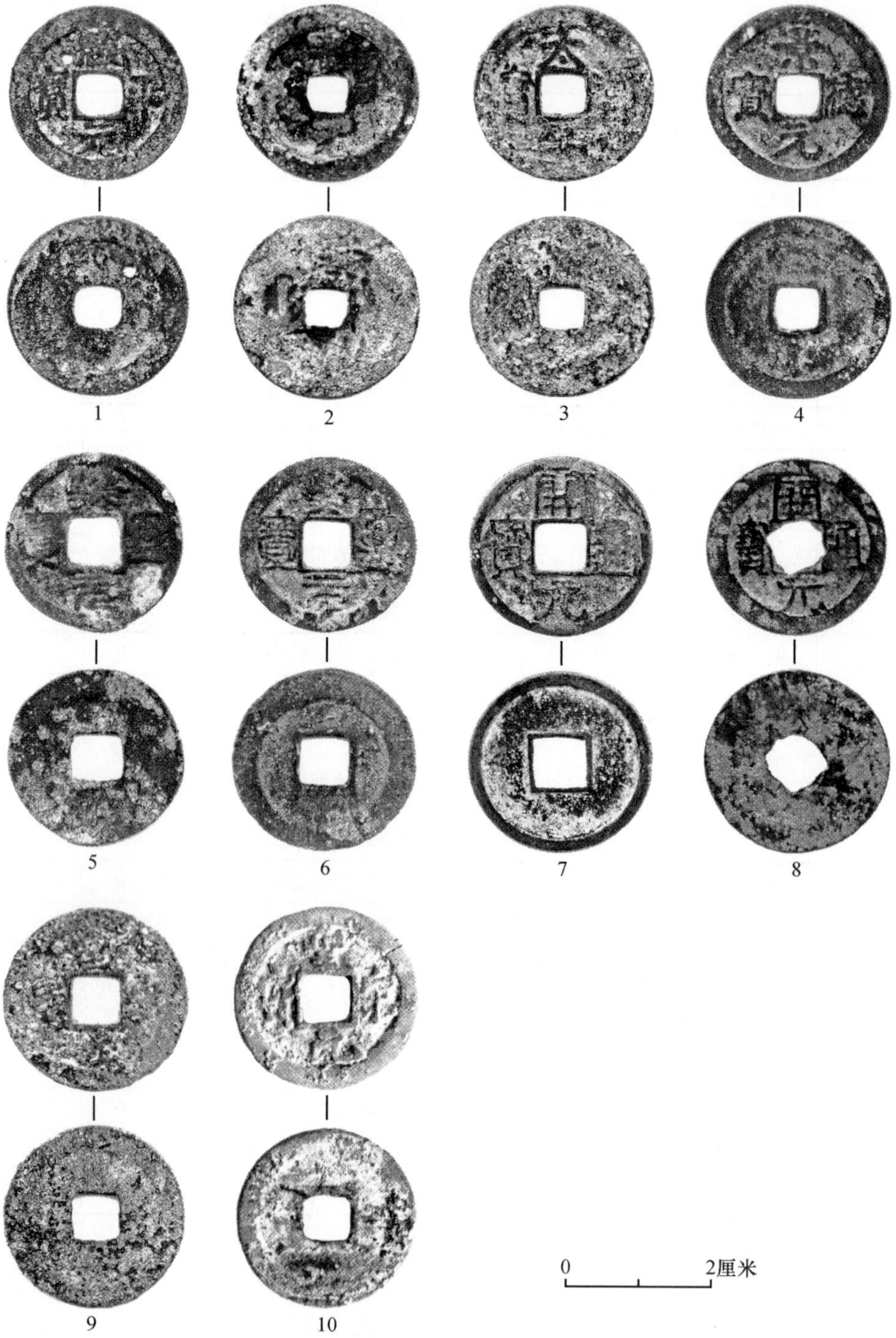

图一一　出土铜钱

1、2. 咸平元宝（M6：12、M11：4）　3. 太平通宝（M6：13）　4. 景德元宝（M6：11）　5、6. 熙宁元宝（M10：13、M10：14）　7、8. 开元通宝（M10：12、M11：1）　9、10. 圣宋元宝（M6：6、M10：1）

铁钱 共165枚。多数已经锈蚀，无法辨认。可辨认字迹共4枚。

大观通宝 2枚（图一二，1、2）。出土于M10。具体如下（表八）。

表八 大观通宝铁钱统计表

编号	钱径/厘米	穿宽/厘米	内郭宽/厘米	外郭宽/厘米	现重量/克	备注
M10：3	3.29	0.82	0.07	0.23	10.4	锈蚀
M10：6	3.27	0.83	0.09	0.22	10.4	锈蚀

嘉定元宝 1枚（图一二，3）。出土于M14。具体如下（表九）。

表九 嘉定元宝铁钱统计表

编号	钱径/厘米	穿宽/厘米	内郭宽/厘米	外郭宽/厘米	现重量/克	备注
M14：1	3.43	1.00	0.10	0.19	11.3	锈蚀

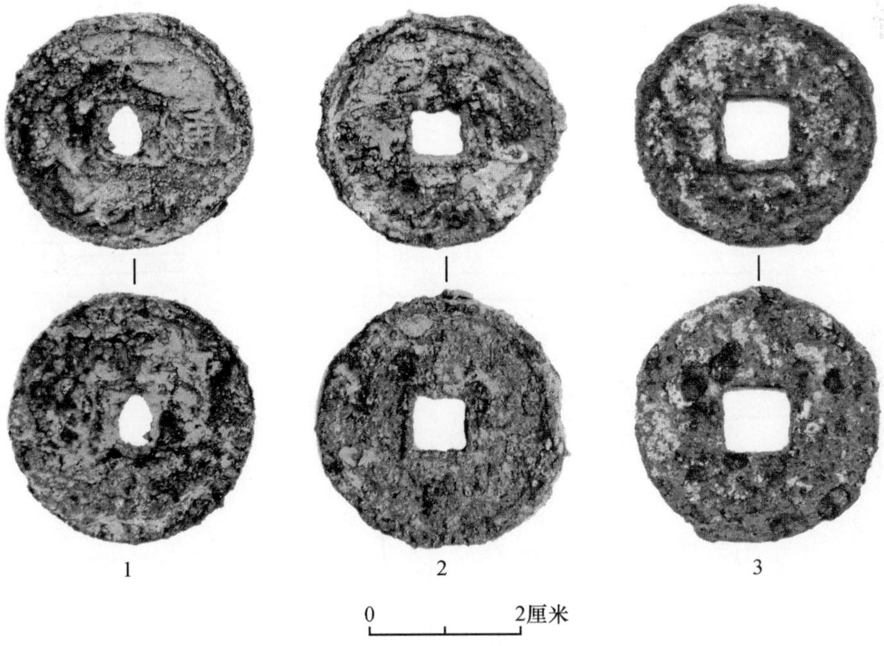

图一二 出土铁钱

1、2. 大观通宝（M10：3、M10：6） 3. 嘉定元宝（M14：1）

二、明 墓

（一）墓葬形制

共5座，皆为石室墓，分别为M3、M4、M7～M9。现以保存相对较好的M4、M9为例予以介绍。

M4　方向33°。双室墓，由封门、墓室组成。墓圹平面略呈长方形，长3.45、宽2.95米。封门位于墓室北端，由较规整的长方形石板横向立砌而成，现残存两块。两个墓室形制基本相同，现以西室为例予以介绍。平面呈长方形。长2.74、宽0.94米。顶部已被破坏。西侧有一龛，龛底高出墓底0.64米，宽1.3、进深0.09、高0.82米。棺床由四块石板平铺而成。后壁由一整块石板立砌而成，在内立面上雕刻图像。下方雕刻一案台，案台上雕刻一干栏式房屋建筑，双开间。双开间区域向内凿出龛，龛呈连弧形边的尖顶状，其上为双重屋檐。龛底高出墓底0.46米，宽0.26、进深0.05、高0.52米（图一三）。

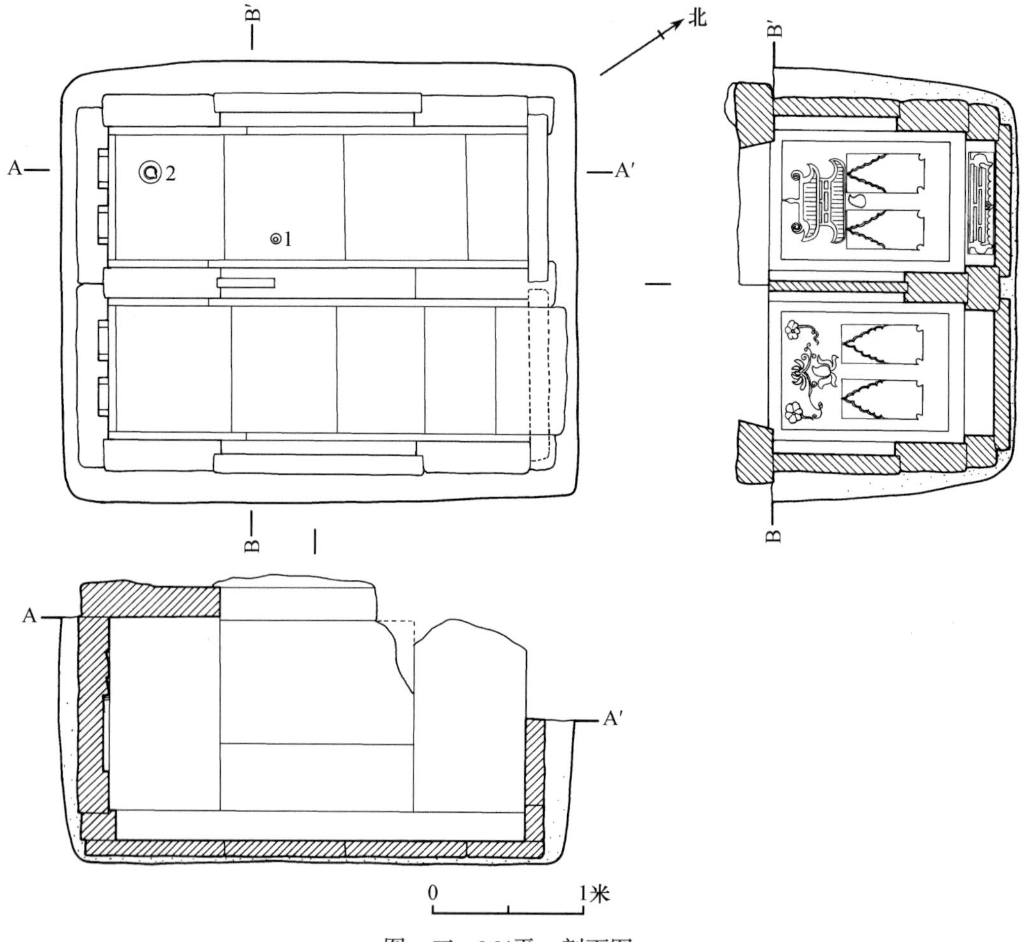

图一三　M4平、剖面图
1. 瓷器盖　2. 瓷带流罐

M9　方向0°。单室墓，由封门、墓室组成。墓圹平面略呈梯形，长3.38、宽1.34～1.56米。封门位于墓室北端，由一块石板立砌而成，石板厚0.18米。墓室位于封门南端，平面呈梯形，靠近后壁一侧较宽，长2.6、宽0.7～0.8米。顶部已被破坏，仅存一块石板，平铺而成。两侧壁各由两块石板立砌而成，后壁由一块石板立砌而成。底部由四块石板平铺而成（图一四）。

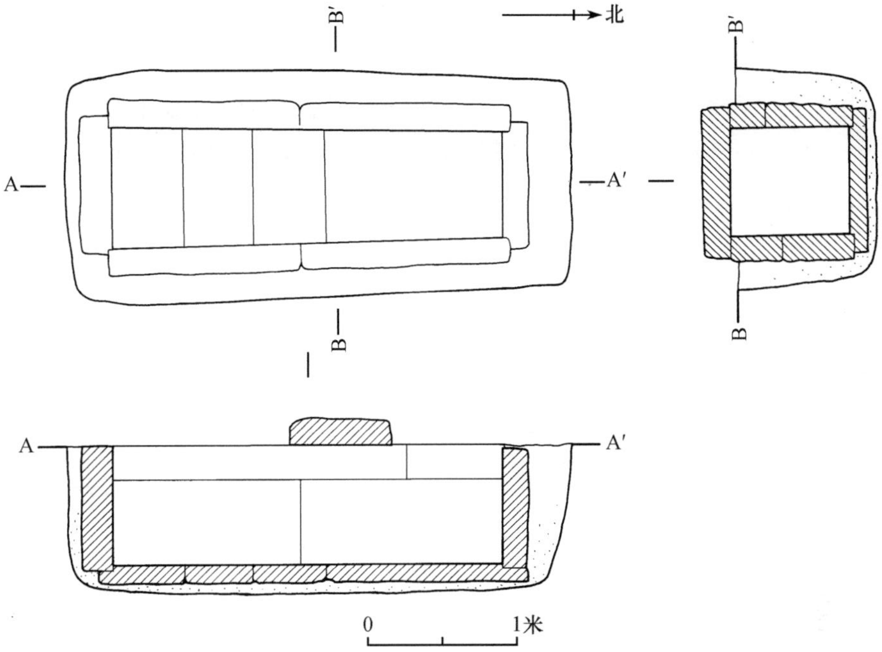

图一四　M9平、剖面图

（二）随葬器物

出土随葬品共2件，皆为瓷器。主要器形有带流罐、器盖。

瓷带流罐　1件。M4：2，灰胎，无釉。敞口，方唇，溜肩，圆腹，下腹内收，平底。口部有一流，对称处置一耳，已脱落。口径10、最大径14、底径6、高16.5厘米（图六，3）。

瓷器盖　1件。M4：1，红胎。盏状。口径7、底径4、高2.4厘米（图八，4）。

三、结　　语

此批墓葬未出土明确纪年材料，墓葬年代只能参考本地区墓葬形制及出土器物初步推断。宋代墓葬形制与四川资中大包山[1]、资中烂泥湾[2]、重庆合川观山[3]发掘的宋代墓葬形制相似。参考陈云洪先生《四川地区宋代墓葬研究》一文，M10～M12等墓葬形制与其Ⅱ类C型墓形制相似；M6、M10、M13出土的双耳罐与其Ⅱ式双耳罐形制相似；M5、M10出土的碗与其A型Ⅳ式碗形制相似，M1、M2、M6中出土的四系罐与其B型Ⅲ式四耳罐形制形似[4]。综上，此批宋代墓葬的时代应为南宋早期。M3、M4、M7～M9等明代墓葬与简阳地区已发掘的明代中期左右石室墓形制相似，M4出土的带流罐、盏与简阳市朱家湾墓地M2、M4出土的带流罐、盏形制相似[5]。故此批明代墓葬时代应为明代中期左右。

此次发掘的宋代墓葬虽然后期破坏严重，但部分葬俗值得我们特别关注。一是M11～M13三座墓葬呈“一”字形并排相邻，但M11方向为34°，墓门朝向山坡下，M12、M13方向为200°，墓门朝向山坡上，三座墓葬“一”字并排相邻、方向却相反。二是在M11～M13三座墓葬墓圹向山坡上侧正前方皆有两块石板一平铺一立砌成“L”形，立砌石板面向墓室侧中部向内凿出一壶门形象。此两种葬俗在今后的研究中须加以注意。

项目负责人：谢　林
发　　　掘：潘绍池　王　军
修　　　复：党国松　李　路
整　　　理：潘绍池　毛基楷
绘　　　图：逯德军
执　　　笔：谢　林　潘绍池　陈　军　程远福

注　释

[1] 四川省文物考古研究院、资中县文物管理所：《四川资中县大包山宋墓发掘简报》，《四川文物》2013年第1期。

[2] 四川省文物考古研究院、资中县文物管理所：《四川资中县烂泥湾宋墓发掘简报》，《四川文物》2015年第2期。

[3] 重庆市文化遗产研究院、重庆文化遗产保护中心：《重庆市合川区观山墓群宋代石室墓发掘简报》，《四川文物》2014年第2期。

[4] 陈云洪：《四川地区宋代墓葬研究》，《南方民族考古》（第七辑），科学出版社，2011年。

[5] 成都文物考古研究院、简阳市文物管理所：《简阳市朱家湾墓地发掘简报》，《成都考古发现》（2017），科学出版社，2019年。

简阳市石盘镇响水滩明代墓地发掘简报

成都文物考古研究院
简阳市文物管理所

为配合吉利铭泰方程时空港项目建设，成都文物考古研究院于2020年1月对该项目进行了文物勘探工作，共发现文物点8处。其中1号文物点为明代墓地，位于简阳市石盘镇花红村七组，小地名为响水滩，墓地编号为“2020CJHX”，中心地理坐标为东经104°43′35.4″、北纬30°49′12.48″，海拔419米（图一）。2020年3～5月，成都文物考古研究院对该墓地进行了考古发掘工作，共清理明代墓葬63座（图二）。其中M3、M8、M41、M50、M56、M57、M61等7座破坏严重，本次主要介绍其余56座墓葬。现将发掘情况简报如下。

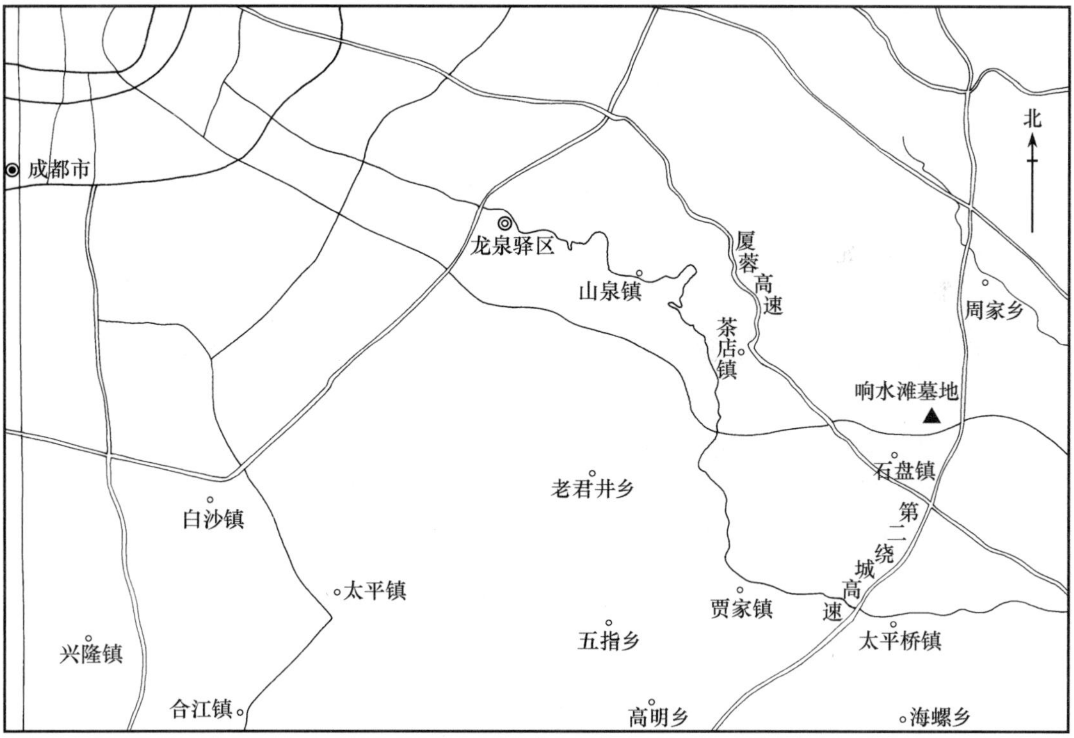

图一　墓地位置示意图

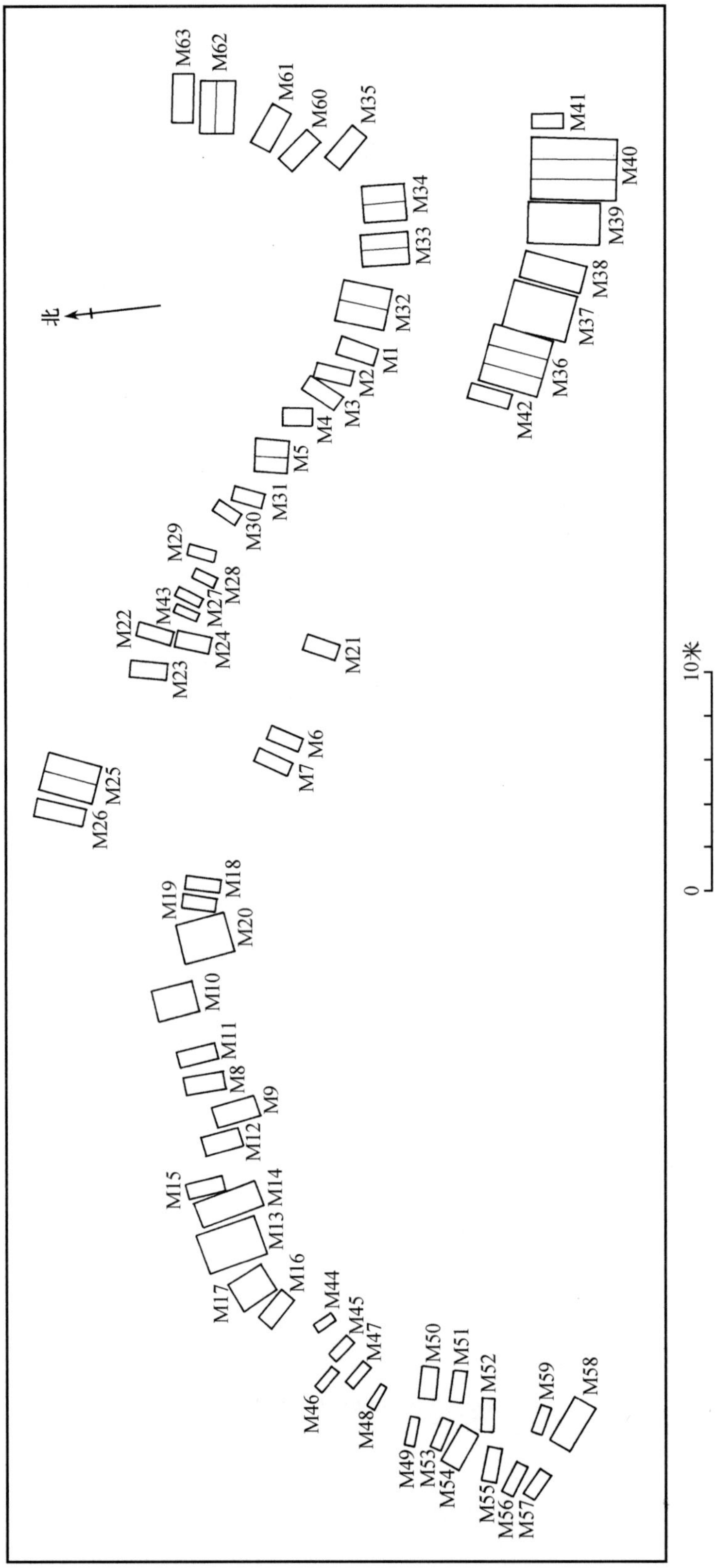
北
M63
M62
M61
M60
M35
M41
M40
M34
M39
M33
M38
M32
M37
M1
M36
M2
M3
M4
M42
M5
M31
M30
M29
M28
M27
M43
M22
M24
M21
M23
M6
M7
M25
M26
0
10米
M19
M18
M20
M10
M11
M8
M9
M12
M15
M14
M13
M16
M17
M44
M45
M47
M46
M48
M50
M51
M52
M59
M58
M49
M53
M54
M55
M56
M57

图二　墓葬分布图

一、墓地概况

墓地处于浅丘地带，墓葬位于山坡南侧和东侧，排列较为规整，呈环带状分布于半山腰两级台地上。因后期平整土地等原因，一部分墓室暴露于地表，一部分墓室埋藏于现代耕土层下，未见封土堆，墓葬之间亦无叠压或打破关系。整个墓群从东至西共分为七组，各组之间相距较近，墓葬规格亦略有不同。

二、墓葬形制

根据墓室建筑材料的不同，可分为两大类。

（一）石　室　墓

55座。根据墓室数量的多寡，分为三个小类。

甲类　2座。三室墓。分别为M36、M40。两座墓葬形制及结构基本相同，墓室呈横向“一”字形排列。现以M36为例予以介绍。

M36　方向210°。墓圹平面呈长方形，长4.25、宽4.32米。由墓道、封门、甬道、墓室组成。墓道前端已被破坏，残存部分平面呈不规则梯形。北端高出墓坑底0.62米，残长0.82米。封门由较规整的长方形石板横向立砌而成，现残存两块。甬道平面呈横长方形。三个甬道形制及结构相同，宽0.87、进深0.68米。东、西甬道外侧壁各有一龛，平面呈长方形，尺寸相当，宽0.32、进深0.15、高1.36米。三个甬道之间以过洞相通。三个墓室形制及结构基本相同，以东室为例予以介绍。平面呈长方形，长2.74、宽0.9米。中部为券顶，由三块内边略呈弧形的石板砌成。两侧壁及后壁底部先铺条石，其上砌筑墓壁。东西两壁各有两个龛，东壁两龛宽0.36～0.38、进深0.13、高1.25米，西壁两龛宽0.36～0.38、进深0.13、高1.25米、墓室底部高出甬道0.16米。棺台由三块石板平铺而成，长2.43、宽0.84米。棺床与两侧壁及后壁之间留有排水沟，宽分别为0.03、0.06、0.08米，深0.09米。后壁由一整块石板立砌而成，中间凿出龛。龛底高出墓底0.58米，宽0.45、进深0.08、高0.55米。顶为弧形尖顶，其上雕刻双重屋檐（图三）。

乙类　14座。双室墓。墓室呈横向“一”字形排列。根据侧龛及后龛的不同，分为三型。

A型　3座。仅有侧龛。分别为M5、M25、M34。三座墓葬形制及结构基本相同，现以M25为例予以介绍。

M25　方向194°。墓圹平面呈长方形，长3.1、宽2.82米。由封门、墓室组成。封门由三块较规整的长方形石板横向立砌而成。墓室平面呈长方形。两个墓室形制基本相同，以东室为例予以介绍。长2.38、宽0.81米。顶为叠涩顶。侧壁由三层石板砌成，中

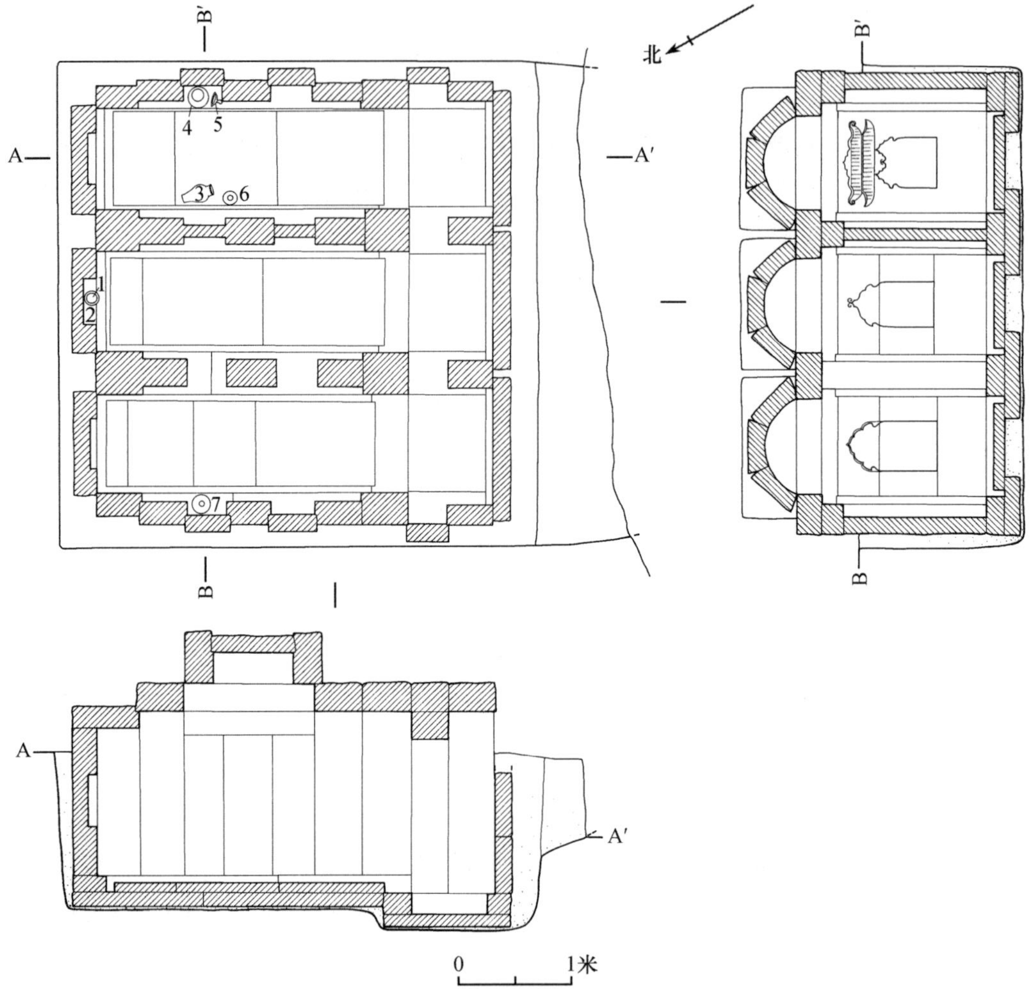

图三　M36平、剖面图

1、2. 瓷碗（无法修复）　3～6. 瓷谷仓罐（盖）　7. 瓷碗

层石板略薄形成龛。后壁由三块石板横向立砌而成。底由四块石板平铺而成（图四）。

B型　1座。仅有后龛。

M62　方向90°。墓圹平面呈长方形，长3.12、宽2.67米。由墓道、封门、墓室组成。斜坡式墓道，前端被破坏，平面呈梯形，残长1.04、宽1.88～2.12米。封门由较规整的长方形石板横向立砌而成，现残留两块。两个墓室形制基本相同，以北室为例予以介绍。平面呈长方形，长2.43、宽0.78、高1.28米。顶为叠涩顶。侧壁由四块石板砌筑而成。后壁由三块石板砌筑而成，在靠顶部石板上凿出龛。龛底高出墓底0.69米，宽0.35、进深0.06、高0.4米。底由五块石板平铺而成（图五）。

C型　10座。有侧龛及后龛。根据纵向墓室的多寡，分为二亚型。

Ca型　2座。纵向双室。分别为M32、M33。两座墓葬形制及结构基本相同，现以M33为例予以介绍。

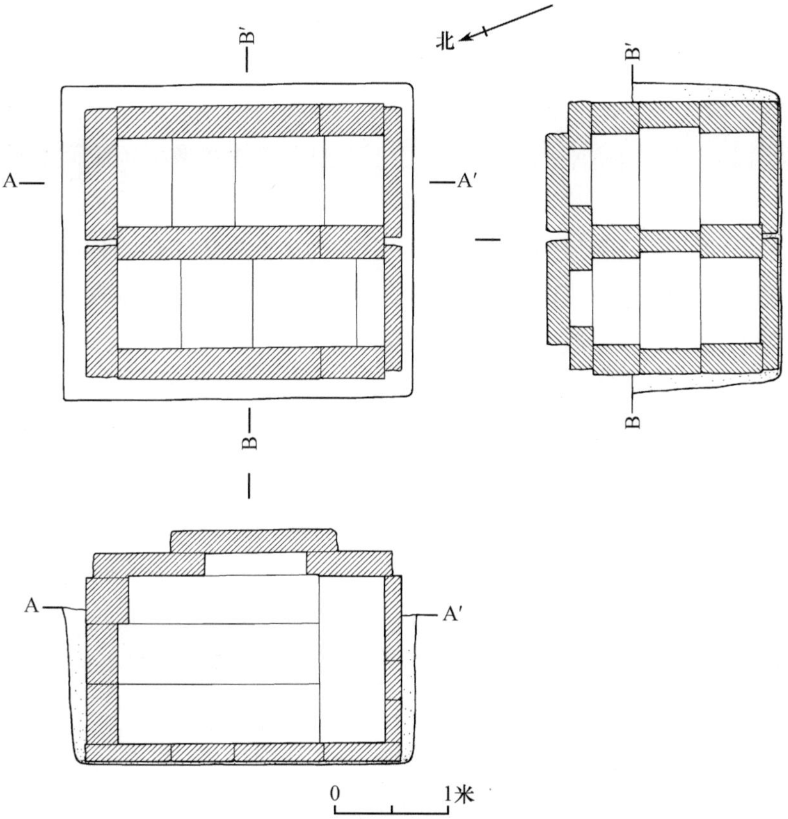

图四　M25平、剖面图

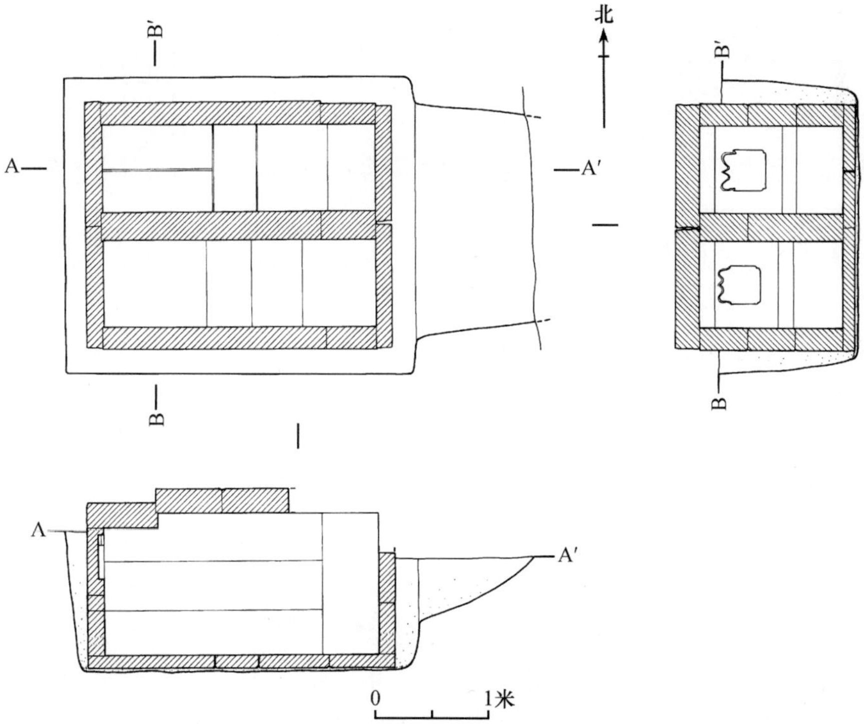

图五　M62平、剖面图

M33　方向177°。墓圹平面呈长方形，长4.65、宽2.9米。由墓道、封门、墓室组成。斜坡式墓道，北端高出墓坑底约0.37米，南端已被破坏，残长0.78、宽2.16～2.3米。封门由较规整的长方形石板横向立砌而成，现残留两块。两个墓室形制基本相同，以东室为例予以介绍。前室平面呈长方形，长1.31、宽0.88米。顶中间高前后略低，由三块石板横向平铺而成。东壁为三块长条形石板立砌，两肋柱间形成一龛。底由三块石板横向平铺成。中间以过洞与西室相通。后室底高出前室0.56米，顶为叠涩顶，由数块石板叠砌而成。两侧壁皆由四块石板立砌而成。后壁由三块石板横向立砌而成，在靠上两块石板上向内凿出龛。龛底部高出墓底0.6米，宽0.45、进深0.1、高0.5米。龛顶处渐浅，形成的斜面上雕刻云纹。底由五块石板横向平铺而成（图六）。

Cb型　8座。纵向单室。分别为M9、M10、M13、M14、M17、M20、M37、M39。8座墓葬形制及结构基本相同，现以M9为例予以介绍。

M9　方向155°。墓圹平面呈长方形，长3.88、宽2.86、深1.46米。由墓道、封门、甬道、墓室组成。斜坡式墓道，平面呈梯形，北端高出墓坑底0.42米，长1.8、宽1.68～2.52米。封门由三块较规整的长方形石板横向立砌而成。甬道平面呈横长方形，两个甬道规格相当，宽0.89、进深0.58米。底由一块石板横向平铺而成，低于墓底0.16

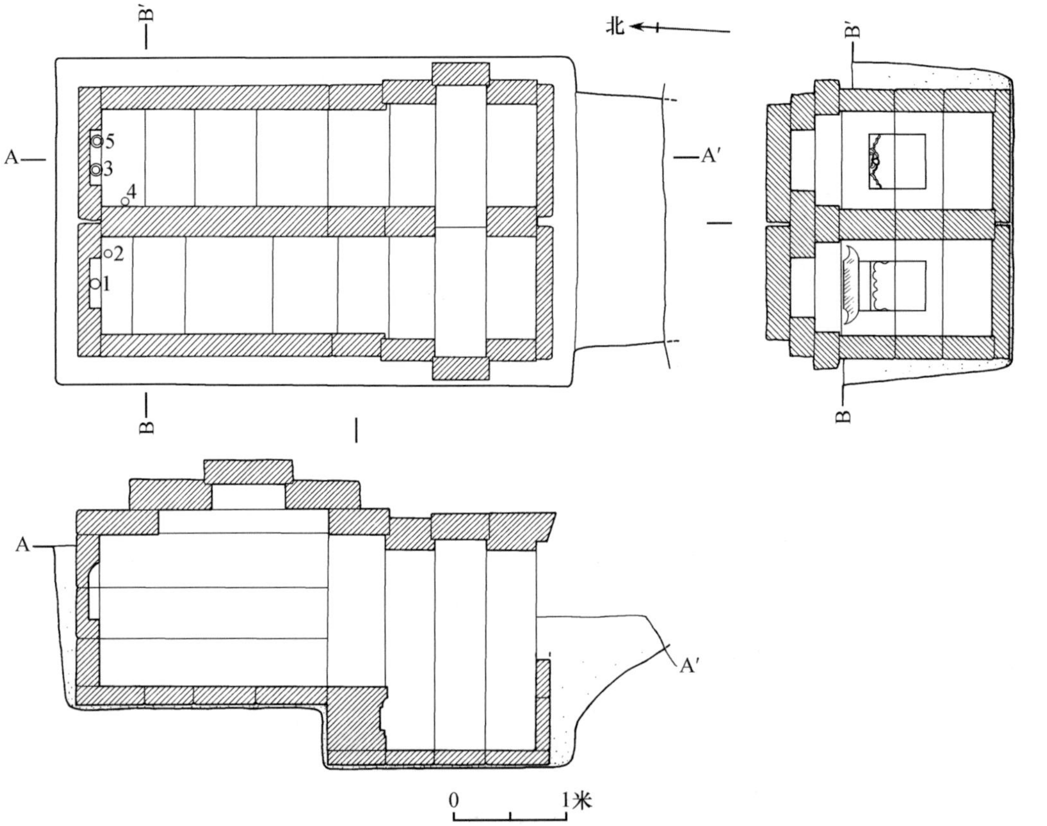

图六　M33平、剖面图
1. 瓷盏　2、4. 瓷盏　3、5. 瓷龙纹罐

米。两个墓室形制基本相同，以东室为例予以介绍。平面呈长方形，长2.56、宽0.98米。顶为叠涩顶。东侧壁三根肋柱间形成两个龛，龛底高出墓底0.4米，宽0.46、进深0.12、高0.98米。西侧壁三根肋柱间形成两个过洞与西室相通。过洞宽0.46、高0.96米。后壁由一整块石板立砌而成，在内立面上雕刻图像。下方雕刻一案台，案台正中雕刻一壶门。案台上雕刻一干栏式房屋建筑，双开间。双开间区域向内凿出龛，龛呈连弧形边的尖顶状，其上为三重屋檐。龛底高出墓底0.32米，进深0.12、高0.3米。棺台由两块石板平铺而成，长2.18、宽0.63、厚0.1米。棺床左右及后侧与两侧壁及后壁之间的空隙形成排水沟（图七）。

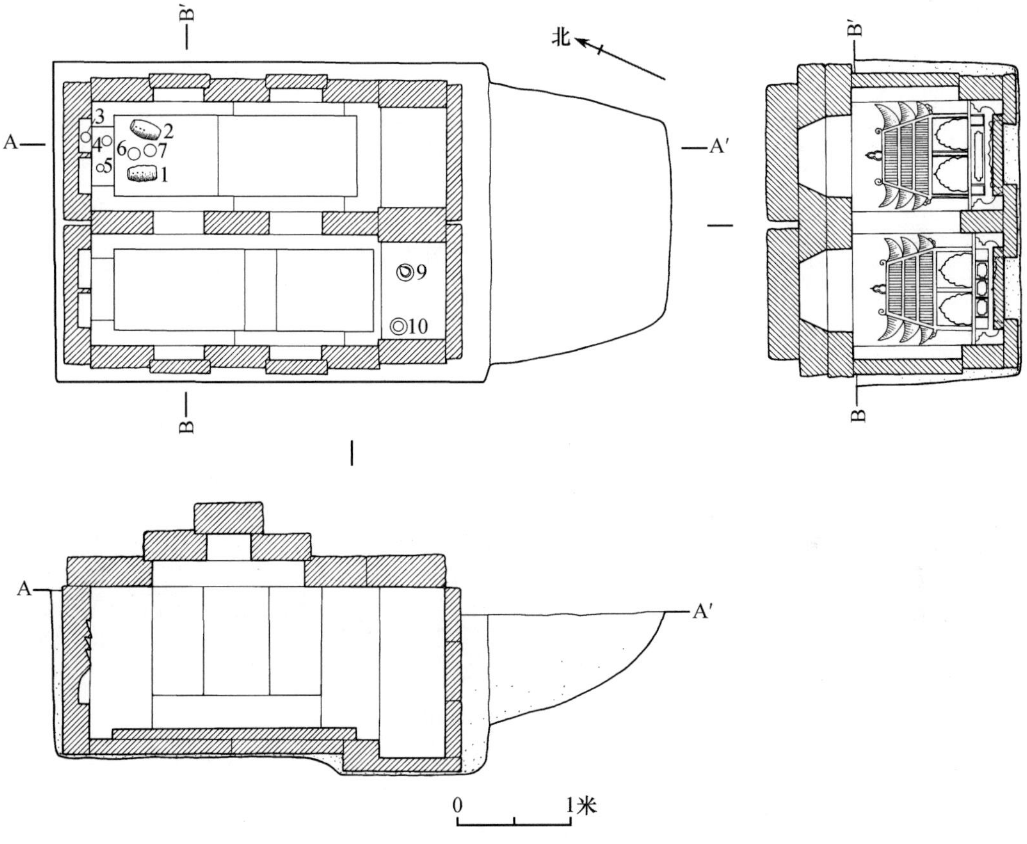

图七　M9平、剖面图
1、2. 瓷谷仓罐　3、4. 瓷碗　5～7. 瓷器盖　9、10. 瓷带流罐

丙类　39座。单室墓。根据墓室形状的不同，分为二型。

A型　14座。长方形墓室。根据龛的有无，分为二亚型。

Aa型　3座。有龛。分别为M11、M12、M38。三座墓葬形制及结构基本相同，现以M12为例予以介绍。

M12　方向170°。墓圹平面呈长方形，长3.58、宽1.56米。由墓道、封门、甬道、墓室组成。斜坡式墓道，平面大致呈梯形，由封门向外略收窄。北端高出墓坑底0.32

米，长约1.64、宽0.96～1.24米。封门由三块较规整的长方形石板横向立砌而成。甬道平面呈横长方形，宽0.9、进深0.49米。底部为一整块石板平铺而成，低于墓底0.16米。墓室平面呈长方形，长2.44、宽0.99米。顶由叠涩顶和券顶组成。中部为券顶，由三块内边呈弧形的石板砌成。两侧壁各有两龛，龛底高出墓底0.32米，宽0.4、进深0.1、高0.86米。后壁由一整块石板砌筑而成，在内立面上雕刻图像。下部雕刻一案台，案台中部雕刻一壶门图像。其上雕刻干栏式房屋建筑，双开间。双开间区域向内凿出龛，龛呈连弧形边的尖顶状，其上为三重屋檐。龛底高出墓底0.32米，宽0.34、进深0.08米。墓底高出甬道底0.16米。棺台由两块石板平铺成，长2.09、宽0.72、高0.08米。棺床左右及后侧与两侧壁及后壁之间的空隙形成排水沟（图八）。

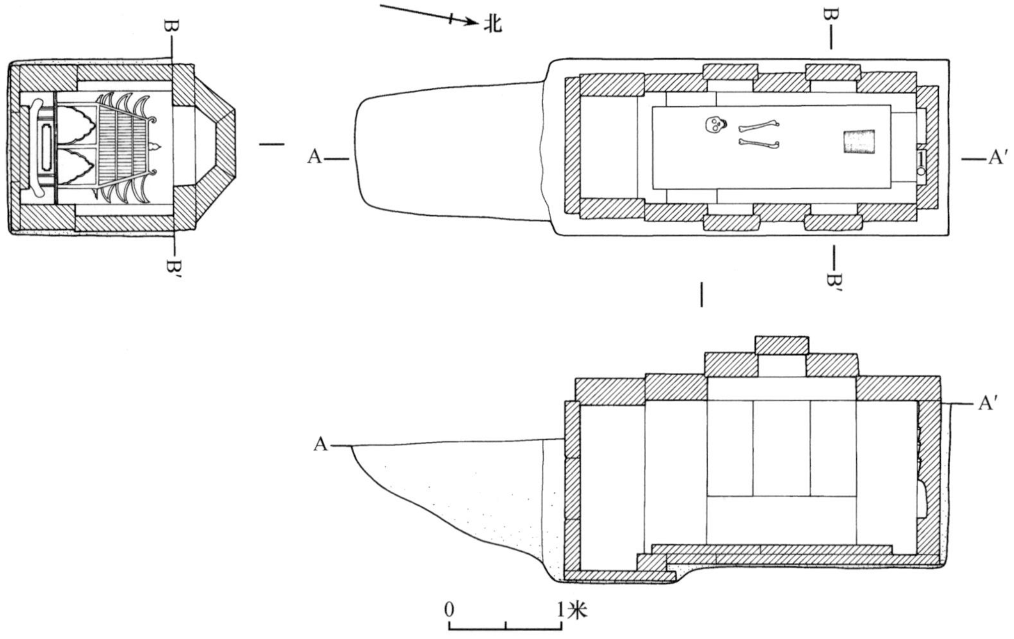

图八　M12平、剖面图
1. 瓷器盖

Ab型　11座。无龛。分别为M2、M18、M22～M24、M28、M42、M45、M53、M59、M63。11座墓葬形制及结构基本相同，现以M42为例予以介绍。

M42　方向194°。墓圹平面呈长方形，长3.05、宽1.27米。由封门、墓室组成。封门由较规整的长方形石板横向立砌而成，现残留一块。墓室平面呈长方形，长2.48、宽0.78、高0.76米。顶部已不存。两侧壁分别由一块石板砌筑而成，后壁由一块石板横向立砌而成。底部由五块石板横向平铺而成（图九）。

B型　25座。梯形墓室。分别为M1、M4、M6、M7、M15、M16、M19、M21、M26、M27、M29～M31、M35、M43、M44、M46～M49、M51、M52、M54、M55、M60。25座墓葬形制及结构基本相同，现以M54为例予以介绍。

M54　方向110°。墓圹平面略呈梯形，长2.31、宽1.06～1.08米。由封门、墓室组成。封门由一块石板横向立砌而成。墓室平面呈梯形，长1.86、宽0.46～0.56米。顶已不存。两侧壁分别由五块石板分两层砌筑而成，其中下层两块，上层三块。后壁由一块石板横向立砌而成。底部由数块不规则小石板平铺而成（图一〇）。

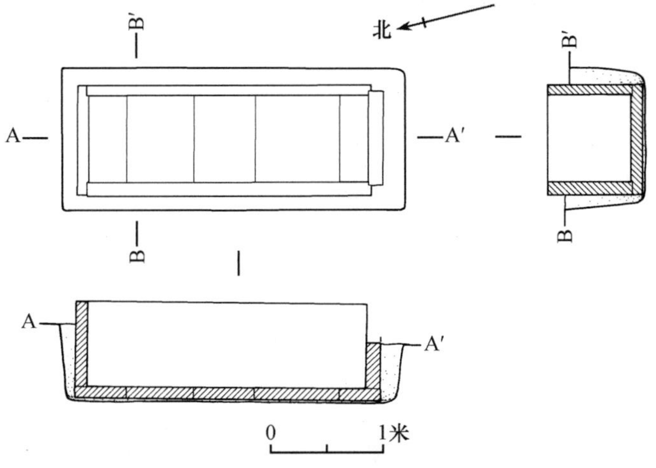

图九　M42平、剖面图

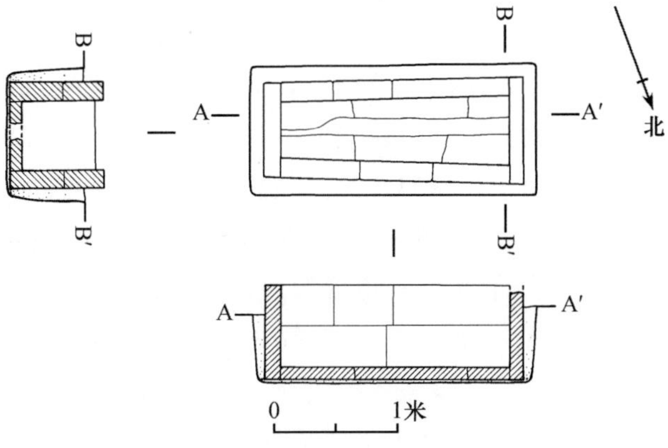

图一〇　M54平、剖面图

（二）瓦　　墓

1座。单室。

M58　方向120°。墓圹平面呈梯形，长2.8、宽1.26～1.35米。由封门、墓室组成。封门由板瓦丁砌而成，部分已被破坏。板瓦长25、宽22、厚1.5厘米。墓室平面呈梯形，长2.1、宽0.5～0.64米。顶已不存。两侧壁及后壁皆由三层板瓦堆砌而成，下面两层为丁砌、上面一层为纵向斜铺。板瓦长25、宽20、厚1.5厘米。底部为墓坑底，未见铺石块或板瓦（图一一）。

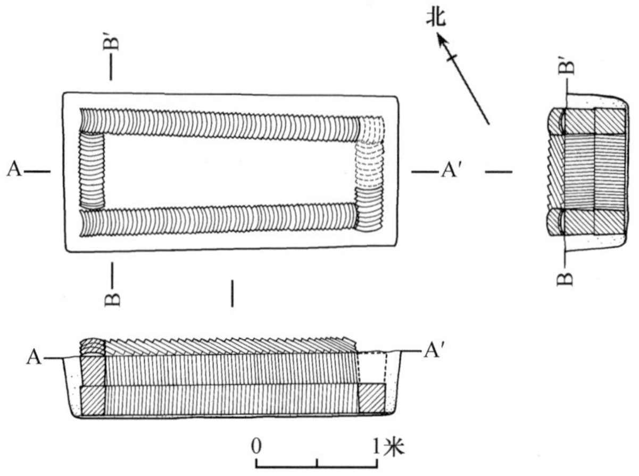

图一一　M58平、剖面图

三、随葬器物

出土随葬品共46件（套），皆为瓷器。主要器形有罐、碗、瓶、盏、器盖。

罐　24件。主要有龙纹罐、谷仓罐、带流罐、无耳罐、塔式罐。

龙纹罐　11件。皆在肩及上腹部堆塑龙形纹饰。根据上腹部的不同，分为二型。

A型　5件。上腹部纵剖面呈波浪形。暗红胎，器表除底部外皆施酱釉。敛口，方唇，折肩，鼓腹，矮圈足，最大径在下腹部。M14：1，口径5.6、最大径11.4、足径8、高15.8厘米（图一二，2）。M32：1，肩部饰一组两个三角形纽。口径6.6、最大径13、足径9、高17厘米（图一二，1）。M33：3，口径5.6、最大径11.8、足径8.6、高13.6厘米（图一二，4）。M33：5，口径5.59、最大径10.55、足径8、高12.3厘米（图一二，3）。M39：1，器表不均匀分布五个三角形纽。口径6.8、最大径14、足径9、高18厘米。带盖。红胎，上表施酱釉。桃形纽。直径6.6、底径3、高2.7厘米。通高20.5厘米（图一二，5）。

B型　6件。桶形腹。暗红胎，器表除底部外皆施酱釉。敛口，方唇，折肩，腹部微鼓，下腹微内收，矮圈足。M14：2，口径6、最大径11.6、足径8.4、高16.4厘米（图一三，5）。M32：2，肩部饰一组两个三角形纽。口径6.2、最大径14、足径9、高16.4厘米。带盖。暗红胎。顶部有一圆形纽。直径8.4、底径5.2、高2.2厘米。通高18厘米（图一三，3）。M32：5，肩部饰一个三角形纽。口径5.8、最大径12.8、足径8.4、高13.6厘米（图一三，6）。M32：6，肩部饰一个三角形纽。口径5.6、最大径12.4、足径7.4、高16.6厘米（图一三，4）。M38：1，肩部均匀饰三个三角形纽。口径4.6、最大径13、足径8.6、高17.8厘米（图一三，2）。M39：3，肩部饰两个三角形纽。口径6.2、最大径14.6、足径8.7、高18.5厘米。带盖。口径6.6、最大径7、高2厘米。通高20.4厘米（图一三，1）。

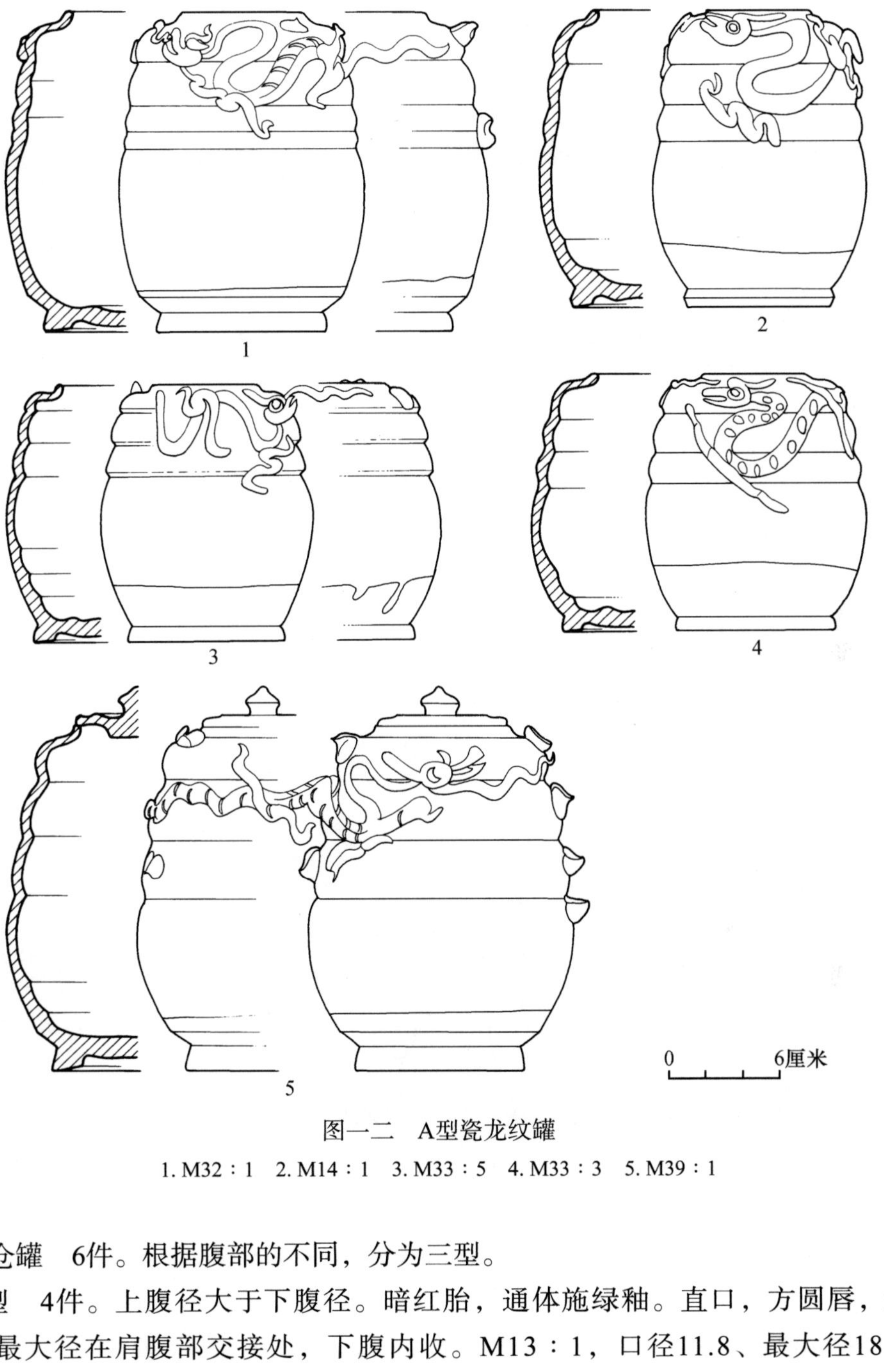

图一二　A型瓷龙纹罐

1. M32：1　2. M14：1　3. M33：5　4. M33：3　5. M39：1

谷仓罐　6件。根据腹部的不同，分为三型。

A型　4件。上腹径大于下腹径。暗红胎，通体施绿釉。直口，方圆唇，矮领，圆肩，最大径在肩腹部交接处，下腹内收。M13：1，口径11.8、最大径18、足径12、高28厘米（图一四，5）。M36：3，口径12.4、最大径18.8、足径12.4、高27.3厘米。带盖（M36：6），顶部施绿釉。盖顶部有一桃形纽。纽径2.6、盖径13、高6.2厘米（图一四，1）。M36：4，口径12.4、最大径18.4、足径12、高26.4厘米。带盖（M36：5），顶部施绿釉。顶部有一圆形纽。纽径2.8、盖径13.4、高6.6厘米。通高31.8厘米（图一四，3）。M40：1，口径13、最大径19.2、足径13、高26.4厘米。带

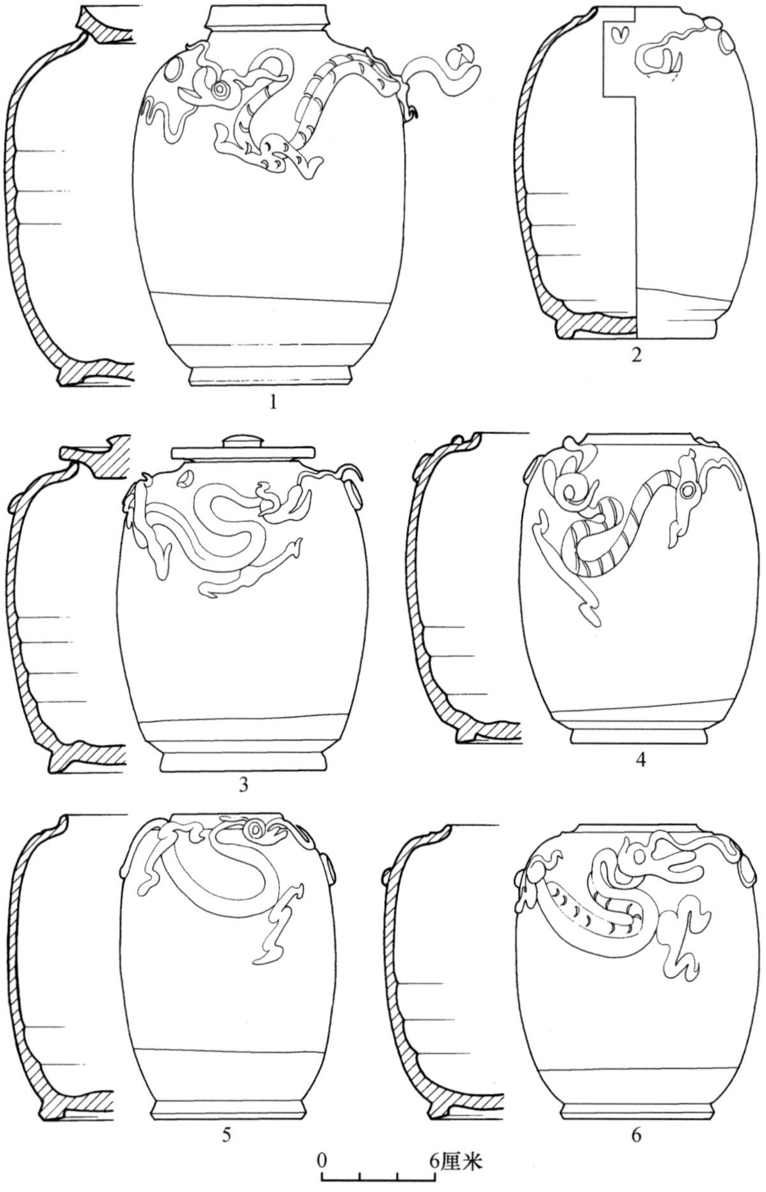

图一三　B型瓷龙纹罐

1. M39：3　2. M38：1　3. M32：2　4. M32：6　5. M14：2　6. M32：5

盖，顶部施绿釉。弧顶，上有一桃形纽。纽径2.6、盖径13、高6.6厘米。通高32.6厘米（图一四，4）。

B型　1件。桶形腹，上下腹部直径相同。M9：1，暗红胎，除底部外均施酱釉。敛口，圆唇，圆肩，肩部均匀分布四个对称的纽，底微圜，圈足微外撇。口径7.2、足径10.4、高25.6厘米（图一四，2）。

C型　1件。上腹径小于下腹径。M9：2，灰黄胎，器表除底部外均施酱釉，部分釉

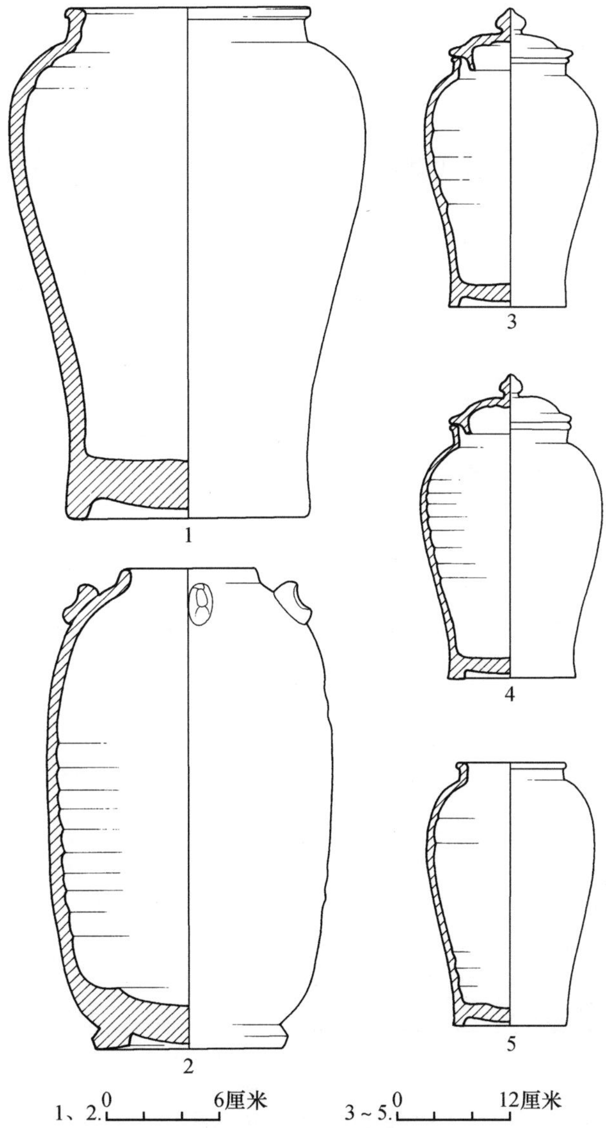

图一四　瓷谷仓罐

1、4、5. A型（M36：3、M40：1、M13：1）　2. B型（M9：1）　3. A型（M36：4、M36：5）

脱落。敛口，圆唇，圆肩，下腹部微鼓，最大径在下腹部，矮圈足。器表自上而下均匀堆塑三组各五个三角形纽。口径6、最大径15.6、足径10.8、高25厘米（图一五，1）。

带流罐　4件。灰胎。口部有一流嘴，颈腹间有一执柄，皆已残。M9：9，无釉。侈口，方圆唇，矮领，溜肩，鼓腹，下腹内收，最大径在肩腹部交界处，平底略内凹。口径11.6、最大径17、底径9、高18.8厘米（图一六，3）。M9：10，无釉。侈口，沿微卷，方唇，圆肩，腹微鼓，下腹向内斜收，平底。口径11.6、最大径17、底径9、高18.8厘米（图一六，1）。M10：4，无釉。口微侈，方唇，溜肩，鼓腹，最大径在中腹部，下腹内收，平底内凹。口径9、最大径16.6、底径8.4、高18厘米（图一六，

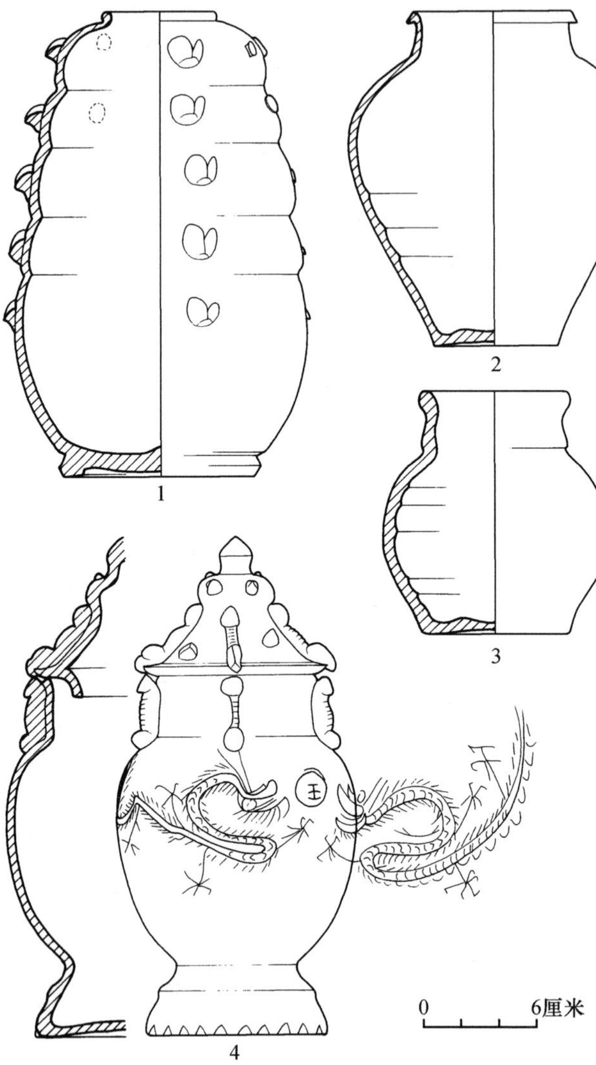

图一五　瓷罐

1. C型谷仓罐（M9：2）　2、3. 无耳罐（M11：1、M8：1）　4. 塔式罐（M37：3）

4）。M37：1，除底部外通体施酱釉。侈口，沿微卷，圆唇，圆肩，腹微鼓，下腹向内斜收，最大径在腹中部，底部略内凹。口径7.8、最大径10.6、底径6、高14厘米（图一六，2）。

无耳罐　2件。M8：1，红胎，无釉。侈口，圆唇，溜肩，圆腹，最大径在腹中部，平底。口径8、最大径12、底径8、高13厘米（图一五，3）。M11：1，灰胎，无釉。侈口，尖唇，圆肩，斜弧腹，下腹部内收，最大径在肩腹交接处，平底略内凹。口径9、最大径15.4、底径6.7、高18厘米（图一五，2）。

塔式罐　1件。M37：3，灰胎，无釉。侈口，尖唇，圆肩，圆腹，下腹弧收，假圈足外撇，底部边缘一周呈花边状。颈部堆塑四道两两对称的纵向凸棱。腹部阴线刻双龙

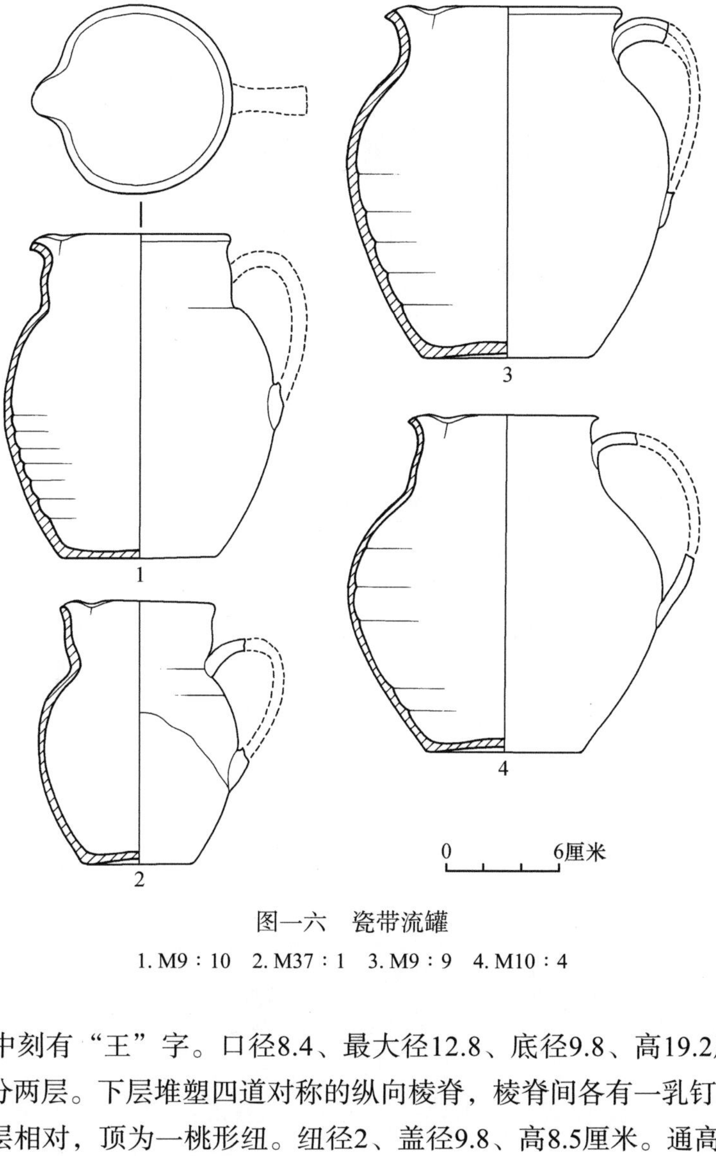

图一六 瓷带流罐

1. M9：10 2. M37：1 3. M9：9 4. M10：4

戏珠图案，珠中刻有“王”字。口径8.4、最大径12.8、底径9.8、高19.2厘米。带盖，整体呈塔状，分两层。下层堆塑四道对称的纵向棱脊，棱脊间各有一乳钉凸起；上层有四个乳钉与下层相对，顶为一桃形纽。纽径2、盖径9.8、高8.5厘米。通高26.8厘米（图一五，4）。

碗 5件。分青花瓷和普通瓷两种。

青花瓷 1件。M11：2，白胎，除圈足和底部均施青白釉。敞口，圆唇，斜弧腹，圈足微内收。外壁和内底饰花草纹饰。口径12、足径4.4、高5厘米（图一七，1）。

普通瓷 4件。器表除内外底部均施酱釉。侈口，斜弧腹，矮圈足。M9：3，灰胎。口径15.8、足径5.8、高5.4厘米（图一七，4）。M9：4，灰胎。口径15.8、足径5.4、高6厘米（图一七，3）。M36：7，暗红胎。口径18.3、足径7.2、高5.8厘米（图一七，5）。M37：2，暗红胎。口径19.8、足径7.8、高7.6厘米（图一七，2）。

瓶 1件。M15：1，灰胎，无釉。平口，方圆唇，束颈，垂腹，近底内收，平底内凹。颈部饰一周凸棱纹。器表有轮制痕迹，底部有线割痕迹。口径8.2、最大腹径14.2、

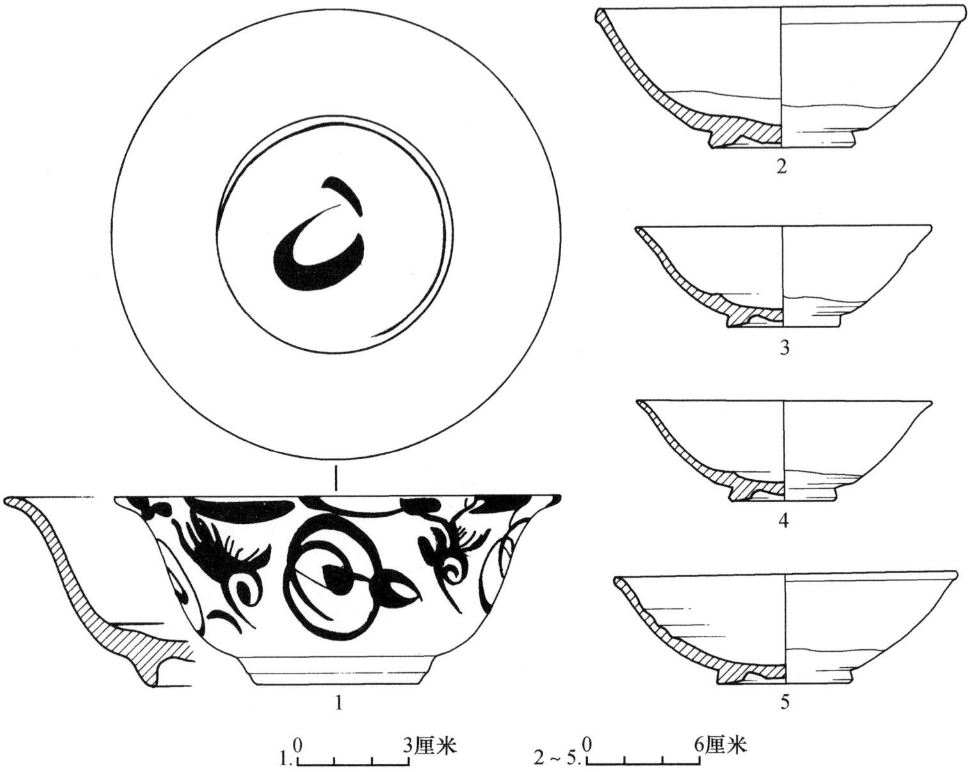

图一七　瓷碗

1. M11：2　2. M37：2　3. M9：4　4. M9：3　5. M36：7

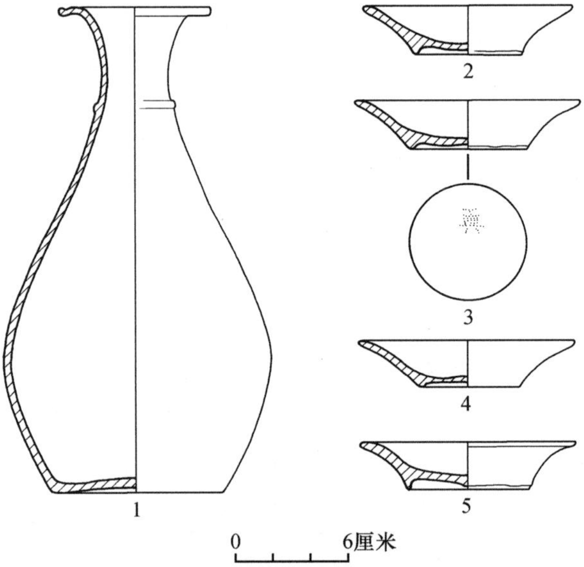

图一八　出土瓷器

1. 瓶（M15：1）　2～5. 盏（M33：1、M33：2、M33：4、M38：3）

底径9.2、高25.8厘米（图一八，1）。

盏　4件。皆为白瓷。白胎，除圈足处通体施白釉。侈口，矮圈足。M33：1，口径11.2、足径5.8、高2.6厘米（图一八，2）。M33：4，口径11.6、足径5.2、高2.5厘米（图一八，4）。M33：2，外底点刻一“贡”字。口径12、足径6.1、高2.6厘米（图一八，3）。M38：3，口径11.4、足径6.6、高2.5厘米（图一八，5）。

器盖　12件。分二型。

A型　10件。盏形。灰胎，外侧面均施酱釉，部分脱落。M9：6，口径6.3、底径4.4、高1.8厘米（图一九，5）。M12：1，口径6.4、底径3.4、高2.2厘米（图一九，4）。M13：2，口径7.4、底径4.2、高2.2厘米（图一九，6）。M14：3，口径7.2、底径4.4、高1.8厘米（图一九，1）。M32：4，口径8.2、底径5.2、高2.2厘米（图一九，10）。M37：5，口径6.3、底径4、高2.2厘米（图一九，2）。M37：6，口径7、底径4.3、高1.9厘米（图一九，3）。M39：6，口径7.5、底径4.2、高2厘米（图一九，7）。M40：3，口径5.5、底径3.1、高1厘米（图一九，11）。

B型　2件。带圆形纽。除盖底外均施酱釉。M9：5，纽径3.5、盖径8.6、底径4、高4.8厘米（图一九，9）。M9：7，纽径3.7、盖径8.8、高4.5厘米（图一九，8）。

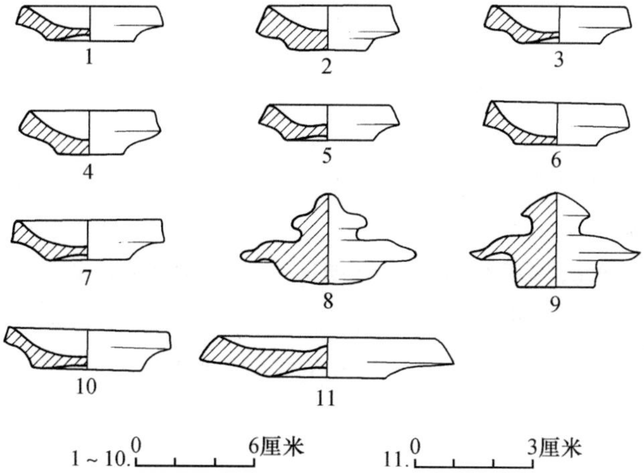

图一九　瓷器盖

1～7、10、11. A型（M14：3、M37：5、M37：6、M12：1、M9：6、M13：2、M39：6、M32：4、M40：3）　8、9. B型（M9：7、M9：5）

四、结　语

此批墓葬未出土纪年材料，年代只能根据墓葬形制和随葬器物来推断。此种多室和单室形制的石室墓在简阳地区发现较多，成规模的墓群亦有发现。本次发现的双室和单室石室墓形制与2018年朱家湾墓地发现的墓葬形制基本相同。发现的器物中，龙纹罐M32：1、M33：3与朱家湾墓地M4：7形制相同，龙纹罐M39：1与朱家湾墓地M3：5形制相同。朱家湾墓地M3、M4时代大致为明代中期[1]。谷仓罐M36：3与高新西区双柏村M10出土谷仓罐形制相同，M10为下葬于嘉靖三年的纪年墓[2]。谷仓罐M36：3亦与《川渝地区明墓出土谷仓罐研究》一文中的Bb型Ⅲ式谷仓罐形制相同，时代大致在明代正德至万历年间[3]。另外，M58为瓦墓，未出土随葬品，但与M56、M57、M59等排列较为紧密，其时代应相去不远。综上所述，此批墓葬的年代大致在明代中期。

此次发现的60余座墓葬排列较为规整，墓葬之间无打破关系，应为一处有规划的中型公共墓地，其成组的排列分布亦可能为多个家族墓地。墓葬规格整体不高，墓主人应皆为平民阶层。但规格有一定差异，特别是多座规模相对较大的墓葬后龛上有精美的雕刻，体现出人群之间较明显的经济水平差异。

项目负责人：谢　林
修　　复：党国松　李　路
发　　掘：潘绍池　王　军
整　　理：潘绍池　毛基楷
绘　　图：逯德军
执　　笔：潘绍池　谢　林　陶　芬　陈　军

注　释

［1］ 成都文物考古研究院、简阳市文物管理所：《简阳市朱家湾墓地发掘简报》，《成都考古发现》（2017），科学出版社，2019年。

［2］ 成都文物考古研究所：《成都市高新西区双柏村宋、明墓发掘简报》，《成都考古发现》（2013），科学出版社，2015年。

［3］ 周静：《川渝地区明墓出土谷仓罐研究》，《考古》2019年第12期。

大邑县且埂村明墓群发掘简报

成都文物考古研究院
大邑县文物管理所

一、引　　言

且埂村墓群位于四川省大邑县王泗镇且埂村十三组，东北距离大邑县政府约6.7千米，东南距成名高速约200米。发掘区域地理坐标为东经103°28′17.96″、北纬30°31′32.25″（图一）。2018年10月29日，为配合“芦山地震灾后恢复重建城乡建设用地增减挂钩试点项目区（王泗镇且埂村十三组地块）”的建设，成都市文物考古工作队联合大邑县文物管理所对该区域进行了考古调查和勘探。地面踏查时发现了汉代花纹砖，随即对该地点展开钻探及试掘，布2.5米×20米探沟2条，以探明墓葬分布状况。截至2019年4月，共发掘汉墓6座、明墓9座，发掘编号为“2018DWQ”。墓葬编号为M1～M15（图二）。此次仅对发现的明墓群进行介绍。

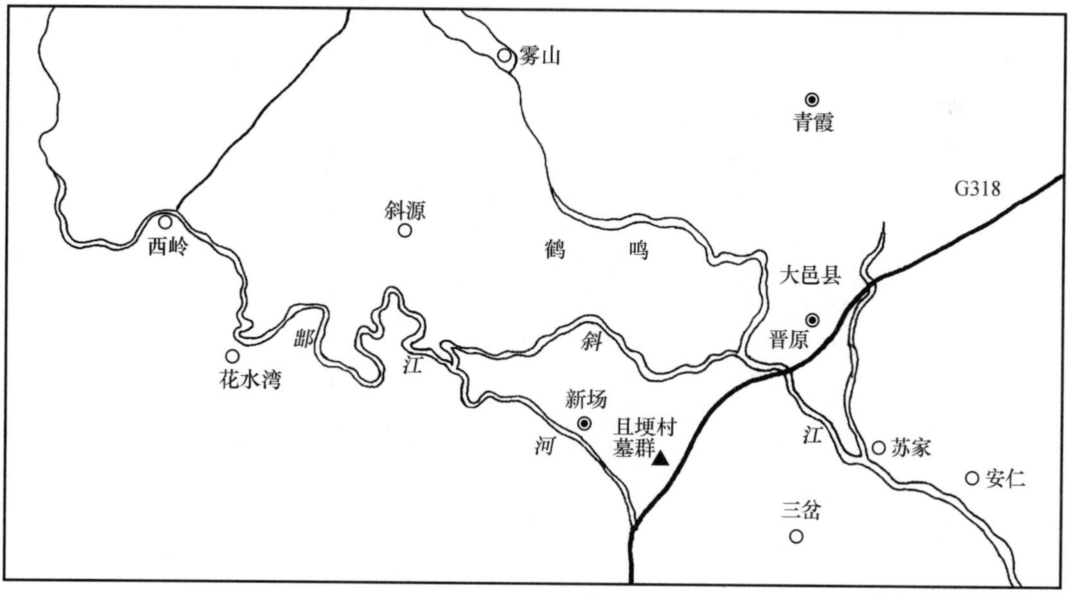

图一　墓群位置示意图

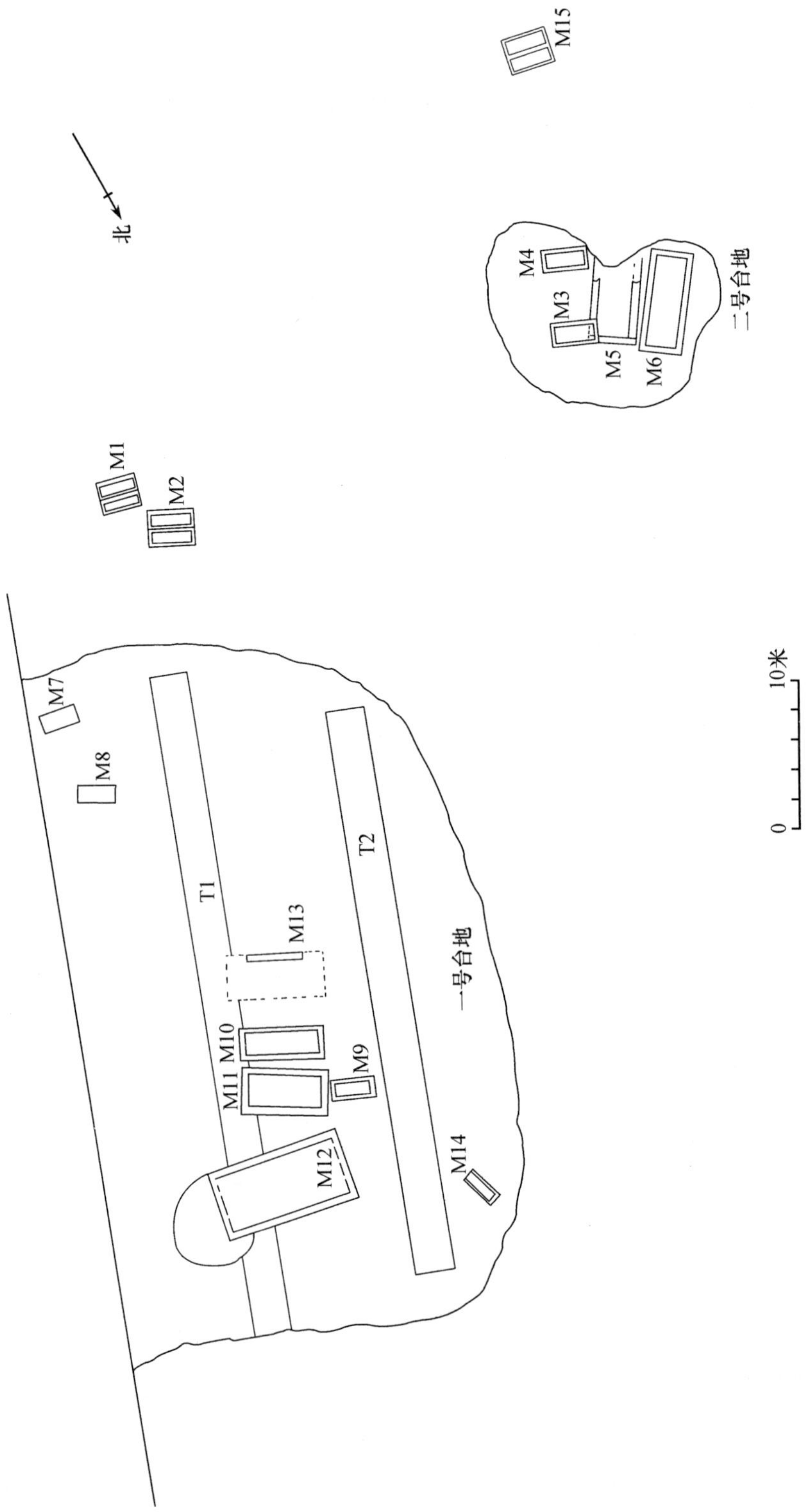
北
M15
M4
M3
M5
M6
二号台地
M1
M2
M7
M8
T1
T2
M13
M10
M11
M9
M12
M14
一号台地
0
10米

图二　墓葬分布示意图

二、出土器物类型划分

明墓出土器物以瓷器为主，有少量铜发簪、琉璃簪、铁棺钉等，个别墓葬出土有陶板瓦（大致位于墓主头部位置，推测其功用可能是瓦枕）。瓷器有谷仓罐、器盖、碗、盘、碟等。

瓷器中谷仓罐、碗、器盖数量略多，为便于描述统计，首先对其进行类型划分。

谷仓罐　7件。根据器表装饰的不同，分为三型。

A型　3件。器表贴塑五组角形饰（3枚为一组）[1]。方唇，曲腹，圈足。根据圈足及整体的不同，分为二亚型。

Aa型　2件。圈足略小，整体偏瘦高。直口，矮直领。标本M3：5、M4：2。

Ab型　1件。圈足略大，整体偏矮胖。标本M14：1。

B型　2件。器表贴塑一组角形饰（3枚为一组）。直口，方唇，矮直领，弧腹，圈足。根据腹部、圈足及整体形态的不同，分为二亚型。

Ba型　1件。下腹斜收明显，圈足较高，整体形态显得瘦高。标本M1：1。

Bb型　1件。下腹弧收较缓，圈足较矮，整体形态显得矮胖。标本M4：4。

C型　2件。肩部贴塑龙戏珠。敛口，圆唇，饼足。根据肩、腹部的不同，分为二亚型。

Ca型　1件。最大径在腹部，上腹部为曲腹，下腹部为斜弧腹。标本M1：2。

Cb型　1件。最大径在肩部，斜弧腹。标本M3：3。

碗　7件。敞口。根据腹部的不同，分为二型。

A型　2件。斜直腹。标本M14：3、M14：4。

B型　5件。斜弧腹。根据口、底直径大小，分为二亚型。

Ba型　4件。口、底直径略小。标本M4：3、M4：8、M3：1、M3：4。

Bb型　1件。口、底直径略大。标本M3：9。

器盖　9件。根据器形的不同，分为三型。

A型　4件。盖纽葫芦形，盖身平面呈圆饼形，内芯呈矮柱状。根据内里实心与否，以及盖身下缘形态的不同，分为三亚型。

Aa型　2件。内里实心，盖身下缘平收。标本M4：1、M4：7。

Ab型　1件。内里实心，盖身下缘弧收。标本M3：2。

Ac型　1件。内里空心，盖身下缘平收。标本M3：6、M1：7。

B型　2件。盖纽宝珠形，盖身平面呈圆饼形，内芯呈矮柱状。根据盖身上缘的不同，分为二亚型。

Ba型　1件。盖身上缘近平。标本M1：3。

Bb型　1件。盖身上缘中部隆起。标本M14：2。

C型　3件。无纽，碟形。敞口，尖唇，折腹。根据整体器形及底部的不同，分为二亚型。

Ca型　1件。整体高瘦，平底微内凹。标本M4：6。

Cb型　2件。整体矮胖，平底。标本M3：8、M8：1（图五，6）。

铜器中簪数量略多，首先对其进行类型划分。

簪　12件。根据簪柄形状的不同，分为二型。

A型　8件。簪柄呈柱状。其中M7：1-1～M7：1-4簪首残，无法分亚型，其余4件根据簪帽形状的不同，分为三亚型。

Aa型　1件。簪帽呈圆形盖帽状。标本M1：5-2。

Ab型　1件。簪帽呈圆饼形。标本M15：1-4。

Ac型　2件。簪帽呈花瓣状。标本M1：5-1、M9：1-4。

B型　4件。簪柄呈扁条状。标本M15：1-1。

三、墓葬形制及出土遗物

明墓埋藏较浅，均开口于表土层下，打破生土。共发现9座砖室墓，编号为M1～M4、M7～M9、M14、M15。墓砖之间用白色三合土作黏合剂。根据墓葬形制差异，分为二型。

A型　6座。单室墓。除M8墓室破坏严重无法分型外，其余5座墓葬根据规模大小的不同，分为二亚型。

Aa型　2座。墓葬规模略大，多带有后龛。该型墓葬有M3、M4。

M3　位于发掘区西南部，二号台地东部，并列修筑于M4北侧，西端打破M5东北角。墓圹平面呈长方形，长2.8、宽1.23、深0.55米。墓向293°。墓葬由墓室和后龛组成。墓顶为券顶，用楔形砖丁向侧立起券，发掘前已坍塌。墓室平面呈长方形，长2.3、宽0.9、残高0.7米。北、西、南壁除第四层用顺砖侧砌外，其余壁用顺砖错缝平砌，南北两壁至第九层砖开始起券；东壁用顺砖错缝平砌。墓底南北两侧各用一列砖横向平铺，中间用一列砖纵向平铺。后龛立面呈凸字形，宽0.33、进深0.16、高0.3米。券顶砖为楔形素面青砖，长33、宽16、厚4～6厘米。壁砖及铺地砖为长方形素面青砖，长30～32、宽13～15、厚5厘米。葬具不存，但墓内出土有铁棺钉，推测葬具为木棺。未见人骨，葬式不详。随葬品位于墓室后部及后龛内，墓室后端中部出土瓷碗2件、瓷谷仓罐1件、瓷器盖1件、板瓦1件；后龛内出土瓷谷仓罐1件、瓷器盖2件、瓷碗1件（图三）。现分别介绍如下。

Aa型瓷谷仓罐　1件。M3：5，紫红胎，外壁施酱黑釉不及底。口径5.4、腹径14.4、足径7、高19.6厘米（图四，7；图版一五，1）。

Cb型瓷谷仓罐　1件。M3：3，灰黄胎，外壁施黑釉不及底。龙头与龙尾之间贴塑两枚角形饰。口径6.4、腹径14.5、底径7.9、高19.4厘米（图四，8；图版一五，2）。

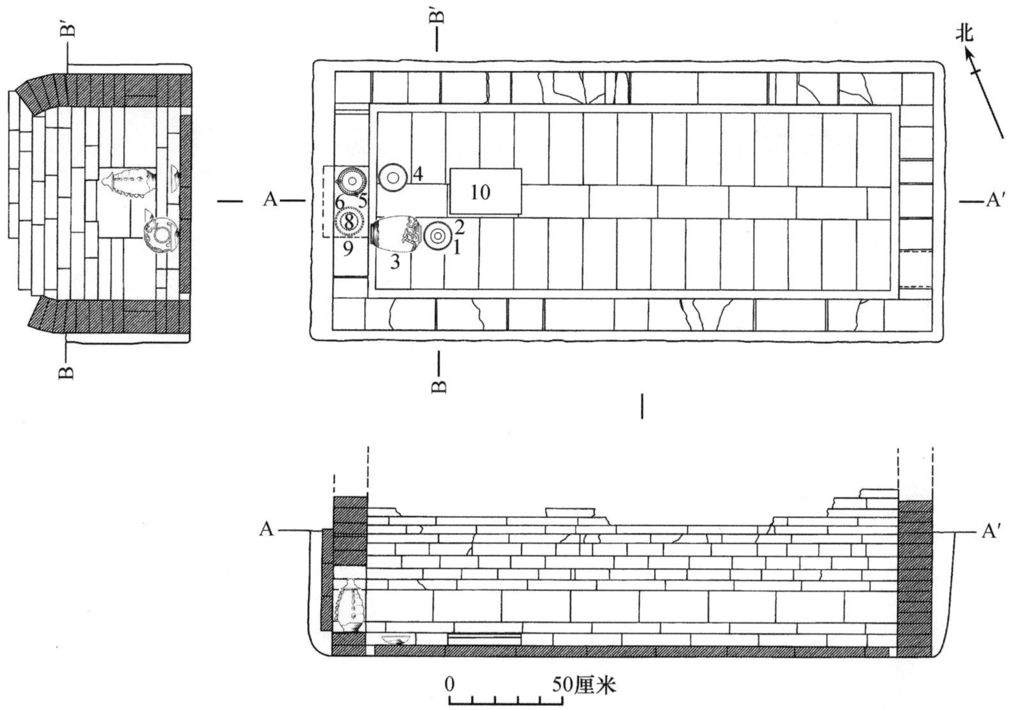

图三 M3平面、剖视图

1、4、9. 瓷碗 2、6、8. 瓷器盖 3、5. 瓷谷仓罐 10. 陶板瓦

Ba型瓷碗 2件。紫红胎，内外壁施釉不及内外底。M3∶1，酱黑釉。尖唇，圈足。口径16、足径5.2、高5.2厘米（图四，3）。M3∶4，酱黄釉。细圆唇，微束颈，圈足。口径16.2、足径4.8、高5.8厘米（图四，1）。

Bb型瓷碗 1件。M3∶9，灰胎，施酱黄釉不及内外底。细圆唇，微束颈，圈足。口径18.2、足径6.8、高5.4厘米（图四，2）。

Ab型瓷器盖 1件。M3∶2（与M3∶3谷仓罐同出），灰胎，纽施黑釉。盖芯直径4、最大径8.4、高5厘米（图四，4；图版一六，1）。

Ac型瓷器盖 1件。M3∶6（与M3∶5谷仓罐同出），砖红胎。口径5.6、最大径9.4、高6.2厘米（图四，5；图版一六，2）。

Cb型瓷器盖 1件。M3∶8，紫红胎，口及内壁施酱褐釉不及底。敞口，浅弧腹，平底。口径7、底径4.2、高2.1厘米（图四，6；图版一六，3）。

陶板瓦 1件。M3∶10，泥质灰陶。内施布纹。长31.6、宽20.4～23.5、厚1.8～2.8厘米（图五，1）。

M4 位于发掘区西南部，二号台地东部，并列修筑于M3南侧，相距约3米。墓圹平面呈长方形，长3.25、宽1.42、残深0.56米，墓向294°。墓葬由墓室和后龛组成。墓顶为券顶，发掘时顶部已坍塌。墓室平面呈长方形，长2.6、宽0.95、残高0.69米。墓室东、西壁用顺砖错缝平砌，南、北壁第一、二、四、五、七、八层用顺砖错缝平砌，

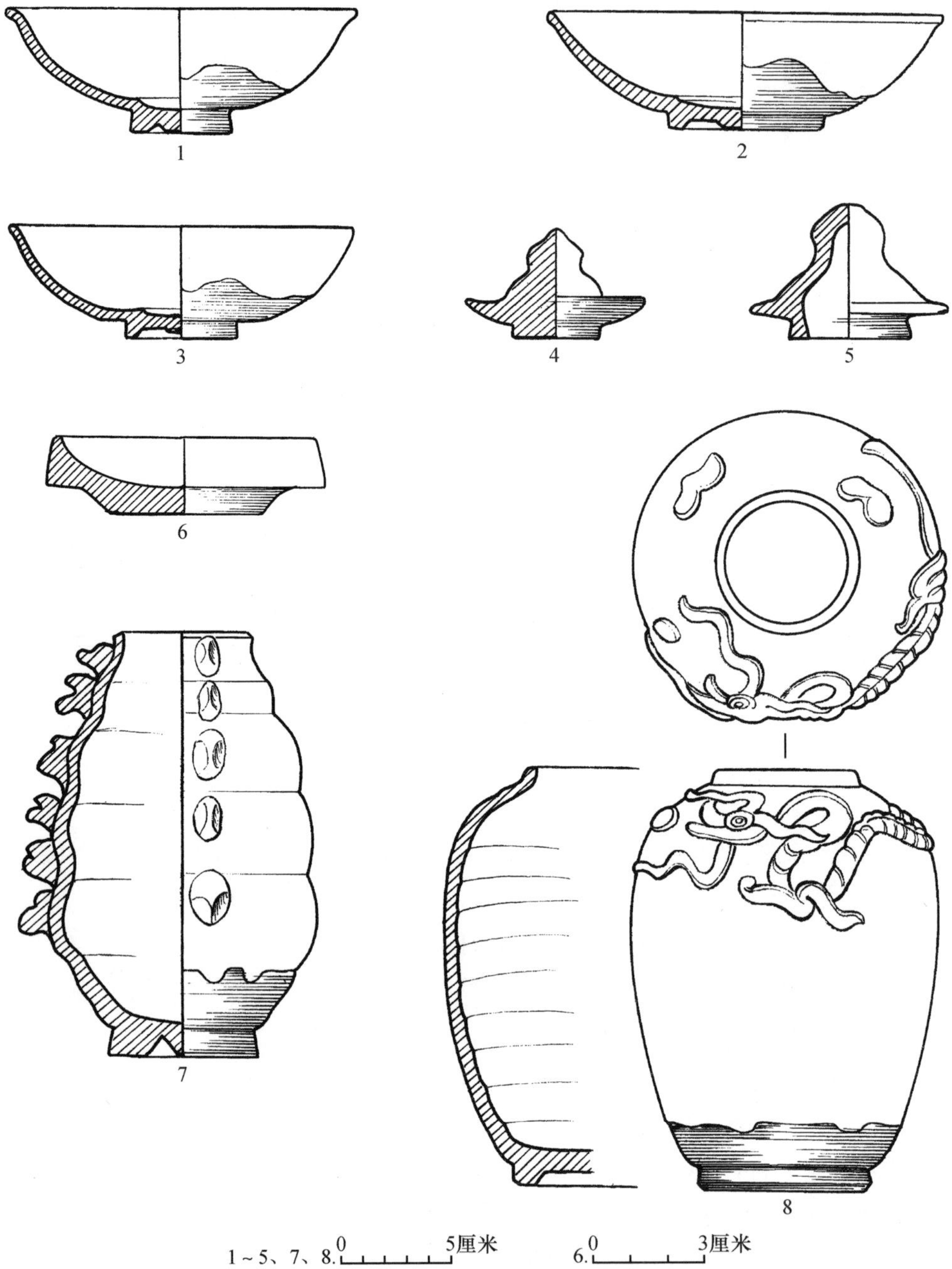

图四　M3出土瓷器

1、3. Ba型碗（M3：4、M3：1）　2. Bb型碗（M3：9）　4. Ab型器盖（M3：2）　5. Ac型器盖（M3：6）　6. Cb型器盖（M3：8）　7. Aa型谷仓罐（M3：5）　8. Cb型谷仓罐（M3：3）

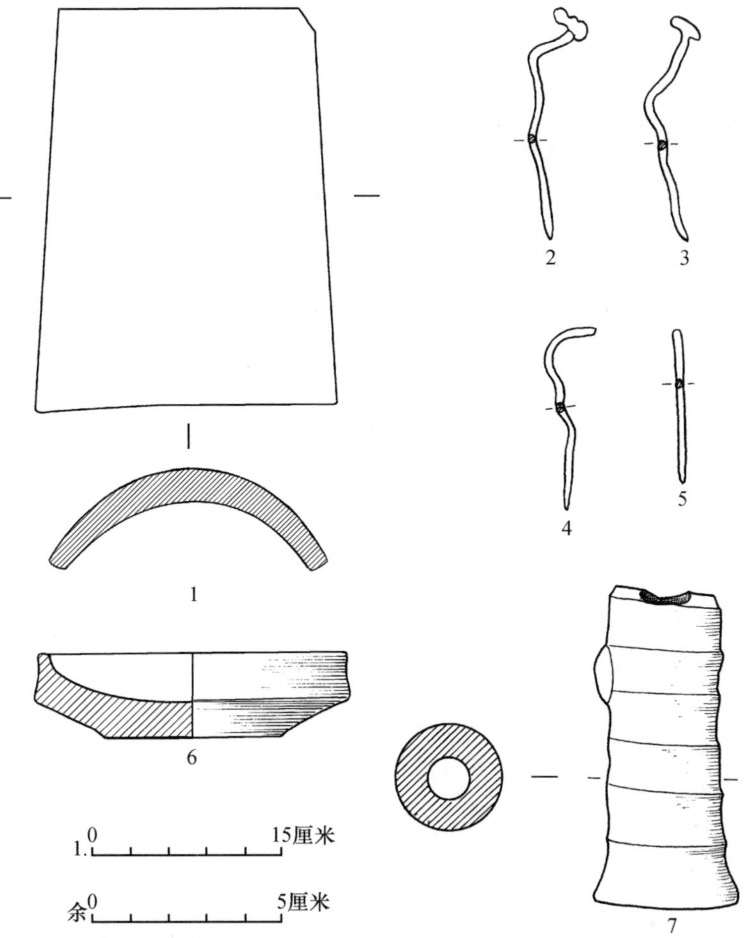

图五　M3、M7、M8出土器物

1. 陶板瓦（M3：10）　2～5. A型铜簪（M7：1-3、M7：1-4、M7：1-1、M7：1-2）　6. Cb型器盖（M8：1）
7. 瓷器柄（M8：2）

第三层用顺砖错缝侧砌，第六层用丁砖斜45°角平砌，南北两壁第九层开始起券。后龛立面呈半圆形，券顶，宽0.5、进深0.33、高0.3米。券顶砖为楔形素面青砖，长33、宽15、厚4～5厘米；壁砖及铺地砖为长方形素面青砖，长33、宽15.5、厚6厘米。墓内出土有铁棺钉，推测葬具为木棺。未见人骨，葬式不详。随葬器物均出土于后龛内，均为瓷器，包括谷仓罐2件、器盖3件、碗2件（图六）。

Aa型瓷谷仓罐　1件。M4：2，紫红胎，外壁施黑釉不及底。口径6.6、腹径13.1、足径7.4、高19.9厘米（图七，6；图版一五，3）。

Bb型瓷谷仓罐　1件。M4：4，灰胎，外壁施酱红釉不及底。口径6.1、腹径12.2、足径7、高18.3厘米（图七，7；图版一五，4）。

Ba型瓷碗　2件。紫红胎，黑釉，内外壁施釉不及内外底。尖唇，微束颈。M4：3，口径15.8、足径5.4、高5厘米（图七，1）。M4：8，口径15.4、足径5、高5.4

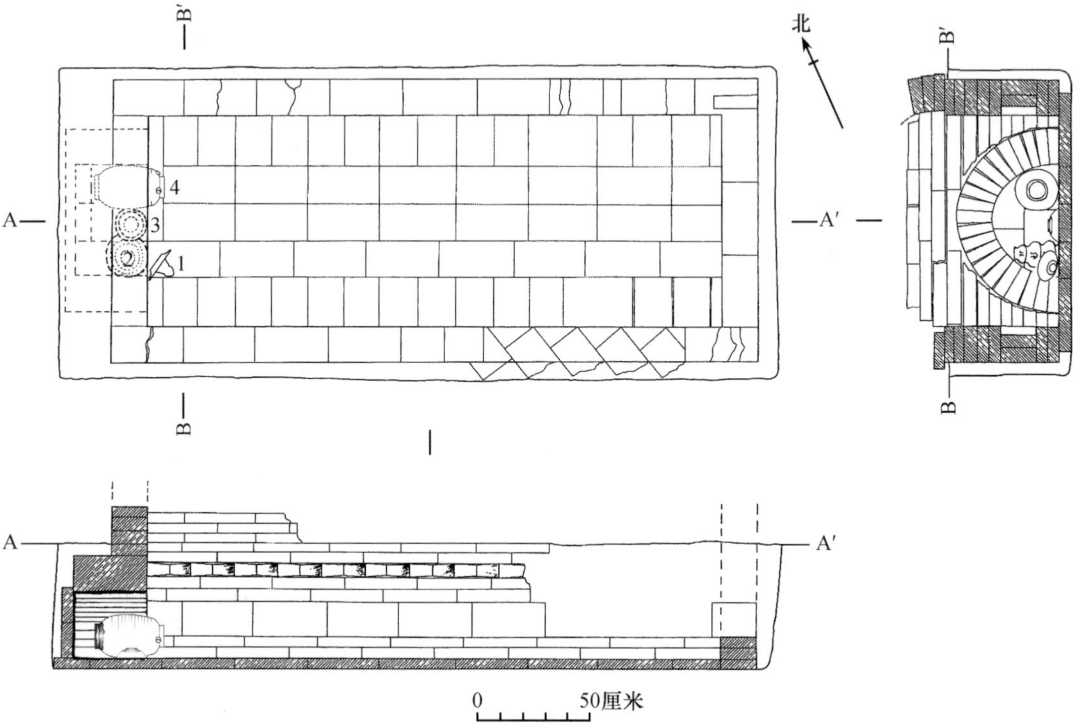

图六　M4平面、剖视图

1. 瓷器盖　2、4. 瓷谷仓罐　3. 瓷碗

厘米（图七，2）。

Aa型瓷器盖　2件。M4：1，紫红胎，纽施酱釉。盖芯直径4、最大径7.9、高5.1厘米（图七，5；图版一六，4）。M4：7，灰胎，纽上部施黑釉。纽上部体积较M4：1大，下部有一周凸棱纹。盖芯直径4.5、最大径8.3、高4.7厘米（图七，4；图版一六，5）。

Ca型瓷器盖　1件。M4：6，紫红胎，内壁及上腹外壁施黑釉。口径12.8、底径8、高5厘米（图七，3）。

Ab型　3座。墓室规模略小。代表性墓例有M7、M9、M14。

M7　位于发掘区东南部，一号台地东南部，北近M8。墓圹平面呈长方形，长2.3、宽1.1、残深0.27～0.34米。墓向283°。墓顶为券顶，用楔形砖丁向侧立起券，发掘前已坍塌。墓室平面呈长方形，长1.84、宽0.6、残高0.34米。南、北壁除第二层用顺砖侧砌外，余皆用顺砖错缝平砌，第五层开始起券；东壁用顺砖错缝平砌；西壁第一、二层用顺砖侧砌，其上用顺砖错缝平砌。墓底用两列砖横向平铺，墓砖为楔形素面青砖，长30、宽14、厚4～6厘米。葬具不存。墓葬填土内仅可见人骨残渣，葬式不明。墓室西端放置有1块仰置的陶板瓦（可能是瓦枕）。陶板瓦旁出土有4件铜簪（图八）。

A型铜簪　4件。簪首残缺严重，无法进一步分亚型。簪柄均弯曲变形。M7：1-3，

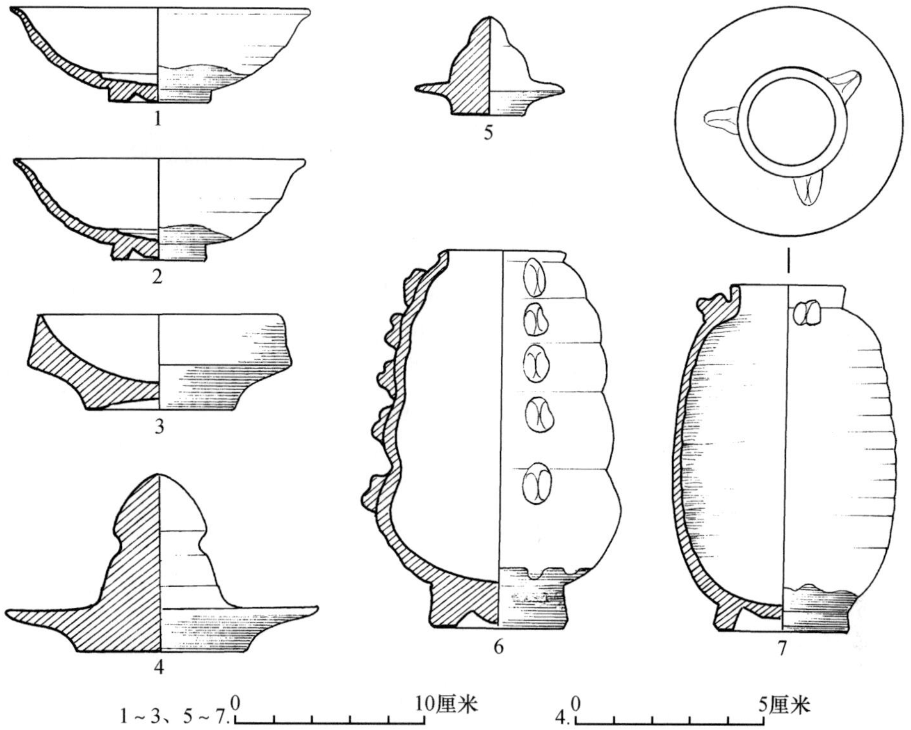

图七 M4出土瓷器

1、2. Ba型碗（M4：3、M4：8） 3. Ca型器盖（M4：6） 4、5. Aa型器盖（M4：7、M4：1）
6. Aa型谷仓罐（M4：2） 7. Bb型谷仓罐（M4：4）

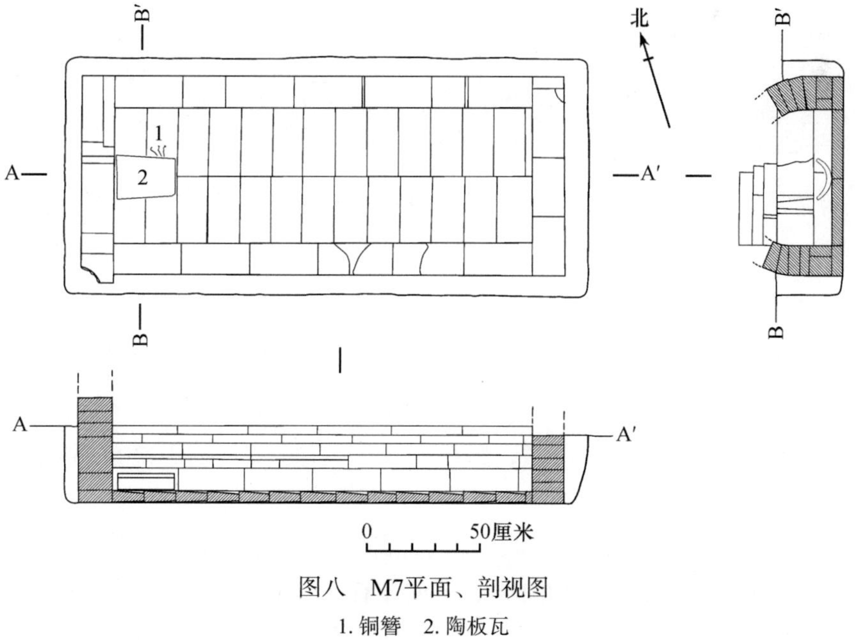

图八 M7平面、剖视图

1. 铜簪 2. 陶板瓦

拉伸长度约6.6、簪首残宽约1厘米（图五，2）。M7：1-4，拉伸长度约6.4、簪首残宽约0.9厘米（图五，3）。M7：1-1，残长4.7、宽0.2厘米（图五，4）。M7：1-2，残长4、宽0.3厘米（图五，5）。

M9　位于发掘区东北部，一号台地中部偏西北位置，东临M11。墓圹平面长方形，长2.42、宽0.91、残深0.12～0.2米。墓向290°。墓顶为券顶，用楔形砖丁向侧立起券，发掘前已坍塌。墓室平面呈长方形，长1.88、宽0.48、残高0.21米。四壁用顺砖错缝平砌。墓底南北两侧用各用一列砖纵向平铺，中间用一列砖横向平铺。壁砖及底砖为长方形素面青砖，长30、宽14、厚4厘米；墓顶为楔形素面青砖，长32～33、宽14.5、厚4～5.5厘米。葬具不存。墓内人骨保存一般，为仰身直肢葬，头偏向身体右侧。头下有3块重叠仰置的板瓦（可能是瓦枕）。墓内出土有铜簪1件、琉璃簪2件、铜钱1枚（钱文锈蚀不可辨）（图九）。

Ac型铜簪　1件。M9：1-4，从残存簪柄接头处来看，可能为柱状。簪首部分锈蚀残缺，呈花瓣状。簪首直径约4.2、高1.9厘米（图一〇，3）。

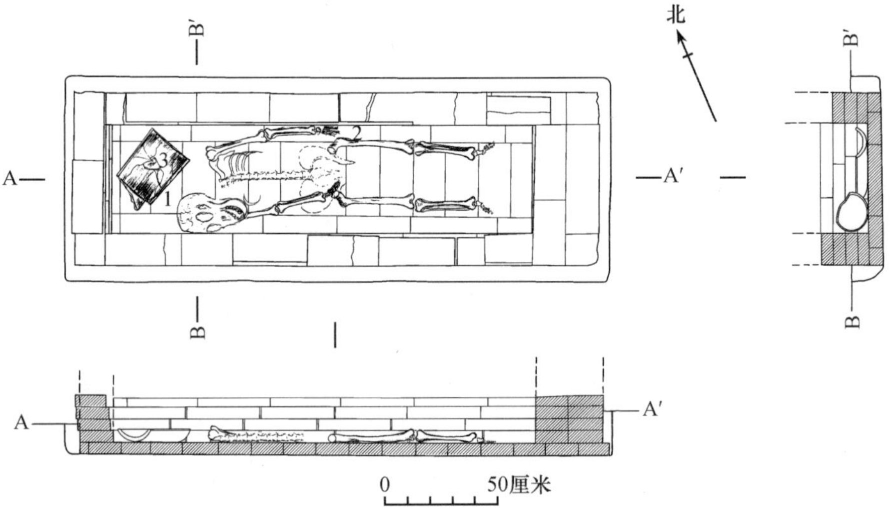

图九　M9平面、剖视图
1. 簪　2. 铜钱　3. 陶板瓦

琉璃簪　2件。簪首均为琉璃质地，簪柄均为青铜质地。形制相同，圆棒形。簪首五瓣花朵形，中间有圆形穿孔。M9：1-1，簪柄长8.8、直径约0.3厘米，簪首直径1.57、高0.7厘米（图一〇，1）。M9：1-2，簪柄残长6、直径0.2厘米，簪首直径1.7、高0.8厘米（图一〇，2）。

M14　位于发掘区东北部，一号台地西北部。墓圹及墓室南部残，残存平面呈长方形，残长2.07、宽0.97～1、残深0.1米。墓向不详。墓顶不存。残墓室平面呈梯形，残长1.88、宽0.5～0.6、残高0.15米。墓壁用顺砖错缝平砌。墓底东西两侧各用一列砖纵向平铺，中间用一列砖横向平铺。壁砖及底砖为长方形素面青砖，长29、宽14、厚5厘

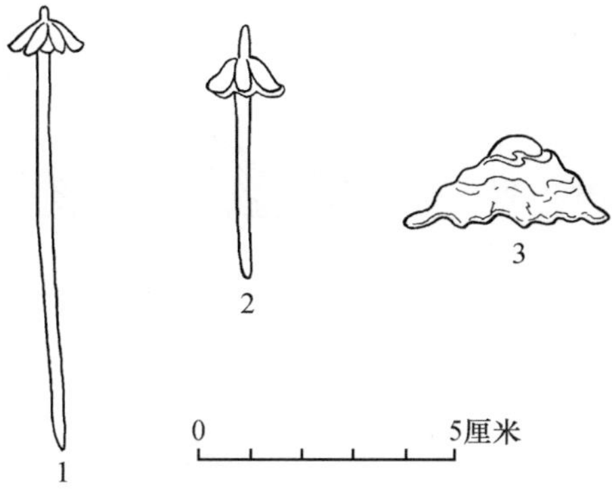

图一〇 M9出土器物

1、2. 琉璃簪（M9：1-1、M9：1-2） 3. Ac型铜簪（M9：1-4）

米。墓内填土为灰黄土，夹杂碎砖块，土质疏松。葬具及人骨不存，葬式不详。墓内出土器物均为瓷器，包括谷仓罐1件、碗2件、执壶1件、器盖1件（图一一）。

Ab型瓷谷仓罐 1件。M14：1，灰胎，器表施黑釉不及底。敛口，矮斜领。口径6.6、腹径14.7、足径10.8、高23.7厘米（图一二，5）。

A型瓷碗 2件。紫红胎，酱釉，施釉不及内外底。尖唇。M14：3，饼足。口径14.8、底径5.6、高5.6厘米（图一二，1）。M14：4，底残。口径15.3、残高2.8厘米（图一二，2）。

Bb型瓷器盖 1件。M14：2，灰胎，酱釉，施釉不及内芯。内芯直径3.9、最大径8.7、高4.3厘米（图一二，4）。

瓷执壶 1件。M14：5，紫红胎，上腹施灰白釉。口残，柄不存。溜肩，鼓腹，平

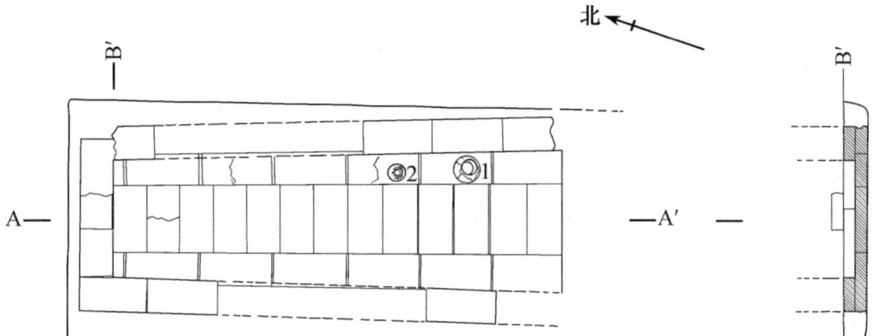

图一一 M14平面、剖视图

1. 瓷谷仓罐 2. 瓷器盖

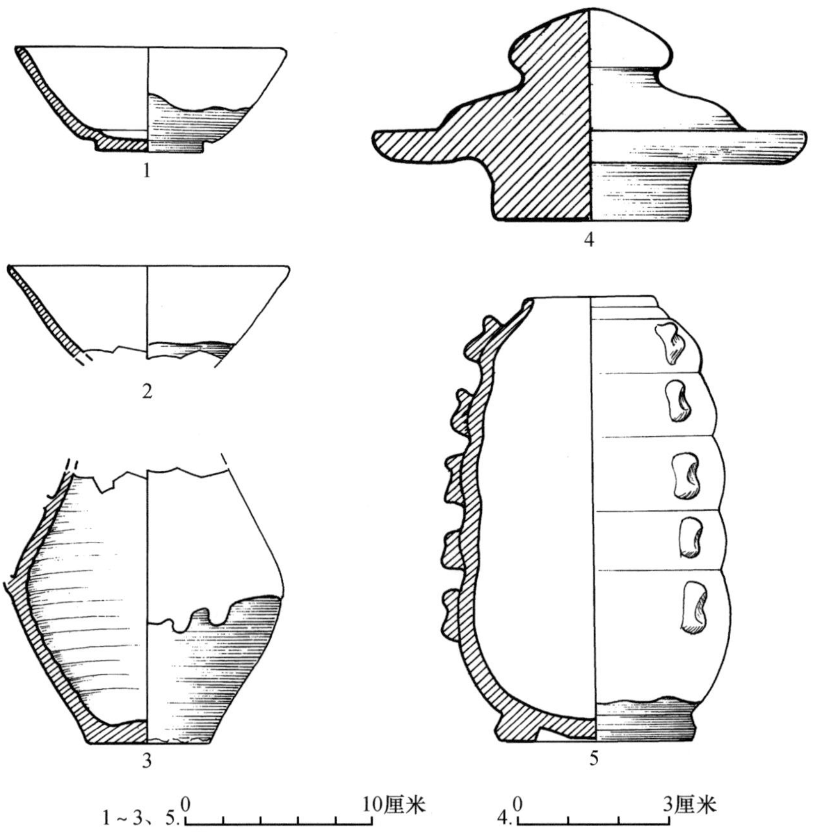

图一二　M14出土瓷器

1、2. A型碗（M14：3、M14：4）　3. 执壶（M14：5）　4. Bb型器盖（M14：2）　5. Ab型谷仓罐（M14：1）

底。底径6.6、残高14.6厘米（图一二，3）。

B型　3座。双室并列合葬墓。

M1　位于发掘区东南部，1号台地南部边缘外，M2东南部。墓圹平面呈长方形，长2.78、宽2.28、深0.48米。墓向290°。墓葬分南北二室，形制基本相同。以北墓室为例，墓顶为券顶，用楔形砖丁向侧立起券，发掘前已坍塌。墓室平面呈长方形，长2.37、宽0.83、残高0.63米。四壁用顺砖错缝平砌，南北两壁至第八层砖开始起券。墓底南北两侧各用两列砖纵向平铺，中间用一列砖横向平铺。墓砖长32、宽13、厚4～6厘米。葬具不存，但南北室均出土有铁棺钉，推测葬具为木棺。仅北室残存有人骨，葬式为单人仰身直肢，人骨保存状况一般，头骨不存。北室西端靠近墓主头部位置出土陶板瓦1件，其余随葬品多放置于墓主膝盖位置，北壁东部出土瓷谷仓罐1件，南壁东部出土瓷器盖1件、瓷谷仓罐1件。南室仅在墓室西部居中位置（约位于墓主头部位置）出土铜簪2件。墓内扰土中出土有瓷器盖1件、青花瓷碗残片3件、白釉瓷碗残片1件（图一三）。

Ba型瓷谷仓罐　1件。M1：1，紫红胎，外壁施酱黄釉不及底。口径6.8、腹径

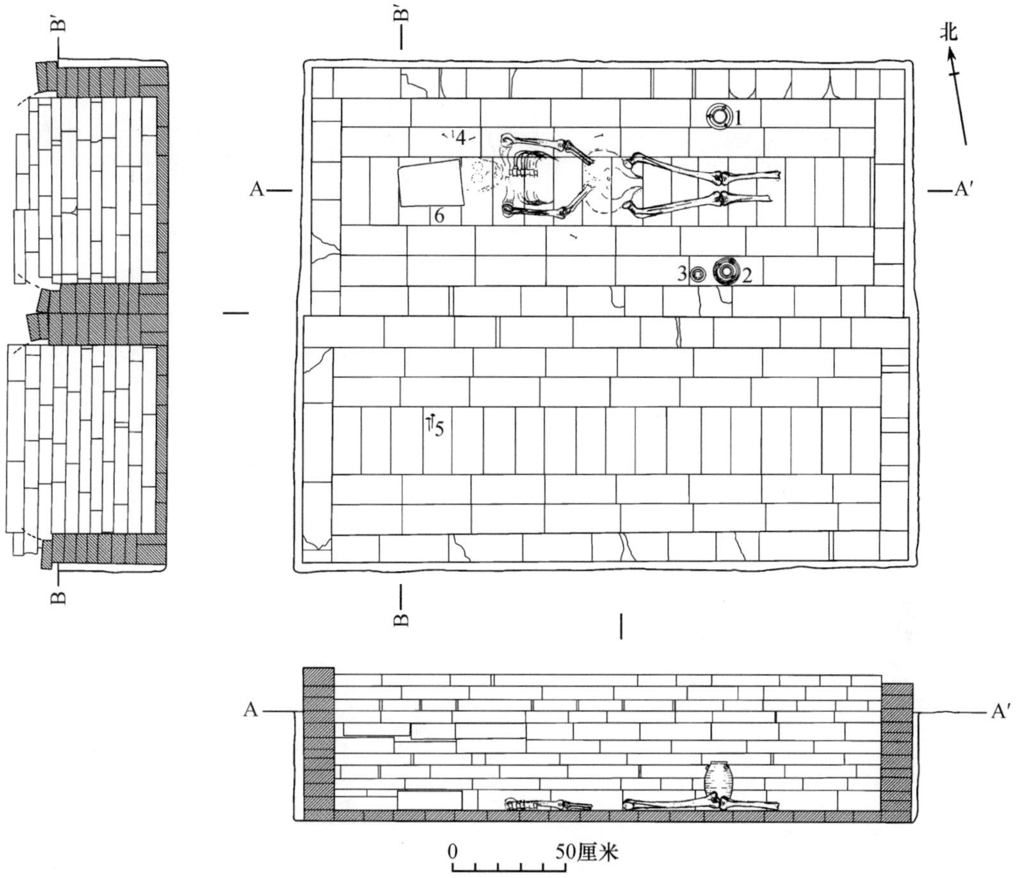

图一三　M1平面、剖视图

1、2. 瓷谷仓罐　3. 瓷器盖　4. 铁棺钉　5. 铜簪　6. 陶板瓦

12.4、足径6.8、高20.8厘米（图一四，2；图版一五，5）。

Ca型瓷谷仓罐　1件。M1：2，灰黄胎，外壁施黑釉不及底。龙头与龙尾之间贴塑3枚纵列的角形饰，龙尾上部贴塑1枚角形饰。口径5.2、腹径13.9、底径8.4、高18.8厘米（图一四，1；图版一五，6）。

Ac型瓷器盖　1件。M1：7，浅灰胎。敛口，方唇，折腹，弧顶。盖纽及腹部延伸部分残。口径6.5、残高3.1厘米（图一四，4）。

Ba型瓷器盖　1件。M1：3，灰胎，顶部施酱黄釉。盖芯直径3.5、最大径7.6、高2.7厘米（图一四，3；图版一六，6）。

白釉瓷碗圈足　1件。M1：11，白胎，白釉。足径3.9、残高2.7厘米（图一四，5）。

青花瓷碗圈足　3件。M1：9，白胎，外壁有成组竖线青花装饰。足径6、残高3厘米（图一四，6）。

Aa型铜簪　1件。M1：5-2，长12、簪柄直径约0.45、簪首直径约1.1厘米（图一四，8）。

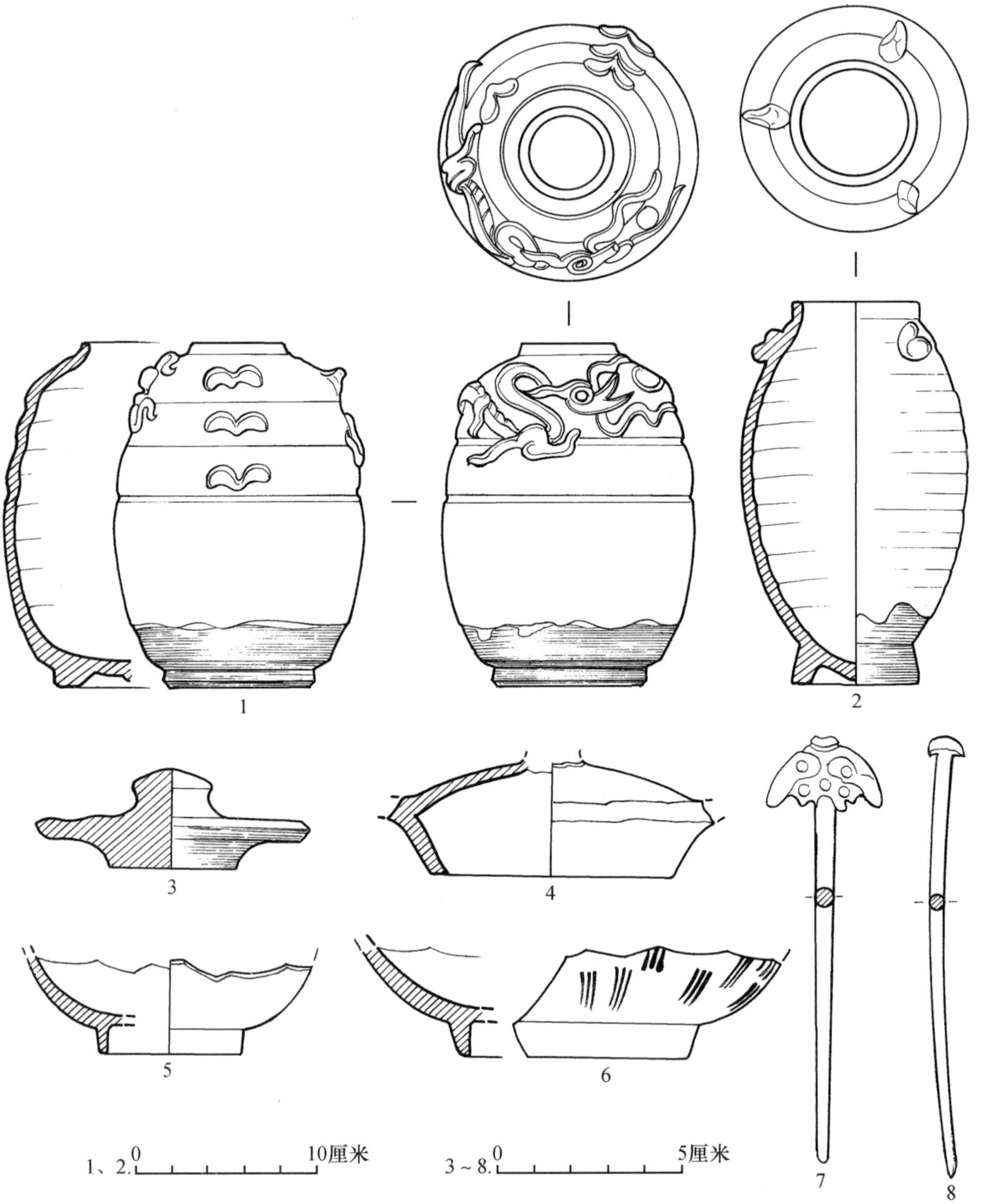

图一四　M1出土器物

1. Ca型瓷谷仓罐（M1：2）　2. Ba型瓷谷仓罐（M1：1）　3. Ba型瓷器盖（M1：3）　4. Ac型瓷器盖（M1：7）　5. 白瓷碗圈足（M1：11）　6. 青花瓷碗圈足（M1：9）　7. Ac型铜簪（M1：5-1）　8. Aa型铜簪（M1：5-2）

Ac型铜簪 1件。M1∶5-1，簪柄长11.7、直径约0.45厘米，簪首直径约3.2、高约2厘米（图一四，7）。

M2 位于发掘区东南部，1号台地南部边缘外，M1西北部。墓圹平面呈长方形，长3.15、宽2.32、残深0.34米。头向与M1相近，约294°。墓葬分南北二室，形制基本相同，墓顶均坍塌。以北墓室为例，平面呈长方形，长2.52、宽0.8、残高0.24米。四壁用顺砖错缝平砌。墓底南北两侧各用一列砖横向平铺，中间用一列砖纵向平铺。墓砖长31～33、宽15、厚5～6.5厘米。葬具不存，但墓内出土有铁棺钉，推测葬具为木棺。未见人骨，葬式不详。扰土内出土器物可辨瓷罐1件、青花瓷碗2件、青花瓷碗圈足3件、青花瓷盘2件（图一五）。

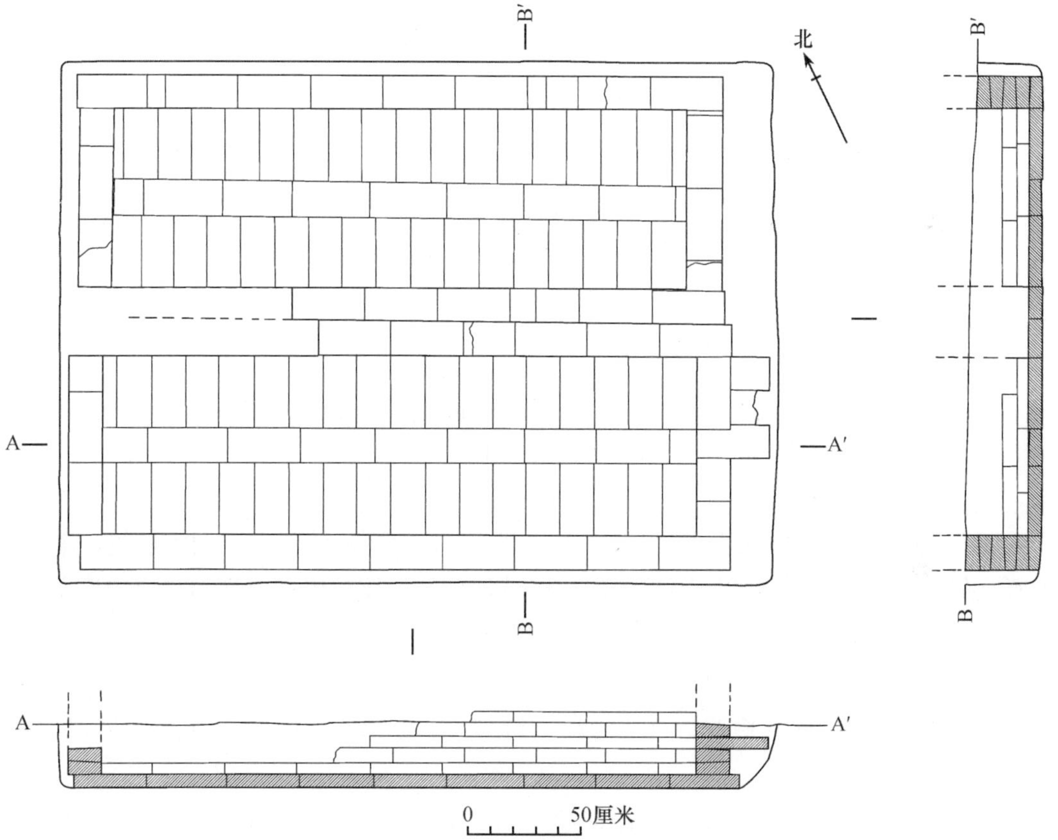

图一五 M2平面、剖视图

瓷罐 1件。M2∶1，紫红胎，酱黄釉。仅存下腹及底部，弧腹，圈足。足径8、残高9.2厘米（图一六，2）。

青花瓷碗 2件。均为白胎。M2∶6，敞口，尖唇，斜腹。内外壁口沿下方均有两周弦纹，弦纹下饰云气纹。口径18、残高3.8厘米（图一六，1）。

青花瓷碗圈足 3件。均为白胎。M2∶5，圈足，方端。内底残见一处水滴纹，外壁饰成组水滴纹，内、外底各有两周圆圈纹。足径5.4、残高4厘米（图一六，3）。

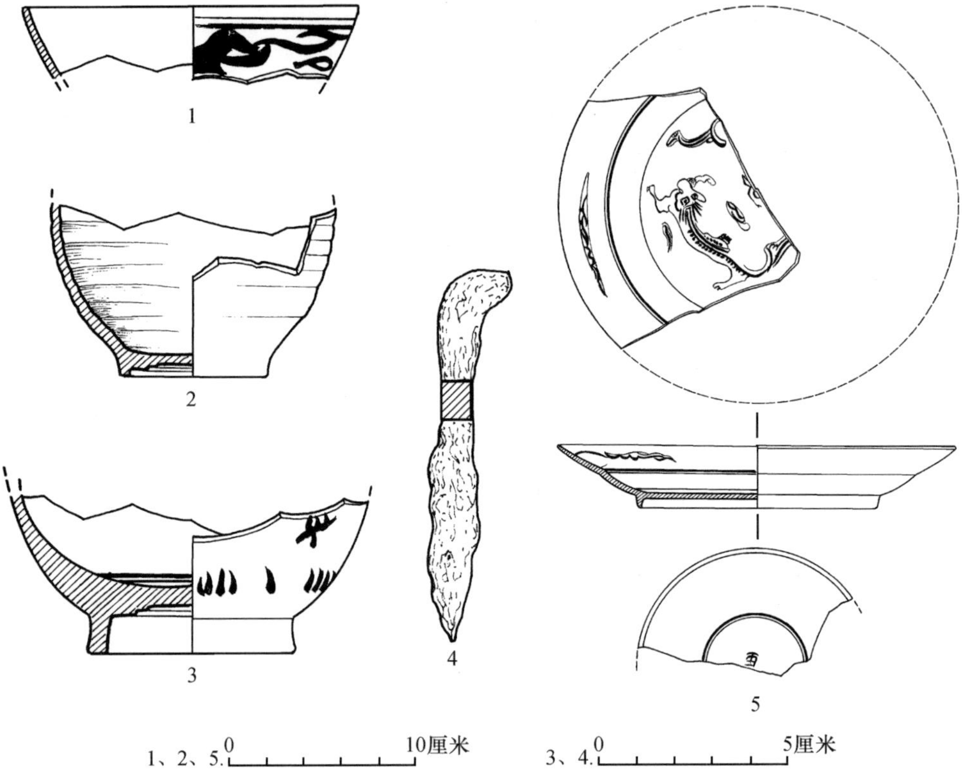

图一六　M2出土器物

1. 青花瓷碗（M2：6）　2. 瓷罐（M2：1）　3. 青花瓷碗圈足（M2：5）　4. 铁棺钉（M2：10）
5. 青花瓷盘（M2：2）

青花瓷盘　2件。均为白胎。M2：2，内壁上部满施蓝釉，内底满施蓝釉。敞口，尖唇，斜腹，腹中部微内凹，圈足。留白区域勾勒云气纹。内壁下部留白，内底留白区域勾勒龙纹；外底勾画两周圆圈纹，中间描写有“田”字符号。口径21、足径12.5、高3.3厘米（图一六，5）。

铁棺钉　3件。形制相近，钉首弯折，钉脚尖利。M2：10，长9.8、未锈蚀区域宽0.8厘米（图一六，4）。

M15　位于发掘区西南部，北距M4约6米。墓圹平面呈长方形，长2.96、宽2.45、残深0.47米。头向280°。墓葬分南北二室，形制基本相同，墓顶均不存。以北墓室为例，平面呈长方形，长2.62、宽0.84、残高0.52米。四壁用楔形砖错缝平砌，砖长32、宽15、厚6～8厘米；墓底用砖通缝平铺，铺地砖近方形，长30、宽27～28、厚7厘米。葬具不存。未见人骨，葬式不详。墓室西端中部出土铜簪5件（图一七）。

Ab型铜簪　1件。M15：1-4，簪首有刻划纹。残长4.9、簪柄直径约0.3、簪首直径约0.8厘米（图一八，1）。

B型铜簪　4件。M15：1-1，残长约6.8、宽约0.3厘米（图一八，2）。

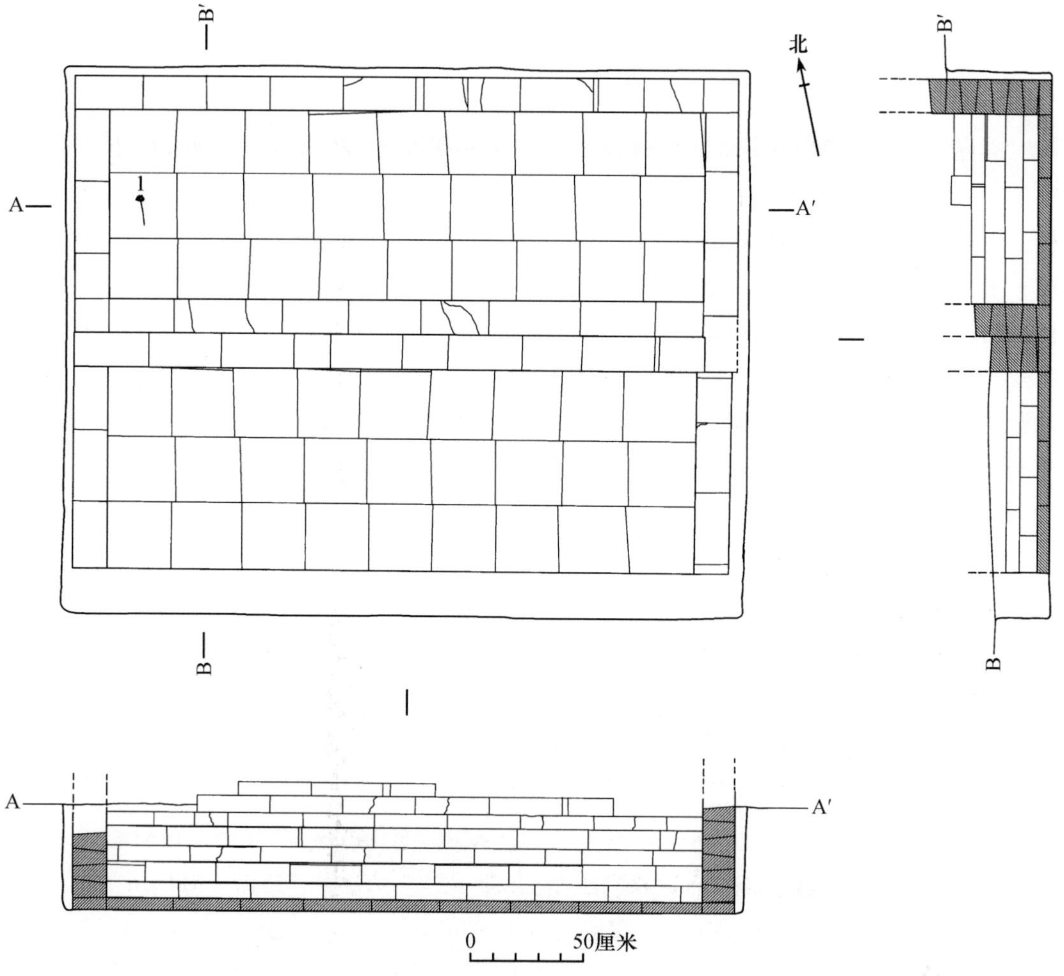

图一七 M15平面、剖视图
1. 铜簪

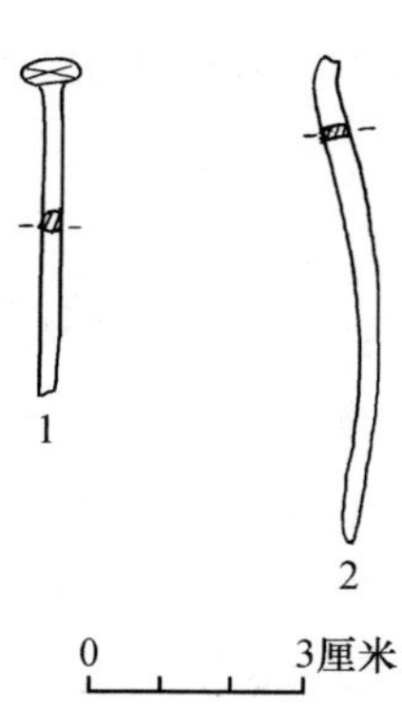

图一八 M15出土铜簪
1. Ab型（M15：1-4） 2. B型（M15：1-1）

四、结　语

M1形制与中粮包装厂M3形制相近，中粮包装厂M3下葬年代为正德四年（1509年）[2]。M1出土Ba型瓷谷仓罐（M1：1）与万春镇M1：4、中粮包装厂M9：1形制相近，万春镇M1下葬年代为明弘治五年（1492年）[3]，中粮包装厂M9下葬年代为明正德十五年（1520年）[4]。Ac型瓷器盖（M1：7）与双柏村M10出土器盖形制相近，双柏村M10下葬年代约为明嘉靖三年（1524年）。Aa型铜簪（M1：5-2）与双柏村M9：1形制相近，Ac型铜簪（M1：5-1）与双柏村M8：2-1 、M10：10形制相近，双柏村M8下葬年代为明正德戊寅年（1518年）[5]。综合墓葬形制及随葬器物组合，可推测M1时代约为明中期偏晚，约当弘治至嘉靖年间。

M3形制与中粮包装厂M1形制相近，中粮包装厂M1时代为明中期偏晚[6]。M3出土Aa型瓷谷仓罐与《川渝地区明墓出土谷仓罐研究》[7]一文所列的Aa型Ⅰ式谷仓罐形制相近，其流行年代约为明成化至弘治年间，且沿用至万历年间。M3出土Ba型瓷碗与双柏村M8：3形制相近，双柏村M8下葬年代为明正德戊寅年（1518年）[8]。综合墓葬形制及随葬器物组合，可推测M3时代约为明中期偏晚，约当弘治至嘉靖年间。

M4形制与M3相近。M4出土Bb型瓷谷仓罐（M4：4）与中粮包装厂M8、合川观山坡M2出土同类器物形制相近，中粮包装厂M8下葬时代为明正德五年（1510年）[9]，观山坡M2年代为明正德六年（1511年）[10]。M4出土Ba型瓷碗与双柏村M8：3形制相近，双柏村M8下葬年代为明正德戊寅年（1518年）[11]。Ca型瓷器盖（M4：6）与双柏村M10：3、万春镇M1：15形制相近，双柏村M10下葬年代约为明嘉靖三年（1524年）[12]，万春镇M1下葬年代为明弘治五年（1492年）[13]。综合墓葬形制及随葬器物组合，可推测M4时代约为明中期偏晚，约当弘治至嘉靖年间。

M14出土Ab型瓷谷仓罐（M14：1）与中粮包装厂M8：1形制相近，中粮包装厂M8下葬时代为明正德五年（1510年）[14]。A型瓷碗（M14：3）与中粮包装厂M2：1形制相近，中粮包装厂M2时代约为明代中期偏晚[15]。综合墓葬形制及随葬器物组合，可推测M14时代约为明中期偏晚，约当弘治至嘉靖年间。

M2临近M1，且形制相近，年代可能相当。M2墓内未见出土器物，扰土中出土青花瓷盘与《明清瓷器纹饰鉴定（龙凤纹饰卷）》所记载的清康熙青花螭龙纹盘形制纹饰相近[16]，可能表明这批墓葬在清早期便受到了不同程度的破坏。

M7、M9、M15出土器物仅有簪，M8墓葬破坏严重，虽然出土Cb型瓷器盖与M3出土同类器物形制相近，但此类器物与簪一样，属于沿用时间较长的器物，因此将M7～M9、M15年代定为明代更稳妥。

需要注意的是，头部放置板瓦作枕的现象在明代中期前后较为流行，类似的墓例还见于青白江包家梁子明墓群[17]、温江中粮包装厂明墓群[18]、新津宝资山明墓群[19]，邛崃羊安明墓群[20]。

总的来说，这批墓葬的发现为研究明代墓葬提供了新的材料，为进一步探讨明代丧葬制度提供了新的实物材料。

附记：参加本次发掘的人员有成都文物考古研究院王军、邱艳，大邑县文物管理所刘红彬、纪伟、杨帆，温江职业技术学院鲜燕雨、王李媛。参与整理人员有温江职业技术学院鲜燕雨、西南民族大学江慧琼、四川大学张凌芸。

测绘：白铁勇　牛安寅
修复：张希存　刘小蓉
绘图：卢引科　曹桂梅　范梁思喆　寇智龙
王　军　鲜燕雨
拓片：严　彬　戴福尧　鲜燕雨　江慧琼
王李媛
执笔：邱　艳　王　军　鲜燕雨

注　释

[1] 部分因制作不规范，单侧角形饰可能有6个，如M3：5。

[2] 成都文物考古研究所、温江区文物保护管理所：《成都市温江区中粮包装厂明墓发掘简报》，《成都考古发现》（2005），科学出版社，2007年。

[3] 成都文物考古研究所、温江区文物保护管理所：《成都市温江区万春镇明墓发掘简报》，《成都考古发现》（2005），科学出版社，2007年。

[4] 成都文物考古研究所、温江区文物保护管理所：《成都市温江区中粮包装厂明墓发掘简报》，《成都考古发现》（2005），科学出版社，2007年。

[5] 成都文物考古研究所：《成都市高新西区双柏村宋、明墓发掘简报》，《成都考古发现》（2013），科学出版社，2015年。

[6] 成都文物考古研究所、温江区文物保护管理所：《成都市温江区中粮包装厂明墓发掘简报》，《成都考古发现》（2005），科学出版社，2007年。

[7] 周静：《川渝地区明墓出土谷仓罐研究》，《考古》2019年第12期。

[8] 成都文物考古研究所：《成都市高新西区双柏村宋、明墓发掘简报》，《成都考古发现》（2013），科学出版社，2015年。

[9] 成都文物考古研究所、温江区文物保护管理所：《成都市温江区中粮包装厂明墓发掘简报》，《成都考古发现》（2005），科学出版社，2007年。

[10] 重庆市文化遗产研究院、合川区文物管理所：《合川区观山坡墓群发掘简报》，《嘉陵江下游考古报告

集》，科学出版社，2015年。

［11］ 成都文物考古研究所：《成都市高新西区双柏村宋、明墓发掘简报》，《成都考古发现》（2013），科学出版社，2015年。

［12］ 成都文物考古研究所：《成都市高新西区双柏村宋、明墓发掘简报》，《成都考古发现》（2013），科学出版社，2015年。

［13］ 成都文物考古研究所、温江区文物保护管理所：《成都市温江区万春镇明墓发掘简报》，《成都考古发现》（2005），科学出版社，2007年。

［14］ 成都文物考古研究所、温江区文物保护管理所：《成都市温江区中粮包装厂明墓发掘简报》，《成都考古发现》（2005），科学出版社，2007年。

［15］ 成都文物考古研究所、温江区文物保护管理所：《成都市温江区中粮包装厂明墓发掘简报》，《成都考古发现》（2005），科学出版社，2007年。

［16］ 铁源主编：《明清瓷器纹饰鉴定（龙凤纹饰卷）》，华龄出版社，2001年，第110页；成都文物考古研究所：《成都市温江区中粮包装厂明墓发掘简报》，《成都考古发现》（2005），科学出版社，2007年，第457页。

［17］ 成都文物考古研究所：《成都市青白江包家梁子宋明墓群发掘简报》，《成都考古发现》（2010），科学出版社，2012年，第640页。

［18］ 成都文物考古研究所、温江区文物保护管理所：《成都市温江区中粮包装厂明墓发掘简报》，《成都考古发现》（2005），科学出版社，2007年。

［19］ 重庆师范大学历史与社会学院、成都文物考古研究院：《新津宝资山墓地Ⅲ区明代石室墓发掘简报》，《成都考古发现》（2017），科学出版社，2019年，第623页。

［20］ 成都文物考古研究院、邛崃市文物局：《四川邛崃羊安墓群24号点宋明墓发掘简报》，《成都考古发现》（2010），科学出版社，2012年，第601页。

附表　墓葬登记表

墓号	类型	头向	墓圹尺寸/米	出土器物/件	葬具	葬式	年代
M1	B型	290°	长2.78、宽2.28	Ba型瓷谷仓罐1、Ca型瓷谷仓罐1、Ac型瓷器盖1、Ba型瓷器盖1、残白釉瓷碗1、残青花瓷碗1、Aa型铜簪1、Ac型铜簪1	木棺	仰身直肢葬	明中期偏晚
M2	B型	294°	长3.15、宽2.32	墓内出土铁棺钉3，扰土内瓷罐1、青花瓷碗2、青花瓷碗圈足3、青花瓷盘2	木棺	不详	明中期偏晚
M3	Aa型	293°	长2.8、宽1.23	Aa型瓷谷仓罐1、Cb型瓷谷仓罐1、Ba型瓷碗2、Bb型瓷碗1、Ab型瓷器盖1、Ac型瓷器盖1、Cb型瓷器盖1、陶板瓦1	木棺	不详	明中期偏晚
M4	Aa型	294°	长3.25、宽1.42	Aa型瓷谷仓罐1、Bb型瓷谷仓罐1、Ba型瓷碗2、Aa型瓷器盖2、Ca型瓷器盖1	木棺	不详	明中期偏晚
M7	Ab型	283°	长2.3、宽1.1	A型铜簪4、陶板瓦1	不存	不详	明代
M8	A型（因破坏严重无法分亚型）	302°	长2.82、宽1.06	Cb型瓷器盖1、瓷器柄1	木棺	不详	明代
M9	Ab型	290°	长2.42、宽0.91	Ac型铜簪1、琉璃簪2、铜钱1、陶板瓦3	不存	仰身直肢葬	明代
M14	Ab型	不详	长2.07、宽0.97～1	Ab型瓷谷仓罐1、A型瓷碗2、Bb型瓷器盖1、瓷执壶1	不存	不详	明中期偏晚
M15	B型	280°	长2.96、宽2.45	Ab型铜簪1、B型铜簪4	不存	不详	明代

金堂县土桥镇金壶村明墓发掘简报

成都文物考古研究院

2011年4月25日至5月13日，受四川省毗河供水工程办公室委托，成都文物考古研究所联合新都区文物保护管理所、青白江区文物保护管理所、金堂县文物保护管理所等单位对毗河引水工程（成都段）沿线进行了文物考古调查工作。

2015年12月初至12月中旬，毗河引水工程（金堂段）因线路变更，又进行了为期两周的复查和调查工作，新发现文物点8处。本次发掘的金壶村明墓即属于此次调查新发现的8号文物点。

该文物点位于金堂县土桥镇金壶村十三组（图一），南距金壶村村委会约1千米，东距土桥镇镇政府约4.3千米，发掘时间为2019年5月上旬至5月下旬。墓地地理坐标为东经104°40′27.41″、北纬30°26′15.27″，海拔423米。墓地共发现墓葬3座（图二），墓葬编号为2019JTJM1～2019JTJM3（以下省略“2019JTJ”）。其中M3扰乱严重，仅余数块石板，无法确定墓圹范围和墓室数量，部分石板上雕刻有缠枝花卉图案和“千秋万岁”铭文。现将M1和M2的发掘情况简报如下。

一、墓葬形制

2座墓葬位于沱江的一级支流环溪河的东岸，周围地貌为丘陵，墓地即位于其中一处山坡的半山腰处。原地表为杂草、油菜。墓葬遭到不同程度的破坏，封土情况不详。墓葬皆为石室墓，直线距离约5米。用长方形石板砌筑，石板之间未发现石灰或者三合土等黏合剂材料。根据墓室数量的多寡，分为二型。

A型　1座。双室墓。

M1　墓向75°。墓葬顶部被破坏，仅余墓室直墙以下部分。墓圹平面呈长方形，长2.8、宽3.1、残深1米。南北两个墓室形制基本一致。南室北壁和北室南壁间隔约为0.5米。以南墓室为例进行介绍。平面呈长方形，长2.2、宽0.7、残高0.8米。墓室四壁由六块长方形石板横铺顺砌，墓底平铺六块石板。石板厚约0.2米。从两墓室底部发现的痕迹判断葬具为木棺。人骨保存均较差，葬式为仰身直肢。南墓室无随葬品。北墓室的随葬品位于墓室西部头骨的一侧，有瓷碗1件、带盖龙纹罐1件（图三）。

B型　1座。单室墓。

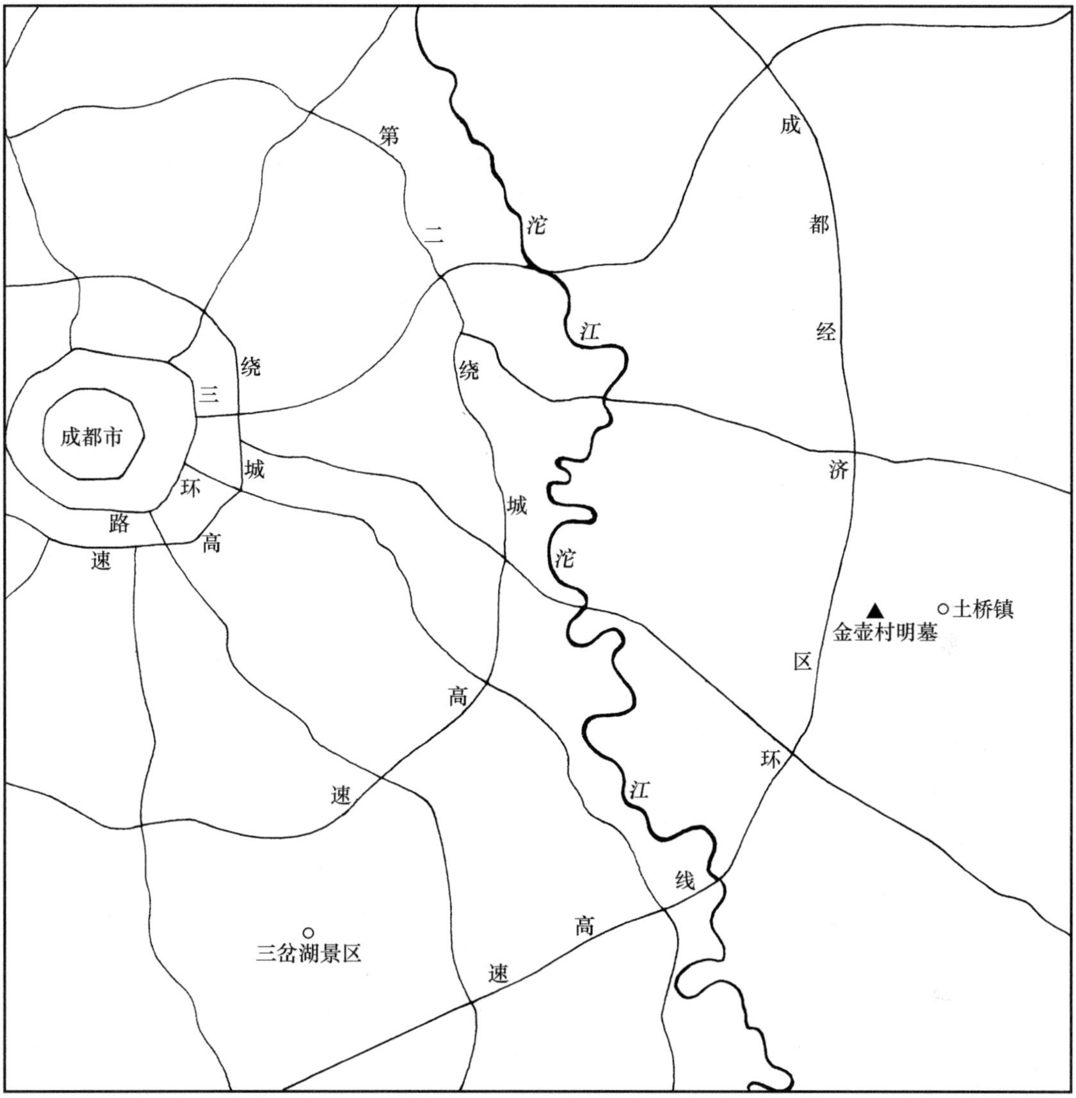

图一 墓地位置示意图

M2 墓向273°。墓圹平面呈长方形，长2、宽1.1、残深0.45米。墓顶为平顶，部分被破坏，仅余三块长方形平铺石板。墓室平面呈长方形，长1.6、宽0.7、残高0.35米。墓室四壁由六块长方形石板横铺顺砌，墓底平铺两块石板。壁龛位于墓室后壁，龛底与墓底齐平，宽0.2、进深0.04、高0.25米。石板厚约0.1米。从墓底发现的痕迹判断葬具为木棺。人骨保存较差，葬式不明。随葬品位于墓室西部头骨一侧，有陶无耳罐1件、圈足1件（图四）。

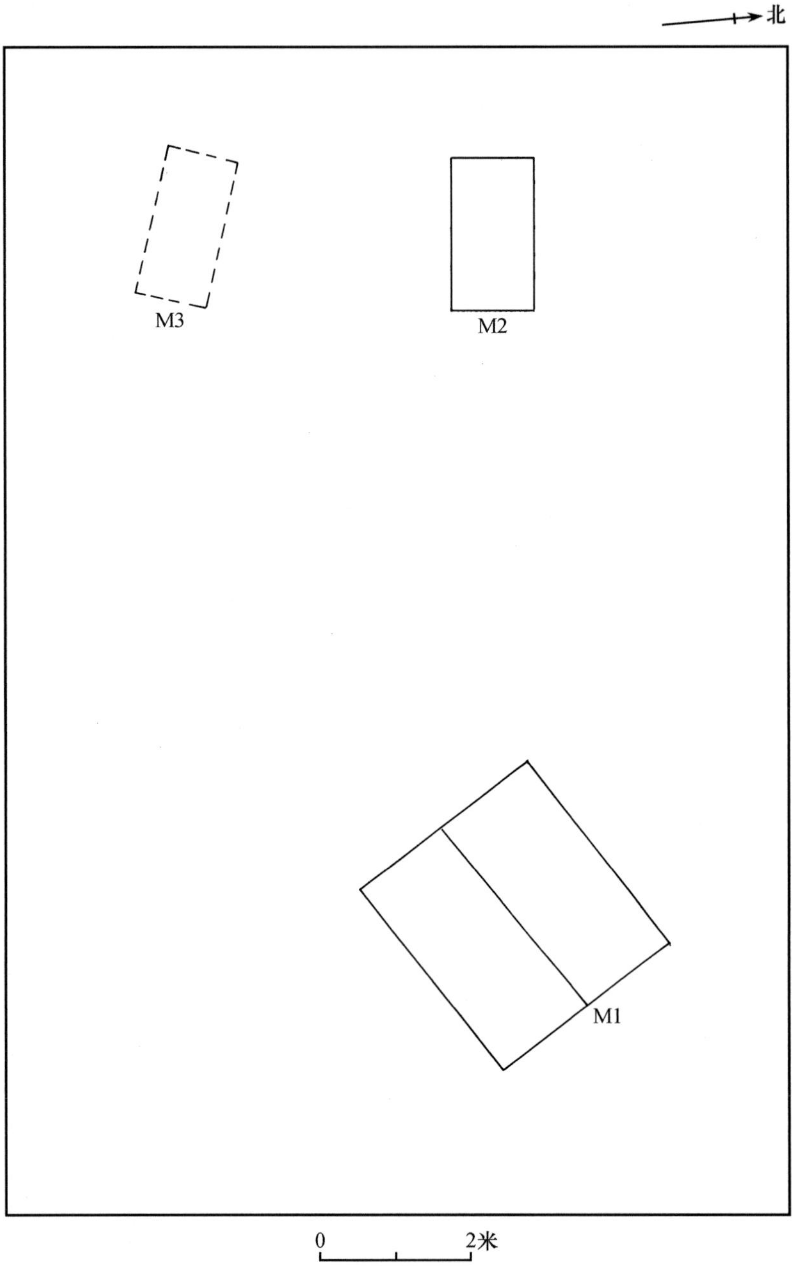

图二　墓葬平面分布图

二、随葬器物

出土随葬品共4件，质地较差，火候不高，应该均为当地的窑址所烧造。分为陶器和瓷器两类，陶器有罐和圈足，瓷器有器盖、龙纹罐和碗。

陶器　2件。

陶圈足　1件。M2∶1，圈足饰两周凹弦纹，外底中部有一圆形乳突。足径5.8、残

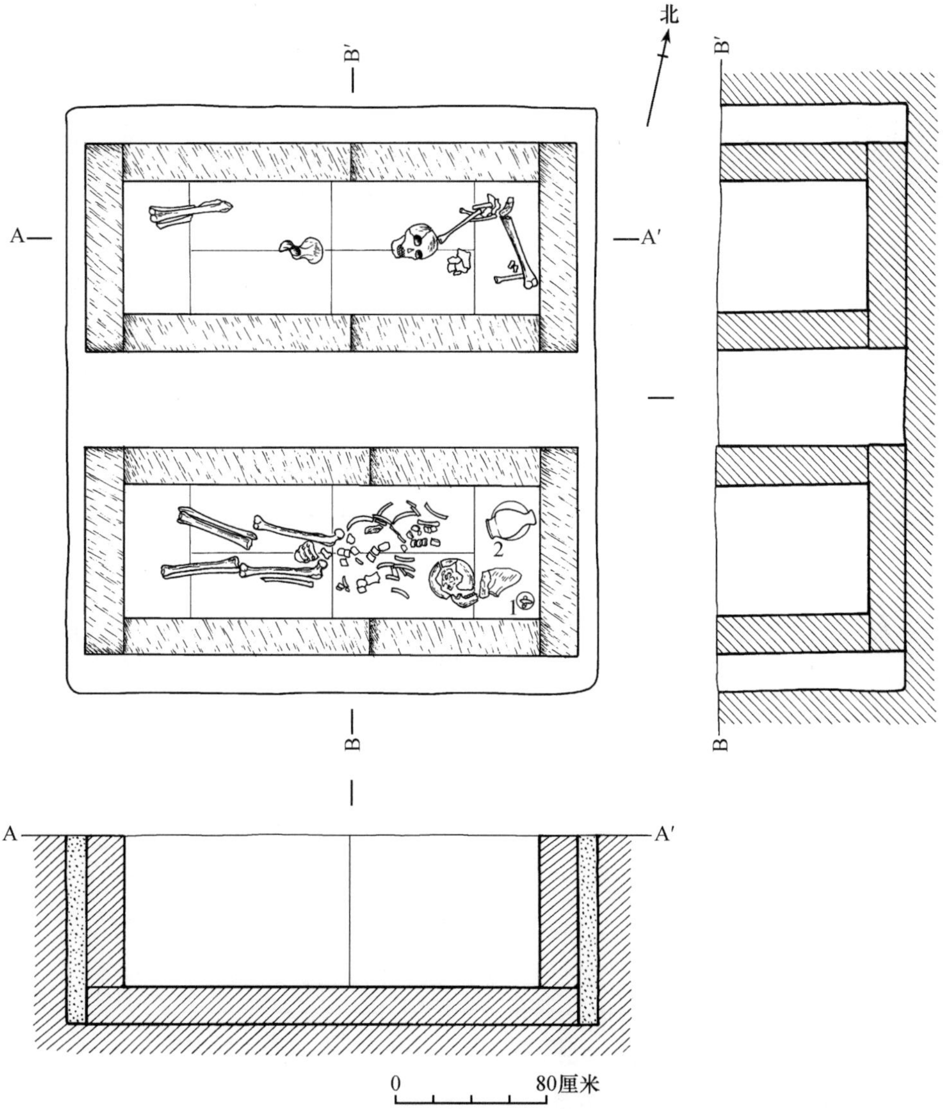

图三 M1平、剖面图

1. 瓷碗 2. 瓷带盖龙纹罐

高2.4厘米（图五）。

陶无耳罐 1件。M2：2，侈口，圆唇，矮领，弧腹，平底内凹，最大径在肩部。颈部饰一周凸弦纹，器身可见明显的轮制痕迹。口径8.3、肩径17.3、底径8.5、高22厘米（图六，2）。

瓷器 2件。

碗 1件。M1：1，红胎，酱釉，施釉至下腹部，内外底部未施釉。敞口，圆唇，斜腹，圈足。器身有轮制痕迹。口径20、足径7.4、高7.4厘米（图六，1）。

带盖龙纹罐 1件。M1：2，灰胎，青釉。通高28.6厘米（图七）。M1：2-1，

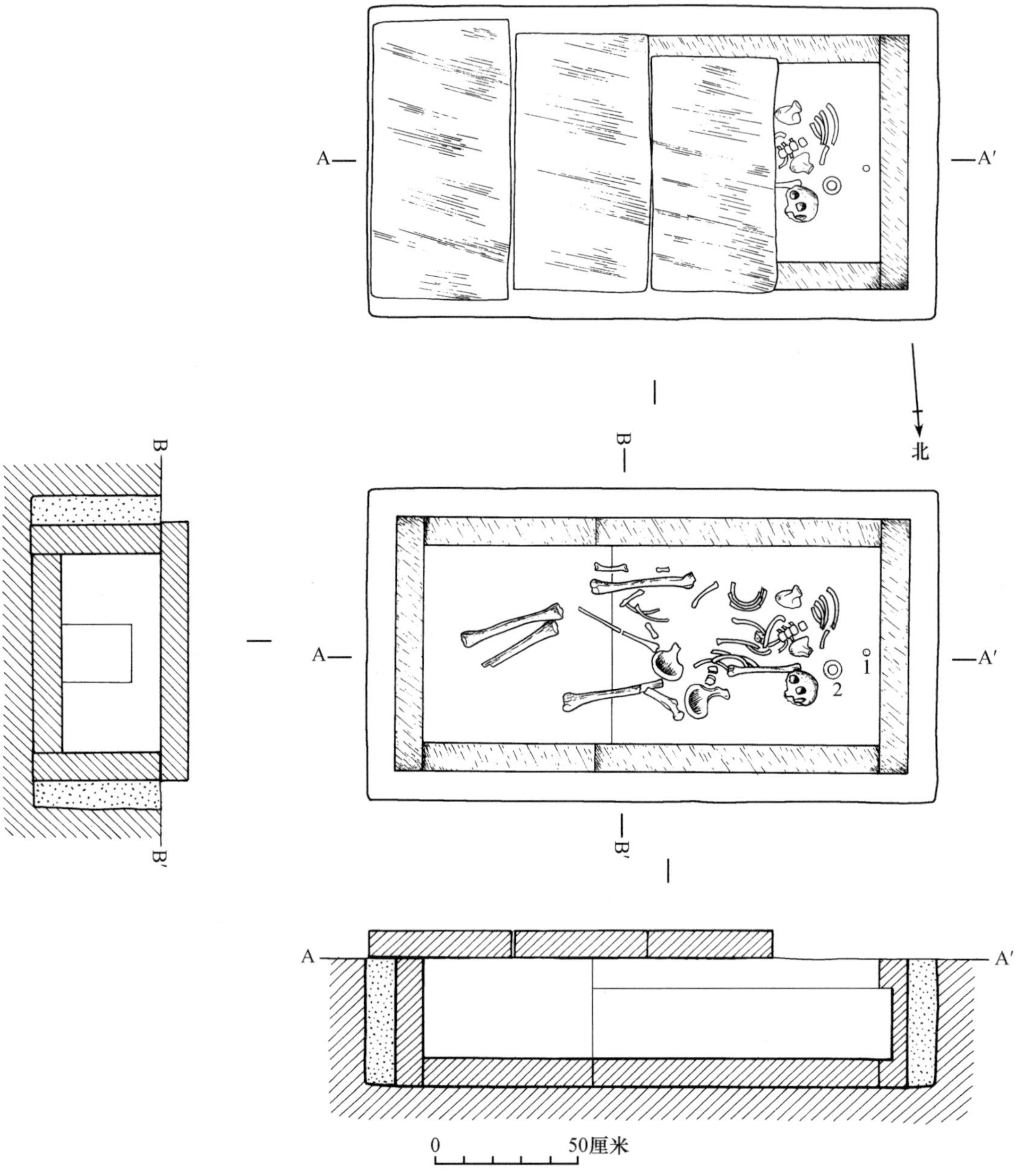

图四　M2平剖面图

1. 陶圈足　2. 陶无耳罐

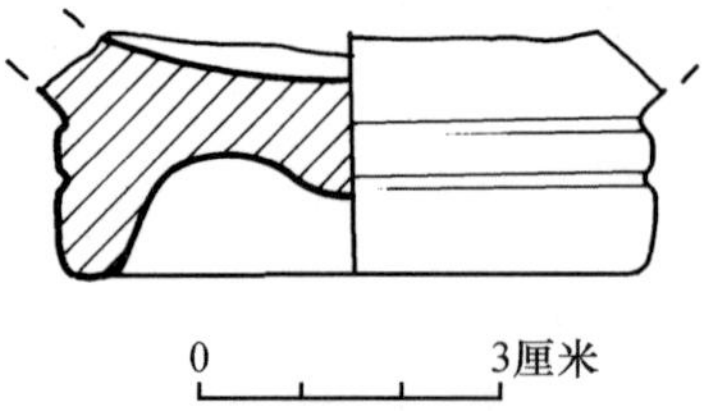

图五　M2出土陶圈足

（M2：1）

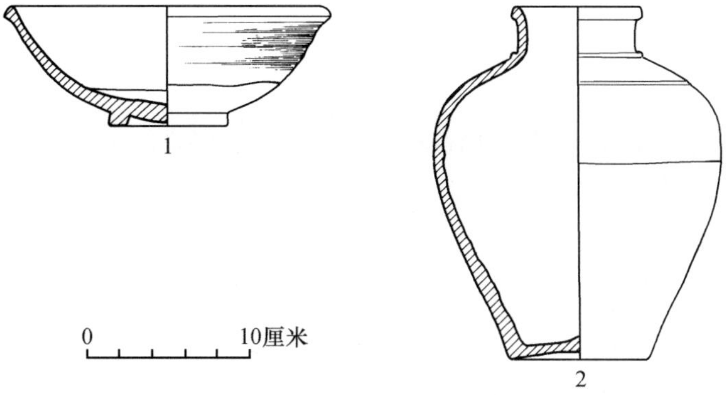

图六　M1、M2出土器物

1. 瓷碗（M1：1）　2. 陶无耳罐（M2：2）

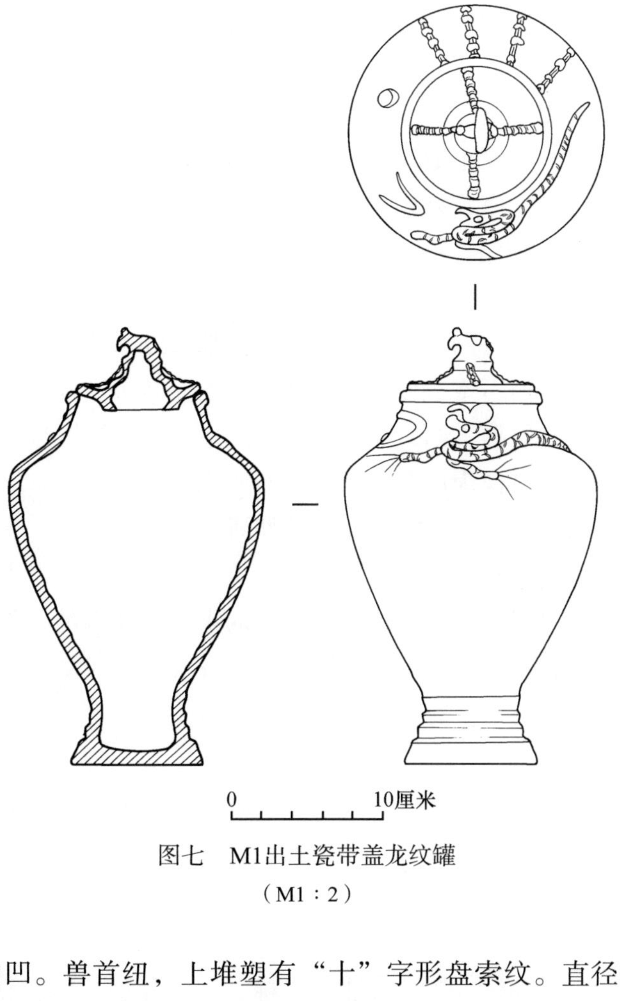

图七　M1出土瓷带盖龙纹罐

（M1：2）

器盖。圆形，底内凹。兽首纽，上堆塑有“十”字形盘索纹。直径8.2、高5.3厘米。M1：2-2，龙纹罐。施釉至腹部以下，底部未施釉。侈口，圆唇，折肩，弧腹斜收，平底。肩腹部堆塑一龙形纹饰和数道盘索纹，圈足可见轮制痕迹。口径9、最大径16.5、底径8.8、外高24.8、内深23.8厘米。

三、结　　语

M1出土的瓷碗（M1：1）与青白江区和平村墓群[1]M11：6、简阳市朱家湾墓地[2]M6：8釉色和形制相似。M2出土的陶罐（M2：2）与简阳市朱家湾墓地M4：5、M4：9形制相似。和平村墓群M11时代为明代中晚期，朱家湾墓地M6时代为明正德十五年，M4时代为明代中期，因此，可以初步判断金壶村墓群的时代应为明代中晚期。M1出土的瓷带盖龙纹罐（M1：2）暂未在别的墓地找到与之形制特征完全相同者，但其装饰纹样大致与奉节白马[3]M81：1、奉节宝塔坪[4]M4005：1相似，三者均在器盖和器身肩腹部捏塑有盘索纹，但金壶村M1：2器身另装饰龙纹图案，可能属于一种地方特色。奉节白马M81和宝塔坪M4005的时代为明代中期。目前发现的最晚出土龙纹罐的墓葬为龙泉驿区红光村[5]M1，该墓出有买地券，时代为明崇祯九年。又据《略论四川明代品官墓葬》一文：明代早中期，墓葬特点是同穴异室，各墓室并列，未共用一壁；明代中晚期，各墓室相邻两室共用一壁[6]，综合判断，金壶村墓群的时代应为明代中期。

本次发掘墓葬数量少，出土随葬品不多，总体来看墓葬规格不高，应该为一处普通的平民墓地。至于其是一处家族墓地，抑或是一处公共墓地，因未发现买地券之类的文字材料，且未做人骨DNA鉴定，仅从墓葬朝向来看暂时无法定性。

自宋代开始，石室墓一直是四川盆地丘陵山地地区传统的埋葬形式。无论是从墓葬形制，还是从墓内装饰来看，四川地区明代石室墓都可以溯源至宋代石室墓。尽管其间有外来文化因素的渗透，但石室墓传统一直从未间断。此次发掘的金壶村明墓出土的龙纹罐与川西地区发现的龙纹罐不同，而与川东丘陵地尤其是沱江流域和嘉陵江流域发现的龙纹罐纹饰较为一致，可视为川东丘陵地区的地方特色。

目前学界关于四川盆地明代石室墓葬的分期研究文章比较少，一是囿于墓葬材料的限制，目前发表的明代墓葬材料多以蜀王墓、太监墓和品官墓葬为主，而中下层庶人的墓葬发表材料较少；二是对于晚段明代墓葬材料的重视程度不足。鉴于目前成都乃至四川地区发表的明代墓葬材料相对较少，因此，此次发现的明代墓葬将为重新审视明代墓葬的分期和文化发展序列提供极有价值的材料。

发掘：杨　洋　陈　平　徐清洲
绘图：李福秀　杨云鹏
执笔：杨　洋　李亚丽　张志伟　孔　晴

注　　释

[1] 成都文物考古研究所、青白江区文物保护管理所：《成都市青白江区和平村墓群发掘简报》，《成都考古发现》（2011），科学出版社，2013年。

[2] 成都文物考古研究院、简阳市文物管理所：《简阳市朱家湾墓地发掘简报》，《成都考古发现》（2017），科学出版社，2019年。

[3] 周静：《川渝地区明墓出土谷仓罐研究》，《考古》2019年第12期。

[4] 周静：《川渝地区明墓出土谷仓罐研究》，《考古》2019年第12期。

[5] 成都市文物考古工作队、龙泉驿区文物保护管理所：《成都市龙泉驿区洪安镇红光村明墓群发掘简报》，《成都考古发现》（2017），科学出版社，2019年。

[6] 郑万泉、连锐：《略论四川明代品官墓葬》，《四川文物》2017年第3期。

成都市双元村墓地M154人类遗骸的核检

四川大学考古学实验教学中心
成 都 文 物 考 古 研 究 院

双元村墓地位于成都市青白江区大弯镇双元村7组。距成都市中心约27千米。墓地西临成绵高速公路约2千米，南距毗河约5.5千米，北距101省道约3千米，发掘前墓地地表为现代农田，四周分布少许废弃的民房、厂房。地势平坦，与四周公路、乡道基本持平。中心点地理坐标为东经104°14′16″、北纬30°51′35″，海拔433米。2016年5月至2018年7月，成都文物考古研究院联合青白江区文物保护中心对该墓地进行了科学发掘，累计清理东周等时期的墓葬274座。其中M154墓葬形制特殊、规模宏大、随葬品丰富，出土了陶、铜、骨、漆木等材质随葬品140余件，年代大致在战国早期稍晚阶段，墓主人可能为古蜀社会的高级贵族或开明氏王族某一支系的上层人物[1]。此外，在“船形棺”葬具内发现散乱人类骨骼多块，经鉴定属于同一个体。整体来看，该墓葬出土人骨保存相对较好，笔者曾于发掘期间进行现场鉴定，后又在四川大学考古学实验教学中心生物考古实验室进行了详细的观察与鉴定，报告如下。

一、骨骼陈置及保存状况

M154墓主人葬具为“船形棺”，以楠木制成，棺两头大小不一，颅骨位于棺室南端的船棺大头，头向180°。发掘时棺盖前、后两端各有一个盗洞。墓主人骨骼散落分布于棺内南侧器物间，均已脱离下葬时应在的原生位置，葬姿葬式不明，但其棺内空间狭窄修长，墓主人下葬时很可能为仰身直肢。从保留的碎裂为多块的颅骨，残损的左侧下颌骨、两侧盆骨、两侧肩胛骨、两侧锁骨、左侧肱骨远端、两侧尺骨近端、两侧桡骨、左侧股骨近端、右侧股骨、右侧胫骨中段、两侧腓骨中段，还有残损指骨两根、趾骨两根、骰骨一块、左侧距骨、寰椎、枢椎及其他颈椎两节、胸椎一节、腰椎一节、肋骨两块等骨骼来看，均有不同程度残损。其身体其他部分缺失骨骼较多，这些缺失的部分很可能与后世盗扰行为有关。盗扰行为发生时间应当在墓主人遗骸肌肉组织腐败，甚至尸骨完全白骨化之后，距离墓主人死亡时间应在一个月以上，甚至更长时间[2]。从保存的骨骼状况来看，长骨均未见两端，尤其是颅骨碎裂为多块，不排除后世因复仇心理盗扰墓葬、毁坏墓主人尸骸的可能[3]。此外，该墓葬还发现了一个腰坑，位于船棺之下。腰坑内出土铜缶、铜鼎、铜甗、铜盆、铜匜、漆木器盖等随葬品，保存完好，未经扰动，且随葬器物相对精美贵重，反映出墓主人抑或后事处理者有明确的、积极的防盗意识。

此外，通过清理还发现了部分保存较好的下颌和牙齿，根据牙齿实际保存现状，采用象限法表示每颗牙齿在齿列中的位置、顺序、类别和相互关系。如图一所示。

				5	4	3	2	1	1	2	③	4	5				
右上	8	7	6	Ⅴ	Ⅳ	Ⅲ	Ⅱ	Ⅰ	Ⅰ	Ⅱ	Ⅲ	Ⅳ	Ⅴ	6	7	8	左上
右下	8	7	6	Ⅴ	Ⅳ	Ⅲ	Ⅱ	Ⅰ	Ⅰ	Ⅱ	Ⅲ	Ⅳ	Ⅴ	⑥	⑦	⑧	左下
				5	4	3	2	1	1	2	③	④	⑤				

图一 M154齿列牙齿保存状况

（乳齿：Ⅰ表示乳中门齿，Ⅱ表示乳侧门齿，Ⅲ表示乳犬齿，Ⅳ表示乳第一臼齿，Ⅴ表示乳第二臼齿；恒齿：1表示中门齿，2表示侧门齿，3表示犬齿，4表示第一前臼齿，5表示第二前臼齿，6表示第一臼齿，7表示第二臼齿，8表示第三臼齿；○表示牙齿存在）

二、性别与年龄

依据吴汝康等《人体测量方法》[4]、邵象清《人体测量手册》[5]提出的相关参照标准，性别鉴定主要根据骨盆及颅骨的性别特征；年龄鉴定主要根据耻骨联合面形态、骨化点出现与骨骺愈合程度、颅骨骨缝的愈合及牙齿的萌出与磨耗等情况综合判定。鉴于M154墓主人骨保存状况欠佳，大部分骨骼残损，根据其骨盆骨骼整体形态宽低、两侧坐骨大切迹外张、残损颅骨发育偏弱、长骨纤细等情况，判定其应当为一例女性成年个体。而其下颌左侧第一臼齿磨耗达三级、第二臼齿磨耗情况相对较轻，判定其可能为死亡年龄大致在30岁的个体。此外，从其高规格的墓葬形制、相对较大的墓葬规模以及船形棺葬具等情况综合来看，其社会地位可能较高，加上日常食物精细，其死亡年龄也许偏大。

三、身高推断

通过检查，骨骼保存较好的只有枢椎、寰椎以及左侧距骨，其他骨骼均有不同程度残损，不宜进行测量分析。就现有材料来看，学术界仅有针对中国汉族男性枢椎的回归方程可以进行身高推算，通过测量可知其枢椎全高为3.422厘米，枢椎椎体高为2.04厘米。依据刘庄朝等[6]推算男性身高的一元回归方程“身高=105.5771+6.6303×枢椎全高+13.6900×枢椎椎体高”计算，可知其身高值大致为156.1936厘米。根据男女性别二态性，男性在身高、体重等体形发育程度上整体大于女性，故双元村墓地M154女性成年个体的身高应当低于156.1936厘米。

四、病 理 表 现

经过观察可知其主要有牙齿釉质发育不全和眶上孔筛状样变两种病理表现。牙齿釉质发育不全主要表现在下颌左侧第一前臼齿颊侧釉面下部，参见图二。而其两侧眶上额骨眶板偏外侧部位均可见明显筛状样骨骼表现，参见图三。这两种病理表现均反映出该个体亡故前曾经有过一段生存压力较大的时段，或是饥馑、偏食等习惯导致营养不良，而致使釉质发育存在缺陷。或是饥饿、代谢紊乱等原因导致贫血等，尤其是下颌左侧第一前臼齿的牙齿釉质发育不全反映其童年曾存在较大的生存压力，存在位置反映的牙釉质矿化年龄段集中在墓主人4～5岁[7]。据稳定同位素研究显示，M154墓主在3～4岁断奶，断奶过程经历了食物结构的转换并导致了明显的营养压力，而后在7～8岁又经历了一段营养不良或短时间食物短缺，导致了代谢异常，这些可能是该个体出现牙齿釉质发育不全和眶上孔筛状样变的主要原因。

图二　下颌左侧第一前臼齿牙齿釉质发育不全

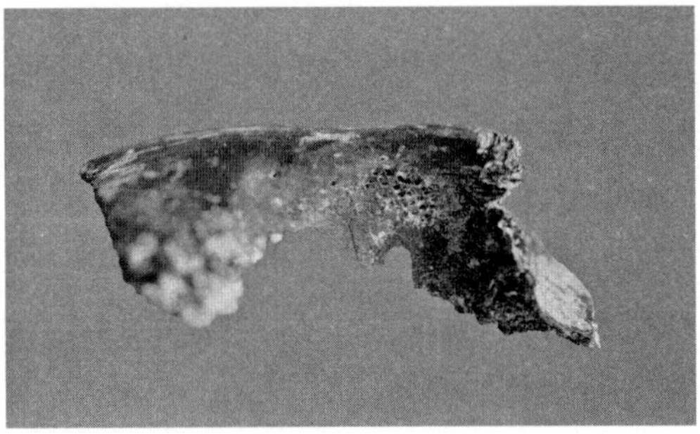

图三　左侧眶板的眶上孔筛状样变

五、小　　结

通过对双元村墓地M154墓主人骨田野考古现场的观察和实验室鉴定分析，大致有如下收获。

第一，田野现场人骨分布凌乱，骨骼残损、缺失部分较多，结合盗洞等后期人为干扰行为等遗存，判定该墓葬盗扰行为应发生在墓主人遗骸白骨化以后，盗扰时间应在墓主人死亡至少1月以后，不排除后世因复仇心理盗扰墓葬、毁坏墓主人尸骸的可能。

第二，墓主人为一例死亡年龄大致在30岁的女性个体。

第三，墓主人身体发育纤弱，其死亡时身高不会超过156.1936厘米。

第四，墓主人生前曾遭受过相当大的生存压力，尤其是牙齿上的釉质发育不全反映出其幼儿阶段的4～5岁曾有一段时间身体较为孱弱。

致谢：本文田野调查与资料整理过程中成都文物考古研究院陈云洪、杨颖东诸先生都曾予以大力协助，在此一并表示衷心的感谢！

执笔：原海兵　王天佑

注　释

[1] 成都文物考古研究院、青白江区文物保护中心：《四川成都双元村东周墓地一五四号墓发掘》，《考古学报》2020年第3期。

[2] 尸骨白骨化消耗时间的推断较为复杂，亡者自身的情况（如死因、死亡季节、亡者胖瘦等），尸身所处的埋藏环境（如地质条件、土壤、温度、湿度、昆虫侵袭等），以及人们对亡者的处理方式（如亡故后停丧时间长短、下葬前暂厝地环境、尸身防腐处理以及埋葬地防腐处理等）等都会造成不同程度的影响。参见陈禄仕：《土埋尸体腐败对形成白骨化时间的法医学初探》，《中国法医学杂志》1998年第2期；于云辉、潘聚锋、高恒国：《腐败尸体死亡时间推断1例》，《刑事技术》2008年第1期；韩冰、田雪梅：《土中尸体腐败、白骨化程度不同2例》，《刑事技术》2008年第6期；彭东兵、倪威、李亚锦等：《土埋儿童尸体2个月完全白骨化1例》，《刑事技术》2009年第6期。

[3] 王子今：《中国盗墓史——一种社会现象的文化考察》，中国广播电视出版社，2000年。

[4] 吴汝康、吴新智、张振标：《人体测量方法》，科学出版社，1984年。

[5] 邵象清：《人体测量手册》，上海辞书出版社，1985年。

[6] 刘庄朝、张新中、张继宗：《根据枢椎推断身高的研究》，《刑事技术》1996年第3期。

[7] Tim D. White, Pieter A. Folkens, *The Human Bone Manual*, Amsterdam: Academic Press, 2005, p. 367.

成都市实业街墓地M32出土玉石器分析

成都文物考古研究院

一、引　　言

图一　M32及玉石器出土情况

实业街墓地位于成都市青羊区实业街30号，与金沙遗址直线距离约4千米。为配合实业宾馆基建项目，经国家文物局批准，成都文物考古研究院于2016年4月至2017年10月对该墓地行了考古发掘，发现了商周至西汉时期的墓葬104座，这些墓葬出土了陶器、铜器、玉石器等丰富的遗物。其中出土长条形玉石器的商周墓葬大致有M3、M32、M51三座，M32随葬玉石器数量最多，共计32件，器形相对较为丰富，最具代表性。M32平面呈长方形，直壁，平底，长1.82、宽0.74米，由于上层地层的破坏，残深仅0.1米。方向144°。墓内未见葬具，人骨保存较差，仅见头骨及部分下肢骨，应为直肢葬，随葬玉石器主要集中在人骨的腰部及下肢附近，上半身两侧也有少量分布，未见陶器等其他随葬品（图一）。

随葬玉石器是成都平原商周时期的一种常见葬俗，实业街墓地M32随葬玉石器包含玉石条和少量精美的玉凿等较完整玉石器，本文对M32出土的玉石器进行检测，主要从材质上加以分析，便于研究人员探讨有关当时用玉及葬俗等方面的问题。

二、玉石器样品

M32出土的32件玉石器样品详情见附图、附表。观察发现这些样品呈两种外观特征：①大部分为白色玉石条类，多有断裂，风化较为严重，表面粗糙，部分留有深浅不一的切割线或切割凹槽，一侧有弧刃，如M32：12、M32：14等；②少部分为淡黄绿色玉凿等，较为完整，风化程度较低，表面光滑，如M32：9、M32：10等。

三、分析方法

本文研究的材质分析分为元素分析与物相分析两类。

元素分析使用能量色散X射线荧光光谱半定量分析法，采用德国布鲁克公司（Bruker）生产的Tracer III-SD型仪器，测试电压15kV，电流42μA。物相分析主要是了解玉石器的矿物成分，使用拉曼光谱[1]和红外光谱分析法。拉曼光谱为美国必达泰克公司（BWTEK）生产的I-Raman显微共聚焦拉曼光谱仪，激光波长为785nm，分辨率为4cm^{-1}，光谱范围65-3200cm^{-1}，测试的物镜倍数为20×，积分时间设置10s。红外光谱为德国布鲁克公司（Bruker）生产的Alpha-II型FT-IR仪器，采用漫反射式进行检测。两类方法的分析结果互为验证，以保证结果的准确性。

四、分析结果

1. 物相分析结果

该批玉石器样品的物相组成依据分析结果分为三类。第一类为透闪石-阳起石类玉器，数量较少，即附表所列的M32：9、M32：10、M32：17、M32：32四件。以M32：10为例，拉曼光谱图如图二显示，123、162、178、223、253、288、307、330、344、371、396、417、435、517、673、931、1030和1059cm^{-1}均为透闪石-阳起石矿物的拉曼特征峰[2]。红外光谱图如图三显示，1144、1038、990、917、759、682、640、541、509、455、415cm^{-1}是透闪石-阳起石矿物的典型红外峰。

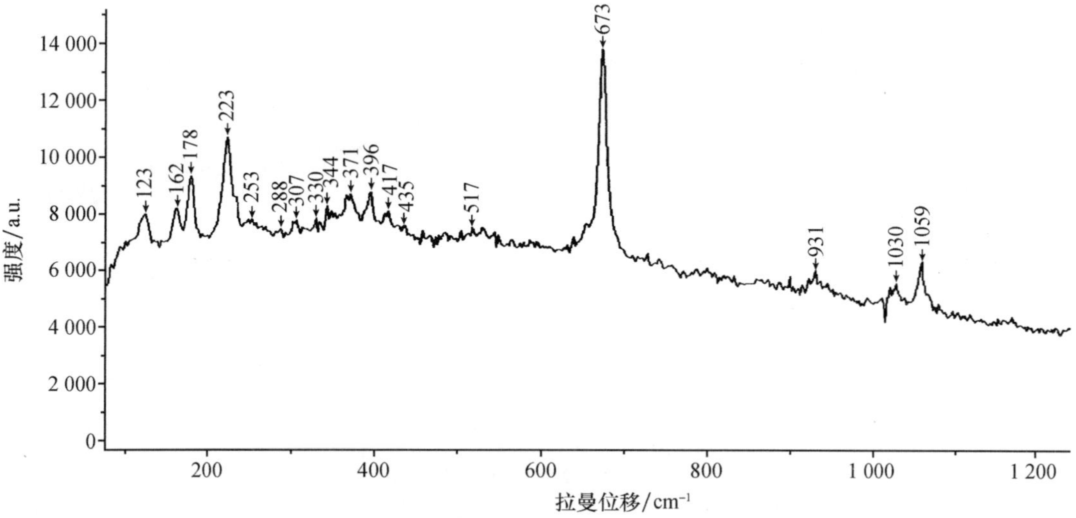

图二 长条尖状玉器（M32：10）拉曼光谱图

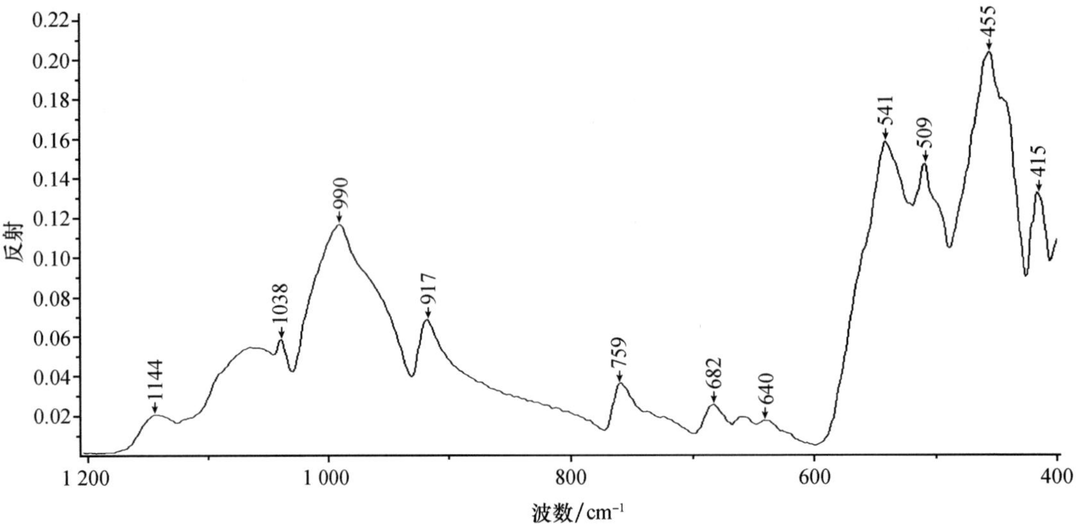

图三　长条尖状玉器（M32：10）红外光谱图

第二类为蛇纹石类玉石器，共24件，占大部分。以M32：16为例，如图四所示，拉曼图谱中230、378、683、1045cm^{-1}是蛇纹石矿物的典型拉曼特征峰，其中1044cm^{-1}是叶蛇纹石矿物的拉曼指纹峰。如图五所示，红外图谱中1048、665、644、559、469、402cm^{-1}是蛇纹石矿物的典型红外峰。

第三类为透辉石与蛇纹石混杂型玉石器，有M32：7、M32：15、M32：24、M32：25四件，以M32：15的拉曼光谱图为例，如图六所示，230、378、680cm^{-1}是蛇纹石矿物的典型拉曼峰，138、323、390、666、1012cm^{-1}是透辉石矿物的典型拉曼峰[3]。

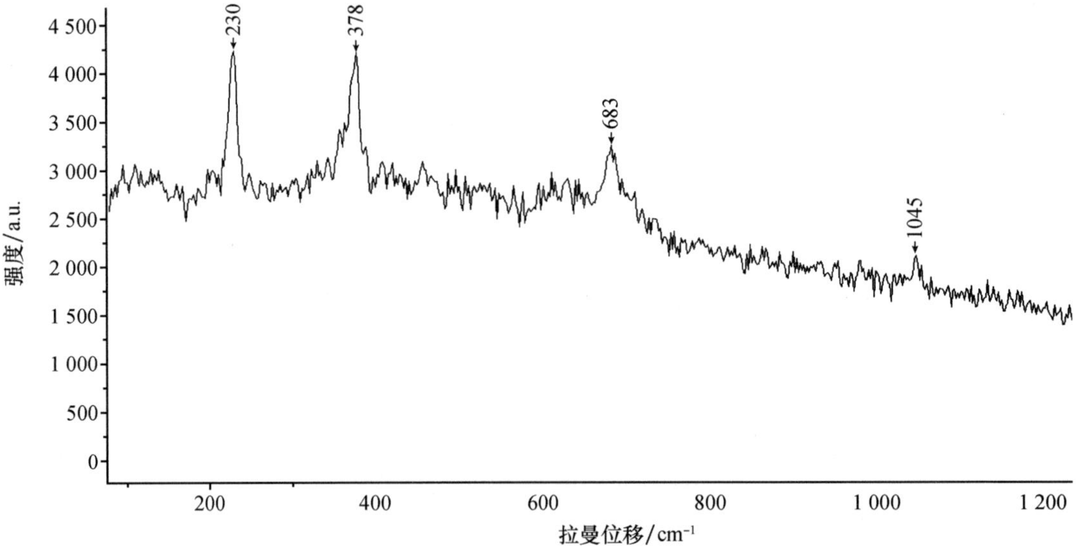

图四　玉石条（M32：16）拉曼光谱图

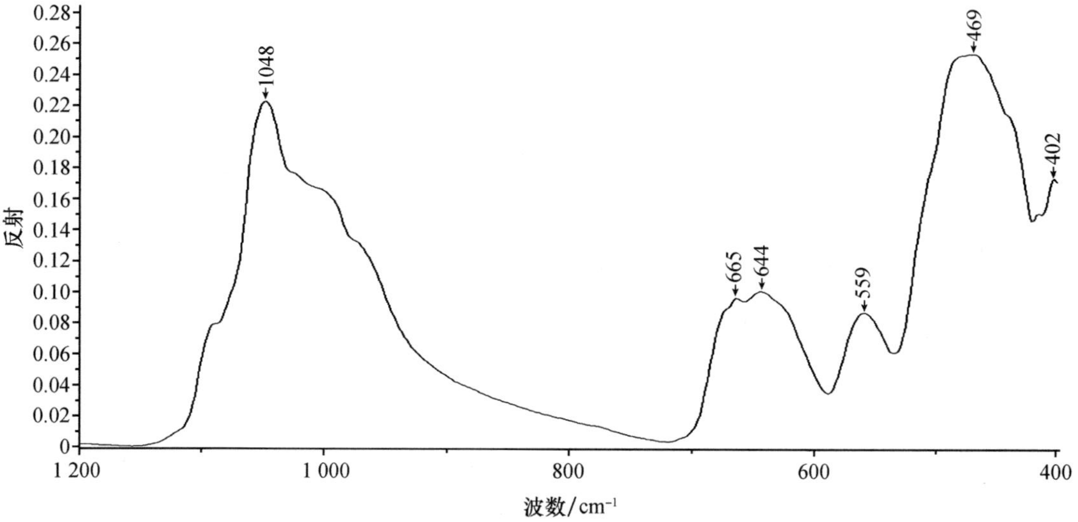

图五 玉石条（M32：16）红外光谱图

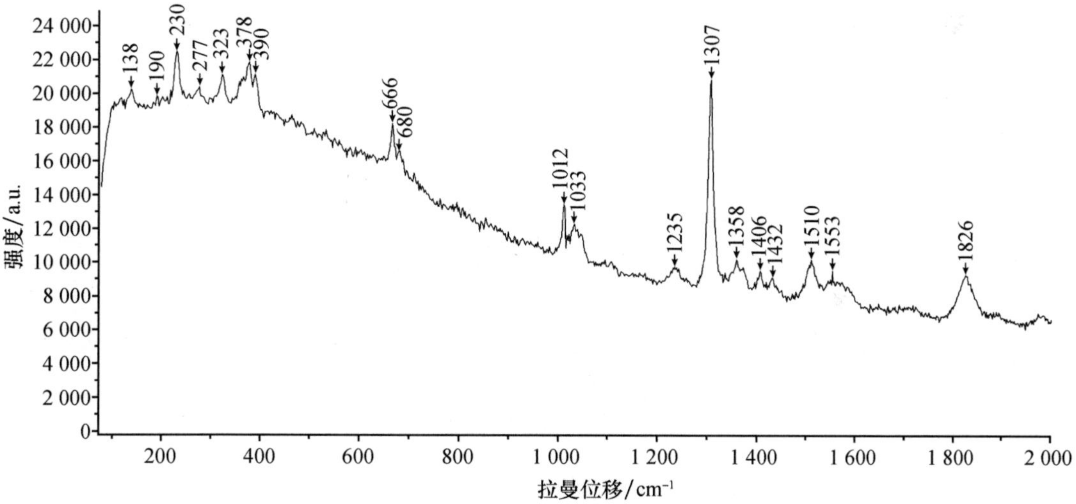

图六 玉石条（M32：15）拉曼光谱图

2. 元素成分分析结果

通过能量色散X射线荧光光谱对四件透闪石-阳起石玉石器进行了元素成分半定量分析，结果如表一所示。结果表明该四件玉石器的主要元素Ca、Mg、Si含量均与透闪石矿物的化学成分理论值（MgO 24.8%，SiO_2 59.2%，CaO 13.8%）较为接近[4]。

透闪石和阳起石的主要区别在于Fe类质同象替代Mg的比例不同，透闪石Fe含量低，而阳起石Fe含量高。按照国际矿物学协会对角闪石的命名规则，一般根据阳离子数比值进行区分，即当Mg/（Fe+Mg）>0.9时为透闪石，反之为阳起石[5]。经计算，四件以透闪石-阳起石为主要矿物的器物的Fe含量分别为2.4%、2.13%、0.73%、2.14%，其Mg/（Fe+Mg）分别为0.93、0.94、0.98、0.94，均大于0.9，故均为透闪石。

表一　透闪石-阳起石玉器的XRF半定量分析结果

器物编号	主要化学成分组成/%			
	MgO	SiO_2	CaO	$FeO+Fe_2O_3$
M32：9	18.47	60.84	14.88	2.4
M32：10	17.51	58.78	14.41	2.13
M32：17	20.31	62.06	13.68	0.73
M32：32	17.76	59.18	14.83	2.14

3. 材质分析结果

根据以上分析结果，将M32出土的32件玉石器的材质鉴定结果归纳汇总如表二所示。

表二　玉石器样品材质鉴定结果

序号	样品名称	样品编号	材质
1	玉石条	M32：1	蛇纹石
2	玉石条	M32：2	蛇纹石
3	玉石条	M32：3	蛇纹石
4	玉石条	M32：4	蛇纹石
5	玉石条	M32：5	蛇纹石
6	玉石条	M32：6	蛇纹石
7	玉石条	M32：7	蛇纹石与透辉石
8	玉石条	M32：8	蛇纹石
9	玉凿	M32：9	透闪石
10	长条尖状玉器	M32：10	透闪石
11	玉石条	M32：11	蛇纹石
12	玉石条	M32：12	蛇纹石
13	玉石条	M32：13	蛇纹石
14	玉石条	M32：14	蛇纹石
15	玉石条	M32：15	蛇纹石与透辉石
16	玉石条	M32：16	蛇纹石
17	玉凿	M32：17	透闪石
18	玉石条	M32：18	蛇纹石
19	玉石条	M32：19	蛇纹石
20	玉石条	M32：20	蛇纹石
21	玉石条	M32：21	蛇纹石
22	玉石条	M32：22	蛇纹石
23	玉石条	M32：23	蛇纹石
24	玉石条	M32：24	蛇纹石与透辉石

续表

序号	样品名称	样品编号	材质
25	玉石条	M32：25	蛇纹石与透辉石
26	玉石条	M32：26	蛇纹石
27	玉石条	M32：27	蛇纹石
28	玉石条	M32：28	蛇纹石
29	玉石条	M32：29	蛇纹石
30	玉石条	M32：30	蛇纹石
31	玉石条	M32：31	蛇纹石
32	长条尖状玉器	M32：32	透闪石

32件玉石器中，24件以蛇纹石矿物为主，占比75%；透闪石软玉为4件，占比12.5%；还有4件为透辉石与蛇纹石共存，占比12.5%。结合器形及外观特点来看，随葬白色玉石条等以蛇纹石材质为主，随葬淡黄绿色且表面光滑润泽的玉凿等4件器物以透闪石材质为主。

五、结　　语

（1）通过X射线荧光光谱、拉曼光谱及红外光谱等手段对成都实业街墓地M32出土的32件玉石器进行检测分析，结果发现：蛇纹石材质有24件，多为白色玉石条；蛇纹石与透辉石混杂有4件；透闪石材质有4件，为玉凿和长条尖状玉器等。

（2）实业街M32具有成都平原以往考古所发现的十二桥文化时期墓葬随葬玉石条这一共同葬俗特征[6]，但同时表现出一些值得注意的不同：一是随葬玉石条在墓葬中的位置不同，以往大多位于死者头胸部[7]，实业街M32则主要集中在下肢部分，上半身数量很少。二是材质上有差异，从目前已经公布的鉴定结果来看[8]，以往墓葬中大致主要以蛇纹石类为主，仅在个别墓葬[9]和像三星堆祭祀坑与金沙遗址祭祀区这种较高规格场合使用透闪石或阳起石类玉石器[10]，透闪石-阳起石类玉石器往往被作为古蜀时期的祭祀礼仪性用器，代表着特殊的使用场合或象征使用者较高的身份和地位等级，而在实业街M32中，除发现主要的蛇纹石类玉石器之外，还发现了少量磨制较好的透闪石材质的玉凿等，可见实业街M32用玉材质选择范围更广，不乏使用了少量较高身份等级才会使用的玉器。综合以上现象和分析，或许说明实业街M32墓主身份稍显特殊，这种用玉材质选择和随葬方式的差异，可能体现了丧葬习俗方面的细微区别。是否说明墓主具有更高的身份等级？这一问题有待结合墓葬及墓地整体材料进一步探讨。

（3）需要说明的是，本文中所用玉石器材质分析方法均是对器物表面进行的无损检测，因玉石器矿物构成相对复杂多样，因此分析结果与玉石器内部实际情况可能会存在差异。

致谢：复旦大学文物与博物馆学系王荣教授在检测分析方面给予了大力支持，成都文物考古研究院杨弢老师对文章撰写提出了宝贵意见，在此一并感谢。

执笔：陈俊橙　李　佩

拍摄：唐文武

注　释

[1] 王荣、冯敏、吴卫红等：《拉曼光谱在薛家岗古玉测试分析中的应用》，《光谱学与光谱分析》2005年第9期。

[2] Rong Wang, Wei-shan Zhang, Application of Raman spectroscopy in the nondestructive analyses of ancient Chinese jades, *Journal of Raman Spectroscopy*, 2011, Vol. 42 (6), pp. 1324-1329.

[3] 王荣：《中国早期玉器科技考古与保护研究》，复旦大学出版社，2020年，第53～81页。

[4] 干福熹、曹锦炎、承焕生等：《浙江余杭良渚遗址群出土玉器的无损分析研究》，《中国科学：技术科学》2011年第41期。

[5] 王时麒、段体玉、郑姿姿：《岫岩软玉（透闪石玉）的矿物岩石学特征及成矿模式》，《岩石矿物学杂志》2002年第S1期。

[6] 施劲松：《成都平原先秦时期的墓葬、文化与社会》，《考古》2019年第4期。

[7] 杨颖东、周志清：《成都市金沙遗址"阳光地带二期"地点墓葬出土玉石器分析》，《成都考古发现》（2016），科学出版社，2018年；杨颖东、陈云洪：《成都市新都区新繁镇同盟村遗址M7出土玉石器分析研究》，《南方民族考古》（第九辑），科学出版社，2013年；成都文物考古研究所、郫县望丛祠博物馆：《成都郫县波罗村商周遗址发掘报告》，《考古学报》2016年第1期。

[8] 杨颖东、周志清：《成都市金沙遗址"阳光地带二期"地点墓葬出土玉石器分析》，《成都考古发现》（2016），科学出版社，2018年；杨颖东、陈云洪：《成都市新都区新繁镇同盟村遗址M7出土玉石器分析研究》，《南方民族考古》（第九辑），科学出版社，2013年。

[9] 成都市文物考古研究所：《成都市金沙遗址"兰苑"地点发掘简报》，《成都考古发现》（2001），科学出版社，2003年。

[10] 苏永红：《广汉三星堆出土玉器考古地质学研究》，《四川考古论文集》，文物出版社，1996年，第79～90页；刘兴源、巫声扬、王德生等：《三星堆一、二号祭祀坑出土玉石器岩石类型薄片鉴定报告》，《三星堆祭祀坑》，文物出版社，1999年，第500、521页；向芳、王成善、杨永富等：《金沙遗址玉器的材质来源探讨》，《江汉考古》2008年第3期。

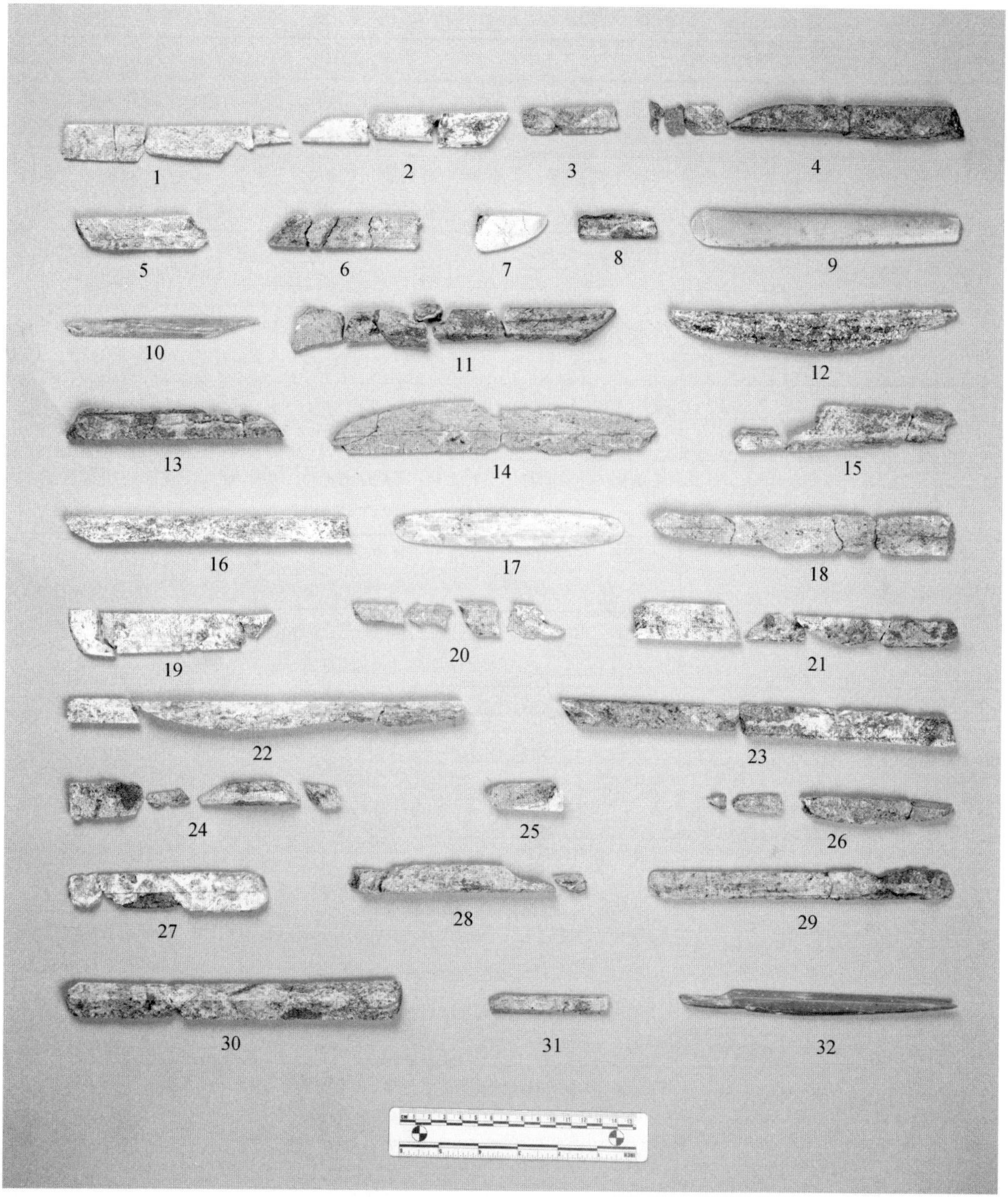

附图 M32出土玉石器样品

1～8、11～16、18～31. 玉石条（M32：1、M32：2、M32：4、M32：5、M32：3、M32：6、M32：7、M32：8、M32：11、M32：12、M32：13、M32：14、M32：15、M32：16、M32：18、M32：19、M32：20、M32：21、M32：22、M32：23、M32：24、M32：25、M32：26、M32：27、M32：28、M32：29、M32：30、M32：31） 9、17. 玉凿（M32：9、M32：17） 10、32. 长条尖状玉器（M32：10、M32：32）

附表　M32出土玉石器样品统计表

序号	样品名称	样品编号	外观描述
1	玉石条	M32：1	长条形，长约14.2、宽约2.4、厚约6.3厘米，整体白色，表面较粗糙，有加工痕迹
2	玉石条	M32：2	残块无法拼接，长条形，最大块长约4.8、宽约2、厚约0.9厘米，整体白色，表面较平滑，侧面有加工痕迹
3	玉石条	M32：3	长条形，长约8.5、宽约2.1、厚约1厘米，整体白色，表面粗糙，有加工痕迹
4	玉石条	M32：4	长条形，长约6.3、宽约1.7、厚约0.6厘米，整体浅褐色，表面较粗糙，有加工痕迹
5	玉石条	M32：5	残块无法完全拼接，长条形，最大块长约16.3、宽约2.1、厚约1.5厘米，整体褐色，表面较粗糙，有加工痕迹
6	玉石条	M32：6	长条形，长约9.7、宽约2.1、厚约0.8厘米，整体绿色，表面较粗糙，有加工痕迹
7	玉石条	M32：7	残弧形，长约4.5、宽约2.5、厚约0.7厘米，整体白色，表面较光滑，有黄色附着物
8	玉石条	M32：8	长条形，长约5.3、宽约1.6、厚约1厘米，整体白色，表面较粗糙，有加工痕迹
9	玉凿	M32：9	长约17.6、宽1.6～2.3、厚约1厘米，整体黄绿色，表面较平滑，一端双面开弧刃，有打磨痕迹
10	长条尖状玉器	M32：10	细长条形，长约12.4、宽约1.2、厚约0.6厘米，整体绿色，表面较平滑，有打磨痕迹
11	玉石条	M32：11	残块无法完全拼接，长条形，最大块长约7.6、宽约2.4、厚约1.3厘米，整体褐色，表面较粗糙，有加工痕迹
12	玉石条	M32：12	长条形，长约19.8、宽约2.6、厚约1.1厘米，整体白色，表面较粗糙，有加工痕迹
13	玉石条	M32：13	长条形，长约14.1、宽约2、厚约1.3厘米，整体绿色，表面较粗糙，有加工痕迹
14	玉石条	M32：14	长条形，长约21.1、宽约3.4、厚约0.9厘米，整体绿色，表面较粗糙，有加工痕迹
15	玉石条	M32：15	长条形，长约8.3、宽约2.7、厚约1.4厘米，整体浅褐色，表面较粗糙，有加工痕迹
16	玉石条	M32：16	长条形，长约18.1、宽约1.6、厚约1.1厘米，整体白色，表面较粗糙，有加工痕迹
17	玉凿	M32：17	长约15、宽约2.3、厚约0.7厘米，整体绿色，表面较平滑，两端双面开弧刃，有打磨痕迹
18	玉石条	M32：18	长条形，长约19.8、宽约2.5、厚约1.2厘米，整体白色，表面较粗糙，有加工痕迹

续表

序号	样品名称	样品编号	外观描述
19	玉石条	M32：19	残块无法完全拼接，长条形，最大块长约9.3、宽约2.6、厚约0.6厘米，整体白色，表面较粗糙，有加工痕迹
20	玉石条	M32：20	残块无法完全拼接，长条形，最大块长约2.4、宽约1.8厘米，厚度不均匀，整体灰绿色，表面较粗糙，有加工痕迹
21	玉石条	M32：21	残块无法完全拼接，长条形，最大块长约6.8、宽约2.4、厚约1厘米，整体浅褐色，表面较粗糙，有加工痕迹
22	玉石条	M32：22	长条形，长约26、宽约2、厚约2厘米，整体白色，表面较粗糙，有加工痕迹
23	玉石条	M32：23	残块无法完全拼接，长条形，最大块长约25.6、宽约2厘米，厚度不均匀，整体白色，表面较粗糙，有加工痕迹
24	玉石条	M32：24	残块无法完全拼接，长条形，最大块长约6.6、宽约1.5、厚约1.5厘米，整体白色，表面较粗糙，有加工痕迹
25	玉石条	M32：25	长条形，长约5、宽约1.8、厚约1.2厘米，整体绿色，表面较粗糙，有加工痕迹
26	玉石条	M32：26	残块无法完全拼接，长条形，最大块长约7、宽约1.4、厚约1.3厘米，整体灰绿色，表面较粗糙，有加工痕迹
27	玉石条	M32：27	残块无法完全拼接，长条形，最大块长约12.8、宽约2.3、厚约0.9厘米，整体白色，表面较粗糙，有加工痕迹
28	玉石条	M32：28	残块无法完全拼接，长条形，长约11.3、宽约1.8、厚约1.5厘米，整体绿色，表面较粗糙，有加工痕迹
29	玉石条	M32：29	长条形，长约19.9、宽约1.7、厚约0.9厘米，整体浅褐色，表面较粗糙，有加工痕迹
30	玉石条	M32：30	长条形，长约21.6、宽约2.4、厚约2厘米，整体浅褐色，表面较粗糙，有加工痕迹
31	玉石条	M32：31	长条形，长约7.8、宽约1.2、厚约0.8厘米，整体绿色，表面较粗糙，有加工痕迹
32	长条形尖状玉器	M32：32	细长条形，长约17.9、宽约1.4、厚约0.9厘米，整体绿色，表面较平滑，有打磨痕迹

成都市民兴一路M3出土铅锡器鉴定报告

成都文物考古研究院

一、出土情况

2020年6月，为配合成都成华城市建设投资有限公司民兴一路东段市政道路项目，成都市文物考古工作队对该项目地块进行了考古勘探与发掘，共清理唐宋时期墓葬12座。2020CCMM3（以下省略“2020CCM”）位于该墓群中部，双室墓，坐东朝西。墓室出土铜镜、瓷器等，结合墓葬形制和随葬器物判断，M3的年代当在北宋晚期至南宋早期。本文分析的器物出土于M3南室底部靠近墓门的填土中（图一），由于墓葬扰动比较大，器物比较残破，由多件组成一件器物（也可能为多件器物）。出土时器物裹于稀泥之中，初步清洗后发现其无铜铁锈之类锈蚀痕迹，与其他出土器物不同，因此无法确认材质种类。随后在成都文物考古研究院科技考古中心对该器物进行了科学鉴定，以

图一　M3及器物出土位置

明确其材质，便于后续考古器物的命名和发掘简报的编写。下面将鉴定过程和结果报告如下。

二、鉴定过程

器物整体色泽相似，都呈黑、灰白色，有的泛黄，应为相同材质（图二），因此选用一小碎片作为样品进行检测鉴定。首先将样品表面进行打磨，除去土锈结垢沉积物，待露出干净的灰亮色光泽基体后，用便携式X射线荧光能谱仪（pXRF、尼通XL3t950型常见金属模式）进行元素成分扫描检测。共检测3点，结果见表一，显示平均成分为含铅51.25%、锡48.27%、铜0.13%。另取一小残片作为样品用环氧树脂镶嵌，对断面进行打磨、抛光。同时用扫描电镜能谱仪（SEM-EDS）对断面中间层保存较好的基体组织进行元素成分检测，共检测3个区域，结果见表二、图三和图四，平均成分为含铅51.18%、锡48.57%、铜0.25%。可见SEM-EDS与pXRF两种方法检测结果非常接近，主要为铅锡元素，说明为铅锡器无疑。

另外对镶嵌样品断面进行了光学显微镜和扫描电镜（背散射电子像）显微组织结构观察，并对局部组织进行了电镜能谱成分扫描和研究。电镜型号为荷兰进口飞纳Pro X、显微镜为蔡司金相显微镜Axio ScopeA1型。结合光学显微镜（图五～图七）和扫描

图二 M3出土铅锡器

电镜所拍照片（图八），可见样品中间层为原基体部分，组织保存较好，为铅锡合金铸造组织结构，靠外层两边都锈蚀比较严重，铅和锡都发生腐蚀流失，局部已经出现了腐蚀坑。从放大的背散射电子像（图九）可更为清楚地发现样品中大量白色的铅相和灰色的锡相呈岛屿状交错分布，此形貌可印证以铅、锡为主要成分的检测结果。

表一　样品pXRF元素成分

检测点（斑点直径3毫米）	铅（Pb）/%	锡（Sn）/%	铜（Cu）/%
1	51.02	48.55	0.12
2	50.47	48.97	0.15
3	52.26	47.28	0.11
平均成分	51.25	48.27	0.13

表二　样品SEM-EDS元素成分

检测区域	铅（Pb）/%	锡（Sn）/%	铜（Cu）/%
1区	50.31	48.94	0.75
2区	51.63	48.37	0.00
3区	51.59	48.41	0.00
平均成分	51.18	48.57	0.25

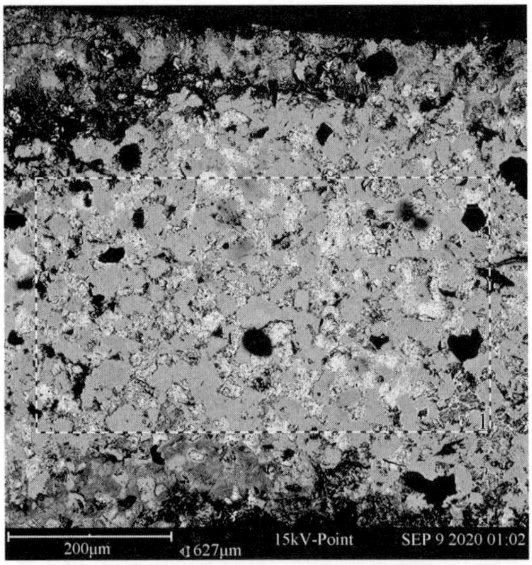

图三　样品电镜能谱（SEM-EDS）元素成分扫描区域

（背散射电子像430倍，虚线框区域1成分：Pb50.31%、Sn48.94%、Cu0.75%）

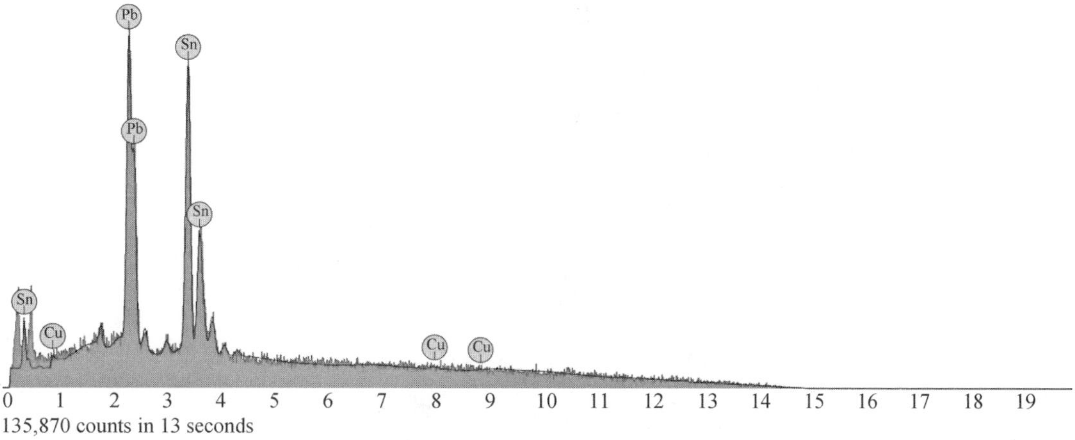

图四　样品电镜能谱（SEM-EDS）元素成分扫描图谱

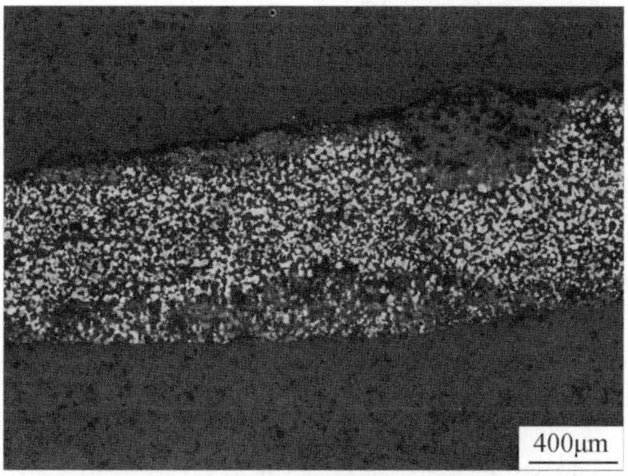

图五　样品断面整体形貌

（光学显微镜50倍）

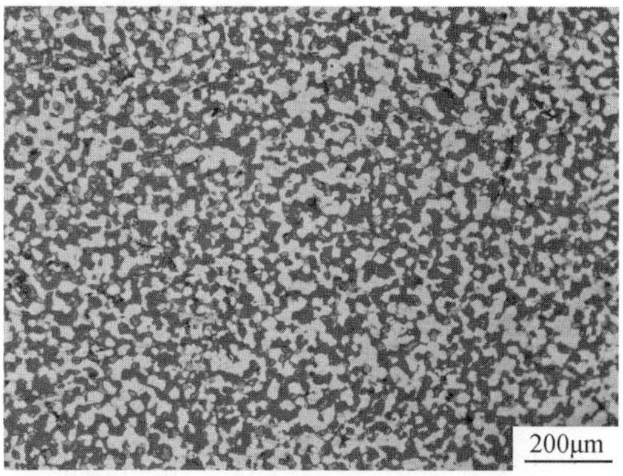

图六　样品基体显微组织结构

（光学显微镜100倍，白色相为锡、黑色相为铅）

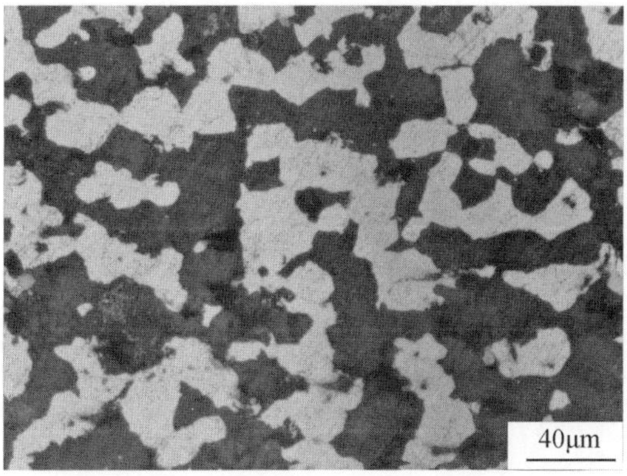

图七　样品基体显微组织结构

（光学显微镜500倍，白色相为锡、黑色相为铅）

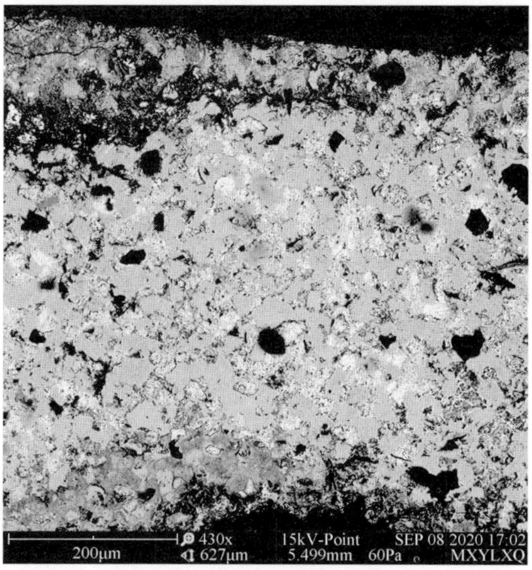

图八　样品断面整体形貌

（背散射电子像430倍，白色相为铅、灰色相为锡）

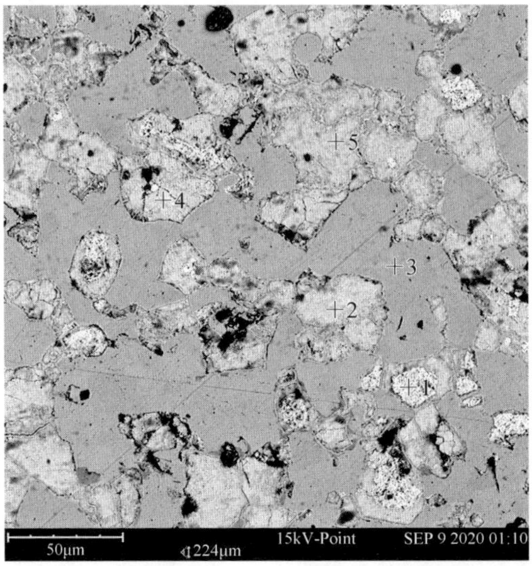

图九　样品局部显微组织结构（背散射电子像1200倍，白色为富铅相，灰色为富锡相）
1.（富铅相）Pb89.47%、O7.28%、C3.25%　2.（富铅相）Pb90.46%、O5.62%、C2.91%、Sn1.01%
3.（富锡相）Sn86.28%、O10.38%、Pb2.95%、C0.4%　4.（富铅相）Pb87.97%、O9.80%、C2.23%
5.（富铅相）Pb68.38%、Sn15.64%、O15.06%、C0.92%

三、鉴定结论

成都民兴一路M3出土的不明器物为铅锡器，为铅锡合金铸造组织结构。用便携式X射线荧光能谱仪（pXRF）和电镜能谱（SEM-EDS）两种方法所测成分结果接近，分别为：铅51.25%、锡48.27%、铜0.13%和铅51.18%、锡48.57%、铜0.25%。

执笔：杨颖东　江　滔

基于Agisoft Metashape软件的坐标转换

成都文物考古研究院
成都理工大学地球科学学院

一、引　言

Agisoft Metashape软件作为多视角三维重建处理软件之一，可生成高精度的正射影像、数字高程模型、三维模型等资料，受到考古工作者的青睐。在考古应用中，需要生成不同角度的平面、剖面等正射影像图，常使用布测控制点方式设定三维模型的空间位置、大小。当所需正射影像图与坐标轴不平行时，在软件中基于平面投影方式只能以旋转90°、180°、270°固定的角度生成正射影像图。另外，使用软件中的标记功能时，在投影面选择时无法准确生成基于坐标系平面下的正射影像图。刘建国老师使用Photoshop 软件在俯视影像图中量测角度，在 AutoCAD 软件中绘制一个四边形，以西南角的控制点为旋转基点，将四边形和控制点旋转角度后，记录状态栏显示的平面坐标，更换之前的控制点平面坐标，进而完成重建工作[1]。本文直接使用Python语言对Agisoft Metashape软件进行二次开发，在无需第三方软件的情况下实现坐标转换，从而生成坐标平面下的正射影像图。

二、原　理

（一）坐标转换

为生成坐标平面下不同角度正射影像图，需要对坐标进行平面转换。坐标转换是空间实体的位置描述，是从一种坐标系统变换到另一种坐标系统的过程，通过建立两个坐标系统之间一一对应关系来实现。通常坐标转换有平移、缩放、旋转三个方面的转换。本文只详细讲述关于旋转部分的内容。

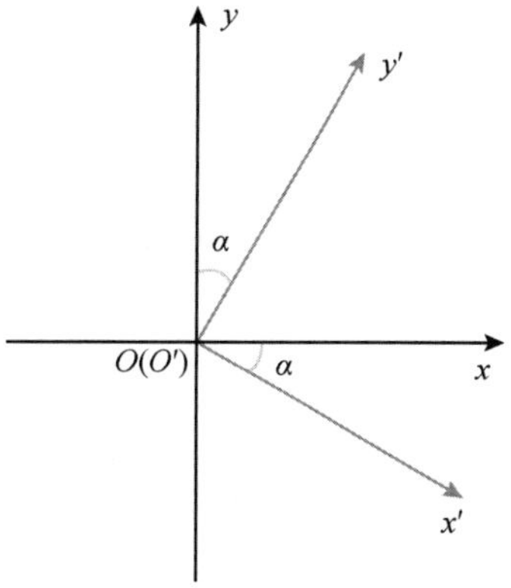

图一　坐标转换示意图

如图一，一个二维坐标系$O\text{-}x'y'$绕原点O逆时针旋转α后变为另一个坐标系$O\text{-}xy$。假设有一点P在$O\text{-}x'y'$坐标系下的坐标为（x'，y'），经旋转后在$O\text{-}xy$坐标系下的坐标为

（x，y），则两套坐标系下的坐标对应关系为：

$$\begin{cases} x=x'\cos\alpha+y'\sin\alpha \\ y=-x'\sin\alpha+y'\cos\alpha \end{cases} \tag{1}$$

将其写成矩阵形式为：

$$\begin{bmatrix} x \\ y \end{bmatrix}=\begin{bmatrix} \cos\alpha & \sin\alpha \\ -\sin\alpha & \cos\alpha \end{bmatrix}\begin{bmatrix} x' \\ y' \end{bmatrix} \tag{2}$$

本文只涉及坐标平面上的旋转，所以在三维坐标系中，坐标系绕z轴旋转进行旋转，矩阵形式如下：

$$\begin{bmatrix} x \\ y \\ z \end{bmatrix}=\begin{bmatrix} \cos\alpha & \sin\alpha & 0 \\ -\sin\alpha & \cos\alpha & 0 \\ 0 & 0 & 1 \end{bmatrix}\begin{bmatrix} x' \\ y' \\ z' \end{bmatrix} \tag{3}$$

（二）旋转角计算

在考古绘图中，当所需影像图与平面坐标轴不平行时，一般将影像图旋转到x轴正方向。此时只需知道旋转角α值，即可得到转换后的坐标值，使整个模型旋转到与坐标轴平行。具体是以模型中的两个标记点（A、B）形成的边为参考边，然后逆时针旋转到x轴正方向，其中旋转角度为α。使用atan2（dy，dx）函数来获取α的值。如图二所示，tan（θ）=dy/dx，θ=atan2（dy，dx）。其中，dx、dy为A、B两个标记点的坐标差值。当d$y\leqslant0$时，θ指的是x轴正方向绕顺时针方向到达射线旋转的角的角度，其值为负，范围为［$-\pi$，0］，此时逆时针旋转角$\alpha=-\theta$；当d$y>0$时，θ指的是x轴正方向绕逆时针方向到达射线旋转的角的角度，其值为正，范围为［0，π］，此时逆时针旋转到达水平轴的$\alpha=2\pi-\theta$。

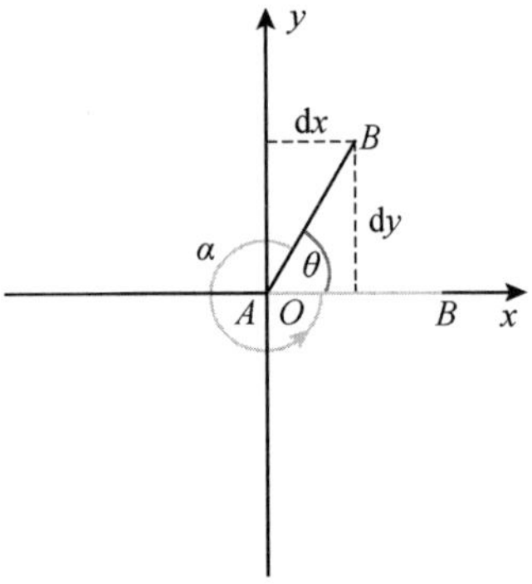

tan(θ)＝dy/dx，θ＝atan2(dy/dx)

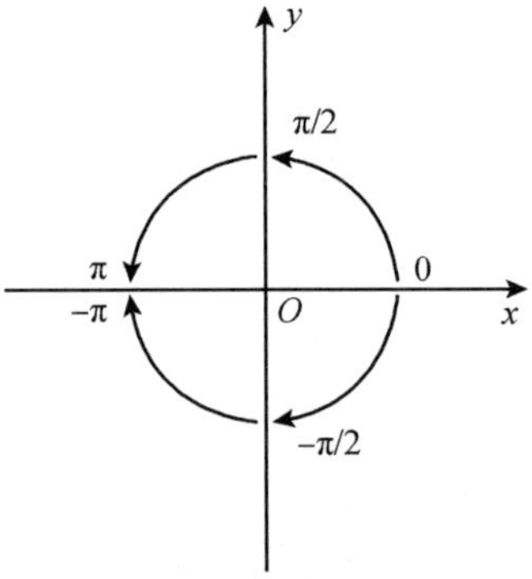

θ的取值范围

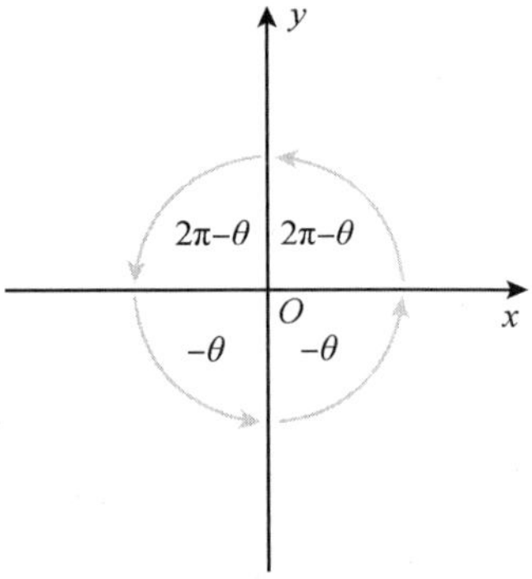

α与θ的关系

图二　旋转角计算过程

三、代码实现

Agisoft Metashape软件提供了Python 、JAVA语言进行二次开发，可实现添加/修改摄像机校准、地面控制数据、分配地理投影和坐标；执行处理步骤（对齐照片，构建密集的云，构建网格，纹理，抽取模型等）；导出处理结果（模型，纹理，正射影像，DEM）等功能，可满足开发者需求[2]。本文使用简单易学、功能强大、特别适用快速应用程序开发的Python语言编程实现在Agisoft Metashape软件中标记点的坐标转换。程序实现过程为：首先获取两个标记点坐标值，并把两点形成的边作为参照边，然后计算该参照边旋逆时针转到水平轴的角度，最后根据公式3对坐标系下各点进行坐标数值转换（图三）。具体过程中直接定义*A*、*B*两点形成的边作为参照边，代码如下。

图三　流程图

```
import Metashape
import math
def archeoCoordTransform():
    doc=Metashape.app.document
    chunk=doc.chunk
    #获取标记点A、B坐标值
    for marker in chunk.markers:
            if “A” in marker.label:
                A=marker.reference.location
            if “B” in marker.label:
                B = marker.reference.location
    #计算旋转角
    dy = B［1］ - A［1］
    dx = B［0］ - A［0］
    angle=math.atan2(dy, dx) * 180 / math.pi
    if dy＞0:
        angle = 360 - angle
    else:
        angle = -angle
    a=angle / 180 * math.pi  # 角度变为弧度
```

```
#坐标转换
zm=Metashape.Matrix(［［math.cos(a)，math.sin(a)，0］，［-math.sin(a)，math.cos(a)，0］，［0，0，1］］)
for marker in chunk.markers:
    if not marker.reference.location is None:
        C=Metashape.Matrix(［marker.reference.location］) * zm
marker.reference.location = C
chunk.updateTransform() # 更新
print(“坐标转换结束！”)
Metashape.app.addMenuItem (“考古工具/坐标转换”，archeoCoordTransform)
```

把上述代码保存后缀名为*.py文件，放置在“C:\Users\用户名\AppData\Local\Agisoft\Metashape Pro\scripts”目录下，每次打开软件会自动加载该程序，使用时点击菜单栏中的坐标转换按钮就可。

四、案　　例

在新川科技园墓葬M71三维重建工作中，依据多视角三维重建的方法使用RTK布测控制点、数字相机拍摄墓葬数字影像。在Agisoft Metashape软件中运行工作流程步骤生成三维模型，然后在模型上准确添加各个控制点，并检查控制点误差（图四）。由于M71的方向为西北—东南向，不能直接生成平面正射影像和对应的剖面影像图。在墓葬

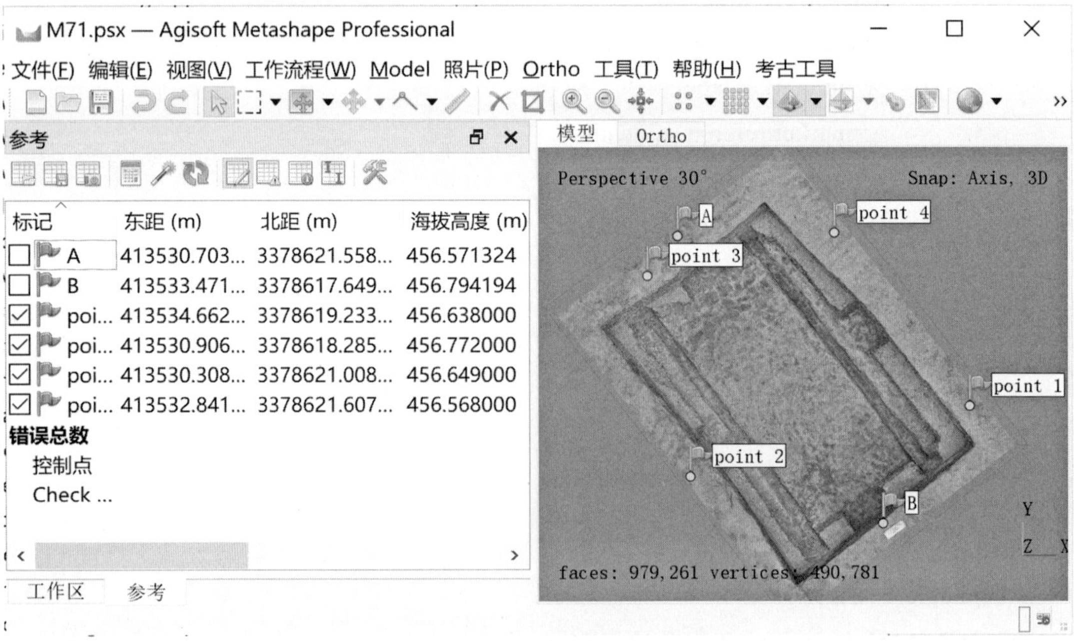

图四　M71三维模型

模型中添加*A*、*B*两个标记点作为剖线点，然后运行“考古工具/坐标转换”菜单，进而运行“工作流程/生成正射影像”菜单，如图五生成转换后的平面正射影像图和剖面影像图。

为验证方法的正确性，把转换前后的坐标数值进行比较（表一）。从表一中转换前后的坐标值可以看到，控制点（point 1 ~ point 4）和标记点（*A*、*B*）转换后的*x*、*y*坐标值发生了变化，*z*坐标值保持不变。其中，*A*、*B*两点的*y*坐标值一样，说明*A*、*B*两点形成的边平行于水平轴。

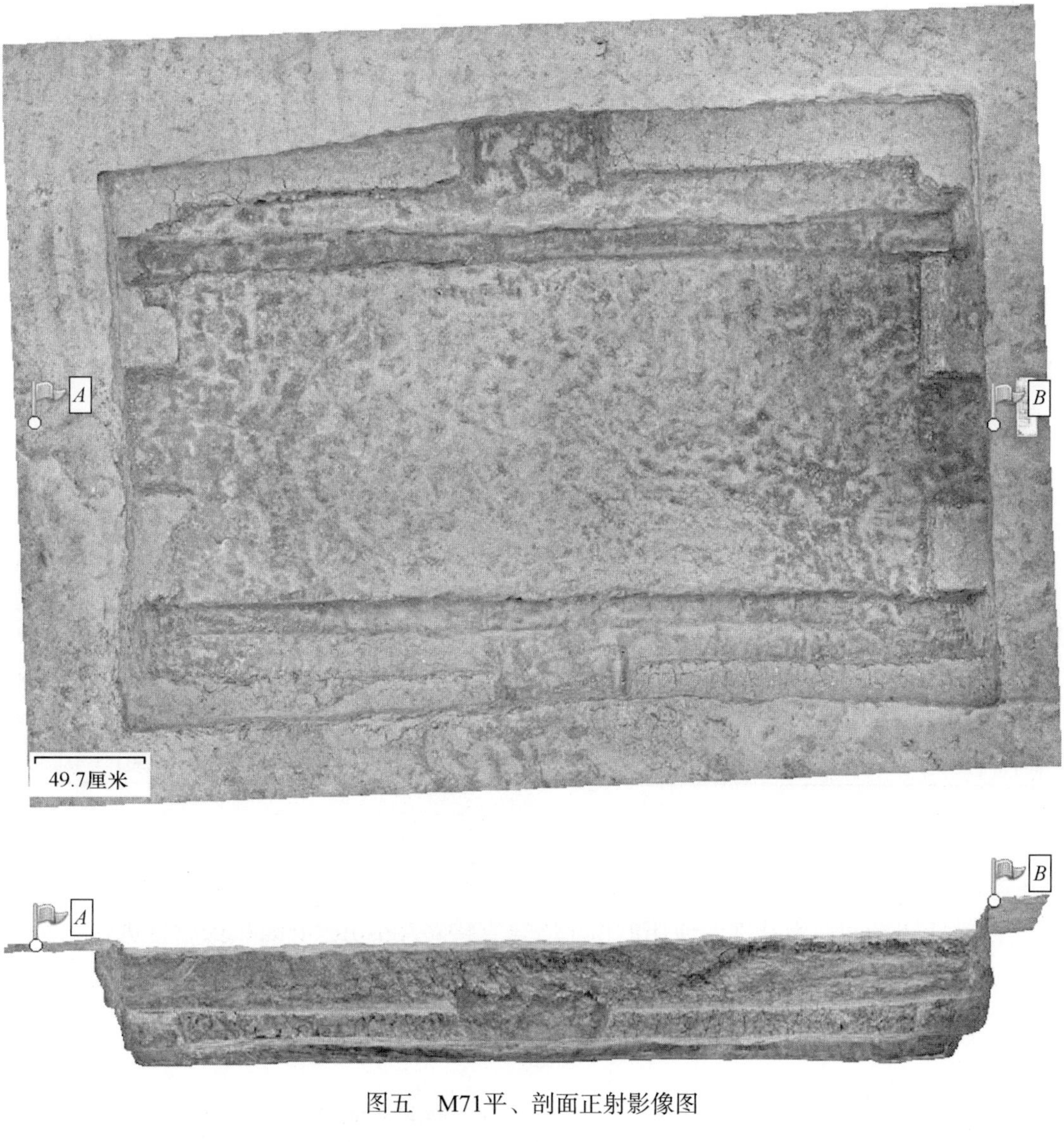

图五　M71平、剖面正射影像图

表一　程序转换前后坐标表

点号	转换前			程序转换后		
	x	*y*	*z*	*x*	*y*	*z*
A	413530.704	3378621.559	456.571	−2518257.489	2290080.893	456.571
B	413533.472	3378617.650	456.794	−2518252.700	2290080.893	456.794
point 1	413534.662	3378619.233	456.638	−2518253.303	2290082.780	456.638
point 2	413530.906	3378618.285	456.772	−2518254.701	2290079.167	456.772
point 3	413530.308	3378621.008	456.649	−2518257.268	2290080.252	456.649
point 4	413532.841	3378621.607	456.568	−2518256.293	2290082.666	456.568

另外，把转换前各点的坐标展绘到CAD中，以点*A*为基点，*AB*边为参考边进行整体旋转到水平轴，得到旋转后各点的坐标，如表二所示。为与CAD中旋转后的坐标数据方便比较，把程序转换后的点以点*A*为基点整体平移到CAD中旋转后点*A*的坐标位置。即把程序转换后各点的*x*坐标统一加上2931788.193，*y*坐标统一加上1088540.665。从表二中可以看出平移后各点的坐标值与CAD旋转后的坐标值完全一致。由此说明该程序得到的结果正确，可应用在实际工作中。

表二　程序转换后、CAD旋转后、坐标平移后

点号	程序转换后			平移量			CAD转换后 / 程序坐标平移后		
	x	*y*	*z*	dx	dy	dz	*x*	*y*	*z*
A	−2518257.489	2290080.893	456.571	2931788.193	1088540.665	0	413530.704	3378621.559	456.571
B	−2518252.700	2290080.893	456.794				413535.493	3378621.559	456.794
point 1	−2518253.303	2290082.780	456.638				413534.889	3378623.445	456.638
point 2	−2518254.701	2290079.167	456.772				413533.492	3378619.832	456.772
point 3	−2518257.268	2290080.252	456.649				413530.924	3378620.918	456.649
point 4	−2518256.293	2290082.666	456.568				413531.899	3378623.331	456.568

五、结　论

以坐标转换原理为基础，使用Python语言直接对Agisoft Metashape软件进行二次开发，无需第三软件，解决了所需影像图与平面坐标轴不平行时的问题。程序直接拷贝使用，大大提高了工作效率。

执笔：白铁勇　钱素芳　牛安寅

注　释

[1] 刘建国：《可移动文物的多视角影像三维重建》，《考古》2016年第12期，第97～103页；刘建国：《山西省万荣县寿圣寺塔的多视角影像三维重建》，《文物保护与考古科学》2017年第5期。

[2] https://www.agisoft.com/pdf/metashape_python_api_1_7_3.pdf。

1. 矛（M9：1）

2. 剑（M9：6）

3. A型戈（M9：5）

4. 钺（M9：12）

成都市金牛区抚琴路战国墓出土铜器

图版二

1. 铜斤（M9：8）

2. 铜凿（M9：11）

3. 美石（M9：14）

4. 铜戈（M10：1）

成都市金牛区抚琴路战国墓出土器物

1. 陶钵（M82：8）

2. 瓷碗（M11：4）

3. 瓷带流壶（M84：4）

4. 瓷双耳罐（M24：2）

5. 釉陶武士俑（M23：2、M23：1）

成都市金牛区王家碾墓地出土器物

图版四

1. M29：1

2. M84：5

3. M23：5

4. M64：8

5. M68：2

6. M68：11

成都市金牛区王家碾墓地出土瓷四系罐

1. 晋代M104

2. 明代M74

成都市武侯区音乐坊晋墓、明墓

图版六

1. Aa型（M8）

2. Aa型（M14）

1. Ab型（M19）

2. Ac型（M85）

1. Ac型（M95）

2. Bb型（M129）

1. 青羊宫窑四系罐（M29：1）

2. 琉璃厂窑Ba型四系罐（M64：1）

3. 琉璃厂窑Ba型四系罐（M95：1）

4. 琉璃厂窑Bb型四系罐（M30：1）

5. 琉璃厂窑Ab型双耳罐（M91：1）

6. A型Ⅱ式龙纹谷仓罐（M158：1）

成都市武侯区音乐坊唐五代墓、明墓出土瓷器

图版一〇

1. 瓷壶（M13：1）

2. 瓷碗（M13：3）

3. 瓷碗（M13：3）

4. 铜勺（M13：2）

5. 铜勺（M13：2）

成都市金沙遗址“置信金沙园”地点北朝墓葬出土器物

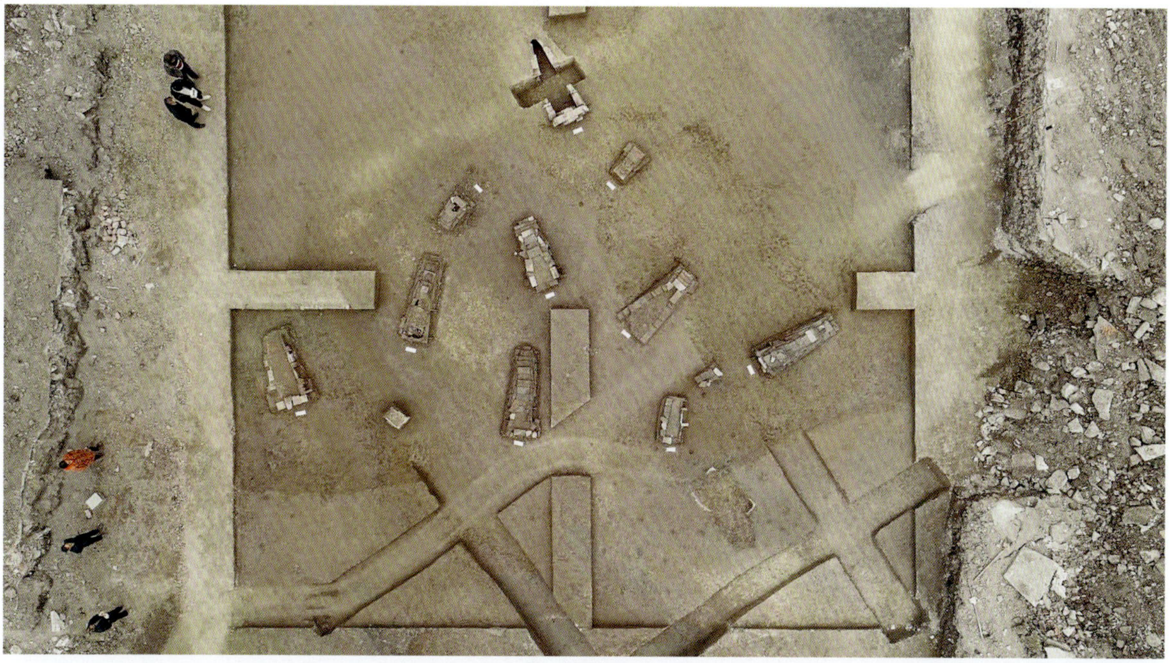

1. 航拍照

2. 全景照

成都市高新区“锦城小学综合楼”项目唐宋墓葬航拍照、全景照

图版一二

1. M11清理后

2. M1清理后解剖

成都市高新区“锦城小学综合楼”项目唐宋墓葬M11、M1

1. M4顶部结构

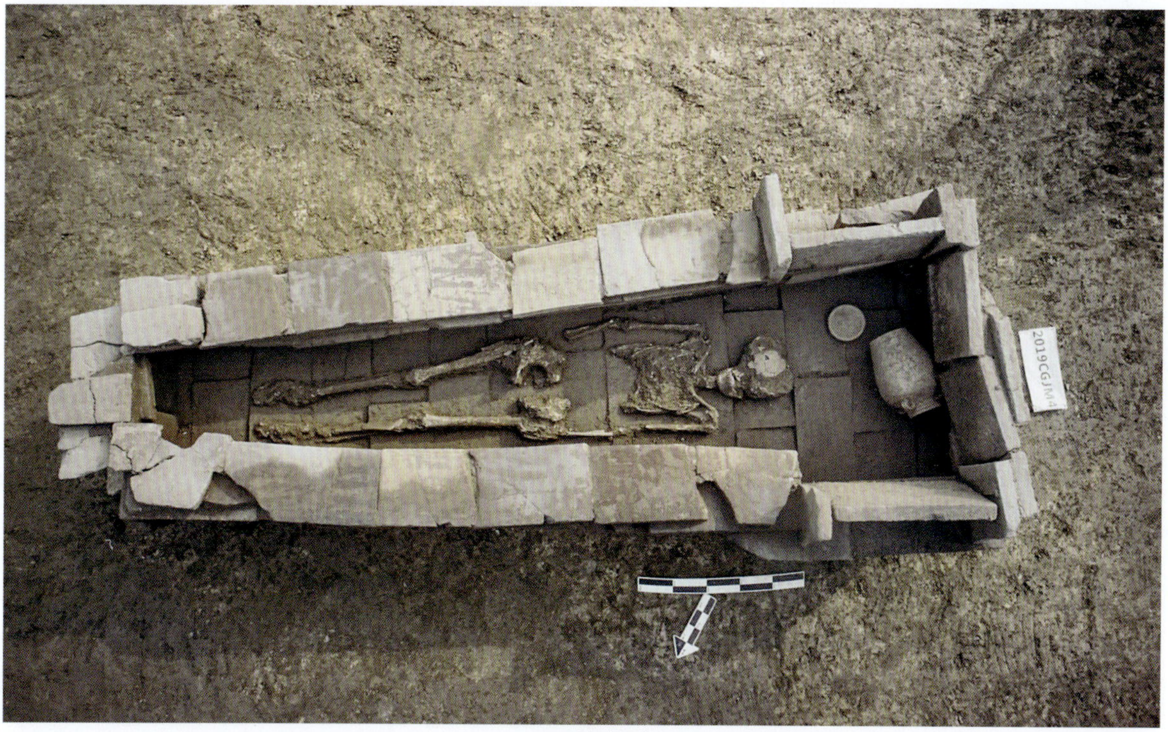

2. M4清理后

成都市高新区“锦城小学综合楼”项目唐宋墓葬M4

图版一四

1. M6顶部照片

2. M6清理后照片

成都市高新区“锦城小学综合楼”项目唐宋墓葬M6

1. Aa型（M3：5）

2. Cb型（M3：3）

3. Aa型（M4：2）

4. Bb型（M4：4）

5. Ba型（M1：1）

6. Ca型（M1：2）

成都市大邑县且埂村明墓出土瓷谷仓罐

图版一六

1. Ab型（M3：2）

2. Ac型（M3：6）

3. Cb型（M3：8）

4. Aa型（M4：1）

5. Aa型（M4：7）

6. Ba型（M1：3）

成都市大邑县且埂村明墓出土瓷器盖